스페인어 언어학·문법 사전

DICCIONARIO
DE LINGÜÍSTICA Y GRAMÁTICA ESPAÑOLAS

조경호 편저

편저자 약력

조경호(趙敬浩)

· 한국외국어대학교 스페인어과 졸업
· 한국외국어대학교 서어서문학과 (서어학) 석사과정 수료
· 한국외국어대학교 서어서문학과 (서어학) 박사과정 수료
· 한영외국어고등학교 스페인어 담당 역임
· YMCA(종로)외국어학원 스페인어 담당 역임
· (신림동) 춘추관 법정연구회 스페인어 담당역임
· EdustarTV 스페인어 방송강사 역임
· 한국외국어대학교 BK21 박사과정 연구원 역임
· (종로) 청문외국어학원 스페인어 담당 역임
· 현, 한국외국어대학교 부속외국어고등학교 스페인어 담당

저서 및 논문

· 카탈루냐어 문법(1997)
· 이베리아반도 내의 모음규칙 연구(2000)외 다수 논문
· 스페인어 능력시험 (초급) DEEL(2006)
· 스페인어 듣기 능력시험 (2007)

스페인어 언어학 · 문법 사전

초판 1쇄 발행 2007년 5월 25일
초판 1쇄 인쇄 2007년 5월 30일
지은이 조경호
펴낸이 서덕일
펴낸곳 도서출판 문예림
등록번호 1962. 7. 12. 제 2-110호
주소 서울 광진구 군자동1-13 13호 문예하우스 101호
Phone. 499-1281~2 Fax. 499-1283
http://www.bookmoon.co.kr   Email:book1281@hanmail.net

ISBN 978-89-7482-375-7   11790

· 잘못 만들어진 책은 본사나 구입하신 서점에서 교환하여 드립니다.
· 이 책은 저작권법에 의해 보호를 받는 저작물이므로 무단전재와 무단복제를 금합니다.

《머리말》

  1955년 스페인어 과가 우리나라에 처음으로 한국외국어대학교에 생긴 이후, 스페인어 전공 관련학과가 전국에 14개 대학교에 설치되었고, 30여 개 고등학교에서 스페인어를 공부하고 있습니다. 미국을 중심으로 유럽세계의 정세가 스페인어를 공부하자라는 분위기에 있음에도, 여전히 한국에서는 영어, 불어, 독어, 일본어, 중국어와 비교했을 때, 출판되는 책의 수(數)로 보나, 공부를 계속하는 학도의 수(數)로 볼 때, 너무도 차이가 나서인지, 그 열악함을 벗어나고 있지 못하는 것이 너무도 안타까울 뿐입니다. 시중 서점에서 보면, 너무도 많은 회화 책과 문법책이 출간되는 것에 비해 다른 여러 분야의 스페인어 관련 책은 일년에 몇 권 찾아보기 힘든 실정입니다. 사전에 있어서는 전(全) 인생을 바쳐 연구를 하고 계신 김충식 선생님의 열정 덕택에 다른 언어와 견주어 그 깊이나, 분량 면에서 다른 언어를 압도하는 엄청난 결과물을 볼 수 있어 그나마 너무도 다행이라고 생각하고 있습니다. 항상, 선생님의 열정에 대해 존경의 마음을 금치 못하고 있습니다. 선생님과 인연으로 본인도 한국 스페인어 발전에 조그마한 도움이 될 수 있는 것에 항상 마음을 두고 있던 터에, 2003년에 선생님께서 말씀하시길, 하고 있는 공부를 항상 조금씩 정리해 사람들과 나눌 수 있도록 노력하라 하셔서, 그때부터 하루에 조금씩 틈틈이 모았던 것을 이렇게 정리해 세상에 내보이게 되었습니다.

  이번에 소개할 사전은 대학교 3·4학년 때, 처음 스페인어 언어학을 민선재 교수님, 정혜정 교수님, 류연창 선생님께 수업을 받으면서, 틈틈이 노트 필기했던 자료와 졸업 후, 대학원에 진학하면서 윤석영 교수님, Carranza 교수님, 정혜정 교수님 수업을 통해 배워, 공부했던 자료를 근간으로 작업을 시작하게 되었습니다. 당시 자주 대학원 선·후배들과 스터디를 통해 언어학 공부를 하던 중, 우리가 언어학을 정확히 인식하는데, 언어학 용어의 한계에 부딪혀 이해를 하지 못하는 것이 너무 많다는 것을 통감한 적이 한두 번이 아니었습니다. 그러한 것을 발판으로 용어정리를 더욱 구체화시키는 계기가 되었던 것입니다. 그리고 먼저, 이 책의 용어를 설명하는데 있어 서어서문학회 지의 많은 논문들과 선생님과 선배님들이 집필해 놓으신 석·박사 논문에서 많이 참고와 인용을 했음에도 제 미숙한 정리로 인해 정확한 출처를 밝히지 못한 점 사과 드립니다. 아울러 이 책이 조금이라도 스페인어 문법과 언어학을 공부하는데 있어서 도움이 되었으면 하는 바램과 함께, 아직 부족한 것이 많은 학도가 공부하는 과정의 일환으로 책을 집필하고 정리하는 것임으로 너무도 많은 부족함이 있을 것입니다. 여러 선·후배 님들과 학습자 여러분의 조언을 필요로 하며, 도움을 통해 항상 보강하고, 증보해 나갈 것에 약속을 드립니다. 이 책을 본격적으로 정리하기 시작한 이후에, 항상 조언을 아끼지 않으시고 도와주신 김충식 선생님께 감사 드리며, 이 자리를 빌어 스페인어를 처음 공부하게 문을 열어주었던 정원화 선배님에게 또한 감사 드립니다. 어려운 시기에 항상 적극적인 관심과 도움을 주시고, 출판을 허락해주신 문예림 서덕일 사장님과 그 직원 여러분께 감사 드립니다.

2007년 1월

조 경 호

《참고 문헌》

- *Diccionario de Lingüística*
  Jean Dubois 외. Alianza Editorial. Madrid. 1979.
- *Diccionario de Lingüística*
  Enrique Fontanillo Merino. E.G ANAYA S.A. Madrid. 1986.
- *OXFORD SPANISH DICTIONARY*
  Oxford University Press. New York. 1994.
- *OCEANO UNO*
  MCMLXXXIX-EDICIONES OCÉANO, S.A. Barcelona. 1990.
- *PLANETA*
  Matilde Cerrolaza 외. Edelsa Grupo Didacalia, S.A. Madrid. 2000.
- *엣센스 스페인어 사전*
  김충식. 민중서림. 서울. 2003.
- *프라임 불한 사전*
  정지영 외. 두산동아. 서울. 1998.
- *국어학·언어학 용어 사전*
  이은정. 국어문화사. 서울. 1994.
- *서어서문연구 11호 ~ 29호*
  한국서어서문학회. 월인. 서울. 1997-2003.
- *언어학 사전*
  이정남 외. 박영사. 서울. 1987.
- *Dialectología Española*
  Alonso Zamora Vicente. Editorial GREDOS. Madrid. 1979.
- *Manual De Gramática Histórica Española*
  R. Menéndez Pidal. ESPASA-CALPE, S.A. Madrid. 1989.
- *Métrica Española*
  Antonio Quilis. Editorial Ariel, S.A. Barcelona. 1984.
- *The Semantic Structure of Spanish*
  Larry D. King. John Benjamins Publishing Company. Philadelphia. 1992.
- *기호학 용어사전*
  Greimas and Courtés. 천기석 외 역. 민성사. 서울. 1988.
- *기호학이란 무엇인가*
  김경용. 민음사. 서울. 1994.
- *기호학입문*
  J. Courtés. 오원교 역. 신아사. 서울. 1986.
- *롤랑바르트*
  J.컬러. 최미숙 역. 지성의 샘. 서울. 1995.
- *문학용어사전*

신의천 외. 청어. 서울. 2001.
- **문학용어사전**
  M.H. 아브람스. 최상규 역. 보성. 서울. 1991.
- **생성문법의 음운론**
  Michael Kenstowicz. 안상철 외 역. 한신문화사. 서울. 1997.
- **언어학의 의미론 입문**
  홍승우. 청록출판사. 서울. 1988.
- **언어학 입문**
  박시현. 한국외국어대학교출판부. 서울. 2006.
- **영문법과 비교한 종합 서반아어문법**
  이득형 역. 삼영서관. 서울. 1986.
- **영어 음성학**
  전상범. 을유문화사. 서울. 1985.
- **음성학 입문**
  P. Ladefoged. 황귀용 역. 한신문화사. 서울. 1986.
- **서어학 개론**
  서경석. 송산. 서울. 1999.
- **소설의 시학**
  S.리몬-케넌. 최상규 역. 문학과지성사. 서울. 1985.
- **스페인어발달사**
  김현창. 신아사. 서울. 1990.
- **스페인어 어원 및 계통론**
  이재학. 송산. 서울. 2002.
- **스페인어학의 이해**
  이만기. 한국문화사. 서울. 2006.
- **스페인 언어문화사**
  이강국. 송산. 서울. 2001.
- **최소주의 문법이론**
  Noam Chomsky. 이종민 역. 한국문화사. 서울. 1993.
- **텍스트언어학 입문**
  Heinz Vater. 이성만 역. 한국문화사. 서울. 1995.
- ***TOTAL* 스페인어 문법**
  유연창. 삼영서관. 서울. 2002.
- **현대언어학**
  Neil Smith & Deirdre Wilson. 이기동 외 역. 한신문화사. 서울. 1980.
- **화용론**
  George Yule. 서재석 외 역. 박이정. 서울. 2001.

【A】

A [언어] a 아 (스페인어 자모의 첫째 문자). 글자로 나타날 때 ′a′이며, 음소로는 /a/로써 소리는 열린 모음(Vocal abierta)이며, 모음 삼각도에서 중간 모음(Vocal central)위치를 하고 있음. 입술모양을 넓은 상태로 유지하면서, 소리를 냄. ※ Vocal abierta; Vocal central 참조.

A- [어원] 「비(非)・무(無)」를 나타내는 접두어. 예) *a*cromático 무색의. *a*moral 부도덕한. *a*normal 비정상의. *a*teísmo 무신론.

A [문법] ((전치사)) ① [사람이 직접 목적어로 사용될 때] …를[을]. 예) visitar *a* mi maestro 내 스승을 방문하다. ② [간접 목적어로 사용될 때] …에게. 예) escribir la carta *a* Kim 김에게 편지를 쓰다. ③ [장소 전치사로 사용될 때] …에[로]. 예) ir *a* España 스페인에 가다. ④ [시간 전치사로 사용될 때] …에(서). 예) *a* las dos de la tarde 오후 두 시에. ⑤ [동작 동사 뒤에서 다른 동사의 의미를 구성할 때] …하러[하기 위해]. 예) ir *a* ver a María 마리아를 만나러 가다. ⑥ [동사를 명령어로 사용할 때] 「*a*+*inf.*」…하자. 예) ¡*A* dormir! 잡시다.

Ab- [어원] 「분리・부정・과도」를 나타내는 접두어. 예) *ab*jurar 주의를 버리다. *ab*rogar 폐기하다. *ab*sorber 흡수하다. *ab*usar 남용하다.

Abajo [문법] ((부사)) 아래에; 아래쪽으로; 아래층에. 예) echar abajo 무너뜨리다, 넘어뜨리다. venirse abajo 무너지다. estar abajo 아래층에 있다. □ ((감탄사로 사용)) 뒈져라!

Abducción [의학] 외전운동(外轉運動). 근육외전작용(筋肉外轉作用). 성대 뒷부분이 고정되어 있는 후두(喉頭) 뒤의 피열 연골이 서로 떨어지게 되는 운동을 가리킴. 이에 의해 성문이 개방되고 소리(Voz)의 발생을 가져오는 자태(姿態)가 중단됨. 실제 발음상에 있어서, 성대는 내전작용(abducción)이라는 운동으로 전장(全長)이 가볍게 밀착됨. 날숨에서의 허파의 공기는 이때의 성대의 진동에 의해 연속적으로 조금씩 내뿜겨져 후두를 통과하게 되는데, 이렇게 해서 성(聲)이라고 하는 유성 후두 진동이 생겨남. 이 성(聲)은 언어음을 낼 때에 없어서는 안 될 필수적인 것임.

Abecé [언어] 알파벳, 자모(字母), 자모표(abecedario). 예) Abecé telegráfico 전신용 문자부호.

Abecedario [언어] 자모, 자모표. 스페인어 철자법을 의미. ※ Alfabeto

참조.

Abemolar ① (음성을) 부드럽게 하다. ② [음악] 변조(變調)로 반음을 내리다.

Abertura [언어] ① (말소리를 낼 때, 상하 조음(調音)기관 사이의) 간격. 음절을 발음할 때, 절정(중앙)의 단계로써 음절의 주축이고 지주인 음절의 핵(Núcleo)을 이루는 단계임. ② 음소(fonema)가 발음될 때, 구강이 열리는 현상을 말을 함. 모음의 열림 정도에 따라 그 열림(abertura)의 특질(特質)이 결정됨. ※ Núcleo; Fonema; Abertura 참조.

Abertura máxima [언어] (혀의 높이) 저; (입을 벌리는 정도) 최고. ※ Baja 참조.

Abertura media [언어] (혀의 높이) 중; (입을 벌리는 정도) 중간. ※ Media 참조.

Abertura mínima [언어] (혀의 높이) 고; (입을 벌리는 정도) 최소. ※ Alta 참조.

Abertura de las vocales [언어] 모음 개구(開口)·입의 열림. 예) Grado de la Apertura de las vocales 모음 개구도(度).

Abesivo [언어] 결격(缺格). 장소의 근접함을 나타내는 언어학 명칭. 예) La casa está **cerca de** la iglesia. 집은 교회 가까이에 있다.

Abierto [언어] 모음의 열린 음 (Vocal abierta)을 칭하는 용어. 모음 열림 현상으로 나타나는 발음 [a]음으로 모음 삼각도에서 가장 아래 나타나는 음임.

Ablativo [언어] 탈격(奪格). 전치사 con, de, desde, en, por, sin, sobre, tras 등등과 쓰인 명사의 사용. ■ Ablativo absoluto 탈격 독립구. 예) Dicho el perro, calló 개를 언급하고 입을 다물었다. Muerto el perro, se acabó la rabia 개를 죽이고 나서야, 광견병이 없어졌다.

Ablativo absoluto [언어] 탈격 독립구. 절대 탈격(奪格).

-able [어원] 「(~ar형 동사의 형용사형) ~할 수 있는, ~하기에 적당한·족한」의 의미. 예) am*able* 친절한.

Abreviación [언어] 생략(省略). 단축(短縮). 언어의 사용에 있어, 말하기나 쓰기에서 시간과 노력을 줄이려고 형태를 짧게하는 것. 예) RAE (= Real Academia Española)

Abreviatura 약어(abreviaduría), 요약. 예) Sr.= Señor; Sra.= Señora.

Absencia [문학] 부재. 문학작품 속에서 발견될 수 없는 부분에 대해 독자와 비평가가 관심을 갖는 것이 중심이 됨. 저자의 작품 중 한두 작품에 결핍된 것을 지적하는 일은 문학과 비평적 논의의 당연한 요소로 여김.

Absoluta [논리] 전칭 명제.

Absolutamente [언어] 보어 없이. 절대적으로. 예) verbo absolutamente empleado 보어 없이 사용된 동사.

Absoluta, posición [언어] 독립 위치. (통사론) 포함된 위치의 반대 개념. 어떤 언어 형식이 보다 큰 형식의 일부로서 나타날 때, 그 형식은 포함된 위치에 있다고 할 수 있음. 어떤 언어 형식이 포함된 위치에 있지 않을 때는 독립위치(posición absoluta)에 있기 때문에 문장이 이루어 짐.

Abstracto [언어] 추상성. 추상적(抽象的) (성향). 문법 기술에 있어서 구조의 표시를 표면형과 얼마만큼 다르게 하느냐 하는 문제임. 추상적 분석에서는 기저형이 표면형과 많이 다를 수 있고, 구체적 분석에서는 기저형이 표면형과 같지는 않다 하더라도 매우 비슷할 수 있음. 추상성은 통사론과 음운론 양쪽에 모두 해당됨. 생성 이론의 통사론에서 표준이론의 결함을 극복하고자 추상적인 의미 구조가 곧, 기저의 통사구조인 것으로 보고 거기에 많은 변형 규칙을 적용하여 표면구조에 이르게 한 생성의미론은 추상적인 기저구조를 설정하는 입장임.

Absurdo, Literatura del [문학] 부조리의 문학. 인간의 조건이란 본질적으로 어쩔 수 없이 부조리한 것이며, 이 인간 조건은, 그 자체가 부조리한 문학 작품을 통해서만 적절히 표현될 수 있다는, 전제를 가지고 있는 희곡이나 산문 소설의 여러 작품들을 지칭하는 데에 사용됨. 부조리 문학은 표현주의(expresionismo)와 초현실주의(surrealismo)에 뿌리를 두고 있음. ※ Expresionismo; Surrealismo 참조.

Abuso [언어] (언어 사용의) 오류. 오용. 남용(濫用). 어휘론에 있어서, '남용에 의한' 혹은 '남용하여'라는 표시는 거절의 표로서 순정 어법주의가 거절하고 있는 의미 혹은 표현이라는 것을 나타냄.

Academia ① (플라톤의) 아카데미 학과. ② 아카데미. 예) Real Academia de la Lengua Española 스페인 왕립 언어 아카데미. ③ 학회, 한림원, 학교, 학원, 대학.

Academicismo [문학] 전통·형식존중, 관학풍(官學風), 플라톤 학풍.

Académico 학회의, 학사원·한림원·대학·학교의, 고풍의, 전통적인; □ 학회원, 한림원 회원, 학사회원.

Accesibilidad [언어] 접속 가능성. 도달 가능성. Chomsky(1981)에서의 접속 가능성 개념은 어떤 대용어(Anáfora)나 대명사류(Pronominal)에 대한 다스림 범주를 정의하기 위해 사용됨. 대용어나 대명사류는 자신이 속해 있는 다스림 범주 내에서 대용어의 경우는 공지시(Correferencia) 관계에 있는 요소(Sujeto)를 찾으려 하고, 대명사류는 어긋 지시(Referencia inconexa) 관계에 있는 요소를 찾으려 하는데, 이러한 요소들을 이들 대용어나 대명사 류의 도달 가능한 '주체(Subjeto)'라 함. 예) ① 《Ellos se presentaron a Juan 그들은 자신들을 후안에게 소개했다》 ② 《Ellos me permitieron presentarles a ellos a Juan 그들은 나로 하여금 그들에게 후안을 소개하도록 허락했다》 위의 ① 문장에서 동사 Presentaron은 자신에 해당하는 'Se'의 다스림 어 (Gobernante)가 되고, 문장 전체가 다스림 범주(Categoría gobernadora)이며, 주어인 'Ellos'가 이들의 도달 가능한 주체(Subjeto)가 되어서, 주어와 이들 사이에 각각 공지시(Correferencia)의 관계가 성립하고 있음. 그러나 ②문장에서 'les'나 'a ellos'의 다스림 말은 'presentar'이고, 이들의 도달 가능성 주체(Subjeto)는 전체 문장의 'Ellos'가 아니라, 가장 가까운 'me'가 되며, 다스림 범주는 《Ellos **me permitieron presentarles a ellos a Juan.**》 밑줄 친 부분이 됨. ※ Anáfora; Pronominal; Subjeto; Conferencia 참조.

Accesorio [문법] 부속어(部屬語). 종법(從法)의.

Accidental ① [언어] 우유적(偶有的)(성질). ② 부수적인, 임시의. 예) Signo accidental 임시 기호. ③ [철학] 우연성의, 비본질적인.

Accidente ① [언어] 우유성(偶有性). (표현의) 예측 불가함, 불규칙성. 예) Accidentes del lenguaje 변화무쌍한 언어 사용. ② [철학] 우연성.

Accidentes del adjetivo [언어, 문법] 형용사의 어미 변화. 형용사는 그것이 걸리는 명사의 성과 수에 따라서 어미 변화를 함. ① 'o'로 끝나는 형용사는 성과 수의 변화를 함. 예) /bueno/, /buena/, /buenos/, /buenas/. ② 'o' 이외의 어미로 끝나는 거의 대부분 형용사는 수에 따라서만 변화를 하며, 음가를 유지하기 위해 어미 형태를 바꾸어 그 소리를 유지하기도 함. 예) feliz → felices, inteligente → inteligentes.

Accidentes del verbo [언어] 동사의 어미 변화. 동사는 어미의 변화에 따라 수(número), 인칭(persona), 시제(tiempo), 법(modo), 태(voz)를 나타낼 수 있음. 이처럼 동사의 변화무쌍함에 시제(Tiempo)를 포함시키는 경우가 있지만, 양태(Aspecto)를 부가시켜야 함. 양태는 행동이 진행 중인가 혹은 종결된 것인가를 구분할 수 있는데, 이러한 동사의 양태는 일반적으로 단순시제와 복합시제로 나뉘게 됨. ※ Número; Persona; Tiempo; Modo; Voz; Aspecto 참조.

Acción, Verbo de [언어] 행위(동작) 동사. 행위를 표현하는 동사를 '상태 동사'와의 대립 의미로서 사용되는 것을 행위 동사라고 함. 예) Correr 뛰다, Andar 걷다, leer 읽다, vender 팔다 등등. ※ Estativo, Verbo de 참조.

Acción de complemento [언어] 행

위보문. Wilkinson (1972).

Acción del velo del paladar [언어] 연구개의 운동(움직임). 모음을 정의하는 기준이 됨. ※ Vocal 참조.

Acento¹ [언어] 강세. ① 소리의 변별적 자질을 가지고 있는 중요한 요소. 단어의 내부에서 한 음절에 강세를 두는 조음 요소를 일컫게 되는데 이 강세를 통해서 발음이 용이해짐. 스페인어에서는 모든 단어가 강세를 갖게 되지만 철자 상에서는 일부 단어만 강세 기호를 사용함. ② 강세의 일반적 특징은 강도(Intensidad)가 있고, 조음(Tono)이 있으며, 지속성(Duración)이 있는 것임. ③ 스페인어에서 강세는 모음을 기준으로 나눈 음절을 가지고 따지는데, 일반적으로 모음으로 끝나는 단어나 자음 /n/, /s/로 끝나는 단어는 뒤에서 두 번째 음절에 강세가 오며, 나머지는 맨 뒤 음절에 강세가 옴. 예) Sensato [sensáto], Universidad [unibersidád]. ③ 강세규칙▷ ⓐ 강모음 + 약모음 (또는 약모음 + 강모음): 반드시 강모음에 강세가 붙음. 예) Puede [puéde] Aire [áire] ⓑ 강모음 + 강모음: 강모음 두 개가 있으면, 음절 분해로 인해 음절도 두 개가 됨. 예) Aedo [aédo] ⓒ 약모음 + 약모음: 약 모음끼리 한 음절에 있을 때는 뒤에 있는 모음에 강세를 줌. 예) Luis [luís]. ■ 스페인어의 강세: 스페인어에서 강세를 하나 가지고 있는 단어는 'acentuada' 또는 'tónica'라고 부름('-mente'로 끝나는 부사는 예외로 하는데, 이런 경우에 강세가 두 번 오게됨). 반대로 그 외의 어휘들은 그 조음에너지(강세)가 빠져 있는데, 그것은 'inacentuadas' 또는 'átonas' 라고 함. 예) Su<u>a</u>vem<u>e</u>nte. ※ Intensidad; Tono; Duración 참조.

Acento² [언어] 와언(訛言), 와음(訛音).

Acento doble [언어] (하나의 단어 내) 두 개의 강세. 스페인어에서 모든 단어가 하나의 강세를 가지고 있음. 그러나 억양이 있는 음절 혹은 강세를 두 개 갖는 어휘가 있음. 예) '-mente'로 끝나는 부사꼴 어휘는 -mente 이전에 있는 본래 형용사꼴 어휘에서 강세를 지니고 있으며, -mente 자체에도 강세가 있기 때문에, 강세가 두 개가 되는 것임. ※ -mente 참조.

Acento en algunos monosílabos [문법] 몇몇 단음절 어휘에서의 강세. 강세는 단음절 어휘에서 정확한 정서법(正書法)과 의미의 혼동을 막기 위해, 같은 철자를 쓰고 있는 어휘와의 구분을 해주는 역할을 함. 예) ① Dé: 전치사 de와 구별하기 위해 동사 dar의 1인칭·3인칭 접속법 단수형. ② Él: 관사 el과 구별하기 위해 3인칭 단수 남성 주격대명사 형태. ③ Más: 접속사 mas와 구별하기 위한 비교급을 언급하는 부사·형용사 형태. ④ Tú: 소유격 tu와 구별하기 위한 주격대명사 2인칭 단수 형태. ⑤ Mí: 1인칭 소유격 mi와 구별하기 위한 전치사 뒤에 오는 전치격 형태. ⑥ Sé: 재귀형 3인칭 단·복수형이나 여격(Dativo)의 3인칭 단·복수형과 구별하기 위한 saber의 1인칭 단수형이거나, ser의 2인칭 단수 명령법 형태. ⑦ Sí: 가정법을 나타내는 si와 구분이 되는 긍정형 부사 형태. ⑧ Té: 2인칭 단수 목적형 te와 구별하기 위한 '차(茶)'의미를 나타내는 명사형태. ⑨ Sólo: 형용사 solo의 형태와 구분하기 위한 부사형태. ⑩ Ó: 숫자의 사이에서 혼동을 없애기 위해 o(또는)을 나타내는 접속사 형태 ⑪ Aún(아직까지): 부사 aun(~일지라도)라는 형태와 구분하기 위한 부사형태. ⑫ Éste/ Ése/ Aquél: 지시 형용사 Este/ Ese/ Aquel의 형태와 구분하기 위한 지시대명사 형태. ⑬ Qué/ Quién: 관계대명사 que/ quien의 형태와 구분하기 위한 의문 대명사 형태. ※ Dativo 참조.

Acento métrico [문학] 운율 강세(韻律強勢).

Acentuable [언어] 강세를 붙여서 발음할 수 있는, 강세표시를 달 수 있는.

Acentuación [언어] 강세 부과[붙임]. 강조. ① 강조를 하기 위해 강세를 붙이는 경우. ② 강세표시를 붙여서 발음하기. ※ Acento 참조

Acentuación doble [언어] 이중강세(二重強勢). 이는 한 어휘 속에서 강세가 두 개가 나타나는 경우를 언급하는 것으로 스페인어에서는 부사어미(-mente)가 붙는 경우 부사 어미 앞에 나온 어휘에서 강세를 한번 주고, mente에서 강세규칙을 또 한번 적용하는 경우를 볼 수 있음. 예) Rápidamente 빠르게 [rápidaménte]. ※ Acento doble; -mente 참조.

Acentuación de palabras agudas [언어] 마지막이 n, s를 제외한 자음으로 끝나는 어휘의 강세. ※ Aguda 참조.

Acentuado [언어] 강조하는, 강세를 붙이는. 예) Vocal acentuada 강세가 붙은 모음.

Acentual [언어] 강세가 있는, 강세의. 예) Sílaba acentual 강세가 있는 음절.

Acentuar ① 강세 (부호)를 붙이다. ② 강조[역설]하다, 힘을 주다; 두드러지게 하다.

Acepción [언어] ① 어의(語義). 언어의 외적(外的) 형식으로 어떤 음성 연속(連續)에 의해서 나타내진 심적 내용을 의미라고 할 때, 단어의 수준에서는 어형(語形)과 연합하고 있는 의미, 즉 어의를 가리킴. ② 말의 뜻(= Significación). 예) Acepción propia 본의(本義). Acepción figurada 전의(轉義).

Aceptabilidad [언어] 가용성(可容性). 용인성(容認性). 용인 가능성. 가용(可

容), 즉 '받아들일 만한'이란, 어떤 발화가 완전히 자연스럽고, 글로 써서 분석하지 않아도 곧 이해될 수 있고, 전체적으로 이상이 없을 때를 가리킴. 가용성은 문법, 기억의 한계, 문체상의 요인, 담화의 상(像)적 요인 등의 수많은 요인이 영향을 주어 결정됨. 가용성은 언어 수행과 관련되는 개념이고, 문법성은 언어 능력과 관계되는 개념임. 가용성의 척도는 문법성의 척도와 반드시 일치하지는 않음. 문법성은 가용성을 결정하는 요인의 하나일 뿐임.

Aceptación [언어] 어의(語義). 낱말 뜻. ※ Significado 참조.

Aceptado [언어] 용인(容認) 가능한. 언어학에서 사용되는 용어로서 어떤 특정 언어 항목이 원어민 화자들의 판단을 말함. 언어 항목은 문자어, 구어발화, 특정한 구문구조, 또는 특정 음을 발음하는 방식이 될 수 있음. 이러한 항목은 용인 가능한 언어적 공통 지역 사회는 그 범위가 어떤 특정 언어 지역 사회, 사회 계층, 청소년 계층 등 다양하게 나타남.

-acho, cha [어원] 「경멸성」을 뜻하는 접미어. 예) hombre → hombr*acho*, rico → ric*acho*.

-achuelo, la [어원] 「축소성」을 뜻하는 접미어. 예) ria*chuelo* 작은 강.

Aclaratorio 해명[설명]의. 예) notas aclaratorias 주석(註釋).

-aco, aca [어원] ① 「지명형용사」를 만듦. 예) Austria → austri*aco*. ② 「경멸」의 뜻을 나타내는 접미어. 예) libro → libr*aco*.

Acomodación ① [언어] 동화(=asimilación), 조정(調定). ② [심리] (새로운 상황에 적응하기 위한 아동의) 인지 조절. ※ Asimilación 참조.

Aconsonantar [문학] (시에서) 동운(同韻)으로 하다, 동일한 운율을 사용하다. □ ((자동사로 사용하는 경우)) 운이 맞다, 운이 같은 말을 사용하다.

Acoplado [언어] 두 문장이 복합문을 이루게 된; 문장이 연결된.

Acotar ① 각주(脚註)를 붙이다. ② 가려내다, 추려내다. ③ 수락하다, 받아들이다. ④ [+ con] …을 증거[근거]로 삼다, 참고로 내세우다. ⑤ (지)정하다. ⑥ 출입 금지시키다, 경계 표지를 달다. ⑦ (지도에) 표고[기호]를 붙이다.

Acribología (말의 사용에서) 정확(성).

Acrofonético [언어] 두음법(頭音法)의. 예) Escritura acrofonética 두음 문자.

Acrofonía [언어] 두음법(頭音法). 음절 문자(단 하나의 문자 기호로 한 음절을 표시하는 표기법)가 표의 문자(하나의 문자 기호로써 하나의 단어를 표시하는 표기법)로 만들어져, 표의 문자가 나타내는 단어의 첫 번째 음절의 음가를 그 표의 문자에 부여하는 것과 같은 표기법의 원리를 '두음법'이라 함.

Acronimia [언어] 두자법(頭字法). ※ Acrónimo 참조.

Acrónimo [언어] 두자학(頭字學). 두자어(頭字語). 단어처럼 발음되는 약자. 이름이나 구절 속에 나타난 단어들의 첫 글자들로 이루어진 문자들을 군(群)으로 합쳐놓은 약자로써, 이를 한 단어처럼 읽는 것을 일컬음. 예) ONU (Organización de las Naciones Unidas)

Actancial [언어] 행위자적 (역할, 위치). ① 화법(話法)적인 궤도를 통해서 진행함에 따라서 행동 주체는 다수의 확실한 화법적인 상태나 행동주(行動主)적 역할과 결합될 수 있음. 이것들은 화법적인 궤도 내의 행동주(체)의 위치와 특별한 양상(樣相)적 형태의 적용에 의해 규정됨. ② 행동주(行動主)적 위치는 그것 이전의 궤도(명백하게 되거나 단순히 전제된)의 전체성을 고려하면서, 화법(話法)적인 궤도에서 주어진 순간의 행동주(체)를 정의하는 반면에 행동주(체)적 역할은 단순히 이 궤도의 특별한 지점에서 담화상의 결합이 이루어질 때, 행동주(체)를 이미 구성한 것에 보태어지는 과잉적 상태에 해당하는 것을 일컬음.

Actante ① [언어] 동작주(動作主). 행위주(行爲主). 행위자. Fillmore (1966: 367). 명제 내에 있는 명사구를 지배하는 격 요소를 말함. 예를 들어 처소격(處所格, Locativo)이 명사구를 지배하는 것과 같은 것임. 예) ¿Qué hace X? X는 무엇을 하지? (이곳에서 동작주는 X임). ② 행위주. 이야기의 구조 분석에서 행위주는 행위가 행해져서 이익을 받는 수익자(受益者)와는 구별되는, 행위의 주역임. 행위주와 수익자가 동일 인물이 될 수도 있음. ③ [문학] 행위자.

Actitud [언어] (언어) 행동. 언어 행동은 언어를 사용하는 행동으로 의미를 만드는 것임. 우리는 어떤 사람에게 그를 돕거나 속이거나 그가 어떤 식으로 행동하게 하기 위해 얘기함. 이러한 식으로 인간이 실천할 때의 언어 개입은 뷜러에 의해 소쉬르적 의미의 말(파롤, Habla)에 비유됨. ※ Habla 참조.

Activa, oración [언어] 능동문. 수동문(oración pasiva)에 대조되는 것으로, 수동변형을 잠재적으로 적용 받을 만한 문장으로서 적용 받지 않은 비수동문을 말함. 다음 문장 ①은 능동문이고, ②는 이에 대응하는 수동문임. ① 《Él mata a ella 그는 그녀를 죽인다》 ② 《Ella es matada por él 그녀는 그에 의해 죽게 된다》 ※ Frases activas 참조.

Activo, -va [언어] 능동의. 타동의. 예) Participio activo 능동 분사, Voz activa 능동태. ※ Voz activa; Participio activo 참조.

Activo, verbo [언어] 타동사. 능동 동사. 목적어를 필요로 하는 동사. 예) Él **estudia** español 그는 스페인어를 공부한다.

Acto ① [언어] 행위. 예) Acto de la enunciación 발화 행위. Acto de lenguage 언어 행위. Acto sémico 의미[기호] 행위. ② [문학] ((연극)) 막(幕). 연극의 진행의 주 구분. 막은 흔히 장(場)으로 다시 나뉘며, 이 장은 현대 연극에서 보통 장소의 변화가 없고 시간의 연속성이 깨어지지 않고 진행의 단위로 이루어짐. ③ [철학] 현동(現動), 현실태(現實態).

Acto fático [언어] 강조적 행위.

Acto fónico [언어] 음성적 행위.

Acto ilocutivo [언어] 언표내적(言表內的) 행위. 문장을 발화하는 것(자체는 언표적 행위)이 그대로 다른 어떤 행위를 행하는 것이 되는 경우. ※ Pragmática 참조.

Actos indirectos [언어] 간접 화행. ※ Estilo indirecto; Pragmática 참조.

Acto locutivo [언어] ① 언표적(言表的) 행위. 일반문장을 발화하는 것을 의미함. [영국의 분석철학자 J. L. Austin(1911~1960)의 언어이론에 있어서의 중심 개념] ② 문법에 맞는 발화를 말하는, 혹은 산출하는 행위. 이를테면, 내가 《La tierra es redonda 지구는 둥글다.》라고 말하면, 나는 문법에 맞는 문장을 만든다는 언표적 행위를 수행한 셈임. ※ Pragmática 참조.

Acto perlocutivo [언어] 언향적(言響的) 행위. 언표매개행위. 문장을 발화함으로써 결과적으로 다른 어떤 행위를 가져오는 것을 의미함. ※ Pragmática 참조.

Acto retórico [언어·수사학] 수사학적 행위. 개인 특유의 표현 행위. ※ Retórica 참조.

Acto verbal [언어] 행위동사형(行爲動詞形). Jocobs y Rosenbaum (1968). 명령문을 가진 문장에 나타날 수 있는 행위 동사나 행위 형용사를 말함. 예)·명령문에서 행위동사의 경우. 예) ¡Tira de la cuerda! 로프를 당겨라! ·행위형용사의 경우. 예) ¡Sé puntual! 시간을 지켜라!

Actor [언어] 행위자. 행위주(行爲主). 행위의 주체. 행위자는 행동을 연기하는 서사(敍事 Narrativa) 속의 대리인임. 하지만 서사에서 대리인으로 행위하는 것은 대리인이 사건의 원인을 일으키거나 경험하는 것임. ※ Actante 참조.

Actuación [언어] 언어 수행. ① 언어 수행은 말(Habla: 언어 사회 구성원들의 각각으로부터 한정된 장소와 순간적 언어가 구체적으로 실현)됨과 유사한 개념으로 언어 능력을 언어 행동에서 실제적으로 사용하는 것을 말함. ② 구체적 상황에서 화자가 언어 능력을 실제로 사용하는 것을 말하는데, 언어 수행이 언어 능력의 정도를 직접적으로 반영하지는 못함. 이론적으로 무한하게 긴 문장을 만들어 낼 수는 있으나 많은 단어들을 그대로 기억한다는 것은 불가능한 것처럼, 말을 한다는 것은 기억력이나, 주의력, 감정 등 외부적 요인에 의해 그 모양새가 바뀔 수 있는 것임. ※ Habla; Significante 참조.

Actucación del cambio del sonido [언어] 음(音)변화의 시동. 변화 작용의 시작.

Actuación del hablante [언어] (생성 문법에서의) 언어 수행. 촘스키는 언어 행위에는 두 가지 요소, 즉 인간이 선천적으로 타고난 언어 능력과 구체적인 상황에서 언어를 실제적으로 사용하는 화자 - 청자 간의 언어수행(actuación del hablante)이 있다고 주장함.

Actual ① [언어] 현재의, 현재 시제의. 실현적(實現的). ② [철학] 현실의, 실재의(↔ Potencial 가능성의).

Actualización [언어·문학] 현실화. 현동화(現動化). 실현화. 구현. 많은 현대 언어학과 문학 이론들은 기초 추상 체계들과 특정한 수행들, 징후들 혹은 이러한 것들을 가능하게 하거나 이러한 것들로부터 생성되는 '현실화'를 구분함. 파롤(Habla)은 랑그(Lengua)의 현실화임. 그러므로 언어 능력에 대한 언어 수행, 일반적인 언어 능력의 특정한 문학적 글읽기, 기능들이 장치 속에 수록되어 있음직한 한 권의 민화이야기 등으로 인식될 수 있음. 넓은 의미에서 화용론(Pragmática)은 현실화의 연구로 정의될 수 있음. ※ Habla; Lengua; Pragmática 참조.

Actualizador [언어] 현동소(現動素). 현실화 소·자(現實化 素·子) 자체로서 잠재적 기호인 단어가 실제 문장에 쓰여 구체적인 의미나 기능을 지니게 되는 현상을 현동화 또는 현실화라고 할 때, 그 기능을 하게되는 최소의 단위.

Aculturación [문화] 이문화(異文化) 적응. 문화변용(文化變容). 서로 다른 문화를 가진 민족들이 접촉할 때, 여러 가지 특성과 요소가 계속해서 이입(移入)됨에 따라 나타나는 현상으로 새로운 문화형이 발생하는 이(異) 문화간(文化間)의 차용과정을 말함. 문화 변용은 서로 접촉하는 양쪽 문화에 관해 말할 수 있는데, 실제로는 장기(長期)적인 시간에 걸친 선진 사회와의 직접적 접촉에 의해 후진 문화에 나타난 변용을 의미함.

Acusativo [언어] 대격(對格)의. 예) Caso acusativo 대격. □ 대격(對格), 직접 목적 대명사. ((대격은 직접목적어로 사람이지만, 뜻의 혼동을 피하기 위해 전치사 a를 앞에 둠)) 예) Ella ve a tu madre 그녀는 너의 어머니를 본다. El perro mordió al gato 개가 고양이를 물었다. 전치사가 없는 대격은 동사 바로 뒤에 놓음. ※ Caso acusativo 참조.

Acústica [언어] 음향학적 (분야). 언어음을 구체적으로 포착하려 할 때, 취할 수 있는 세 가지 방법 중의 하나. 즉, 발음 기관에 의해 만들어진 언어음을 순수하게 공기의 진동현상으로 포착하려는 입장. 1940년대 말경부터 급속히 발전함. 오늘날에는 종래의 조음생리학적(調音生理學的) 음성학(音聲學)이 이루어 놓은 결과를 확인하거나 재해석(再解釋)할 때 쓰이고 있음.

Acústica, Etapa [언어] 음향 단계. 언어학자들이 연속적인 음을 불연속적인 소리의 단위로 분절할 수 있다고 생각한 두 번째 단계. 음성의 물리학적 제 특성 연구.

Acústico, ca ① [의학] 청각·청력의, 귀의. 예) Nervio acústico 청신경(聽神經). ② [언어] 전성(傳聲)의. 예) Tubo acústico 전성관(傳聲管). ③ 음향학의.

Ad- [어원] 「방향·움직임·근접·부가」의 뜻을 나타내는 접두어. 예) admirar 찬양하다, adyacente 근접한, adherir 붙다.

-ada [어원] ① 「집합」을 뜻하는 접미어. 예) toro → tor*ada* 소무리. ② 「내용」을 뜻하는 접미어. 예) cuchara → cuchar*ada* 숟가락 하나 가득. ③ 「시기」를 뜻하는 접미어. 예) cuerno → corn*ada* 뿔로 받기. ④ 「~다운 것」을 나타내는 접미어. 예) muchacho → muchach*ada* 어린애다움.

Adagio 격언, 속담, 잠언.

Adaptación ① [문학] 개작, 번안, 각색. ② [음악] 편곡. □ 개작: 이미 간행 또는 발표된 책이나 각본 등의 원 저작물의 내용을 수정하거나 다른 형식으로 다시 만드는 것. 예를 들어 고전(古典)의 내용을 시대에 맞게 고쳐 쓰거나, 성인용 도서를 아동용으로 고쳐 쓰는 것 등을 말한다. 개작을 할 경우에는 원저작물의 주제가 완전히 상실되어서는 안 되며 원저작자로부터 개작권을 얻어야 함. 개작한 도서는 개작서(epítome)라고 함.

Adaptar ① [문학] 개작 [번안·각색]하다. ② [음악] 편곡하다.

Ad hoc [언어] 특별 규칙; 에드 혹. Postal (1968) 등. 언어학적 일반화를 설명하려는 목적보다는 언어 분석자 자신의 이론적 가설로부터 나오는 풀리지 않는 문제들을 설명하기 위해서 특별히 고안한 규칙 또는 규칙의 자질을 말함.

Adecuación [언어] 타당성(妥當性). 조응(照應) 타당성. Chomsky(1964). 문법 및 일반 언어 이론이 충족시켜야 할 조건으로 관찰적 타당성, 기술적 타당성, 설명적 타당성 등 세 가지 등급의 타당성이 있다고 함. ① 관찰적(觀察的) 타당성: 문법에 한하여 쓰임. 문법이 일차적 언어 자질을 관찰된 대로 바르게 기술하고 있다면, 그 문법은 관찰적 타당성을 충족시키고 있다고 말함. 그러나 모든 관찰된 언어 현상 그것만을 정확하게 기술하는 문법을 만든다는 것은 사실상 불가능하며, 또한 언어학적으로도 별 의의가 있다고 생각할 수 없음. 따라서, 관찰적 타당성은 이론상 중요하지 않다고 봄. ② 기술적(記述的) 타당성: 문법과 일반 언어학 이론에 관하여 사용하는 용어. 문법이 이상적인 모국어 화자의 내재적 언어 능력을 바르게 기술하고 있다면, 그만큼 그 문법은 기술적 타당성을 충족했다고 말함. 일반 언어 이론에 관해서 보면, 어떤 언어에 관하여 기술상(記述上) 문법을 이끌어 낼 수 있는 경우에 있어서, 그 언어 이론은 기술적으로 타당하다고 말하고, 그와 같은 언어 이론을 '기술적(記述的) 이론(理論)'이라 부름. ③ 설명적(說明的) 타당성: 가장 높은 수준의 타당성으로서, 일반 언어이론에 관해서만 쓰이는 말. 일반 언어 이론은 정확한 평가 절차를 사용하여 일차적 언어 자료에 기초한 가능한 문법으로부터 기술적(記述的)으로 타당한 문법을 골라 낼 수 있다면, 그 이론은 어린이의 언어 습득 과정에 대한 경험적 가설을 바탕으로 하여, 모국어 화자의 언어 능력을 설명한 것이 됨으로, 설명적 타당성을 충족했다고 말할 수 있음. 그리고, 그와 같이 일반 언어 이론의 풍부한 발전을 기하기 위해서는 가장 높은 수준인 설명적 타당성을 지향하는 것, 즉 언어 보편소(Lingüística Universal)를 지향할 필요가 있음. 더욱이, 문법이 기술적 타당성을 가진 경우 그 문법은 외적 근거(根據)에 의해 정당화되어, 외적 정당성을 갖는다고 말함. 또한 어떤 문법이 설명적 타당성을 가진 언어 이론에 의해 선택된 것이라면, 그 문법은 내적 근거에 의해 정당화되어 내적 정당성을 갖는 다고 함. 이 두 종류의 정당화는 물론 모두 필요한 것이나 양자를 혼동해서는 안 됨. 즉, 기술적(記述的)인 언어이론은 기술적 타당성이라는 외적 조건을 충족시키는 문법을 의미할 뿐임. 내적 정당성이라는 보다 깊은 문제를 제시할 수 있는 것은 설명적 타당성을 가진 이론에서만 가능함. ※ Chomsky 참조.

Adecuado 동의(同義)의. 적절한. 타당성이 있는. 예) Expresión adecuada. 적절한 표현.

Adelante [문법] ((부사)) 앞에[으로], 전방에, 저쪽에. 예) *de aquí (en) adenlante* 금후, 이후; 이상; 여기서 앞으로. *de hoy [ahora] en adelante* 오늘 이후. □ ((호격으로 사용되는 경우)) 들어오세요!, 전진!, 계속하라! 예) *llevar adelante* 실현[실행]하다, 추진하다. *sacar adelante* 성공하다(tener éxito).

Adentro [문법] ((부사)) 안으로, 속으로, 안쪽에. □ ((명사)) 내심, 마음속, 본심. 예) En sus adentros, piensa de otro modo 내심으로는 달리 생각하고 있다.

□ ((호격으로 사용되는 경우)) 들어오세요(= ¡Adelante!).

Adesivo [언어] 면격(面格). 위치・장소 부사격. 위치를 표시하는 전치사와 그 장소의 목적어로서 구성된 전치사 부사구. 닿는 사물과 밀접한 간격을 보이는 전치사 부사구를 일컬음. 예) El libro está **sobre la mesa** 책은 책상 위에 있다.

Adición [언어] 첨가(添加). 음(音)첨가. ※ Anaptixis; Epitesis, Prótesis 참조.

Aditamento 부가, 추가, 첨가.

Adjetivación [언어] 형용사 사용. 형용사 붙이기. (명사의) 형용사적 사용.

Adjetivador [언어] (어미가 '-al'로 끝나게 하여, 명사에서 형용사로 변화하게 하는 어휘의) 형용사화 어미 형태소. 예) estructural 구조의 (← estructura 구조); constitucional 헌법의 (← Constitución 헌법).

Adjetival [언어] 형용사류(類). 형용사성(性). 형용사적 어구. ① 형용사류(形容詞類): 형태론에서 인정하는 4가지의 범주, 즉 명사, 인칭대명사, 형용사, 동사에 대비하여, 통사론에서 인정하는 범주는 이들과 대응된 별개의 명칭인 nominal, pronominal, adjetival, verbal 등과 같이 ~al로 끝나는 형태를 취함. 형태론의 층위에서 인정하는 범주와 통사론의 층위에서 인정하는 범주는 그 설정의 기준이 다를 뿐 아니라, 각각의 범주에 속하는 구성원 사이에도 많은 차이가 있으므로 명칭에 있어서 혼란을 피해야 하는데, 이런 점에서 볼 때 이 명칭법은 특징을 갖고 있다고 볼 수 있음. Adjetival은 흔히 말하는 '형용사적 어구', '형용사 상당어' 등에 해당하는 것을 말함. ② 형용사성(形容詞性): Lakoff(1965). 종래의 형용사와 동사는 모두 Verbo라는 한 가지 범주에 속한다고 하고, 이 두 가지의 성질을 구별하는 유일한 동사 자질을 형용사성이라고 불렀음. 이 가설의 논거는 문법 관계, 선택 제한, 상태성(狀態性)과 비상태성(非狀態性) 구별 등등 약 10가지 정도의 특성을 동사와 형용사가 공유한다고 하는 점임. 특히 양자(兩者)가 선택 제한을 가진다는 사실은 매우 중요함. 예를 들어 동사・형용사 중에는 똑같이 유정(有情, animado)의 주어는 취하지만, 무정(無情, inanimado)의 주어는 취하지 않는 것이 있음. 예) Ella sabe la verdad 그녀는 진실을 안다. *La roca sabe la verdad 바위가 진실을 안다. *La roca es simpática 바위는 착하다.

Adjetivización ※ Adjetivación 참조.

Adjetivizador ※ Adjetivador 참조.

Adjetivar 형용하다; (말에) 형용사를 붙이다.

Adjetivo [언어・문법] 형용사. 구조 문법에서 말하는 형용사는 전통 문법의 형용사와 개념을 달리함. 예를 들어 형용사를 muy와 같은 강조어와 결합하여 형용사적 합성어에 참여할 수 있는 낱말이라고 정의하는 것을 일컬음. 이러한 정의는 숫자(dos, cinco...)와 같은 전통적 형용사를 그 영역에서 배제함. 또 간혹 활용에 있어서 más와 관사(el, la, los, las) + más라는 형태를 취해 그 낱말로 정의할 경우가 있는데, 이 경우에는 비교급과 최상급으로 분류됨. □ 형용사는 품질 형용사와 한정 형용사 두 개로 크게 나누어지고 한정형용사는 소유, 지시, 수, 부정, 의문으로 세분됨. 명사를 직접 수식할 때 원칙적으로 사용함. □ 용례: ① 품질 형용사는 명사 다음에 한정 형용사는 명사 앞에 위치.

	한 정	명 사	품 질
소유	mis	ojos	negros
지시	estos	cabellos	hermosos
수	dos	individuos	sospechosos
부정	algunas	personas	ociosas
의문	cuántos	metros	de alto

② 앞의 원칙에 벗어나는 것은 강조를 뜻하며, 품질 형용사가 명사에 붙어 특정한 의미의 명사로 사용됨. 예) la blanca nieve 백설. desgracias mil 헤아릴 수 없는 불행. ③ bueno, malo 는 습관적으로 앞에 위치. 예) un buen alumno 선량한 학생. un mal ejemplo 악례(惡例). ④ 위치에 따라서 의미, 성질이 바뀌는 것도 있음. 예) hombre *grande* 거인. *gran* hombre 위대한 사람. niño *pobre* 가난한 아이. *pobre* niño 불쌍한 아이. ※ Gerundio; Participio 참조.

Adjetivo actual [언어] 실재적 성질의 형용사. ※ Virtual 참조.

Adjetivo atributivo [언어] 부가 형용사. ① 명사 다음에 오는 형용사는 객관적 논리성이 있음. 예) un hombre alto 키 큰 남자, la tela blanca 흰천. ② 명사 앞에 오는 형용사는 주관적, 감정적인 성격을 지님. 예) La hermosa montaña 아름다운 산. la roja rosa 붉은 장미.

Adjetivo calificativo [언어] 품질 형용사. 품질 형용사는 관계하는 모든 사람이나 물질에 대하여 모양, 색, 국적, 상태, 성질 등을 나타내는 형용사임. 품질 형용사는 관계하는 명사의 성·수에 일치함. 예) el jugador coreano 한국 선수. el producto bueno 좋은 제품.

Adjetivo comparativo [언어·문법] 비교급 형용사. 명사를 수식해서 그 양의 더함과 덜함을 나타내는 것을 의미함. ① '더한[많은]'이란 'Más'는 명사[부사가 될 때, 형용사] 앞에서 사용됨. 예) Él es más alto y tiene más dinero que yo 그는 나보다 키가 더 크며, 더 많은 돈을 가지고 있다. ② '더 적은'이란 'Menos'는 명사[부사가 될 때, 형용사] 앞에서 사용됨. 예) Soy menos alto que tú 난 너보다 크지 않다[덜 크다]. Tengo menos años que él 난 그보다 덜 나이를 먹었다. ③ '그렇게'라는 동등을 나타내는 비교는 'Tanto/-a/-os/-as'의 형태로 명사의 앞에 사용됨. 예) Hay tantos hombres como mujeres 여자만큼이나 그렇게 남자들이 있다. ※ Comparativo de igualdad; Comparativo de superioridad; Comparativo de inferioridad; Adverbio comparativo 참조.

Adjetivo cuantitativo [언어] 수량 형용사. 명사를 꾸며 양적인 것을 나타내는 것을 일컬음. 예) mucha agua 많은 물, algunos hombres 몇몇의 사람들.

Adjectivo deíctico [언어] 지시[직시] 형용사. ※ Adjetivo demostrativo 참조.

Adjectivo demostrativo [언어·문법] 지시 형용사. 원근에 따라 지시하는 것을 나타날 때 사용됨. 가까운 것을 지칭하며 말하는 화자의 가까이에 있는 것을 언급하는 este/-a~(이), 청자의 가까이에 있는 것을 기준으로 말을 하는 ese/-a~(그), 화자와 청자로부터 떨어진 제 3의 장소에 있는 거리 상으로 가장 먼 것을 말하는 것이 aquel/-lla~(저)이다. 예) este libro y esta pluma 이 책과 이 펜. ese lápiz y esa tiza 그 연필과 그 분필. aquellos libros y aquellas plumas 저 책들과 저 펜들. ※ Demostrativo, pronombres 참조.

Adjetivo determinativo [언어·문법] 한정 형용사. 한정 형용사는 ① 지시 형용사: este, ese, aquel..등등, ② 소유형용사: mi, tu, su...등등, ③ 부정 형용사: mucho, poco,...등등, ④ 수 형용사: uno, dos,..등등, ⑤ 관계 형용사: cuyo, cuanto,...등등, ⑥ 의문 형용사: qué, cuánto,..등등으로 나누어 짐.

Adjetivo distributivo [언어] 분배 형용사. 명사를 부분으로 분배하는 것을 일컬음. 예) ambos(as) 양쪽의, sendos(as) 한 사람에 하나씩의, cada 각각의, los demás 하나 혹은 여러 개를 제외하고 남은 것.

Adjetivo especificativo (특수성을 규정하는) 형용사.

Adjetivo explicativo 설명적 형용사.

Adjetivo gentilicio 지명·국명 형용사. ※ Gentilicios 참조.

Adjetivo incidental 삽입 형용사.

Adjetivo indefinido [언어] 부정(不定) 형용사. 부정확한 수치나 양을 나타낼 때 사용하는 형용사. 예) Mucho 많은, Poco 거의 없는(아주 극소수의).

Adjetivo interrogativo [언어] 의문 형용사. 의문사의 성격을 가진 형용사. 예) Qué libro 어떤 책, Cuántas personas 몇 명의 사람들. ※ Interrogativo 참조.

Adjetivo numeral [언어] 수 형용사. 숫자가 형용사 역할을 하는 경우. 예) Dos perros 두 마리의 개. Tres maletas 3개의 가방.

Adjetivo participial [언어·문법] 과거분사형 형용사. 일반적으로 과거분사형은 동사 -ar/ -er/ -ir의 형태에서 불규칙 형태이외에는 규칙으로 동사 -ar형태는 -ado의 어미 형태를 가지며, 동사 -er/ -ir형태는 -ido의 어미 형태를 가지게 됨. 이러한 형태가 형용사로 사용되어 명사의 성·수에 따라 마지막 -o가 형태를 변화하게 됨. 예) El hombre educado 교양있는 남자. La puerta cerrada 닫힌 문. ※ Participio 참조.

Adjetivo posesivo [언어·문법] 소유 형용사. 소유격의 형태로 명사의 앞에 오는 경우와 명사의 뒤에 오는 경우가 있음. 전치형은 명사의 앞에 놓이며 후치형은 명사의 뒤에 놓임. 뜻은 동일함. 그러나 전치형을 취할 때는 명사의 관사가 생략되나 후치형을 취할 때는 관사가 생략되지 않으며 반드시 성수 일치에 신경을 써야 함. 소유격은 그 수식해야 하는 명사의 성과 수에 따라 형태가 정해진다. 그 형태를 다음에서 보면,
① 전치형: 명사보다 앞에 위치.

	단수	복수
1인칭	mi	nuestro
2인칭	tu	vuestro
3인칭	su	su

위의 형태에서 1인칭·2인칭 복수만 명사의 성(Sexo)에 일치시키고, 나머지는 성과는 상관이 없음. 하지만 모든 인칭에서 명사의 수(Número)에는 일치를 시켜야 함. 예) <u>Mi</u> libro está en el escritorio 내 책은 책상 위에 있다. <u>Nuestra</u> escuela está en Seúl <u>우리</u> 학교는 서울에 있다.
② 후치형: 명사보다 뒤에 위치.

	단수	복수
1인칭	mío	nuestro
2인칭	tuyo	vuestro
3인칭	suyo	suyo

위 형태의 모든 인칭은 앞에 오는 명사의 성과 수에 따라 형태를 맞추어야 함. 예) La casa <u>suya</u> está cerca de la escuela <u>당신의</u> 집은 학교 근처에 있다. Las amigas <u>suyas</u> son japonesas <u>그녀</u> 여자 친구들은 일본인들이다. ※ Género; Número 참조.

Adjetivo predicativo [언어] 서술 형용사. 형용사적 주격 보어. 연결 동사의 뒤에서 주어를 수식하는 형용사를 일컬음. 예) El café es amargo 커피

는 쓰다. Mis compañeros son divertidos 내 동료들은 재미있는 사람들이다. ※ Copulativos, verbos 참조.

Adjetivo relativo [언어·문법] 관계 형용사. 관계 형용사는 관계 대명사 복합형이 형용사적으로 쓰여지는 것임. ① cuyo: 선행사는 주로 사람이 오지만 사물이 올 때도 있음. 또 cuyo는 소유 형용사의 의미를 가진 관계 형용사로 선행사인 명사의 성·수에 관계없이 cuyo 뒤에 오는 명사의 성·수에 일치해야 함. 의미에 있어서는 선행사의 의미를 담고 있음. 예) Visitamos España, cuya historia es muy interesante 스페인을 방문했는데, 스페인의 역사는 매우 흥미롭다. ※ 이러한 cuyo는 전치사를 동반하기도 함.

명사 + 전치사(a, de, en 등) + cuyo + 명사

예) Tengo el libro de cuyo amigo me hablas siempre 나는 네가 항상 나에게 말하는 그 친구의 책을 갖고 있다. ② cuanto: 수량의 의미를 지닌 것으로 다음에 오는 명사와 성·수 일치하여야 함. 하지만 중성이나 독립용법의 경우는 순수한 관계 대명사가 됨. 예) Él vendió cuantos libros tenía 그는 갖고 있던 책을 모두 팔았다. Ella perdió todo tenía 그녀는 가지고 있던 모든 것을 잃었다.

Adjetivos: el género y el número [문법] 형용사의 성(性)과 수(數). 형용사는 독립적 사용 자체로서 여성과 남성의 성질을 가지거나, 단수나 복수의 성질을 가지고 있지 못함. 이는 수식을 해야할 명사의 성과 수에 따라 함께 변화를 해야 하는 것임. 형용사의 어미에 따라 그 변하는 형태가 다를 수 있음.

□ 형용사의 형태.

어미 형태	남성 단수	여성 단수	남(혼)성 복수	여성 복수
-o/-a	guapo simpático	guapa simpática	guapos simpáticos	guapas simpáticas
-e	interesante amable		interesantes amables	
-l -z -n -x	genial audaz marrón gris		geniales audaces marrones grises	
-r/-ra	conservador	conservadora	conservadores	conservadoras

※ Adjetivo 참조.

Adjetivos interrogativos [문법] 의문 형용사. ※ Interrogativo 참조.

Adjetivos posesivos apocopados [문법] 어미 탈락형 소유 형용사. 전치형 소유 형용사. 예) **Mi** amigo 나의 친구, **Nuestros** asuntos 우리의 일들.

Adjetivo superlativo [언어] 최상급 형용사. 명사를 수식해서, 최상의 의

미를 나타내는 것을 의미. ※ Superlativo; Superlativo absoluto; Superlativo relativo 참조.

Adjetivo verbal [언어] 동사적 형용사. 형용사화된 동사의 현재 분사. 예) El agua hirviendo 끓고 있는 물.

Adjetivo virtual [언어] 잠재적 성질의 형용사. ※ Virtual 참조.

Adjuntivo [언어] 대등격, 동등격 (접속사). 합접 접속사(合接 接續詞). L. Tesnière는 Adjuntivo를 대등 접속사로 명명하고, 그 대표적인 형태로 y (그리고)를, 그리고 대등의 접속사 중에 반대의 뜻을 나타내는 o(또는)를 나타냄.

Adjunto [언어] 부가어(附加語). 부가부((附加部). 부가사((附加詞). 한 문장에서 주요 성분에 첨가되는 수식어로서, 두 가지로 나누어 보면 문장 부가어와 구절 부가어로 나뉨. 이러한 부가어는 그것이 첨가되는 머리에 의존적인 성분이며, 그 문자의 통사적인 변화 없이 첨가되고 제거될 수 있는 성분임. 따라서 부가어가 제거된다고 해서 문법성에 변화를 가져오지 않음. 부가어란, 명사구에서 명사를 수식하는 형용사, 혹은 동사구에서 동사를 수식하는 부사들을 가리키며, 문장 부가어는 문장 전체를 머리로 하는 수식어로서 장소, 시간, 결과, 이유, 방법, 조건들을 나타냄.

Adlativo [언어] (터키·핀란드어 따위

의) 향격(向格). 방향성을 내포하고 있는 조사를 일컬음. 터키어의 향격 어미는 E, A, YE, YA임. -a/ -o/ -u형으로 끝나는 단어의 뒤에서는 A이고, -e/ -i형으로 끝나는 단어 뒤에서는 E를 사용함. 그 이외에 모음으로 끝나는 단어 뒤에는 YE와 YA로써 개입하는 자음인 Y가 추가되어 있음. 향격 어미의 활용은 한국어와 같이 방향을 표시하고자 하는 단어의 뒤에 사용하면 됨. 예) Ben okula gidiyourim 난 학교에 간다[Ben 주격 '나'. Okul 명사 '학교'. Okul + a(A 향격 '~으로, ~에'). Gitmek의 현재형 1인칭 동사→ Gidiyorum '가다' [-git이라는 어간에서 현재 시제 동사형 iyor가 추가되면서 t가 d로 바뀌는 현상. 현재시제 iyor + 1인칭 um의 결합.]).

Admiración [인쇄] 감탄 부호. 스페인어는 특이하게 문장 앞에 거꾸로 부호를 달아야 함. 예) ¡Adelante! 앞으로!; 들어오세요!

Adnominal [언어] 명사 수식어의 (기능). 명사 수식. ① 전통 문법에서 형용사나 소유격이 내심구조 속에서 명사나 명사구를 수식하는 기능을 말함. ② O. Jespersen의 용어로 동사를 Adnominal categoría라고 함. 그것은 명사가 제 1 범주(주어)로 분석되며, 동사는 그 명사에 대하여 서술하거나 평언하는 것이기 때문임.

-ado, ada [어원] ① 「소유·빛」의 뜻을 나타내는 접미어. 예) barba →

barb*ado* 턱수염을 기른. azafrán → azafr*ado* 샤프란 색(빛)의. ② 「직무·자격」의 뜻을 나타내는 접미어. 예) doctor → doctor*ado* 박사자격. ③ 「임기」의 뜻을 나타내는 접미어. 예) rey → rein*ado* 왕 재위기간.

Adonde [문법] ((장소의 관계 부사)) …하는 곳[장소]에[로]. 예) Es muy caluroso el sitio adonde nos dirigimos 우리가 가는 곳은 무척 덥다.

Adónde [문법] ((장소의 의문 부사)) 어디에[로]. "a dónde"로도 표기함. ① [+ 이동의 동사] 예) ¿*Adónde* va? 어디 가십니까? ② [구어] [+ 비(非)이동의 동사] 예) ¿*Adónde* estamos? 여기는 어디입니까? ③ [전치사적] …의 장소에. 예) Voy adónde María 나는 마리아의 집에 가고 있습니다.

Adondequiera [문법] ((부사)) 어디든지, 어느 곳에나. 스페인에서는 주로 고어 표현으로 사용됨. 예) Yo iré adonde quiera te vayas 네가 가는 곳은 어디라도 나는 갈 것이다.

-ador [어원] 「행위자·기구·장소」의 형용사·명사. 예) crear → cre*ador* 창조자. pescar → pesc*ador* 어부.

Adquisición de lenguaje 언어 습득. 어린 아이의 모국어의 계기적 발달이 몇 단계로 나뉠 수 있는데, 다만 '언어' 전 단계에서 언어 단계로의 과정이 연속적이며 개인차가 있을 수 있음. [시기별 언어 습득 과정] □ 생후 3~6개월: 얼굴 표정과 목소리의 음조(Tono)를 이해하고, 발화기관을 움직여 여러 가지 소리를 내나 조리 있는 발화가 되지 않음. □ 생후 6~9개월: 손짓 등과 단순한 명령에 반응하여 모음을 발음하고 스스로 자극된 소리의 결합을 계속함. □ 생후 12개월: 외마디 말. 외부 영향에 활발히 반응하고, 처음으로 '낱말'(한 단어 문장)들을 발화하고 반복적인 말장난을 함. □ 생후 15개월: 주위의 말의 요소를 자신의 통제되지 않은 말의 흐름 속에 넣고, 어휘가 20단어 이상으로 증가하며 두 단어 문장으로 의사소통을 함. □ 생후 2년: 지시하는 말을 다 알아듣고, 바라는 것을 구절을 지어 말하기 시작함. □ 생후 4년: 자신에게 하는 어른의 이야기를 다 알아듣고 언어 구조를 거의 완전하게 정복함.

Adstrato [언어] (언어의) 방층(傍層). 여러 언어가 접촉하고 있는 상황에서, 한 언어가 다른 언어에 완전히 흡수되거나 소멸하지 않고, 그 언어들이 서로 다양하게 영향을 미치는 경우, 한 언어는 다른 언어의 방층이라고 말함. 이러한 언어 접촉의 상황에 의하여 언어 변화를 설명하는 이론이 파동설임. 이와 관련하여 트루베츠코이(Trubetzkoy)와 피사니(Pisani)는 언어 연합이라는 개념을 도입함. 언어 연합은 이러한 인접한 여러 언어가 음운·문법·어휘상으로 서로 영향을 미쳐서 공통된 특징을 가지게 되는 것을 말함.

Aducción [언어] 내전(內轉). 내전 운동(↔ abducción 외전작용). ※ Abducción 참조.

Aducir ① 인용[입증]하다, 증거로 제시하다, (사실·예를) 지적하다. ② 첨가하다, 덧붙이다.

Aducto 입력(入力). 대입.

Adverbial [언어] 부사적 어구. □ 부사의, 부사적인. 예) frase adverbial 부사구. oración adverbial 부사절.

Adverbialización [언어·문법] (형용사의) 부사화. □ 방법: ① 형용사의 어미에 -o로 끝나는 것은 -o를 -a로 바꾸고 -mente를 붙임. 예) directo → directamente (직접으로) claro → claramente (분명히) ② 그 밖의 것은 그대로의 형태에 -mente를 붙이면 됨. 강세의 위치는 바꾸지 않음. 예) alegre → alegremente (즐겁게) fácil → fácilmente (손쉽게). ※ -mente 참조.

Adverbializador [언어] (형용사를 부사로 만드는 '-mente' 등의) 부사화 어미 형태소. 어휘 종결 부분에 붙여 부사 기능을 하게 하는 것으로서, 형용사 어미에 -mente를 붙이는 것임. ※ 참조 Adverbialización. 예) correcto 정확한 > correctamente 정확하게.

Adverbialidad [언어] 부사적 성질. ※ Adverbio 참조.

Adverbializar 부사로 사용하다.

Adverbialmente 부사적으로.

Adverbiar 부사로 사용하다.

Adverbio [언어·문법] 부사. 부사는 동사, 형용사, 다른 부사에 첨가하여 그 뜻을 수식하는 말임. 성·수의 변화를 하지 않는 품사. 부사는 동사의 관계는 형용사와 명사의 관계와 같음. 부사는 동사의 행동에 영향을 미칠 뿐만 아니라 다른 말들, 그리고 전체 문장을 수식하기도 함. 수식어로서 부사가 형용사와 다른 점은 형용사의 기능이 명사에서 구체화하는 반면, 부사의 기능은 동사에 영향을 준다는 것임. [(예) Seguramente ella no te ha dicho la verdad 확실히 그녀는 너에게 진실을 말하지 않았다.] 부사의 형태는 변하지 않지만, más tarde, tan temprano 등과 같이 비교급을 허용하고, prontito(← pronto), cerquita (← cerca) 등과 같은 축소형도 만들 수 있음. 그러나 증대형은 허용하지 않음에 주의. 여러 부사는 원래 형용사였는데, 형용사형 뒤에 ~mente를 붙여 부사를 만듦. 예) directo → directamente, especial → especialmente. ※ 남성형 어미 ~o로 끝난 형용사형은 ~a로 고쳐서 mente를 붙임. ※ -mente.

Adverbio interrogativo [문법] 의문 부사. 장소·시간·방법·이유를 나타내는 부사로서, 항상 강세(Acento) 부호를 지니고 있어야만 하는 의문사를 일컬음. 예) ¿Dónde vive Ud.? 당신은 어디에 사시죠? ¿Cuándo sale el tren? 기차는 언제 출발하죠? ¿Cómo puedo aprender español? 어떻게 스페인어를 배울 수 있을 까요? ¿Por qué no me lo dices? 왜 넌 내게 그것을 말하지 않니? ※ Interrogativo 참조.

Adverbio comparativo [문법] 비교급 부사. 형용사를 수식해 주는 부사를 일컬음. ① más가 형용사를 수식할 때: Ella es más alta que tú 그녀는 너보다 더 크다. ② menos가 형용사를 수식할 때: Soy menos pequeño que ella 난 그녀보다 덜 작다(더 크다). ③ tan은 동등 비교로서 형용사 앞에서 사용됨: Estos son tan importante como aquéllos 이것들은 저것들만큼 그렇게 중요하다. ※ Adverbio; Adjetivo comparativo 참조.

Adverbio relativo [언어·문법] 관계 부사. 관계 부사는 접속사와 부사의 역할을 하며 부사, 부사구 또는 명사를 선행사로 하는데 선행사 없이 쓰이기도 함. ① cuando: 시간의 관계어로서 시간을 나타내는 부사·부사구 또는 명사 등을 선행사로 함. 예) Era por enero cuando conocí a Sancho. 산초를 안 것은 1월경이었다. ② donde: 장소의 관계어로서 장소의 부사나 명사를 선행사로 함. 예) Le seguí a todos los sitios a donde iba. 그가 가는 곳에는 어디라도 따라갔다. ③ como: 방법의 관계어로서 방법을 의미하는 부사·부사구 또는 명사를 선 행사로 함. 예) Era diferente a como me la había imaginado. 그녀는 내가 상상하고 있던 것보다 달라져 있었다. ※ Adverbio 참조.

Adverbios de afirmación [문법] 긍정 부사. 예) sí, también, absolutamente, cierto, claro, ... 등등. ※ Adverbio 참조.

Adverbios de cantidad [문법] 수량 부사. 예) poco, mucho, muy, casi, bastante, ... 등등. ※ Adverbio 참조.

Adverbios de lugar [문법] 장소 부사. 예) aquí, ahí, allí, encima, detrás, ... 등등. ※ Adverbio 참조.

Adverbios de modo [문법] 방법·양태 부사. 예) bien, mal, como, cual, así, tal, peor, ... 등등. ※ Adverbio 참조.

Adverbios de negación [문법] 부정(否定) 부사. 예) no, tampoco, apenas, nunca, jamás, nada, ... 등등. ※ Adverbio 참조.

Adverbios de tiempo [문법] 시간 부사. 예) ahora, hoy, ayer, anteayer, mañana, depués, ... 등등. ※ Adverbio 참조.

Adverbios dubitativos [문법] 의문 부사. 예) acaso, quizá, tal vez, probablemente, ... 등등. ※ Adverbio 참조.

Adverbios en ~mente [문법] 형용사 끝에 mente를 붙여 만들어지는 부사. 형용사가 ~o로 끝나는 경우는 'o'를 'a'로 고쳐 끝에 mente를 붙임. 이외의 형용사의 경우 단수형에 mente를 붙여 부사로 사용함. ※ Adverbio; - mente 참조.

Adverbios interrogativos [문법] 의문 부사. ※ Interrogativo 참조.

Adverbios relativos [언어·문법] 관계 부사. 관계 부사는 접속사와 부사의 역할을 하며 부사, 부사구 또는 명사를 선행사로 하는데 선행사 없이 쓰이기도 함. ① cuando : 시간의 관계어로서 시간을 나타내는 부사·부사구 또는 명사 등을 선행사로 한다. 예) Era por enero *cuando* conocí a Sancho 산초를 안 것은 1월경이었다. ② donde : 장소의 관계어로서 장소의 부사나 명사를 선행사로 함. 예) Le seguí a todos los sitios a *donde* iba 그가 가는 곳에는 어디라도 따라갔다. ③ como : 방법의 관계어로서 방법을 의미하는 부사·부사구 또는 명사를 선행사로 함. 예) Era diferente a *como* me la había imaginado 그녀는 내가 상상하고 있던 것보다 달라져 있었다. ※ Adverbio 참조.

Adversativo [언어] 반의(反意)의. 배반(背反)의. 예) adjunción adversativa 배반접속사: pero, mas 등등. ※ Adverbio 참조.

Adyacencia [언어] 인접성(隣接性). 변형규칙의 세 유형 중의 하나로서 국부적 변형의 조건이 되는 다음과 같은 개념임. 즉, 국부적 변형은 그 변형의 구조 기술이 두 인접한 상항(常項)을 언급하는데 국한됨.

Adyacente 인접한, 인접의, 이웃한.

Adyacente asimilación [언어] 인접 동화. 어떤 음이 바로 앞의 음이나 뒤따르는 음에 의해서 같거나 유사한 음으로 바뀌는 현상을 말하는데, 대부분의 음 변화가 이에 속함.

Afasia [의학] 실어증(失語症). 실어증은 지적 능력에 아무 결함이 없이 오는 전달 기능의 혼란을 말함. 이것은 사람의 왼쪽 두뇌에 상해를 입었을 때 발생하는데, 신경 심리학자나 신경 언어학자는 이 왼쪽 두뇌를 언어역(言語域)이라고 지칭함.

Afásico, ca [의학] 실어증의, □ 실어증 환자.

Afectivo 정의적(情意的)인. 정서적인.

Afesis [언어] 어두음절·두음절 생략. ※ Aféresis 참조.

Afemia [의학] 완전 실어증. 실어. 실어증.

Aféresis [언어] 어두음절(語頭音節) 생략. 예) enhorabuena가 horabuena로, Antonio가 Tonio로 사용하는 경

우.

Afidávit (단·복수 동형)선서 구술서, 선서 진술서.

Afijación 접두어나 접미어를 붙이는 일.

Afijal [언어] 접사(接辭)의.

Afijo [언어] 접사(接辭). 형태소(morfema) 중 분절형태소를 둘로 나누면, 접사와 어근이 되는데, 접사는 un-, dis-와 같은 접두사(prefijo)와 -mente, -ando 등의 접미사(sufijo)가 있음. 어근에 삽입되는 접사, 즉 접요사(接腰辭)를 가진 어휘도 있음. ※ Prefijo; Sufijo 참조.

Afluencia 유창, 달변, 능변, 다변.

Afluente 유창한, 다변의.

Afinidad [언어] 유연 관계(類緣 關係). 유록성(類緣性). 이 용어는 다음 두 가지 관점에서 설명될 수 있음. ① 구조적 유사성이나 공통적인 기원을 가진 어떤 것에 관해서 어족(語族)관계를 고려치 않고 씀. ② 대치하는 음소와 대치되는 음소 사이에 음소 대 음소의 대응 현상을 가리키는 경우임.

Afinidad lingüística [언어] 언어적 동족. 그 고유한 발전의 추이가 서로 대응될 때, 다른 언어로부터 하나의 언어에 의해 구성 요소가 차용이 되는 접촉하는 두 언어 사이의 관계.

Afirmación [언어] 긍정. (어원적인 뜻) 견고하게 하기, 확립. ※ Adverbio de afirmación 참조.

Afirmativo [언어] 긍정의. 예) Proposición afirmativa 긍정문.

Afiliación [문학] 제휴. 에드워드 사이드(Edward Said)는 제휴를 텍스트 자체를 텍스트로 유지시킬 수 있는 것이며, 제휴는 작가의 지위, 역사적 순간, 발행 조건들, 보급과 평판, 발생된 가치, 상정된 가치들과 관념들, 합의적으로 취해진 묵인된 독점구조, 추정된 배경 등의 상황에 달려있다(1984)고 언급하면서, 결과적으로 제휴는 문학적 파생의 지나치게 단순한 관점과 대조되며, 이것에 따라 문학작품들은 다른 문학작품들의 용어와 관점에서 이해되어야 한다고 함.

Aforismo 금언, 격언, 경구, 잠언. 원래는 과학과 예술에 있어서의 이론의 간단한 정의였음. 오늘날에는 간결하면서 압축된 짧은 형태로 표현된 멋지고 날카로운 인생관, 사회와 문명에 관한 촌평과 같은 것을 가리킴.

Aforístico, ca 금언의, 경구와 비슷한.

Africación [언어] 파찰(破擦). 폐쇄와 마찰을 긴밀하게 결합시킨 자음. 파찰음의 초두에서는 폐쇄가, 말미에서는 마찰이 한층 중요한데, 이 두 조음은, 오랫동안 믿어져 온 것처럼 계기(繼起)적인 것은 아니고 동시적인 것임. ※ Africada (consonante) 참조.

Africada (consonante) [언어] 폐쇄 마찰음. 파찰음(破擦音). 혹은 **반 폐쇄음**(semioclusiva). 파찰음은 일시적으로 정지된 공기가 천천히 개방되면서 마찰과 폐쇄의 결합 상태가 일어날 때의 소리를 말하게 됨. 이 소리는 파열(폐쇄)로 시작하여 마찰음으로 끝나게 된다. 예) /ĉ/ <u>ch</u>iste. ※ Semioclusiva 참조.

Africanismo ① 아프리카 기원의 스페인어. ② 아프리카 언어[풍습]의 영향.

Afro- [어원]「아프리카」를 뜻함. 예) *afro*americano 아메리카 흑인; *afro-*eurofeo 아프리카·유럽적인.

Agente [언어] 행위자. 동작주(動作主) 변형생성 문법에서 동사의 행위를 실행하는 SN나 SP에 주어지는 의미역 기능임. 보통 능동구문에서는 주어가 행위자에 해당됨. 예)《Juan golpea a María》에서는 Juan이 행위자이며, 수동문《María es golpeada por Juan》에서는 뒤의 SP가 행위자가 됨. 그러나《María recibe un regalo》에서는 María는 주어이지만 엄밀히 의미에서 행위의 주체가 아닌 입장이므로 행위자가 되지 않음.

Agentivo [언어] 행위격(行爲格), 동작주격(動作主格); 행위자를 나타내는.

Aglomerado [언어] 음군(音群). 둘 또는 그 이상이 서로 접(接)하여 나타나는 모음 또는 자음의 결합체. 특히 자음의 연결에 관하여 쓰임.

Aglosia [의학] 무설증(無舌症).

Aglutinación [언어] 교착(膠着). 접착(接着). 명확한 의미를 가진 각각의 요소를 계속 첨가하여 파생어나 복합어를 만드는 언어를 말함. 굴절어(屈折語) 및 고립어(孤立語)에 대조됨. 언어를 이렇게 형태상 세 가지로 구분하는 것은 절대적이거나 배타적인 구분은 아니고, 오히려 각 언어의 특성을 구별할 때 도움이 되는 상대적이고 편의적인 구분임.

Aglutinante [언어] 교착(膠着)성의. 예) Lengua aglutinante 교착어(膠着語)

Agnosia [의학] 실인증(失認症). 인지실어증. 시각적으로는 완전히 정상이나 본 것을 인식할 수 없는 상태를 뜻함.

Agrafía [의학] 실서증(失書症). 쓰기 결함. 글을 쓸 때, 비슷한 다른 글자로 대치하거나 고정형 문장이 섞이고 반복되어 이해할 수 없게 만드는 현상으로 실어증과 유사한 증상임.

Agramaticalidad [언어] 비(非)문법성. 음운 형태·통사적 규범(칙)을 따르지 않는 것. 예) *Sancho niño un es simpática. ((어순과 성·수에서 오류가 나타남))

Agramaticismo [의학] ① 실문법증(失文法症). 문장을 올바르게 바꾸지 못하는 지능 박약(실어증의 한 형태).

② 한 자(字) 또는 여러 자를 빠뜨리고 낱말을 발음하는 구음(構音) 장애.

Aguda (palabra) [언어] 끝음절에 강세가 있는 단어. n이나 s가 아닌 자음으로 끝나는 단어. 예) papel, pared.

Agudas, vocales [언어] 고모음(高母音). 날카로운 음. 혀의 위치가 앞으로 쏠리며, 입안의 공간이 비교적 좁음. 성대의 진동은 비교적 많음. 예) [e], [i].

Agudez 예리한·신랄한 말씨.

Ahí [문법] ((부사)) ① 거기, 그 쪽에. ② 그 점에. ③ [드묾] 저기, 저쪽에. ((아메리카 대륙에서는 allí 대신에 많이 사용되기도 함)). ※ Adverbio; Adverbios de lugar 참조.

Ahora [문법] ((부사)) ① 지금, 현재. 예) Ahora me voy 지금 갑니다. ② 조금 전(前). 예) Ahora lo he visto 조금 전 나는 그것을 보았다. ③ 곧. 예) Ahora escribiré 곧 편지하겠다. ④ 그런데, 그렇다 치고. 예) Ahora mismo 지금 곧[당장]. por ahora 지금으로서는, 우선은, 지금 당장에. ※ Adverbios de tiempo 참조.

Ahormante [언어] 구절 표시(= Indicador sintagmático). 어휘적 형태소에 대하여, 문장의 통사 구조를 나타내는 문법적인 표시를 일컬음.

Aislable [언어] (언어적으로) 고립어(孤立語)가 될 수 있는.

Aislador [언어] 고립어(孤立語). ① 중국어처럼, 단어가 원칙적으로 단음절어로 되어 있어서, 단어의 형태 변화가 없고, 단어가 놓이는 위치에 따라 문법적 관계가 달라지는 말. ② 어떤 언어에서의 단어가 불변화어(不變化語)이거나, 혹은 불변화어로 되려는 경향을 지녔기 때문에, 어기(語基, Radical)와 문법 요소가 구별되지 않는 말을 일컬음.

Aislamiento [언어] 고립도(孤立度). 각 낱말 형태가 일반적으로 하나의 형태소(morfema)로 이루어진 언어. 예를 들어 고전 중국어와 베트남어를 들 수 있음. 고전 중국어보다는 좁은 범위에 그치지만, 현대 중국어도 고립어임. 고립어는 분석어의 경향을 나타내기도 하므로 고립과 분석이라는 용어가 언어학에서는 흔히 구별 없이 쓰임.

Aislante [언어] (언어적으로) 고립된, 격리된.

-aje [어원] ① 동사에서「행위·결과·장소·요금」의 명사어미. 예) Emb*laje*, hosped*aje*, almacen*aje*. ② 명사에서「집합·행위·요금·기간」의 어미. 예) balcon*aje*, barc*aje*, apredi*zaje*.

-ajo [어원]「축소·경멸」의 뜻. 예) hierb*ajo* 잡초. termin*ajo* 저급한 말.

Al [문법] ((전치사 a와 정관사 el의 결합형)) *al+inf*. ① …할 때 ((동사 원형의 주어와 주동사의 주어는 원칙적으로 같다)). 예) Al amanecer 동틀녘에. Al anochecer 해거름에. *Al salir de casa, la vi* 나는 집에서 나갈 때 그녀를 보았다. ② ((이유・원인)) …해서, …이므로. 예) *Al enterarse de eso, dejé de fiarme de él* 나는 그것을 알았기 때문에 그를 믿지 않게 되었다. *Yo me sorprendí al verla caminar deprisa* 나는 그녀가 급히 걷는 것을 보고 놀랐다. ③ ((주로 중남미에서, 조건)) …하면. 예) *Al fracasar en los exámenes, él se pondría a estudiar seriamente* 그가 시험에 실패하면 착실히 공부하기 시작할 것이다. ※ Contracción 참조.

-al [어원] 「명사 + al」 ① 「품질 형용사화」 예) nacion*al* 국가의. region*al* 지방의. ② 「명사화; 재배지」 예) arroz*al* 논. trig*al* 밀밭. tabac*al* 담배밭.

Alabado 성찬 찬미가. 새벽 찬송가. 장송가(葬送歌).

Alabanza 칭찬, 찬사.

Alalia [의학] 발어 불능증(發語 不能症). 운동성 실어증이란 이름으로 알려져 있는 언어 장애를 가리키는 데 19세기부터 사용되었음.

Alargamiento [언어] 장음화(長音化).

Alargamiento compensatorio [언어] 대상(代償) 연장. 자음탈락대신 일어나는 모음의 장음화. 스페인어에서는 강세로 인해 기본 모음보다 길고 강하게 발음됨. 예) Carnet → Carné 카드.

Albi- [어원] 「흰」이란 의미. 예) *albí*colo 목이 흰.

Alcance 이해력이 미치는 범위. 지적 수준; 능력, 역량.

Alcuno 별명, 이명(異名).

ALEC [용어] 콜롬비아 방언 도감(= Glosario Lexicográfico del Altas Lingüístico - Etnográfico de Colombia)

Alegoría [문학] 우의(寓意), 비유, 우화, 우의화(寓意化), 우의 시문(詩文). 알레고리. 알레고리는 행위자(agente)와 행동, 때로는 그 배경까지가, '축어적'이거나 일차적 수준에서 일관된 의미를 구성하고, 또 행위자와 개념과 사건의 이차적이고 상호 연관적인 수준을 의미하도록 고안된 서사물을 일컬음. ※ Agente 참조.

Alegorización [문학] 우의화(寓意化), 비유, 우의적 표현.

Alegorizador, ra [문학] 우의적 표현을 하는 사람.

Alejado [언어] (대화 서술 시점에서 볼 때) 가까움의 상대 개념이자, 발화자로부터 멀리에 있는 개념을 일컬을 때, 사용하는 말로, 'Próximo'의 반대 개념으로 사용됨. 인칭 시점에서 일차적으로 언급되는 사람이나 사물과 이차적으로 언급되는 다소 거리감이 있는 사람이나 사물과의 사이에서 구별을 지어주는 것으로, Yo(나), Tú(너). Él(그) 라는 개념 사이의 정의를 내리는 기준으로 사용될 수 있음. 스페인어에서는 또한 대표적으로 지시 대명사인 Éste(이것), Ése(그것), Aquél(저것)의 구별지음에도 직접적으로 사용될 수 있음.

Alejandrinismo [철학·문학] 알렉산드리아 문명·학파 철학. (문학·예술이) 미사여구(장식)에 치우친 경향 또는 양식.

Alejandrinos [문학] 알렉산드리아 시행. 12 음절의 운문(시구). 예) Verso alejandrino 12음절 시구.

Alexia [의학] 실독증(失讀症). 뇌 이상으로 인한 독서 불능.

Aleya 회교 경전의 장구(章句).

Alfa 알파, 그리스어 자모의 첫 문자. 예) alfa y omega 처음과 끝.

Alfabética (escritura) [언어·문법] (스페인어) 자모 철자. ▶ 1992년 스페인 한림원(Real Academia Española)에서 스페인어의 알파벳을 모두 27자로 통일시킴. 기존의 Ch와 Ll은 각각 C와 L 자음군으로 포함되었음.(단, /rr/ 음소는 이전부터 발음으로만 존재할 뿐 자모철자 표에는 나타나지 않음) □ 5개의 모음: 모음은 강모음과 약모음으로 나뉘어 짐. 강모음은 /a/·/e/·/o/이고, 약모음은 /i/·/u/임. 강모음에 항상 강세가 온다는 것을 기본으로 강모음과 강모음이 만났을 때는 음절 분해를 통해 두 음절로 만들어 준다는 것을 명심하고, 약모음과 약모음이 만났을 때는 이 두 모음을 한 음절로 보고 뒤에 오는 모음에 강세를 준다는 것에 주의해야 함. ① 모음의 발음: * /a/는 발음상 [ㅏ]로 발음함. 예) Padre [빠드레] * /e/는 발음상 [ㅔ]로 발음함. 예) Pepenche [뻬뻰체] * /o/는 발음상 [ㅗ]로 발음함. 예) Pobre [뽀브레] * /i/는 발음상 [ㅣ]로 발음함. 예) Pipi [삐삐] * /u/는 발음상 [ㅜ]로 발음함. 예) Pudo [뿌도]. ② 22개의 자음 발음: * /b/는 발음상 [ㅂ]으로 발음됨. 예) Bobo [보보] * /c/는 발음상 [ㅆ 또는 ㄲ]으로 발음됨. 모음 /a/·/o/·/u/ 앞에서는 [ㄲ]으로 발음이 되며, /e/·/i/ 앞에서는 [ㅆ]으로 발음이 됨. 예) Cambio [깜비오], Cebolla [쎄보야] **/ch/는 발음상으로만 존재하는 알파벳 [ㅊ]으로 발음됨. 예) Sancho [산초] * /d/는 발음상 [ㄷ]으로 발음됨. 예) Doctor [독또르] * /f/는 발음상 [ㅍ]으로 발음됨. 예) Foto [포또] * /g/는 발음상 [ㅎ 또는 ㄱ]으로 발음됨. 모음 /a/·/o/·/u/ 앞에서는 [ㄱ]으로 발음이 되며, /e/·/i/ 앞에서는 [ㅎ]으로 발음이 됨. 예) Gota [고따], Gente [헨떼] * /h/는 발음을 하지 않음. 예) Hacha [아차] * /j/는 발음상

[ㅎ]으로 발음됨. 예) Joven [호벤] * /k/는 발음상 [ㄲ]으로 발음됨. 예) Kilo [낄로] * /l/는 발음상 [ㄹ]로 발음됨. 예) Lindo [린도] ** /ll/는 발음상 자체적인 발음은 하지 않은 채로, 뒤의 모음을 이중모음화 시키는 현상을 보이는 지역도 있고, /l/발음을 연속해 두 번 발음하는 현상을 나타내는 지역도 있음. 예) Calle [까예] 또는 [깔례] * /n/는 발음상 [ㄴ]으로 발음된다. 예) Nonato [노나또] * /ñ/는 발음상 /n/의 음가를 유지하면서, 뒤에 오는 모음을 이중 모음화 시킴. 예) Niño [니뇨] * /p/는 발음상 [ㅃ]로 발음됨. 예) Posada [뽀사다] * /q/는 발음상 [ㄲ]로 발음됨. 예) Quién [끼엔] * /r/는 발음상 [ㄹ]로 발음이 되지만, 단어의 맨 첫머리에 올 때는 /rr/처럼 발음을 하며, 단어의 맨 끝에 올 때는 /rr/로 읽어도 되고 읽지 않아도 됨. 예) Curso [꾸르소], Rata [ㄹ~라따] ** /rr/는 발음상 [ㄹ~ㄹ]로 발음함. 예) Correo [꼬ㄹ~레오] * /s/는 발음상 [ㅅ]으로 발음됨. 예) Sabor [사보르] * /t/는 발음상 /따/으로 발음됨. 예) Tan [딴] * /v/는 발음상 /ㅂ/으로 발음됨. 예) Vaso [바소] * /w/는 발음이 불가능하나, 외래어 차용어에서 [우]로 발음함. 예) Sandwich [산드위츠] * /x/는 /c/ + /t/ 음가와 같은 발음인 [ㄱ + 씨]로 발음됨. 예) Éxito [엑씨또] * /y/는 발음상 [ㅣ]로 발음되는데, 뒤에 오는 모음을 이중모음화 시키는 역할을 함. 예) Ayer [아예르] * /z/는 발음상 [씨]로 발음됨. 예) Jazmín [하쓰민]. ※ Reglas de pronunciación 참조.

Alfabeto español (스페인어) 자모표. 스페인어 27개의 자모. ※ Alfabética 참조.

Alfabeto fonético [언어] 음성학 기호, 음성학 자모표.

☐ 자음(Consonante)

음	양순	순치	치	치조	구개치조	구개	연구개
비(폐쇄)	m			n			ŋ
폐쇄	p b			t d			k g
마찰		f v	θ ð	s z	ʃ ʒ		
중앙(접근)	(w)			ɹ		j	w
설측(접근)				l			

※ 가로는 조음 장소를 나타내며, 세로는 조음 방식을 나타냄. 한 칸에 2개의 기호가 들어있는 경우 왼쪽 기호는 무성음을 나타냄. 나머지는 모두 유성음.
※ 도표 상 나타나지 않은 2개가 연결이 된 파찰음 [tʃ], [dʒ]에도 주의.

☐ 모음(Vocal)
<전설>   <중설>   <후설>

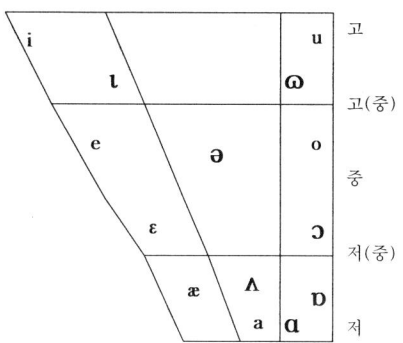

Alfonso X el sabio [문학·역사] 알폰소 10세(1221?~1284). 레온 가스띠야 왕(재위 1252~84). 현왕(賢王)으로 일컬어짐. 페르난도 3세의 장남으로, 이슬람교도와 싸워 스페인 남동부의 무르시아·카르타헤나 등을 탈환함. 1257년 독일 황제로 선출되었으나, 교황의 반대로 대관식은 올리지 못함. 또 외국과의 전쟁으로 경비(經費)가 늘어나 귀족·친족들의 비난을 받았으며, 차남인 산초와의 싸움에서 패하여 폐위됨. 그러나 학문·문학의 보호자로서는 중세 최대의 인물로, 세비야·똘레도에 학자를 모아 우대하고 학교를 세워 13세기 스페인 문화를 개화시킴. 왕 스스로 시작(詩作)도 하고, 까스띠야어(스페인어)로 된 최초 의사서 "대연대기"와 "칠부법전" 등을 편집시킴. 칠부법전(Las Siete Partidas)은 귀족세력에 대항하여 왕권을 확립시키려고 한 획기적인 사업이었음. 또 천문학을 장려하여 해와 달과 행성의 운행 추정표인 '알폰소 표(表)'를 만들게 한 것으로도 유명한데, 이것은 이전에 이슬람교도가 만든 '똘레도 표(表)'보다도 정확하였으므로 이후 3 세기동안 기준성표(基準星表)로서 활용되었음.

Algarabía 아라비아어, 아랍언어 (Lengua árabe).

-algia [어원] 「고통」을 뜻하는 접미어. 예) cefal*gía* 두통.

Algo [문법] ((대명사로 사용)) ① 어떤 것, 무엇인가, 무엇이라도, 다소, 얼마간. 예) Tengo algo que hacer 나는 할 일이 조금 있다. ② [+de] …의 얼마간. 예) tener algo *de* buen sentido 얼마간의 좋은 생각이 있다. □ ((부사로 사용)) 약간, 얼마간. 예) Entiendo algo el latín 나는 라틴어를 약간 알고 있다. ※ Pronombre; Adverbio 참조.

Algoritmo [언어] 알고리즘. 산술. 항상 끝이 나는 절차(節次)를 알고리즘 (Algoritmo)이라고 함. 예로서, 1보다 큰 어떤 정수(整數)가 소수(素數)인지를 결정하는 Algoritmo로 다음과 같은 과정이 있을 수 있음. 지시: ① J = 2로 두라. ② J ≥ 1이면, 정지하라. I는 소수다. ③ I / J가 정수이면, 정지하라. I는 소수가 아니다. ④ J = J + 1로 둬라. ⑤ '②번' 지시로 돌아가라. 어떤 언어를 알아내는 알고리즘이 존재하면 그 언어는 귀환적(歸還的)이라고 함.

Algún [문법] ((alguno의 축약형)). 예) Algún *tanto* 조금: Si estudias algún *tanto* más, pasarás los exámenes 네가 공부를 조금 더 하면 시험들에 합격할

것이다. ※ Alguno 참조.

Alguno [문법] ((남성 단수 명사 앞에서 algún이 됨)) ① 어느, 어떤, 얼마간의. 예) Algunas casas 집 몇 채. Algunos libros 책 몇 권. ② 상당한. ③ … 같은 것. ④ [부정 어구에서 명사 뒤에 온다] sin duda *alguna* 아무런 의심도 없이. □ ((대명사로 사용)) 누구인가; 어떤 것(들). 예) Algunos de nosotros 우리들 중의 누구인가.

Alianza de ideas 대조법, 대구법. □ 대조법: 수사법 중 강조법의 하나. 상반(相反)되는 두 어구 또는 사상(事象)을 맞춰 그 형식이나 내용의 다름을 두드러지게 드러내어 보이는 표현법임. 이 표현법은 고저(高低), 장단(長短), 흑백(黑白), 선악(善惡), 신구(新舊), 빈부(貧富), 음양(陰陽), 남녀(男女) 등과 같이 의미적으로 반대되거나 대립되는 사실을 대조시킴으로써 사물이나 현상의 본질을 뚜렷하면서도 인상적으로 드러내는 효과를 만듦. "인생은 짧고 예술은 길다."라는 예에서 보듯이, 인생이 짧다는 것과 대조함으로써 예술품은 본질적으로 오래 가는 것임을 분명히 드러내고 있으며, 또는 예술 작품의 불후성(不朽性)과 대조함으로써 인생이란 본질적으로 짧다는 것을, 곧 인생이란 무상(無常)한 것임을 선명하게 드러내고 있음. 이 표현법은 속담이나 성어에서 잘 쓰이는데, "달면 삼키고, 쓰면 뱉는다.", "잘 되면 제 탓, 못 되면 조상 탓." 등이 그 예이다. 대조법은 반드시 내용상 대립되면서 짝을 이뤄야 한다는 점에서 내용과는 상관없이 형식상 짝을 이루기만 하면 되는 대구법과는 다름. □ 대구법: 수사법 중 변화법(變化法)의 하나. 비슷하거나 동일한 문장 구조를 짝을 맞추어 늘어놓는 표현법임. 대우법(對偶法), 대유법(對喩法), 병려법(騈麗法), 대치법(對峙法), 균형법(均衡法)이라고도 함. 이 표현법은 병렬되는 두 언어 표현의 가락을 맞추는 데 그 본질이 있음. 이 맞춰진 가락에 의해 산출된 운율(韻律)은 표현을 아름답게 하는 한편, 그 뜻을 분명하게 드러내 주는 효과를 만들어 냄. 대구법은 "콩 심은 데 콩 나고, 팥 심은 데 팥 난다."의 예에서 보듯이 산문에서도 쓰이긴 하지만, "돌담에 속삭이는 햇살같이/풀 아래 웃음짓는 샘물같이"에서 보듯이 시나 가요 등과 같은 운문에서 더 널리 쓰임. 대구법은 성질이나 뜻에는 상관없이 다만 가락의 비슷한 점만을 짝을 맞추어 병렬시킨다는 점에서, 사물의 상반되는 성질이나 뜻을 맞닿게 하는 대조법과 차이를 보이며, 다른 한편으로 서로 관련된 내용을 짝을 맞춤이 없이 나열하는 열거법과도 차이를 보임.

Alianza de palabras [수사학] 모순어법. 단어의 결합에 있어서, 외견상 모순된 두 개 단어를 결부시키는 수사학의 방식을 일컬음. 예) Mentira cariñosa 사랑스러운 거짓말.

Alianza lingüística [언어] 언어 동맹. 언어 연합. 접촉에 의해, 발생의 이질성에는 관계없이 유형론적 동질성을 가지게 발전함에 따른 한 그룹의 언어들의 언어학적 관련성.

Aliciente 매력, 자극, 흥미, 유인

Alienable 양도가능(讓渡可能); 양도할 수 있는.

Aliteración ① [문학] 두운(頭韻). 두운법(頭音法). 연속되는 단어에서 맨 처음과 똑같은 음이나 음의 무리가 반복되는 것을 말함. ② [철학] (사회·공동체로부터의) 소외; 자기 상실. 예) Económica aliteración 경제적인 소외.

Alterar ① (구성·형성 등을) 바꾸다, 변경하다. 예) Altera un texto 문장의 자구를 고치다. Altera la verdad 진실을 왜곡하다. El accidente *alteró* los proyectos 사고로 계획이 변경되었다.

Aliterativo [수사학] 두운(頭韻)의. 예) Verso aliterativo 두운시(頭韻詩)

Aliterativo metro [문학] 두운율(頭韻律).

Altercación 말다툼, 언쟁; 논쟁.

Altercado 언쟁, 논쟁. 예) Él tuvo un altercado con su jefe 그는 상사와 언쟁했다.

Aljamía [문학] 알하미아. 모로인들이 까스띠야(Castilla)어에 부여한 이름으로 오늘날 아랍어의 특징을 지닌 채 스페인어로 쓰여진 작품을 지칭함.

Allí [문법] ((부사로 사용)) ① 저기, 저곳에서, 저곳에, 저곳으로. 예) aquí y allí 여기저기. *Allí* estuve 나는 저곳에 있었다. ② 그 때, 그럴 즈음에. ※ Adverbio; Adverbios de lugar 참조.

Almorfo [언어] 이(異)형태. 하나의 형태소가 분포환경에 따라 형태가 변화한 형태. 복수의 형태는 -s와 -es로 다르게 나타남. 이와 같이 -s는 -es의 이형태이며, 반대도 마찬가지 이형태로 취급될 것임. 예) la naranja 오렌지 → las naranjas; la ciudad 도시 → las ciudades.

Alocrono [언어] (비변별적 자질인) 변이장음(變異長音).

Alocución [언어] 발화(發話). 담화(談話). (간단한) 연설.

Alocutivo [언어] 발화적, 담화적.

Alocutor [언어] ① (화용론에서 사용되는) 대화자. 대화 상대자. ② 응답자(應答者); 듣는 이.

Alófono [언어] 변이음(變異音). 이음(異音). 변이음은 위치한 주변 음성자질에 의해 결정되어 상이한 음성학적 실현이 될 수 있는 음소임. 둘러싼 음성들의 작용을 받는 영향은 단어의 의미적 가치를 바꾸지 않고, 조음의 위치를 바꿀 수 있음. 이들 새로운 음가는 변이음(alófonos) 이외에 조화된 변수(variantes combinatorias)로 불리게 됨. ※ Variante 참조.

Alógrafo [언어] 변이철자(變異綴字). 이문자(異文字). 어떤 자소(字素 Grafema)가 주어진 환경에 의해 두 가지 이상의 다른 모양을 취할 때, 각각의 형(形)을 그 자소(字素)의 변이철자라고 함. 다시 말해 어떤 음소를 나타내는 여러 가지 기호 방법 중의 하나인 자모(字母)의 결합을 말함. ※ Grafema 참조.

Alomorfo [언어] 변이형태(變異形態). 이형태(異形態) 어떤 형태소(形態素 Morfema)가 일정한 환경에서 그 형태를 달리할 때, 이들 형태를 동일 형태소에 속하는 변이형태라고 함. ※ Morfema 참조.

Alosema [언어] 변이의미(變異意味). 의미소(意味素 Semema)의 하위 단위. ※ Semema 참조.

Alótono [언어] 변이성조(變異聲調). 이성조(異聲調) 성조나 억양이 환경에 따라 변하는 것으로 성조(Tonema)와의 관계는 음운(Fonema)의 변이음에 대한 관계와 같음. ※ Tonema; Fonema 참조.

Alta [언어] (조음을 할 때, 혀의 높이)고. 모음을 발음할 때 혀의 높이는 입의 벌어짐을 나타냄. 고(높은 위치)음은 입이 가장 적게 벌어지는 음임. 예) [i], [u].

Alternancia 교체. 변동.

Alternante [언어] 교체형(交替形). 어떤 언어 단위의 하위 성원을 이루면서 서로 대립하지 않는 것. 예를 들면 어떤 음소에 관해 그 변이음(Alófono)을 언급할 때, 또는 어떤 형태소에 관해 그 변이형태(Alomorfo)를 언급할 때 쓰임. ※ Alófono; Almorfo 참조.

Alternativo 교체적(交替的)

Alto ① (소리가) 높은, 강한. 고도(高度)의. 예) alto crecimiento económico 고도 경제 성장. alto funcionario 고급 공무원. alto horno 용광로. en voz alta 높은[큰] 소리로. ② 키가 큰. 예) árbol alto 키가 큰 나무. muchacho alto 키가 큰 소년. ③ 위에 있는, 높은 데 있는. 예) clases alta 상류 계급. piso alto (1층에 대해) 2층이나 3층. ④ 고도의, 지독한. ⑤ 높아진. 예) río alto 물이 불어난 강. ⑥ (나무·작물이) 크게 자란. ⑦ 시각[시기]가 늦어진: a las altas horas de la noche 깊은 밤에. □ ((명사로 사용)) ① 높이(altura). 예) dos metros y medio de alto 높이 2미터 반. ② 고도, 언덕, 고원. ③ 바다에서 가장 먼 나라. ④ (하층에 대해) 위층, 상층. ⑤ 중지, 정지, 휴지(休止). 예) hacer alto 서다, 멈추다, 정지하다; 깊이 생각하다. pasar por alto 묵살하다, 누락시키다, 빠뜨리다(omitir). ⑥ [음악] 중음부(中音部), 알토. □ ((부사로 사용)) ① 위에, 높은 곳에, 높이: volar alto 높이 날다. ② 큰 소리로, 높은 소리로(en voz alta). 예) hablar alto

큰 소리로 말하다.

Altura [음향] (진동수에 따른) 음의 높이. ① 높이, 고도; 해발; 신장. 예) altura sobre el asiento 좌고(坐高), 앉은키. edificio de gran altura 높은 건물. mal de (las) altura(s) 고산병(高山病). vuelo a baja altura 저공 비행. tomar [perder] altura (비행기가) 고도를 높이다[낮추다]. Su altura es de 1,75 metros 그의 신장은 1.75미터이다. La torre tiene doscientos metros de altura [tiene la altura de doscientos metros] 그 탑은 높이가 200미터다. ② 탁월(함), 우수(함); 고결함, 숭고함. 예) programa de altura 근사한[멋진] 프로그램. ③ 고소(高所), 높은 곳. 예) a gran altura 높은 곳에. ④ [문어] 층(piso). ⑤ [음악] 음의 높이. ⑥ [천문] 고도(高度). -*pl.* ① 산꼭대기, 산정(山頂), 고공(高空), 높은 공중, 하늘. 예) Dios en las alturas 하늘에 계신 하느님. volar por las alturas 높은 공중을 날다. Había nieve en las alturas 산정에는 눈이 있었다. ② 상사(上司), 상관, 간부(幹部). 예) orden de las alturas 상관의 명령. rayar a gran [mucha] altura 걸출하다

Alusión [문학] 인유. 시사, 암시, 인용, 언급. 인물이나 장소나 사건 또는 다른 문학 작품이나 그 구절, 명백한 또는 간접적인 언급 내지는 인용을 뜻함.

Alveolar (consonante) [언어] 치경음. 설치경음(舌齒莖音). 혀끝이나 앞부분이 치경에 가까이 닿으며 나는 소리. 예) /l, s, n, r, r̄/

Alvéolos [해부·언어] 치경. 잇몸; 치경음. 발성기관 중 발음부.

Alveopalatales [해부·언어] 치경구개; 치경구개음(齒硬口蓋音). 치경과 경구개의 경계에서, 설첨 또는 전설부(前舌部)를 하부 조음 기관으로 하여 조음되는 전부 경구개 자음임.

Amalagama 중합(重合).

Ambigüedad (의미의) 이중성. 애매(曖昧)성. ① [언어] 문법적으로 한 문장이 2가지 이상의 의미를 나타낼 때가 있는데 이렇게 의미의 혼성적인 구조를 의미하는 경우를 지칭함. 예) Pedro preguntó qué estaba tocando el músico 뻬드로는 음악가가 무엇을 연주하는지 물었다. ((뻬드로는 음악가의 연주곡을 묻는 것일 수 있고, 연주하는 악기를 묻는 것일 수도 있음)) ② [문학] 이중성, 다른 말로 애매성이란 말은 일상적으로 사용될 경우에는 보통 문체상의 결함을 가리키는 것이지만, 1930년 윌리엄 엠프슨(William Empson)의 「Seven Types of Ambiguity」가 나온 이후로 이 용어는 두 가지 또는 그 이상의 상이한 태도나 감정을 나타내기 위해 단어나 표현을 사용하는, 시작(詩作)의 수법을 나타내기 위해 비평에서 널리 사용됨.

Ambiguo, gua 남녀 양성의. 예)

género ambiguo 양성(兩性).

América, la lengua en [언어] 아메리카 대륙에 있는 언어. 중남미의 토착어. 토착어의 예: Arahuaco, Nauatle, Quechua, Araucano, Guaraní. ※ 각각의 용어 참조.

Americanismo [언어] 중남미 아메리카 대륙에서 스페인어에 영향을 준 어휘. 중남미 대륙에서 유래한 단어와 새로이 창조된 어휘. 새롭게 변화되어, 현재 중남미에서 사용되고 있는 어휘. ※ América, la lengua en 참조.

Amnésia [의학] 건망증, 기억상실증.

Ampliación [음향] 확장(擴張).

Amplificación [음향] 증폭법(增幅法). 증폭.

Amplitud [음향] 진폭(振幅).

Amusia [심리] 실음악증(失音樂症). 음악적 감각의 부재(不在).

Anacoluto [언어] 파격구문(破格 構文). 예) Aquel que no esté todavía convencido es él a quien yo me dirijo 아직도 이해하지 못 한 저 사람이 내가 다가가려는 그(사람)이다.[원문] → Aquel que no esté todavía convencido, es a él a quien yo me dirijo.[파격 구문]

Anadiplosis [수사] 전사 반복(前辭反復).

Anáfora [언어] 대용어. '대용어'란 독자적인 지시 능력을 가질 수 없으며, 문장 내의 다른 표현 즉, 선행사로부터 그 지시를 취하는 문법적 범주를 의미함. □ 대용어의 종류: 대명사, 대동사(代動詞), 대부정사 등의 대용형(代用形). 대용 대명사의 경우, 적어도 표면상 선행사가 없는 직시적인 대명사와 구별됨. 관계 대명사는 대용기능만을 가짐. 생성문법 체계 내에서 '대용어'란 구체적으로 '재귀사(reflexivo)'와 '상호사(recíproco)'를 의미함. ※ Reflexivo; Recíproco 참조.

Anafórico [언어] 대용적(代用的). 조응적(照應的). Dougherty(1968), Akmajian(1969), Edes(1969) 등. 학자에 따라서는 대용(代用)을 순행(順行)대용적인 것과 역행(逆行)대용적인 것으로 구별됨. 지시적, 공(共)지시적, 상호적이라는 개념이 이에 관계됨. 대용어(Anáfora)와 그 선행사 사이에 이루어지는 표현 형식을 대용 표현이라고 함. ※ Anáfora 참조.

Anagogía 성서의 신비적 해석.

Anagogista 성서 주해자.

Anagrama [언어] 어구의 철자 바꾸어 쓰기. 어구의 문자 순서를 바꾸어 새 어구를 만들기. 예) amor → Roma.

Anagramatista 철자 바꾸기를 고안하는 사람. 철자 바꾸기 놀이를 하는 사람.

Analfabetismo 문맹(文盲), 무지.

Análisis 분석(分析).

Análisis combinatorio [언어] 결합 분석(分析). 문법이란, 유한(有限)한 구조를 가지고 있다고 가정을 하고 있는 구조주의 문법의 결합 분석을 일컬음. 방법에는 제 단위의 문맥만을 고려하는 분석법과 연쇄적으로 나타나는 단위들 속에서 제 단위에 작용하는 제약을 연구하는 것이 있음.

Análisis de constituyentes inmediatos [언어] 직접 성분 분석. 어떤 발화체 즉, 한 문장을 하위 성분으로 분석하여 더 이상 분할할 수 없는 최소 의미 단위까지 분석하는 방식을 직접 구성성분 분석이라 함.

Análisis de contenido [언어] (대화·텍스트 내용) 분석. ※ Pragmática 참조.

Análisis de discurso [언어] (화용론에서) 담화 분석. 의사소통에 영향을 미치는 사회적 관습과 관련하여 언어의 사용을 분석하는 것.

Análisis de error [언어] 오류 분석. 언어 학습자들의 오류를 진단하고 분석하는 것.

Analítico [철학] 분석적(分析的). 원래 칸트(Kant)에서 비롯된 철학용어. 종합적(Sintético)이란 용어에 대조됨. '독신 남성은 결혼해 있지 않다', '붉은 꽃은 붉다'와 같이, 술어 개념 속에 포함되어 있는 판단을 분석 판단이라 함. 이런 류의 판단은 그 진리성이 현실 세계에 관한 우리의 경험적 사실과 아무 관계없는 명백한 판단이기 때문에, 우리의 지식은 그것에 의해 실질적으로 조금은 확대되지 않는다는 특징을 가짐. 그러므로, '분석적'이라는 개념은, 때때로 '필연적 참(眞)', '논리적 참', '형식적 참', '항진(恒眞)', '언어의 의미에 의한 참' 등의 개념과도 동일시 되기 때문에 '분석 판단과 종합 판단의 구분'을 둘러싼 문제는 현대 철학의 중요한 주제가 되었음. ※ Sintético 참조.

Analizabilidad [언어] 분석가능성(分析可能性). 변형 생성문법의 용어로, 변형이론의 기초가 되는 개념. 변형(Transformación)은 개개의 구조기술(記述) 또는 구조지표(指標)에 의해 충분히 규정되어 있음. 어떤 기저(基底) 구조가 특정의 변형규칙을 받는지 또는 받지 않는지를 판단할 때, 우선 문제가 되는 것은 그 문장을 구성하고 있는 열(列)의 분석 가능성임. 종단열(終端列)이거나, 종단열에 변형이 적용되어 도출된 열이거나, 그것은 하위열의 연속체(連續體)로 취급될 수가 있는데, 그들 하위열이 각각 열 전체의 기층 구절표식 또는 도출구절 표식 속에서 더하거나 빼는 것 없이 상위의 명칭 붙은 구조 단위로 올라갈 수 있을 때, 그들 종단열 또는 도출열에는 구절표식의 면에서 분석 가능성이 있다고 함. ※ Transformación 참조.

Analogía [언어] ① 유추작용(類推作用). 품사론(品詞論). 일련의 조건들로부터 다른 조건들까지 관계의 일반화를 뜻하는 언어학적 과정. ② 희랍 문법가 사이에서는, 언어가 가진다고 여겨진, 규칙적 성격을 가리키는 것임. 이 관점에서 몇몇 곡용(曲用) 모델이 추출되고, 단어가 그 모델의 하나에 들어맞고 있는가 그렇지 않은가에 의해 분류됨. 이렇게 유추에 의해 언어의 규칙성의 바탕이 만들어짐. 그리고, 다시 뒤에는 유추는 언어 변화를 설명하였는데, 이러한 유추를 소쉬르 (F. de. Saussure)는 '제 4의 비례항'으로서 기능한다고 함.

Analogía falsa [언어] 가유추(假類推). 형태론적인 관련 속에서 그 동기를 찾을 수 있는 모든 언어 변화의 유형을 (부적절하게) 기술하는데 쓰이는 용어.

Analogía sintáctica [언어] 통사 유추. 문장 유형들 사이에서 지각되는 형식 관계에 기초를 둔 형식의 전이에 기인하는 통사상의 변화.

Analógico [논리] 유사의, 유추의.

Analogismo [논리] 유추(논)법. 유추추리. □ 글의 진술 방식: ① 설명 - 정확하고 유용한 정보를 전달하여 이해시키기 위한 글의 성격으로, 객관적 사실과 지식 등의 정보를 제공하는 글임. 주장이나 느낌, 정서 등을 표출할 수 없다는 점에서 객관적 성격을 갖는 글. ② 논증 - 자기 주장의 옳음을 논리적 근거를 통하여 증명함으로써, 상대방을 이해시켜 동의를 얻기 위한 글쓰기의 방법. '논증'은 객관적 근거를 통한 논리성이 강조되므로 객관성이 요구되지만, 설득을 위한 글에서는 논증적 성격뿐만 아니라 주관적 감정에 호소하기 위한 감정적 요소가 개입됨. ㉠ 예증(例證) - 실례를 들어 증명함. 예) '한'은 한국적 정조의 속성이다. 가시리, 진달래꽃 등이 그 예임. ㉡ 귀납적 논증 - 특수한 여러 사실을 종합하여 일반화하거나, 속성의 유사성을 기초로 하는 유추. 예) 식물은 영양을 섭취해야 산다. 동물도 살기 위하여 영양을 섭취한다. 따라서, 모든 생물은 영양을 섭취해야 산다. (일반화) 예) 날개가 달린 짐승은 날 수 있다. 자동차에도 날개를 달면 날 수 있을 것이다.(유추) ㉢ 연역적 논증 - 일반적 원리를 특수한 경우에 적용하는 설명 방법. 삼단 논법이 대표적임. 예) 모든 생물은 영양을 섭취해야 산다. 풀도 생물이다. 따라서, 풀은 영양을 섭취해야 산다. ③ 서사 - 인물의 행동이나 심리 상태 등이 진행되어 나가는 것을 중심으로 서술하는 글쓰기의 방식으로 이야기가 펼쳐지는 글에서 사용함. 인물의 움직임이 시간의 경과에 따라 배치되며, 그것이 활동이나 교훈, 재미 등의 특정한 의미를 나타내야 함. ④ 묘사 - 배경을 생생히 그려내듯 나타내거나 인물의 외모를 보여 주듯이 제시하는 방법으로, 주로 소설의 배경과 인물 제시,

기행문의 경치 묘사에 이용됨. ㉠ 객관적 묘사 - 관찰자의 심리적 반응을 나타내지 않고 대상을 사실적으로 묘사. ㉡ 주관적 묘사 - 관찰자의 주관적 인상, 곧 심리적 반응을 통해 대상을 묘사. 글의 전개 방식(설명의 방법) : 설명을 효과적으로 전달하기 위하여 정보를 특별한 방법에 의해 배열하는 것을 말함. ① 정의 - 낱말의 의미를 풀어서 설명하여 글의 이해에 도움을 주는 방법. 예) 언어는 의미를 가진 체계적 음성임. ② 비교, 대조 - 둘 이상의 항목의 공통점과 차이점을 견주어 가며 설명하는 방법. 예) ○ 비교 ; 연극과 영화는 종합 예술인 점에서 같음. ○ 대조 ; 발생의 배경 면에서 연극은 종교 의식의 소산이고, 영화는 과학의 소산이다. ③ 유추 - 구체적인 사례를 통해서 추상적인 글의 의미를 간접적으로 이해시키는 방법. ④ 인과 - 원인과 결과에 의해 내용을 이해시키는 방법. ⑤ 서사 - 어떤 사건을 시간의 경과에 따라 배치하여 이해시키는 방법. ⑥ 묘사 - 실제 사물을 직접 눈으로 보듯이 설명하는 방법. ⑦ 과정 - 사건이나 현상이 진행되는 순서에 따라 설명하는 방법. ⑧ ○분류 - 작은 항목을 큰 항목으로 묶어가며 설명하는 방법. ○구분 - 큰 항목을 그 종류에 해당하는 작은 항목으로 나누어 자세히 설명하는 방법. ⑨ 분석 - 전체를, 그것을 구성하는 세부 요소로 나누어 설명하는 방법. 예) 시계는 시침, 분침, 초침과 태엽, 숫자 판 등으로 이루어져 있다. ⑩ 예시 - '실례'를 들어서 실감나게 설명하는 방법. ⑪ 지정 - 사실, 곧 존재 또는 비존재를 확인하는 설명 방식. 예) 그는 학자이다. 언어는 사회적 약속이다. ■ 글의 전개 방식은 크게 정태적 방법과 동태적 방법으로 나눌 수 있음. ① 정태적 방법 - 시간성을 고려하지 않음. 분석, 묘사, 분류, 예시, 정의, 비교와 대조, 유추 등등. ② 동태적 방법 - 시간성을 고려함. 서사, 과정, 인과 등등.

Analogista [논리·철학] 유추론자(類推論者). 고대 철학자 중에서 특히 헤라크레이투스(Heracleitus)와 같은 철학자는 조직된 전체로서의 인간의 지력(智力)과 언어의 기본 구조는 서로 동일하다고 주장하였음. 유추론자에 따르면, 언어는 자연의 선물이며 인간의 사회적 규약에 의존하지 않는다고 함. 이는 다시 말해 낱말에 있어서 음(音)의 형태와 그 속에 들어 있는 의미 사이에는 완전한 조화가 있다는 것을 의미하며, 언어는 본질적으로 규칙적이며, 논리적인 것이라는 주장임. 그리하여 유추론자들은 이러한 조화를 보이고자 하는 열망과 음(音)과 의미의 이상적 관련성을 모호하게 하는 것들을 제거하려는 열성으로 특히 어원연구에 관심을 두었으나 언어 변화의 체계적인 연구에는 별 도움이 되지 못함.

Análogo ① [문법] 품사론의. ② 유사한, 근사(近似)의. ③ [논리] 유추되는.

Anapesto [문학] 약약강격 음보. 운문의 최소 운율을 측정하는 단위. 예)

───── 예) 《Del salón en el ángulo oscúro》(G. Adolfo Becquer) ※ Ritmo de intensidad 참조.

Anaptixis [언어] 어중모음삽입(語中母音揷入). 어떤 단어의 자음군을 발음하는데 불편함을 해소하기 위하여 자음 사이에 모음이 첨가되는 현상. 스페인어에서는 이중 자음사이에, 다음에 오는 같은 모음이 들어가는 현상. 예) Crónica → Corónica, Inglaterra → Ingalaterra.

Anartria [의학] 구음(構音) 장애. 구어(構語) 장애. 구어 불능증(不能症).

Anástrofe [언어] 도치법(倒置法). 전치(轉置)법. 문법상 또는 논리상의 정상의 위치를 뒤바꾸어서, 멋을 내는 법.

Ancho ※ Flojo 참조.

Andalucismo [언어] (스페인의) 안달루시아 방언·말.

Andaluz [언어] (스페인의) 안달루시아 방언·말씨. 이 언어는 13세기부터 14세기초까지 식민자들과 이주자들이 Andaluz 사용 지역으로 가지고 온 까스띠야 어(語)가 발전한 형태임. 언어학적으로 중요한 특징은 seseo나 ceceo인데, 이는 León, Castilla, Aragón 지역들에서 [s]음과 [θ]음을 분명하게 구별하지 못하고 혼용해서 사용하는 것을 일컫는 현상임. ※ Seseo; Ceceo 참조.

Anécdota [문학] 일화(逸話). 우스갯소리, 짧은 이야기, 삽화. 단일한 사건의 단순하고 무기교적인 서술을 일컬음.

Anecdotario 일화(逸話), 일화집 (Colección de anécdotas).

Anfi- [어원] 「양쪽·양쪽의·주의」를 뜻하는 접두어. 예) *Anfi*teatro 원형극장, *Anfi*scios 적도지대.

Anfibología [언어] 두 가지 뜻이 있는 어구. 뜻이 애매한 어구. 예) En amor de Dios 신에 대한 사랑/ 신으로부터의 사랑.

Anfíbraco ① [언어] (그리스·라틴 시의) 단장단(短長短), 억양억조(抑揚抑調). ② [문학] 약강약격 음보. 운문의 최소 운율을 측정하는 단위. 예) ───── 예) 《Los cláros carínes de prónto levántan sus sónes》(Rubén Darío) ※ Ritmo de intensidad 참조.

Anfímarco [문학] (그리스·라틴 시의) 장단장조(長短長調).

Anglicismos [언어] 영어의 어휘가 스페인어로 차용된 어휘. ① 차용되는 경우에 영어 단어가 수정 없이 곧바로 중남미 스페인어로 차용되는 경우. 예) sandwich 샌드위치, record 기록. ② 의미에 맞게 스페인어로 옮겨지는 경우. 예) equipo 팀. factoría 공장. ※ Préstamo 참조.

Anglohablante [언어] (모국어로) 영어를 사용하는 사람.

Animado [언어] 생물을 지시하는; 성(性)을 가지고 있는. 예) Nombre animado 유정명사(有情名詞). ※ Nombre animado 참조.

Animales (인간이 아닌 생명체를 정의하는 하위 부류 명사인) 동물(성).

-ano [어원] ① 「(명사·부사에서) 형용사 어미」를 뜻함. 예) comarc*ano* 지방의, lej*ano* 먼 곳의 ② 「기원·소속」을 뜻하는 접미어. 예) Alde*ano* 시골의, cuenc*ano* (에콰도르의) Cuenca 사람.

Anomalía [언어] 불규칙. 파격. 변칙. 이례(異例). 비정상. 기원전 2세기 문법학자들 사이에서 이 용어는 언어의 불규칙한 성격, 즉 유추에 대립하는 것을 나타내며, 또 다시 그 의미가 넓어져서, 어떤 형식의 규칙성을 가져와도 설명되지 않는 용법 전체를 나타내고 있는 것을 일컬음. 변칙론자(Anomalista)의 주장은 그들은 이러한 변칙 현상에 근거하고 있으며, 이들은 언어에 있어서는 예외의 중요성쪽이 규칙성의 중요성보다도 강하다고 주장함. ※ Anomalista 참조.

Anomalista [언어] 변칙론자. 희랍 문법학자 사이에서, 유추론자에 대립하는 '변칙론자'는 희랍어 중의 불규칙성의 중요성을 주장하고 있었음. 그와 같이 생각된 문법은 무엇보다도 한층 더 예외를 수집하는 것이었으므로 유추의 중요함을 부정하지는 않지만, 그들은 추론으로는 설명할 수 없는 다수의 불규칙성을 분명하게 정리하였음. 마찬가지로, 그들은 희랍어에서 볼 수 있는 문법상의 수(數 número) 혹은 성(性 género)과 현실과의 사이에 존재하는 어긋남에 대한 이론을 세웠음. ※ Número; Género 참조.

Anontivo [언어] ① 비재(非在)인칭. L. Tesnière에 의해 만들어진 용어로, 의사소통 행위에 참여하고 있지 않은 사람이나 사물을 지향하는 인칭, 즉 3인칭을 일컬음. ② (그리스어 문법에서) 3인칭 대명사격 접두사. 그리스어로 어두음인 'ont-'는 스페인어의 ser 동사의 의미를 갖는 3인칭 단·복수의 생성 문법적 인칭 대명사격을 지칭함. ※ Ontivo; Autoontivo 참조.

Antanaclasis [언어] 동음이의어(同音異義語) 반복.

Ante- [언어] 「(시간·공간적으로) 앞」을 뜻하는 접두어. 예) Antecedente 조상. Anterior 앞의.

-ante [어원] 「(-ar동사의) 능동분사 어미」의 의미. □ 여성형은 -anta. 예) comedi*ante* (남자) 희극인; comedi*anta* (여자) 희극인.

Antecedente [언어] 선행사(先行詞). 선행사의 종류: ① 단일 선행사: 선행사가 단일 교점에서 정리되는 것. 예)

Yo tengo un hijo. Él tiene dieciséis años 난 아들이 하나 있다. 그는 16살이다. ② 분잡(分雜) 선행사: 선행사가 단일 교점에서 정리되지 않고, 선행사 이외의 요소가 개재되어 선행사가 두 부분으로 갈라져 있을 때, 대용어(代用語 Anáfora)는 복수형의 대명사 ellos, ellas, los, les, las, su, sus 등임. 예) Sánchez le dijo a María que ellos se casarían en el otoño 산체스는 마리아에게 가을에 결혼하자는 것을 말했다. ③ 선행사가 단일 교점에서는 정리되지는 않으나 '②'와 같이 분리되어 있지 않을 경우: 대용어는 문장 전체(또는 일부)를 가리키는 eso, lo que, lo cual 등임. 예) *Real Madrid* ganó en España, pero eso no ocurrió en Brasil 레알 마드리드 팀은 스페인에서 승리했다. 그러나 그러한 일은 브라질에서는 일어나지 않았다. ※ Anáfora 참조.

Antecopretérito [언어] 언어학자 안드레스 베요(Andrés Bello)가 사용했던 용어로 대과거(Pluscuamperfecto)를 지칭하는 용어. ※ ※ Pluscuamperfecto 참조.

Ante-co-pretérito [언어] 직설법 과거 완료((Andrés Bello(1847) 사용)). ※ Pretérito pluscuamperfecto de indicativo 참조.

Ante-co-pretérito, subjuntivo común [언어] 접속법 과거 완료 ((Andrés Bello(1847) 사용)). ※ Pretérito pluscuamperfecto de subjuntivo 참조.

Antefijo¹ [언어] 접두사(= Prefijo). ※ Prefijo 참조.

Antefijo² [언어] 접사(= Sufijo). 접사는 주로 의존 형태소나 문법 형태소가 사용됨. 접사는 어근과 만나서 단어를 형성하게 되지만 경우에 따라서는 한 어근에 두 개의 접두사 또는 두 개의 접미사 또는 접두사가 동시에 첨가되는 등등 단어의 구조가 다양하게 나타남. ※ Sufijo 참조.

Antefirma (공문서·사문서 등에서) 서명 전에 쓰는 의례적인 문구. 직함이나, 관직명 등.

Antefuturo [언어] 미래완료. 전미래. 언어학자 안드레스 베요(Andrés Bello)가 전통문법의 시제를 정의할 때, 사용한 용어로써, 직설법 미래완료나 전미래(前未來)를 일컬음. 그 형태는 『동사 haber의 직설법 미래형 + 과거분사』로 구성됨. 이 용어는 이후, 언어학자 힐리 이 가야(Gili y Gaya)에 의해 받아들여 계승됨. ※ Futuro perfecto de Indicativo; Futuro perfecto de Subjuntivo 참조.

Antefuturo hipotético [언어] 언어학자 힐리 이 가야(Gili y Gaya)가 언급한 시제로써, 가능법 완료형을 일컬음. 그 형태는 『haber의 가능법형태 + 과거분사·남성·단수형태』로 나타나게 됨. ※ Potencial compuesto 참조.

Ante-futuro [언어] 단순미래 완료((Andrés Bello(1847) 사용)). ※ Futuro perfecto de indicativo 참조.

Ante-futuro, subjuntivo común [언어] 접속법 현재 완료((Andrés Bello(1847) 사용)). ※ Pretérito perfecto de subjuntivo 참조.

Ante-futuro, subjuntivo hipotético [언어] 접속법 미래완료((Andrés Bello(1847) 사용)). ※ Futuro perfecto de subjuntivo 참조.

Antepenúltima [언어] 끝에서 세 번째 음절에 강세가 오는.

Anteposición [언어] 전치사. 전치사는 불변화어(不變化語)로서, 문장의 구성 요소를 다른 구성 요소에, 또는 문장 전체에 결부시키는 역할을 수행하며, 필요에 따라 시간・공간의 관계를 나타냄. ※ Preposición 참조.

Antepospretérito [언어] 가능법 완료. 언어학자 안드레스 베요(Andrés Bello)가 전통문법에서 언급한 시제로써, 가능법 완료형을 일컬음. 그 형태는 『haber의 가능법형태 + 과거분사・남성・단수형태』를 나타냄. ※ Potencial compuesto 참조.

Ante-pos-pretérito [언어] 가능법 완료((Andrés Bello(1847) 사용)). ※ Potencial compuesto 참조.

Ante-pos-pretérito, subjuntivo común [언어] 접속법 과거 완료((Andrés Bello(1847) 사용)). ※ Pretérito pluscuamperfecto de subjuntivo 참조.

Antepresente [언어] (직설법) 현재 완료. 언어학자 안드레스 베요(Andrés Bello)가 전통문법에서 언급한 시제로써, 직설법 현재 완료형을 일컬음. 그 형태는 『haber의 직설법 현재형 + 과거분사・남성・단수형태』를 띠게 됨. ※ Pretérito perfecto de indicativo 참조.

Ante-presente [언어] 직설법 현재 완료((Andrés Bello(1847) 사용)). ※ Pretérito perfecto de indicativo 참조.

Ante-presente, subjuntivo común [언어] 접속법 현재 완료((Andrés Bello(1847) 사용)). ※ Pretérito perfecto de subjuntivo 참조.

Ante-presente, subjuntivo hipotético [언어] 접속법 미래 완료((Andrés Bello(1847) 사용)). ※ Futuro perfecto de subjuntivo 참조.

Antepretérito [언어] (직설법) 직전과거. 언어학자 안드레스 베요(Andrés Bello)가 전통문법에서 언급한 시제로써, 직설법 직전 과거형을 일컬음. 그 형태는 『haber의 부정과거형 + 과거분사・남성・단수형태』를 띠게 됨. ※ Pretérito anterior 참조.

Ante-pretérito [언어] 직설법 직전 완

료((Andrés Bello(1847) 사용)). ※ Pretérito anterior de indicativo 참조.

Ante-pretérito, subjuntivo común [언어] 접속법 과거 완료((Andrés Bello(1847) 사용)). ※ Pretérito pluscuamperfecto de subjuntivo 참조.

Anterior [언어] 전설(前舌)의. 예) Vocal anterior 전설 모음(前舌母音). 구강 내에서 혀의 전후 관계의 조음점을 표시하는 것에 있어서 앞 쪽.

Anterioridad [언어] 선행성. 고전라틴어에서 과거의 시점을 어떻게 초점 맞추는지의 기준. 이것으로 현재완료와 과거 시점에서의 종료된 행위를 판별하였음. 현대 스페인어에서는 현재 완료의 기능을 상실하고 부정과거의 기능만을 가지게 됨. 예) [교양 라틴어] amāvī > [통속 라틴어] amai > [현대 스페인어] amé.

Anti- [어원] ① 「반대·반항·적대」를 뜻하는 접두어. 예) Anticristo 적 그리스도. ② 「드뭄·앞」을 뜻하는 접두어. 예) Antifaz 눈가리개.

Anticadencia [언어] 상승(上昇) 억양. 강세가 있는 마지막 모음 이후 음성 음조소(音調素, Tonema)가 급격히 상승하는 경우로서 이러한 형태는 두 개의 구절로 이루어진 서술적인 종속절, 즉 열거문(列擧文)에서 볼 수 있음. 첫째 구는 상승 억양(Anticadencia)이 되고, 둘째 구는 하강 억양(Cadencia)이 됨. 예) A buen hambre / no hay pan duro(배가 심하게 고프면 딱딱한 빵이 없다). Cuando arrancábamos / llegó María (우리가 차를 막 출발하려 할 때, 마리아가 도착했다). 단, 뒤의 절(節)에 강세가 있다면 하강하는 대신에 상승하게 됨. 예) Estaba lloviendo cuando me desperté(내가 잠에서 깨었을 때는 비가 오고 있었다). ※ Cadencia; Tonema 참조.

Anticipación ① [언어] 예변법(豫辨法). 선취 동사(先取 動詞). 상대편의 반대를 예상하여 선수를 치는 법. ② [수사학] 예변법. 이의·반론 따위에 대해 미리 예방선을 쳐두는 법. ③ [문법] 예기적 서술법(뒤에 일어날 것을 예상하고 형용사·명사를 한정사로 쓰는 일) 예) (영어) Shoot a person dead, drain a cup dry.

Anticipante [언어] 선립사(先立辭). 미리 정해진; 기일 전의, 예정보다 앞선.

Anticlímax [문학] 심연법. Bathos와 동의어로 사용됨. 그러나 이 어휘에는 경멸적인 의미가 들어 있지 않고, 작가가 희극적이거나 풍자적인 효과를 노리며 심각하고 높은 위치로부터 사소하고 낮은 위치로 고의적으로 하강하는 것을 가리키는 말임. ※ Bathos 참조.

Antífrasis [언어] 반용(反用). (말뜻의) 반대 사용. 예) Don Generoso '욕심쟁이'를 부를 때 사용하는 경우.

Antigramatical [언어] 문법에 어긋나는, 비문법적인.

Anticuado 예전의, 옛날의(= Antiguo).

Antiguo 예전의, 옛날의, 고대의.

Antionativo [언어] 타인칭(他人稱). 존재인칭(Ontivo)에서 말하고 있는 타인을 지향하는 경우를 일컬어 L. Tesnière가 일컬음. 이는 자인칭(Autoontivo)의 반대 개념. ※ Autoontivo; Ontivo 참조.

Antimentalismo [언어] 반정신주의. 반멘털리즘. 블룸필드학파의 언어학은 1920년이래 미국을 지배했던 행동주의자의 심리학에서 출발했음. 행동주의는 인간의 접촉이 모든 내부적 요소들에서 독립적으로 (혹은 "내부적 요소 없이) 이것이 발생하는 상황에 기초를 두고 전적으로 설명할 수 있음. 블룸필드는 발화는 말을 만들어 내는 주변의 외부적인 조건에 의해서 설명되어져야만 한다는 결론을 내림. 발화는 말하는 주체의 생각(의도, 신념, 느낌)을 지닌 결과로서 설명해야만 한다는 것임. 이것을 블룸 필드는 명제 '메카니즘(Mecanismo)'이라 부르고, 이것을 '정신주의(Mentalismo)'에 맞서게 함. ※ Bloomfield; Mecanismo; Mentalismo 참조.

Antinómico, ca 상호 모순된.

Antiontivo [언어] 대인칭(對人稱). 의사소통 행위에 참가한 사람 중에 말을 거는 사람의 상대자로, 말을 듣게 되는 대상을 일컬어 L. Tesnière가 일컬음. ※ Autoontivo; Ontivo; Anontivo 참조.

Antiquismo [언어] 의고주의(擬古主義). 고어(Arcaísmo). 어떤 공시태(共時態)에 있어서 소실된, 혹은 소실하려 하고 있는 체계에 속하는 어휘 형태 또는 통사 구조를 일컬음. 어떤 일정한 시기에 있어서, 하나의 언어 공동체의 안에서 사회 그룹에 의해, 세대에 의해 몇 개의 언어 체계가 동시에 존재할 수 있음. 특히 젊은이들은 이들 형식을 그들 공통의 규범과 비교하여 '고어법(Arcaísmo)'으로 볼 것임. ※ Arcaísmo 참조.

Antítesis ① [언어] 대조(對照)(법). 반립(反立), 대구(對句). 문법적 구조에 있어서의 병행성에 의해 강조되는, 인접한 구나 절이 갖는 의미의 대조 및 대립. ② [수사학] 어구를 대립시킴으로써 의미를 심화시키고, 동시에 문장을 아름답게 하는 방법.

Antología 문집, 선집(選集).

Antonimia [언어] 반의어. 반의(反義). 반의어는 특성에 따라 모순 대조(contradictoria)와 반대(contrario)로 나눌 수 있음. 예) mujer와 hombre, caliente와 frío는 반의어로 취급됨. 하지만, 그 성질은 서로 다른 것을 볼 수 있는데, mujer와 hombre는 vivir와 morir처럼 동시에 가능하지도 않고 불가능하지도 않은 모순 대조의 관계를 보이는 반면, caliente와 frío는 grande와 pequeño처럼 동시에 둘 다 될 수는 없지만 다 안될 수도 있다는 점에서 반의어라 불림.

Antónimo [언어] 반의어(Antonimia).

Antonio de Nebrija [언어학자] (1444 - 1522) 본명은 Antonio Martínes de Cala. Salamanca 대학교에서 수학을 하고, 19살에 이탈리아 Bolonia 대학교로 유학을 가서 10년 간 공부를 함. 1470년에 스페인으로 돌아와, 1475년에 Salamanca 대학교에서 교수생활을 시작함. 그는 라틴어의 신성함을 강조하며, 정선된 라틴어 교육에 힘씀. 그는 엄격한 교수법으로 학생들에게 찬사를 받았음. 1487년 대학교 교수직을 사임하고, 연구에만 몰두해 1492년 라틴어가 아닌 최초의 로망스어 문법서 『Gramática de la lengua castellana』를 폈으며. 최초의 정자법 책인 써서 스페인의 언어 통일에 크게 기여함.

Antonomasia [언어] 환칭(換稱). 바꿔 말하기. 인명이나 지명이 그와 관련된 것을 나타내는 보통명사나 동사로 사용되는 경우.

Antropocentrismo [철학] 인간 중심설, 인간 중심주의.

Antroponimia [언어] 인명 연구(人名研究). 인명론(人名論).

Anulación ① 약분(約分). ② 취소, 해약, 파기. ③ 무효화, 해체.

Anuncios ① 통지, 알림, 광고. ② 징조, 표적, 전조.

-anza [어원] 「ar동사+, 명사화. 동작·결과」를 의미. 예) mat*anza* 살육. confi*anza* 신뢰(信賴).

Aoristo [언어] 무한정 과거. 아오리스트. 그리스어 동사 시제의 하나로서 직설법에 쓰였을 때는 계속적 동작·동작의 결과를 배제하는 불완전 과거를 나타냄.

Aparato ① [의학] (신체의) 기관(계통). 예) Aparato fonador 발음(성)기관. ② [언어] 고증자료, 주석; (작가의) 용어집. 예) Aparato de Cicéron 키케로의 용어집.

Aparato crítico (본문하단에 기록된) 고증자료, 주석.

Aparente [언어] 가짜의, 허울뿐인, 겉으로 보이는. 예) Sujeto aparente 가(假)주어(↔ Sujeto real 진주어). ※ Sujeto aparente; Sujeto real 참조.

Aparte [인쇄] ① 별행, 줄바꿈. ② 항(項); (줄 바꿈한 2행 사이의) 문단.

Apelación 명명(命名), 이름 붙이기. 부름.

Apelación jurídica 정당한(합당한) 명

칭.

Apelativa [언어] 명령적 기능. 청자의 주의를 끌거나 청자의 대답을 이끌어 낼 때에 사용되는 요청, 명령과 같은 기능. 이 기능을 통해 화자는 다른 사람에게 자신의 의지를 전달하는 것임. 예) Vete allá. 저리가. Ven acá. 이리 와. ※ Conativa 참조.

Apelativo [언어] 부름 말. □ 총칭(總稱)의. 예) Nombre apelativo 총칭 명사.

Apertura [언어] 개구도(開口圖). 어떤 음을 발음하고 있는 동안의 입안 공기 통로의 벌림 정도를 말함. ※ Alfabeto fonético; Vocalismo 참조.

Apical [언어] 설첨음(舌尖音). 설단음(舌端音). 혀끝소리. 발음기관의 능동부인 혀끝과 수동부인 이와 입천장으로 조음되는 소리를 말함. 설단음은 수동부의 위치에 따라 네 가지로 나뉘게 됨. 윗니 끝을 수동부로 하는 이 사이 소리(齒間音 interdental), 윗니 뒤쪽을 수동부로 하는 잇소리(齒音 dental), 잇몸을 수동부로 하는 잇몸소리(齒槽音 alveolar), 센입천장(硬口蓋)을 수동부로 하는 혀 말이 소리(捲舌音)가 그것임. ※ Interdental; Dental; Alveolar 참조.

Apicalizado [언어] 설단음화 된 (소리); 설첨음화 된.

Ápice ① [의학] 혀끝; 혀끝소리. 발성기관 중 발음부. ② 문자의 상단에 붙이는 부호; acento, tilde 등등.

Ápice silábico [언어] 음절의 정점. 음절의 중심(= centro silábico). 음절에서 강세가 약해지기 바로 직전의 정점이 되는 지점을 일컬음. 음절의 정점으로써 모음이 그 위치를 가지게 되는 것을 다음의 경우에서 볼 수 있음. 예) Mar(바다)에서 'a'가 그리고, Pie(발)에서 'e'가 음절의 정점,

Apicoalveolar [언어] 설첨 치경음. 영어의 [t], [d] 음과 같이 설첨(혀 날)을 위 잇몸에 대어 실현하는 음을 일컬음.

Apicodental [언어] 설첨 치음. 설치음. 스페인어의 casa(집)에서 [s]음 같이, 설첨을 이에 접근 시켜 실현하는 음을 일컬음.

Apicopredental [언어] 설첨 전 치음. 설첨을 이(齒), 잇몸, 또는 경구개에 접근시키거나 붙이거나 해서 실현되는 경향이 있는 자음을 말함.

Apicoprepalatal [언어] 설첨 전 경구개음. 설첨을 경구개의 앞부분에 가까이 하거나 붙이거나 해서 실현시키는 음을 말함.

Aplicación [정보] 응용(프로그램).

Aplicada lingüística [언어] 응용 언어학. 응용언어학이란, 일상 생활이나 직업 생활의 몇몇 문제를 해결하고,

다른 학문이 제기하는 몇 가지 의문을 해결하기 위해서, 본래의 언어학의 사고 방식을 이용하는 조사 연구의 총체를 나타내는 것임. 언어학의 공리적(功利的), 실천적 부분으로서, 이것이 필요한 것이기는 함. 그러나 이것이 언어 활동에 관한 조사 연구의 유일한 목적을 구성하는 것은 아님. 교육을 위한 조사 연구로의 언어학의 응용은, 응용 언어학의 기본적 영역을 구성함. 어느 교과목이든 간에 어떤 하나의 담화를 만들어내는 일이 필요하며, 이 때문에 언어학은 수동적인 쪽에 있게 됨. 어떤 종류의 학과목에서는 언어는 수단이기도 하고, 대상이기도 함. 예를 들자면, 스페인어나 현대 외국어의 교육에서 그리고 텍스트(작품) 분석에 관계되는 모두에 대하여 그렇게 말할 수 있는 것임.

Apócope [언어] 어말 모음 소멸. 모음의 소멸은 대부분 강세체계의 발달이나, 강세의 위치변화에 따라 일어남. 한 단어의 끝 모음이 소실되는 어말 모음 소멸(apócope)현상은 문법적 현상에 의해 다음과 같이 많이 나타남. 예) alguno가 algún, cualquiera의 cualquier, grande의 gran 등등.

Apódosis [언어] 조건문의 결과 절. 주절.

Apofonía [언어] 모음 전환. 동어원어(同語原語)의 모음 전환. 예) hacer > hice.

Aposición [언어] 동위격, 동격 보어.

Aposición explicación [언어] 설명 동격. 예) el león, rey de los animales 백수의 왕, 사자.

Aposición especificativa [언어] 특수화 동위격. 예) el rey soldado 무인왕(武人王).

Aposiopesis [수사학] 돈절법(頓絕法). 감동·주저·위협을 나타내기 위해 문장을 갑자기 중단하는 문학적 기법을 일컬음.

Apositivo [언어] 동격의; 동격어(同格語).

Apóstrofe ① 돈호(頓呼), 악담, 욕지거리, 상소리. ②[문학] 돈호법(頓呼法). 부재(不在)하는 인물이나 추상적 존재나 무생물에게 직접 말을 거는 것을 일컬음. 여기에서 흔히 발생하는 효과는 고도의 형식성(形式性) 또는 돌연한 정서적 기동력(起動力)임.

Apóstrofo [인쇄] 생략 부호(').

Apotegma 금언, 격언.

Apoyo [언어] 강세. 예) Consonante (Vocal) del apoyo. 강세 자음(모음). ※ Acento 참조.

Apriorismo [논리] 연역법(演繹法), 선험설, 선천성(先天性).

Aptitud [언어] (언어) 수행(↔ Competencia 언어 능력). ※ Competencia

참조.

Arabismos [언어] 아랍어에서 영향을 준 스페인어. 스페인에서의 아랍의 지배는 711년부터 1492년 Granada 함락으로 끝나게 되기까지 약 8세기에 걸쳐 이루어졌는데, 이를 통해 아랍어가 스페인어에 많은 영향을 미치게 되었음. 특히 당시 전쟁・농업・상업・법률・과학에 걸친 신조어들이 많이 생기게 됨. 예) 전쟁관련: alcázar 성(城), atalaya 조망대(眺望臺), 농업관련: alberca 저수지, acequia 하수도・관계수로, 상업관련: jarra 항아리, taza 잔・물받이, 법률관련: alcalde 심판관, alguacil 집행관, 수학관련: cifra 숫자, álgebra 대수(代數).

Aragónes (스페인의 아라곤 지방의 말) 아라곤 어(語)・말. □ 특징: ① 인칭대명사 yo, tú가 pa yo, a tú처럼 전치사를 동반함. ② 상이한 동사 변화어간 혼용. 예) daron (dieron); yo tuvía(tenía) ③ 불 완료과거와 조건문 동사에서 뒤에서 두 번째 음절에 강세를 둠. 예) [dadámos]; [fuesémos] ④ 자위전환(字位轉換 Metátesis) 예) craba(cabra); probe (pobre). ※ Metátesis 참조.

Arahuaco [언어] 아라우아꼬 어. 중남미 원주민어는 어휘적인 면에서 볼 때, 스페인어에 많은 영향을 주었음. 아라우아꼬 어는 Antillas Mayores (현재 Cuba, Jamaica, Santo Domingo, Puerto Rico를 포함)에서 사용되었으나 오늘날에는 사라졌으며, 오늘날 스페인어뿐만 아니라, 영어, 불어, 네덜란드어에서 많은 어휘가 사용되고 있음. 예) Batata 감자, Tiburón 상어, Maíz 옥수수, Ají 고추, Maní 땅콩,... 등등.

Arauacanismo [언어] 아라우꼬 풍의 말. ((Arauco: 현재의 칠레의 한 주에 있던 나라))

Arauacano 아라우아까노 어(語), 칠레의 토착어. 중남미 원주민어는 어휘적인 면에서 볼 때, 스페인어에 많은 영향을 주었음. 예) Gaucho 남미의 카우보이, Poncho 비옷,... 등등.

Arbitrario [언어] 자의적(恣意的). 언어기호와 그것에 의해서 지시되는 것과의 관계에 대한 것으로 소쉬르(Saussure) 이후 사용되고 있음. 언어기호가 사물에 대하여 가지고 있는 자의성은 언어의 본질적인 특성의 하나인데, 이는 동일물(同一物)을 가리키는 말이 언어에 따라서 다르다는 사실과 음성변화현상이 존재한다는 사실 등에 의해서 증명됨.

Arbitrariedad [언어] (언어의) 자의성. 인간의 언어는 약정 기호이고, 그 기호는 목소리로 표현되는데, 소리와 그것이 가리키는 대상과의 관계는 인과관계나 필연적인 관계가 아닌 임의적인 관계임. 다시 말해, 나무(árbol)라는 용어와 잎, 가지가 있는 식물간에는 본질적인 관계가 없다는 것임. 그러므로 자의성은 언어의 임의적 규약이라 할 수 있음.

Arbitrariedad del signo 표시의 전단(專斷), 표식의 전횡(專橫). 임의적으로 만들어지는 신호 또는 표시를 일컬음.

Árbol [언어] (변형 생성 문법에서) 문장 구조표. 수형도(樹型圖).

Arcaísmo [문학] 의고주의(擬古主義), 의고적 문제, 고어. 이미 일반적 대화에서는 폐어(廢語) 또는 사어(死語)가 되어버린 단어나 표현을 문학에서 사용하는 것을 말함. ※ Antiquismo 참조.

Archi- [어원] 「주(主)·대(大)·제일·다(多)」의 뜻을 가진 접두어. 예) *Archi*duque 대공작(大公爵). *Archi*pobre 제일 가난한.

Archifonema [언어] 원 음소(原音素). 단 하나의 변별적 자질을 제외하고 모두 같은 자질을 공유할 뿐 아니라, 공유되는 자질 전부가 그들 이외의 다른 음소에서 일어나지 않는, 일반적으로 한 쌍의 음소에 의해 구성되는 단위를 말함. ※ Fonema 참조.

Archilexema [언어] 원(原) 어휘소(語彙素). 원사(原辭). 연구중인 주어진 자연 언어의 어의소로, 그것을 표상화 함으로써 분류학상의 최소 체계를 지시하곤 함. ※ Lexema 참조.

Archisemema [언어] 원(原) 형태 의미소(意味素). 여러 개의 형태 의미소(Semema)들에 공통되는 의미소들의 집합, 즉 그것들의 교차(Intersección)를 지칭함. ※ Semema 참조.

Área, lingüística [언어] (언어학적) 지역. 역외 사용 지역. 실제 언어 사실(Hechos) 지역을 정의하는 것임. 어떤 언어가 원래의 사용 지역 이외의 장소에서 이것과는 서로 다른 모어(母語)를 가지는 사람들에 의해 이용되는 경우, 이 언어를 '역외 사용 언어' 또는 '매개 언어(= Lengua vehicular)'라고 함. ※ Hehos; Lengua vehicular 참조.

Arenga 격려, 연설, 장광설(discurso largo).

Arengador 격려 연설을 하는 사람, 장광설을 늘어놓는 사람.

Argentinismo [언어] 아르헨티나 풍의 말씨·방언, 아르헨티나 말씨·방언.

Argot (불량배들의) 은어(隱語), 속어.

Argumentación [논리·언어] 입론, 의론, 추론(推論), 논증. 언어의 기본적인 기능이 논증이라는 것임. 다시 말해, 발화체의 가치는 정보적인 가치에 있다기 보다는 논증적 가치에 있다는 것임. 논증은 우선 담화(Discurso) 속에 존재하며 방향성과 강약의 정도를 가짐. 즉, 어떤 결론을 지향하는 방향이 있고 논거가 지향점으로부터 멀리 있는지 가까이 있는지에 따라 논증력이 약하고 강할 수 있는 것임. 논증은 상대를 설득시키거나 반박하는 목표를 가지고 있는 언어를 통한 한 행위임. 설득이나 반박을 하는 데에는 논거를 제시하여 그렇다는 또는 그렇지 않다는 것을 증명하는 일이 필요함. "병에 물이 반이나 남아 있다."고 하는 경우와 "병에 물이 반밖에 없다."고 하는 말은 정보량의 면에서 보면 같음. 하지만, 논증의 방향이 판이하게 다름. 즉, 전자는 물을 더 요구할 필요가 없다는 결론을 위해서 하는 말이고, 후자는 물이 부족하다는 결론을 위해서 하는 말이 됨.

Argumento [논리·문학] ① 논증, 토론. ② (소설 등의) 줄거리, 이야기, 플롯, 구성, 결구(結句).

Aritenoides [의학] 배상(盃狀)의. □ 배상연골(盃狀軟骨).

Armonía ① [언어] (말·문장 따위의) 조화, 해조(諧調). 예) Armonía vocálica 모음 조화. Armonía imitativa (말의 울림에 의해 자연음을 모방·환기하는) 의음(擬音). ② [문학] 조화. 예) Armonía preestable (라이프니츠의) 예정 조화.

Armonía vocálica [언어] 모음 조화.

Armónico 조화로운, 협조적인.

-arro, ra [어원] 「경멸성」을 뜻하는 접미어. 예) Cacharro 싸구려 물건.

Arroba [컴퓨터] ((이메일의 주소를 나타내는 용어)) @.

-arrón [어원] 「경멸성」을 뜻하는 접미어. 예) Abejarrón 땅벌.

Artefacto 인공물, 가공물.

Articulación [언어] 조음(潮音), 명쾌한 발음, 유절 발음(有節發音). 분절. 목소리 자체만으로는 의사소통을 위해 필요한 기호를 만들어내지 못하기 때문에 발음을 통하여서만 정확한 표현을 배가시킬 수 있음. 즉 발음기관에 의하여 다양한 음의 발성이 가능해지는 것임. 예) Punto de articulación 조음점. Modos de articulación 조음법.

Articulación doble [언어] (언어의) 이중 분절(굴절). 소리 단위의 구별과 단어 의미간의 구별이 이중적인 체계를 구성함.

Articulador [언어] 조음기관. 조음자. 능동부. 후두 원음의 통로에 개입하고, 그 운동에 의해서 공명강(共鳴腔)의 형태를 변화시켜, 언어음에 그 특징 있는 음색을 부여하는 발음 기관을 가리킴. □ 상부 조음기관(구개수를 제외하고 움직이지 않음)- 윗입술, 위의 앞니, 윗잇몸, 경구개 및 연구개의 여러 부위, 구개수, 인두벽(咽頭壁). □ 하부 조음 기관(항상 모두 움직임)- 아랫입술, 설첨(舌尖), 설배(舌背).

Articulatoria base [언어] 조음기초,

조음기반. 조음 기저. 어떤 언어를 특징 지우는 조음 습관 전체를 일컬음. 외국어를 습관 지움에 있어 주된 음성상의 어려움은 바로 새로운 언어를 특징 지우는 새로운 조음 습관 전체를 획득하기 위해, 자신이 지금까지 친숙해져 있는 언어의 조음 기초를 버리는 데 있는 것임.

Articulatoria fonética [언어] 조음 음성학(調音 音聲學). 조음 음성학은 가장 오래 전부터 있는 음성학의 한 부문으로서, 인도의 고대 음성학 중에도 그 예를 볼 수 있음. 조음 음성학은 인간의 말이 이용하는 음을, 음성 기관에 의한 발성의 기구에 근거하여 연구하는 것임. 모든 음의 정확, 상세한 기술이 음성학의 목표였는데, 시간이 지날수록 완전한 것으로 되어가고 있는 관찰 기술(技術)이나 측정기기의 발견에도 불구하고, 혹은 그 때문에 도리어 그러한 기술(記述)은 불가능한 것임이 분명해짐. 인간의 음성 기관에 의한 발음은 무한한 가능성을 가지는 것이라는 사실이 명백해졌기 때문임. 우리 인간에게 가능한 것은 단순히 음을 구별해 유형별로 나누는 것이고, 말을 하기 위한 일반적인 기구를 기술(記述)하는 것뿐임. 이렇게 기술(記述)은 세 가지 변수(Variable)에 관해서 행해짐. 즉, 후두의 활동, 구강에 있어서의 좁힘이 최대의 위치[조음점], 음성 통로를 통한 공기의 흐름의 방식[조음법]이 바로 이것임. 때로는 기본적인 조음을 변형하는 2차적 조음기관의 개입이라는, 네 번째 변수를 도입하는 일이 필요하게 되었음. ※ Variable 참조.

Articulatoria Etapa [언어] 조음 단계. 언어학자들이 연속적인 음을 불연속적인 소리의 단위로 분절할 수 있다고 판단하여 만든 첫 단계. 음을 만들어내는 발성기관의 부위와 방법에 따른 분류.

Artículo [언어] 관사. 관사는 그 명사가 어느 정도로 한정되어 있는가를 나타냄과 동시에 그 명사의 성・수를 명확히 하는 기능도 갖고 있음.

Artículo definido [언어] 정관사. □ 정관사의 사용 용례: ① 경칭을 나타내는 호칭 앞에서 사용. 예) El Sr. Pérez 뻬레스 씨, El Dr. Martín 마르띤 박사. ② 몇몇 국가명(國家名) 앞에서 사용하지만, 반드시 필요한 것은 아님. 예) (La) Argentina 아르헨티나, (La) Chile 칠레, (La) India 인디아, (El) Japón 일본, (Los) Estados Unidos 미국, (El) Canadá. ③ 소수의 도시 이름 앞에 사용됨. 예) La Habana (꾸바의 수도) 아바나, La Paz (볼리비아의 수도) 라 빠스. ④ 국가나 도시 이름에 형용사가 동반하는 경우에 사용. 예) La alegre Barcelona 유쾌한 바르셀로나. ⑤ 요일을 언급할 때 사용. 예) El lunes es fiesta 월요일은 축제다. ⑥ 시간이나 시기를 지정할 때 사용. 예) El año pasado 작년에, la próxima semana 다음주에, a las 2 en punto 2시 정각에. ⑦ 총체적인 것을 언급할 때 사용. 예) La música 음악, El arte 예

술. ⑧ 'Tener' 동사 신체의 일부분을 의미하는 명사를 목적어로 가질 때 사용함. 예) Tiene los ojos azules 당신은 파란 눈을 가지고 계시군요. ⑨ 음악이나 스포츠를 언급할 때 사용함. 예) Toca la guitarra 기타를 연주하다, Juega al tenis 테니스를 치다. ⑩ 스포츠 팀 명을 언급할 때 사용. 예) El Real Madrid 레알 마드리드 팀. El Manchester 맨체스터 팀. ▢ 정관사를 사용하지 않는 용례: ① 이름 앞에 붙는 경칭을 사용할 때. 예) Don José 돈 호세, Doña Elena 도냐 엘레나. ② 호격으로 경칭을 나타내는 호칭을 사용할 때. 예) Mire esto, señor Gómez 이것을 보세요, 고메쓰 씨. ③ Ser 동사와 함께 오는 요일에는 정관사를 사용하지 않음. 예) Hoy es martes 오늘은 화요일이다. ④ 달(月)을 나타낼 때. 예) Enero tiene 31 días 1월은 31일로 되어 있다. ⑤ 교통 수단을 이용한다는 표현을 할 때, 전치사 'en' 뒤에는 정관사를 사용하지 않음. 예) Voy en tren 나는 기차를 타고 간다, Viajo en avión 난 비행기를 타고 여행한다. ※ Artículo determinado 참조.

Artículo determinado [언어·문법] 정관사 (= Artículo definido).

	단수	복수
남	el	los
여	la	las

① 정관사는 명사의 성·수에 일치함. 예) el libro (그) 책, los libros (그) 책들, la casa (그) 집, las casas (그) 집들. ② a나 ha로 시작되는 명사가 그 a나 ha에 강세가 있을 경우는 여성 명사일지라도 단수 때에 한해서만 la 대신 el 을 씀. 그 이유는 발음상의 혼돈을 피하려는 것뿐이니 단어 자체가 남성이 되는 것은 아님. 예) el agua 물, las aguas 물, el arma 무기, las armas 무기들, el hacha 도끼, las hachas 도끼들, el hambre 배고픔, las hambres 배고픔. ※주의 : 첫 음절 a 또는 ha에 강세가 없는 경우에는 정관사 la를 그대로 사용함. 예) la ambulancia 앰블런스, la ambigüedad 혼동. ③ 축약형을 보면, 'el'이 'a', 'de'의 다음에 오면 'al', 'del'로 됨. ※ Artículo definido 참조.

Artículo indefinido [언어·문법] 부정관사. ※ Artículo indeterminado 참조.

Artículo indeterminado [언어·문법] 부정관사 (= Artículo indefinido).

	단수	복수
남	un	unos
여	una	unas

① 부정관사는 명사의 성·수에 일치함. 예) un libro 한 권의 책, 어느 책, unos libros 몇 권의 책, 어떤 책

들, una casa 한 채의 집, 어느 집 unas casas 몇 채의 집, 어떤 집들. ② 정관사와 마찬가지로 a나 ha로 시작된 명사가 그 a나 ha에 강세가 있을 경우는 여성 명사일지라도 단수 때에 한해서 여성 부정관사 대신 남성 부정관사를 쓴다. 그러나 형용사는 여성형을 써야 함. 따라서 형용사가 명사 앞에 올 경우는 부정관사도 여성형을 씀. 예) un arma 한 개의 무기, unas armas 약간의 무기, un águila 한 마리의 독수리, unas águilas 몇 마리의 독수리, un hacha 한 자루의 도끼, unas hachas 몇 자루의 도끼.

Aritículo neutro [언어·문법] 중성관사: lo. 중성명사는 남성 단수 형용사와 함께 추상명사를 만들게 됨. 여성과 복수형은 존재하지 않음. 예) Lo bueno 착한 것(善), Lo malo 악한 것(惡).

Artículo periodístico 신문 기사. 저널리즘. 신문의 텍스트.

Artificial 인위적인, 인공적인. 예) Lenguaje artificial (에스페란토언어와 같은) 인공언어.

Asemántico [언어] 무의미한.

Aserción [언어·논리] 단정. 의사 소통의 양식 중의 하나이며, 말하는 이와 대화자들과의 사이에 화자에 의해 마련된 것으로서, 《Yo te digo que~ (~라고 나는 네게 말하고 있는 것이 다)》라는 언외(言外)의 문상에 절(節)을 의존시키는 것에 의해서 성립됨. 예) Aserción verdadera[falsa, gratuita] 참된[거짓된, 근거 없는] 주장.

Asertivo [언어·논리] 단정적인. 예) Frase asertiva 단정문.(斷定文)

Aseveración ※ Aserción 참조.

Aseverativo ※ Asertivo 참조.

Asibilación [언어] 치찰음화(齒擦音化). 폐쇄음이 '치찰음(silbante)'으로 바뀌는 것. 라틴어 음가 /k/ 뒤에 모음 /e, i/가 올 때, 나타나는 발음으로서, 스페인어에서는 스페인 본국의 까스떼야노(Castellano)에서 나타나는 쓰[θ] 발음에서 볼 수 있음. 예) Ciento(100, 백) [θjento]. ※ Sibilante 참조.

Asilabema [언어] 음절부음소(音節副音素). 음절의 중심이 되지 못하는 음소의 최소 단위.

Asilábico [언어] 음절부음적(音節副音的)인. 음절의 중심이 될 수 없는 음. 주로 자음을 일컬음.

Asimilación [언어] 동화(同化). 어떤 음이 근접하는 다른 음의 영향을 받아 그 음과 같거나 유사한 음으로 변화하는 현상. 이화(異化 disimilación)에 대조되는 이 과정은 일정한 환경의 음과 완전히 동일 음이 되느냐 되지 않느냐에 따라서, 완전 동화와 불완전동화로 구분될 수 있음. 또 어떤 위치에 있는 인접음(隣接音)의 영향을 받느냐의 여부에 따라서 앞의 음이 후속(後續)하는 음에 영향을 줄 때, 순행동화, 그 반대 현상을 역행동화, 상호 영향을 받는 경우를 상호 동화라고 불러 세 가지로 나눔. ※ Disimilación 참조.

Asimilación adyacente [언어] 인접동화. 바로 앞 또는 뒤에 따르는 소리에 의해서 조건화된 동화.

Asimilación anticipatoria [언어] 순행동화. 선취동화. 앞에 있는 음의 어떤 자질의 영향을 받은 음에 의한 진행과정. 어떤 음이 앞의 음에 역행 작용을 미치는 일.

Asimilación distante [언어] 간격동화. 영향을 받은 분절음으로부터 적어도 한 음 이상에 의해 분리된 어떤 분절에 의해 조건화된 동화.

Asimilación regresiva [언어] 역행동화. 뒤따르는 음의 어떤 자질을 획득하는 음에 의한 진행 과정.

Asíndeton [언어·문법] 연사(連辭) 생략, 접속사 생략.

Asociación ① [언어] 연합, 배합, 취합, 조합; (어떤 문장에서의 단어의) 조합. ② [철학·심리학] 연상, 연합; (연상된 관념·표상의) 체계. ③ [정신분석] Regla de asociación libre 자유 연상의 규칙.

Asociación de las Academias 한림원 연합회. 스페인과 중남미의 각국은 이 단체를 설립하여, 스페인어 단일화를 적절히 조절하고 있음.

Asociativo ① [언어] 연합의·연합적 (= Sintagmático). 예) Regla asociativa 결합 법칙. Operación asociativa 결합 연산. ② [심리] 연상의, 연상에 의한. 예) Memoria asociativa 연상에 의한 기억.

Asonancia [언어] 동류음(同類音). 동류음의 중복(강세가 있는 마지막 모음이 같은 것); 반해음(半諧音). 예) Fort*u*na 와 M*u*cha.

Aspecto [언어] 상(相). 동작상(動作相)이라고도 함. 넓은 의미로 개별 단어가 지니고 있는 동작의 모습도 상에 포함시키는 일이 있으나, 일반적으로는 동작류(動作類)라 하여 상(相)과는 구별함. 상은 시간과 관련된 문법 범주라는 점에서 시제(時制)와 유사한 측면도 있다. 그러나 시제가 말하는 시점(時點)을 기준으로 파악되는 지시적(deíctico)인 것임에 비하여 상(相)은 외부의 시점과는 관련짓지 않고 동작의 내적 시간 구성을 나타내는 것이기 때문에 비지시적이라는 차이가 있음. 상은 원래 러시아어 'vid'의 번역어로서, 여러 슬라브어에서 볼 수 있는 동사의 완료형식(perfecto)과 비완료형식(imperfecto)의 이항대립을 가리키는 말임. ※ Deíctico; Perfecto;

Imperfecto 참조.

Aspecto de la acción verbal [언어] 동사의 시간상(時間相); 동사의 시간적 성질. 각 동사에는 본래의 시간적 성질이 있는 것을 일컬음. 예) vivir 살다((동사의 실행에는 긴 시간이 걸림)); disparar 발사하다((동사의 실행에는 매우 짧은 시간이 걸림)).

Aspecto desinente [언어] 순시상(동사) 상. 완료상(Aspecto perfectivo)과 같은 성질을 지닌 동사의 상태. ※ Aspecto perfectivo 참조.

Aspecto durativo [언어] ① 지속(동사)상. 불완료상과 동일한 의미의 상. ※ Aspecto imperfecto 참조. ② [Gili y Gaya의 분류] Aspectos durativos 지속상. 예) saber 알다; vivir 살다.

Aspecto imperfectivo [언어] ① 불완료(동사)상. 예) querer 좋아하다; ver 보다; saber 알다; vivir 살다. ② [Gili y Gaya의 분류] Aspectos imperfectivos 불완료상. 예) saber 알다; vivir 살다; querer 좋아하다.

Aspecto incoativo [언어] 기동(동사)상; [Gili y Gaya의 분류] Aspectos incoativos 기동상(起動相). 예) enrojecer (얼굴이) 붉어지다; alborear 날이 새다.

Aspecto momentáneo [언어] 순시(동사)상; [Gili y Gaya의 분류] Aspectos momentáneos 순시상. 예) saltar 뛰다; chocar 부딪히다; llamar 부르다.

Aspecto perfectivo [언어] ① 완료형(동사) 상. 예) chocar 충돌하다; firmar 서명하다; abrir 열다; disparar 발사하다; resolver 해결하다. ② [Gili y Gaya의 분류] Aspectos perfectivos 완료상. 예) nacer 태어나다; morir 죽다; comenzar 시작하다.

Aspecto permanente [언어] 계속(동사)상. 의미상으로 불완료 동사상과 동일함. ※ Aspecto imperfecto 참조.

Aspecto reiterativo [언어] 반복(동사)상; [Gili y Gaya의 분류] Aspectos reiterativos 반복상. 예) golpear 때리다; picotear (새가) 부리로 쪼다; hojear (책·공책의 페이지를 가볍게 넘기다.

Aspecto verbal [언어] 동사상(動詞相). ※ Aspecto 참조.

Aspectual [언어] 상(相)의, 동작상의, 아스펙트의.

Aspiración [언어] 기식(氣息). 기음(氣音). ① 기음을 내면서 발음하기. ② 전형적인 파열음(혹은 정지음)을 내는 동안을 세 단계로 나누어 볼 수 있음. 먼저 허파에서 나온 기류의 통로를 발음부의 능동부가 맞은 편 자리에 붙음으로써 막게 하는 단계와 그리고 이 닫음을 지속하는 단계, 그 다음에 이러한 닫음을 터뜨리는 단계로 이루어짐. 이 가운데 세 번째 단계인 터짐이 있은 뒤에 닫혔던 공기가 뿜어져 나오면서 생기는 무성(無聲)의 과정을 기식(氣息)이라 함.

Aspiración de ~s [언어] ~s 어말·어미의 기식음화. 어휘 맨 마지막에 있는 -s음이 소리를 내지 않고 바람 소리만 내게 되는 경우를 일컬음.

Aspirada [언어] 유기음. 폐쇄가 개방된 잠시 후, 성대의 진동이 시작되는 음. 예) [ph], [th], [kh].

Aspirado [언어] 기음(氣音)을 내면서 발음하는, 유기음의, 유성(有聲)의.

Asterisco [인쇄] (언어학 책에서 비문 등을 표시할 때 사용하는) 별표 ((*)).

Astur-leónes [언어] (스페인 국가 내의) 아스뚜리아-레온 어(語). 레온어의 분포지역은 대체로 옛 스페인 내(內) 레온 왕국의 영토에 해당하는 곳으로서, Asturias, Santander, León, Zamora, Salamanca, Cáceres 및 Badajoz 등의 지역임. □ 특징: ① 어두음 /f-/의 보존. 예) farina; fillo ② 비강세 모음 /e/, /i/ 앞의 /g/, /j/의 보존. 예) germanu > yermano ③ /-li-/, /-cl-/ > /ll/. 예) muliere > muller; oculu > ollo ④ /-ct-/ > /-it-/. 예) lacte > leite ⑤ 강모음 /o/, /e/ > /ia/, /uo/, /ua/, /ue/로의 다양한 이중모음화. 예) huorto; huarto; huerto. ⑥ 이중모음 /ai/, /au/ > /ei/, /ou/. 예) carrira > carreira ⑦ 어두 /l-/ > /ll-/. 예) Labor > llabore ⑧ /-mb-/의 보존. 예) palomba (paloma).

Asumido [언어] 보증된. 말하는 이가, 대화자를 향해서 말하는 긍정이나 부정의 단정, 또는 의문이나 명령에 자기 자신이 책임을 지는 경우, 그것을 '보증된' 말하기라 함. 말하는 이와 그 발화와의 사이에 양태 부여-의심, 암묵의 거부 등을 함축하는 부사, 혹은 조건법, 삽입절 등의 사용-에 의하여 말하는 이가 거리를 두는 경우, 그 발화는 보증되어 있지 않다고 말해짐.

Asumir ① (책임·임무 등을) 지다, 맡다, 떠맡다. 예) Ella *asumió* la responsabilidad 그녀는 책임을 떠맡았다. ② 추정하다. 예) *Asumo* que él es el jefe 나는 그 사람이 보스라고 생각한다.

Asunto ① [언어] 화제, 주제. ② [논리] 변증론. ③ [역사·철학·수사학] 일반적으로 인정받고 있는(상투적인) 주장·논변. ④ [정신분석] 장소론.

Ataque [음악] (기악성악에서 최초의) 발음[발성](법).

Atélico [언어] 비종결성의. 예) Verbo atélico 비종결동사. 이 어휘는 종결성 (Télico)에 반대되는 개념으로서, 비(非)종결성은 자연적인 종결점이 없는 행위의 동사를 가리킴. 예) 《Ella está cantando 그녀는 노래를 하고

Atemático ① [언어] 어간 형성 모음이 없는((굴절어미가 어근에 직접 붙는 경우)). ② [철학] (개개인의) 천성에 위배되지 않는.

Atemporal [언어] 초시제적(超時制的)인. 예) Presente atemporal 초시제적인 현재((보편적 사실·진리 등을 표현하는 현재형)).

Atenuación [언어] 곡언법(曲言法). 부정의 표현에 씀. 진의를 반대로 긍정할 때의 말. 예) No soy tan feo. 난 그렇게 못생기지 않았다(잘생겼다).

-ativo, va [어원] 「작용·활동·능력」의 형용사 어미. 예) activo 활동적, nutritivo 영양의.

Atlas lingüístico 언어 지도첩(책). 에드몬뜨(E. Edmont)의 조사에 입각하여, 길리예흐몽(J. Gilliérmon)이 작성한 프랑스 언어 지도첩(Atlas linguistique de la France)이 오랫동안 그 모델이 되어 왔음. 언어 지도첩은 다음과 같은 사항으로 구성되어 있음. ① 질문을 받는 사람에게 명칭을 말하게 하기 위한 개념과, 말하게 하기 위한 문장이나 회화를 지시한 '질문서'. ② 조사 지점과 질문을 받은 사람의 설명. ③ 본질적인 부분으로서 '언어 지도'. 앞과 같이 수록된 형식, 단어, 구문의 유형이 지점마다 기입되어 있으므로 방언학에 있어서 중대한 역할을 하고 있음. ※ Geografía lingüística 참조.

Atmósfera [문학] 분위기. 작품 전체에 스며들어 있는 주조(主調)를 말하는데, 행복을 지향하건 (더 흔한 경우지만) 재난을 지향하는 것이건 간에 사건들의 진로에 대한 독자의 예상을 만들어 냄.

-ato, ta [어원] ① 「지위·직업·임기」를 뜻하는 접미어. 예) decanato 학장임기. ② [화학] 「~염」을 뜻하는 접미어. 예) acetato 초산염. ③ 「동물의 새끼」를 뜻하는 접미어. 예) ciervo → cervato 새끼 사슴.

Átono [언어] 강세가 없는, 약세(弱勢)의. 예) pronombre átono 약세 대명사: me, te, le, nos 등등.

Atracción [언어] 견인(牽引). 다른 말의 영향에 의한 형태의 변화.

Atracción pronímica [언어] 연어(緣語) 견인.

Atributivo [언어] 수식어(修飾語). 명사의 속성을 나타내는 단어로 명사의 수식어 또는 명사 전수식어(前修飾語)라고도 함. ※ Oración atritiva 명사 술어문.

Atributización [언어] 부가 형용사화. 형용사가 그 수식하는 명사의 속성이나 성질을 나타내게 되는 것.

Atributo [언어] 속사(屬辭); (성질·속성을 표시하는)형용사구, 수식어; 부가 형용사. 동사의 중개(仲介)에 의하여 주어 또는 직접 보어인 사람이나 사물의 속성 즉, 성질·상태·신분·직업 등등을 나타내는 말. 형용사, 명사 대명사 외에 부정사(Infinitivo), 명사절도 속사가 됨. ※ Infinito 참조.

Atributo del complemento directo [문법] 직접 목적보어 속사. 직접 목적어의 의미를 가지는 보어. 발화 중에 표현된 동사를 개재시켜 인정되는 형식을 일컬음. 다음과 같은 동사 뒤에 오는 직접 목적보어의 속사도 있음. 예) estimar(평가하다), nombrar(임명하다), ordenar(명하다), proclamar(선고하다), querer(바라다), saber(알다), 등등.

Atributo natural [언어·문법] 필연적 부가 형용사((사람·사물의 내재적 송성을 나타내는 형용사)). 예) 'Carta electrónica(전자우편·이메일)'에서 electrónica.

Audibilidad 청취할 수 있음; 가청도(可聽度)

Audiograma 청력도(聽力度). 오디오 그램.

Audiometría 청력 검사.

Audiomudez [의학] (귀머거리와는 무관한 선천적) 벙어리.((지능과 청력이 정상적인 어린아이에게서 볼 수 있음))

Auditoria, Etapa [언어] 청음 단계. 언어학자들이 연속적인 음을 불연속적인 소리 단위로 분절할 수 있다고 분석하는 세 번째 단계. 음성의 지각과 신경, 심리학적인 제 특성 연구.

Aumentativo [언어, 문법] (접사 따위가) 의미를 확대·강조하는. □ 확대사(擴大辭), 증대사[어]. (↔ Diminutivo). 명사의 어미에 "on, ona; ote, ota; azo, acho, arrón, etón"을 부가하면 증대어가 됨. 예) hombre 남자 → hombrón 덩치가 큰 남자; mujer 여자 → mujerona 덩치가 큰 여자; casa 집 → casona 큰 집. □ 증대사에 의해 어휘의 성이 바뀌는 경우: la casa 집 → el caserón 넓은 집, la camisa 셔츠 → el camisón 슈미츠.

Aumento [언어] (그리스어 따위의) 과거형 첨가음, 접두 모음자.

Aunque [문법] ((접속사)) ① ㉮ [+ind., 사실의 양보] …이지만. 예) *Aunque* ella es jo- ven, lo sabe todo 그녀는 젊지만 무엇이든지 알고 있다. ㉯ [+형용사 등] …이지만. 예) *Aunque* tonto, no lo es tanto que no comprenda la broma 그는 바보지만 농담을 이해하지 못할 만큼은 아니다. *Aunque* rendido de cansancio, saqué fuerzas para contraatacar 나는 피로로

지쳐 있었지만 힘을 내어 반격했다. He compraro el coche, aunque a regañadientes 나는 마지못해 그 차를 샀다. ㉤ [+*subj*., 화자의 의견과 함께 하는 양보] 예) *Aunque* él sea joven, lo sabe todo 확실히 그는 젊지만 무엇이든지 알고 있다. ② ㉮ [+*subj*., 가정적 양보] (설령) …일지라도. 예) Me casaré con ella aunque se opongan mis padres 부모님이 반대하시더라도 나는 그녀와 결혼하겠다. *Aunque* él estuviera aquí no me ayudaría 설령 그가 이 곳에 있을지라도 나를 도와주지는 못할 것이다. *Aunque* hubiese [hubiera] llovido, habría salido. 비가 왔을지라도 나갔을 것이다 ((과거 사실의 반대)). ㉯ [+ni, 부정의 양보] 예) Ni aunque me invitara, lo aceptaría 설령 그가 나를 초대하지 않을지라도 나는 응하겠다. ③ [+직설법, 배반] 그러나, 그렇다고는 하지만, 하긴, 다만. 예) Yo vivía cerca de su casa, aunque nunca lo supe 나는 그의 집 가까이 살았지만 결코 그것을 알지 못했다. No traigo nada de eso, aunque traigo otras cosas 나는 그런 물건은 아무 것도 가져오지 않았으나 다른 것은 가져왔다.

Austin, John [언어학자] 오스틴(1911~1960). 문장의 참·거짓을 따지는 데 주력한 논리 실증주의에 반대하여 문장의 발화가 곧 화자의 행위라는 입장에서 독특하고 정교한 화행 이론을 전개한 영국의 일상 언어학파의 철학자. 주저의 하나인 How to Do Things with Words (1962)는 그의 1955년 하버드대학 William James 기념강좌의 책으로 엮은 것인데, '본인은 이 배를 퀸 엘리자베스 호라 명명합니다'와 같은 문장은 적정한 조건에서 발화되었을 때, 참, 거짓을 말할 수 없는, 발화 자체가 곧 '명명'행위인 문장으로서 이러한 문장을 수행문이라 하여 참, 거짓을 가릴 수 있는 서실문(敍實文 constativa)과 대비됨. 그러나 뒤이어, 서실문 역시 그것의 발화는 하나의 행위이므로 수행문과 서실문의 구분을 스스로 버리고, 명시적 수행문과 암시적 수행문의 구별만이 있을 뿐이라 했고, 그 뒤에 발화란 언표적 행위, 언표내적 행위, 언향적 행위를 동시에 하는 것으로, 그 중에서도 언표내적 행위가 발화의 핵심이라 하였음. Austin은 또한 발화가 적정하지 못한 경우에 대해서도 세분해 놓았음. Austin의 생각은 그의 사후 제자, J. Searle에 의해 화행이론으로 계승, 발전되었음. 언어학에서는 Austin의 영향을 받은 1960년대 말 Ross 등의 생성 의미론자들이 모든 문장의 기저구조는 최상위문이 수행문이라는 수행문 분석을 제시하였음.

Autocorreción [언어] 자기 정정(訂正). 화자가, 자신의 발화(發話)는 자신이 말하려 하는 것에 대해 일치하지 않음을 깨닫고, 발화의 잘못을 스스로 정정하는 일을 일컬음. 어떤 종류의 실어증 환자에게서는 잘못된 항목을 말한 뒤, 자기 정정(訂正)을 몇 번이고 계속해서 반복하게 되는 경우도 있음.

Autodominado [언어] 자기 지배. 생

성문법에서, 어떤 요소 A가 그 자신, 곧 동일 범주의 요소 A에 의해서 지배되고 있을 때, 요소 A는 '자기 지배'되고 있다고 함. 예를 들어, 등위접속의 고쳐 쓰기 규칙 N → N et N *et(등위 접속사; ~과)에서는, 화살표 오른쪽의 두 개의 N은 자기 지배되고 있다고 함. 자기 지배에 의해서 회귀성(回歸性)이 가능하게 됨.

Autoincrustación [언어] 끼워 넣기 된 복합문에서의 기본 원문. 끼워 넣기 문장[복합문]에서의 중심 기본 문장. 예) 《El árbol que los leñadores que hemos visto han marcado para cortarlo es centenario 우리가 보았던 나무꾼들이 자르기 위해 표시해 놓았던 나무는 백년 수(百年 樹)이다.》 여기서 끼워 넣기 문장(Incrustación)은 《Hemos visto a los leñadores 우리가 나무꾼들을 보았다.》이고 이에 반하는 끼워 넣기가 시행된 원문(原文)은 《el árbol es centenario(나무가 백세(百歲)이다.》임. ※ Incrustación 참조.

Autonimia [언어·논리] 자기 지시(自己 指示). 자기 지시성. 기호가 기호로서의 자기 자신을 가리켜 나타내는 경우를 '자기 지시'라 함. 이 어휘는 논리학에서 나온 것으로 논리학에서는 자기 지시적 명사란 다만 언급의 대상으로 되어 있을 뿐인 어떤 명사인 것임.

Autonomia [언어] 자립(自立). ① 계열관계에서 자립은 그들 사이에 어떠한 전제도 없을 경우 둘 혹은 그 이상의 의미적 범주나 또는 둘 또는 그 이상의 의미 최소체계에 의해 나뉘어진 관계를 뜻하는 것으로 취해짐. 두 개의 자립적 범주나 체계 사이의 관계는 결과적으로 "~이거나, 혹은~ (O~, o~: 예) Lo harás o de grado o por fuerza 마음에서 자진해서건 억지로 건 그 일을 해라.)"의 유형과 같은 단순 대립의 하나임. ② 결합관계에서 언어의 두 층위는 만일 그들이 각각 그들 자신의 구조적 조직을 소유한다면 각각에 관해서는 자립적이라고 말해짐. 즉, 그들은 동일 원소인 반면에 동일 형태소는 아님.

Autónomo [언어] 자율적인: Monema autónoma 자율 기호소.

Autoontivo [언어] 자인칭(自人稱). 존재인칭(Ontivo)에서 말하고 있는 그 자신을 지향하는 경우를 일컬어 L. Tesnière가 일컬음. ※ Ontivo; Anontivo 참조.

Autoridad [언어] 권위. 어떤 사회·문화 공동체가, 말할 것, 말해서는 안 되는 것을 결정할 권리를 어떤 사람 또는 단체에게 인정하고 있을 때, 그 사람 또는 단체를 언어에 관한 '권위(Autoridad)'이라고 일컬음. 스페인어에서는 RAE(스페인어 한림원) 학회와 그 학회 회원 하나 하나가 권위인 것임. 일반적으로 인정된 권위가, 말할 것, 말해서는 안 되는 것의 예를 부여하지 않으려고 한 일도 물론 있었을 것이나, 그렇게 되면, 작가가 좋은 관용(慣用)과 언어 상 권위의 표본으로 되는 경우가 있을 수 있음. 사실상, 권위라고 인정된 사람들은, 일반적으로 그 판단의 기초로서 자기들 자신의 관용이나 훌륭한 작가의 관용, 언어의 어떤 과거의 상태, 약간의 역사적·어원적 사실, 혹은 또 약간의 논리적 모델을 채택함. 이러한 영역에 있어서, 언어학자들의 자문을 구하는 일은 드문 것을 볼 수 있음.

Autorregulación ① 자동제어. 어떤 계통 속에 그 계통의 행위의 결과를 거듭 도입함에 의해서 얻어지는 제어 방식을 일컬음. 되돌아가는 정보에 의해서, 그 계통의 작용 방법과 모델을 바꿀 수 있으면 그것이 피드백(Feedback)이 됨. ② (생체의) 자기 조절. ※ Feedback 참조.

Auxiliar, verbo [언어] ① 조동사. 조동사는 현재분사(Gerundio) 형태나 과거분사(Participio) 형태를 포함하고 있는 것과 원형 동사의 형태를 취해서, 사역이나 기동사(起動相), 행위의 전개나 종료를 포함하는 동사 및 동사 상당어구를 일컬음. ② 생성 문법에서 동사구의 의무적 구성 요소이며, 그 자신이 의무적 구성 요소인 시제(현재·과거·미래형), 수의적 구성 요소인 완료형, 기동(起動) 동사, 법조 동사(Auxilio de modalidad)가 문법 범주에 들어감. ※ Gerundio; Participio 참조.

Auxilio de modalidad [언어] 법(法) 조동사. 논리적 양태를 표현하는 조동사의 범위를 일컬음. 말하는 이가 동사가 표현하는 행위를, 가능·필연·논리적 귀결·결정의 결과 등으로 간주할 때 사용됨. 영어의 경우는 can, may, must, will 등이 여기에 해당함.

Avalente [언어] 비인칭 동사. 인칭을 가질 수 없는 동사를 L. Tesnière가 일컬음. 예) Llueve 비가 온다; Nieva 눈이 온다; Es preciso 멋지다. ※ Impersonal 참조.

Avant-garde [문학] 「프랑스어」아방가르드 문학. 전위(前衛). 기성의 형식이나 전통을 부정하고 항상 새로운 것과 미지의 것을 추구하는 예술상의 혁명적인 태도를 가리킴. 제 1차 세계 대전 후, 자본주의 사회가 낳은 예술인데, 사상의 쇠퇴와 혼란 속에서 기성의 권위에 반역한 시인과 화가들이 새로운 예술을 형성해 내기 위해 실험적인 시도를 행한 결과 다다이즘(Dadaísmo), 초현실주의(Surrealismo), 큐비즘(Cubismo), 미래파(Futurismo) 등의 예술 운동이 발생하게 됨. ※ Dadaísmo; Surrealismo; Cubismo; Futurismo 참조.

Axioma [언어] 공리(公理). 어떤 특별한 연역체계(sistema deductivo)에서 출발점으로 쓰이며, 그 체계 내에서는 증명되지 않는 언명(言明) 혹은 언명들의 집합.

Axiomático, sistema [언어] 공리체계, 공리계. 유한한 공리(axioma)에 산출 규칙을 적용하여 무한한 정리를 도출해 낼 수 있는 장치. 형식적인 정의는 다음과 같음. 공리체계란 ASP로서 언급하는데, A는 기호들의 유한집합으로서 알파벳이고, S는 A로 이루어진 연쇄체들, 즉 공리들의 유한집합이고, P는 A°의 연쇄체들 사이의 n-자리 관계들의 유한집합으로 P의 원소들이 산출규칙임. ※ Axioma 참조.

Ayudante [언어] 보조자. 주인공의 욕구 만족을 용이하게 하려고 행동하는 인물(Actante)이 이야기 속에서 수행하는 기능을 말함. ※ Actante 참조.

Azteca [언어] 아스떼까 말(멕시코 원주민 언어, 14~15세기).

【B】

B [언어] b 베 (스페인어 자모의 두 번째 문자). 스페인어의 자음 음소 /b/. 음성학적으로는 폐쇄음(oclusivo), 양순음(bilabial), 유성음(sonoro)의 자질을 가짐(= Oclusiva bilabial sonora 유성 폐쇄 양순음). 음성학 기호로는 폐쇄음일 때 [b], 마찰음(fricativo)일 때 [ƀ]로 나타남. 예) (a) 폐쇄음이 나타나는 경우: ① 휴지(Pausa) + b, v. ② n + v. ③ m + b. (b) 마찰음이 나타나는 경우: ① 모음(vocal) + b, v. ② 자음(n, m을 제외한) + b, v. ※ Oclusivo; Bilabial; Sonoro; Fricativo 참조.

Babel 사투리의, 방어의; □ ① 사투리, 지방어(말), 방언. ② (어떤 집단의) 특수어, 은어, 변말. ③ 상스러운 (부정확한) 말.

Baja [언어] (조음 시(時), 혀의 높이) 저. 모음을 발음할 때, 혀의 높이는 입의 벌어짐을 나타냄. 저(낮은 위치) 음은 입이 가장 크게 벌어지는 음임. 예) [a].

Bajo [문법] ((전치사)) ① ⋯아래. 예) andar bajo la lluvia 우중(雨中)을 걷다. Se oculta su impiedad bajo (de) hermosa apariencia 아름다운 외모 아래 그녀의 무정함이 감추어져 있다. ② ⋯밑에, ⋯ 아래, ⋯하(下)에. 예) sufrir bajo la tiranía 폭정으로 고생하다.

Bajo latín [언어] 후기 라틴어. 저(低) 라틴어. 통속 라틴어의 별칭. ※ Latín tardío 참조.

Bakhtin, M. [언어학자] M. 바흐친. 소련의 인문학자, 철학자. 사적인 서클에서 강의를 하다가 나중에 모르드바 교육대학의 교수가 되었음. 도스토예프스키나 라블레의 작품을 통하여 작가가 타자(他者)의 언어에 파고들어 타자와 완결하지 않는 대화관계를 가진다든지, 소설의 철학적 극치로 카니발의 의의를 논했음. 주된 저서에 《도스토예프스키 시학의 여러 문제》 《프랑소와 라블레의 작품과 중세 르네상스의 민중문화》 등이 있다. 소설 속의 작중인물(他者)이 작가로부터 독립하여 움직이면서 양자가 대화적 관계에 들어가는 것은 타자가 작가이며 자기인 속에 살기 때문이며, 자기 속에는 무수한 타자의 소리가 늘 울려 퍼지고 있음. 또한 자기는 타자를 늘 포함하면서도 세계에 대해서는 바깥에 위치하고, 타자와의 대화에서 자타의 범위는 어긋나면서 상궤를 일탈하여 고상하고 외설이 뒤섞인 카니발적(카니발레스크) 세계 속으로 무화(無化)되어 간다는 것임. 바흐친의 《프랑소와 라블레의 작품과 중세르네상스의 민중문화》나 《도스토예프스키론》에서 전개하는 카니발론(論)은 생사의 경계를 웃음으로 돌파하는 민주문화의 존재와 다이나미즘(dynamism; 역동주의), 그리고 이 민중문화의 분류를 도입하는 작가의 문장을 연구함으로써 폐쇄되어 가는 이 시대의 문화 및 문학 상황에 영향을 미치고자하는 것이 그 목적이었음.

Balkanismo [언어] 발칸 특징. 발칸 언어 연합을 구성하는 언어들이 공유하게 된 언어학적 새 경향.

Bambalina [문학] ((연극에서)) 위에서 걸어 내리는 무대의 배경화.

Bandera [컴퓨터] 플래그; 표시 문자.

Baquio [문학] 그리스어·라틴어 시의 각운.

Barbarismo [언어] ① 부정확한 어법 [어구]. 불순정 어법(= Solecismo). 어떤 일정 시기(공시태 Sincronía)에 있어서, 언어의 제 규칙, 특히 형태 음운론적 제 규칙에서 생성될 수 없는 어형이 있을 때, 이것을 지칭함. 즉, 부정확한 어법은 비문법적인 형태를 일컬음. ② [발음·어구·구문상의] 파격 용법; 외국어에서 차용. ※ Sincronía 참조.

Baritonización [언어] (그리스어 문법 등에서) 마지막 음절에 강세가 없게 만드는 것.

Barítono [언어] (그리스어 문법에서) 마지막 음절에 강세가 없는 말(↔ Oxítono).

Barras [인쇄] 바. 소리를 통해 구현되는 구체적 음소(Fonema)를 표시하는 표식(= Barras oblicuas): "/ /"(앞의 "/ /" 사이에 항상 나타나는 표식을 음소라고 함. ※ Barras oblicuas; Fonema 참조.

Barras oblicuas [인쇄] 비스듬한 바. "/ /" 구체적 음소를 나타낼 수 있는 표식. ※ Transcripción fonológica 참조.

Barroco, ca [문학] ① 바로크 양식(의). ② 허식적인, 장식이 지나친. ③ 엉뚱한, 유별난.

Barroquismo [문학] ① 바로크주의, 바로크 조(調). ② 허식적임, 장식이 지나침. □ 바로크 문학: 16~17세기 서유럽에서 매너리즘(Manierismo)에 이어 격정적·역동적·반 고전주의적 색채를 띤 문학의 경향을 미술과 관련하여 더욱 선명하게 파악하기 위하여 미술사에서 도입한 개념. 문학의 영역에서 '바로크(Barroco)'라는 개념을 사용하게 된 것은 F. 슈트리히가 독일 17세기 문학의 복권(復權)을 지향하여 《17세기 서정시의 양식(1916)》을 통해 미술사에서 H. 뵐플린이 규정한 개념을 전용(轉用)한 데서 비롯되었음. 이에 따라 그때까지 종합적인 관점으로는 파악되지 않았던 독일의 인문주의에서 계몽시대에 이르는 약 120년의 문예가 대립성과 장식성을 지표(指標)로 삼은 '바로크'라는 명칭으로 불리게 되었음. 이후 이 시대의 작품이 통일적인 특징을 지니고 있는지의 여부에 대해서는 논의가 끊이지 않고 있으나, 대극성(對極性)과 내적인 긴장관계가 바로크시대의 사고방식·세계경험·생활감정·예술의 욕 등의 기본형태를 형성하고 있다는 통념은 성립되어 있음. 세계전반에 민족 내지 국가, 시민의 신분의식과 궁정문화, 시민의 학식과 귀족의 혈통, 현세의 기쁨에 대한 죽음의 두려움과 천국에 대한 소망, 이교적인 고전고대의 형식미와 그리스도교적인 내용의 중후감, 궁정세계의 현시욕과 덧없음이나 변하기 쉬움, 상승과 하강, 규범규율의 준수와 환상·공상으로 기울려는 경향과 같은 형식을 취하였음. 이 양식사관(樣式史觀)은 최초에 독일에서 성립되었으므로 제2차 세계대전까지 '바로크문학'이라고 하면, 특수한 독일의 현상이라고 해석하는 경향이 강했음. 한편 이와 같은 대립의 도식(圖式)을 받아들여 '바로크'를 조화와 통일의 고전주의를 뒤잇는 풍요와 난숙(爛熟)의 현상으로서 보편적으로 파악하는 경향도 나타났으나 이에 대한 연구·비판으로 모두 부정되었음. 그러므로 오늘날 바로크문학이란 명칭은 대체로 17세기를 중심으로 한 서유럽의 문학에서, 고전고대의 문학형식의 모방·계승과 근대적인 문학형성 의욕과의 사이에 갈등이 생겼고, 또 각각의 언어문화에 특유한 '국민문학'이 성립되던 시기의 시대개념으로 사용되고 있음. 표현법에서는 운문(韻文)이 기본이고, '기상(奇想)'이라 불리는 독특한 알레고리(비유)를 사용하는 동시에 반(反)종교개혁시대의 분위기를 전하는 예술양식이었음. 근대시형인 소네트 외에도 다양한 고전시형이 규범시학(規範詩學)을 바탕으로 확정되었고, 또 12음절의 알렉산드리나 시행(詩行)을 기본으로 한 스토아적·그리스도교적 비극이 가장 중요한 장르의 하나였음. 또한 16세기에 새롭게 탄생한 산문(散文)으로 된 피카레스크(Picaresca) 소설과 궁정연애소설이 질적으로나 양적으로 급속하게 발전하고 성장한 시기도 이 시대였음. 그리고 17세기말에 프랑스에서 일어난 '신구논쟁(新舊論爭)'은 이와 같은 바로크시대의 종막을 알리는 획기적인 사건이었음. 이상과 같은 특징을 지닌 바로크문학은 스페인에서 가장 빨리 꽃피었고, 공고라(Gógora), 깔데론(Calderon), 그라시안(Gracian), 로페 데 베가(Lope de Vega) 등이 대표작가임. ※ Manierismo 참조.

Barthes, R. [언어학자] 롤랑 바르트. 파리대학에서 고전문학 학위를 받고 1940년 파리대학 교수로 취임, 1948년 이후는 부카레스트와 알렉산드리아의 대학강사, 외무성 근무를 거쳐 1953년 프랑스 국립과학센터에서 어휘학과 기호론을 연구하였음. 1960년 에콜 프라티크의 교수가 되고, 신비평(新批評)의 대표적 존재로서 사회학·정신분석·언어학의 성과를 활용한 대담한 이론을 전개하여 때때로 논쟁을 일으키기도 하였음. 주요저서로는 《영도(零度)의 문학 Le Degrzro de l'criture》(1953) 《비평과 진실 Critique et Vrit》(1966) 《기호학 개론 Elments de smiologie》(1965) 등이 있음.

Base [언어] 기체(基體). 역사비교언어학과 기술(記述)언어학에서 각각 그 용법이 다름. 역사 비교언어학에서는 동근어(同根語)에 공통된, 그 이상의 분석을 허용하지 않는 궁극적 요소를 말하는데, 과거에는 이를 어근(語根)이라고 했음. 한편, 기술언어학에서는 분절형태소 속에서 접사(afijo)가 아닌 것을 가리킴. ※ Afijo 참조.

Base de articulación [언어] 조음의 기본. 언어의 고유 특징을 나타내 주고 발음에 영향을 주는 발음하는 습관들의 총체를 조음의 기본이라 함. 이 발음의 습관들은 언어의 발음을 반영할 뿐만 아니라 언어의 시대적 발전의 방향에 영향을 미침. 유럽 언어인 프랑스어와 영어 사이에 조음의 기본은 많은 차이가 남. 프랑스어는 팽팽한 조음의 특징을 나타내는 반면에 영어는 느슨함. 여기서 말하고자 하는 것은 프랑스어는 영어보다 큰 에너지를 가지고 발음해야 한다는 것임. 이 팽팽함의 결과로서 나타난 것이 명확한 모음들, 자음에 있어서 파찰음의 부족, 음절의 비교적 안정된 음조(tono), 단음절의 리듬 등이다. 영어에서는 이 모든 것이 반대가 되는 것임.. 또 프랑스어는 앞쪽에서 소리나고 영어는 뒤쪽에서 소리나게됨. 프랑스어에서 소리의 울림은 입술을 빈번히 둥글게 해서 불룩한 모양의 혀를 만든 뒤 혀가 낮은 위치를 유지하면서 입안의 앞부분에서 소리가 남. 반면에 영어는 뒷부분에서 일어남. 프랑스어는 상승억양(creciente)를 소유하고 영어는 하강 억양(decreciente)를 가짐. 이것은 음절이 처음 발음하려고 할 때 영어에서처럼 이완이 계속적으로 일어나면서 부드럽게 시작해서 점차로 소리가 올라가는 것을 의미함. 이것은 열린 음절에서 잘 행해지고 자음에서 보다는 모음에서 더 행해지는 경향이 있음. 영어와 스페인어의 조음의 기본을 비교하자면 현저한 차이를 보임. 스페인어는 프랑스어에서의 팽팽함 정도에는 미치지 못하지만 많이 근접해 있고 입 속의 움직임이 아주 두드러짐. 이 증거로는 모음의 명확함, 자음에 있어서 파찰음의 부족, 그리고 강세 부호가 없는 모음에서의 음색의 유지가 있음. 영어 화자는 스페인어를 말하기 위해 비교적 높은 발음의 에너지를 사용할 것임. 프랑스어에서처럼 스페인어는 상승억양(creciente)를 가짐. 상승억양(creciente)는 긴장음(tenso)과 밀접한 관계를 유지하고 발음상의 팽팽함을 요함. 울림에 대해서 말하자면 스페인어에서는 프랑스어의 앞부분, 영어의 뒷부분과는 달리 중간 부분인 연구개와 경구개에서 빈번히 발음됨. 그래서 영어보다 더 앞쪽에서 발음되고 앞에서 보았듯이 영어 화자들이 스페인어를 발음하기 위해서는 영어의 연구개에서의 울림을 피해야 함. 어떤 언어의 발음을 잘하기 위해서는 조음의 기본을 아는 것이 필수적임. Bertil Malberg가 말하길 "외국어 발음을 잘하려고 하는 사람들은 모든 것에 우선

해서 새로운 수많은 발음 습관(새로운 조음의 기본)들을 알아야 함. 문제가 되는 언어를 정확히 외국 사람처럼 발음하는데 습관을 들여야 한다는 것임. 자기 언어의 고유 습관을 계속 가지고 있어서는 안됨. 어떤 새로운 소리들을 배우려고 애쓰는 호기심이 필요하고 이미 알고 있는 소리들을 나머지에 적용해 보는 것이 필요함. 억양, 강세의 사용, 어떤 새로운 것에 의해 바꾸어지는 것을 이해하는 것일 발음 습관들의 체계다."라고 했음. ※ Creciente; Decreciente; Tono 참조.

Base fonética [언어] 음성학적 기본.

Basíca (oración) [언어] 기저문(基底文). ① 생성문법에 있어서 기저문은 문법의 기저부(基底部)에서 생성된 단문임. 예) 《¿Escribió Esteban la carta a María? 에스떼반이 마리아에게 편지를 썼나요?》의 기저문은 《Esteban escribe la carta a María 에스떼반은 마리아에게 편지를 쓴다》임. ② 구조 언어학 및 전통 문법에 있어서의 기저문이란, 평서·긍정·능동에 있어서 문장임. 예) 《Esteban no escribe la carta a María 에스떼반은 마리아에게 편지를 쓰지 않는다》라는 문장은 부정문으로 부정사(否定辭)를 부가함으로써 《Esteban escribe la carta a María 에스떼반은 마리아에게 편지를 쓴다》라는 기저문에서 파생된 문장임.

Bastardilla [인쇄] 이태릭체(letra bastardilla). 예) en bastartdilla 이태릭체로.

Bathos [문학] 심연법. 이 어휘는 그리스어이며, 알렉산더 포우프가 롱지너스(Longinus)의 유명한 에세이 "숭고미에 대하여 On the Sublime"의 패러디로서 1727년에 "On Bathos: of the art of Sinking in Poetry"를 쓴 이후로 비평가들에게는 필수적인 용어가 됨. ※ Anticlímax 참조.

Beach-la-mar [언어] 비칠라마. 남태평양의 섬들에서 통용되고 있는 멜라네시아 토어(土語)와 영어와의 혼성어를 일컬음. 즉, 멜라네시아 토어 문법에 근거하고, 영어의 어휘를 사용하고 있음.

Behaviorismo [언어·심리] 행동주의(行動主義). 내생주의(內省主義)나 심리주의와 대조되는 것으로, 인간의 행동을 자극-반응관계로 객관적으로 관찰할 수 있는 것에만 한정하여 연구하려는 심리학의 유파(流波). 미국 심리학자 J. B. Watson에서 시작되어 그 후 여러 가지 변화를 거쳤고, Bloomfield 및 그 후의 구조 언어학에 크게 영향을 주었으며, 말하는 기능 및 학습 과정의 이해와 프로그램 소개의 개발에 기여했음. Chomsky의 비판으로 상당한 변모를 겪고 있음. ※ Bloomfield; Chomsky 참조.

Bemolización [언어] 약음화(弱音化). 연음화(軟音化). 역사적 진화 혹은 공시적 교체의 한 현상으로, 몇 언어에서 나타나는 일정한 위치(보통 모음사이의 위치)에서, 자음의 폐쇄 정도가 모음에 의해 감소하는 것을 일컬음.
※ Bemolizado 참조.

Bemolizado [언어] 약음화된. 무성 폐쇄음은 유성 폐쇄음으로 또는 마찰음으로, 바뀌는 것을 의미하고, 유성 폐쇄음은 유성 마찰음으로, 중자음은 단자음으로 변하는 것을 의미함. 간혹, 자음의 약음화는 그 자음의 소멸을 초래하기도 함. ※ Bemolización 참조.

Beneficiario [언어] 수혜자. 혜택을 받게 되는 전치사구에 주어지는 의미역. 예) 《Él dio un regalo a ella. 그는 그녀에게 선물을 줬다.》에서 "a ella(그녀에게)"가 수혜자.

Bengalí [언어] 뱅골 어(語)(Bengala).

Benificiario [언어] (변형생성 문법에서) 수혜자. 변형 생성문법에서 문자 그대로 혜택을 받게 되는 전치사구에 주어지는 의미역으로 《Le cociné un pollo a Sancho 난 산초에게 닭요리를 해줬다.》에서 a Sancho(산초에게)가 수혜자가 됨.

Bi- [언어] 「둘·양(兩)·쌍(雙)·중(重)·복(復)」 따위를 뜻하는 접두어. 예) *Bi*cicleta 자전거.

Biauricular 양이개의.

Bibliografía 사서학(司書學).

Biformántico [언어] 이중 포먼트. 언어음의 스펙트럼이, 인두(咽頭)와 구강(口腔)이라는 두개의 주요 공명기(共鳴器)에 대응하는 두개 주요 포먼트만을 나타내는 경우에는, 이들의 스펙트럼은 '이중 포먼트' 구조에 의해서 특징 지워진다고 함.

Bilabial (consonante) [언어] 양순(자)음. 위 아래 두 입술의 접촉에 의해서 나는 소리. 예) /p, b, m/. 양순 자음은 위아래 입술이 서로 접근하여 마찰 혹은 파열함으로써 일어나는 자음을 말함. 영어나 불어에는 [p]와 [b]밖에 없으나, 스페인어에서는 /b/가 모음 사이에 끼어 있을 때, 양순 마찰음 [ß]가 나타남. 예) saber [saßer]

Bilabiodental [언어] 양순 치음. 순치음. 아래 입술을 위 입술과 위 앞니의 중간 점에 접근시킴에 의해 실현되는 자음을 말함. '양순 치음' 조음은 순치음에 분류되며, 그 음향적 특징을 공유하고 있는 것으로, 음성 [m]으로 표기되는 특수한 조음은, 음운적으로는 중요하지 않음.

Bilabiopalatal [언어] 양순 경구개음. 순 구개음. 경구개와 양순의, 2중의 조음점을 가지는 복합음을 말함.

Bilabiovelar [언어] 양순 연구개음. 프랑스어의 oui(네)의 과도음 [w]와 같이, 연구개와 양순의 이중의 조음점을 수반하여 실현되는 음을 말함. 후설 모음은, [u], [o], [ɔ]의 경우에 볼 수 있는 것처럼, 종종 양순 연구개음으로 실현되는데, 이것은, 원순화 혹은 순음화 연구개 모음이라고도 일컬어짐.

Bilateral [언어] ① 양설측음(兩舌側音)의[음성학 측면]. 조음 시 조음점의 양편으로 공기가 흘러나가는 측음(lateral)을 말함. 스페인어의 경구개 설측음(예: llorar)이 여기에 해당하며, 측음은 unilateral로 발음될 수도 있으나, 이것은 청각상 영향을 미치지 못하므로 음운론적으로 의의가 없음. ② 양면(兩面)의[음운론 측면]. 양면대립(oposición bilateral)은 대립하는 두 항에 공통되는 성질을 그 음운체계의 어느 두 항도 공유하지 않을 때의 음운대립을 말함. 예를 들어 /p/와 /b/는 양순・파열성을 공유하지만, 자음들 중 어느 두 음운도 이 성질을 공유하지 못하므로 /p/와 /b/는 양면대립임. 이와 대조되는 것이 다면대립(oposición multilateral)임. ※ Oposición bilateral; Oposición multilateral 참조.

-bilidad [어원] 「형용사 -ble의 추상명사」를 의미. 예) amable → ama-*bilidad* 친절.

Biliingüidad [언어] 2개 국어 병용(竝用). ① 화자가 환경이나 상황에 응하여, 두개의 다른 언어를 번갈아 사용하게 되는 언어적 상황을 말함. 다언어 병용으로서는 이러한 상황이 가장 많음. ② 서로 다른 언어를 사용하는 공동체가 함께 생활하고 있는 나라에서는, '제 2 언어 병용'은 언어적, 심리적, 사회적인 모든 문제가 화자 측에서 야기됨. 화자는 의사소통의 일부분에, 외부에서는 받아들여지지 않는 언어를 사용하고, 또 다른 부분에서는 공식어 또는 공통으로 받아들여지는 언어를 사용하게 되어 있는 것을 말함. 예를 들면, 이민의 가족이나 집단이 그 이주국(移住國)에 충분히 통합되어 있지 않고, 자기들 집단 내부의 관계에 출신국의 언어를 계속 사용하는 경우가 그러함. 예) 미국의 Puerto Rico(뿌에르또 리꼬): 뿌에르또 리꼬는 스페인어 사용지역이었지만, 미국령이 되어 영어를 공용어로 쓰고 있음.

Bilingüismo [언어] 양언어(兩言語) 사용 능력. 두개 국어의 상용. 일반적으로 두 가지 언어를 모국어 화자와 같은 정도로 유창하게 말하는 능력상태를 뜻할 때 쓰임. 그러나 두 개 국어 사용능력에는 여러 가지의 정도 차이가 있을 것이며, 또 어떤 정도의 두 개 국어 사용 능력이든 간에 두 개의 언어 체계가 한 사람의 능력 속에 병존한다는 것은, 원칙적으로, 두 개의 언어체계의 전환작업(轉換作業), 혹은 두 개 언어의 접촉과 간섭 등이 존재할 것을 의미함. 두 개 국어 사용의 문제는 언어학적으로 뿐만 아니라 문화적으로, 심리적으로 중요한 문제이고, 기계번역 문제나 국제 문제 등에도 관계하며 점차 주목할 만한 중요한 분야로 되어가고 있음. 그리고 Bilingúilismo는 두 개의 방언 혹은 개인어(idiolecto)의 다른 사용 역에 대하여도 관계될 수 있어서, 그렇게 되면 그 범위는 언어 변화, 관용법의 문제 등에까지 확대됨. ※ Idiolecto 참조.

Binario [언어] 이진·이항·이분법(二進·二項·二分法)의; □ 이분법. ① 조건·선택 등에 있어서 두 가지의 가능성을 갖는 것. ② 이진법(二進法)을 일컬음.

Binaria, opsición [언어] 이항적 대립(二項的 對立). [음운론 측면]. 유성對 무성처럼 정반대의 특성을 나타내는 두 값의 대립. 특정 언어의 음소는 이와 같은 여러 가지 대립의 결합으로 형성된 것으로서 분류·설명할 수 있음.

Binarismo [언어] 이원주의; 이항 대립론. 단어의 의미를 구별하기 위해서 중요한 것은 문제의 자질 앞에 '+' 나 '-'로 각각 표시하여 주어진 자질의 유무를 밝히는 일이라고 주장했음(야콥슨 Jakobson 주장이론). 한쪽이 긍정이면 반드시 다른 한 쪽은 부정이 되어야 함. 즉 모든 변별 자질은 적극(+)과 소극(-)의 대립으로 처리하는 것으로 음소간의 최소 변별성이 어떤 자질의 유무에 의하거나 서로 반대되는 한 쌍의 자질에서 그 한쪽을 취함으로써 이루어지는 대립임. 언어에 따라 대립의 수는 약간씩 다를 수 있으며 어떤 언어의 음소들을 그보다 훨씬 적은 수의 변별자질의 결합으로 설명 할 수 있음을 나타냄.

Bio- [어원] 「생명·생활」을 뜻하는 접두어. 예) *bio*gnosia 생명학.

Biografía [문학] 전기(傳記). 17세기 말에 드리이든(Dryden)은 전기를 "특정한 사람들의 생애의 역사"라고 간략하게 정의함. 오늘날 이 명칭은 경험과 활동의 사실과 함께, 성격이나 기질이나 환경을 제시하려는 의도를 포함하여, 한 사람의 생애를 비교적 상세하게 이야기하는 것까지 의미하게 되었음.

Bis- [어원] 「2·중(重)·복(復)」을 뜻하는 접두어. 예) *Bis*abuelos 증조부모.

Bisémico [언어] 이의적(二義的). 어떤 단어가, 문맥에 응하여 서로 다른 두 가지 의미를 가지는 경우를 일컬음. 예) Yo pego el paple en la pared(난 종이를 벽에 붙인다). Yo le pego a Juan(난 후안을 때린다). ((앞의 'pego'는 상황에 따라 '붙인다'와 '때린다'로 말해짐))

Bisílaba [언어] 이(二)음절. 두개의 음절로 된 단어를 일컬음. 예) vivir, casa, gato.

Bisilábico [언어] 2음절의.

Bisílabo [언어·문학] 2음절어; 2음절 시구(詩句). 2개의 음절로 되어 있는 단어.

Bit [정보] 비트((2진 정보량의 기본 단위)). 예) Una palabra de ocho

bites 8비트 문자.

Biz- [어원] 「이(二) · 중(重)」 (= Bis-) 예) *biz*quera 사팔뜨기. *biz*-nieto 증손자.

Blanco [언어] 공백(메우기 규칙). [음운론 측면]. Harms(1968: 85). 무표(無標)의 분절음(分節音)에 대해서 비변별적(非辨別的) 자질을 부여하는 음운잉여규칙(音韻剩餘規則) 또는 형태소구조규칙(形態素構造規則)을 말함. 예)모든 모음에 대해서 [-nasal]이라는 자질을 부여하는 것.

Blando ① [언어] 약한, 여린, 유연한. 예) Sonido blando 약한 소리. ② [문학] (문체·작품 따위가) 맥 빠진, 힘이 없는.

Blasfemia 모독하는 말, 폭언.

Bloomfield [언어학자] 블룸필드. 하버드대학교를 졸업한 후 시카고대학교 등에서 연구를 계속하였으며, 독일에 건너가 비교언어학을 전공하고, 시카고대학교(1927~1940)과 예일대학교(1940~)의 교수를 역임하였음. 여러 게르만어가 전공이지만, 그 밖에 인도유럽어, 말레이폴리네시아어, 아메리카 인디언에도 밝음. 처음에 《언어연구입문》(1914)을 저술하였으나, 그 후 개정하여 《언어(言語)》(1933)를 간행하였음. 후자는 공시(共時)언어학, 사적(史的) 언어학, 및 응용으로 나누어지며, 사적언어학의 면에서는 당시까지의 비교언어학 등의 성과에 대한 좋은 개설서(槪說書)가 되고 있음. 공시언어학에서는 F.소쉬르가 시작한 분야를 실지로 개척하였으며, 행동주의 심리학의 영향 아래 수학적·실용주의적으로 엄밀한 순서를 따라 체계적인 언어 기술에 모범을 보여주고 있음. ※ Saussure 참조.

Bloqueado ① (두 문단 등을) 한 문단으로 묶은; (기능 따위가) 정지된. ② [심리] (심리적 장애로) 정상적 기능이 정지된. ③ [인쇄] (부족한 활자 대신) 활자를 뒤집어 식자된, 복자(伏字)된.

Braquilogía [언어] 간략 어법. 동일한 구성 요소를 포함하는 일련의 문장 속에서, 최초 의 문(장) 이후의 문(장)을 생략하거나, 또는 관련성이 있는 어휘에 의해 마지막에 만 표시하고 앞을 없애는 방법과 같이 그 동일 요소를 생략하는 어법. 예)《El niño es tan alto como el hombre 그 아이는 그 남자만큼 키가 크다.》에서 'el hombre' 뒤에, 앞 문장에서 나타나는 'es alto' 문장이 생략되어 있는 경우. 《Ella trabaja diligente, clara, y rápidamente 그녀는 성실히, 명확하게, 그리고 빠르게 일을 한다.》와 같이 부사의 연속적인 나열에 있어서 맨 마지막에 -mente를 사용하고, 앞에서는 생략을 한 경우. ※ -mente 참조.

Breve [언어] (모음·음절·음소 따위가) 짧은. 예) Vocal breve 단모음. ① 어떤 음의 시간적인 연장 또는 지속이, 이와 비교되는 다른 음의 연장보다 작은 경우에는, 이 언어음은 '짧다'라고 말해짐. 일반적으로, 자음은 모음보다 짧고, 자음 중에서는, 폐쇄음은 마찰음보다 짧고, 유성음은 무성음보다 짧음. 모음 중에는 폐모음(閉母音)은 개모음(開母音)보다 짧음. 즉 모음 음성 [i]는 [e]보다 짧은 모음인데, [e]는 [a]보다 짧다는 것임. 후설 모음은 전설 모음보다 짧음. ② 어떤 '음소'가 동일 언어 내에서, 그것보다도 지속은 긴데, 다른 점에서는 동일한 변별적 특징을 나타내는 다른 음소에, 언어학적으로 대립하고 있는 경우에는, 이 음소는 '짧다'고 할 수 있음. 일반적으로, 짧은 음소의 지속은 긴 음소의 지속보다 50% 짧음.

Brevedad [언어] (음성측면에서 음절·모음이) 짧음. 짧기. 단음(短音) 또는 단음소(短音素)가 가지는 시간적 수치를 가리킴.

Burlesca, obar [문학] 희작(戲作). 일반적으로 일치하지 않는 모방작품이라고 정의됨. 즉, 순수한 문학 작품이나 문학 장르의 내용이나 양식을 모방하되, 그 형식이나 양식과 내용사이의 익살스러운 불균형으로 재미를 나타내려하는 것. 희작(戲作)은 그저 그 자체의 재미 때문에 쓰여지기도 하지만, 보통은 이것이 풍자(諷刺, Sátira)의 한 형식임. ※ Sátira 참조.

Bustrófedon (그리스어나 아스투리아어에서) 행의 첫머리가 좌단 우단으로 엇바뀌는 가로쓰기.

Bucal [해부] 입의, 구강(口腔)의. 예) Cavidad bucal 구강(口腔). 구강은 성문(聲門)보다 위의 강(腔) 중에서 가장 중요한 것임. 구강의 형상 및 그것이 구강을 통과하는 음파에 끼치는 음향상의 영향은, 구강의 움직일 수 있는 내벽, 혀, 연구개의 뒤끝부분의 이동에 의하여, 성문 이외의 어떤 부분보다도 많은 변화를 함. 발음할 때에는 구강은 그 앞쪽에서는 앞니에 의해, 뒤쪽은 조음점에 의해 한정됨.

【C】

C [언어] c 쎄 (스페인어 자모의 세 번째 문자). ① C + e, i 일 때, 스페인어의 자음 음소 /θ/. 음성학적으로는 마찰음(fricativo), 치간음(interdental), 무성음(sordo)의 자질을 가짐 (Fricativa interdental sorda 무성 마찰 치간음). 음성학 기호로는 [θ]로 나타남. ② C + a, o, u 일 때, 스페인어의 자음 음소 /k/. 음성학적으로는 폐쇄음(oclusivo), 연구개음(velar), 무성음(sordo)의 자질을 가짐(= Oclusiva velar sorda 무성 폐쇄 경구개음). 음성학 기호로는 [k]로 나타남. ※ Fricativo; Interdental; Sordo; Oclusivo; Velar 참조.

Cabeza [음악] 두성(頭聲).

Cacofonía [언어] 부조화음(不調和音). 불협화음(不協和音). 불쾌 음조(不快音調), 악 음조(惡音調), 귀에 거슬리는 소리. 불협화음. 잡음. 소음. 불쾌한 음조(↔ eufonía). ※ Eufonía 참조.

Cacuminal [언어] 반설음(半舌音). 반혀 소리. 혀끝을 입천장에 닿게 해서 만드는 음. 음성학에서 유음인 [r], [l]에 해당.

Cadena [언어] (활동·생각·인과간계 따위의) 연속, 연쇄반응. 예) Cadena del discurso 연쇄 발화.

Cadena de comunicación verbal [언어] 언어 커뮤니케이션의 연쇄(連鎖).

Cadencia ① [어학] 종지조(終止調), 하강 억양. 쉼표가 있다면 서서히 말끝을 맺으면서, 강세를 가진 마지막 음절이후 음성 음조소(音調素, Tonema)가 급격히 하강하는 경우로서 이러한 형태는 단일 문장으로 이루어진 서술문에서 볼 수 있음. 예) Los libros son baratos 책들은 싸다. ② [문학] 격조(格調). 강세(Acento)의 리듬을 말함. 시와 각은 운문(韻文)에서 계속해서 똑같거나 아주 비슷한 일련의 강세를 대칭적인 순서로 늘어놓는 것을 말함. ※ Tonema; Acento 참조.

Calco [언어] 번역차용어(翻譯借用語). 차용(借用)의 일종으로, 예를 들어 단어의 경우에 외국어의 단어에 대응하는 자국어(自國語)의 단어로 번역하되, 그 외국어의 단어가 특별한 의미나 용법을 가지고 있으면, 자국어의 대응어(對應語)에도 새로운 의미를 갖게 만들고, 복합어나 구절의 경우에는 단어 대 단어의 대응을 직역적(直譯的)으로 풀어서 표현하되 의미용법만은 외국어의 것 그대로 사용함을 말함. 즉 차용한 것은 단어나 구절 자체가 아니고, 그들 단어나 구절의 특유한 '용법(用法)'임.

Caduco [언어] (음성에서의 모음이) 탈락성(의). 이 어휘는 언어의 연쇄의 흐름 속에서 소실될 가능성이 있는 어떤 종류의 음, 특히 모음에 관해서 사용됨. 프랑스어에서 petit(작다)에 볼 수 있는 무 강세 모음인 [ə]는, une petite fille[ynpətitfij](한 명의 여자 아이)라는 어군 속에서는 발음되지만, la petite file[laptitfij](그 여자 아이)의 어군 속에서는 소실됨. 이와 같은 모음이 '탈락성' 모음 혹은 '불안정' 모음임.

Caída [언어] (음성·문자의) 탈락(= Desaparición). 어떤 단어를 구성하는 음소 또는 음절이 떨어져 버리는 경우를 말함. ※ Desaparición 참조.

Caja de Hockett [언어] 호켓의 (문장분석) 상자. 호켓(Hockett)은 문장의 구조를 그래프처럼 눈에 보이게 나타내기 위해 문장성분을 기입해놓은 문장성분 상자를 나타냈음((C. F. Hockett. *A Course in Mordern Linguistics*. 1958.)).

예)

el	hermoso	gato	negro	com	ía	un	pez
art.	adj.	sust.	adj.	raiz v.	desin.	art.	sust.
	grupo nominal			verbo		sintagma nominal	
sintagma nominal				sintagma verbal			
oración							

※ 참고- art. (artículo 관사); adj. (adjetivo 형용사); sust. (sustantivo 명사); raíz v. (raíz verbal 동사 어근); desin. (desinencia 동사변화 어미).

Calco [언어] (복합 표현이나 비유어의) 직역어. 예) Luna de Miel은 영어의 Honey Moon을 직역한 어구.

Calificativo [언어] 품질 형용사(adjetivo calificativo).

Caligrafía 서법(書法). 서도(書道).

Caló 집시 족의 언어. 하층 사회의 슬랭·속어·비어.

Cambio 변이, 변화. ※ Cambio del verbo; Cambio fonético; Cambio regular; Cambio social; Cambio fonológico 참조.

Cambio combinatorio [언어] 결합 변화(變化). 음성학에서 어떤 음소가 인접하는 음소와의 접촉에 의해 나타나는 음성적 변화를 일컬음.

Cambio de códigos [언어] 부호전환. 하나의 언어가 다른 언어와 접촉을 하게 될 때, 두 개의 언어체계가 한 개인의 발화 속에서 혼재되어 나타나는 부호 전환은 이중 언어 사회에서는 피할 수 없는 현상임. 예로써 미국 내 히스패닉들은 그 자연스러운 현상으로써의 부호전환를 드러내게 됨. 예) ¿Cómo se llama la otra con la short hair? 짧은 머리를 가진 저 다른 아이 이름이 뭐니? Daban unos steaks tan sabrosos (그들은) 그렇게 맛있는 스테이크를 제공했었다. He is telling me que no le haga caso 그는 내게 그가 신경 쓰고 있지 않다고 말하고 있다. ※ Spanglish; Préstamo 참조.

Cambio del sonido [언어] 음 변화. 분절음의 음성형태와 초(超)분절적 자질들이 바뀌는 것으로 음성학적 진행 과정의 작용 결과임.

Cambio del verbo [언어·문법] 동사 변화(= Conjugación del verbo). 스페인어의 동사는 -ar, -er, -ir형의 어미로 되어 있는 세 가지만이 존재하는데, 이러한 형태는 각 인칭과 수에 의해 변할 뿐 아니라, 각 시제에 따라 변하며, 현실의 상태를 전하는 직설법(Indicativo)와 상상의 시제인 접속법(Subjuntivo)로 양분 됨. 시제는 각각 현재·과거·미래 이외에 진행형과 완료형으로 세분화되며, 이러한 것은 가능법(modo potencial)이나 명령법(Imperativo) 등으로 나뉘어 짐. 이러한 것이 시제로 변하는 규칙은 다음과는 방식으로 분류됨. ① -cer, -cir; -ger, -gir; -guir, -quir로 끝나는 동사에서는 직설법 현재 제1인칭 단수와 접속법 현재의 전체 인칭에서 어간 끝의 자음의 원음 보존을 위해 바꾸어 쓸 필요가 있음: c→z, g→j, gu→g, qu→c. ① -cer, -cir의 동사에서 활용 어미 모음 a, o 앞의 c를 z로 고쳐 씀. ② -ger, -gir 의 동사에서 활용 어미 모음 a, o 앞의 g를 j로 고쳐 씀. ③ -guir의 동사에서 어미 모음 a, o 앞의 u를 탈락시킴. ④ -quir의 동사에서 활용 어미 모음 a, o앞의 qu를 c로 고쳐 씀. ② -car, -gar, -zar, -guar로 끝나는 동사에서는 직설법 부정과거 제1인칭 단수와 접속법 현재의 전체 인칭에서, 원음 보존을 위해 철자를 고쳐 쓰거나 부호를 새로 붙이는데 주의를 함: c→qu, g→gu, z→c, gu→gü. ① -car의 동사에서 활용 어미 모음 e앞의 c를 qu로 바꿈. ② -gar의 동사에서 활용 어미 모음 e앞의 g를 gu로 바꿈. ③ -zar의 동사에서 활용 어미 모음 e앞의 z를 c로 바꿈. ④ -guar의 동사에서 활용 어미 모음 e앞의 u를 ü로 바꿈. ③ -iar, -uar 의 동사에서는, 직설법과 접속법 현재형에서 약 모음 i, u가 활용 어미 모음과 이중, 삼중 모음을 만드는 것과 분리되어 강세 부호를 붙여야 할 두 가지가 있음. ① -iar 의 동사에서 cambiar 부류에서는 어간의 끝 모음 i와 활용 어미 모음이 이중, 삼중 모음을 만들어 강세 부호를 붙이지 않음. 즉 이 부류는 규칙 동사임. 관련된 명사나 형용사의 어미가 ia, io 인 것은 대체로 이런 종류의 동사로 생각하면 됨: cambiar(m. cambio), estudiar(m. estudio). ② -iar 의 동사에서 enviar 부류에서는 어간의 끝 모음 i와 활용 어미 모음이 갈라지므로 강세 부호가 있어야 함. 관련된 명사나 형용사의 어미가 ía, ío 인 것은 대체로 이런 종류의 동사로 생각하면 됨: enviar(m. envío), espiar(f. espía). (동류 : aliar, averiar, criar, enfriar, extraviar, fiar, fotografiar, guiar, liar, piar, profiar, rociar, vaciar, vigiar등). ④ 그러나 다음 동사는 관련된 명사, 형용사가 io, ia이지만 활용형은 ío, ía 등이 됨: ampliar (adj. amplio), ansiar (f. ansia), comentariar (m. comentario), contrariar (m. contrario), gloriar (f. gloria), inventariar (m. inventario), variar (adj. vario) 등. ① auxiliar은 cambiar 식과 enviar 식의 두 가지가 있다고 하는데, 주로 cambiar 식이 쓰임.(동류: agriar, rumiar, vanagloriarse, vidriar 등) ② -uar 동사 가운데 -cuar, -guar 부류는 cambiar 와 같은 조건으로, u가 활용 어미와 이중, 삼중 모음을 만듦. (동류: anticuar, apropincuarse, colicuar, licuar, oblicuar, promiscuar) 그러나, evacuar에서는 Él enfermo no evacúa 용례를 볼 수 있음. ③ -uar 동사 가운데서 -cuar, -guar 가 아닌 것은 어간의 끝 모음 u와 활용 어미 모음이 갈라지므로 u에 강세 부호를 붙임: atenuar, avaluar, censuar, conceptuar, continuar, efectuar, estatuar, evaluar, exceptuar, extenuar, graduar, habituar, individuar, insinuar, perpetuar, preceptuar, puntuar, situar, valuar 등. ④ 부정형에서는 ai, au, eu 등의 어간 이중 모음이 활용형으로 될 때 약 모음이 갈라지므로 i, e에 강세 부호를 붙여야 할 동사가 있음: atraillar, aunar, embaular, desembaular, reuntar, aislar, aupar, embaucar 등. ⑤ e/i → ie 동사: 직설법과 접속법의 현재형은 어간 모음 e/i이 강세가 생기는 곳에서 ie로 바뀌게 됨. · pensar: 이것과 같은 부류의 동사 중에서 ① cegar, negar, plegar, estregar, segarem의 -gar인 것은 pagar와 같은 형태로 변함.[직·부정과거·1·단수 : negué ; 접·현재: niegue, niegues, niegue ; neguemos, neguéis, nieguen] ② comenzar, empezar 등의 -zar로 끝나는 것은 alzar와 같은 방법으로 변함. [직·부정과거·1·단수 : comencé ; 접·현재: comience, comiences, comience; comencemos, comencéis, comiencen] · errar: 어두에서 ie로 갈라지면 ye로 씀. · adquirir: 위와 조건이 같은 데에서 i가 ie로 갈라짐. ⑥ o/u → ue 의 동사: 직설법이나 접속법 현재에서 어간 모음 o가 강세가 있으면 ue로 바뀜. · contar: 이것과 같은 부류의 동사 가운데에서 ① tocar, volcar와 같이 -car로 끝나는 것은 직설법 과거 1인칭 단수는 troqué 그리고 접속법 현재는 trueque, trueques, trueque, troquemos, troquéis, truequen 으로 변함. ② colgar, holgar, rogar 등과 같이 -gar로 끝나는 것은 직설법 부정과거 1인칭 단수는 colgué 그리고 접속법 현재는 cuelgue, cuelgues, cuelgue, colguemos, colguéis, cuelguen 으로 변함. ③ almozar, forzar, esforzar 등과 같이 -zar 로 끝나는 것은 직설법 부정과거 1인칭 현재는 forcé 그리고 접속법 현재는 fuerce, fuerces, fuerce, forcemos, forcéis, fuercen 으로 변함. · volver: 이와 같은 부류의 동사 가운데에서 cocer, escocer, recocer, torcer와 같이 -cer로 끝나는 것은 vencer와 같은 방법으로 변함. [직·현·1·단수: cuezco ; 접·현재

: cueza, cuezas, cueza, cozamos, cozáis, cuezan]. ⑦ -acer, -ecer, -ocer, ucir로 끝나는 동사는 직설법 제 1인칭 단수에서 어간 끝의 c가 zc로 된다. 이러한 동사에서는 접속법 현재의 모든 인칭에도 같은 모양으로 됨. ・nacer: [동류: renacer, pacer, repacer 등] ・crecer: [동류: agradecer, aparecer, desvanecer, emprobecer, permanecer 등] ・conocer: [동류: desconocer, reconocer 등] ・placer: nacer와 같으나, 접·현 3 인칭 단수에서 특수한 두 가지 불규칙형을 가진다. 또한 직설법·부정과거형·3인칭 단수에서 plugo, 복수에 plugieron 형: 접속법 과거의 두 형과 미래는 단지 제3인칭 단수 뿐으로: pluguiera, pluguiese, pluguiere가 됨. ・yacer: 직설법·현재·1인칭·단수에서 세 종류의 불규칙형이 있으며, 따라서 각각 접속법·현재 세 종류의 형이 이루어짐.
⑧ 단음절 동사:

동사 원형	직설법 현재	접속법 현재	직설법 과거
dar	doy das da damos dais dan	dé des dé demos deis den	di diste dio dimos disteis dieron
ver	veo ves ve vemos veis ven	vea veas vea veamos veáis vean	vi viste vio vimos visteis vireron
ser	soy eres es somos sois son	sea seas sea seamos seáis sean	fui fuiste fue fuimos fuisteis fueron
ir	voy vas va vamos vais van	vaya vayas vaya vayamos vayáis vayan	fui fuiste fue fuimos fuisteis fueron

동사원형	직설법 불완료 과거	접속법 과거
dar	daba dabas daba dábamos dabais daban	diera dieras diera diéramos dierais dieran
ver	veía veías veía veíamos veíais veían	viera vieras viera viéramos vierais vieran
ser	era eras era éramos erais eran	fuera fueras fuera fuéramos fuerais fueran
ir	iba ibas iba íbamos ibais iban	fuera fueras fuera fuéramos fuerais fueran

⑨

동사원형	직설법 현재	접속법 현재
andar	ando andas anda andamos andáis andan	ande andes ande andemos andéis anden
estar	estoy estás está estamos estáis están	esté estés esté estemos estéis estén

동사원형	직설법 과거	접속법 과거
andar	anduve anduviste anduvo anduvimos anduvisteis anduvieron	anduviera anduvieras anduviera anduviéramos anduvierais anduvieran
estar	estuve estuviste estuvo estuvimos estuvisteis estuvieron	estuviera estuvieras estuviera estuviéramos estuvierais estuvieran

⑩ -ir 동사 가운데서 pedir, servir 등과 같이 어간모음 e 가 i 로 전환하는 것이 있음. [동류; -ebir (concebir); -edir (medir. comedir, descomedir, despedir, expedir, impedir등); -emir (gemir); -etir (competir, derretir, repetir); -estir (vestir, envestir, investir, revestir, embestir 등)의 어미를 가진 것이 많으며, rendir, servir(deservir)가 같은 부류임] ·elegir: pedir와 같은 모음 전환(e → i)이 있는 외에, exigir 와 같이 동사의 활용 어미 모음 a, o 앞의 g 를 j 로 고쳐 씀. [동류; colegir, corregir, reelegir, regir 등] ·seguir: pedir와 같은 모음 전환(e → i)이 있는 외에, extinguir 와 같이 동사의 활용 어미 모음 a, o 앞의 u 를 탈락시킴. [동류; conseguir, perseguir, proseguir 등] ·erguir: 이 동사에는 seguir와 같은 irgo 계통의 불규칙과 errar(어두에서 ie 로 갈라지면 ye 로 쓴다.)와 같은 yergo 계통이 있음. · -chir, -ller, -llir, -ñer, -ñir 동사에서는 ch, ll, ñ 에 이어질 ie, io 의 i 가 탈락한다. 따라서 직·과거의 3인칭과 접속법·과거·미래와 현재분사는 불규칙이 됨. ·henchir: -chir 동사의 불규칙 이외에 pedir와 같은 모음 전환(e → i)을 한다; 같은 부류로는 rehenchir. ·ceñir: -ñir 동사의 불규칙 이외에 pedir 와 같은 모음 전환(e → i)을 함.[동류; astreñir, constreñir, desceñir, estreñir, reñir, teñir, desteñir, reteñir 등] ·mullir: -ller, -llir 동사: empeller, bullir, engullir, escullir, rebullir, tullir 등 ·tañer: -ñer, -ñir 동사: atañer, astriñir, bruñir, gañir, gruñir, plañir, regañir 등. ⑪ -entir, -erir, -ertir 의 모든 동사와 -ervir 의 두 동사 (hervir, rehervir)의 경우는 현재형으로서 cernir와 같이 어간 모음이 이중화(e → ie)하는 것 외에, 접속법·현재의 1·2인칭 복수; 직설법·부정과거·3인칭·단 복수; 접속법·과거·미래; 현재 분사에서 어간 모음 e가 i로 됨. ·sentir: -entir 동사: asentir, consentir, disentir, presentir, mentir, desmentir, arrepentirse 등 ·herir: -erir 동사: adherir, malherir, zaherir, conferir, diferir, inferir, preferir, referir digerir sugerir requerir 등 ·advertir: -ertir 동사: controvertir, convertir, divertir, invertir, pervertir, revertir 등 ·dormir: 어간 모음의 이중 모음화(o → ue)가 있고, 또한 모음 전환 (o → u)이 있음. [동류 ; adormir] ·morir: dormir 와 같고 과거 분사도 불규칙[동류; entremorir, premorir]. ⑫ tener - salir와 hacer - decir에서는 직설법·현재·1인칭·단수형이 -go 가 되고, 따라서 접속법 현재는 모두 -ga 가 됨. ·-aber 동사는 haber, caber, saber의 세 동사도 직설법·현재·1인칭·단수형과 접속법·현재형 모두가 특수한 불규칙임. ·tener: [동류; abstener, atener, contener, detener, entretener, mantener, manutener, obtener, retener, sostener 등] ·venir: [동류; advenir, avenir, convenir, entrevenir, intervenir, prevenir, provenir, sobevenir 등] ·poner: [동류; anteponer, componer, deponer, descomponer, disponer, entreponer, exponer, imponer, oponer, posponer predisponer, preponer, proponer, reponer, suponer 등] · valer: [동류; equivaler, prevaler] · salir: [동류; resalir, sobresalir] · haber: 직설법·현재·3인칭·단수형의 ha는 조동사로나 조동사적으로, 또한 단 인칭 동사로도 쓰이고; ha는 단 인칭 동사로만 쓰이는 형. · saber: [동류; resaber] · poder : 현재형으로 volver 와 같은 o → ue의 이중 모음화가 있는 것 외에, 직설법·미래와 가능법에서 어미 모음 e를 잃음. · querer: 현재형에서 perder처럼 e → ie의 이중 모음화가 생겨서, 직설법·미래와 가능법에서 어미 모음 e가 탈락한다. [동류; bienquerer, malquerer, desquerer] · hacer: 현재형에서 c → g의 불규칙임. · decir: hacer 와 같은 불규칙임. [동류; bendecir, maldecir, antedecir, contradecir, desdecir, predecir 등]. [13] -ducir 동사는 모두 lucir 와 같은 어간 변화 (c → zc)를 하며 직설법·과거와 접속법·과거·미래가 -jeron 계통의 불규칙임. [동류; conducir, deducir, inducir, introducir, producir, reducir, reproducir, seducir, traducir 등] · traer: -aer 동사의 직설법·현재·1인칭·단수와 접속법·현재에서 어간의 끝이 ig가 되고, traer와 동류는 직설법·과거와 접속법·과거·미래가 decir나 aducir와 같은 -jeron계통임. [동류; abstraer, atraer, contraer, detraer, distraer, extraer, retraer, sustraer 등] · caer : caer 와 그 합성어는 ig의 어간 변화를 하면서 동시에 직설법·과거와 접속법·과거·미래에서 leer 와 같은 변화를 함.[동류; decaer descaer recaer] ·raer: caer 처럼 ig 계열의 불규칙과 huir처럼 y가 들어가는 두 형태를 가짐. · roer: leer와 같은 규칙 활용, 직설법·현재·1인칭·단수 roo; 접속법·현재 roa, roas 등. 이외에 oir와 같은 계열의 불규칙 roigo; roiga, roigas, …와, huir 와 같은 유형인 royo 계통의 세 형태가 있음. [동류 ; corroer] · oir: oir 와 그 합성어는 현재형으로 -aer의 ig 계통의 불규칙과 -uir의 어간에 y가 들어가는 불규칙이 혼합되어 있음. 부정형 oir에는 강세가 필요치 않으나, 직설법·현재·과거의 oímos, oís, oísteis 등 과거분사 oído에는 강세 부호를 붙여야 함. [동류; desoir, entreoir, trasoir] · -uir의 동사에는 모두 huir와 같이 현재형의 어간 끝에 y를 넣는 활용형이 있는데, 직설법·과거와 접속법·과거·미래와 현재분사에서 ie, io 로 될 곳이 ye, yo 가 됨. 또한 huir의 직설법·현재·2인칭·복수, 직설법·과거·1인칭·단수는 huis, hui로도 괜찮으나, 2음절 이상인 construir 등의 같은 자리에서는 construís, construí와 같이 i에 강세가 붙임.[동류; afluir, atribuir, concluir, confluir, constituir, construir, contribuir, derruir, destituir, destruir, disminuir, distribuir, excluir, fluir, incluir, influir, instruir, obstruir, recluir, reconstruir, res- tituir, retribuir, sustituir 등] · leer: -eer동사는 현재형에서는 er 동사의 규칙성을 가지

나, 직설법·과거의 1인칭과 2인칭에서 약모음 분립의 강세 부호를 i에 붙임. [동류; releer creer poseer desposeer proveer malcreer]

Cambio fonético [언어] 음 변화. ※ 참조: Cambio del sonido와 동일.

Cambio regular [언어] (동사변화의) 규칙변화.

Cambio semántico [언어] 의미의 변화. 의미의 변동. 하나의 단어를 형태의 변화 없이 다른 범주에 놓는 일.

Campanilla [해부] 목젖(= Úvula). 발성기관 중 발음부.

Campo [언어] 장(場). 언어학에서 장(場)의 결정은 몇 가지 인식론적 전제에 따라서 어떤 주어진 영역의 구조를 추출하거나, 혹은 그것에 대하여 어떤 구조화를 제안하는 일임.

Campo conceptual [언어] 개념 장. 특성이 공통되는 구체적 대상의 한 계열 전체에 들어맞는 것 같은, 하나의 일반적인 의의를 지닌, 언어적 성질의 상징적 표상을 가리킴.

Campo de aplicación [언어] 적용의 장. 어떤 단어가 특별한 이유로 사용되는 것과 같은 사회 활동의 영역을 가리킴.

Campo de disperación [언어] 산포 영역. 동일 음소의 실현에 영향을 주는 여러 종류의 변이(變異)의 전체를, 이 음소의 '산포 영역'이라 함.

Campo lexical [언어] 어휘장. 어떤 기술(技術)이라든가 관계, 혹은 사고(思考) 등의 여러 가지 양상을 나타내는, 일련의 단어 전체를 가리키기 위해서 사용됨. 예를 들면, 언어에 의해 서로 다른 약간 수의 구조적 차원(세대, 모계 측인가 부계 측인가, 성, 연령의 비교 등등)에 의해 방향 정해진, 친족 관계의 어휘장이 얻어짐.

Campo semántico [언어] 의미장. 단어 즉 언어 기호들은 언어 내부에서 독립적으로 그 의미를 나타내는 것이 아니라, 그룹을 지어 나타나게 되는데, 이러한 그룹들은 여러 가지 요소에 의해 영향을 받음. 그 중 2가지 주된 요소를 보면, 하나는 기표, 즉 표현과 관계해서 그룹을 짖는 것이고, 또 하나는 내용적인 면, 즉 의미를 따라서 그룹을 형성하게 됨.

Canal [정보·통신] 통로(通路). 경로(經路). 정보로(情報路). 어떤 부호체계에 기초하여 구체적 통신내용을 전달하기 위한 통신로(通信路). 일반적으로, 라디오, 텔레비전, 전신 등에서 한 발신국(發信局)에 배당된 주파수대를 말함. 전신의 경우와 같이 1초간 몇 사이클이라든가, 텔레비전처럼 수 메가사이클의 크기일 때도 있음. 언어의 교감적(交感的) 기능은 의사소통의 통로를 열어 놓아 우의(友宜)를 유지하는 인사말 등으로 이루어짐.

Canal vocal [언어] 음성통로. 성문(聲門)보다 위의 부분의 발음 기관을 가리키기 위해서 사용됨. 공기가 통과할 때에 음성 통로가 취하는 형상과 음향적 반응과는 관(管)의 형상과 음향적 제 반응과 유사한 것임.

Canario [언어] 카나리아 (군도의) 스페인어. 카나리아 군도의 까스띠야 왕국으로의 합병은 엔리께(Enrique) 3세 시대에 시작되어 페르난도(Fernando), 이사벨(Isabel) 양왕(兩王) 시대에 완성되었음. 카나리아를 들어간 원정대는 안달루시아 지방의 항구에서 떠났음으로 식민지를 관할하는 사람들과 농노들 사이에서는 안달루시아적 요소가 지배적이었음. 음성학적 특징은 다음과 같음. □ 음성학적 특징: ① 치찰음의 발달. ② /x/ > /h/로의 진화. ③ 음절끝 -s음의 기식음화. ④ -sg- > -j-로의 변화. □ 통사론적인 특징. ① Vosotros의 소멸. ② -ito형 축소사의 지배적 사용. ③ 우설법(Perífrasis)의 사용확산. □ 어휘적 특징: 대서양을 통한 접촉의 중요성을 명확히 해주는 선원들의 어휘들이 두드러지며, 이들 어휘 사이에 복합적인 공통 요소들이 존재함. ※ Aspiración; Perífrasis 참조.

Cancelabilidad ① 생략·취소 성질. ② [언어] 약분(約分). 바힐엘(Y. Bar-Hillel)의 의사 산수적 표기법(擬似 算數的 表記法)으로서, 다시 말하면, 스페인어의 morir(죽다)와 같은 요소의 범주 분류는 분수의 형식으로 나타내짐. 그 분모는 다른 어떤 범주와 이 요소가 결합할 수 있는가를 나타내고, 분자는 그 결과 나온 구조체의 범주를 나타냄. morir(죽다)는 Σ/n의 형식으로 나타남. Miguel이 명사이면, 명사와 짜 맞추어진 morir는 문장을 만들기 때문에, 문장 Σ, 즉 《Miguel está muerto 미겔이 죽었다》이 문법적이라는 것을 의미하고 있음. '약분규칙'을 사용하여, 산술과 같이 이 문법성을 확인할 수 있음. n • Σ/n = Σ 환언하면 n과 n은 약분되어, Σ가 남는 것인데, 이것은 그 표현이 문장임을 의미함. n뒤에 있는 점(•)은 연쇄를 나타냄.

Canónico ① [언어] 표준이 되는. 예) La forma canónica y los varientes de la palabra 단어의 기준형과 변이형. ② [종교] (성서) 정전에 합치된. 예) Peines crónicos (파행·고행 따위의) 교회법에 의거한 형벌.

Canonización [문학] 성화(聖化). 시나 소설에서 역설(Paradoja)을 통해 인물을 성자(聖者)들이라고 하는 역설적 증명이라는 확대 증거로 사용되는 기법을 일컬음. ※ Paradoja 참조.

Cantidad [언어] 음량(音量). 다른 음소에 비해 보았을 때 한 음소가 갖는 상대적인 음의 지속정도. 모음은 음절핵을 이룰 수 있으므로 모음의 음량을 측정키 쉬움. 모음의 지속량은 언어에 따라 변별적 기능을 하기도 하지만 주위에 어떤 자음들과 함께 나타나는가에 따라 자동적으로 길어질 수도 있는데, 이런 경우는 아무런 변별적 기능도 하지 못함.

Cantificador   [언어] 양화사(量化辭). 촘스키의 표준이론에서는 변형규칙이 의미 변화를 가져오지 않는다는 입장을 취했으나, 후에 수동문과 능동문에 양화사를 포함하고 있을 때, 그 의미에는 해석의 차이가 있다고 알려짐으로 해서, 촘스키가 자신의 모형을 바꾸게 되는 계기가 됨. ※ Chomsky 참조.

Capabilidad   [언어] 능력. 1983년, Tarone이 언어 사용상 특정규칙들을 사용하는 학습자의 실제 능력을 언급하기 위해 사용됨.

Capacidad generativa   [언어] (생성 문법에서의) 생성 능력. ① 유한한 기구에 의해서 언어의 모든 문법적인 문장을, 그리고 그것만을 생성하는 것이 가능한 생성 문법은 '약생성능력(弱生成能力)'을 가짐. 만일, 그것이 다시 이렇게 하여 형성된 각 문장에 (구 구조 표지에 의해 표시된) 구조 기술을 부여하는 것이면, 그 문법은 '강(强)생성능력'을 가진다고 함. 이러한 경우 구조 기술은, 이렇게 하여 생성된 문장에 의미 해석과 음성 해석을 결부시키는 데 필요한 정보를 모두 포함하고 있음. ② 촘스키[Chomsky(1965)]의 용어. 언어 구조의 기술적 이론 T는 문법 G_1, G_2,...의 등급을 부여하여, 그 곳의 문법 G_1은 언어 L_1, 곧 그 언어의 문의 집합을 약(弱)생성하며, 구조 기술의 체계 Σ_1를 강(强)생성한다고 가정할 수가 있음. 결국 그러한 강생성 능력이, 각자 자연 언어에 대해, 구조 기술을 포함하고 있는 경우에는, 기술적으로 타당하며, 그렇지 않은 경우에는 타당하지 않다고 말해짐. ※ Chomsky 참조.

Característica   [언어] 지표자(指標字). 예) La 《s》 es la característica de la pluralidad en español 철자 's'는 스페인어에서 복수를 나타내는 지표자(指標字)이다.

Características generales del acento   [언어] 강세에 대한 일반적인 특징. 강세는 발음상, 음성학 상의 특징이 되는데, 그 목적은 소리나 그 소리들이 속해 있는 어휘 그룹을 분명하게 하는 역할을 함. 어느 음절이나 어느 소리를 두드러지게 하기 위해 강세는 다음의 세 가지 요소를 사용함. ① 강도, ② 어조 또는 음조, ③ 음장(音長 음의 길이). 언어에 따라서 가끔 앞의 세 요소 중 하나만 나타나더라도 강세가 있는 음절을 두드러지게 하도록 돕는 그들 중의 하나가 더 보충됨. □ 강도는 성대 진동의 폭에 의존함. 강도에 의존하는 대표적인 언어는 스페인어임. 음조는 소리의 기본 음조의 횟수에 의존함. 어떤 언어에서 예를 들면 중국어에서는 음조는 음성학적으로 두드러짐을 볼 수 있음. 음장(音長)은 소리의 상대적인 양에 의존함. 즉 발음하는데 걸리는 시간을 말하는데, 그래서 진폭의 보충을 이끌기 때문에 맨 마지막 음절에 강세가 있는 불어는 이것의 예가 됨.

Caracterización [언어] 특징 부여. ① 생성문법의 용어에서는, '생성'과 같은 의미로 사용됨. 즉, 자료체(Corpus)의 각 문장에 구조기술을 부여하고, 자료체에 나타나 있지 않은 문법적 문장의 파생을 가능케 한다는 점에서, 자료체의 언어를 특징을 주고 있다고 할 수 있음. ② 다의적(多義的)인 어휘 단위의 특징을 주는 것은, 각각의 하위적 의미에 응하여 서로 다른 통사 특성을 정하고, 그것을 바탕으로 형성되는 것임. ※ Corpus 참조.

Cardinal, Número [언어] 기수의. 기수(número cardinal): ·스페인어에서 기수는 15까지 형태가 반복되지 않는 형태를 띠고 있음.
예)

0	cero
1	uno
2	dos
3	tres
4	cuatro
5	cinco
6	seis
7	siete
8	ocho
9	nueve
10	diez
11	once
12	doce
13	trece
14	catorce
15	quince

·스페인어의 기수에서 성을 구분하는 수는 1과 200~900까지의 백 단위임.
예)

1	uno/a
200	doscientos/as
300	trescientos/as
400	cuatrocientos/as
500	quinientos/as
600	seiscientos/as
700	setecientos/as
800	ochocientos/as
900	novecientos/as

·16~19와 21~29까지의 숫자는 십 단위와 일 단위 사이에 y를 쓰던 것을 합쳐서 하나의 단어로 쓰고 있음.
예) diez y seis → dieciséis(16), veinte y uno → veintiuno(21), veinte y seis → veintiséis(26) ·100을 나타내는 ciento는 명사의 앞에 사용될 때, ~to를 탈락시키고 cien만 사용함. 예) cien libros 100권의 책. ·1000을 나타내는 mil은 복수형을 가지고 있지 않지만, 셀 수 없이 많은 '수천의 …'라고 사용될 때는 복수형을 사용함. 예) Mil personas 천 명의 사람. Tres mil coreanos 3천명의 한국 사람들. Miles de personas 수천 명의 사람들.

Cargar [언어] 강하게 발음하다, 강세 부호를 붙이다.

Caribe [언어] 카리브 어(語). 중남미 원주민어는 어휘적인 면에서 볼 때,

스페인어에 많은 영향을 주었음. Antillas Menores, Venezuela (el cumamagoto), Guayans와 Brasil의 일부 지역에서 사용되고 있는 언어. 예) Loro 앵무새. Arepa 버터 바른 옥수수 빵. Butaca 안락의자.

Carpe diem [문학] 까르뻬 디엠(현실을 즐겨라). 호라티우스의 「Odes, I·xi」에 나오는 "그 날을 잡아라."란 뜻의 어구인데, 특히 서정시에 있어서 매우 흔히 발견되는 동기(Motivo)의 명칭이 되었음.

Caso [언어] 격(格). 예) Caso sujeto 주격.

Caso acusativo [언어·문법] 직접 목적 대명사. □ 위치: 동사보다 뒤에 놓이는 경우는 간접목적어와 함께 오게 되도, 위치는 자유롭지만, 아래의 표의 대명사 형태로 사용하게 될 때는 동사 보다 앞에 오거나 부정사(modo infinitivo)와 현재 분사의 어휘 끝(어미)에 붙여 쓰는 경우에는 「간접목적어 + 직접목적어」의 어순으로 배치가 됨.

	성	단 수	복 수
1	남·여	me	nos
2	남·여	te	os
3	남성	lo	los
	여성	la	las
	중성	lo	
	남,여	le	les

예) El profesor Park <u>me</u> mira 박 교수는 <u>나를</u> 바라본다. ① 3인칭 단, 복수의 경우 목적 대명사들의 뜻, 즉 당신, 그녀, 그 남자, 당신들, 그녀들, 그 남자들인지를 잘 식별치 못하게 될 경우는 중복형(a Ud., a él, a ella, a Vds, a ellas, a ellos)을 씀. 1인칭, 2인칭 단, 복수의 경우는 중복형(a mí, a ti, a nosotros, a vosotros)을 쓰지 않아도 뜻을 알기 때문에 그리 많이는 쓰지 않으나 말의 뜻을 강조 할 때는 쓰는 경우가 종종 있음. 예) Yo <u>la</u> miro <u>a Ud</u>. 나는 <u>당신을</u> 바라본다. <u>Te</u> quiero <u>a ti</u>. 나는 <u>너를</u> 사랑한다. ② 사람이 동사의 목적어가 되는 경우는 아무 전치사도 오지 않으나 인칭 및 동물이 목적어가 될 때는 대체적으로 전치사 a가 오고 간혹 en 및 de가 오는 경우가 있음. 예) Yo compro los libros 나는 책들을 산다. Me acuerdo <u>de</u> Ud. 나는 <u>당신을</u> 기억하고 있다. ※ Caso dativo; Modo infinitivo 참조.

Caso dativo [언어·문법] 간접 목적 대명사. □ 위치: 동사 뒤에 오는 경우는 직접·간접 목적어의 위치가 자유롭지만, 동사 앞에 아래 표의 대명사 형태로 나타나는 경우는 간접 목적어가 단독으로 오는 경우는 상관없지만, 직접 목적어가 함께 위치할 경우는 「간접목적어 + 직접목적어」의 어순으로 배치됨. 이러한 어순은 '동사 앞' 이외에도 동사원형과 현재분사형 뒤에 붙여 쓰는 경우에도 적용됨.

성	단 수	복 수
1	남·여	me	nos
2	남·여	te	os
3	남·여·중성	le(se)	les(se)

예) Ella me lo presta 그녀는 나에게 그것을 빌려 준다. Ella me lo presta a mí.(중복형) ① 간접 목적대명사와 직접 목적대명사가 함께 올 경우 그것들이 모두 3인칭이면 단, 복수나 남성, 여성을 막론하고 간접 목적대명사인 le와 용법도 직접, 간접 목적대명사의 경우와 동일함. 예) El profesor los enseña el español a los alumnos 교수는 학생들에게 스페인어를 가르친다. El profesor se lo enseña 교수는 그것을 그들에게 가르친다. El profesor se lo enseña a los alumnos.(중복형) ② 동사가 부정사(infinitivo), 현재분사, 긍정 명령형인 경우의 목적대명사들은 그 동사들의 어미에 붙여서 씀. 본래의 동사의 강세 위치가 바뀔 우려가 있을 경우는 본래의 동사의 강세 위치에 강세부호를 붙임. 예) Ella quiere dármelo 그녀는 그것을 나에게 주기를 원한다. ※ Caso acusativo; Infinitivo 참조.

Castellano [언어] (스페인) 까스띠야의 언어. 스페인어. 반도의 스페인어. 몇몇 보수적 특징이 있음. 예) /θ/와 /s/, 그리고 /ʎ/와 /j/의 구별. 이 앞의 경우에 /θ/로 발음하는 현상을 'ceceo'라고 하며, /s/로 발음하는 것을 'seseo'라고 함. 그리고 /ʎ/와 /j/의 발음 혼용을 'yeísmo'라고 함. ※ Ceceo; Seseo; Yeísmo 참조.

Castellano derecho [언어] 올바른 까스띠야(Castilla)어. Alfonso X el Sabio가 언급한 '전통에 따라 전래되었고, 올바르게 발전된 형태'를 일컫는 말. 고전문화와 대중문화 사이에서 가급적 대중문화를 통한 대중어를 사용하되, 저속하나 속어나 지나친 외래어, 방언을 배제시킨 '정성된 구어'를 일컬음. ※ Alfonso X el Sabio 참조.

Casual [언어] 격(格)의; 격 굴절의. 예) Lengua casual 격 언어. Desinensias casulaes 격변화 어미.

Catacresis [수사학] (말의 고유 의미에서 벗어난) 비유적 전용; 오전용(誤轉用); (어휘화된) 은유. 예) Las alas de un molino 풍차(의) 날개.

Catafasía [의학] 언어 반복증, 응답 반복 언어 장애.

Catáfora [언어] 역행 조응. 역행 대용. 선행사가 대명사나 지시 형용사 등의 조응 표현에 후행(後行)하는 조응 현상. 예) Cuando **él** se acuesta, **Juan** no se quita la ropa exterior 그는 잠들 때, 겉옷을 벗지 않는다.

Catalán [언어] 까딸루냐(Cataluña)어. 까딸루냐어는 라틴어에서 발전한 로망스어로서 스페인 내(內) Cataluña, Baleares, 옛 Valencia 왕국의 많은 지역, Andorra, 프랑스의 Rosellón, Cerdeña의 Alguer시(市)에서 사용되

고 있음.

Catalanismos [언어] (스페인어의) 까딸루냐(Cataluña)語화, 까딸루냐어 형태화. 예) 《Todos los días 매일[까스띠야(Castilla)語]》와 같은 의미로 《Cada día 매일[까딸루냐어의 일반적형태]》가 많이 사용됨.

Cataléctico [운율] 운각(韻脚)이 불완전한.((고대 그리스·로마 시(詩)에서 1음절이 모자라는 운각으로 끝나는 시구))

Catálisis 매합(媒合); 촉매작용, 촉매반응.

Categorema ① [언어] (발화행위의 일반적 양태에서의) 가술어(可述語). 범주소(範疇素). 포티어(B. Pottier)의 술어. 어떤 형식과 다른 형식과의 통사상의 관계를 명확하게 하는 의미 특징의 집합을 가리키며, 문법 범주에 대응함. ② [철학] (아리스토텔레스에 의한) 카테고리.

Categoria ① [언어] 범주(範疇). 예) Categoria gramatical 문법 범주((성·수·인칭 등)). Categoria lexical 어휘 범주((명사·동사 등 품사 부류)). ② [철학] 범주, 카테고리. 원래는 동일 성질의 것이 속하는 부분을 가리키던 말이었으나, 바뀌어서 가장 근본적이며 보편적인 개념 형식을 뜻함. 아리스토텔레스는 존재의 형식으로서 실체, 성질, 분량, 관계, 장소, 시간, 능동, 수동, 위치, 상태의 카테고리를 열거하였고, 칸트는 카테고리를 사유의 형식으로서 분량(전체, 다수, 단일), 성질(실재, 부정, 제한), 관계(실체와 속성, 원인과 결과, 상호작용), 양상(가능성과 불가능성, 존재와 비(非)존재, 필연성과 우연성)을 열거함.

Categorial [언어] (생성문법에서의) 범주(範疇)의. 예) Símbolo categorial (생성문법의) 범주기호((명사구 SN, 동사구 SV 등등)).

Categórico [철학] 정언적(定言的)인. 예) Juicio categórico 정언적 판단. Imperativo categórico (칸트 철학의) 정언적 명령.

Categorización ① [언어] 범주화. 어휘적 형태소에 영향을 주는 범주의 변화를 모두 '범주 변경'이라 함. 연쇄적인 것을 불연속 요소로 절편 분할함과 동시에, 그 절편들이 소유하는 분포 특성에 응하여, 그 절편들을 문법 범주 혹은 어휘 범주로 분류하는 조작을 일컬음. ② (범주에 따른) 분류, 유형화.

Carácter pleonástico 허(虛)요소적 성격. 용어법(冗語法)적 성격. 어떤 일정한 내용의 표현이 요구되는 것보다도 표현의 요소가 많은 경우, 일련의 '용어법적(pleonástico)'이 됨. ※ Pleo-nasmo 참조.

Caracterización bipolar [언어] 언어의 이항 분리적 성격. 유성 대 무성과 같이, 정반대의 특성을 나타내는 2항의 대립. 특정 언어의 음소는, 이러한 대립의 여러 가지 짜 맞춤으로 이루어져 있는 것으로서 분류해 설명할 수가 있음. 2항 대립에 의한 분석을 음향 음성학의 입장에서 연구를 행한 것이 이후, 생성문법의 음운론에 이론적 틀을 부여하는 구실을 하였음.

Causación [철학] 원인 작용.

Causal [언어] 원인(이유)를 나타내는. 예) Proposición causal 원인절.

Caustividad [언어] 사역성. 주어가 여격 부사어(동작 주) 혹은 목적어로 하여금 어떤 동작을 '시키게[하게 하는]' 뜻을 나타내는 의미 구조의 문장을 말함.

Causativo [문법] ① 원인(이유)를 나타내는; 작인(作因). ② 사역의; 작위격(作爲格). 예) Verbo causativo 사역 동사. □ 사역 동사: 타동사 중, 사역(-를/을 시키다)의 뜻을 나타내는 동사를 일컬음. 스페인어에서는 dejar 또는 hacer동사를 사용해서 사역의 의미를 만드는 경우가 있음. 예) Yo dejo limpiarle a ella mi habitación 난 그녀로 하여금 내 방을 청소하게 한다. Yo hice salirle a él afuera 난 그를 밖에 나가게 했다.

Cavidad 강(腔). 성도(聖道)는 다섯 개의 기강(氣腔), 즉 강(cavidad)으로 나뉨. 폐강(肺腔), 인두강(咽頭腔), 비강(鼻腔), 구강(口腔), 식도강(食道腔)으로 나뉘는데, 이들은 말소리를 만들어 내는데 사용되나, 식도강(食道腔)은 후두제거 수술환자만 사용함.

Cavidades infraglóticas [해부] (목청 아래의) 조음 부분. 목청 아래 부분은 폐, 기관, 기관지의 호흡의 주요 기관에 의해 구성되는 부분임. 폐는 가장 중요한 역할을 함. 그 역할은 두 가지인데 하나는 순수 목적인 심장에 공기를 조달하는 것이고, 또 하나는 발음을 하는 데 있어서 필요한 공기를 제공해 주는 것임. 폐는 공기를 받아들여 흡입을 하고 내뿜으며 배출을 하는 데 배출을 하는 동안에 발음을 할 수 있게 됨. 폐에서 나온 공기는 기관지, 기관, 후두 안에 있는 고리 모양의 연골 질로 흘러나옴.

Cavidad laríngea [해부] 후두강. 후두강은 기관지 바로 위에 위치해 있고 성대라고 불리는 것을 감싸고 있는 연골에 의해 구성되어 짐. 성대는 2개의 힘줄로 되어 있다. 그것은 수평으로 놓여져 있고, 앞쪽은 붙어 있으며, 뒤쪽은 2개의 연골로 나누어져 있음. 그 성대 사이의 공간을 성문(聲門 glotis)라고 한다. □ 음성학적 측면(Aspecto fonético) - 성대는 모든 소리 성분의 처음으로 두 가지로 나누는 본청이며, 이 또한 소리를 구성하는 두 가지 특징을 가지고 있음. ① 만일 성대가 서로 접근하고 떨기 시작하면 유성음이 나타나게 됨. 반대로 만일 오직 접근만 하고 떨지 않는 다면 무성음이 됨. ② 유성음의 그룹의 안에는 유성 모음(sonido vocálico)과 유성 자음(sonido consonántico sonoro) 사이에 차이가 있음. 유성 모음의 형태에 있어 성대가 팽팽해지고 더 강하게, 그 간격은 더 가깝고, 진동의 빈도 수가 더 많아 짐. 성문(聲門 glotis)의 열리는 정도는 더 작아 지고 따라서 공기도 적음. 유성 자음의 형태에 있어 성대는 이완되고 진동은 덜 강해지고 따라서 빈도는 적어지며 소비되는 공기는 많아짐. 여기서 이들 유성 자음은 유성 모음 때보다 성대를 통하여 지나는 공기의 흐름에 의해 잡음을 가짐. ③ 성대의 진동은 우리가 기본 음조(基本 音調 tono fundamental)이라고 알고 있는 음파를 유발함. 이 음파는 하나가 아니라 복합을 이루게 됨. 복잡한 음파는 후두에서 위 구강을 지날 때; 진동수가 맞는 것만 통과시키는 필터 역할을 함. 기본 음조에 의해 가장 잘 걸러진 배음의 전체가 음색을 구성함. ④ 후두는 조음의 다른 기능으로 호흡기관에서 나오는 공기가 약하고 강하게 뿜어 지면서 성대에서 목소리의 강약을 정함. 소리의 특성인 음조(tono), 음색(timbre), 강도와 길이(intensidad y duración)의 세 가지는 후두에 그 기원을 둠. ※ Tono; Timbre; Intensidad; Duración 참조.

Cavidad nasal [해부] 비강(鼻腔). 발성 기관 중 발음부.

Cavidad supraglótica [해부] 위 구강. 공기의 흐름이 후두(laringe) 지역을 통해 후인두(laringofaringea)로 들어갈 때 여기서부터 입 인두까지 조음의 위치가 달리 분류됨. 만일 입천장의 연구개가 목의 벽 쪽으로 붙어서 공기가 입 쪽으로만 흐르면 [p, b, s, k]와 같은 구강조음 (口腔調音 sonidos articulados orales)임. 만일 연구개가 내려와 입 안벽과 떨어지면 공기가 단지 코 쪽으로만 흐르기 때문에 [m, n]와 같은 비강 자음 (鼻腔字音 sonidos consonánticos nasales)임. 만일 구강과 비강이 열려 있으면 이를 비강모음(鼻腔母音 sonidos vocálicos nasales, o mejor los sonidos oronasales)이라 함. 입천장은 치경음(avéolos) 뒤로 시작해서 전경구개(prepaladar)와 중경구개(mediopaladar) 후경구개(postpaladar)로 나누어짐. 연구개(velo)는 전연구개(prevelar)와 후연구개(postvelar)로 나누어지고 혀(lengua)에서 가장 활동적인 기관인 혓등(dorso)은 predorso, mediodorso, postdorso로 나누어짐. 입술을 닫았을 때 첫 기관은 위 이빨과 아래 이빨이 있고 위 이빨 뒤에는 경구개(paladra)가 시작하기전 기관인 치경음(alvéolos)이 있음. 입을 닫았을 때 소리의 크기나 소리의 변화, 이어짐, 음색을 나타내는 것은 입술(labios)의 역할임. ※ Laringe; Laringofaringea 참조.

Ceceo [언어] Ceceo 현상. s발음을 할 때, 치경음(alvelolar)으로 발음해야 되는데, 치간음(interdental)으로 발음하는 현상. 예) así [así] → [aθí], paso [páso] → [páθo], saco [sáko] → [θáko]. ※ Alveolar; Interdental 참조.

-cefalia [어원] 「머리의 상태」의 의미. 예) dolicocefalia 장두(長頭). mesocefalia 중두형(中頭型).

-céfalo [어원] 「머리」의 의미. 예) dolico*céfalo* 장두(長頭)의; meso*céfalo* 중뇌(中腦).

Celta [언어] 켈트어. 고대 켈트족들이 사용하던 언어로 대체로 전쟁과 관련된 단어인 Briga·Dunum(요새), Sego·Segi(승리)의 합성어를 이루는 경우가 많음. 합성어를 이루는 어휘의 예 ① Briga·Dunum: Conimbrĭga [Coimbra], Mundo- brĭga [Munebrega] · Navarudun [Zaragoza], Verdú [Lérida] ② Sego·Segi: Segontia [Sigüenza], Segŏvia [Segovia]

Celtíbero [언어] 켈트이베로어(語). 켈트족과 이베로족이 함께 살게 되면서 나타나게 된 언어. 오늘날 스페인의 Burgos, Logroño, Soria, Guadalajara, Navarra 남부, Zaragoza 서부, Teruel 등의 지방에 분포되어 있는 언어였음.

Cenema [언어] 표현소(表現素). L. H. Hjelmslev ((구조주의 언어학자, 코펜하겐 학파의 용어))는 언어에는 표현의 면과 내용의 면, 두 가지가 있다고 하였음. 그는 표현면의 최소단위를 표현소(Cenema)라 불렀으며, 이는 일반적으로 생각하는 음운(音韻 fonema)에 해당함. 내용 면에서 최소 단위를 의미소(plerema 意味素)라 함. ※ Fonema; Plerema 참조.

Cenematema [언어] 표현소(= Cenema). '공의 단위(空意 單位; 의미를 가지지 않는 단위)'를 나타내는 이 용어는 옐름슬레브(L. Hjelmslev)나 코펜하겐 학파의 언어학회 언어학자들에 의하여, 특히 음소보다도 즐겨 사용되고 있음. 이것은 부수적 내지는 우유(偶有)적이라고 간주되는, 말의 음적 성질을 표현면에 있어서의 최소 변별 단위를 가리키고 있음. 표현소란, 표현 형성소를 말하며, 내용 형성소로서의 의미소에 대립하고 있음. ※ Plerema 참조.

Cenemático [언어] 표현소론(表現素論). 이 용어는 덴마크의 언어학자 옐름슬레브(L. Hjelmslev)와 코펜하겐 학파의 언어학회 회원들에 의하여 사용되고 있음. 이것은 '표현소(Cenema)'라 일컬어지는 최소 변별 단위의 연구를 대상으로 하는 학문을 가리킴. 이 용어는 표현의 실질이 음이 아닌 것과 같은 가상적 언어에도 적용하기 쉬운 점에서 선택되었음. ※ Cenema 참조.

Cenémico [언어] 표현소의; 표현소로 된.

Centi- [어원] 「백·백 분의 일」의 의미. 예) *centí*metro 센티미터.

Central [언어] 중설(中舌)의. 예) Vocal central 중설 모음. 구강 내 조음점 위치의 전후관계를 표시하는 것에서 중간 위치.

Centralizado [언어] 중설(모음)화.

Centrífugo [언어] 원심(성)의; 원심력을 이용한. 예) fonema centrífugo 원심성 음소.

Centrípeto [언어] 구심(성)의. 예) fonema centrípeto 구심성 음소.

Centro silábico [언어] 음절의 정점. 음절의 중심. ※ Ápice silábico 참조.

Centum [언어] 켄툼 언어. 19세기 비교 언어학에서는 전통적으로 인구어를 켄툼(Centum)언어와 사템(Satem)언어로 양분함. Centum과 Satem이란 용어는 라틴(Latin)어와 아베스탄(Avesta)에서 100(ciento)를 뜻하는 단어에서 유래함. 라틴어의 켄툼 언어에서는 어두자음이 조어(祖語)의 */k/음을 유지하는데 반하여 아베스틴의 사템에서는 */k/음이 /s/로 구개음화했음. 이러한 구개음화를 일차 구개음화라 하는데, 이 변화를 거지지 않은 언어가 켄툼언어에 속하며 이 과정을 커지지 않는 것을 사템언어라고 함. ※ Kentum; Satem 참조.

Cerebral [해부] ① 대뇌의. 예) Localizaciones cerebrales 대뇌 기능의 정위(定位). ② 지적인, 머리를 쓰는.

Cero [언어] 제로. 영(零). 제로의 기호는 Ø임. 어떤 체계 안에서의 형태적 혹은 의미적 특징의 부재를 나타내는데, 그런 체계 내에서는, 제 단위는 상호 연관 상에서, 이 특징이 있고 없음에 의하여 구성되는 것임. 특징의 부재는 특징의 존재와 같은 정도로 의미를 가짐. 스페인어에서 남성형 대 여성형의 대립은, 남성 형태소 어미에 붙이는, 여성형의 /-a/와 같은 형태소, 즉 doctor(남자 의사)와 doctora(여의사) 등처럼 어미 형태소에 의해서 나타내어지는 것과 같은, 이 체계를 기술하는 데 있어서 남성형이 제로 굴절 어미를 나타낸다고 할 수 있음. 제로라는 용어는, 그래서 어떤 종류의 타입의 언어 구조 기술에 결부되어 있음. 이런 종류의 대립이, 생성 언어학에서는 아주 다른 방법으로 다루어질 것임. 거기서는 특징의 부재는 마이너스 부호(-)로 표시됨. 예) Doctora(여의사)[-남성], Doctor(남자의사)[+남성].

Cerrado [언어] ① 폐음의; (음절이) 닫힌. 예) Sílaba cerrada 폐음절. ② 좁은 구강의. 예) Vocal cerrada 좁은 구강 모음. ※ Vocales cerradas 참조.

Cerrar [문법] □ 타동사로 사용되는 경우: ① 닫다, 잠그다. 예) Cierra la puerta 문을 닫다. Cierro la boca 난 입을 다문다. Ella cierra *su* abrigo 그녀는 외투의 단추를 잠근다. ② 폐점하다, 휴업하다. 예) Cierran una tienda 가게를[문을] 닫다; 점포를 폐업하다. Cierran una escuela 휴교한다, 폐교한다. ③ 폐쇄하다. 예) Él cierra un agujero 그는 구멍을 막는다[틀어막는다]. ④ 둘러싸다, 에워싸다. 예) Ella cierra el campo con una valla 그녀는 울타리로

밭을 둘러싼다. ⑤ 넣다, 가두다, 감금하다. 예) El niño cierra mariposas en una caja 소년은 나비를 상자에 넣는다. ⑥ 마치다, 끝마치다, 끝내다, 마감하다, 중지하다, 중단하다. 예) Ellos cierran la asamblea 그들은 회의를 끝마친다, 폐회(閉會)한다. ⑦ (행렬 등의) 맨 끝[최후미]에 있다[가다]: Cierra el desfile [la fiesta] 행렬[축제]의 최후미에 간다. El grupo *cerró* la procesión 그 그룹이 행렬의 마지막이었다. ⑧ (협정 등을) 맺다, 체결하다. ⑨ 밀집시키다. 예) formación *cerrada* 밀집 대형(隊形). □ 자동사로 사용되는 경우: ① 닫히다, 잠기다. 예) La puerta [La ventana] no *cierra* bien 문[창문]이 잘 닫히지 않는다. Las tiendas *cierran* a las doce de la noche 가게들은 밤 12시에 닫는다. ② 주위에 있다. ③ [+con] (…을) 습격하다. 예) Cierran con el enemigo 적(군)을 습격한다. ④ [+contra] (…을) 공격하다. ⑤ 밤이 되다. ⑥ (말이) 이가 완전히 나오다. □ 재귀형(se)이 붙는 경우: ① 닫히다, 잠기다. 예) La puerta se cerró por sí sola 문이 저절로 닫혔다. ② (상처가) 아물다. 예) cerrarse la llaga 종양이 아물다. ③ [+a] (…에 대해) 자신을 닫다, (…을) 받아들이지 않다. 예) El se cerró a cualquier reforma 나는 어떠한 개혁도 거절했다. ④ [+en] (태도 등을) 완강히 지키다. 예) Ella *se cierra* en *sus* ideas 그녀는 자신의 생각을 고집하다. ⑤ (사람의 주위에) 모이다, 집결하다, 밀집하다. 예) Los niños *se cerraron* en torno al maestro 아이들은 선생님의 주위에 모였다. ⑥ (하늘이) 흐리다, 검은 구름으로 덮이다. 예) *Se cerró* el cielo 하늘이 흐렸다. ⑦ 밤이 되다. 예) *Se cerró* la noche 밤이 되었다. ⑧ 꽃이 시들다. 예) *Se cierran* las flores 꽃들이 시든다. ⑨ (사람·자동차가) 급커브를 꺾다. 예) *Se cierre en falso* 겉보기에는 좋지만 상처가 잘못 아물다.

□ Cerrar 동사 변화형.
현재 형.
cierro   cerramos
cierras   cerráis
cierra   cierran

□ 아르헨티나, 우루과이, 빠라과이 등에서는 2인칭 단수형이 Cerrás를 사용하며, 2인칭 복수는 중남미에서 사용되지 않고, 3인칭 복수인 Ustes 형을 사용함을 주의. ※ Presente irregular: ~e → ~ie 참조.

Cerrazón [언어] (발음할 때, 구강의) 닫힘, 폐쇄.

Certeza ① 불변성, 안정성. ② [철학] 확실성. 예) Certeza intuitiva 직관적 확실성.

Ch [언어] ch 체 (스페인어 자모의 세 번째 문자('c') 속으로 편입된 소리글자). 스페인어의 자음 음소 /ĉ/. 음성학적으로는 파찰음(africado), 구개음(palatal), 무성음(sordo)의 자질을 가짐(= Africada palatal sorda 무성 파열 경구개음). 음성학 기호로는 [ĉ]로 나타남. 예) An**ch**o 넓은; Co**ch**e 자동차. ※ Africado; Palatal; Sordo 참조.

Chasqueante [의학] (지나친 운동으로 인한 파열·팽창 따위의) 근육이상이 된, 기진맥진하게 하는.

Chasquido [언어] 흡착음(吸着音). 혀 차는 소리.

Chuintante [언어] 슈음(音). 예) [ʃ], [ʒ].

Chomsky [언어학자] 촘스키 Noam Chomsky(1928~) (미국의 언어학자; 변형 생성 문법의 창시자). 언어학은 자연언어를 대상으로 한다는 측면에서 자연언어 처리와 밀접한 관련을 가지지만, 언어의 보편성에 대한 탐구를 목표로 한다는 점에서는 자연언어 처리와 차이를 보임. 언어학 이론의 발전 과정과 자연언어 처리 기법의 발전 과정을 살펴보면 좀더 이해가 빠를 것임. 금세기 초, 소쉬르(Fernand de Saussure)가 독립된 과학으로서의 언어 연구를 주창하면서 태동된 언어학은 제일 먼저 구조주의를 과학적인 방법론으로 발전시켜 나갔음. 오래 전부터 소리, 의미, 문자를 갖춘 언어를 사용했으며, 문자 연구를 중심으로 역사-비교 언어학에 치중했던 유럽에서는 프라하 학파(Escuela de Prague)가 언어의 본질적 기능에서 소리의 중요성을 인식하고, 청각적 실체를 가진 소리의 분석을 위한 구조주의 방법론을 개발하기 시작했음. 계속해서 말을 더 작은 단위로 쪼개는 분석과 다른 단위와의 교체의 과정을 반복하면서 음소와 이음(alofono)을 추출해내고, 음의 변별적 자질을 밝혀내는 성과를 거두었음. 소리 분석에 있어 우수성을 입증한 구조주의 방법론은 미국으로 건너가 언어분석 방법의 모체로서 자리잡기 시작했음. 한편 미국에서는 복음전파를 수행하던 선교사가 인디언에게 선교사직을 수행하기에 앞서 언어학자로서의 방법론을 익히면서 구조 언어학이 발달하기 시작했고, 프라하 학파의 방법론을 형태, 문장 구조 등의 분석에 적용했음. 대표적인 이론이 해리스(Zelig Harris)의 구조주의 방법론인데, 이 이론은 첫 단계로 대상 언어의 자료를 수집하고, 둘째 단계로 수집된 언어 자료 내에서 분석과 교체를 통해 음소, 이음, 형태소(morfema), 이형태(alomorfo)를 추출한 후 이들이 어떠한 방식으로 구조를 이루는가에 대해 연구했음. 이러한 귀납적인 구조주의 방법론에 문제점을 제기하고 나선 것이 바로 해리스의 지도 하에 박사논문을 쓰고 있던 수학자 출신의 촘스키(Noam Chomsky)임. 그의 언어 분석은 인간의 정신 세계를 중심으로 하는 이성주의에 바탕을 두고 있으며, 인간에게는 언어를 만들어내고 익힐 수 있는 언어 능력이 있으므로 그 능력을 언어 분석에 적극 이용해야 하며, 언어학 연구의 초점도 이러한 언어 능력을 규명하는 데 맞춰져야 한다고 주장했음. 이를 계기로 문법의 재구성이라는 목표를 수행하기에 턱없이 불완전한 언어 자료의 결함을 인간의 언어 능력으로 보완함으로써, 그때까지의 언어학 연구에서 구조주의에 의해 배제됐던 연역적 추리가 지위를 되찾게 됐음. 또한 언어학이 추구하는 바가 귀납적인 문법의 기술에서 연역적인 문법의 설명으로 전환하게 됐음. 촘스키의 초기 이론인 변형문법(Gramática Transformacional)은 변형의 축소, 의미론의 강화, 언어적 보편성에서 본 이론 검증을 바탕으로 점차 생성 문법, 지배 결속 이론(Government and Binding Theory) 등으로 변화됐고, 그의 제자들도 변형을 부정하고 의미와 어휘의 역할을 강조한 LFG (Lexical Functional Grammar), GPSG (Generalized Phrase Structure Grammar), HPSG (Head Phrase Structure Grammar) 등의 이론을 주장했음. 이와 같이 언어학이 변화를 거듭하고 있던 때에 컴퓨터도 빠른 변화를 계속하고 있었음. 컴퓨터는 이론 정립의 모델이 되기도 하고, 때로는 이론의 검증 방법으로 사용되기도 했음. 그러나 컴퓨터에는 직관이라든지, 생 내적인(innato) 언어 능력이 없으며, 행동주의 학습 이론의 주장과 같이 입력된 것만을 저장하고 있을 뿐 스스로 저장된 정보를 활용할 수 있는 능력도 없어 컴퓨터를 이용한 자연언어 처리는 많은 어려움을 가지고 있음. 최근에는 구조주의 방식이 자연언어 처리와 언어학에서 이용되기도 함. 구조주의 이론에서 가장 큰 결점이었던 수집 가능한 언어 자료의 크기와 양의 제한을 저장 능력이 크고 검색 속도가 빠른 컴퓨터가 상당 부분 극복해 문법을 재구성하고 필요한 경험적 지식을 찾아내는 데 큰 역할을 할 수 있게 됐기 때문임.

문법이란 인간의 언어능력에 의해 해석돼 무한한 자연언어를 생성할 수 있는 유한한 규칙으로 정의될 수 있음. 이러한 문법에 대한 수학적 모형이 형식문법(Gramática formal)으로서, 재귀적 방법에 의해 유한한 규칙으로 무한한 문장의 생성이 가능하게 함. 언어학자인 촘스키는 형식 문법을 문법이 허용하는 생성 규칙(Regla generativa)의 형태에 따라 무제한 문법(0형), 문맥 의존 문법(1형), 문맥 자유 문법(2형)과 정규 문법(3형)의 네 가지로 나누었다. n개의 입력에 대해 문제를 풀기 위해 필요한 계산량의 척도인 문제 난이도(Complexión del problema)를 비교해 보면, 정규 문법은 n의 난이도를 가지며, 문맥 자유 문법은 n3의 난이도를 가짐. 그러나 문맥 의존 문법이나 무제한 문법은 현재의 컴퓨터로는 처리할 수 없는 것으로 생각되고 있음. 물론 형태소 분석은 정규 문법으로도 가능하지만 자연언어 문장이 문맥 자유 문법에 의해 표현되는지 아닌지에 대한 논란은 결론이 나지 않고 있음. 하지만 자연언어 처리 분야와 전산언어학 연구자들은 자연언어가 문맥 자유 문법에 의해 처리가 가능하다는 가정 하에서 연구를 계속하고 있는 상황임. 문맥자유 문법의 분석 알고리즘인 CYK 알고리즘, 차트 파싱, 토미타 알고리즘 등은 대표적인 n3 알고리즘임. 변형 문법은 촘스키가 1957년에 도입한 언어 이론임. 이 이론에 의하면 발화되는 문장은 문장의 의미를 표현하는 내부 구조가 외부로 나타나는 것이며, 이 과정에서 어순 조정, 어미 추가, 능동화 등의 변형(Transformación)이 적용됨. 촘스키가 변형을 가정한 이유는 정규 문법이나 문맥 자유 문법과 같은 구 구조 문법(phrase structure grammar)이 일부 자연언어 문장의 생성을 설명할 수 없었기 때문임. 촘스키는 형태소를 재배치하거나 탈락시키고, 추가하는 변형을 도입함으로써 내부 구조의 문법 체계를 문맥 자유 문법으로 유지하려고 시도했음. 그러나 변형은 무제한 문법의 표현력을 가지고 있고, 변형 과정이 비 단조적이며, 변형 과정을 역으로 적용시킨다고 해서 문장의 분석이 가능한 것이 아니라는 문제점이 있음. 이처럼 변형은 계산학적인 측면에서 바람직하지 못하며, 변형 문법으로 생성은 가능하지만 분석이 불가능한 문장이 있을 수 있으므로 변형에 대응하는 단조 증가적 언어 이론을 만들고자 하는 시도가 언어학 분야에서 계속됐고, 대표적인 예가 GPSG, LFG, HPSG 등의 통합 기반 문법임. 여기서 통합(unificación)이란 일종의 패턴 비교로 단조 증가적 연산임. 통합은 수리 논리에서 도입된 개념으로 단일화라고도 부르며, 대표적인 AI 프로그래밍 언어인 프롤로그 언어의 기본 연산이며, 컴퓨터와 대화를 나누는 것을 일컬음. 촘스키가 말하는 보편언어란 현상으로서의 언어가 아니라 자연 언어에 공통된 특성들의 집합을 뜻함. 그의 주저인 '지배와 결속 이론 강의(1981)'는 언어의 보편원리와 매개 변항을 자세히 이야기하고 있음. 가령 한국어와 영어는 공동의 보편원리와 함께 서로 다른 매개 변항을 가지고 있어서, 각각 후치사와 전치사, 목적어-동사 순서와 동사-목적어 순서, 절-접속사와 접속사-절의 순서를 가짐. 언어생득설은 인간이 언어 능력을 타고났다는 가설임. 언어는 자극과 반응, 즉 훈련에 따른 행위일 뿐이라는 왓슨-스키너 등 행동주의 실험 심리학자들의 주장을 촘스키는 단호히 배격함. 그는 성인과 어린아이의 언어 습득을 예로 듦. 성인은 외국어를 배우기 위해 많은 시간과 에너지를 들여도 잘 안 되는데, 어린아이는 의식적 노력이나 훈련 없이 주어진 언어를 완벽하게 구사함. 게다가 어린이가 접하는 언어자료가 말더듬이 부모와 같이 열악한 경우라 하더라도, 정상적 부모에게서 자라난 아이와 언어습득상의 차이가 없음.

Ciber-pragmática [언어] 사이버 화용론. 컴퓨터 인터넷 사이버 상에서 나타나는 언어적 특징을 화용론에 입각하여 풀어내는 것((Francisco Yus, 2001))을 일컬음.

Ciceante [언어] [θ] 발음. 음소 /c/ 또는 /z/ 등을 조음(Articulación)을 할 때, 그 특징이 무성 마찰음이고, 치간음인 [θ] 발음으로 되는 것을 일컬음. 예) Cizaña [θiθáɲa]. ※ Articulación 참조.

Ciceo [언어] [θ] 소리내기. [θ] 발음(Ciceante)을 소리낼 때, 나는 그 독특한 울림소리. ※ Ciceante 참조.

Cíclico [언어] 순환변형(循環變形). 예) Transformación cíclica(순환 변형).

Ciclo [언어] (변형규칙이 적용되는)

순환(循環), 사이클. 예) Ciclo transformacional 변형 사이클.

-cico [어원] 「(축소형) 어미」의 의미. 예) joven*cico* 젊은이.

-cillo, -cilla [어원] 「(축소형) 어미」의 의미. 예) nube*cilla* 한 편의 구름.

-ción [어원] 「(동사의 명사화; 동작·결과」의 의미. 예) ocupa*ción* 점령.

Circuito de la comunicación 의사소통의 순환 구조. □ 순환구조 모형:

	메시지(Mensaje)	
발신자(Emisor)	통로(Canal)	수신자(Receptor)
	코드(Código)	
	상황(Situación)	

Circular [논리] 순환논리. 예) Definición circular 순환적 정의.

Circun- [어원] 「(b·p 앞에서는 circum-) 주위·주변」의 의미. 예) *circun*stancia 환경.

Circunflejo [인쇄] 강세 시르콩 플렉스. 예) Acento circunflejo 그리스어의 굽은 강세[~].; (프랑스어의) 강세 시르콩 플렉스[^].

Circunflexión [인쇄] (시르콩 플렉스) 강세. 시르콩 플렉스 모양[^].

Circunlocución 완곡한 표현.

Circunloquios [문법] 완곡어법(緩曲語法). 노골적으로 남에게 손상을 줄지 모를 어떤 종류의 사실, 혹은 생각을 진술하기 위한, 약화되고 부드럽게 된 표현법을 일컬음. 스페인어에서는 가능법이나, 접속법을 사용해 공손한 표현을 만듦. 예) ¿Podría usar este teléfono? 제가 이 전화를 사용할 수 있을까요? ¡Tome asiento! 앉으시죠!

Circunstancia [언어] 상황. 예) Complemento de circunstancia 상황보어. Adverbio de circunstancia 상황부사.

Circunstancial [언어] 상황(狀況)의. 예) Complemento circunstancial 상황보어. Proposición circunstancial 상황절.

Circunstante [언어] 상황사(狀況詞); 상황구(狀況句).

-cito [어원] 「축소」의 의미. 예) jardin*cito* 좁은 정원.

Civilización 문명.

Claro (글 따위가) 이해하기 쉬운, 분명한. 예) Explicación Clara 이해하기 쉬운 설명.

Clase ① [언어] 류(類). 언어학에서, 류는 더욱 더 엄밀하게 주어진 결합 관계의 위치와 주어진 문맥에서 서로 대치될 수 있는 일련의 실재를 의미함. ② [문법] 류(類). 문법에서 술어 '류'는 부분적으로 범주의 그것과 경쟁관계에 있음. 그러므로, 다음 범주들을 구분하는 것은 가능함. 즉, '형태적'이란 말은 담화의 부분이고, '통사적' 혹은 기능적이란 말은 '주어, 목적어, 서술어' 따위이고 "결합 관계적"이란, 명사 혹은 동사적 결합소 등임.

Clasema [언어] 분류소. 유소(類素). ① 포티에르(Pottier)에 의해 제안된 술어 또는 용어론에서, 류소란 의미소(Semema)와 실질소(Virtuema)와 함께 의미소를 구성하는 포괄적인 의소의 하위 형태로 이해되어짐. ② 그레이마스(Greimas)는 약간 다른 의미에서 이 술어를 사용. 그는 류소로써 문맥상의 의소를 지적하는데, 류소는 이것의 동위 원소를 보증하고 담화상에서 순환하는 이들 의소를 지적함. ※ Semema; Virtuema; Greimas 참조.

Clases de palabras 품사, 어휘의 종류, 문장의 구성요소(= Partes de la oración). □ 품사: 명사(Nombre; Sustantivo), 한정사·관사(Determinante), 형용사(Adjetivo), 대명사(Pronombre), 동사(Verbo), 부사(Adverbio), 전치사(Preposición), 접속사(Conjunción).

Clases de Yod [언어] Yod의 종류. Yod은 모음을 폐모음화 시키는데 영향을 줄뿐 아니라 인접한 자음을 구개음화 시키며, 모음에 대한 영향은 자음에 대한 작용에 부수적인 것임. Yod가 자음 속으로 스며들면서 매우 일찍 자음을 구개음화 시킨 경우에는 모음에 영향을 줄 시간이 없었음. 그러나 Yod가 자음에 흡수되지 않고서 오랫동안 보존되면 될수록 다양한 종류의 모음에 그만큼 더 영향을 끼쳤음. ※ Yod 참조. □ 표로 나타낸 Yod의 종류.

Clases de Yod		ǫ	ę	ǫ	ę	a
1	TY, CY ç, z	fŏrtia fuerza	pĕttia pieza	iŭtea loza	malĭtia maleza	minacia amenaza
2	LY, C'l ll > j	fŏlia hoja	rĕg(u)la reja	cŭscŭliu coscojo	cĭlia ceja	palea paja
	NY, GN ñ	sŏmniu sueño	Ĭngĕniu engeño	cŭne cuña	lĭgna leña	ararea araña
3	GY, DY y	pŏdiu poyo	pŭlĕgiu poleo	fŭgio huyo	fastĭdiu hastío	exagiu ensayo
	BY, MY y, bi, mi	fŏvea hoya	nĕrviu nervio	rŭbeu ruyo,royo	vindēmia vendimia	labiu labio
4	CT,X ch, x > j	nŏcte noche	lĕctu lecho	trŭcta trucha	strĭctu estrecho	factu ribera
	RY,SY,P Y ir,is,ip	cŏriu cuero	matĕria madera	augŭriu aguero	cēreu cirio	riparia ribera
	síncopas varias	collí(g)o cojo	grĕ(g)e grey	co(g)ĭtat cuida	tēpi(d)u tibio	proba(v)i probé

Clasicismo [문학] 고전주의. 17세기와 18세기의 유럽에서 성행되던 문예사조를 가리킴. 의고주의(擬古主義)라고도 함. 그리스와 로마의 고전 예술에 나타난 명확, 견실, 통일, 균등, 이

성, 법칙, 절도, 전아(典雅) 등의 특성을 존중하여 이것들을 예술 상의 규범으로 삼았음. 자아의 절대적 자유와 감정과 공상의 존중, 무한성과 혼돈의 강조 등을 특성으로 하는 낭만주의에 대립됨. ※ Arcaísmo 참조.

Clásico ① 고전의; 교양의. Lengua clásica (라틴어·그리스어 등의) 고전어. Latín clásico 교양라틴어. ② [문학] (17세기 프랑스의) 고전주의의(↔ Romántico). ※ Latín clásico 참조.

Clasificación 분류, 분류법.

Clasificación de las consonantes por el modo de articulación [언어] 발음 양식에 따른 분류. ※ Modo de articulación 참조.

Clasificación de las consonantes por el punto de articulación [언어] 발음 지점에 따른 분류. 예) Bilabiales 양순음; Labiodentales 순치음; Interdentales 치간음(이사이음); Dentales 치음; Alveolar 치경음; Palatales 경구개음; Velares 연구개음.

Clasificación de las palabras por la posición del acento [언어] 강세위치에 의한 어휘의 분류. 어떤 언어에서는 단어 강세 위치가 고정되어 있는 경우가 있는데, 프랑스어에서 보면 항상 마지막 음절에 강세가 위치하고, 체코어에서는 단어의 첫 번째 음절에 강세가 나타남. 폴란드어에서는 끝에서 두 번째 음절 위에 강세가 나타나는 경우를 볼 수 있음. 그럼에도 불구하고 단어에서의 강세 위치가 비교적 자유로운 언어도 있음. 단어의 어느 음절에서든 강세가 위치할 수 있으며, 이러한 언어에서의 강세 위치 차이가 단어에서의 의미 변화에 큰 영향을 줌. 그리고 이러한 현상은 고정된 강세가 있는 언어에서는 일어나지 않음. 예를 들면, 영어에서 첫 번째 음절에 강세가 오는 /cóntent/는 명사이고 '내용'의 의미를 갖는 반면에, 두 번째 음절에 악센트가 오는 /cotént/는 형용사이고 '만족해하는'이라는 의미를 가짐. 이와 똑같은 현상은 import라는 단어에서도 일어남. 첫 번째 음절에 강세가 오는 ímport는 '수입'이라는 의미의 명사이고, 반대로 두 번째 음절에 강세가 오는 impórt 는 '수입하다'라는 의미의 동사임. 스페인어에서도 역시 앞에서 계속 보아 온 것처럼 강세의 위치가 자유로운 언어 군에 속함. 하지만, 대부분의 어휘는 강세 위치에 있어서는 규칙성을 유지하면서 예외적인 경우에 강세 부호를 달고 있다는 것을 유념해 둘 필요가 있음. 예) Jóvenes 젊은이들; Televisión 텔레비전. ※ Acento 참조.

Clasificación de las vocales por el tono [언어] 음조(Tono)에 의한 분류. 예) Graves 저모음; Agudas 고모음; Neutras 중립모음. ※ Graves, Vocales; Agudas, Vocales; Neutras Vocales 참조.

Clasificación de las vocales por la

intensidad [언어] 강도에 따른 모음의 분류. ① 강모음: 모음 중에서 음색, 어감이 밝고 산뜻한 것으로, 양성모음이라고도 일컬음. 예) [a], [e], [o]. ② 약모음: 모음의 발음이 어두우나 어감이 큼. 예) [u]. ③ 중성모음: 강모음과 약모음의 중간의 것. 예) [i].

Clasificación del sonido por el lugar de articulación [언어] 조음위치에 의한 소리의 분류. 모음에서 보듯이 전설(anterior), 중설(central), 후설(posterior)로 나뉨. 자음들은 그 소리를 내는 장소에서 움직이는 조음기관에 의해 다음과 같이 분류될 수 있음. ① 양순음(bilabiales; [p, b, m, β]) ② 순치음(labiodentales; [f, ɱ]) ③ 설치음(linguodentales o dentales; [t, d, n, l]) ④ 치조음(linguointerdentales o interdentales; [δ, θ, n, l]) ⑤ 치경음(linguoalveolares o alveolares; [s, n, r, r̄, l]) ⑥ 경구개음(linguopalatales o palatales; [c, ɲ, ɟ, ʎ, Íl]) ⑦ 연구개음(linguovelares o velares; [k, g, x, y, ŋ])

Clasificador [언어] 분류의, 분류하는. 예) Principio clasificador 분류 원칙.

Cláusula [문학] (시구의) 결구(結句).

Clic [언어] 흡기음(吸氣音). 흡착음(吸着音). 설타음(舌打音). 혀의 이중접촉이 연구개의 진입 기류로 공기의 흡입을 일으키면서 동시에 터져 발생하는 정지음으로서, 아프리카 언어에서 많이 사용됨.

Cliché [문학] 상투어구. 정해진 문구. 상투적 문구. 문체론적으로, 규범적으로 쓰이는 말과 동떨어진 케케묵은 어구를 말함.

Clíticos [언어] 접어(接語). 접어는 통사구조 내에서 다른 단어의 주변 기능을 가진 어휘요소를 말함. 정관사, 전치사, 전치 소유형용사, 중성 대명사 lo, 동사형태를 동반하는 동사 목적어로서의 직접, 간접대명사 등이 접어에 속함. 일반적인 접어는 어느 단어의 주변으로만 나타나게 되며, 연관되어진 동사 접어와 동사 형태 사이에는 어떤 어휘 요소도 끼어 들 수 없다는 것이 동사 접어의 특징임.

Cluster [언어] 음군(音群). 음성결합(音聲結合). ※ Aglomerado 참조.

Co- [어원] 「공동·공통」의 의미. 예) *co*educación (남녀) 공학. *co*-operación 협력.

Coactivo [언어] 강제의 뜻을 나타내는; 강제동사(= Verbo coactivo).

Coalescencia [언어] 통합(統合). (다수 음의) 축약(縮約). 두 음소간의 대립이 중화되어 버리는 음 변화로서, 라틴어의 「aurum → oro; lacte → leche」가 되는 것처럼 이중모음 [au]가 [o]로 변하는 전자의 것과 [aj]가 [e]로 변하는 후자의 것과 마찬가지로 변하는 현상임. 통합은 그것이 이루어지는 음성적 환경에 관계없이 무조건 일어날 때, 이것을 절대적 통합이라고 하며, 몇 가지 특수한 음성적 환경에서만 일어날 때는 그 이전의 언어 상태에 대한 내적 재구(再構)가 어려워지면, 그 흔적이 완전히 사라져 버린 경우는 거의 불가능함.

Coalescencia absoluta [언어] 절대 통합. 음운론적 변별성의 완전한 소실.

Coarticulación [언어] 동시 조음. 하나의 음소로서 두개 또는 그 이상의 음소 특징이 언어음 발성과 지각을 할 때, 다른 음소의 발성과 지각에 영향을 주는 공기 형상.

Coarticulación anticipatoria [언어] 선행적(先行的) 공동조음(共同調音). 어떤 특정 음을 내는데 그와 관계가 없는 음성기관들 가운데의 하나가 미리 후속음(後續音)의 위치로 이동해 가는 동작. 예를 들자면, 스페인어에서 Buenos의 /ue/음소군은 /o/의 이중모음으로 인해 만들어진 모음군으로서 /u/음소가 시작될 때, 이미 조음점은 /e/음소의 위치로 이동해 미리 준비하고 있기 때문에 듣기에는 /o/음소로 들리는 경우가 많음. 영어에서 예를 보면 Swim의 /sw/ 음소군에서 /s/음소를 발음하는 동안 벌써 원순음의 입 모양이 만들어지는 것은 /w/음소가 나오는데 형성되는 입술 모양이 미리 형성되었기 때문임.

Codificación [언어·정보] 부호화. 언어학에서 의사를 전달하는 과정에서 전달내용을 약정화하는 과정을 의미함. 이는 메시지, 목소리, 몸짓, 그림 등등이 모두 어느 일정한 약정화되는 것을 말함.

Codificador [언어] (메시지의) 발신자.

Codificar (메시지·전언을) 코드화하다, 기호[약호·암호]화하다; 코드에 따라 작성하다.

Código [언어·정보] 부호. 언어학에서 의사소통의 전달과정에서 전달 내용을 약정화해서 통로를 거치게 하는 과정 중에 나타나는 부호를 뜻함.

Coeficientes sonáticos [언어] 유성계수음. 보통 정도의 (통상적으로) 인도 유럽어 어근들에서 가끔 나타나는 장모음의 존재와 자질을 설명할 수 있는 펠르낭드 소쉬르에 의해 재구된 분절음.

Cognitivo ① [언어] (언어의) 인지기능. ② [철학] 인식 능력. 예) Ciencia cognitiva (심리학·언어학·논리학 등등의) 인지과학. Psicología cognitiva 인지 심리학.

Coherencia ① [언어] 연관성. 텍스트의 연관성을 내용적, 의미적 또는 인지적으로 구조화된 언어적 결합체로 봄. ② [문학] 일관성(一貫性). 문장들의 의미를 연결하는데 사용됨. 사용되는 경험상의 친숙하고 예상되는 관계들.

Coherencia textual [문학] 텍스트(내용)의 일관성.

Cohesión [언어] 연계성. 연계성을 통합적으로 사용하여 하나의 의미적 관계로 파악하였으며, 연계표시의 실현 수단으로 지시, 대치, 생략, 접속사 등을 제시함.

Cohipónimo [언어] 공하위개념(共下位概念). 사항 A의 '공하위 개념어'란, A의 기호 내용에 포함 당할 만한 기호 내용을 가지는 복수의 어휘 단위를 말하는 것으로, 이 경우 A는 상위 개념어라고 일컬음. 예) Butaca(안락의자), Canapé(긴 의자), Banco(벤치), Sofá(쇼파) 등에 대한 상위 개념어는 Silla(의자)임. 즉, 다시 말해 앞의 Butaca, Canapé, Banco, Sofá는 Silla의 공하위 개념이 되는 것임.

Colectivo ① [언어·논리] 집합적인. 예) Nombre colectivo 집합 명사. Concepto colectivo 집합 개념. ② [언어] 집합 명사. 집합 명사는 원래 불가산 명사인 물질 명사와 추상명사도 포함됨. 예) [사람] gente 사람들, pueblo 국민, tropa 군대, marina 해군; [동물] rebaño 가축무리, muchedumbre 많은 무리, bandada 새 때; [식물] arboleda 나무숲, pinar 소나무 숲, rosal 장미원; [무생물] maquinaria 기계, vocabulario 어휘, contelación 별자리; [물질 명사] madera 목재, hierro 철, agua 물; [추상명사] tiempo 시간, espacio 공간, paz 평화.

Colisión [언어] (두 낱말의) 융합. 예) 영어의 Smoke와 Fog가 융합되어 Smog가 되는 것.

Colocación ① [언어] 연어(連語). 텍스트(Texto) 내에서 어휘 항목들이 함께 나타나는 것. ② [논리학] 배치, 배열.

Colocación de los pronombres complementos [언어] 목적격 대명사의 배치·배열. ⑴ 동사의 뒤에 바로 붙이는 경우. ①『동사원형 + 목적격 대명사』: Darle, Verlo, Levantarse. ②『현재분사 + 목적격 대명사』: Dándole, Viéndolo, Levantándose. ③『명령법 + 목적격 대명사』: Dale, Véanlo, Levántese. ⑵ 동사의 앞에 놓여지는 경우. 예) Le doy 내가 그(그녀·당신)에게 준다.; Lo veo 내가 그것을 본다.; Te levantarás 넌 일어날 것이다. ⑶ 연속해서 간접목적어와 직접목적어가 연속으로 붙어 있게 될 때의 어순.『간접목적어 + 직접목적어』 예) Se lo digo 그(그녀·당신)에게 그것을 말한다.; Ella nos las traerá 그녀는 우리에게 그것들을 가져 올 것이다. ⑷ 동사(구)를 기준으로 동사가 동사원형이나, 현재분사의 바로 뒤에 목적어가 붙는 경우에, 이를 동사(구) 앞으로 옮겨 사용할 수 있음. 예) Yo quiero dártelo 나는 너에게 그것을 주고 싶다. → Yo te lo quiero dar. ※ Pronombre directo; Pronombre indirecto; Pronombre relativo 참조.

Color ① [문장] (문장 고유의) 색. ② (비유) 특색, 특성. 예) Color de un estilo 문체적 특징.

Coloración [비유] (감정·목소리의) 독특한 색, 음영.

Coloratura [음악] 콜로라투라. 성악곡의 아주 장식적인 부분; (위의 노래를 부르기에 적합한) 높고 가벼운 음성.

Com- [어원] 「공동·공통」의 의미. 예) *com*poner 조립하다.

Coma [언어·문법] 쉼표. ① 쉼표는 분리 역할을 함. 예) En España, hay muchas chicas guapas 스페인에는 예쁜 여자아이들이 많다. ② 삽입구의 앞뒤에 쉼표를 사용함. 예) Dime, entonces, qué es lo que quieres 그러면 말해라, 네가 원하는 것이 뭔지. Desde que se fue, hace ya más de un mes, no he sabido nada de ella 그녀가 떠난 이래로 벌써 한 달이 넘었지만 그에 대해서는 전혀 몰랐다. ③ 동격의 쉼표. 예) Todo tiene dos caras, buena y mala 모든 것은 선과 악의 양면을 갖고 있다. ④ 종속절이 선행할 때는 주절 앞에 쉼표를 사용. 예) Cuando vengas a mi casa, te lo diré 네가 내 집에 온다면, 난 네게 그것을 주겠다. ⑤ 호격의 앞·뒤에 쉼표를 사용. 예) Señor, se le cayó un guante 선생님, 장갑이 떨어 졌습니다. ⑥ 생략한 곳에 콤마를 사용. 예) Nosotros queremos ir al campo; ella, a la sierra 우리들은 들로, 산으로 가고 싶어한다.

Combinación [언어] 결합(= reunión). 혼합. 언어의 어떤 단위가 말하기에 따라 나타나는 다른 단위와 구체적인 언어행위(Habla)의 면에서 관계를 맺는 과정을 일컬음. 예) Combinación de un estilo 문체의 혼합. ※ Habla; Reunión 참조.

Combinatorio [언어] 결합의. Variante combinatorio 결합 변이체(變異體). Cambio combinatorio 결합 변화(變化). Análisis combinatorio 결합 분석(分析).

Comentario ① 주석, 주해, 설명. ② 논평, 해설.

Comento ① 주석, 주해, 설명. ② 논평, 해설.

Comillas [인쇄·문법] 인용 부호[" ", 《 》]. ① 언급된 말을 인용할 때 사용. 다음 부호[《 》]는 특별한 의미를 갖게 될 때 사용됨. 예) Buscaba otra palabra en lugar de 《trabajar》 그는 '일하다'라는 대신에 다른 단어를 찾고 있었다. ② 별명 혹은 동물이나 사물의 고유한 이름을 따로 표시하기 위하여 이 부호가 사용됨. 예) Mi nombre es Julio Sánchez, aunque me llaman 《Cabezón》 사람들은 저를 '대두(大頭)'라고 부르지만, 제 이름은 훌리오 산체스입니다.

Comitativo [언어] 수반을 나타내는; 수반격(隨伴格)[Mccawley(1968)용어], 수격[C. J. Fillmore(1968)용어]. 종격((수반을 표현하는 격)). □ 수격. 격문법에 있어서의 격의 하나로, 어떤 것이 다른 것에 부수(附隨)하고 있음을 표시함. (1) Él y su esposa vienen aquí 그와 그의 아내가 여기로 온다. (2) Él viene aquí con su esposa 그는 그의 부인과 함께 온다. 앞에서 (1)과 (2)이 같은 뜻으로 볼 수 있겠으나 (1)은 잘못 보면 '그와 그의 아내가 <각각> 여기로 온다'라고 볼 수도 있음. 이를 맥코리(Mckawley)는 수반과 비수반으로 나누어 구분을 하게 됨.

Como [문법] □ 관계 부사 como. ① …처럼, …과 같이. 예) blanco como la nieve 눈처럼 하얀. Es rubio como el oro 황금과 같은 금발이다. ② 같은 것. 예) Yo veía como bultos que se movían 움직이는 사람 그림자 같은 것을 보았다. ③ …대로, …한 것처럼 (según, conforme). 예) Hazlo como te digo 내가 너한테 말한 대로해라. ④ [+ que] … 때문에. 예) Lo sé como que lo vi 그것을 보았기 때문에 나도 눈치채고 있다. ⑤ 대략, 대강, 거의, … 가량(más o menos). 예) un hombre rechoncho, como de sesenta años 60세 가량의 땅딸막한 남자. ⑥ …하자마자(tan pronto como, así que). 예) Como llegué a casa, me acosté 나는 집에 도착하자마자 잠자리에 들었다. ⑦ [+subj.] …하도록, …하기 위해(para que). □ 접속사 como : ① … 때문에. 예) Como recibí tarde el aviso, no pude llegar a tiempo 나는 연락을 늦게 받았기 때문에 제시간에 도착할 수 없었다. ② …라면. 예) Como no te enmiendes, dejaremos de ser amigos 네가 마음을 바꾸지 않으면 우리는 친구가 될 수 없다. ③ …한 것으로. 예) Sabrás como hemos llegado sin novedad 너는 우리가 무사히 도착한 것으로 알아라. ④ [관계 부사로, 현재 분사나 방법의 명사를 받는다] 예) Comiendo es como se las hace uno 인간이란 먹으면 식욕이 생긴다. □ 전치사 como: …의 자격으로(en calidad de). 예) asistir a la boda como testigo 증인으로 결혼식에 참가하다.

Cómo [문법] □ 의문 부사 cómo. ① 어떻게. 예) ¿Cómo está usted? 어떻게 지내십니까? / 건강은 어떠세요? ¿Cómo está el enfermo? 환자의 상태는 어떠십니까? ② 뭐라고. 예) ¿Cómo se llama usted? 성함은 뭐라고 하십니까? / 성함은 어떻게 되십니까? ③ 왜, 무엇 때문에. 예) ¿Cómo no fuiste ayer a paseo? 어제는 왜 산책하지 않았느냐? ④ [+inf.] (…해야 할) 방법, 이유. 예) No sé cómo agradecerle tantos favores 그렇게 많이 베풀어주신 호의에 어떻게 감사해야 할 지 (그 방법을) 모르겠습니다. ⑤ [명사로] 이유, 방법, 까닭. 예) No sabe el hombre el por qué ni el cómo de la vida 인간은 삶의 이유도

방법도 모른다. ⑥ [수량] 얼마. 예) ¿A cómo es? (값이) 얼마입니까? □ 감탄 부사 cómo. [놀람·화남] 뭐라고? 예) ¿Cómo? ¿No lo entiendes? 뭐라고? 이해를 못한다고?

Comodín [언어] Símbolo comodín (생성문법의) 대역(代役) 기호. ((△로 표시함))

Compacto 압축. 데이터의 크기를 줄이는 작업. 자료의 내용을 변경하지 않은 상태에서 자료를 표현하기 위하여 사용되는 자료를 표현하기. 기억 장소 용량의 크기를 줄이는 작업을 데이터 압축이라고 함.

Comparación [언어] 비교. 비교문. 비교는 병렬(並列) 구조의 어휘 또는 어구, 절(문장) 등을 똑같은 조건으로 비교하는 것으로, 우등, 열등 비교와 동등 비교가 있음. ※ Comparación del adjetivo; Comparativo de Igualdad; Comparativo de Superioridad; Comparativo de Inferioridad 참조.

Comparación del adjetivo [문법] 형용사의 비교. ① 비교급.

| 1) 우등비교 más + 형용사 - + que |
| 2) 열등비교 menos + 형용사 - + que |
| 3) 동등비교 tan + 형용사 - + como |

참고: 위 형용사 부분을 부사와 바꾸어 놓으면 부사의 비교가 됨. ② 최상급: 정관사(el/ la/ los/ las) + más·menos + 형용사 + (de) ③ 특별한 비교형을 가진 형용사와 부사.

형용사	부사	비교급형태
bueno	bien	mejor
malo	mal	peor
mucho	mucho	más
poco	poco	menos
grande		mayor
pequeño		menor

④ 비교급 + de …: …보다(이상·이하); tanto … como ~: ~와 같은 정도; cuanto más…, (tanto) más~: …하면 할수록, ~한. ⑤ 형용사의 어미에 (모음은 제외) "-ísimo"를 붙이면 muy를 취한 형용사 보다 더 강한 의미의 형용사가 만들어 짐. 예) alto > altísimo, fácil > facilísimo.

Comparada 비교의. Gramática comparada 비교 문법. Literatura comparada 비교 문학.

Comparatismo 비교연구. ((비교언어학, 비교문학 등등))

Comparatista 비교연구와 관련된; 비교연구가, 비교학자.

Comparativa, gramática [언어] 비교문법. 튀르고가 아델룽의 연구에 나타나는 몇몇 직관적 능력에도 불구하고 봅(F. Bopp)의 다음 연구는 역사 언어학의 탄생을 나타내는 것으로 알려져 있음. '비교문법(혹은 Comparativismo)'이란 표현은 19세기 초반 주로 독일에서 봅과 슐레겔 형제(A. W. and F. von Schlegel), 그림(J. L. K. Grimm), 슐라이허(A. Schleicher), 그리고 라스크(R. Rask) 등이 주동이 되어 진행된 유사한 연구를 지칭하는데 흔히 사용하였는데, 이 가운데에서 라스크의 연구는 선구적 연구에 속하므로 대부분 무시되고 있음. 이들 연구는 공통적으로 다음과 같은 특징을 지니고 있음. ① 18세기 말 고대 인도의 성스러운 언어인 산스크리트어와 대부분 고대 및 현대 유럽 여러 언어 사이에 존재하는 유추를 발견하게 됨으로써 그들은 이 언어들을 인도-유럽어 혹은 인도-게르만어라고도 하는 언어군의 연구에 주력하였음. ② 그들은 이 언어 사이에 유사성이 존재할 뿐만 아니라, '친족관계'도 존재한다는 것을 알기 시작하였으며, 이것들은 한 개의 조어(祖語)인 '인도-유럽어'의 계승을 통한 자연적 변형에 의해 나타남을 알게 된 것임. 이와 같은 자연적 전이는 직접적인 것이 아니라 재구(再構)를 통해서 알게 되었음. 심지어 슐라이허는 인도-유럽어로 우화까지도 쓸 수 있다고 믿었음.

Comparativo [언어] 비교급. comparativo de igualdad · de superioridad · de inferioridad (동등 · 우등 · 열등 비교).

Comparativo de igualdad [문법] 동등 비교급. ① **tan + 형용사 + como ~** ~ 같은 정도[동사는 주로 ser와 estar] 예) Yo soy tan alto como tú 나는 너처럼 키가 그렇게 크다. ② **명사 + tan + 형용사 + como ~** 예) Él es tan buena persona como su hermano 그는 형만큼 좋은 사람이다. ③ **ser tan + 형용사1 + 형용사2** 1도 있고 2도 있다. 예) Susana es tan bonita como lista(=Susana es bonita y lista a la vez) 수사나는 예쁘기도하고 현명도 하다. ④ **tan + 부사 + como ~** ~ 만큼 …하다 예) Yo corro tan rápido como tú. 나는 너만큼 빨리 달린다. ⑤ **V + tanto como ~** ~ 만큼 … 하다 예) Yo estudio tanto como tú (estudias) 나는 너만큼 공부한다. ⑥ **tanto + 명사 + como ~** ~와 같은 정도 (수량을 비교) 예) ¿Sabe Ud. tantos poemas como ella? 당신은 그녀만큼 시(의 수)를 많이 알고 있습니까? ⑦ **S + V + tanto + A + como + B** A도 B와 같은 정도로 예) Tengo tantas camisas como trajes 나는 셔츠도 옷과 같은 정도로 갖고 있다. ⑧ **Tanto + A + como + B** A도 B도 … Me gusta tanto la carne como el pescado 나는 (육)고기도 생선도 좋아한다. ⑨ **no + 직설법 동사 + tan + 형용사 + que + 접속법 동사** … 할 만큼 ~ 가 아니다 예) Ese muchacho no es tan inocente que vaya a creer eso 그 소년은 그것을 믿을 만큼 철부지가 아니다.

Comparativo de inferioridad [문법] 열등 비교급. 말하는 주절의 문장이

비교 문장에 비해 열세에 놓이게 만드는 것을 일컬음. ※ Comparación del adjetivo; Comparativo de superioridad.

Comparativo de superioridad [문법] 우등 비교급. ① **más + 형용사 + que ~** ⓐ ser (estar) + más + 형 + que ~ 예) Hoy el agua está menos fría que ayer 오늘은 물이 어제보다 덜 차다. ⓑ 명사 + más + 형용사 + que ~ 예) Ella tiene zapatos más bonitos que Carmen 그녀는 까르멘 보다 훨씬 이쁜 구두를 가지고 있다. ② **수량 + más + 형용사 + que ~** ~ 보다(수량)만큼 많이 [적게]. 예) Es dos veces más grande que este cuarto 이 방보다 두 배 더 크다. ③ **ser + más + 형용사1 + que + 형용사2** 2라기 보다는 1이다. 예) Es más alto que ancho 넓다고 하기보다는 크다. ④ **동사 + más + 부사 + que ~** 예) Puedo correr más rápido que tú 너보다 더 빨리 달릴 수 있다. ⑤ **동사 + más que ~** ⓐ A + 동사 + más que + B A는 B보다 더 많이 ~하다. 예) Yo estudio más que tú 나는 너보다 많이 공부한다. ⓑ A + 동사1 + más que + 동사2 예) Descansa más que trabaja 일하는 것보다 휴식을 더 많이 취한다. ⑥ **más + 명사 + que ~** ~보다 더 많은 …. 예) Él tiene más dinero que yo 그는 나보다 돈을 더 많이 갖고 있다. ⑦ **V+ más + 명사1 + que + 명사2** 2보다 1을 더욱 더 (수량을 비교). 예) Hay más niños que niñas. 여자 애들보다 남자 애들이 더 많이 있다. ⑧ **Es más + 형용사 + inf.1 + que + inf.2** 2하는 것보다 1하는 것이 ~이다. 예) Es más fácil leer que escribir 쓰는 것보다 읽는 것이 쉽다. ⑨ **주어1 + 동사1 + 원급, pero 주어2 + 동사2 + 비교급** 1은 ~이지만 2는 더 ~이다. 예) Yo soy tonto, pero tú más 나도 바보이지만 너는 더 바보이다. ⑩ **más de lo + 형용사** ~ 이상으로. 예) Yo tengo más de lo suficiente 나는 아주 충분히 그것을 갖고 있습니다. ⑪ **más ~ de lo que + V** 생각하고 있었던 것 보다 …이다. 예) La tarea era más fácil de lo que yo esperaba 일은 내가 예상하고 있었던 것 보다 쉬웠다. ⑫ **más ~ de + 정관사 + que + V** 예) Hay más pan del que hace falta 필요한 것보다 빵이 많이 있다.

Compensatorio [언어] 대상(代償)연장. ((자음탈락 대신 일어나는 모음의 장음화)).

Competencia [언어] (생성문법에서의) 언어 능력. ① 문법적으로 옳은 글을 무한히 작성하고 이해하는 능력. ② Chomsky에 의하면, 형식적으로 추상화된 언어의 문법에 관한 지식으로서 실제 사용 행위인 언어 수행과는 차이가 있다고 정의함. ※ Chomsky 참조.

Competencia comunicativa [언어] 의사 소통 능력. Hymes의 정의에 의

하면 의사소통의 용도로 언어를 사용할 수 있는 지식과 능력을 말함.

Competencia lingüística [언어] (생성문법에서의) 언어 능력. 언어학의 궁극적인 목적으로 인간의 '언어 능력'을 규명하는 것. □ 참고: 형태론상의 언어학적 능력은 새로운 단어를 만들어 내거나 분석하는 능력을 뜻함.

Complejo ① [언어] 복문(複文). 예) Es mejor que se acostumbre desde pequeño 어릴 때부터 익숙해지는 것이 더 좋다. Es necesario que se lo digas tú. 너는 그에게 그것을 말해주는 것이 필요하다. ② [철학] 컴플렉스. 복합, 합성, 복잡 등을 나타내는 의미. 정신 분석학의 용어. 현실 의식에 반발하는 감정이 억제 당하면서도 무의식중에 보존되어, 간접적으로 현실 의식에 간섭하여 자유로운 행동을 하지 못하게 함. 예) Complejo de Electra 엘렉트라 컴플렉스 ((딸이 아버지에 대해서 무의식적으로 지니고 있는 성적 사모)). Complejo edípico [de Edipo] 오이디푸스 컴플렉스 ((프로이드의 심리학에서 자식이 이성 부모에 대해 무의식적으로 품는 성적 사모; 특히 아들이 어머니에게 품는 성적 사모)).

Complementante [언어] 보문소.

Complementaria [언어] 상보적 반의어. ※ Antonimia 참조.

Complementaridad 보완성(補完性). 상보성(相補性). 다음과 같은 명제(命題)에 근거하여 발화 중의 어떤 어휘 단위의 부정(否定)이 다른 단위의 부정을 함의(含意)할 때, 그 어휘 단위는 '상보적'이라고 함.

Complemento [언어] 보어(補語). 동사 중에는, 의미적 불 완전성 때문에 단독으로 서술 기능을 부담하지 못하는 것이 있음. 이 불완전 동사를 도와서 그와 함께 서술 기능을 담당하는 체언을 보어라 함. □ 넓은 의미에서의 보어: 동사를 도와 그와 함께 완전한 서술어를 이루는 통상적 의미에서의 보어 이외에 목적어나 부사까지를 포함함. □ 좁은 의미에서의 보어: 동사에 있어서 빠뜨릴 수 없는, 그것이 없으면 의미가 불완전하게 되는 것을 말함.

Complemento circunstancial [언어] 상황보어. 부사적 보어. 동사가 표현하는 행위와 상태의 상황 즉, 상소, 시간, 원인, 목적, 수단, 가치 등등을 나타내는 말임. 부사 외에 전치사와 함께 쓰인 명사, 대명사, 부정사(Infinitivo), 현재분사(Gerundio)와 부사절도상황보어로 됨. ※ Infinitivo; Gerundio 참조.

Complemento de contenido [언어] 내용을 의미하는 보어.

Complemento determinativo [언어] 한정 보어. 한정보어는 보어라고 하지만, 문(절)의 요소는 아님.

Complemento de un adjetivo [언어·문법] 형용사 보어. 예) 《Ella es simpática 그녀는 착하다》에서 'simpática'는 형용사로써 주격 보어 역할을 하고 있음.

Complemento de un substantivo [언어·문법] 명사 보어. 예) 《Yo soy estudiante 나는 학생이다》에서 'estudiante'는 명사로써 주격 보어 역할을 하고 있음.

Complemento directo [언어·문법] 직접보어; 직접 목적어: 예) 《Él dio un regalo a ella 그는 그녀에게 선물을 주었다》에서 'un regalo(선물을)'이 직접 목적어로 사용되었음. ※ Objetos directos 참조.

Complemento indirecto [언어·문법] 간접보어; 간접 목적어: 예) 《Él dio un regalo a ella 그는 그녀에게 선물을 주었다.》에서 'a ella(그녀에게)'가 간접 목적어로 사용되었음. ※ Objetos indirectos 참조.

Complemento integral [언어] 총체를 의미하는 보어(= Complemeto de totaliad)

Complemento predicativo [언어] 속사(屬辭); 술(어)부.

Completivización [언어] 보문화(補文化). 생성문법에서, 보문의 구실을 하는 문을, 명사구 혹은 동사구에 내포시키는 일을 일컬음.

Completivizador [언어] 보문 표지(補文 標識). 생성문법에서, 명사구 혹은 동사구 속으로의 문장의 내포화를 실현하기 위해서, 보문화 변형 도중에 도입되는 요소를 일컬음.

Completiva [언어] 보어역할을 하는; 보어절(補語節). 예) Proposición completiva 보어절.

Componencial [언어] (음운·음성학 등의) 성분 분석(Análisis componencial).

Componente [언어] ① (합성어의) 성분. ② (생성 문법의) 각 부분. 예) Componente semática 의미 부분.

Componente fonol [언어] 음운(부문). 구성 성분. 표면구조로써의 음운 부분은 의미하는 부문을 발음하여 소리로 나타내는 것을 일컬음.

Componente retórico [언어] (화용론에서) 수사학적 요소. 화맥적·상황적 요소를 가진 언어학적 기의(기의(記意)를 만드는 수사학적 요소의 존재에 관련해 다음 2가지 기능이 실현됨을 볼 수 있음. ① 논증적 제안 요소. ② 담화 법칙 적용 요소.

Componente semántico [언어] 의미 구성 성분. 다양한 어휘 항목들의 외연(Denotación)을 구성하기 위해서 다양한 방법들로 결합되는 의미 요소들. ※ Denotación 참조.

Componente sintáctico [언어] 통사(부문) 구성성분. 각 문장의 의미 해석을 결정하는 심층구조와 문장의 음성표시를 결정하는 표면구조를 생성하는 이를 서로 연결시켜 주게됨.

Comportamiento verbal [언어] 언어 행동. 언어 행위.

Composición [언어] 합성. 다른 단어 형성방법으로써 어근과 접사와의 결합이 아니라 단어와 단어간의 결합을 말한다. 즉 자립형태소 두 개 이상이 결합하여 새로운 한 단어를 만드는 것으로 이 결합을 통해 합성어(palabras compuestas)가 형성 됨. 예) cortaplumas(연필 깎는 작은 칼), vaiván(왕복 운동).

Composición de palabra [언어] 단어의 합성. 가능한 두 단어의 조합으로 인한 새로운 단어를 일컬음. 예)

구성	예시 어휘
명사 + 명사	bocacalle, aguanieve
명사 + 형용사	pasodoble, boquiabierto
형용사+형용사	sordomudo, agridulce
형용사 + 명사	altamar, vanagloria
명사 + 동사	maniatar
동사 + 부사	catalejos
부사 + 동사	malcasar
문장전체	correveildile, hazmerreír
접속사 + 동사	siquiera
전치사 + 명사	contraorden, traspiés
동사 + 동사	vaivén, tejemaneje

Comprención ① 이해력. ② (단어 · 기호 따위의) 의미 내포. ③ [논리] 내포(↔ extensión). ※ Extensión 참조.

Compuesto [언어] 복합의; 합성어(合成語). 예) Tiempo compuesto 복합시제. ※ Sustantivo compuesto 참조.

Común 상투적인, 평범한; 보통(명사). 예) Nombre común 보통명사. Expresión común 진부한 표현.

Comunicación 의사소통. 자기의 의사를 표현하고 개인 상호간에 서로 의사소통을 하기 위해 여러 가지 방법의 메시지(Mensaje)를 사용함으로써, 인간 사회 기능을 수행함을 일컬음. ※ Mensaje 참조.

Comunicación cara a cara [언어]

대면(對面) 커뮤니케이션[의사소통]. 대면 커뮤니케이션은 가장 전통적이고 보편적인 의사소통의 방법으로 간주되어 온 대면 커뮤니케이션은 대인 채널을 이용하는 것을 의미함. ※ Comunicación Mediatizada por la Computadora 참조.

Comunicación escrita [언어] 문자 대화. 문자 대화는 종이와 같은 가시적으로 확인 가능한 공간에 보관, 보존되지만 구두 대화는 발화되는 순간 사라지는 것임. 그래서 중요한 발화는 녹음과 같은 매체를 통해 보존되지만 이 또한 후에 문자로 옮겨 적어야 함. 또한 인간의 지적 활동을 가능케 하는 인지능력 안에서 자연스럽게 생성되는 '생각'은 언어 구두성이 재창조된 산물임. 왜냐하면 생각은 언어를 통해 생성되고 그것은 구두 언어를 통해 다듬어져 가기 때문이다. 정해진 규칙이 없이 자연스럽게 생각을 표출할 때 청자는 화자의 의도를 해석하려는 노력을 뇌 안에서 만들어 가는 것임. 그러나 인간의 역사를 뒤돌아 볼 때 철학 등 인류의 모든 학문은 문자화함으로써 인해 더 잘 보존되어 왔을 뿐 아니라 자신의 생각을 문자로 옮기는 과정 속에서 그에 대해 심사숙고 할 수 있는 시간을 확보함으로써 학문을 더 발전시킬 수 있었음. 문자 대화가 구두 대화에 비해 우월한 면은 바로 이 부분임. ※ Comunicación oral 참조.

Comunicación Mediatizada por la Computadora [언어] 컴퓨터 매개 커뮤니케이션[의사소통]. 컴퓨터 매개 커뮤니케이션은 시간적, 공간적 제약을 받지 않는 반면에 냉정하고 비인간적인 관계를 만듦. 이 대화 방법은 컴퓨터 화면을 사이에 두고 얼굴을 보지 않은 채 문자 형식으로 된 대화를 형성하기에 상대방을 거의 의식하지 않게 되고 대화가 개인중심 적으로 진행될 수 있음. ※ Comunicación cara a cara 참조.

Comunicación non-verbal [언어] 비(非) 언어적 행위. 비(非)언어적 행위란 언어의 영역에 포함되지 않는 눈맞춤, 얼굴 표정, 제스처 등 의사소통을 할 때에 이루어지는 행위들을 가리킴.

Comunicación oral [언어] 구두(口頭)대화. 구두 대화는 목소리를 통하여 보다 함축적인 의사를 전달할 수 있다는 점에서 문자 대화에 비해 우월함. 구두 대화 시에는 목소리 톤, 억양, 리듬, 강세 등으로 자신이 말하고자 하는 내용 및 감정을 보다 효과적으로 전달할 수 있음. 많은 언어학자들은 이러한 사실에 근거하여 문자는 말을 옮겨 기록한, 결점이 많은 전사(電寫)에 불과 하다고 봄. ※ Comunicación escrita 참조.

Comunicación verbal [언어] 목소리와 청각 기관을 통해 정보를 주고받는 것을 일컬음.

Comunidad 공동체. 예) Comunidad lingüística 언어 공동체 (言語 共同

體). Comunidad hispánica 스페인어권.

Con [문법] (전치사) con. [+ mí·ti·sí와 함께 쓰일 때는 conmigo·contigo·consigo가 됨] ① [동반·동거] …과[와], …과 함께, …과 더불어. 예) Estoy con mis padres 나는 부모님과 함께 있다. ② [도구·수단] …으로, …으로써. 예) con palillos 젓가락으로, con tinta 잉크로. ③ [+ 추상명사= 부사] con dificultad 어렵게, 간신히. con frecuencia 자주, 빈번히. ④ …을 가진, …이 있는, …을 탄. 예) café con leche 밀크 커피. arroz con camarones 새우 곁들인 밥, 새우 덮밥. ⑤ …밑에서, …슬하로. 예) con el profesor 교수 지도하에. ⑥ …에 대하여. 예) Ella es amable con su vecina 그녀는 그녀의 이웃에게 친절하다. ⑦ [비교] …에 비해. 예) Su fuerza no es nada con la que profeso 그의 힘은 내 힘에 비해 아무것도 아니다. ⑧ [+ inf.] …하기[했기] 때문에. 예) Con declarar él se eximió del tormento 그는 자백했기 때문에 고문을 면했다. ⑨ [+ inf.] 이지만, …에도 불구하고. 예) Con ser antiguo 오래됐지만. ⑩ [찬성] ¿Están conmigo, o en contra? 여러분들은 나에게 찬성입니까? 반대입니까? ⑪ [소수점] ocho con quince 8,15.

Con- [어원] 「공동·공통」의 뜻. 예) condiscípulo 동급생.

Conativo [언어] 능동적인. 예) Función conativa del lenguaje. 언어의 능동적 기능((야콥슨의 용어)).

Conatu (de) ① [언어] 능동적인. ② [철학·심리] 의욕적인, 능동적인.

Concatenación ① [언어] 연쇄. 바꿔 쓰기에서 '연쇄'의 기호(+)는, 구성 요소가 서로 공식에 정해진 순서로 연결되고 있는 것을 나타냄. 문법규칙 NP→D+N에서는, +기호는, 명사구 D와 그에 이어지는 명사구의 핵 N으로 전환되지 않으면 안 되는 것을 나타냄. ② [논리] (인과율·삼단논법 따위에 의한 개념의) 연관.

Conceptismo [문학] 기지주의(奇智主義) 컨셉티즘. 17세기 초 Gómez de Queved0(1580 - 1645)를 중심으로 나타난, 스페인 문학의 세련되고 지적인 문체 경향.

Concepto ① [언어] 의미 개념. ② [철학] 개념. 관념. 사물의 본질을 포착하는 사고 형식을 말함. 경험되는 많은 사물 속에서 그 낱낱의 사물에만 속하는 우연의 요소를 버리고, 뒤에 남겨진 공통된 내용을 꺼내어 총괄함으로써 생기는 사유(思惟) 내용임.

Concesivo [언어] 양보를 나타내는; 양보절. 예) Proposición concesiva 양보절.

Conciencia ligüística 언어과학.

Concomitancia　공존(共存), 병존(竝存).

Concomitante　공변법(共變法).

Concordancia　① [언어·문법] (형용사·동사·시제 따위의) 일치. (성·수의) 일치. 예) el gato negro 검은 고양이; Los niños españoles 스페인 남자아이들. ② 용어색인(用語索引). ※ Concordancia de tiempo 참조.

Conclución implicada　[언어] 함축(含蓄)적 결론. 함축 결론을 함축 의미로 볼 수 있는 것은 그것이 청자에게 현시(現示)적으로 적합하기를 의도한 발화로서, 화자는 그것의 함축 결론 또는 그 일부를 청자가 도출해 주기를 의도했음에 틀림없기 때문임. ※ Implicatura 참조.

Concordancia de tiempo　[언어] 시제 일치. 주절과 종속절이 시제를 일정하게 맞추는 것을 일컬음. 예) [주절의 현재] Yo **espero** que ella **venga** pronto 난 그녀가 빨리 오기를 희망한다. [주절의 과거] Yo **esperaba** que ella **viniera** pronto 난 그녀가 빨리 오기를 희망했었다.

Concreto　[언어] 구상 명사. 예) Nombre concreto 구상명사.

Condicionado　[언어] 조건 붙여진. 예) Variante condicionado 조건 변이체; 조건 이음(異音).

Condicional compuesto　[언어·문법] 조건법 완료형. ※ Condicional perfecto 참조.

Condicional (modo)　[언어·문법] 조건법. 시제로서의 용법과 법으로서의 용법이 있으며, 직설법과 접속법의 중간에 위치하고 있음. ① 시제로서의 용법: 이 용법은 법이라 하여 직설법에 대립하는 뜻을 내포하지 않고, 오히려 직설법의 일환으로서 과거에서 본 미래를 표현함. 즉, 과거의 어느 시간을 기준으로 하여 그 이후에 실현되어야 할 다른 행위를 나타내는 일종의 상대 시제임. 예) Ella me dijo que él **vendría** la próxima semana 그녀는 나에게 그가 그 다음주에 올 것이라고 말했다. ② 법으로서의 용법: 사실에 반하는 가정의 경우 그 가정의 결론을 추측하여 나타냄. 법으로서 직설법에 대립하는 의의를 가지며, 이것은 본래의 조건법의 용법임. 예) Si ella tuviera mucho dinero, ella **compraría** el coche de lujo 만약 그녀가 많은 돈을 가지고 있었다면, 그 고급 차를 샀을 텐데.

Condicional perfecto　[문법] 완료형 조건법. 이는 가정법 과거완료의 주절에서 사용되는 형태를 일컬음. 의미적으로 과거 사실에 반대를 일컬음. 예) Si ella hubiera tenido mucho dinero, ella **habría comprado** el coche de lujo 만약 그녀가 많은 돈을 가지고 있었다면, 그 고급 차를 샀을 텐데. □ 형태:

수 인칭	단 수
1	habría hablado
2	habrías comido
3	habría vivido

복 수	
habríamos	hablado
habríais	comido
habrían	vivido

Condicional simple [문법] (단순) 조건법. 이는 조건법에서 일컬어지는 것 이외에도, 가정법과거의 주절에서 사용되는 형태를 일컬음. 의미적으로 현재사실의 반대를 의미함. 예) Si ella tuviera mucho dinero, ella **compraría** el coche de lujo 만약 그녀가 많은 돈을 가지고 있었다면, 그 고급 차를 샀을 텐데. □ 규칙 형태:

hablar	
단 수	복 수
1 hablaría	hablaríamos
2 hablarías	hablaríais
3 hablaría	hablarían

comer		vivir	
단 수	복 수	단 수	복 수
comería	comeríamos	viviría	viviríamos
comerías	comeríais	vivirías	viviríais
comería	comerían	viviría	vivirían

□ 불규칙 형태(원형→ 1인칭 단수형): ① **생략형**: ·caber(들어차다)→ cabría · haber(조동사/ 있다)→ habría · poder(~할 수 있다)→ podría · querer(~를 좋아하다)→ querría · saber(알다)→ sabría ② **첨가**: ·poner(놓다)→ pondría · tener(가지다)→ tendría · venir(오다)→ vendría · valer(값이 나가다)→ valdría · salir(나가다)→ saldría ③**불규칙**: ·decir(말하다)→ diría · hacer(하다/ 만들다)→ haría ※ Condicional (modo) 참조.

Condicionamiento [언어·심리] 조건화.

Condiciones adecuadas [언어·심리] 적정 조건.

Condiciones de contenido proposicional [언어] 명제 내용 조건. 특정행위로 간주되기 위해서는 문장은 특정 특징들을 포함하여야 함. 예를 들어 약속행위는 미래 사건에 관한 것이어야 함.

Condiciones de sinceridad [언어] 진실 조건.

Condiciones esenciales [언어] 본질 조건.

Condiciones preparatorias [언어] 예비 조건.

Condición morfológica [언어] (단어의) 형태적 조건.

Conductismo [심리] 행동주의(行動主義).

Conducto [음악] Conducto vocal 성도(聲道).

Conectador ① [언어] 접속(연결)어. ② [논리] 명제 연산자. 예) Conectador proposicional 명제 결합자.

Conectivo [언어] 구문·담화 연결사(= Enlace extraoracional). 이 연결사(Conectivo)는 구문론에서도 사용되지만, 오히려 담화의 내용에 그 중요성을 더 두고 있음. 이 용어를 사용하기 위해서는 다음 두 가지의 요소가 존재해야함. ① 담화 내에서의 하나의 동일한 화제. ② 여러 개의 화제에 대해 다룰 때 서로 연관되어야 함((Van Dijk(1980) 사용)). ※ Enlace extraoracional; Relacionante supraoracional; Conector interlocutivo; Elmento concatenador 참조.

Conector [언어] ① 연동소(連動素). ② 구문·담화 연결사(= Enlace extraoracional). ⓐ 문장보다 상위에 있는 단위들, 즉 두 개의 발화, 두 개의 단락, 두 개의 대화차례 등을 연결하는 임무를 지니고 있는 일련의 단위들이며, 텍스트 내에서 구성 요소들 사이의 연관성을 나타내주는 연계 요소들 중에서 하나를 구성함((Fuentes Rodríguez(1993)사용)). ⓑ 의미론 화용론적으로 전·후 문맥을 연결하는, 다시 말해 선행 발화와 후행 발화를 연결하는 하나의 표현 양식이라 함((Briz(1996) 사용)). ※ Enlace extraoracional 참조.

Conector interlocutivo [언어] 구문·담화 연결사(= Enlace extraoracional). 구문론적인 관점에서 더욱 치중하고 있는 용어로써 이 담화 연결사(Conector interlocutivo)를 이용하면, 담화내용을 보다 많이 그리고 보다 올바르게 특징 지워주는 요소임((Fuentes Rodríguez(1994) 사용)). ※ Enlace extraoracional; Relacionante supraoracional 참조.

Conexión 결합, 연결, 관련, 연관.

Conexión supraoracional [언어] 초(超)문장적 연결. 문장을 초월한 연결[관련]성.

Configuración [언어] (언어 요소의) 배치.

Conglomerado 응집어(凝集語).

Conjugación [언어·문법] 활용. 동사의 수·인칭·시제·법·태에 따라서 형태가 변화하는 것을 말함. ① 수(número): 단수형 (Singular)과 복수형 (Plural)이 있고, 주어인 명사, 대명사의 수와 일치해야 함. 예) Yo leo el libro.(나는 책을 읽는다) → Nosotros leemos el libro.(우리는 책을 읽는다) ② 인칭(Persona): 서술한 것 중에서 주어가 갖는 입장에 따라 활용형은 3개의 인칭으로 구별됨. 1인칭은 말하는 사람 자신 또는 말하는 사람을 포함한 수의 복수를 말함. 2인칭은 말을 하고 있는 상대의 1인 또는 그 한 명을 포함한 복수임. 3인칭은 화제가 되고 있는 한 명 또는 그 수의 사람 또는 사물의 복수를 지칭함. ③ 시제(Tiempo): 서술함에 있어서 동사의 시간적 관계를 나타내는 형태를 의미함. ④ 법(Modo): 서술한 내용에 대해 말하는 사람의 심리적 태도를 나타내는 형태를 지칭. 인칭 변화하는 것(직설법 · 조건법 · 접속법 · 명령법)을 인칭법(Modos personales)라고 함. 비 인칭법은 실제로 심리적 태도를 타나낼 수 없기 때문에 법에서 제외됨. ⑤ 태(Voz): 동사를 나타내는 동작에 있어서 주어가 출발점인지 혹은 그것 보다 귀착점인지를 나타내는 형태를 말함. 동작이 주어에서 시작하여 전개하는 것을 나타내는 능동태(Voz activa), 주어를 향하여 전개하여옴을 나타내는 태를 수동태(Voz pasiva)라고 함.

Conjugación temática [언어] 어간활용. 어근과 어미 사이에서 어간 모음이 개입한 동사류의 활용.

Conjunción [언어] 접속사. 접속사는 문 · 절 · 단어 등의 사이에 쓰여 연결관계를 위하여 쓰여짐. 용법으로는 2개의 문 · 절 · 단어를 평등 관계로 연결하는 등위 접속사와 한쪽의 절(종속절)이 다른 쪽의 절(주절)에 종속관계를 나타내는 종속 접속사로 나누어지며, 형태상으로는 본래의 접속사(단일어)와 접속사구(합성어)로 나뉘어 짐. 접속사가 나타내는 관계로는 등위 접속사의 결합, 원인, 결과, 대립, 교차 등과 종속 접속사의 원인, 목적, 대립, 가정, 시간, 비교 등이 있음.

Conjunción adversativa [문법] 역접 접속사. 대등 접속사 (Conjunciones coordinantes)에서의 사용되는 형태; aunque, sólo que, sino que, más que, que. ※ Conjunción 참조.

Conjunción anunciativa [문법] 서술 접속사. 종속 접속사 (Conjunciones subordinantes)에서의 사용되는 형태; que. ※ Conjunción 참조.

Conjunción causal [문법] ① 원인 접속사. 대등접속사(Conjunciones co-ordinantes)에서의 사용되는 형태; que, pues que, puesto que, ya que. 예) Puesto que no quieres venir, iré a buscarte 네가 오기를 원하지 않으니 내가 너를 찾으러 갈 것이다. ② 종속접속사 (Conjunciones subor-dinantes)에서의 사용되는 형태; de que, porque, merced a que, gracias a que, como quiera que. ※ Conjunción 참조.

Conjunción comparativa [문법] 비교 접속사. 종속접속사(Conjunciones subordinantes)에서의 사용되는 형태; que, así, como, así como, según que, a la de(que), lo mismo que, del mismo modo que. 예) Esta respuesta es lo mismo que negarlo 이 대답은 거절하는 것이나 다름없다. ※ Conjunción 참조.

Conjunción compuesta [문법] 복합 형태 접속사.

Conjunción concesiva [문법] 양보 접속사. 종속접속사 (Conjunciones subordinantes)에서의 사용되는 형태. 예) aunque, por más que, a pesar de que, bien que, mal que. 예) Aunque llueve, saldré 비록 비가오더라도 떠나겠다; Por más que te hable, no me entenderás 아무리 네게 말해도, 넌 내 말을 이해하지 못할 것이다. ※ Conjunción 참조.

Conjunción condicional [문법] 조건 접속사. 종속 접속사 (Conjunciones subordinantes)에서의 사용되는 형태: con tal que, con sólo que, siempre que, caso que, ya que, dado que, a no ser que, a menos que. 예) Iré con tal que ella vaya conmigo 난 그녀가 나와 함께 간다는 조건으로 갈 것이다. ※ Conjunción 참조.

Conjunción consecutiva [문법] ① 결과 접속사. 대등 접속사 (Conjunciones coordinantes)에서의 사용되는 형태; conque, así que, así es que, de manera que, de modo que. ② 종속 접속사 (Conjunciones subordinantes)에서의 사용되는 형태: que. 예) Ayer no fui, de manera que tengo que ir hoy 어제 나는 가지 않았다. 그래서 오늘 가야 한다. ※ Conjunción 참조.

Conjunción coplativo [문법] 연결 접속사. 대등 접속사 (Conjunciones coordinantes)에서의 사용되는 형태. 예) que. ※ Conjunción 참조.

Conjunción distributiva [문법] 분배 접속사. 대등 접속사 (Conjunciones coordinantes)에서의 사용되는 형태. 예) que ~ que. ※ Conjunción 참조.

Conjunción final [문법] 목적 접속사. 종속접속사 (Conjunciones subordinantes)에서의 사용되는 형태. 예) para que, por que (= para que), a fin de que. ※ Conjunción 참조.

Conjunción simple [언어] 단순형태 접속사. 예) y(= e), o(= u), ni, pero, porque, pues, que, si, 등등.

Conjunciones coordinantes [언어] 대등 접속사. ① y(= e): '그리고'라는 뜻을 가지고 있으며, 두 단어나 어구, 문장을 연결할 때, 사용할 수 있음. 일반적으로 'y'를 사용하며, 뒤에 오는 어휘가 'i'로 시작하게 되는 경우에 발음 혼동을 회피하기 위해, 'e'를 사용함. 예) Francia e Inglaterra 프랑스와 영국. ② o(= u): '또는'이라는 선택적 의미를 가지고 있으며, 두 단어나 어구, 문장을 연결할 때 사용됨. 일반적으로 'o'를 사용하지만, 뒤에 오는 어휘가 'o'로 시작될 경우, 발음 혼동을 회피하기 위해 'u'를 사용함. 예) Uno u otro 하나 또는 다른 것. ③ pero · mas: '그러나'라는 뜻을 가지고, 역접의 의미를 가짐. 두 단어나 어구, 문장을 연결할 때 사용됨. 예) Fui a verle, pero no estaba 난 그를 보러 갔다. 그러나 그는 있지 않았다. ④ ni: '그리고 (-가) 아닌'이란 뜻을 가지고 있으며, 부정의 의미를 가지는 연속을 나타내는 접속사임. 두 단어나 어구, 문장을 연결할 때 사용됨. 예) No tengo ni sed ni hambre 난 목이 마르지도 배가 고프지도 않다. ⑤ sino: '(-가 아니고) -이다'라는 뜻을 가지고 있으며, 앞에서 부정을 한 문장이나 어구를 긍정으로 전환시키는 역할을 함. 예) No es alemán, sino austriaco 그는 독일사람이 아니고, 오스트리아 사람이다.

Conjunciones subordinantes [언어] 종속 접속사.

Conjuntivo [문법] 접속사의; 접속사절; □ 접속사. 예) Locución conjuntiva 접속사 구. Partícula conjuntiva 접속사.

Conjunto 통일성, 조화.

Conminativo [언어] 지령법의, 지령형의. 예) Valor conminativo del imperativo 명령법의 지령적 가치.

Conmutabilidad [언어] (음운·음성학 등에서 음소간의) 교환 가능성, 가환성.

Conmutable [언어] 대체 가능한 요소들.

Conmutación [언어] (음운·음성학에서 음소간의) 대치, 대체(代替).

Conmutador [언어] 연동소(連動素).

Connivencia (남의 잘못을) 눈감아주기, 묵인.

Connotación [언어·문학] 암시적 의미(暗示的 意味). 내포. ① 어떤 말이 사용될 때, 그 말이 제시하는 직접적인 특정의미 또는 사물을 일반적으로 외연(外延 denotación)이라고 하고, 어떤 말이 암시하는 의미를 암시적 의미(Connotación)이라 함. 대략, 외연이란 자신의 입을 손으로 막고도 '이것'이라고 지칭할 수 있는 것이고, 암시적 의미란 눈을 가리고도 어떤 말을 머릿속에서 생각했을 때 상기되는 것을 말함. 어떤 언어형식의 암시적 의미란 결국 그 언어 형식이 어떤 외적 상황에서 사용되었는가, 즉 어떤 장면에서 어떤 사람에 의해 사용되었는가 하는 것과 관련되는 부차적 의미요소가 되는 것임. ② 단어나 어구의 중심적 의미 이상의 부가적 의미. 이 의미들은 그 단어나 어구가 지칭하는 것에 대한 사람들의 감정과 태도를 보여줌. ※ Denotación 참조.

Connotativo ① [언어] (한 단어·진술이 내포하는) 암시적 의미의, 공시적(共示的)인. ② [논리] 내포된, 내포적인.

Consecuente ① [문법] 후속 관계절 Relativo consecuente. ② [논리] 후건(後件). Proposición consecuente 귀결절.

Consecutio temporum 시제 일치.

Consecutivo ① [문법] 결과절 Proposición consecutiva. ② [철학] 연관성 Relación consecutiva.

Consonante [언어] 자음. 자음을 내기 위해서 올리는 근육이 작용함. 모음과 같이 턱을 올리는 운동을 하지만 반대로 작용하게 됨. 올리는 근육은 턱을 닫고 혀와 접촉하여 연구개음 혹은 경구개음이 남. 그래서 자음들은 가장 닫힌 소리로 구성되어 있음. 성대를 지난 공기가 성문을 통해서 밖으로 나가면 인두, 구강, 비강에서 장애를 받아서 나는 소리. 성대의 진동 유무, 조음 위치 또는 조음 방법 등에 딸서 다른 소리를 갖게 됨. □ 자음 발음: ▫/b/는 발음상 [b(ㅂ)]로 발음됨. 예) Bobo [보보] ▫/c/는 발음상 [θ(ㅆ) 또는 k(ㄲ)]로 발음됨. 모음 /a/·/o/·/u/ 앞에서는 [ㄲ]로 발음이 되며, /e/·/i/ 앞에서는 [ㅆ]로 발음이 됨. 예) Cambio [깜비오], Cebolla [쎄보야] ▫/ch/는 발음상으로만 존재하는 알파벳 [ʧ(ㅊ)]로 발음됨. 예) Sancho [산초] ▫/d/는 발음상 [d(ㄷ)]로 발음됨. 예) Doctor [독또르] ▫/f/는 발음상 [f(ㅍ)]로 발음된다. 예) Foto [포또] ▫/g/는 발음상 [x(ㅎ) 또는 g(ㄱ)]로 발음됨. 모음 /a/·/o/·/u/ 앞에서는 [g(ㄱ)]로 발음이 되며, /e/·/i/ 앞에서는 [x(ㅎ)]로 발음이 된다. 예) Gota [고따], Gente [헨떼] ▫/h/는 발음을 하지 않음. 예) Hacha [아차] ▫/j/는 발음상 [x(ㅎ)]로 발음됨. 예) Joven [호벤] ▫/k/는 발음상 [k(ㄲ)]로 발음됨. 예) Kilo [낄로] ▫/l/는 발음상 [l(ㄹ)]로 발음됨. 예) Lindo [린도] ▫/ll/는 발음상 뒤의 모음을 이중 모음화 시키는 지역도 있고, /l/발음을 연속해 두 번하는 지역도 있음. 예) Calle [까예] 또는 [깔레] ▫/n/는 발음상 [n(ㄴ)]로 발음됨. 예) Nonato [노나또] ▫/ñ/는 발음상 /n/의 음가를 유지하면서, 뒤에 오는 모음을 이중 모음화 시킴. 예) Niño [니뇨] ▫/p/는 발음상 [ㅃ]로 발음됨. 예) Posada [뽀사다] ▫/q/는 발음상 [ㄲ]로 발음됨. 예) Quién [끼엔] ▫/r/는 발음상 [ㄹ]로 발음이 되지만, 단어의 맨 첫머리에 올 때는 /rr/처럼 발음을 하며, 단어의 맨 끝에 올 때는 /rr/로 읽어도 되고 읽지 않아도 됨. 예) Curso [꾸르소], Rata [ㄹ~라따] ▫/rr/는 발음상 [r̄(ㄹ~ㄹ)]로 발음함. 예) Correo [꼬르~레오] ▫/s/는 발음상 [ㅅ]로 발음됨. 예) Sabor [사보르] ▫/t/는 발음상 [t(ㄸ)]로 발음됨. 예) Tan [딴] ▫/v/는 발음상 [b(ㅂ)]로 발음됨. 예) Vaso [바소] ▫/w/는 발음이 불가능하나, 외래어 차용어에서 [u(우)]로 발음함. 예) Sandwich [산드위츠] ▫/x/는 /c/ + /t/ 음가와 같은 발음인 [g(ㄱ) + θ(ㅆ)]로 발음됨. 예) Éxito [엑씨또] ※/x/가 [x(ㅎ)]발음 되는 경우도 있음. 예) México [메히꼬] ▫/y/는 발음상 [i(ㅣ)]로 발음되는데, 뒤에 오는 모음을 이중 모음화 시키는 역할을 함. 예) Ayer [아예르] ▫/z/는 발음상 [θ(ㅆ)]로 발음됨. 예) Jazmín [하쓰민]

Consonante compuesta [언어] 복합 자음. 이형(二型) 자음. 자음에 있어서 그 형태가 2개로 이루어져 한 개의 자음처럼 취급되어 음절 분해가 되지 않는 형을 일컬음. 예) /ch/, /ll/, /rr/, /dr/, tr/,.. 등등

Consonante débil [언어] 약자음(弱子音).강세가 없는 음절[비 핵음절]에 있는 자음을 일컬음.

Consonante fuerte [언어] 강자음(强子音). 강세가 있는 음절[핵음절]에 있는 자음을 일컬음.

Consonántico [언어] 자음의, 자음화된.

Constante [언어] 일정한. 용어 '일정(一定)한'은 '불변의(invariante)'와 동의어로 기호론에서 하나의 관계에 의해 연결되는 또 다른 실체의 필요한 조건인 존재의 실체를 지시하는데 사용됨. 그리하여 '일정한(constante)'은 이원적(二元的)인 구조의 전제된 용어임. ※ Invariante 참조.

Constante finales [언어] 어말(語末)자음. 라틴어에서 어말자음은 /s/, /l/, /r/을 제외하고는 모두 로망스어에서 탈락되었음. 이 가운에 /r/은 어중(語中)자음으로 도치됨. 예) minus > menos; mel > miel; inter > entre 등등.

Consonantes iniciales agrupadas [언어] 어두 자음군(子音群). 라틴어 어두자음 p-; c-; f- 다음에 위치하는 치경 설측음 [l]은 통속 라틴어 후기에 들어와 이베리아 반도에서 경구개 설측음 [ʎ]로 구개음화되었을 것으로 추정됨. 그 후 중세 이전에 ㅇ미 어두 자음 p-; c-; f-가 탈락되어 경구개 설측음만 남아 오늘에 이르고 있음. 예) scribere > escribir; stabulu > establo; pluvia > lluvia 등등.

Consonantes iniciales simples [언어] 어두 단자음. 예) sucia, luna 등등.

Consonantes interiores agrupadas [언어] 중간 자음군(群). 과거의 스페인어에서 자음 /l/과 /r/앞에 오는 자음은 현대어에서 모음 사이에 오는 경우처럼 변하였음. 예) aprile > abril; sŏcru > suegro; dŭplu > doble 등등.

Consonantes interiores dobles [언어] 중간 복자음. 현대어로 오면서 거의 모두 단자음으로 바뀌었고, /ll/와 /nn/만은 각각 구개음 /ll/와 /ñ/로 바뀜. 예) bucca > boca; caballu > caballo; annu > año 등등.

Consonantes interiores simples [언어] 중간 단자음. 무성음인 경우는 같은 발음 위치에서 유성음으로 변함. 예) riparia > ribera; latu > lado 등등.

Constelación [언어] 상호 무의존(相互 無依存).

Constituyente [언어] (문장) 구성 성문. 구성 요소. 문법 구조의 단위로서

《La luz está apagada 불이 꺼졌다》 문장은 어느 특정 계층에서는 명사구(La luz)와 동사구(está apagada)의 구성요소로 구성되어 있음.

Constituyente inmediato [언어] 직접구성 성분. 문장을 직접 구성 성분을 분할하여 최소의 구성 요소에 도달할 때까지 순차적인 조작을 반복함으로써 그 문장의 통어 관계를 밝히는 것이 직접 구성성분을 통한 분석(Análisis de constituyente inmediato)임.

Constricción [언어] 협착(狹窄). 후두로부터의 공기의 난류가 생기게 하는 것과 같은 성도(聖道) 내의 좁힘을 일컬음.

Constrictivo [언어] 협착음(狹窄音). 성도(聖道)의 일부분에 좁힘, 즉 협착을 포함하는 자음. 협착을 위해 공기는 완전히 차단되지 않고, 마찰적 조음이 생기게 하면서 흐르는 것으로, 이와 같은 유형의 자음은 마찰음이라고 불리고 있음.

Construcción endocéntrica [언어] 내심구조. 구성된 구조의 형태 범주가 그것을 구성하고 있는 직접 성분 중에 어느 하나 또는 모두의 형태 범주와 동일한 구성 방식을 가진 것을 말하는 것으로 중심이 되는 핵(núcleo)과 부가어(adjuntos)로 구성됨. ※ Núcleo; Adjuntos 참조.

Construcción exocéntica [언어] 외심구조. 직접구성 성분의 어느 것과도 동일하지 않은 구성 방식을 일컬음.

Construcción perifrástica [언어] 우설법 구문.

Contable [언어] 가산(可算)의. 예) Nombre contable 가산명사. ※ Numerable 참조.

Contacto de lenguas 언어의 접촉.

Contaminación [언어] 혼성(混成). 의미의 패러다임에서 일어나는 일종의 수평화(水平化). 즉 형태나 문법적 패러다임에 관계없이, 둘 이상의 단어나 형태소들이 서로 밀접한 의미상의 관계를 맺어 같은 부류에 속한다는 조건 하에 그 단어나 형태소들의 유사한 음성형태를 갖게 되는 현상을 말함.

Contenido [언어] 내용(內容). 표현에 대조되는 것으로, 본래는 언리학(言理學)의 용어이나, 현재는 상당히 일반적으로 쓰이고 있음. 여기서 표현이란 언어의 외형면, 즉 음성이나 문자에 의해 표시되는 면을 말하는 것이며, 내용이란 언어의 의미 내용의 면을 말하는 명칭임. 이와 같은 언어의 양면성은 많은 학자에 의해서 일반적으로 인정되고 있지만, 그러나 언리학에서의 용법에서 주의해야 할 점이 2가지가 있음. 하나는, 내용과 표현은 상호 의존관계에 있으므로, 다른 한편이 없는 한쪽만은 존재할 수 없다는 점이고, 또 하나는 내용면과 표현면이

다시 각각 형식과 실체로 나누어지기 때문에, 언리학에서의 언어 분석 대상으로 형식만을 선택하는 이유는 언어를 '실체로부터 독립된 형식'이라고 간주하기 때문인데, 이 경우 형식이란 대립적이고 상대적인 의존 관계에서만 성립되는 기호 체계를 의미함. 이와 같은 견해에 입각한 언리학에서는 실체, 즉 언어 현상과 관련된 구체적 세계에서의 사물, 다시 말하면, 표현면에 있어서는 물리적인 음파나 부호, 내용면에서는 심리적 사고 현상 등을 직접적 연구대상으로부터 제외시키고 있는데, 그 이유는 이들은 언어학 본래의 영역에 속하지 않는 것이라고 판단했기 때문임.

Contexto 脈絡(맥락), 문맥, 화맥. Halliday (1961). 언어는 그 성질상 실체, 형식, 장면을 전제로 하여 성립되는데, 맥락이란 형식과 장면 사이의 관계를 말함. 즉, 추상적인 형식을 장면이라는 언어 외적 특성과 결합시키는 중간적 층위임. 이 중간적 층위를 맥락의미(脈絡意味)라고도 함. 맥락 또는 맥락의미란 특정한 문법적・어휘적 형식과 관계된 장면실체(場面實體)의 **변별적** 특성에 대하여 말하는 중간적 층위에서 보통 '의미'의 뜻으로 받아들여짐.

Contexto lingüístico [언어] 언어학 측면에서의 문맥, 맥락. 의미와 관련되는 실제 언어 사용환경의 측면.

Contexto verbal [언어] 화맥, 말의 내용.

Contextual [언어] 문맥상의, 문맥에 의한. 예) Sentido contextual 문맥상의 의미.

Contigüidad (관념, 의미 따위의) 근접관계, 인접성.

Contingente [철학] 우연한, 우발적인.

Continuo [언어] 계속음. 예) [f], [v], [s], [z].

Contoide [언어] 음성학적 자음・자음류.

Contorno [언어] 억양 곡선(= Contorno de la intonación).

Contra- [어원] 「반대」의 의미. 예) *contra*ataque 역습. *contra*decir 반론하다.

Contracción [언어] 축약(縮約), 축음(縮音). ① 전치사 + 남성 정관사의 경우. 『a + el = al』, 『de + el = del』 ② 때를 나타내는 관용 표현으로 "Cuando + 현재 또는 과거시제 동사"의 경우: Al hablar = cuando habla, cuando habló 또는 Cuando hablaba. ※ Al; Del 참조.

Contracto [문법] 축약(縮約)형이 있는. 예) Verbos contractos (그리스어의) 축약동사.

Contrario [논리] Proposición contraria 반대 명제.

Contraste [언어] (인접요소 사이의) 대조.

Contraste fonológico [언어] 음운 대비. 변별적인 음운론적 대립의 체계.

Contraste entre el presente de subjuntivo y el imperfecto de subjuntivo para transmitir la intención de influir en alguien [문법] 누군가에게 영향을 줄 의도를 전달하기 위한 접속법 현재와 과거 사이에서의 대비[비교]. ① (dijo) Que + imperfecto de subjuntivo: 우리의 말 또는 말한 것을 우리가 받아들이지 않는다 지적하면서 다른 사람에게 영향을 주려하는 의도를 전달하는 것. 예) Él te dijo que entraras, pero él ha tenido que irse 그분이 너를 들어가도록 하라 말씀하셨다. 하지만, 그분은 외출하셨다. ② (dijo) Que + presente de subjuntivo: 우리의 말을 하면서 다른 사람에게 영향을 끼칠 의도를 전달하는 것. 예) Me ha dicho que entre 그분이 나로 하여금 들어가라 말씀하셨다.

Contraste entre expresión de sentimientos con presente o con perfecto de subjuntivo [문법] 접속법 현재와 접속법 현재완료와 결합한 감정표현 사이의 대비[비교]. 접속법 현재는 일반적으로 다른 사람(들)이 나타내는 행동이나 상태에 대한 표현을 보이는 것이며, 접속법 현재 완료는 다른 사람(들)이 이미 행한 행동에 대해 나타내는 반응을 일컬음. 예) No me gusta que siempre seas impuntual 난 네가 항상 시간을 지키지 않는 다는 것을 좋아하지 않는다. Esta vez estoy indignado de que hayas llegado tarde 이번에 네가 늦게 도착했다는 것에 대해 화가 났다. ※ Expresión de sentimientos + que + presente de subjuntivo; Expresión de sentimientos + que + perfecto de subjuntivo 참조.

Contraste imperfecto [문법] 불완료형의 대비[비교]. 과거의 상황을 나타내거나, 처음과 끝을 명확히 말할 수 없는 동작의 연속적인 것을 표현할 때 불완료 과거를 사용함. 부정과거와는 상대적인 과거에 있어서의 길게 시간을 표현할 때 사용됨. 예) Ayer, como era domingo y hacía calor, me fui a la piscina 어제 일요일이고, 더웠기 때문에, 나는 수영장에 갔다. ※ Pretérito imperfecto de indicativo 참조.

Contraste perfecto [문법] 완료형의 대비[비교]. 확실한 과거를 나타낼 때는 과거를 나타내는 시간부사와 함께, 부정과거(Indefinido)를 사용하며, 과거부터 계속되어 어느 시점에서 완료를 나타내거나, 과거의 경험 등을 나타낼 때는 완료형(Pretérito perfecto)를 사용함. 예) ¿Qué has hecho este fin de samana? 너는 이번 주말에 무엇을 했니? El sábado no hice nada y el domingo fui al campo 토요일에는 아무 것도 하지 않았고, 일요일에는 시골에 갔다. ※ Pretérito indefinido, de indicativo; Pretérito perfecto de indicativo 참조.

Contrastivo [언어] 대조의, 대비의. 예) Lingüística contrastiva 비교·대조언어학. Estudio contrastivo 대비연구((다른 어족에 속하는 언어끼리의 비교)).

Contratónica [언어] 부강세(副強勢).

Contrepeteria [언어·문학] 단어나 표현의 문자·음절을 바꾸어 새로운 것을 만드는 언어 유희.

Control 제어(制御).

Controlabilidad 제어가능성(制御可能性).

Convención ① (개인간의) 합의, 협정. ② 관습, 규약; 규범. ③ [철학] 임의 원칙.

Convencional ① 합의에 의한; 협정에 근거한. ② 약속으로 정한; 관례적인.

Convergencia [비유] (동일한 결과·목적으로의) 집중; (의견 따위의) 일치, 공조.

Conversión ① [논리] 환위(換位). ② 전환, 구체화.

Convertir 전환하다; 환위하다.

Coocurrencia [언어] 공기(共起)성. 복수의 언어요소가 동일한 문장 속에 나타나는 것.

Coocurente [언어] 공기(共起)성의.

Coordenación [문법] 등위(等位). 예) Conjunción de coordinación 등위 접속사.

Coordinado [언어] 등위사로 연결된. Proposición coordinada 등위절.

Coordinante [언어] 등위로 하는; 등위사(等位詞).

Copenhague, Escuela de. 코펜하겐학파. 언어학자 그룹으로서 1928년 탄생한 프라하학파에 촉발되어 덴마크의 L. 옐름슬레우가 브뢴달과 함께 코펜하겐대학의 언어학자를 중심으로 결성하였음. 34년부터 학회지 《Bulletin du CLC》를 간행하고, 39년부터 《Acta Linguistica》를 발행하였으며, 44년부터는 《코펜하겐학파논총(論叢, Travaux du CLC)》을 통해 많은 논문을 발표하였음. 언리학(言理學; glossematics)에 관계된 내용이 중심을 이루고 있음. 주도자 옐름슬레우가 죽은 뒤 학파로서의 활동이 쇠퇴하였으나 완전히 없어진 것은 아님. 저명한 학자로 H. 우루달·E.F. 요안센·K. 토비 등이 있음.

Co-pretérito [언어] 불완료 과거 ((Andrés Bello(1847) 사용)). ※ Pretérito imperfecto 참조.

Co-préterito subjuntivo común [언어] 접속법 과거((Andrés Bello(1847) 사용)). ※ Pretérito de subjuntivo 참조.

Cópula 연계사(連繫詞). 전통 문법에 있어서 주어와 소위 보어를 연결시키는 동사로서, 대표적인 연속사는 스페인어의 ser 동사와 영어의 be 동사 등임. 변형생성문법에서는 ser 동사(영어의 be 동사)만이 연계사(連繫詞)라고 불림.

Copulativo [언어·논리] (단어·절 따위의) 연결을 표시하는; 연결접속사. 예) Conjunción copulativa.

Copulativos, verbos [문법] 연결(계) 동사. 영원·지속적이거나 잠정적인 성격을 나타냄. 예) María **es** simpática 마리아는 착하다. Carlos **está** cansado 까를로스는 피곤하다.

Corchetes [인쇄] ① 꺾쇠 괄호. '[ ]' 음소를 발음할 때, 들리는 소리를 적을 때 사용하는 기호. '[ ]'사이에 그 소리를 적어 놓음. ② (괄호를 붙여서 한 행에 못 들어가는 부분을 앞·뒷줄로 보내는) 빼냄 부호. ※ Transcipción fonética 참조.

Coreano 한글, 한국어; [북한] 조선말.

Coronal [언어] 치관음(齒冠音). 혀를 평평하게 하고 윗니와 치조(齒槽) 사이에서 조음하는 하는 방법.

Coronis 코로니스.

Corpus [언어] 자료체(資料體). 자료. 한 언어의 기술(記述) 문법은, 분석되는 발화(發話)의 집합을 출발점으로 하여 만들어지는데, 이 발화의 집합이 연구의 '자료체'를 구성함. 자료체, 그 자체가 언어를 구성한다고 할 수는 없으며, 그 언어의 표본이라고 간주될 수 있을 뿐임.

Corpus Lingüísticos [언어] (말)뭉치 언어학. 뭉치언어학은 말뭉치를 기반으로 한 언어학의 한 분야로서, 1950년대 등장한 미국의 실증주의-행동주의적 구조언어학자들이 실제 언어자료를 언어학의 일차적인 설명대상으로 삼아 출발함. 그러나 실질적인 말뭉치 언어학의 출발은 1959년 더럼대학, 1960년 런던대학에서 영어 용법 조사 말뭉치(Survey of English Usage Corpus)라는 이름으로 영어의 실제 쓰임을 광범위하게 조사하기 시작한 데서부터 비롯되며, 말뭉치 연구가 본격화된 것은 브라운 대학의 프랜시스와 쿠체라가 20종류에 걸친 총 500편의 글에서 2000마디씩 뽑아 총 100만 마디의 말뭉치를 구축하고 컴퓨터를 이용하여 분석한 이후부터로 볼 수 있음.

Corrección 교정(矯正).

Correferencia [언어] 공지칭(共指稱). 동일 지시.

Correlación [언어] 상관(相關). ① 프

라그(Prague)학파의 용어. 상관의 징표라고 불리는, 어떤 특별한 음성적 자질이 있고 없음에 따라 대립하는 두 음운을 상관쌍(相關雙)이라고 하며, 동일한 상관의 징표에 의해 대립하는 모든 상관쌍을 가리켜 상관이라고 함. 예) p/f, t/θ, k/x (폐쇄음/非폐쇄음). ② 자료(corpus)의 통계적 분석에 있어서 두 지표가 있을 때, 그들의 값이 항상 같은 방향으로 변하거나, 혹은 항상 다른 방향으로 변하면, 이 둘 사이에는 상관(Correlación)이 있는 것임. ※ Corpus 참조.

Correlación¹ [문법] 상관관계. 비교 용법. □ 동등비교. ① tan + 형용사 + como ~   ~ 같은 정도 [동사는 주로 ser 와 estar] 예) Yo soy tan alto como tú 나는 너처럼 키가 그렇게 크다. 명사 + tan + 형용사 + como ~ 예) El es tan buena persona como su hermano 그는 형만큼 좋은 사람이다. ② ser tan + 형용사1 + 형용사2 1도 있고 2도 있다. 예) Susana es tan bonita como lista(=Susana es bonita y lista a la vez.) 수사나는 예쁘기도하고 현명도 하다. ③ tan + 부사 + como ~   ~ 만큼 …하다. 예) Yo corro tan rápido como tú 나는 너만큼 빨리 달린다. ④ V + tanto como ~   ~ 만큼 … 하다. 예) Yo estudio tanto como tú (estudias) 나는 너만큼 공부한다. ⑤ tanto + 명사 + como ~   ~ 와 같은 정도 (수량을 비교). 예) ¿Sabe Ud. tantos poemas como ella? 당신은 그녀만큼 시(의 수)를 많이 알고 있습니까? ⑥ S + V + tanto + A + como + B   A도 B와 같은 정도로. 예) Tengo tantas camisas como trajes 나는 셔츠도 옷과 같은 정도로 갖고 있다. ⑦ Tanto + A + como + B   A도 B도 …. 예) Me gusta tanto la carne como el pescado 나는 (육)고기도 생선도 좋아한다. ⑧ no + 직설법동사 + tan + 형용사 + que + 직설법동사 … 할 만큼 ~ 가 아니다. 예) Ese muchacho no es tan inocente que vaya a creer eso 그 소년은 그것을 믿을 만큼 철부지가 아니다. □ 우열비교. ▷불규칙적인 비교급. ① más + 형용사 + que ~ (가) 『ser (estar) + más + 형 + que ~』. 예) Hoy el agua está menos fría que ayer 오늘은 물이 어제보다 덜 차다. (나) 『명사 + más + 형용사 + que ~』. 예) Ella tiene zapatos más bonitos que Carmen 그녀는 까르멘 보다 훨씬 이쁜 구두를 가지고 있다. ② 수량 + más + 형용사 + que ~   ~ 보다(수량)만큼 많이 [적게]. 예) Es dos veces más grande que este cuarto 이 방보다 두 배 더 크다. ③ ser + más + 형용사1 + que + 형용사2 2라기 보다는 1이다. 예) Es más alto que ancho 넓다고 하기보다는 크다. ④ 동사 + más + 부사 + que ~   ~ 보다 더 (부사)하게. 예) Puedo correr más rápido que tú 너보다 더 빨리 달릴 수 있다. ⑤ 동사 + más que ~ (가) 『A + 동사 + más que + B   A는 B보다 더 많이 ~하다』. 예) Yo estudio más que tú 나는 너보다 많이 공부한다.

(나) 『A + 동사1 + más que + 동사2』. 예) Descansa más que trabaja. 일하는 것보다 휴식을 더 많이 취한다. ⑥ más + 명사 + que ~ ~보다 더 많은 …. 예) Él tiene más dinero que yo 그는 나보다 돈을 더 많이 갖고 있다. ⑦ V+ más + 명사1 + que + 명사2 2보다 1을 더욱더 (수량을 비교). 예) Hay más niños que niñas. 여자아이들보다 남자아이들이 더 많이 있다. ⑧ Es más + 형용사 + Inf. 1 + que + Inf. 2 2하는 것보다 1하는 것이 ~이다. 예) Es más fácil leer que escribir 쓰는 것보다 읽는 것이 쉽다. ⑨ 주어1 + 동사1 + 원급, pero 주어2 + 동사2 + 비교급 1은 ~이지만 2는 더 ~이다. 예) Yo soy tonto, pero tú más 나도 바보이지만 너는 더 바보이다. ⑩ más de lo + 형용사 ~ 이상으로. 예) Yo tengo más de lo suficiente 나는 아주 충분히 그것을 갖고 있습니다. ⑪ más ~ de lo que + V 생각하고 있었던 것보다 …이다. 예) La tarea era más fácil de lo que yo esperaba 일은 내가 예상하고 있었던 것 보다 쉬웠다. ⑫ más ~ de + 정관사 + que + V. 예) Hay más pan del que hace falta. 필요한 것보다 빵이 많이 있다. □ 라틴어에서 온 비교급: ▷ superior a ~ ~보다 뛰어나다. 예) Es superior a su hermano en inteligencia 그는 지성에 있어서 그의 형보다 뛰어나다. ▷ inferior a~ ~보다 열등하다. 예) Esta tela es inferior a esta otra 이 천은 이것보다 하품이다. ▷ anterior a~ ~보다 더 앞의. 예) Ese viaje fue muy anterior al que yo digo 그 여행은 지금 내가 말하는 것 보다 훨씬 이전이다. ▷ posterior a ~ ~보다 더 뒤의. 예) Viajaba en un coche posterior a aquél en que yo iba 그는 내가 탄 차보다 뒤에 있는 차로 여행하고 있었다. ▷ mayor que ~ ~보다 연상의, 더 위대한. 예) Tu hijo es mayor que el mío. 너의 아들은 내 아들보다 연상이다. ▷ menor que ~ ~보다 연하의, 더 작은 (수의 대소). 예) El número de hombres es menor que el de mujeres 남자의 수는 여자의 수보다 더 적다. ▷ antes (de) que ~ ~하기 전에. 예) María salió antes que su amiga 마리아는 친구보다 먼저 출발했다. ▷ después (de) que ~ ~한 후에. 예) Ellos entraron después que su profesor 그들은 선생님보다 나중에 들어왔다. ▷ preferir A a B B보다 A를 택하다. 예) Yo prefiero el verano al invierno 나는 겨울보다 여름을 좋아한다. □ 최상급. ① el (명) más + 형용사 + de ~ ~중에서 가장 …. 예) Es el más viejo de todos. 그는 모든 사람 중에서 최연장자이다. ② el (명) más + 형용사 + que + 동사. 예) Son los más antiguos que existen 그것들은 존재하고 있는 가장 오래된 것들입니다. ③ el que + 동사 + más (más + V) 가장 ~ 하는 것. 예) El que menos habla es el que más hace 가장 적게 말하는 사람은 가장 잘 하는 사람이다. ④ uno de los más ~ 가장 ~ 인 것 중의 하나. 예) Es uno de los sitios más famosos de Corea del Sur por su belleza natural. 자연미로 남한에서 가장 유명한 곳 중의 하나입니다. ⑤ V + más 가장 ~ 하다. 예) Juan corre más (de la clase) 후안이 (반에서) 가장 잘 달린다. Es Juan el que corre más 가장 잘 달리는 사람은 후안 입니다. ⑥ [부정어와의 비교 (최상급의 일종)] 무엇보다도, 누구보다도. 예) Lo conoce mejor que nadie (nada) 그는 누구보다도 (무엇보다도) 그것을 잘 알고 있다. ⑦ primero 우선. 예) Haga esto primero 우선 맨 먼저 이것을 하시오. ⑧ último 제일 (나중에), 최근에. 예) Vive en el último rincón de España 그는 스페인의 제일 구석에 살고있다.

Correlación² [언어] 상관 관계. 자료체(Corpus)의 통계적 분석에 있어서, 어떤 두 가지 특징의 가치의 변이가 항상 같은 방향으로 일어나는지 아니면, 다른 방향으로 일어나는지 알아보는 것과 같이, 그 두 가지 특징이 서로 결부되어 있을 경우를 일컬음. ※ Corpus 참조.

Correlación de tiempos [언어] 시제들의 상관관계(相關關係).

Correlación fonológica [언어] 음운 상관. 음들의 특성을 기술하는 자질들 사이에 가지고 있는 관계의 체계.

Correlativo 상관관계가 있는, 논리적 관계가 있는; [언어] 상관어. 상관어의 제 1항. 전자와의 상관관계 'co-rrelativo'; 후자와의 상관관계 'relativo'라고 함.

Correspondencia [논리] 논리적 관계.

Correspondencia diacrónica [언어] 통시적 대응. 문법 규칙에서 변화에 의해 이전 문법으로 유출되어진 이후 문법이 있을 때, 이 같은 두 문법들 사이의 관계.

Correspondencia fonética [언어] 음성 대응. 어떤 언어의 역사적 한 시점의 음과 그 언어의 역사에서 어느 후속 시점의 직접 자손인 음 사이의 관계.

Corte [인쇄] (문장·운문·철자의) 자르는 법, 구두법; 휴지(休止). 예) Corte de un verso 운문의 휴지.

Cortesía [언어·컴퓨터] 예의. 컴퓨터 예절(= Netiquette). 인터넷을 통한 정보 교류와 의사소통이 필수 불가결한 시대가 도래함으로써 컴퓨터 매개 커뮤니케이션(Comunicación Mediatizada por la Computadora)이란 새로운 의사소통의 담화 형태를 우리는 매일 접하고 있음. 그러나 컴퓨터 매개 커뮤니케이션은 컴퓨터를 사이에 두고 행해지는 의사소통이기에 다양한 비언어적 상황들이 연출되며 익명성이 보장되기에 대화 참여자들이 대면대화와는 다르게 인터넷에서의 예의, 즉 '네티켓(Netiquette)'이라 불리는 예의를 준수해야할 필요성을 가지게 됨.

이와 같은 경우 사용되는 용어. ※ Comunicación Mediatizada por la Computadora; Comunicación cara a cara 참조.

Covariación 공변(共變).

Crasis [언어] (그리스어에서 어미 모음과 다음 단어의 어두 모음과의) 모음 합축(合縮).

Creación analógica [언어] 유추 창조. 한 언어 안에서 이미 있던 구조적 유형을 기초로 한 새로운 유형의 창출.

Creatividad [언어] 창의성. 동물이나 벌레등의 의사소통 수단은 단순 반복적이고, 그 범위가 제한되어 있으나, 인간의 언어체계는 무한한 기호체계로 어느 문장이든지 만들어 낼 수 있는 무한한 기호체계라 할 수 있는데 이러한 개방적이고 무한한 체계가 언어의 창의성을 나타내는 것임.

Crema [언어] 분음(= diéresis). ※ Diéresis 참조.

Cricoides (후두 하단부의) 환상 연골.

Crio- [어원] 「한랭·찬」의 의미. 예) *crio*cirugía 한랭 수술. *crio*biología 한랭 생물학.

Criollo 크레올어. ((식민지 특히 서인도제도에서 지배국의 언어인 스페인어·프랑스어·영어·네덜란드어 따위를 흉내내어 만들어진 언어)).

Cripto- [어원] 「숨은·비밀의」의 뜻. 예) *Cripto*análisis 암호문 해독. *Cripto*grafía 암호법.

Criptoanálisis 암호화 분석.

Criptología 암호학, 암호(문) 연구; 비밀 문서학.

Criticismo architípico [문학] 원형비평. 원형 이론은 한편으로 보자면, 캠브리지 대학교의 비교 인류학파에서 유래한 것인데, 그 주요 저작은 J.G. Frazer의 황금의 가지(The Golden Bough, 1890~1915)임. 이 책은 전혀 상이한 문화에 속하는 전설이나 의식에 반복적으로 나타난다고 보는 신화와 의식의 기본적 정형을 추적하고 있음. 다른 한편으로 보자면, 융(C.G. Jung)의 심층 심리학에서 온 것인데, 그는 인류 선조의 생활 속에 나타나는 반복적 경험 유형의 '원시적 이미지(Imagen primordial)' 및 심리적 잔유물에 원형(Architipo)이란 말을 적용하고 있음.

Criticismo externo [문학] 외재비평(外在批評). 객관적인 비평을 일컬음.

Criticismo interno [문학] 내재비평(內在批評). 비평자가 비평받는 사람의 입장에 서서 하는 일종의 주관 비평으로서, 인상 비평이나 감상 비평이 모두 이 종류에 속함.

Criticismo nuevo [문학] 신비평(新批評). 20세기에 미국에서 시작된 비평의 한 방법 및 그 일파를 가리킴. 처음에는 주로 시의 비평에 이 방법을 사용하였음. 작품 그 자체의 객관적 분석을 지향하고, 운율, 심상, 은유, 상징 등을 엄밀히 조사하여 몇 가지 요소에 의해 설명하려 하였음. 작품의 시대적 배경 등을 무시하여 작품 그 자체 의미를 탐구하는 방법.

Criticismo retorical [문학] 수사비평(修辭批評). 19세기 초, 문학의 표현이론(Teoría expresiva: 문학 작품을 무엇보다도 작자 자신의 감정과 기질과 정신적 능력의 표현으로 보는 이론)의 승리와 그 뒤를 이어 1920년대에 시작된 문학의 객관적 이론(Teoría objetiva: 문학 작품은 작자의 정신적 특성이나 독자의 반응과 무관하게, 대상 자체로서 간주되어야 한다고 보는 이론)의 수세와 함께, 문학 비평에 있어서 수사학적 고찰을 약화시키거나 때로는 아주 제거해 보리는 역할을 했었음. 그러나 1950년대 말 이후로, 작자와 독자간의 소통(Comunicación)을 포함하는 공공행위로서의 문학에 대한 관심이 강력하게 살아나면서 수사학적 비평(Criticismo retorical)의 발전을 가져오게 됨. 이 비평 양식은 문학 작품 자체에 대한 초점은 그대로 둔 채, 시나 소설에서 원래 독자를 위해서 들어가 있는 요소들을 분석하려고 함.

Cromático ① [음악] 반음계(半音階). ② [광학] 빛깔의, 빛깔에 관한.

Cronema [언어] 음장소(音長素). 말소리(보통 모음) 길이의 변별적 자질. 장단 두 음장소(Cronema) 이상의 것을 가진 언어는 찾기 힘듦. 스페인어에서는 음장의 변별 자질이 존재하지 않음.

Crónica ① 연대기, 편년지(編年誌). ② 소문, 가십. ③ (신문・라디오・텔레비전의) 기사, 시평(時評).

Crono [언어] (실현 단위로서의) 음장(音長).

Cronogénesis 시간생성(時間生成).

Cronología de la Edad Media en España [역사] 스페인의 중세 연대기. 기독교 중심의 역사와 이슬람교 중심의 역사가 존재함. □ 기독교 중심의 역사: ① 아스뚜리아스(Asturias)지역을 지배한 왕들은 뻴라요(Pelayo; 718-737), 알폰소 1세(Alfonso I; 739-768), 프루엘라(Fruela; 757-768), 알폰소 2세(Alfonso II el Casto; 791-842), 라미로 1세(Ramiro I; 842-850), 알폰소 3세(Alfonso III el Magno; 866-910). ② 아스뚜리아스와 레온(León)을 지배한 왕들은 오도노 2세(Odono II; 914-924), 라미로 1세・오도노 3세・산초 1세(Ramiro I・Odono III・Sancho I; 955-958). ③ 까스띠야(Castilla)의 통일(1037). 나바로・까스띠야・레온(Navarro・Castilla・León)의 왕은 산초 3세(Sancho III; 1000-1035)이며, 이후 산초 3세의 아

들 3명이 나누어 지역을 통치함. 까스띠야의 왕은 페르난도 1세(Fernando I; 1035-1065), 나바로의 왕은 가르시아(Garcia; 1035-1054) 그리고 레온의 왕은 라미로(Ramiro; 1035-1065)였음. 페르난도 1세의 아들들이 이베리아의 여러 지역을 이끌어 갔는데, 까스띠야의 왕은 산초 2세(Sancho II; 1065-1072), 레온의 왕은 알폰소 4세(Alfonso VI; 1065-1109), 갈리시아의 왕은 가르시아(Garcia; 1065-1071), 까스띠야와 레온의 왕은 우라까(Urraca; 1109-1126), 까스띠야와 레온의 왕은 알폰소 7세(Alfonso VII; 1126-1157)이며, 그 이후에 페르난도 3세(1217-1257)와 알폰소 10세(1252-1284)가 그 뒤를 이었음. ④ 아라곤(Aragón)의 왕들은 알폰소 1세(Alfonso I; 1104-1134), 라미로 2세(Ramiro II; 1134-1137), 알폰소 2세(Alfonso II; 1162-1196), 뻬드로 2세(Pedro II; 1196-1213), 그리고 하이메 1세(Jaime I; 1213-1276)이 있음. □ 이슬람교 중심의 역사: ① 초기 아랍 대공들(Emirs; 711-756)- 타릭 벤 지야드(Tarik ben-Ziyad), 무싸 벤 누사이르(Muza ben Nusayr), 아브드 알 아지즈 벤 무싸(Abd al-Aziz ben Muza), 외 20명. ② 아랍 대공의 움마야드 지역(Ummayyad Emirante; 756-929)- 아브 알 라만 1세(Abd al-Rahman I; 756-788), 히샴 1세(Hisham I; 788-888), 아브드 알 라만 2세(Abd al-Rahman II; 912-961). ③ 칼리프의 움마야드 지역(Ummayyad Caliphate; 929-1030)- 아브 알 라만 3세(Abd al-Rahman III; 912-961), 알 하캄 3세(Al-Hakam II; 961-976), 히샴 2세(Hisham II; 976-1009), 꼬르도바(Cordoba)의 독재자, 알 만수르(Al-Mansur; 967-1002)와 12명의 칼리프(Caliph)들(~1030), 마지막 칼리프인 히샴 3세(Hisham III; 1027-1031). ④ 초기 아랍 토후들(Taifas; 1030-1086)- 다음의 각 지역마다 다른 왕조가 있었음: 세비야(Sevilla), 말라가(Málaga), 알헤씨라스(Algeciras), 그라나다(Granada), 까르모나(Carmona), 론다(Ronda), 모론(Morón), 아르꼬스(Arcos), 우엘바(Huelva), 니에블라(Niebla), 실바스(Silvas), 메르똘라(Mertola), 꼬르도바(Cordoba), 알바라씬(Albarracín), 바다호쓰(Badajoz), 똘레도(Toledo), 발렌씨아(Valencia), 알메리아(Almeria), 무르씨아(Murcia), 싸라고싸(Zaragoza), 또르또사(Tortosa), 데니아(Denia). ⑤ 알모라비데 왕조(Almoravids; 1086-1147): 베르베르(Berber) 왕조((사하라 사막에서 유목 생활을 하던 베르베르인의 한 갈래인 람투나 족을 중심으로 한 종교전사집단이 세운 왕조))- 유수프 벤 타슈핀(Yusuf ben Tashufin; 1061-1106), 알리 벤 유수프(Ali ben Yusuf; 1106-1143), 타슈핀 벤 알리 유수프(Tashufin ben Ali Yusuf; 1143-1145), 그리고 모로코(Marrueco)에서 넘어온 알무하히드 왕조(Almohads)에 의해 멸망할 때까지 2명의 왕이 더 있었음. ⑤ 두 번째 토후들(Taifas; 1145-1156). ⑥ 알무하히드 왕조(Almohads; 1156-1212): 또 다른 베르베르족인 알무와히드

(Almohads) 왕조로써, 무하마드 벤 투마르트(Muhammad ben Tumart; 1121-1128), 아부 무함마드 압드 알무민(Abu Muhammad Abd al-Mumin; 1128-1163), 그리고 3명의 지배자가 더 스페인에 머물렀음.

Cronotesis 시법제치(時法提置).

Cruce 혼성(混成). 예) Anglosajón(영국인) + Americano(미국인) = Angloamericano 영국계 미국인.

Cruzado 교차(분류). 예) Clasificación cruzada 교차 분류.

Cuadrangular 사각형의.

Cual [문법] □ 관계대명사 cual. 선행사의 성과 수에 일치하는 정관사와 함께 쓰여 el cual, la cual, los cuales, las cuales, lo cual 형태로 쓰이며, lo cual은 앞에 있는 문장 전체를 받음. 예) Me preguntaron por mi madre, *la cual* murió hace cinco años 나는 모친에 대해 질문을 받았는데 모친께서는 5년 전에 돌아가셨다. Los estudiantes llegaron a tiempo a la clase, *lo cual* le agradó a su profesor 학생들은 강의 시간에 제시간에 도착했는데 그것은 선생님을 기쁘게 했다. □ 접속사 cual. …처럼, 같이(como). 예) Una luz brillaba cual estrella 밝은 빛이 별처럼 빛나고 있었다. □ 관계 형용사. ① [사물의 성질을 나타내는 관계 형용사; 주로 tal과 함께] …과 같은. 예) *Cual* es Pedro, tal es Juana 뻬드로가 뻬드로이듯, 후아나는 후아나다, 결국 같다, 피장파장이다. *Cual* es el amo, tal es el criado 그 주인에 그 하인. *Cual* el padre, tal el hijo 그 아버지에 그 아들, 부전자전. ② 앞서 말한, 전술한, 위의, 상기의. 예) los cual*es* bienes 앞서 말한 재산.

Cuál [문법] □ 의문 대명사 cuál. 어떤 것, 어느 것. 예) ¿*Cuál* de las dos hermanas es más guapa? 두 자매 중 어떤 사람이 더 미녀인가? ¿*Cuál* quiere usted? 어떤 것을 원하십니까? No sé cuál es el título de la obra 어떤 것이 작품 이름인지 나는 모른다. □ 의문 형용사 cuál. 어느, 어떤. 예) ¿*Cuál* camino es más corto? 어느 길이 더 짧습니까? □ 의문 부사 Cuál : 어떻게(cómo). 예) ¡*Cuál* se verán los felices? 행복한 사람들은 어떻게 하고 있을까?

Cualidad [언어] 음질(音質). 예) Cualidad de un sonido 음질.

Cualquier [문법] □ 형용사로 사용될 때((복수 형태는 Cualesquier)): [명사 앞 또는 뒤에서 cualquier] 어느 것이라도 좋은, 누구라도 괜찮은. 예) cualquier día 언젠가, 어느 날인가. llamar a un médico cualquier 아무라도 좋으니 의사를 부르다.

Cualquiera [문법] □ 대명사로 사용될 때((복수 형태는 Cualesquiera)): 어떤 것이라도, 누구라도. 예) Cualquiera de las dos mujeres 두 여인 중 누구라도. Cualquiera puede hacer eso 누구나 그것을 할 수 있다.

Cuan [문법] [cuanto가 형용사나 부사 앞에서] ① 그 만큼. 예) El se tendió cuan largo era 그는 자랄 대로 다 자랐다. ② [tan과 상대적으로 쓰여] …과 같은 정도[분량]으로. 예) *tan* piadoso … *cuan* poderoso 마음이 자비로우시고 … 또 힘도 그만 하시니.

Cuán [문법] [cuánto가 형용사나 부사 앞에서] 얼마나, 어떻게. 예) ¡*Cuán* feliz soy! 내가 얼마나 행복한지! ¡*Cuán* rápido! 참 빠르군!

Cuando [문법] ((관계 부사)) cuando. ① …할 때. 예) Ven cuando quieras 네가 편할 때 오너라. ② …면. 예) *Cuando* usted venga, se lo diré 당신이 오면 말씀드리겠습니다. ③ 그 때. 예) Llegué a casa, cuando era ya de noche 내가 집에 도착한 그 때는 이미 밤이었다. ④ …이라면, 하는 것을 보니. 예) *Cuando* lo dices, verdad será 네가 말하는 것을 보니 사실일 것이다. ⑤ …일지라도(aunque). 예) cuando le fuera en ello la vida 설령 그의 생명이 그것에 달려 있다고 하더라도. ⑥ [apenas, no bien 등과 함께] …하자마자. 예) cuando la gente se reunió 사람들이 모이자마자. ☐ [설명 용법] …할 때. 예) A las diez, cuando la reunión ya había terminado, volvimos a casa 일곱 시에는 모임이 끝나 우리들은 귀가했다.

Cuándo [문법] ((의문 부사)) cuándo. 언제. 예) ¿Desde cuándo? 언제부터. ¿Hasta cuándo? 언제까지. ¿Hacia cuándo? 언제쯤? ¿*Cuándo* volverás? 너는 언제 돌아오느냐? Me preguntaron cuando se celebraría la boda 결혼식은 언제냐고 사람들이 나에게 물었다. ¿Para cuando piensas llegar a Corea? (늦어도) 언제까지 한국에 도착할 생각이냐?

Cuantificador ① [언어] 양화사 ((명사의 수량을 나타내는 한정사)). ② [논리] 양기호(量記號).

Cuantitativo [언어] 수량 형용사(부사).

Cuanto, ta [문법] ☐ 관계 부사 cuanto. …하는 모든(todo … que). 예) Le di cuanto dinero tengo 나는 가진 돈을 모두 그에게 주었다. Recuerdo a mi madre *cuantas* veces paso por esta calle 나는 이 거리를 지날 때는 언제나 어머니 생각이 난다. Quiero castigar a todos cuantos escuderos mentirosos hay en el mundo 나는 세상에 있는 모든 거짓말을 밥먹듯이 하는 종자들을 벌하고 싶다. ② [tanto 와 함께, 접속사적으로] …과 같은 정도의. 예) *Cuanta* alegría ella lleva *tanta* tristeza me deja 그녀는 기쁨을 가져온 만큼 나에게 슬픔도 그 만큼 크게 남겨 준다. ☐ 관계 대명사 cuanto. …하는 모든 것(todo lo que). 예) Le doy cuanto tengo (Le doy todo lo que tengo) 나는 가진 것을

모두 그에게 준다. Vengan cuantos quieren 오고 싶은 사람은 모두 오십시오. *Todos cuantos* comen aquí son españoles 이곳에서 식사는 사람은 모두가 스페인 사람이다. ☐ 관계 부사 cuanto. [형용사나 부사 앞에서는 cuan이 됨] [비교어 tanto, más, menos 등과 함께 쓰여] …하면 할수록, …하면 그 만큼 더. 예) *Tanto* vales cuanto tienes (속담) 돈을 가진 만큼 사람들이 우러러 본다.

Cuánto, ta [문법] 의문 형용사 cuánto, -ta. 몇 개의, 얼마만큼의, 얼마나. 예) ¿*Cuánto* dinero necesitas? 돈이 얼마나 필요합니까? No sé cuantos hijos tienen ellos 그들이 자식을 몇 명이나 가지고 있는 지를 나는 알지 못한다. ¡*Cuánta* gente hay en la plaza! 광장에 사람 참 많다! ☐ 의문 형용사 cuánto. 몇 사람, 몇 개. 예) ¿*Cuántos* vienen a comer? 식사하러 몇 명이나 옵니까? ¿*Cuántos* son ciento menos diez? 100 빼기 10은 몇이냐? ¿A cuátos estamos hoy? 오늘은 며칠입니까? ☐ 의문 부사 cuánto. 얼마나, 얼마만큼, 얼마. 예) ¿*Cuánto* es [vale·cues-ta]? – Son diez euros 얼마입니까? – 10 유로입니다. ¿*Cuánto* se tarda de Seúl a Busan en tren? 열차로 서울에서 부산까지는 얼마나 걸립니까? ¿*Cuánto* hay de Madrid a Barcelona? 마드리드에서 바르셀로나까지 거리가 얼마나 됩니까? ☐ 감탄 부사 cuán(to). ① 얼마나, 정말. 예) ¡*Cuánto* me alegro de verte aquí en España! 여기 스페인에서 너를 보니 정말 기쁘구나! [얼마나 기쁜 지 모르겠구나!] ¡*Cuánto* has cambiado! 너 참 많이 변했군! ② [cuánto가 형용사나 부사 앞에서] 얼마나, 어떻게. 예) ¡*Cuán* feliz soy! 내가 얼마나 행복한지! ¡*Cuán* rápido! 참 빠르군!

Cuasi-homónimo [언어] 준 동음이의어.

Cuadri- [어원] 「넷·사」의 뜻. 예) *cuadri*enio 4년간. *cuadri*látero 사변형.

Cuatri- [어원] 「넷·사」의 뜻(= cuadri-). 예) *Cuatri*duano 4년 마다의. *Cuatri*cromía 4색 인쇄.

Cuatrisílabo ① [언어] 4음절어. ② [시] 4음절의 시행.

Cubismo [문학] 큐비즘. 입체파. 대상을 여러 각도에서 추구하여 입체적으로 표현하는 예술상의 입장임. 하나의 사물에 몇 가지 영상을 주어 무질서하고 때로는 왜곡된 영화 풍의 효과를 부여하려 하였음. 의미보다도 음향이나 암시에 의해 말을 연결해 나가면서 충격을 주는 시임.

Cuchicheo 속삭이기, 속삭이는 소리; 밀담.

Cuerdas vocales [해부] 성대(聲帶). 발성기관 중 발성부.

Cuestión retorical [문학] 수사적 질문. 실제로 대답을 들으려는 것이 아니고, 화자가 당연한 것으로 생각하는 대답을 청자 스스로 보충하게 함으로써 직접적인 진술보다도 강력하게 강조하기 위하여 발하는 질문을 일컬음.

Cuidado 고상한, 품위있는. 예) Estilo cuidado 고상한 문체.

Culminativo [언어] (음성의) 정점(頂點)을 표시하는. 예) Función culminativa (강세의) 정점 표시 기능.

Culteranismo [문학] 과식주의(誇飾主義 Gongorismo). 16-17세기에 유명한 Góngora(1561-1627)를 중심으로 하는 과식있는 시풍(詩風)을 의미함.

Cultismos [언어] 교양어. 라틴어와 같은 고전어에서 직접 가져온 어휘로 대중언어가 겪었던 음성변화를 겪지 않았으며, 보통 시어와 일상어의 차이에서 구별됨. 예) 은: argento (교양어) → plata (대중어), 태양: el febo → el sol.

Cultura 문화(文化). 엄밀한 정의를 내리기가 곤란한 용어이지만, 미국의 구조언어학에서는 문화형이나, 어떤 사회의 전체문화(全體文化) 등에서 많이 쓰임. 언어학계에서 문화라는 용어가 빈번히 쓰이는 것은 언어가 문화의 일부이고, 또 문화의 모든 현상에 불가결하나 요소라는 대전제 때문임. 이 경우의 문화는 인간이 생물학적으로 태어나면서부터 갖춘 것이 아닌 인간이 어떤 사회에서 전승해 가는 모든 것을 포함함. 그것은 인간이 후천적으로 사회의 성원으로서, 즉 사회적 경험을 통해서 배워 가는, 언어, 예술, 사회, 종교, 자연의 환경에 대한 순응과 지배 등을 모두 포함하며, 언어는 그 자체가 전승되는 대상인 동시에 다른 문화현상의 전달, 전승에 있어서 가장 중요한 매개물이 됨.

Cuneiforma [언어] 쐐기문자. 라틴어에서 온 말로 쐐기 모양의 기호들을 가리킴. 일반적으로 진흙 판에 날카로운 펜으로 긁어서 표기하나 글자인데, 고대 앗시리아, 페르시아, 아나톨리아에서 쓰이던 문자체계의 기호들임.

Cursividad [언어] 반복성. 단어를 계속 붙여서 긴 문장을 만들어 내고, 여러 문장을 합쳐서 끝없이 긴 문장을 만들어 내는 성질을 일컬음. 이는 언어의 창조성(Creatividad)과도 연관됨. ※ Creatividad 참조.

【D】

D [언어] d 데 (스페인어 자모의 네 번째 문자). 스페인어의 자음 음소 /d/. 음성학적으로는 폐쇄음(oclusivo), 치음(dental), 유성음(sonoro)의 자질을 가짐(Oclusiva dental sonora 유성 폐쇄 치음). 음성학 기호로는 폐쇄음의 [d]와 마찰음(fricativo) [đ]로 나타남. 예) (a) 폐쇄음이 나타나는 경우: ① 휴지(Pausa) + d. ② n, l + d. (b) 마찰음이 나타나는 경우: ① 모음 (vocal) + d. ② 자음(n, l을 제외한) + d. ※ Oclusiva; Dental; Sonoro; Fricativo 참조.

Dactílico [문학] 강약약격(強弱弱格). 운율법에서 표준음보 중에 하나로써, 한 개의 강세 음절 다음에 두 개의 무강세 음절이 오는 것.

Dáctilo [문학] 강약약격 음보. 운문의 최소 운율을 측정하는 단위. 예) ‒‒‒ 예) 《Cántan las mózas que escárdan el líno》 (Valle Inclán) ※ Ritmo de intensidad 참조.

-dad [어원] 「형용사의 명사화」의 의미. 예) grave*dad* 진지함. terque*dad* 완고함.

Dadaísmo [문학] 다다이즘. 제 1차 세계 대전 뒤의 반항적인 예술 운동으로서, 일체의 부정으로부터 출발하여 근대 문명에 대한 반역 운동을 추진하려 한 동향임. 1916년 스위스의 취리히에서 독일의 화가인 한스 알프와 루마니아의 시인 트리스탄 짜라가 사전에서 우연히 찾아낸 "다다(Dada)"라고 하는, 어린이의 말을 가리키는 낱말의 무의미성이 마음에 들어 다다이즘이라 하기로 함.

Data 자료, 기지 사항.

Datación [언어] 초출년 표시(初出年表示).

Dativo [언어] 여격(與格); 간접 목적 대명사. ※ Caso dativo 참조.

Datos ① (작품 따위의) 소재, 재료; 구상. ② [논리] 기지의 사실(조건). ③ [철학·심리] 소여(所與), 여건.

De [문법] ((전치사)) de. [정관사 el의 직전에서는 el과 결합하여 del이 된다. 예) luz *del* sol 일광(日光). 단, 'el'이 고유 명사의 일부인 경우는 제외함. 예) la capital de *El* Salvador 엘살바도르의 수도] | [한정] ① [소유] …의. 예) el libro *de* mi mujer 내 아내의 책. caraterísticas *de* la obra 작품의 특징. ¿*De* quién es esta casa? ‒ Es *de* María 이 집은 누구의 것입니까? ‒ 마리아의 것입니다. ② [성질·종류] 예) deberes *de* ciudadano 시민으로서의 의무. hombre *de* es‒

tatura mediana 중키의 남자. juego *de* niños 아이들의 놀이. libro *de* física 물리학 책. vacaciones *de* verano 여름 방학[휴가]. Ella es coreana *de* nacionalidad 그녀의 국적은 한국이다. ③ [주체·작자] 예) llegada *de*l tren 기차의 도착. "El Ingenioso Hidalgo Don Quijote de La Mancha" *de* Cervantes 세르반떼스의 라 만차 마을의 재치있는 시골 양반 끼호떼. ④ [재료, +무관사 명사] 예) vaso *de* cristal 유리잔. La casa es *de* piedra 집은 석조(石造)다. ⑤ [내용·수량] 예) saco de harina 밀가루 포대. una taza de café 커피 한 잔. ⑥ [전체의 일부] 예) uno *de* nosotros 우리들 중의 한 사람. algunos *de* los presentes 참석자들 중의 몇 명. Ella es *de* los mejores 그녀는 최상의 부류에 속한다. El es el más bajo *de* la clase 그는 학급에서 제일 작다. ⑦ [신체의 일부] 예) hombre ancho *de* hombros 가슴이 넓은 남자. mujer ancha *de* pecho 가슴이 넓은 여자. estar enfermo *de*l corazón 심장이 나쁘다. Ella me cogió *de* la mano 그녀는 내 손을 잡았다. ⑧ [시간의 한정] 예) el 5 *de* octubre *de* 1999 1999년 10월 5일. a las diez *de* la mañana 오전 10시. un día *de* hace cinco años 5년전 어느 날. trabajar de noche 야근하다, 밤에 일하다. □ [기점·원인·양태] ① [기점] …에서, …부터: ㉮ [시간] 예) *de* (las) 9 de la mañana a (las) 17 (horas) 오전 9시부터 오후 5시까지. *de* aquel entonces 그 당시부터. ㉯ [장소] 예) *de*l techo 천장에서. ir *de* Seúl a Busan 서울에서 부산까지. ② [출신·출생지] 예) carta *de* un amigo mío 내 친구한테서 온 편지. ¿*De* dónde eres? — Soy *de* España 어느 나라 태생이오? — 스페인 태생입니다. Esta palabra deriva *de*l latín 이 말은 라틴어에서 왔다. ③ [고유명사] ㉮ [기혼 부인의 성] 예) Matilde López *de* Montes 마띨데 로뻬스 데 몬떼스 ((Montes는 남편의 아버지쪽 성)). Señora *de* Mon- tes 몬떼스 부인 ((이 de는 생략할 수 있음)). ㉯ [귀족 등의 성의 앞] 예) Miguel de Cervantes Saavedra 미겔 데 세르반떼스 사아베드라. ㉰ [지명(地名) 등] 예) Golfo de México 멕시코 만. Avenida de San Antonio 산안또니오 가. Museo del Prado 쁘라도 미술관. Universidad de Salamanca 살라망까 대학교 ((단, de가 생략되는 경향이 있음; 특히 인명(人名) 앞에서. 예) Museo Sorolla 소로야 미술관. Fundación Rockefeller 록펠러 재단)). ④ [원인] …(으)로. 예) ㉮ morir *de* cáncer 암으로 죽다. morirse *de* hambre 공복으로[배고파서] 죽겠다. ㉯ [목적·이유] 예) *de* negocios 사업으로. salir *de* paseo 산책(하러) 나가다. ⑤ [수단] …(으)로. 예) vivir *de* la pensión 연금으로 살다. ⑥ [동작주(動作主)] 예) acompañado *de* su padre 아버지를 따라서. Ella es querida *de* todos 그녀는 모든 사람들로부터 사랑을 받고 있다. ⑦ [양태] 예) ㉮ *de* pequeño 어린 시절에. *de* joven 젊은 시절에. beber *de* un trago 단숨에 마시다. llevar los equipajes *de* una vez 짐을 한 번에 옮기다. ㉰ [역할, + 무관사 명사] …로. 예) trabajar *de* secretario 비서로 근무하다. *De* postre sirvieron un melón 디저트로 멜론을 내놓았다. ⑧ [주제] …에 대해서[관해서]. 예) discutir *de* la paz mundial 세계 평화에 대해서. ⑨ [방향] …(으)로 가는, …에의. 예) camino d*el* Museo de Picasso 피카소 미술관으로 가는 길. carretera *de* Valladolid 바야돌릿(으로 가는) 도로. □ [문법적 기능] ① [동작 명사의 목적어] 예) cuidado *de* un enfermo 환자의 간호. amor *de* Dios 하나님의 사랑. ② [동격] 예) el mes *de* diciembre 12월. la ciudad *de* México 멕시코시. problema *de* la democratización 민주화 문제. el bueno *de* Manuel 호인 마누엘. ③ [감탄문에서] 예) ¡Pobre *de* mi hermana! 불쌍한 내 누이! ④ [+ 동사원형] ㉮ [형용사·명사의 보어] 예) máquina *de* calcular 계산기. Yo estoy avergonzado *de* haber mentido 나는 거짓말한 것을 수치스럽게 생각하고 있다. Mi esposa tiene la costumbre *de* levantarse muy temprano 내 아내는 아주 일찍 일어나는 습관을 가지고 있다. ㉯ [독립 용법: 가정·조건] …(하)면, …(이라)면. 예) *De* oírlo se reirán mu- cho de ti 그 말을 들으면 사람들은 너를 비웃을 것이다. *De* seguir así, tendremos que reprenderte 그런 식으로 계속하면 우리는 너를 나무래야 할 것이다. *De* ser verdad lo que dices hay que hospitalizarle 네가 한 말이 사실이라면 그를 입원시켜야 할 것이다. ⑤ [부분 표시] 예) Ella prueba *de* todo 그녀는 무엇이건 먹어 본다. El podía comer *de* lo que pescaba 그는 자기가 낚시질한 것을 먹을 수 있었다. El sólo bebía *de* aquel vino 그는 그 포도주만 마셨다.

De- [어원] 「무(無)·반대」의 의미. 예) *de*volver 돌아오다, 돌아가다.

Débil ① [언어] (독일어 문법에서 활용이) 약(弱)변화의. ② (논거 따위가) 설득력이 없는, (작품 따위가) 신통치 않은.

Debilitación ① 약화, 쇠퇴. ① 완화, 부드러워 짐.

Debilitamiento ① 약화, 쇠퇴. ① 완화, 부드러워 짐.

Decadencia [문학] 퇴폐주의. (문학에서) 데카당 운동. 이 사조는 로마 제국의 후기와 비잔틴 시대의 그리스 문학과 예술이 가지고 있었던 특성에 근거를 두는 것인데, 그 당시의 문학 예술은 그 전성기를 지나 부패와 달콤한 향취 속에 빠져 들어간 한 문화나 예술의 세련미와 오묘한 아름다움을 가지고 있는 것으로 여김. 그 스타일은 고도의 인공성을 연마하고, 기괴한 제재를 즐겨 사용하며, 본능적이고 유기적 생의 풍요로움이나 비옥함을 싫어하고, 살아있는 형식 위에 고의의 옷을 입히고, 자연의 색깔 위에 화장품을 바르길 좋아하는 등 모든 감각의 체계적인 교란을 성취하기 위해 마약이나 부패행위, 성적 탈선 등에 의존함으로써 인간 경험 속의 '자연적'인 것을 위반하려고 하는 것임.

Decisión ① [논리] 결정 가능성. 예) Problema de la decisión 결정 가능성의 문제. ② [인공두뇌] 결정. 예) Teoría de la decisión 결정 두뇌. ((주어진 정보에 기초하여 최상의 선택 과정·방식에 관한 이론))

Declaración [언어] 선언. 발화됨으로서 변화를 가져오는 언어행위. 예를 들어 판사가 형량을 선고하는 행위 등.

Declarativo [언어] 발화·진술 동사(= Verbo declarativo).

Declinación [언어] 어미변화. 격변화.

Declinativo [언어] 어미변화[굴절]의.

Decreciente [언어·음악] 소리가 점점 약해지는, 점약음(漸弱音)의. 예) Diptogo decreciente 하강·약화 이중모음.

Deducción [논리] 연역(演繹). 전제(前提)들의 진(眞)으로부터 결론(Conclusión)의 진(眞)을 확정할 수 있는 논증의 한 형태. 따라서 전제는 결론을 함의(含意)하고 있음. 만일 전제가 결론의 부정(否定)과 연언적(連言的)으로 결합되면, 그 논증은 모순이 되는 것임.

Defectividad 불(不)완전성.

Defectivo [언어] 결여의, 불구의; 결여[불구] 동사(= Verbo defectivo)

Definición ① [언어] (어휘의 의미) 정의. ② [논리] 정의.

Definido 명확한, 정의된; ① [언어] Artículo definido 정관사. Pretérito definido ((고어)) 정(定)과거 (= Pretérito simple)). ② [논리] 한정개념, 정의된 개념[대상].

Definisante [언어] 정의어(定議語). 정의를 구성하는 어휘.

Deflexión [언어] 모음 교체(交替) (= alternancia vocálica).

Deglutinación [언어] 낱말의 잘못된 분해(↔ Aglutinación). ※ Aglutinación 참조.

Deíctico [언어] 지시적(指示的)인; 지시소(指示素).

Deixis [언어] 직시. 지시. 직시. 직시(deixis)는 그리스어에서 유래된 기술적인 용어로서, 발화와 관련해 가장 기본적인 것 중 하나임. 직시란 언어를 통해 '가리킨다'라는 의미를 가짐. 이런 가리킴의 목적을 달성하기 위해 사용되는 모든 언어적 형태를 직시적 표현(Expresión deítica)이라 함. 어떤 낯선 물체를 보고 '저것은 무엇인가?' 라고 물을 때, 즉각적인 문맥에서 어떤 것을 가리키기 위해 '저것(aquello)' 이라는 즉각적인 표현을 사용되는데, 이러한 것을 일컬음.

Deixis temporal [언어] 시간적 직시. 시간적 지시. 시간상에서 위치를 가리키기 위해 사용되는 형태.

Del [문법] ((전치사 de와 정관사 el과의 축약형)) la naturaleza del hombre ← la naturaleza de el hombre 인간의 본성, del águila ← de el águila 독수리의. ※ Contracción 참조.

DELE [용어] Diploma de Español como Lengua Extranjera 외국어로서 스페인어 면장(자격증). DELE 시험은 스페인 문화교육부에 의해 공인되는 스페인어 능력 시험임. 1999년부터 외국어 특기생 자격으로 인정되고 있음, 5월과 11월경에 스페인 대사관 주관으로 시행됨.

Deleción [언어] (생성문법에서의) 삭제.

Deliberativo [언어] 자문적(自問的) 표현의. 예) Forma [Construcción] deliberativa 자문형; 자문형(自問型).

Delicacia [문학] 섬세함, 미묘함. 감수성의 섬세함(Delicacia)이 없이는 시를 쓸 수 없음. 그것은 주제나 방법 등 표현에 관하여 의식적인 것을 지니는 동시에 사물로부터 시를 건져올리기 위한 최초의 정신적인 번쩍임 같은 것임.

Delimitación 범위[한정]; 경계, 경계선.

Delineario [언어] 같은 줄이 아닌.

Delocutivo [언어] 경계 표시의. 예) Función demarcativa 경계 표시 기능.

Demarcativo [언어] 경계 표시 요소; 지시사(指示辭).

Demo- [어원] 「국민」의 뜻. 예) demosofía 민속.

Demonstrativo [언어·문법] 지시사. 화자의 입장에서 화자가 어떤 실체를 언급하고 있는지를 지시하여 주는 este, esta, ese, esa, aquel, aquella, estos, estas, esos, esas, aquellos, aquellas 등의 지시 형용사나 한정사, 또는 관사류(el, la, un, una...)를 말함. 예) Tú llevas estos libros, y yo llevaré esos libros 당신은 이 책들을 가져가세요. 그리고 저는 그 책들을 가져가겠습니다.

Demostrativos, pronombres [언어, 문법] 지시 대명사. 「지시 형용사 + 명사」에서 명사부분을 생략하고, 지시 형용사에 강세부호가 붙은 것을 일컬음. □ 형태: (남성/여성)

	단수	복수
이것	éste/ésta	éstos/éstas
그것	ése/ésa	ésos/ésas
저것	aquél/aquélla	aquéllos/aquéllas

Denominación de las formas verbales [언어·문법] 동사형태의 명명. 동사 형태에 따라 에스보소(Esbozo 1973), 한림원(Academia 1931), 안드레스 베요(Andrés Bello 1847)가 각각 동사의 형태에 명명을 함. ■ 동사 amar를 변형시켰을 때 - [직설법: Indicativo] ① 현재(Amo): presente(에스보소), Presente(한림원), Presente(베요). ② 불완료과거(Amaba): Pretérito imperfecto(에스보소), Pretérito imperfecto(한림원), Copretérito(베요). ③ 부정과거(amé): Pretérito perfecto simple(에스보소), Pretérito indefinido(한림원), Pretérito(베요). ④ 미래(amaré): Futuro(에스보소), Futuro imperfecto(한림원), Futuro(베요). ⑤ 가능법(amaría): Condicional(에스보소), Potencial simple o imperfecto(한림원), Pospretérito(베요). ⑥ 현재완료(He amado): Pretérito perfecto compuesto(에스보소), Pretérito perfecto(한림원), Antepresente(베요). ⑦ 과거완료(Había amado): Pretérito pluscumaperfecto(에스보소), Pretérito pluscuamperfecto(한림원), Antecopretérito(베요). ⑧ 직전과거(Hube amado): Pretérito anterior(에스보소), Pretérito anterior(한림원), Antepretérito(베요). ⑨ 미래완료(Habré amado): Futuro perfecto(에스보소), Futuro perfecto(한림원), Antefuturo(베요). ⑩ 가능법완료(Habría amado): Condicional perfecto(에스보소), Potencial compuesto o perfecto(한림원), Antepospretérito(베요). [접속법 Subjuntivo] ① 현재(Ame): Presente(에스보소), Presente(한림원), Presente(베요). ② 과거(Amase o amara): Pretérito imperfecto(에스보소), Pretérito imperfecto(한림원), Pretérito(베요). ③ 미래(Amare): Futuro(에스보소), Futuro imperfecto(한림원), Pretérito(베요). ④ 현재완료(Haya amado): Pretérito perfecto(에스보소), Pretérito perfecto(한림원), Antepresente(베요). ⑤ 과거완료(Hubiese o hubiera amado): Pretérito pluscuamperfecto(에스보소), Pretérito pluscuamperfecto(한림원), Antepretérito(베요). ⑥ 미래완료(Hubiere amado): Futuro perfecto(에스보소), Futuro perfecto(한림원), Antepretérito(베요). [명령법 Imperativo] ① 현재(Ama): Presente(에스보소).

Denominativo [언어·문법] 명사 어근에서 파생한. 예) Palabra denominativa 명사 파생어; 명사 파생어(派生語).

Denotación [언어] 외연(外延). ① 언어 형태 속에 의미구성성분(Componente semántico)으로 부호화되어 있는 실제의 측면들. ② 어떤 말이 적용될 수 있는 모든 사물들의, 그리고 오직 그 사물들만의 집합. 단어나 구를 실세계나 가상세계의 현상에 연결시켜 주는 의미부분. 의미체계에서 외연적 의미는 어휘 항목의 '중심적' 혹은 '핵심' 의미로 여겨질 수 있음.

Denotativo [언어] 외시(外示)적인; 외연(外延)적인(↔ Connotativo). 예) Función denotativa de un lenguage 언어의 외연적인 기능. ※ Connotativo 참조.

Denotatum [언어] 표시(의미)된 것.

Denso 치밀한, 압축된. 예) Texto denso 압축된 텍스트[문체].

Dental [언어] 치음(齒音)의. 예) Consonante dental 치(齒)자음; □ 치음. 음성학적으로 치음은 아랫 입술이나 설첨(舌尖) 혹은 설배(舌背)를 위의 앞니에 접근시킴으로서 실현되는 자음임.

Dentilabial [언어] 순치음(脣齒音)의; 순치음. 아래 입술과 위 앞니의 접촉 내지는 좁힘을 포함하는 조음의 자음임. 예) [f], [v].

Dependiente [언어] Proposición dependiente 종속절.

Deponente [언어] 이태(異態)의. ((라틴어에서 수동형으로 능동의 의미를 나타내는 동사를 가리킴)); 이태동사(= Verbo deponente).

Depreciativo [언어] 경멸적(輕蔑的)인. 예) Apellación depreciativa 경멸적인 호칭(呼稱). Sentido [Sufijo] depreciativo 경멸적인 의미[접미사].

Derivable [언어] 파생시킬 수 있는.

Derivación [언어] ① 파생(派生). 보통 어떤 단어와 기체(基體 base)와의 관계가 파생접사에 의해서 명시되는 경우, 이 단어와 기체(基體)와의 관계를 파생이라고 함. ② 도출(導出). Chomsky (1957, 1965) 등을 비롯한 소위 변형생성문법의 용어. 문법규칙을 적용하여 열(列)의 연속을 도출(導出)하는 행위 및 그 결과를 일컬음. 예를 들면, S1,…, Si, Sj,…, Sn과 그들 서열(序列)에서 임의의 k(1≦k≦n)에 관하여, Sk로부터 어떤 규칙적 방식에 의해서 Sk+1이 도출될 때, S1으로부터 Sn까지의 전체를 전개(展開)한다고 함. Chomsky(1965) 이론에서는, Sn,…, S1가 선형(線形)으로 배열된 다시 쓰기 규칙에 해당됨을 그 배열 순서대로 적용함으로써 도출된다면, 그것은 수차적 도출이라고 함. 또 Sj,…, Sn이 변형규칙의 순서를 변형순환의 원리에 따라서 적용하여 얻어진다면, 그것은 변형에 의한 도출이라고 부름. ※ Chomsky 참조.

Derivaciones de las formas verbales [언어] 동사 형태의 파생. 동사의 변화형의 규칙을 알기 위해, 그 기준을 알 수 있는 원래 형태가 존재하는데, 다음에서 그 기준이 되는 원래 형태를 확인할 수 있음. 단, 예외의 경우도 존재함을 꼭 유의할 것. ① 모든 '접속법 현재 형태'는 '직설법 현재 1인칭 단수 형태'에서 파생함. 예) Tengo(직설·현·1인칭 단수) → [접속법 현재: tenga/ tengas/ tenga/ tengamos/ tengáis/ tengan] ② '접속법 과거형태'는 '직설법 부정과거 3인칭 단수 형태'에서 파생함. 예) Hubieron(직설·과·3인칭 복수) → [접속법 과거: hubiera (hubiese)/ hubieras (hubieses)/ hubiera (hubiese)/ hubiéramos (hubiésemos)/ hubierais (hubieseis)/ hubieran (hubiesen)] ③ '가능법' 형태는 '단순 미래형'에서 파생됨. 예) [단순 미래형: Pondré/ Pondrás/ Pondrá/ Pondremos/ Pondréis/ Pondrán] → [가능법 형태: pondría/ pondrías/ pondría/ pondríamos/ pondríais/ pondrían] ④ '직설법 불완료 과거형', '현재 분사형', '과거분사형'은 '동사원형'에서 파생함. 예) Vivir(동사원형) → [직설법 불완료 과거: vivía/ vivías/ vivía/ vivíamos/ vivíais/ vivían]·[현재분사형: viviendo]·[과거분사형: vivido] ※ Cambio del verbo 참조.

Derivante [언어] 파생하는.

Derivativo [언어] 파생의. 예) Sufijo derivativo 파생 접미사.

Derrida, J. [언어학자] 쟈크 데리다. 프랑스 철학자. 알제리 엘비아르 출생. 에콜 노르말 쉬페리외르 철학과를 졸업하고 60~64년 소르본대학, 65년 이후에는 모교에서 철학을 가르쳤음. E. 후설의 현상학(現象學)을 공부하고 구조주의 방법을 철학에 도입하였음. 서양철학이 대부분 궁극적인 형이상학적 확실성이나 의미의 근원을 모색해 왔음을 비판, 어떤 확립된 철학이론을 갖는 것을 피하고 언어의 기호체계가 자의적인 것이라는 인식 아래 <해체(解體)>의 방법을 통해 언어를 분석, 철학적 테제의 기본개념을 재검토하려 하였음. 또한 차연(差延)이라는 개념을 도입, 실체(實體)와 직결된 것이라고 인식되었던 개념들이 사실은 시차적 특징에 의해서만 의미를 지니는 것이라 하여, 이를 재구성하려 했음. 저서로 《언어와 현상(1967)》 《문체와 차이(1967)》 《문자학에 대하여(1967)》 《조종(弔鐘, 1974)》 등이 있음.

Des- [어원] 「비(非)·불(不)·부정(否定)·무(無)·반대·과(過)」의 의미. 예) *des*confianza 불신(不信). *des*orden 무질서. *des*lenguado 입이 더러운.

Desagrupación [언어] 별도 표제어.

Desambigüización [언어·논리] 애매성의 제거.

Desambigüizar [언어·논리] 애매성을 제거하다.

Desaparición [언어] (음성·문자의) 탈락(= Caída).

Desaspiración [언어] (기음(氣音)의) 비(非)기음화. 예) [ph] > [p]

Descendente [언어] 하강하는, 내려가는. 예) Diptogo descendente 하강 이중 모음.

Desciframiento (발화·암호의) 해독.

Descodificación (발화·암호 따위의) 해독.

Descodificador [언어] (발화체의) 해독자, 수신자.

Descomposición [언어] 분해, 분석. ① ((음성학 측면)) 음성에 있어서 음성 연속체를 동시에 발생하는 여러 가지 특성의 층으로 분해하는 것을 일컬음. ② ((의미론측면)) 복합기호를 세부적인 원자적 개념으로 분해하는 것. ※ Segmentación 참조.

Descripción ① [언어] 기술(記述), 설명. 예) Descripción estructural (변형생성문법에서 문장의) 구조 기술. ② [문학] 묘사. 주로 소설 표현의 한 형식으로서 대상을 객관적으로 묘사하는 것을 말함. 예전에는 소설의 표현이 이야기 형식으로 되었으나, 근대에 들어 와서는 현실 추구의 방법으로서 가능한 대상을 객관적으로, 곧 있는 그대로 묘사하여 인간의 의지 이외에 존재하는 사회 또는 자연의 진실을 표현하려고 하였음.

Descripción estructural 구조 기술. 변형이 적용될 수 있는 구조의 종류를 한정하는 것. 이에 대조하여 변형에 의하여 다시 배열된 연쇄를 구조변화(Cambio estructural)라고 함. 두 문장 《Juan tiene una novela comprada 후안이 소설 한 권을 구입했다》와 《Juan tiene comprada una novela》를 연결하는 과거분사형의 이동 규칙은 다음과 같이 나타낼 수 있음.
[구조의 기술]
X-동사-명사(구절)-과거분사형
X-동사-과거분사형-명사(구절)
[구조 변화]
구조 기술이란, 어떤 종류의 연결체가 특정한 변형에 종속되는가를 기술하는 일차적 구조 분석이고, 구조 변화는 변형에 의하여 초래된 결과를 제시하는 이차적 구조 분석이라고 할 수 있음.

Descriptivismo [언어] 기술(記述)주의.

Descriptivo 기술적(記述的). 어떤 시기의 언어 구조를 기술할 때, 사적(史的)0 고려나 비교언어학적인 고찰을 거부하는 태도에 관한 용어. Descriptivo는 historical, comperativo에 대조되고, Sincrónica는 Diacrónica와 대조되는 술어임. 한편, Estructural은 역사나 비교보다는 언어구조에 초점을 두고 형태상의 대립에 의해 형성된 구조와 조직을 강조하는 데에 사용되지만, 보통 종래의 전통적 언어학과 구별해서 구조주의 언어학을 말할 때의 용어임.

Desfonologización [언어] 비음운화(非音韻化). 대립의 소실과 혹은 상관관계의 소실.

Desgramaticalización [언어] 탈문법화(脫文法化).

Desiderativo [언어] 기원(祈願)을 나타내는. 예) Verbo desiderativo 기원동사; 기원형(법).

Designación [언어·논리] 지적. 지적이란, 때때로 외연 또는 참고에 대한 동의어로 사용됨. 이 경우에 언어학적 기호와 자연세계 사이의 관계의 확립이나 존재는 표현하는, 또는 다른 두 개의 기호론적 체계에 속하는 기호들 사이와 또 다른 경우에 그것은 다른 결합적 차원을 가지거나 독특한 언어학적 수준에 속하는 두 언어학적 단위 사이에 등가를 나타내는 것으로 사용됨.

Desinencia [언어] (굴절) 어미.

Desinencial [언어] (굴절) 어미의. 예) Lengua desinencial 굴절어.

Desinencias verbales 동사 활용어미.

Deslabialización [언어] (원순모음의) 비(非)원순모음화. 예) 철자 u를 영어식 [ʌ]로 발음하는 것.

Deslabializado [언어] (순음을) 비순음화.

Desnudo (문체 따위가) 간결한, 진솔한. 예) Estilo desnudo 간결한 문체. Expresión desnuda 진솔한 표현.

Desonorización [언어] 무성음화(無聲音化).

Desonorizado [언어] 무성음화한. 예) Consonante desonorizada 무성음화한 자음.

Desplazamiento [언어] ① (언어 요소의) 이동. ② 전위. 인간의 언어는 보이지 않는 것이나, 어제의 일, 다른 곳에 일어난 일 등을 현재의 위치에서 이야기 할 수 있는 특질이 있음. 이렇게 현재의 위치에 없는 상황을 시간과 공간을 뛰어 넘어 표현 할 수 있는 것을 일컬어 전위라고 함.

Desplazamiento semático 의미(론)적 변화.

Despreciativo [언어] 경멸적(輕蔑的)인. 예) Apellación despreciativa 경멸적인 호칭(呼稱). Sentido [Sufijo] depreciativo 경멸적인 의미[접미사].

Destinador [언어] 발신자(發信者). 보내는 이. (↔ destinatario). ※ Emisor 참조.

Destinatario [언어] 수신자(受信者). 대상 청자. 목적대상으로서의 청자. 받는 이. 듣는 이.

Desviación [언어] (문체상의) 일탈(=

Desviación estilística).

Desvío 문체상의 일탈.

Det [언어] (통사론의 성분 분석에서 그 부류의 명칭을 붙일 때) 한정사를 일컫는 약자. 예) Los soldados conquistaron América del sur. 위의 문장에서 한정사(Det)은 los와 el임.

Determinado [언어] 한정된, 한정을 받은; 피한정어. 예) el Determinante y el Determinada. 한정어와 피한정어.

Determinación [언어] (한정사에 의한) 한정.

Determinantes [언어·문법] 한정사(限定詞). 소위 제한 형용사에 속하는 단어들. 관사(un, una, el, la, unos, unas, los, las), 지시형용사(este, esta, ese, esa, aquel, aquella, estos, estas, esos, esas, aquellos, aquellas), 소유형용사(mi, tu, su 등등) 등이 포함됨. 한정사로 쓰이는 경우, 이들 단어는 동일한 명사에 관해서 하나밖에 사용할 수가 없음. 변형생성문법에서는 다시 쓰기 규칙 NP → Det N에 의해서 도입된 Det의 범주 및 이에 지배되는 단어를 말함.

Deverbal [언어] 동사에서 파생된 형태; 동사에서 어미를 없애고 만든 명사.

Deverbativo [언어] 동사에서 파생된 형태; (어떤 동사에서) 파생된 동사.

Di- [어원] 「분리(分離)·비(非)」의 의미. 예) disolver 녹이다, 용해하다.

Diacrítico [언어] 철자부호. 동일 문자의 발음·의미의 차이를 나타내 주는 부호. 예) ésta 이것((지시대명사 여성형)), está ~이다((estar동사 직설법 현재 3인칭 단수)), esta 이(것, 분)의 ((지시형용사)).

Diacronía [언어] 통시태(通時態). 언어는 어느 한 시점에서 기능하는 체계로서 인식되거나[共時態], 그 변화상 내에서 분석 연구 될 수 있음[通時態]. 통시태는 언어의 연속적인 역사상의 어느 시점에서 다른 한 시점에로의 이동 과정에서 나타나는 변화에 속하는 언어 사실을 다룸. □ 통시태의 문제점: 통시태는 우선적으로 시간상에서 발생하는 변화들을 취급하고, 이를 시간 내에서 설명함. 그러나 역사적으로 확정된 역사상의 각 단계를 고려하지 않고서는 통시태의 정확한 연구란 거의 불가능함. ※ Sincronía 참조.

Diacrónica [언어] 통시적(.通時的). 언어 형상(예를 들면, 어떤 언어의 음성)을, 시대의 흐름에 따라 일정한 기간에 어떠한 변화와 발전을 해 왔는가 하는 관점에서 고찰하는 태도에 관한 용어임. 공시적(Sincrónica)와 대조됨. 언어의 통시적 연구는 이론상으로는 두 개 이상의 다른 시간의 공시적(共時的) 연구를 전제해야 비로소

가능함. ※ Sincrónica 참조.

Diafónema [언어] 유음소(類音素). 어떤 언어의 음소 조직(音素組織)을 기술할 때, 그 언어의 모든 주요 방언을 포함할 수 있는 종합형(綜合型)을 생각할 수 있는데, 이 종합형 내에서 대립을 이루는 유음소(類音素)임. 역으로 말하면, 유음소에서의 대립형이 종합형이 되는데, 각 방언은 유음소 체계를 이루는 유음소의 일부를 사용하며 반드시 전부를 사용하지 않음.

Diagrama ① 도표, 도해, 도식. ② 표, 그래프, 다이어그램.

Diagrama arbóreo [언어] 수형도. 문장 성분 구조를 도형으로 쉽게 표현하는 방법으로 문장의 통사 구조에 대해 정보를 제공함.

Dialectal [언어] 방언의, 사투리의, (지역의) 말의.

Dialectalismo [언어] 방언 특유의 어법. 예) Dialectalismo de gramática 문법상의 방언적 특수성.

Dialectalización [언어] 방언화. 사투리화. ① 표준어가 지역 언어 또는 말의 형태로 변형되는 현상. ② 사회적 특수성에 의해 나타나는 특이한 언어 또는 말에 의해 나타나는 특이한 언어. 예) Tiqueante 티코(자동차) 운전사((페루의 티코 택시를 운전하는 사람을 지칭하는 사회적인 신조형 어휘)).

Dialéctica ① [논리] 논법, 논리. ② [철학] (플라톤의) 문답법; (중세의) 형식 논리학; (칸트의) 현상학. ③ (헤겔의) 변증법.

Dialecto [언어] 방언. 변이(variación)의 사회적·공간적 실현. 특정언어의 구체적인 발화행위중 한 시대, 장소, 사회적 집단에서 나타나는 형태와 다른 시대, 장소, 사회집단에서 표출되는 형태가 동일하지 않을 때, 이를 변이(variación)이라고 일컬음. 통시적 변이(variación diacrónica)가 역사 언어학의 다양한 연구 계기를 마련하는 것과 달리, 공간적 변이(variación social)는 사회 언어학의 연구 대상이 됨. 특정한 언어 집단에서 공간적 변이는 지역 방언(dialecto regional)으로, 사회적 변이는 사회(dialecto social)로 구체화되고 있음. ※ Variación 참조.

Dialectología [언어] 방언학. 흔히 언어 지리학(Geografía lingüística)과 동의어로 간주되는 방언학은 한 언어가 갖는 공간상에서의 서로 차이 있는 여러 체계들 혹은 방언들을 비교의 방식으로 기술하고 그들의 경계를 확정지으려는 학문. 그리고 이웃하거나 동일 어족에 속하는 방언에 의존치 않고, 단독으로 개별적으로 다루는 방언의 기술을 의미함.

Diálogo [문학] 대화, 회화. 모놀로그(Monólogo 독백)의 반대가 되는 말임. 문학 작품 속에서 사람이 마주 이야기하는 것을 가리킴.

Diasistema [언어] 이중체계. 방언들 사이에 나타나는 유사성 및 차이를 밝히기 위한 두 체계의 도시를 일컬음. 이중체계는 방언간의 차이를 일련의 추상적 요소가 아닌 음운대응으로써 밝혀 줌. 이중체계에서 중요한 것은 반드시 동일 언어의 방언을 나타낼 때 쓰인다고 하는 점임.

Diátesis 소질(素質).

Diatópico [언어] 통역적(通域的)인, 지역적인.

Diccionario ① 사전. 예) Redacción del diccionario 사전 편찬. ② 총 어휘. ③ 사서(辭書). 통상 사서는 '사전'이라함. 사전이라 할 경우의 '전(典)'에, 언어를 사용할 때의 '전거(典據)'라든가 '규범(規範)'이라는 뜻이 파악된다고 할 때, '사전'과 '사서'는 그 자체가 다른 뉘앙스를 가지고 있는 것이 되지만, 전통적으로 명확한 구별은 없음.

Diccionario de autoridad (스페인) 모범사전. 1713년 스페인 왕립 언어학술원(Real Academia de la Lengua)의 설립이후, 언어 체제의 정비의 일환으로 1726년부터 1739년까지 전 6권의 사전이 발간되었음. ※ Gramática de la lengua española 참조.

Dictum ① 판결문. ② [논리] 진술.

Dicho ① 명언, 금언, 격언. ② 약속, 언약. ③ [문학] (중세의) 이야기 시, 담시(譚詩). ④ [법] 진술서.

Dientes [해부] 이(齒). 발음기관 중 발음부.

Diéresis [언어] 연속된 두 모음을 각각 발음하기. 분음(分音). 이중 모음의 분할 발음. 스페인어에서 'u' 모음 위에 [¨]기호로 표기됨. 예)rüido 소음, vergüenza 창피.

Diferenciación [언어] (언어의) 분화(分化); (인접 음성의) 이화(異化). 예) Diferenciación dialectal 방언 분화.

Difusión lexical [언어] 어휘 확산. 음성변화는 음성으로는 순간적이고 갑작스럽지만, 어휘적 측면에서는 점진적이라고 보는 가설로 비춰볼 때, 음성변화는 모든 형태소에 일제히 영향을 미치진 않음. 그러나 어휘집을 통해 단계적으로 확산되어 감.

Difuso [언어] (음의 특질이) 확산성의. 예) Vocal difusa 확산성 모음.

Diglosia [언어] (동일 지역 내의) 2개 언어의 병용.

Digrama [언어] 복합자. 2개의 철자로 한 음을 나타내는 글자. 예) ch, rr, ll, ue, ui, ua 등등의 글자.

Dilación [언어] 원격동화(遠隔同化 Asimilación a distancia).

Diminutivo [언어, 문법] 축소·지소(指小) 접미사; 지소사. 명사의 어미에 "-ico, -ito, -uelo, -illo, ín, ino, iño, ajo, ejo, ijo 등등"을 부가하면 축소어가 됨. □ 축소사에 의해 어휘의 성이 바뀌는 경우: el zapato 구두 → la zapatilla 슬리퍼, el camión → la camioneta 소형 트럭[밴].

Dinámica ① 역학, 동태학(動態學). ② [사회학] Dinámica social 사회 동태 분석. 콩트가 사용한 용어로서 사회의 변화하는 측면을 연구하는 사회학 분야.

Diptongación [언어] 이중모음화.

Diptongo [언어] 이중모음. 한 음절 속에 두 모음이 나타나는 것을 이중모음이라고 함. 일반적으로 약모음/i, u/이 강모음/a, e, o/를 만날 때, 이루어 짐. 예) f<u>ie</u>sta, p<u>ia</u>no, f<u>au</u>sa, c<u>ui</u>dado, b<u>ue</u>no, ...

Diptogo creciente [언어] 상승 이중모음. 닫힌 모음으로 시작되는 것을 말하는데, 이때 발음기관인 혀와 입천장 사이는 닫혀 있는 위치에서 점점 열린 위치를 취함. 이때 닫힌 모음은 반자음(semiconsonante)에 해당하는 음이 됨. 예) ①반자음[j] + 모음: -ie- (die n-te), -ia- (pia-no), -io- (la-bio). ②반자음[w] + 모음: -ua- (cua-tro), -ue- (bue-no), -uo- (ar-duo).

Diptogo decreciente [언어] 하강 이중 모음. 발음기관인 혀와 입천장 사이가 열려 있는 위치에서 닫혀진 위치로 옮겨지면서 열린 모음에서 닫힌 모음으로 끝나는 한 음절 안의 두 개의 모음 조합을 말함. 이때 닫힌 모음을 반모음(semivocal)이라고 함. 예) ① 모음 + 반모음[i̯]: -ai- (vai-na), -ei- (pei-na), -oi- (boi-na). ② 모음 + 반모음[u̯]: -au- (cau-sa), -eu- (Eu-ro-pa), -ou- (bou). ※ Semivocal 참조.

Diptongo homogéneo [언어] 동질 이중모음. 두 모음 모두 닫힌 모음. 예) -iu- (triun-fo), -ui- (cui-da).

Direccional [기술] (소리를) 한 방향으로만 내거나 받는.

Directo [언어] 직접(의). 예) Complemento directo 직접보어. Discurso directo 직접화법.

Dis- [어원] 「분리(分離)·비(非)」의 의미. 예) *dis*gusto 불쾌.

Disartría [의학] 구음(構音) 장애.

Discontinuo [언어] 불(不)연속의. 예) Morfema discontinuo 불연속 형태소.

Discreto [언어] 이산(離散)의. 예) Unidad discreta 이산 단위.

Discurso ① [언어] 언어 수행; 언술(言述), 담화, 담론; 화법. 예) Discurso indirecto libre 자유 간접

화법. 화용적(Pragmática) 의미를 성취하기 위한 말하기와 쓰기의 언어사용. ② [철학] 추론. ※ Pragmática 참조.

Disfasia [의학] 분전실어, 실어증, 언어장애.

Disimilación [언어] 이화・전화(轉化) 현상.

Disjunto 분리된, 별개의; [논리학] 선언지(選言肢).

Dislalia [의학] 발어(發語) 곤란 장애.

Dislexia [의학] 실독증(失讀症), 독서장애.

Disortografía [의학] (정신박약으로 인한) 철자 습득 곤란.

Disponibilidad [언어] 대기성(待機性).

Disponible [언어] (잘 사용하지 않아도 화자가 언제든지 쓸 수 있는) 대기성(待機性)의. 예) Vocabulario disponible 대기 어휘.

Disposición [문학] 배치, 배열; 정리.

Distanciamiento 차이, 격차, 상위(相違). ※ Retórica 참조.

Distensión (팽팽한 것의) 느슨해짐, 이완, 완화.

Distintivo [언어] 변별적 자질. ① 어떤 음성적 특성이 그 음성적 자질에 의해서 발화의 일부를 다른 발화와 음성 상으로뿐 아니라 의미상으로 다르게 하는 특징을 가질 때, 이 음성적 특성을 변별적이라고 함. ② 임의의 언어 요소가 다른 언어 요소로부터 구별되는 데, 필요한 음운・통사・의미상의 특징을 일컬음. 변별적 자질의 개념을 최초로 제안하나 사람은 Jakobson으로, 변별적 자질의 초기 이론은 Jakobson - Fant - Halle(1951) 및 이의 수정안은 Jakobson- Halle (1956)에서 볼 수 있음.

Distopia [문학] 반(反) 유토피아. 이 용어는 우리의 현재의 사회적, 정치적, 과학 기술적 질서의 불길한 징조를 보이는 경향이, 극에 달한 미래의 어떤 시점에서 투영되어 있는, 매우 유쾌하지 못한 상상의 세계를 그린 소설을 근래에 와서 붙인 명칭.

Distorción 왜곡(歪曲). 전송 시스템에서 두 점간의 파형(波形)이 원하지 않는 상태로 바뀌는 것.

Distribución [언어] 분포. 분포란 어느 언어 요소가 나타나는 위치를 가리키는 것으로 언어 요소는 아무 곳에서나 나타나지 않고 나타날 수 있는 일정한 자리가 있음. 어느 음소의 변이음들이 특정한 위치에서 나타날 때, 상보적 분포(Distribución complementaria)라고 함. 어느 특정한 위치에 하나의 변이음이 나타나는 것을 말하는 것이 아니라 한 음소가 가질 수 있는 모든 변이음이 나타날 수 있는 것을 자유분포(Distribución libre) 라고 함. ※ Distribución complementaria; Distribución libre 참조.

Distribución complementaria [언어] 상보적 분포. 어느 언어 요소가 아무 곳에서 나타나지 않고, 나타날 수 있는 일정한 자리가 있음. 어느 음소의 변이음들이 특정한 위치에 나타날 때를 말함. 예) /b/는 비음 뒤에서 [b]로 발음(un barco) 되고 그 밖의 음에서는 [b]로 발음(ese barco) 되는데, [b]가 나타나는 곳에는 [b]가 나타나지 않는 다는 것을 상보적 분포를 가진다고 말함. ※ Distribución 참조.

Distribución complementaria sucesiva [언어] 상보적 분포관계. 담화상 순차적으로 나타나는 것을 말함. 예) Tengo agua, tú puedes tomar el agua 난 물을 가지고 있고, 넌 그 물을 마실 수 있다.

Distribución libre [언어] 자유 분포. 어느 특정한 위치에 하나의 변이음이 나타나는 것을 말하는 것이 아니라 한 음소가 가질 수 있는 모든 변이음이 나타날 수 있다는 것을 의미함. 예) 단어의 마지막에 오는 /R/이 /r/, /r̄/와 같은 2개의 변이음이 모두 올 수 있는 경우. ※ Distribución 참조.

Distribucional [언어] 분포(상)의. 예) Análisis distribucional 분포 분석. Clase distribucional 분포상의 분류. Lingüística distribucional 분포주의 언어학.

Distribucionalismo [언어] 분포주의. 분포론.

Distributivo ① [언어] 배분의, 배분적인. 예) Adjetivo numeral 배분적 수 형용사. ② [논리] 개별적인: Concepto distributivo 개별 개념.

Disyuntivo ① [언어] 분리 접속사. ② [논리] 선언적 판단.

Divergencia (en la fonología histórica) [언어] (역사 음운론에서의) 분화. 하나의 변별적 분절음이 서로 다른 음성 문맥에서 둘 이상의 분절음으로 대치되는 것.

Divergencia (en la relación con la familia de árbol hipotético) [언어] (계통수 설에서) 분화. 하나의 동족의 초기 단계가 각각 독립된 개체들로 진화하게 되는 연결가지로 대체되어지는 분리 발전의 개시.

Divergencia primaria [언어] 일차 분화. 한 음소의 어떤 변이음들에 영향을 미치는 음성변화로서, 이 변이음들이 다른 음소와 통합되는 것임. 음 체계에 새로운 음소가 도입되지는 않음.

Divergencia primaria desde el reasignamiento [언어] 재배치로부터의 일차분화. 변화되지 않은 분절음의 음운론적 재해석을 포함하는 음운 체계의 변화.

Divergencia secundaria [언어] 이차 분화. 한 음소의 조건이 되는 변이음들에서 환경 변화의 결과로서 독립음소 즉, 음성변화로서 변이음들의 발생을 제한하는 역할을 함.

División silábica [언어] 음절의 분류(분해). ① 하나의 자음이 두개의 모음 사이에 있을 때, 자음은 뒤의 모음과 합쳐져 하나의 음절을 이룸. 예) Ca-sa; Mi-ra-ron. ② 두 자음이 두 모음 사이에 있을 때, 고려해야할 점: ⓐ '양순음(Bilabiales) 또는 순치음(Labiodentales) + 유음(Liquidas; /l/, /r/)'은 분리될 수 없음. 예) /pr/, /br/, /pl/, /bl/, /fr/, /fl/. ⓑ '연구개자음(Velares) + 유음(Liquidas; /l/, /r/)'의 경우에 분리될 수 없음. 예) /gr/, /gl/, /kr/, /kl/. ⓒ '치음(Dentales) + 진동음(Vibrantes; /r/, /rr/)'은 분리 될 수 없음. 예) /dr/, /tr/. ⓓ 기타 모음 사이에 있는 다른 자음 쌍은 분리되는데, 첫 자음은 바로 전 음절을 끝맺고, 둘째 자음은 뒤에 오는 음절의 파열 부분을 형성함. 예) In-se-pa-ra-ble, Cuen-ta, em-ple-a-dos. ③ 둘 내지 그 이상의 자음이 두 모음 사이에 있으면 다음 사항이 일어남. ⓐ 마지막 두 자음 중 하나가 유음(Liquidas)일 때, 한 군(群)을 형성함. 예) In-fla-mar, Con-tra-er. ⓑ '비음(Nasales) + 연구개마찰음(Velares-fricativa)'일 때, 두 자음은 분리 될 수 없음. 예) Cons-tru-ir, Ins-tau-rar. ④ 닫혀지지 않는 두개의 모음의 접촉은 다른 음절의 기원이 됨. 예) a-é-re-o, pe-le-ar. ⑤ 하나의 열려진 모음과 다른 닫혀진 모음 또는 그 역(逆)이 될 때, 두 모음이 이중 모음을 이룬다면 하나의 음절을 구성함. 예) ai-re, Eu-ro-pa, Bue-no. ⑥ 3중모음은 2중모음과 같이 음절을 형성하거나 음절의 일부가 됨. 예) a-so-ciais, buey. ⑦ 억양이 없는 경우 열린 모음과 억양을 갖은 닫힌 모음이 만나면 두개의 상이한 음절을 이룸. 예) ha-bí-a, pa-ís, re-ú-no.

Doble [언어] 중복·이중의. 예) Doble articulación 이중분절. Consonante doble 중복(이중) 자음.

Doblete [언어] 이중어, 쌍형어. 어원이 같은 두 개의 단어.

Dobletes etimológicos [언어] 어원적 이중어. 같은 어원을 가진 한 언어 내의 두 개의 다른 말.

Doble acentuación [언어] 이중 강세. 예) Rápidamente 빠르게((한 개의 어휘 내에 2개의 강세를 붙여야 하는 경우로서 -mente 앞의 강세와 mente [ménte] 어휘 내의 강세)). ※ Segmentabilidad 참조.

Doble articulación [언어] 이중 굴절 체계. 이중분절. 소리 단위의 구별과 단어 의미간의 구별이 이중적인 체계를 구성함. 인간의 언어를 동물의 통신 수단과 구별 시켜주는 가장 두드러지는 특징. 20~30개 내외의 소리를 조합하여 엄청난 숫자의 기호들을 생성해 낼 수 있는 것을 일컫는데, 이러한 기호를 의미 단위인 어휘(Palabra)로 분절하는 것을 1차 분절이라고 하며, 다시 더 작은 소리 단위인 음소(Fonema)로 분절하는 것을 2차 분절이라고 함. 예) [문장] Yo tengo que ir a la escuela 난 학교에 가야만 한다. [1차 분절] Yo + tengo + que + ir + a + la escuela. [2차 분절] /y/ + /o/   /t/ + /e/ + /n/ + /g/ + /o/   /k/ + /e/   /i/ + /r/   /a/   /l/ + /a/   /e/ + /s/ + /k/ + /u/ + /e/ + /l/ + /a/. ※ Fonema 참조.

Documental 참고자료가 되는; 기록[자료]에 바탕을 둔. 예) Valor documental 자료 가치.

Dominar 한정하다, 제한하다.

Donde [문법] □ 관계 부사 donde. ① 그곳에서, 그곳에, 그곳으로, …하는 곳(에). 예) Aquí fue donde nos conocimos 이곳이 우리가 처음 만났던 곳이었다. ② 곳으로(adonde). 예) Aquella es la casa donde usted va 저기가 당신이 가는 집이다. Esta es la casa en donde José Martí nació 이곳이 호세 마르띠의 생가이다. □ 관계 대명사 donde. ① [장소를 표시하는 부정 대명사] 곳, 곳에, 장소에[로]. 예) Vamos donde quieras 네가 원하는 곳으로 가자. ② [전치사적] …이 있는 곳, …의 집에. 예) Fui donde el director 나는 사장한테 갔다. Estuvimos donde Sancho 우리는 산초네 집에 있었다.

Dónde [문법] 의문 부사 dónde. (장소의 의문 부사) 어디, 어디에, 어디로. 예) ¿*Dónde* está mi paraguas? 제 우산 어디 있습니까? ¿*Dónde* estamos? 여기가 어디십니까? ¿*Dónde* vives tú? 너 어디서 살고 있니? Dime dónde la conociste 어디서 그녀를 처음 만났는지 말해 다오. ¿A dónde vas de verano 피서는 어디로 갈거니? ¿De dónde es usted? 어디서 오셨습니까? / 어디 태생이십니까? / 어느 나라 사람입니까? ¿Por dónde empezamos? (수업에서) 오늘은 어디서부터 시작합니까? ¿Por dónde se va al Museo del Prado? 쁘라도 미술관에 가려면 어디로 가면 됩니까? Yo no sabía dónde acostarme 나는 어디서 자야 할 지 몰랐다. ¿Sabe usted dónde está el teléfono público? 공중전화가 어디에 있는 지 아십니까?

-dor, ra [어원] ① 「행위자」의 뜻. 예) organiza*dor* 발기인. encubri*dor* 은닉자. ensordece*dor* 시끄럽게 떠드는 사람. labra*dor* 농부. ② 「도구」의 의미. 예) calcula*dora* 계산기. encende*dor* 라이터. lava*dora* 세탁기. tritura*dora* 분쇄기, 그라인더. ③ 「장소」의 의미. 예) come*dor* 식당. cena*dor* 정원의 암자. ④ [명사의 파생어를 만듦] agua*dor* 물장수. leña*dor* 나무꾼. viña*dor* 포도 재배자.

Dorsal [언어] 설배(舌背)의; 설배음(音).

Dorso 설배, 혓등(= Dorso de la

lengua).

Dorsoalveolar [언어] 설배치경(舌背齒莖)의; 설배치경음(音).

Dos puntos [언어] 콜론[:]. ① 편지에서 인사말 뒤나 호격에 사용. 예) Querido amigo: 사랑하는 친구에게. ② 이미 언급한 것을 예를 들어 열거하거나 설명할 때 사용. 이 콜론의 사용에서는 '즉' 또는 '다음과 같다'라고 해석해야 함. 기본 명제를 제시하고 그 부연적 설명, 원인, 이유, 결과 등을 말할 때 사용함. 예) Los ríos principios de España son cinco: Duero, Tajo, Guadiana, Guadalquivir y Ebro 스페인의 주요 강은 다음의 5개이다. 즉 두에로강, 따호강, 구아디아나 강, 과달끼비르 강, 에브로 강이다. ③ 원래의 문장을 그대로 인용할 때 사용. 예) Franklin dijo: "El tiempo es dinero." 프랭클린은 "시간은 돈이다"라고 말했다. ④ por ejemplo, verbi gracia, ahora bien, a saber, es lo siguiente 등과 같은 어구 뒤에 자주 콜론[:]을 사용함. ⑤ 콜론[:]의 뒤는 소문자로 시작하는 것이 일반적이지만, 대문자로 시작할 수도 있음.

Dos rayas [인쇄] 두 줄: "∥". 사전이나 어휘집에서 한 단어의 상이한 뜻을 분류할 때 사용함. 이 때 두 줄은 수직으로 함.

Drama [문학] 극, 극적 사건. 현대와 같이 복잡한 시대에 자기 사상을 형성하기 위해서는 여러 가지 대상과 마주 대하고 그것에 질문을 던지거나 대답을 해야 하는데, 그 물음과 대답이 극에 있어서의 기초가 되며, 그 생각하는 긴장에서 생기는 감동은 시적인 것이라 할 수 있음. 이러한 것이 극적인 것을 만들어내는 요소가 되는 것임.

Drama poética [문학] 시극(詩劇). 극작법상 대사가 운율에 의해 서술된 시 형식의 희곡. 시극은 제 3자인 관객을 위해 창작되고, 관객은 시를 통하여 일상 세계를 발견하며, 또한 재창조된 세계와 대화할 수 있다고 말할 수 있음.

Dramaturgia [문학] 극 작법; 극본 작법. 현재에는 연극론, 연출법, 연극평까지도 포함해서 말함. 아리스토탈레스의 「시학」은 연극의 본질을 논한 것으로서 가장 역사가 오랜 것이고, 비극은 사람에게 동정과 공포를 일으킴으로써 이러한 정서의 카타르시스(정화)를 행한다고 하는 정의를 나타내고 있음.

Dual [언어] 양형(兩形). 논리 체계 속에서 어떤 적형식(適形式)의 양형(兩形)은 다음과 같은 교체를 통하여 이루어짐. ① 문장 형식을 그 부정(否定)으로, ② 전칭(全稱)문장을 존재(存在) 문장으로, ③ 연언(連言)문장을 선언(選言)문장으로, ④ 선언(選言)문장을 연언(連言)문장으로 교체함.

Dualidad [언어] 이중성(二重星). 언어

의 발화는 반드시 그 속에 음소(혹은 이에 대신할 수 있는 어떤 음성단위)와 형태소의 배열을 지니고 있음. 그리고, 의미를 가진 개개의 형태소는 의미를 가지지 않은 하위 요소인 음소의 배열에 의해서 나타남. 이와 같이, 언어가 음운조직과 문법조직이라는 두 개의 형조직(型組織)으로 이루어짐을 형(型)조직의 이중성(二重星) 혹은 언어의 이중 구조라고 함. 인간 언어의 이 성질은 인간 언어를 인간 이외의 동물의 통신조직과 명확하게 구별하게 하는 가장 중요한 표지의 하나임.

Dudoso 모호한, 의심스러운, 확실치 않은. 예) Sentido dudoso de una frase 문장의 모호한 의미.

Dulce [언어] 약음(弱音), 연음(軟音). 예) Consonantes dulces 연자음(軟子音).

Duración [언어] (음파의) 길이. 지속 시간. (음파의) 길이는 소리 방출에 사용되는 시간임. 이것은 또한 음량(CANTIDAD)이라 함. 음량은 수치로 나타날 때, 절대적으로 초당 1/100로 표현되어 짐.

Durativo [언어] 계속성. 지속성. 비상태상. 지속의 관념을 그 자신이 표현하는 어휘 형태소에 대하여, '지속상'이라고 말하기도 하며, 대개 지속상 동사, 지속상 형용사라 함. 지속의 관념을 표현하지 않는, 비 계속상적 어휘 형태소에 대립됨. □ 지속성의 (= Imperfecto). 예) Aspecto durativo 지속상(持續相). ※ Imperfecto 참조.

Duro [언어] 생경한, 귀에 거슬리는. 예) Estilo duro 생경한 문체. Voz dura 귀에 거슬리는 음성.

【E】

E [언어] e 에 (스페인어 자모의 다섯 번째 문자). 스페인어의 자음 음소 /e/. 음성적으로는 중간 모음(media), 전설모음(anterior)의 자질을 가지고 있음. 발음을 할 때, 혀가 구개에서 조금 떨어져 있고, 입의 앞쪽으로 옮겨진 상태에서, 입술은 /i/보다 열린 상태에서 실현됨. ※ Media; Anterior 참조.

E- [어원] ① 「바깥」의 의미. 예) *eliminar* 추방하다. ② 「기원·출처」의 의미. 예) *emanar* 발산하다, 유출하다. *emigrar* 이주하다. ③ 「연장·확대」의 뜻. 예) *efusión* 유출. *emoción* 감동.

-e [어원] 「명사화; 동작·결과」의 의미. 예) avanc*e* 전진. combat*e* 전투. cort*e* 절단. goc*e* 즐거움.

-ear [어원] 「명사·형용사에서 파생된 동사형」의 의미. 예) fals*ear* 속이다. hum*ear* 연기가 나다. tut*ear* 말을 놓다.

Eco-¹ [어원] 「집·거주·생태·생활구역」의 의미. 예) *eco*logía 생태[환경]학. *eco*sistema 생태계.

Eco-² [어원] 「전자기파·반사음」의 의미. 예) *eco*locación 반향 정위(定位). *eco*lalia 방향 언어.

Ecolalia [신경] 반향언어(反響言語), 반향언어(증). 타인의 말을 무의식적으로 반복하는 증세.

Ecolálico [신경] 반향언어(증)의.

Economía [언어] 경제성(원칙). 예) Economía de los cambios fonéticos 음운변화의 경제성 원칙((앙드레 마르티네의 이론 및 저서명)).

Ecto- [언어] 「바깥으로·외부에」의 의미. 예) *ecto*plasma 외피 원형질.

Ecuación [심리학] (관찰상의) 개인오차, 개개인의 차, 개개인의 성향.

Edad Media en España [역사] 스페인의 중세 시대(711년~1492년). 기독교 중심의 역사와 이슬람교 중심의 역사가 존재함. ※ Cronología de la Edad Media en España 참조.

-edo, da [어원] 「명사+, 집합 명사화」의 의미. 예) robl*edo* 떡갈나무 숲. avellan*eda* 개암나무 숲. rosal*eda* 장미원.

-edor, ra [어원] ① 「-er 동사의 품질 형용사화」의 의미. 예) beb*edor* 음주의, 잘 마시는. ② 「-er 동사의

명사화. 장소」의 의미. 예) com*edor* 식당.

Educto [정보] 출력.

-eduría [언어] 「-er 동사의 명사화; 장소」의 의미. 예) expend*eduría* 매점(賣店).

Editorial periodístico 신문의 사설.

Efectivo [언어] 결과의. 예) Aspecto efectivo 결과상(結果相).

Efecto [언어] 결과; 효력, 효과; 의미효과. 예) Efecto semántico.

Efecto contextual y esfuerzo [언어] 문맥 효과와 처리 노력. 의사소통을 할 때의 발화는 관련성의 유무에 있지 않고 관련성의 정도에 있음. 그래서 발화를 하는 데 있어 청자가 관련 있는 해석을 가능하도록 하는데 드는 화자의 노력(esfurzo)과 그것에 상응하는 효과(efecto)는 관련성 정도를 정하는 중요한 기준이 됨. 이 점에 대해 Escandell Vidal은 어떤 가정의 문맥적 효과가 크면 클수록 관련성이 있고, 해석에 필요한 노력이 적으면 적을수록 관련성이 있다고 주장함. 동일한 다른 모든 조건하에 문맥효과가 더 큰 발화내용의 관련성이 더 크며, 이해처리 노력이 덜 드는 발화 내용이 더 큰 관련성을 가짐. ※ Relevancia 참조.

Efecto semántico [언어] 의미효과. 의미효과는 G. Guillaume로부터 차용한 것으로 구(句)란, 의미에 직면했을 때, 감각에 의해서 산출되는 '사실'의 인상임. 말을 바꿔하자면, 뒷받침하는 기호론적 체계와 직면했을 때임.

Eficiencia [언어] 효율성. 인간 언어의 특성 중의 하나. 인간의 언어에서는 하나의 단어가 수도 없이 많은 대상을 지칭할 수 있음. 예) Yo, Tú, Él, Ella 등등은 언어 상황에 따라 수많은 대상을 지칭할 수 있는 대명사(Pronombre)임. 언어학에서 이러한 것을 직시(Deixis)라고 함. ※ Pronombre; Deixis 참조.

Ego ① [철학] (초월적 주체로서의) 자아. ② [정신분석] 자아.

Egocéntrico [언어] 자아중심적(自我中心的). 발화에 있어서 전형적인 발화상황은 자기 중심적임. 즉, 화자는 자기를 중심으로 하여 그의 관점에 모든 것을 연관시킴. 화자는 그가 위치하는 장소와 발화의 순간에 의해 결정되는 시공(時空)적인 원점에 위치하는 것임.

Eje 축(선), 중심(대칭), 축(선).

Ejecución [언어] 언어수행(言語修行). (↔ Competencia). ※ Competencia 참조.

Ejemplares, Novelas [Exemplum] [문학] 모범소설, 교훈 예화(例話). 설교의 보편적 주제에 대한 특수한 예

화로서 이야기되는 것. 이 수법은 중세기에 성행했는데, 이 무렵에 설교자들이 사용할 수 있도록 이 교훈담이 광범위하게 수집되었음.

Elección 선택, 선정.

Elemento [언어] 요소. 예) Elementos de formación de una palabra 단어의 형성 요소.

Elemento concatenador [언어] 구문·담화 연결사(= Enlace extraoracional). 이 담화 연결사(Elemento concatenador)는 구문론적과 의미론적인 관점을 모두 포함하는 다음과 같은 두 가지의 연결역할을 함. ① 단순한 배열간의 연결. ② 지칭하는 것들 간의 연결((Gutiérrez Araus(1978) 사용)). ※ Enlace extraoracional; Relacionante supraoracional; Conector interlocutivo 참조.

Elidir [문법] (모음자 등을) 생략하다. 예) del ← de + el. Vistalegre [지명] ← Vista + Alegre. CONFIRMAR RECEPCION [텔렉스] ← confirmar + la recepción.

Elipsis [언어] 소제(消除). 생략. 표면구조에서 이해될 수 있는 하나 이상의 요소를 기저구조로부터 삭제하는 현상.

Elíptico [언어] 소제(消除)의, 생략의. 예) Construcción elíptica 생략 구문.

Elipticidad [언어] 생략체.

Elisión [언어] 생략(省略). 말의 연결에서 발음 편의상 생략되는 것. 어두(語頭)의 생략을 aferesis, 어중(語中) 생략을 síncopa, 어말(語末)의 생략을 apócope라고 함. ※ Aferesis; Síncopa; Apócope 참조.

Elocución [언어] ① 발성법(發聲法) (= Articulación); 말투. 예) Elocución lenta [rápida] 느린[빠른] 말투. ② 화술; 문체; 표현법. 예) Talento de elocución 웅변술.

-ema [어원] 「-소(素)」의 의미. 어떤 언어나 방언에서 의미 있게 다른 특정 단계의 단위를 말함. 예) fon*ema* 음소, morf*ema* 형태소.

Émico [언어] 소적(素的). Fonémico (음소적)이라는 단어의 전반을 없애고 만들어진 신조어. 음소론에서 음성을 구조적으로 그리고 기능적으로 연구하듯이, 인간 행위의 전반에 관해서 단순히 물리적, 즉 물적인 관점에서 뿐 아니라 기능을 중시하는 태도를 밀고 나아가서, 특정 사회에서 언어이외의 문화 현상을 변별적이고 기능적인 단위로 설정하려는 방법을 말함.

Emisión [언어] 발화(發話). 입을 열어 사물에 관해 말하는 행위. 특히 동일인의 임의의 길이의 담화에서, 전과 후의 침묵에 의해 구분되며 문법적으로 독립성을 가짐. 하나의 발화가 하나의 문장으로 이루어지기도 한, 둘 이상의 문장을 포함할 수도 있음. 또 발화라는 단위는 그 이상 분석을 하지 않는 대상, 즉 분석의 출발점으로 간주되기도 하는 등, 엄격한 규정을 두지 않고 사용되는 경우가 많음.

Emisor [언어] 발신자. 언어학에서 언어를 포함한 다양한 의사전달에 있어서 남에게 전달하는 의사전달의 주체를 통칭. 목적 대상을 지향해 말을 하는 발화자. 말을 하고 있지 않으며, 화자로서의 자격을 가지지 못하는 경우.

Emoción [문학] 감정, 기분, 심정, 즉 사물을 대할 때 느끼는 쾌감이나 불쾌감을 주로 한 희·노·애·락의 감정을 말함. 주관적인 의식작용으로서 생리적인 것을 포함함. 정서는 대체로 육체적 표출을 동반하고, 정조(情操)는 평상시의 마음에 깃들어 있던 감정의 풍부함이라 할 성질의 것임. 감정은 그것에 의해 야기된 마음의 움직임으로써 사람에 의해 여러 가지 차이를 찾아 볼 수 있음. 감정은 시와 같은 문학의 중요한 기초가 되지만, 이것은 인간의 자연 발생적인 주관 작용이기 때문에 복잡한 현대 상황 속에서 감정대로 노래하기란 어렵게 되었음. 옛날에는 감정의 방출이 중요시되어 정서적인 것, 언어로 표현할 때 아름다운 것, 또는 생리적으로 기분 좋은 가락 따위가 시(詩)문학의 주류였음. 그러나 오늘날에는 노래하기 보다 사고하고 감정을 논리화하고, 시각적인 이미지를 주어 가는 것이 중요시되고 있음.

Emoticono [언어·컴퓨터] 이모티콘. 컴퓨터 채팅 대화 안에서는 일상 언어에서 사용되지 않는 통신언어를 사용하는데, 이것이 일상 언어와 차이가 없는 경우도 있지만 그와는 차별되는 전형적으로 통신언어에만 나타나는 비(非)규범적인 언어가 나타나게 되는 경우도 있음. 이모티콘은 『emoción + icono』의 합성어로서 일반적으로 웃는 얼굴을 묘사하며 컴퓨터 대화방이나 핸드폰 문자대화 이용자의 감정을 표현함. ※ Comunicación Mediatizada por la Computadora; Comunicación escrita 참조.

Emparentado 비슷한, 유사한, 가까운; 관련성이 있는. 예) Elemento emparentado 관련성이 높은 요소.

Empleo [언어] 용법(用法). 예) Empleo predicativo 술어적 용법. Empleo correcto de una palabra 낱말의 올바른 용법.

Emotivo ① 정서의, 감정의. 예) Problemas emotivos 정서 장애. Reacción emotiva 감정적 반응. ② 감수성이 예민한, 감동하기 쉬운.

En [문법] ((전치사)) en. ① [장소] …안에(서), …에(서). 예) *en* el cajón 서랍 안에. *en* la estatua del oso 곰 상이 있는 곳에서. estar *en* casa 집에 있다. ② [연·월·계절 등] …에. 예) *en* enero 1월에. Nací en 1944 나는 1944년에 태어났다. ③ [분야] …에 대한. 예) doctor en filosofía 철학 박사. tener experiencia *en* diplomacia 외교관 경험이 있다. Nadie la supera *en* bondad 친절로는 아무도 그녀를 따르지 못한다. ④ [양상·상태] …로. 예) *en* voz baja 작은 소리로. aparecer *en* traje de baño 수영복 차림으로 나타나다. ⑤ [수단·방법] …로. 예) viajar *en* coche [autobús·avión·tren] 차[버스·비행기·열차]로 여행하다. explicar *en* español e inglés 스페인어와 영어로 설명하다. ⑥ [가격·수량] …로, 에. 예) comprar *en* diez euros 10유로에 사다. ⑦ [변화의 결과] 예) convertirse *en* enemigo 적으로 되다. cortar una manzana *en* dos 사과를 둘로 자르다. ⑧ [+명사·형용사, 부사화] 예) *en* especial 특히(especial- mente). *en* general 일반적으로(gene- ralmente). ⑨ [+ 동사원형] …에서, …하는 것에 있어서. 예) Tengo mucho gusto *en* conocerle a usted 귀하를 알게 되어 무척 기쁩니다, 처음 뵙겠습니다. ⑩ [소요시간] …하는데(에). 예) No tardarás *en* llegar 너는 도착하는데 시간이 걸리지 않을 것이다. ⑪ [+ 현재 분사] …하자마자. 예) *En* llegando a casa, yo me acosté 나는 집에 도착하자마자 잠자리에 들었다.

Empirismo [언어·철학] 경험설. 행동주의 심리학자들의 언어관. 17세기 영국의 유명한 철학자 로크(John Loke)는 인간의 마음 상태를 빈 캐비넷에 비유하여 지식 습득에서 후천적인 경험과 교육의 중요성을 강조하고 선천적인 천부성을 최소화했음. 이러한 배경을 가진 것을 경험주의라 일컬음. 이러한 경험론에 입각한 행동주의자들은 후천적인 언어 습관, 즉 모방·강화·반복 등의 외부적인 요소를 중요시하는 사상을 가지고 있는데, 이것이 구조주의 언어학의 연구방법론에 영향을 미쳤음. 이렇게 소쉬르가 주장한 구조주의 언어학의 연구 방법론은 한 언어 공동체에서의 모든 경험적 자료들(Corpus)을 수집하고 이들 자료를 체계적으로 분류하여 체계화하는 작업을 이루어냈음. ※ Corpus; Innatismo 참조.

En- [어원] (b, p 앞에서는 'em-' 형태로 바뀜) ① 「가운데」의 의미. 예) *en*cajonar 상자 안에 넣다. *em*botellar 병에 채워 넣다. *en*latar 깡통에 넣다. ② 「위에」의 의미. 예) *em*papelar 종이를 바르다. *em*pastar 풀을 먹이다. ③ 「+ 명사·형용사, 타동사화」의 의미. 예) *en*riquecer 풍부하게 하다.

Enálage [수사학] 전용(轉用) 어법. 품사의 전용이나 성·수·시제의 예외적 사용을 인정하는 수사법.

Encabezador ① (목록·포스터 따위의) 첫머리 문구, 표제문; (사전 따위의) 표제어. 예) Término encabezador 표제어. ② (배우가) 광고에서 큰 글씨로 이름이 씌어지기.

Encadenamiento [언어] 연음(連音). 앞 단어 끝음절의 자음을 모음으로 시작되는 뒤 단어와 이어서 휴지(休止)없이 발음하는 현상.

Enclisis [언어, 문법] 전(前)접어. 전접(前接)현상. 한 동사형태와 뒤에 오는 접어가 하나의 어휘 요소로 결합된 것을 말함. 예) Dár<u>me</u>lo. Voy a dár<u>selo</u>.

Enclítico [언어] 전접(前接)적; □ 전접어. 본래 그리스어와 라틴어 문법의 용어였으나, 영어 등에서 발음상 선행하는 직전어(直前語)의 일부로 간주되는 것을 나타냄.

Encubrimiento ① [언어] 발화자가 자신이 속하는 정치·사회적 계층을 숨기기 위해 다른 계층 언어를 사용하는 것. ② [음향] 차폐(遮蔽) 효과.

Endíadis [수사] (한 가지 뜻을 지닌 표현을 두 단어로 나누어서 하는) 수사적 표현.

Endocéntrico 내심(內心)의: Construcción endocéntrica 내심 구조.

Énfasis ① 강조. ② [수사학] 과장(법)(= hipérbole). ※ Hipérbole 참조.

Énfasis [문법] 강조. □ 주어의 강조. ① 1·2인칭 주격 대명사의 사용(사용할 필요 없음에도 사용할 때). 예) Eso no lo he dicho yo. 난 그것을 말하지 않았어. Tú puedes quedarte. 넌 남아도 좋아. ②「주어 + mismo/a」,「propio + 명사」. 예) Yo mismo lo haré. 내 자신이 그것을 하겠다. Me lo ha dicho el propio ministro. 장관 자신이 나에게 그렇게 말했다. □ 목적어의 전치·중복으로 인한 강조. 예) A ella le hablé ayer. 그녀에게는 내가 어제 말했다. □ 동사의 강조 「si + 동사」,「que + 동사」,「sí que + 동사」. 예) Esto si no lo puedo sufrir. 이것을 결코 참을 수 없다. La materia no desparece, pero si cambia de forma. 물질은 사라지지 않는다. 그러나 형태는 변한다. ¡Carajo, que me caigo! 제길, 내가 넘어진(간)다! Aquello sí que era bonito. 저것은 확실히 아름다웠다. □ 반복에 의한 술어부분 강조. 예) No te lo perdono, no. 나는 너를 절대 용서 않는다, 절대. Sigue terco que terco. 그는 완고하게 계속 고집 부리고 있다. □ 도치에 의한 강조. 예) ¡Niña querida! 사랑하는 딸아! Difícil es su situación. 그의 상황은 매우 어렵다. □ 다른 표현에 의한 강조. 예) Tengo mucha hambre. 매우 배가 고프다. → Estoy muerto de hambre. 배고파 죽을 것 같다. □ 강조어의 부가.「mismo/a + 명사」,「명사 + mismo/a」,「propio + 명사」,「puro + 명사」,「aun~」…등등. 예) Eso es pura mentira. 그것은 새빨간 거짓말이다. Aun el Presidente lo cree. 대통령까지도 그것을 믿는다.

Enfática [언어] 강조 자음; 과장성.

Enfático [언어] ① 과장된. 예) Tono [Estilo] enfático 과장된 말투[문체]. ② 강조의. 예) Transformación enfática (생성문법에서의) 강조 변환. Plural enfático 강조적 복수.

Engendrar [언어] 생성하다.

Enlace ① [언어] 연음(連音). 예) Enlace vicioso 잘못된 연음. ② 접속사, 연결사. 예) Término de enlace 연결어((접속사·전치사 따위)).

Enlace extraoracional [언어] 담화 연결사. 담화를 연결하는 단위이며, 이것은 절보다 상위 개념인 텍스트 상에서 통일성을 제시하며, 일련의 발화들을 가지고 의사소통의 구조를 만듦. 이 담화 연결사는 반복, 조응, 생략, 대치 등과 같은 연계표시의 하나로서 텍스트 상에서 문장들간의 연관성을 명시적으로 표현해줌((Gili Gaya (1961), Fuentes Rodríguez(1987) 사용)).

Enmudecimiento [언어] 무음화(無音化)

Ensordecimiento [언어] 무성음화. 유성(Sonora) 자질의 소리를 무성(Sorda) 자질의 소리로 바뀌도록 만드는 현상. ※ Sonora; Sorda 참조.

Entidad ① [철학] 본질, 실체. ② 개체(個體).

Entonación [언어] 억양. 성조. 억양 (entonación)은 문장의 주요한 특성으로 성대의 진동수의 변화에 따라 의미가 바뀔 수 있음. 억양은 문장 전체에 걸쳐 나타날 수 있는데, 만족, 경멸과 같은 한정된 정서나 심리적인 제한된 표현으로 인해 그 의미와 억양의 정도를 변화 시켜 줄 수도 있음. 어구 또는 음성군(音聲群, Grupo fónico)의 음조에서 첫째로 어구 내부에 존재하고, 국부적, 개인적, 일시적 특성을 보여줄 수 있는 음색의 변화와 음성군의 끝과 의미를 나타내는 음색의 변화를 주의해서 구별해야 함. 특히 각각의 소리를 발음할 때, 어구의 억양(entonación)을 가지고 있는 소리의 발음이 부족한 것은 덜 두드러지는데 비해 억양(entonación)이 나쁘면 발음을 거의 상실하게 됨. ※ Grupo fónico 참조.

Entonación en la frase interrogativa. [언어] 대화 문장에서의 억양. 스페인어에서는 의문 어구의 음성 음조소(音調素, tonema)가 가장 다양하게 나타남. 의문 어구는 다음과 같은 경우로 나눌 수 있음. ■ 의문 어구: 긍정문은 음성 음조소(音調素, tonema)의 방향을 바꿈으로 해서 쉽게 의문문으로 만들 수 있음. 스페인어에서는 평서문을 의문문으로 만드는 어순 전도가 매우 잦은데 그렇게 하려면 동사가 처음 어미의 위치로 이동하면 됨. □ 처음에 강 모음의 요소가 있는 의문 어구: 의문 어구가 대명사, 의문 부사, 어떤 형이든지 강모음의 요소를 가진 특수한 의문형으로 시작되면 음성 음조소(音調素, tonema)가 낮아지는 어조로 끝나게 됨. 이 같은 타입의 의문 어구는 일반적으로 올리는 어미를 사용하지 않는데, 그것은 처음 강 모음의 요소 자체가 의문문을 표시하는 역할을 하기 때문이고, 이와 같이 언어는 강 모음과 올리는 어미를 모두 사용하며 의문문임을 나타내는 반복의 경향을 피하고 있기 때문임. 다음의 예를 비교해 보면 ¿Cuándo vendrás?, ¿Dónde está?와 같이 앞에 강 모음이 오는데도 불구하고 뒤의 어미를 높여 주고 있는데 이와 같은 타입의 어구에서는 다음의 두 가지를 주의해야 함. ① 회화에서는 억양(entonación)에 영향을 줄 수 있는 상반된 정서적 힘이 존재함. 또 다른 예로 의문문인 ¿Cuánto debo?나 ¿Qué debo?는 대화자에게 예의 바르게 말할 때와 친밀하게 말할 때, 각기 다른 형태를 취하게 되는데 예의바른 방식으로 물어 볼 때는 음성 음조소(音調素, tonema)의 어조가 높아지게 되며 친밀하게 물어볼 때는 어조가 낮아짐. ② 많은 의문문이 의문에 대해 얻기를 바라는 기대를 가지고 있는 사람에 따라 어조를 변화시키는데, 말하자면 딱 잘라 긍정 또는 부정적인 대답임을 확신하고 물어 보느냐 아니면 대답에 대한 확신 없이 막연히 물어 보느냐에 따라 달라진다는 말임. 의문 어구 ¿Tienes la llave?에서 다른 사람이 열쇠를 가지고 있을지도 모른다는 의심을 가지고 물어 본다면 음성 음조소(音調素, tonema)가 올라가 끝나게 되고, 열쇠를 가지고 있는 사실을 확실히 알고 물어볼 때는 음성 음조소(音調素, tonema)가 내려가 끝나게 됨. ■ 대명사와 의문 부사는 그것 자체가 음성 그룹과 독립적인 어조로써 작용할 수 있음. 음성 음조소(音調素, tonema)는 음을 올리기도 하고, 내리기도 해서 끝마침. ■ 앞에 열거한 어구와 그것을 실현시키는 질문에 장소, 시간, 수량, 방법, 방향을 나타내는 보어가 부족하면 의문 어구의 음성 음조소(音調素, tonema)는 낮아짐. ■ 어구가 질문에 대한 보어를 가지고 있으나 그것이 잘 들리지 않거나 놀랍거나 의심스럽거나 말한 사실의 허락을 위한다는 뜻을 내포하고 있을 때는 음성 음조소(音調素, tonema)가 상승하여 끝나게 됨. ■ 확인 의문문에서의 억양(entonación). ■ 의문 어구에서 ¿no?, ¿verdad?과 같은 방법으로 긍정, 부정을 확인하는 것을 말하는 것으로 두개의 음성 그룹을 형성하는데 처음 그룹은 내려 읽기(cadencia)나 조금 내려 읽기(semicadencia)로 끝나고, 두 번째는 올려 읽기(anti-cadencia)로 끝나게 됨. ■ 명령 어구에서의 억양(entonación). 명령 어구는 어떤 명령이나 순서를 나타낼 때 이용됨. 오직 하나의 음성 그룹으로 이루어지거나, 정중한 어구인 'haga el favor', 'haz el favor', 'por favor' 등을 첨가하여 두개의 음성 그룹으로 이루어지기도 함. 위의 두 가지 중 어떤 경우라도 마지막은 내려 읽기(cadencia)로, 끝에서 두 번째 음성 집단은 반음 내려 읽기(semicadencia)로 끝남. ■ 감탄 어구에서의 억양(entonación). 감탄 어구나 호격 어구는 음조소(tonema)가 하강하여 내려 읽기(cadencia)로 끝남. 일상의 설명적인 어구들도 이와 같은 음조소(tonema)를 가짐. ※ Tonema; Cadencia; Semicadencia 참조.

Entonema [언어] 억양소(抑揚素).

Entorno [언어] 환경. 어떤 언어요소의 앞·뒤에 오는 언어 요소.

Entrevista 대담. 대화. 인터뷰.

Entropía [정보] 정보의 불확실함의 정도를 나타내는 양.

Enumeración ① [수사학] 열거(법). 예) Enumeración de las partes 부분의 열거. ② [논리] 매거법(枚擧法).

Enunciación [언어] 언표행위(言表行爲). ① 발화를 생성하는 행위(및 그 화맥[contexto]의 갖가지 차원). ② 발화를 생성하는 행위(및 화맥[Contexto]의 갖가지 차원)의 해당 발화 속에 있는 흔적. ※ Pragmática; Contexto 참조.

Enunciado [언어] 발화된 내용. 어떤 목적 대상에게 전달되는 내용과 음성을 포함한 내용. 발화된 내용은 어떤 한정된 상황에서 구체적 화자에 의해 발현되는 문장(oración)의 구체적 실현을 말한다.(Un enunciado es la realización concreta de una oración emitida por un hablante concreto en unas circunstancias determinadas.) ① 의사소통 상황에서 발화자에 의해 발현된 구체적 언어 실현. ② 담화 척도에 맞춰 화용적 이론 속에서 정의됨. ③ 담화의 단위. ④ 그 설명은 의미론적 내용과 발화시의 상황에 따라 행해짐. ⑤ 화용론적 척도에 따라, 알맞은지 알맞지 않은지, 효과적인지 비(非)효과적인지 평가함. ※ Pragmática; Oración 참조.

Enuciado constatativo [언어] 서술 발화

Enuciado realizativo [언어] 수행적 발화. Austin은 이들 가운데 특히 언표내적 행위(acto ilocutivo)에 관심을 갖고서, 이것과 언표적 행위의 구별을 중시하면서도, 모든 발화는 반드시 언표행위(acto locutivo), 언표 내적 행위(acto ilocutivo), 언향적 행위(acto perlocutivo)처럼 3가지 종류로 나누어야 함에도 불구하고, 오히려 실제의 발화는 발화가 세 가지 면을 모두 (어느 정도) 포함한다는 견해를 가짐. 언표 내적 행위의 특성을 명확히 가진 발화를 수행적 발화(enunciado realizativo)라 하고, 수행적 발화에 사용되는 동사, '서약하다', '약속하다', '명명하다' 등을 수행적 발화에 해당하는 동사임. 이들은 전형적인 수행적 발화에서는 직설법 1인칭 현재로 사용됨. ※ Pragmática; Acto ilocutivo; Acto locutivo; Acto perlocutivo 참조.

Enunciador [언어] 발화자, 서술자.

Enunciativo ① (말·문장 따위의) 언명의, 진술의, 서술의. 예) Frase enunciativa 평서문. ② 언표의, 발화의.

Epanalepsis ① [언어] (절 내에서) 명사의 대명사에 의한 반복. ② [수사학] (문장 내에서) 하나 또는 여러 낱말의 반복.

Epéntesis [언어] (어중음 語中音) 첨가. 단어 중간에 나타나는 자음군을 쉽게 발음하기 위해. 그 자음들 사이에 모음이 첨가되는 현상을 말함.

Epexégesis [언어] 동격구, 동격절.

Épica [문학] 서사시. 서정시, 극시와 더불어 시의 3대 형식 가운데 하나이며, 고대와 중세에는 대대적으로 창작되었으나 현재는 별로 많이 창작되지 않고 있음. 현실 또는 가공의 사건을 객관적으로 서술한 시이며, 사건과 이야기에 중점을 둠.

Epiceno [언어] ① 통성의((한 성으로 암·수 모두를 지시함)). ② 양성의 ((남·여 성의 형태가 같음)). 예) Bebé 아기, Artista 예술가.

Epifanía [문학] 현현(顯現). 이 말은 나타남이란 뜻임. 기독교적 사상가들에 의해서는 이 세상에 신의 존재가 나타난다는 뜻으로 사용되었음.

Epiglotis [해부] 후두개(喉頭蓋), 회염연골(會厭軟骨).

Epigrama [문학] 에피그램. 원래 그리스어로 비문(碑文)을 뜻했음. 그러나 이 의미가 확대되어 그 형식이 세련되어 신랄한 아주 짧은 시라면, 그 내용은 애정에 관한 것이든, 만가(輓歌)적이든, 명상적이든, 찬양이든, 일화이든, 풍자이든지 간에 통틀어 지칭하는 이름이 됨.

Epílogo [문학] 에필로그. 결론. 결어. 그리스어 「Epilogos 종결」에서 온 말로서 원래 연극의 마지막에 배우가 관객을 향해 인사하는 짧은 말을 가리킴. 하나의 이야기나 시가 마지막에 인상을 깊게하고 효과를 높이기 위해 전체의 끝맺음을 하는 사장(詞章)을 가리킴.

Episemema [문법] 의미소(意味素). Semema 참조.

Epistema [언어] 인식소. 지식, 인식. 무엇인가를 인식을 하는데 있어서 가장 기본이자 최소단위.

Epitesis (어말음 語末音) 첨가. 어형이 너무 짧아지게 될 우려가 있을 때에 그것을 적당한 길이로 유지하기 위하여 어말(語末)에 다른 음소를 첨가하는 경우가 있는데 이를 어말음(語末音) 첨가(添加)라 함.

Epíteto ① [언어] 형용사(形容辭). 명사구에서 명사를 수식하기 위해 쓰이는 형용사(形容辭). ② [문학] 형용사구. 이 말은 그리스어 "Epitheton"에서 온 것으로 "첨가물"을 뜻함. 비평용어로서는 어떤 인물이나 물체의 특질을 규정하기 위하여 사용되는 형용사나, 형용사구를 일컬음.

Equilibrio 평형, 균형. 예) Sentido del equilibrio 평형감각. Problemas del equilibrio 평형감각 장애.

Equiprobable (여러 개 사건이) 같은

확률인.

Equivalencia ① [언어] (해리스의 담화분석에서 문(文)과 문(文) 사이의) 동등성; (변형 생성문법에서 두 문법 사이의 생성능력의) 동치. ② [논리] (명제 사이에 형식화된 체계간의) 동치, 등치 관계.

Equivalencia acústica [언어] 청각적 일치 현상. 청취의 오류로 인해, 한 음소를 그와 유사한 자질을 가진 다른 음소로 대체시키는 현상. 즉 화자는 올바르게 발화를 했으나 청자가 잘못 들음으로써 발생하는 경우임.

Ergativo [언어] 능격(能格)의; 능격.

Eroticismo [문학] 에로티시즘. 그리스 신화의 사랑의 신 에로스가 어원이며, 남녀간의 발산되는 성의 감각적인 욕망을 일컬음. 에로티시즘은 인간의 생활 속에 넘쳐 있으며, 거기에는 자연스러운 웃음과 애정 및 흥분을 유발하는 건강한 정신이 있음. 노출적 성의 강조는 에로티시즘이 아님.

Escribiente 원고를 육필로 쓴 사람; 필자.

Escrito 쓰여진, 기술된; 표현된. 예) Lenguaje hablado y lenguaje escrito 구어와 문어. □ 문자언어(로의 표현).

Escritura (언어의) 문자. 글자.

Escritura fonética [언어] 표음 문자.

Escritural [언어] 문자의, 서체의. 예) Competencia escritural 문자 능력.

Esdrújula (palabra) [언어] 끝에서 세 번째 음절에 강세가 있는 단어. 여기에 속하는 단어들은 강세 표시를 항상 달고 있음. 예) teléfono, fábrica.

-ésimo [어원] 「서수화」의 역할. 예) mil*ésimo* 천 번째의.

Español [언어사] 스페인어. □ 로마 이전 시대: 이베리아 반도의 북쪽 피레네산맥에는 「바스크어 Vascuence」를 쓰는 「바스크족 Vascos」이 살았음. 이 민족은 어부와 농부들로 구성되어 있었으며, 독립적인 특성으로 인하여 반도의 다른 지역과는 고립된 채 살아가고 있었음. 「이베로족 Iberos」은 지중해 동쪽 지방에 거주했음. 햄족의 후손으로 추정되는 이 민족은 일찍이 아프리카 북부지역을 통하여 이곳으로 이주하였음. 이들은 사냥을 즐기며, 온화한 성품을 지녔음. 또한 이들은 고유의 문자를 소유하고 있었으며, 그 문자로 쓰여진 문헌이 보존되어 있기도 함. 중부와 북동부 지역에는 「리구르족 Ligures」 살고 있었고, 포르투갈의 남부와 안달루시아지역에는 「따르떼시오족 Tartesios」이 거주했다. 이들은 옛날부터 동양과 교역을 했고, 신비스런 문명을 창조하였으며, 문화적으로 가장 앞서 있었음. 기원전 7세기 경 유럽 전역에 거주하던 「켈트족 Celtas」이 반도로 이주해 왔음. 이들은 「갈리시아 Galicia」, 「엑스뜨레마두라 Extremadura」, 중부고원지역 등에 정착했음. 이들은 이베로 족과 혼합되어 「셀띠베로족 Celtíberos」을 형성하게 되었음. 기원전 11세기 경에는 「페니키아 Fenicios」인이 반도의 남부 해안에 식민지를 건설하였고, 이들의 목적은 단순한 교역에 불과했으나, 이들은 뛰어난 상인들로 금은 세공, 광업 등에 영향을 주었음. 페니키아인들은 글 쓰는 법과 화폐 사용법을 소개했으며 금속류를 이용하는 기술과 방직 기술을 가르쳐 주었음. 지중해 해안 가까운 곳을 택한 또 다른 종족은 문화나 상업적인 측면에서 상당히 발전한 그리스인이었음. 그리스인은 지중해 지역에 식민지를 세웠고, 종교나 정치면에서도 반도 원주민들의 지적 활동에 큰 영향을 주었음. 당시 이베리아 반도에는 언어의 통일이 없었음. 당시에는 바스크, 이베리아어, 타르타시아어, 리구르어 등이 사용되었으며, 그 후 바스크어를 제외한 모든 언어들은 라틴어로 대체되면서 소멸되었음. 이러한 로마 이전의 언어들은 가스띠야어의 음성, 어휘 등에 영향을 주었음. □ 로마시대: 기원전 3세기 경에 로마인들이 이베리아 반도를 정복하였음. 2세기 후에 반도 전체에 걸친 로마인의 통치는 완전한 반석 위에 놓여졌으며, 로마의 사상, 언어, 풍습은 전 지역에 파급되어 이전 시대의 그것과 완전히 교체되었음. 반도의 원주민들은 차차 그들의 고유 언어를 잊어가고 로마의 군인들과 식민관료들이 사용하는 「통속라틴어 Latín vulgar」를 사용하기 시작했음. 바로 그 통속 라틴어가 변화 발전하여 오늘날의 스페인어가 된 것임. 이렇게 형성된 언어는 정통 라틴어가 아니라 민중들 사이에서 공통적으로 사용되는 대중적인 언어였기 때문에, 체계화되지 않은 면이 있었고, 문장의 구성이 단순하였음. 스페인어에 도입된 예술, 종교, 과학부문에 관련된 많은 그리스어의 단어는 로마의 반도 침략 이전에 이미 라틴어화되어 그것이 반도로 넘어와 스페인어화 된 것으로, 이전 그리스가 상업 거점을 건설하고 원주민과 교역하던 시대에 유입된 것이 아님. 로마 제국은 3세기 경부터 북부 지방에 본거지를 둔 야만족에 의해 빈번한 침공을 받았고, 그로부터 2세기 후에는 전 반도가 이들에게 점령당하기도 하였으며, 계속해서 「알라노」, 「수에보」, 「반달」등과 같은 종족의 침략을 받았음. 그 후, 414년 기독교를 신봉하는 「서고트족 Visigodos」이 이베리아반도를 정복하게 되었음. 서고트족의 통치 기간 중에 모든 공공학교는 폐쇄되었고, 신학교, 수도원 등등이 번성하여, 당시 문화활동은 종교가 주도하였다고 볼 수 있음. 한때, 이베리아 반도를 정복했던, 「게르만족」의 언어는 반도의 라틴어에 별 영향을 주지 않았으며, 현재 스페인어에 있는 게르만계의 어휘는 로마인들의 반도 정복 이전에 라틴어에 도입되어 라틴어화 된 것으로 추정됨. □ 아랍통치 시대 : 북부 아프리카에 본거지를 둔 회교「아랍」인의 이베리아 반도 침략은 서기 711년에 시작되어 북부 지방의 「아스뚜리아스 Asturias」만을 제외하고 전 반도를 점령하였음. 그 후 스페인의 소수 기독교인들이 회교로 개종하였으나 대부분은 회교의 통치 하에서 종교 문화 관습을 지켰음. 신앙과 관념이 다른 이 두 종족의 공존은 인류학적, 언어학적으로 반도에 큰 영향을 미쳤음. 여러 지방에서 아랍인들은 점차 그들의 고유 언어를 버리고 스페인어를 사용하게 되면서 아랍어의 많은 어휘가 스페인어에 도입되어 스페인어화 되었으며, 따라서 스페인어의 산업, 행정에 관한 많은 전문 용어는 아랍어에서 왔음. 그러나 음성학적인 면이나 형태론적인 면에서 아랍어의 영향은 거의 없음. 아랍어로부터 약 4,000개의 단어가 스페인어에 유입되었는데, 라틴어를 제외한다면 스페인어에 가장 많은 차용어를 제공한 언어가 아랍어임. 스페인어에 미친 아랍어 영향의 주요한 원천은 안달루시아 지역의 아랍어임. 안달루시아 지역의 아랍어에는 베르베르인, 비잔틴, 시리아, 메소포타미아, 페르시아 등등과 같은 요소의 유입 등을 통하여, 외부의 여러 요소가 흡수되어 있었음. □
스페인의 독립 : 아랍족이 침공하였을 때, 남아 있던 소수의 서고트인과 회교정치를 반대하던 일부 주민들은 아스뚜리아스로 이주하여 「뻴라요」를 수반으로 한 독립국을 형성하여, 722년에 일어난 「꼬바동가 Covadonga」전투를 시초로 「영토회복전쟁 Reconquista」을 개시함. 기독교인들로 이루어진 독립군은 서서히 아랍인들을 남쪽으로 퇴각시킴. 아랍인의 퇴각과 함께 「레온 León」, 「갈리시아 Galicia」, 「나바라 Navarra」, 「까스띠야 Castilla」, 「아라곤 Aragón」 등의 왕국과 「까딸루냐 Cataluña」등이 세워짐. 회교도인들을 상대로 한 이 영토회복 전쟁은 8세기 초에 시작되어 1492년 최후의 왕국「그라나다 Granada」가 함락될 때까지 800년 가까이 걸렸고, 바로 그 해에 「까스띠야」왕국의 카톨릭 국왕부처의 지원을 받은「콜롬버스 Cristóbal Colón」가 아메리카 신대륙을 발견함. □
(현대) 스페인어 : 통속라틴어는 스페인어의 지리적 또는 역사적 상황으로 인하여 여러 형태의 언어로 발전하였음. 그 중에서 가장 중요한 세 가지 방언은 중부지방의 까스띠야어(Castillano), 동부지방의 까딸루냐어(Catalán), 서부지방의 갈리시아-포르투갈어(Gallego-Portugués)임. 영토 회복 전쟁과 함께, 「까스띠야」왕국이 영토를 확장하게 되면서 「까스띠야어」는 남쪽으로 전파 보급되었음. 반도의 대부분의 주민들이 까스띠야어를 사용하게 되어 까스띠야어가 반도에서 가장 유력한 언어로 등장하게된 것임. 신대륙 발견 이후, 스페인 사람들이 그들의 식민지였던 중남미에 전해준 언어도 까스띠야어이며, 스페인 최초의 문학 예술도 까스띠야어로 표현되었음. 이런 배경과 상황으로 이 언어를 까스띠야어(Catellano) 또는 스페인어(Español)라고 부르게 되었으며 스페인의 표준어가 된 것임.

Español americano [언어] 중남미 스페인어. 중남미 스페인어는 아메리카 대륙의 정복과 식민지화가 진행되기 시작한 이후, 스페인 중·북부 지역에서 사용되는 까스띠야 스페인어와는 다른 독자적인 발전을 하게 됨. 그 결과 황금세기에 스페인 본토의 언어의 혁신적인 변화 영향을 받지 않았음. 또한 스페인 남부 안달루시아인들이 아메리카 대륙에 대거 진출하게 되면서 황금세기에 사용하던 아달루시아어(el andaluz)의 영향을 전파하게 됨. 그중 가장 대표적인 것이 세세(Seseo) 현상을 비롯해, 연구개음화(Velarización) 현상, 설측음화(Lateralización) 현상, 예이스모(Yeísmo) 현상 등을 들 수가 있음. 이러한 발전형태는 수많은 중남미의 국가의 지리적 높·낮이의 위치(Tierras altas y bajas)에 따라 그 차이가 있음을 확인해야 함. ※ Tierras altas; Tierras bajas; Seseo; Velarización; Lateralización; Yeísmo 참조.

Espectro acústico [물리] 음향 스펙트럼, 음향적 분광.

Espectrómetro [광학] 분광계, 분광기.

Espiración 숨을 내쉼, 날숨; 호흡.

Espirantización [언어] 마찰음화.

Espíritu [문학] (작가·텍스트 따위의) 진의, 진수, 취지.

Espondaico [문학] 강강격(强强格). 운율법에서 표준음보 중에 하나로써, 거의 똑같은 강세를 가진 2 음절이 다음 시행의 처음 두 음보에서처럼 연속되는 것을 일컬음.

Esquema ① 도표, 도식. ② [정보] (기능) 블록 선도. ③ [심리] 도식.

Estadística 통계, 통계표; 통계학. 예) Estadística léxica 어휘 통계. Estadística lingüística 언어 통계.

Estadísticas léxicas [언어] 어휘 통계학. 역사적인 추정을 위한 어휘 통계상의 연구.

Estado ① [언어] 상태. 예) Verbo de estado. 상태 동사. Estado de lengua 언어 상태. ② [정보] (변수·처리과정의) 상태. 예) Sistema de un estado 상태의 체계. ③ [심리] 상태. 예) Estado de conciencia 의식 상태.

Estado de lengua [언어] 언어 상태.

Estándar [언어] 표준. 표준어(lengua normal). 표준어의 정의: "한 국가 내에서 최적의 의사소통 방법으로서 지역적 혹은 사회적 다양성을 뛰어 넘어, 자신들의 언어사용과 다른 형태나 방언을 사용할 수 있는 사람들에 의해서 쉽게 사용될 때까지 강제되어지는 언어형태를 표준이라 명명하며, 일반적으로 표기된 언어를 지칭한다. 학교 교육이나 매스컴이 표준형의 확산을 주도하며, 공식적 사회활동에서 사용됨. 종종 norma나 그것을 좌우하는 원리에 종속되기도 한다. 표준어는 지역적 다양성에 대하여 유일한 형태를 제안하면서 상위(相違)를 억제 한다."(Jean Dubois y varios, Diccionario de Lingüística, 1983, p.244) ※ Norma 참조.

Estanza [문학] 연(連), 절(節). 스탄자. 일정한 운율적 구성으로 배열된 시의 단위. 원래 정형시의 용어이며, 스탄자(Estanza)에는 2행으로부터 10수행의 것이 있음. 그러나 현재에는 시의 형식이 어떻든지 간에 연이나 또는 절을 가리켜 스탄자(Estanza)라 함.

Estar [문법] □ 자동사로 사용될 때: ① [상태] 이다, (되어) 있다. 예) *Estamos* contentos 우리들은 만족한다. Ellos *están* vivos 그들은 살아 있다. El niño *está* muy alto 그 아이는 키가 무척 컸다. ② [소재] 있다. 예) Un amigo mío *está* a la puerta 내 한 친구가 문 있는 곳에 있다. ¿Dónde estamos? 여기가 어딥니까? ③ [+과거 분사] …해 있다. 예) Ella *está* sentada a mi lado 그녀는 내 옆에 앉아 있다. ④ [+현재 분사] …하고 있(는 중이)다. 예) Yo *estoy tomando* la cena en casa 나는 집에서 저녁밥을 먹고 있다.
□ 동사 변화

직설법 현재	직설법 부정과거
est*oy*	est*uve*
est*ás*	est*uviste*
est*á*	est*uvo*
estamos	est*uvimos*
est*áis*	est*uvisteis*
est*án*	est*uvieron*

접속법 현재	접속법 불완료 과거
est*é*	est*uviera*, se
est*és*	est*uvieras*, ses
est*é*	est*uviera*, se
estemos	est*uviéramos*, semos
est*éis*	est*uvierais*, seis
est*én*	est*uvieran*, sen

Estar + Gerundio [문법] 진행형의 기본 형태. ※ Gerundio; Gerundio de presente, de indicativo 참조.

Estativo [언어] 상태상(狀態相). 지속, 항구적 상태를 나타내는 동사, 형용사에 대하여 '상태상'이라함. 이를테면, '크다'는 상태상 형용사이며, '취(醉)했다'는 비상태상(= 계속상) 동사임. ※ Durativo 참조.

Estativo, Verbo de [언어] 상태(狀態) 동사. 문장 속에서 주어가 어떤 일정한 상태에 있음을 표현하는 동사를, '행위동사'에 대립하는 의미로 '상태동사'가 일컬어짐. 예) ser 이다(존재), estar 이다(상태), devenir ~이 되다; 생성하다, restar 존속하다; ~까지는 아직 있다, 등등. □ 상태를 표현하는: Verbo estativo 상태 동사. ※ Acción, Verbo de 참조.

Estema [언어] 문장 구조를 표상하는 나무 그림(= Árbol).

Estereo- [어원] 「입체의」의 의미. 예) *estereo*grafía 입체 화법. *estereo*scopio 입체경.

Estética [문학] 미적 기능. 표현된 단어나 문장이 의도적이건 아니건 간에 미적으로 표현되어 나타나는 기능으로 서정시와 같은 아름다움을 표현하는 기능. 예) Marzo ventoso y abril lluvioso hacen a mayo florido y hermoso 바람 많은 3월과 비가 자주 오는 4월 뒤에 아름답고 꽃피는 5월이 오는 거야. ※ Poética 참조.

Esteticismo [문학] 유미주의. 프랑스에 그 철학적 중심을 두었던, 19세기 말의 유럽 대륙에서 일어났던 현상. 이 운동은 순수한 미적 경험은 '미적 대상'의 실재나 실용성 및 교훈성 등 '외면적' 목표를 고려하지 않고 대상에 대해 '이해를 초월한 성찰하는 것'이라는, 칸트에 의해 제기된 독일의 이론에 뿌리를 두고 있음.

Estilística [문학] 문체론(文體論).

Estilo ① [언어] 화법(話法) ; 어체(語體). 예) Estilo directo [indirecto·indrecto libre] 직접 [간접·자유 간접] 화법. Estilo escrito [hablado] 문어[구어]체. ② [문학] 문장의 체재와 형태이며, 작가의 사상과 개성이 문장의 언어사용에 나타날 때의 특색이라 할 성질의 것임.

Estilo directo [문법] 직접 화법. 예) Juan dice: 《Estoy contento》. 후안이 말한다. "난 만족해."

Estilo indirecto [문법] 간접 화법. 예) Juan dice que está contento 후안은 만족한다고 말한다. □ 직접화법을 간접화법으로 바꿀 때, 주동사가 현재, 현재 완료, 미래인 경우에는 종속 동사의 시제는 그대로 사용되어도 문제가 없지만, 주동사가 과거일 경우에는 전달문의 동사를 주 동사에 일치시켜야 함. □ 화법 전환 시 시제의 일치와 무관하게 되는 예외가 있음. ① 진리(현재형), 역사적 사실(과거형)은 시제를 일치시키지 않아도 됨. 예) Él dijo: "La tierra se mueve alrededor del sol." → Él dijo que la tierra se mueve alrededor del sol 지구는 태양의 주위를 돌고 있다고 말했다. ② 습관적인 것으로 말하고 있는 시점에도 그것이 변화하지 않은 사항이라면 현재형을 사용함. 예) Él dijo que se levanta temprano todas las mañanas 그는 매일 아침 일찍 일어난다고 말했다. □ 화법에 따른 부사(구)의 변화. 예) [직접→간접화법] este → aquel, hoy → aquel día, ayer → el día anterior, mañana → al día siguiente, anteayer → dos días antes, anoche → la noche anterior, pasado mañana → dos días después, la próxima semana → la semana siguente, 등등.

Estilo indirecto libre [언어] 자유 간접 화법.

Estiloestadística 문체 통계학(文體 統計學).

Estilometría 문체 측정(文體 測定).

Estimación lingüística 언어 측정(言語 測定).

Estímulo 자극.

Estocástico [통계] 확률의. 예) Ecuación estocástica 확률 방정식.

Estrato 층, 계층.

Estribillo [문학] 후렴. 시가 진행되는 동안에 때로는 약간의 변화도 하면서 대개 한 스탄자(Estanza)의 끝에서 반복되는 하나의 시행이나, 시행의 일부나, 또는 몇 개의 시행을 일컬음. ※ Estanza 참조.

Estridente [언어] 조찰성(粗擦性)의. 예) Consonante estridente 조찰성 자음.

Estridor [의학] 천명(喘鳴), 천음(喘音), 협착음(狹窄音).

Estroboscopio [물리] 스트로보스코프. 시각 잔영(殘影)을 이용하여 급속히 회전·진동하는 물체를 관찰·연구하는 장치.

Estrofa [문학] 시구(詩句). 시행(詩行). 시를 구성하는 운의 군집형태. 이 시구(Estrofa)의 형태는 시의 내적 요소의 규칙을 말하며, 운(Verso)이나 율(Rítmo)의 군집형태를 의미함. 이는 시대의 취향이나 다른 나라로부터 유입된 영향, 사회적 기능, 문화, 문학적인 성향 등을 담고 시를 구성하는 역할을 하는 요소를 일컬음. ※ Verso; Rítmo 참조.

Estructura [언어] 구조. 흔히 사용되지만, 규정되기 어려운 개념. 일반적으로 언어를 형성하는 모든 요소, 예를 들면, 음소(fonema), 형태소(morfema) 등이 각각 고유의 위치를 차지하고 상호간의 유기적 관계에서 규칙성이 보일 때가 있다고 하며, 이와 같은 조직을 구조라고 함. 혹은 부분을 이루는 요소의 규칙적인 배열 방법, 또는 부분의 결합 방법이라고 말할 수 있음. 시계와 그 부품과를 예를 들면, 분해되어 있을 때의 부품은 단순히 개개의 단일체 또는 그 집합에 지나지 않지만, 이들이 시계라는 형식 속에 들어가 각각 차지해야 할 위치를 차지하고 다른 부품과 유기적인 관계를 갖게 되면, 하나의 구조를 이루게 됨. 언어에 있어서 구조가, 예를 들면, 흩어진 단위의 단순환 집합이 아니고, 일정한 단위가 일정한 순서로 배열되고 유기적으로 결합된 것이라면, 구조라는 개념이 모든 부분에 편재(遍在)하고 있음이 명백하므로 구조라는 개념을 고려하지 않는 언어 연구는 있을 수 없게 됨. 그리고, 문장이라는 단위에 관해 살펴본다면, 구조에 관한 정보가 없으면 문장을 구성하고 잇는 모든 단어의 의미를 안다고 해도, 그 문자의 의미는 알 수 없게 됨. ※ Fonema; Morfema 참조.

Estructura alfabética [언어] 단음 문자법. 음소 문자법.

Estructura jerárquica [언어] (언어의) 계층 구조. 문장이나 구절들은 단어들의 단순한 나열이나 집합이 아니라 그 구조를 가지고 배열됨. 이는 같은 단어라 할 지라도 그 배열이나 구조에 따라서 의미가 전혀 달라질 수 있기 때문임. 이러한 구조를 언어의 계층구조라 함.

Estructura proposicional abierta [언어] 열린 명제 구조. 최소한 하나 이상의 변수(variable)를 가지고 있는 논리적 기능으로 대화문에서 문제 제기를 통해 상관 관계의 대답을 이끌어 낼 수 있도록 하는 구조를 일컬음.
※ Variable 참조.

Estructura profunda [언어] (생성 문법에서 일컫는) 심층구조

Estructura silábica del español [언어] 스페인어의 음절구조. 음절을 구성하는 능력의 유무에 의하여 스페인어의 음소는 모음과 자음으로 나뉨. 자음들은 결코 핵 음절을 이루지 못하고 모음들이 핵 음절을 만듦. 모음이 주변 음절을 형성하는 경우는, 2중모음이나 3중모음이 되는 경우임. 음절을 구성하는 음소가 1개이면 monofonemática sílaba (단 음소의 음절), 한 개 이상이면 polefonemática sílaba(다(多) 음소의 음절)이라 함. □ 스페인어 음절의 분류 형태는 다음과 같음. CV(자음+모음), CVC(자음+모음+자음), V(모음), CCV, VC, CCVC, VCC, CVCC, CCVCC, 이중모음으로 된 음절의 핵일 경우는 CD(자음+이중모음), CDC, CCD, D, CCDC, DC.

Estructural [언어] 구조를 갖춘, 구조의. 예) Cambio estructural 구조변화. Análisis estructural 구조 분석.

Estructuralismo [언어] 구조주의. 주로 J. Dubois(1973)에 따른 구조주의에 대한 해설을 소개하기로 함. 구조주의라는 용어는 사람과 그 시기에 따라 여러 다른 언어 학파들에 적용되어 왔고, 또 적용되고 있음. 이 단어는 때때로 그들 학파 중의 어느 하나를 가리키는데 사용되기도 하고, 또는 몇몇을, 때로는 그들 모두 지칭하는데 사용되기도 함. 이들 학파들은, 언어학에 있어서 '구조'의 정의를 포함해서 몇 가지 개념과 방법론을 공통적으로 가지고 있음. ① 우선, 변형 구조주의(estructuralismo transformativo)를 제외하고 생각하면, 여러 학파들(분포주의, 기능주의 언어학파)은 실현된 문장의 연구를 중심으로 함. 언어학은 완성된 것으로 간주되는 문장에 대한 이론을 정립하고, 그를 위한 형식적 분석 방법론을 사용하는 것을 목적으로 함. 따라서 구조주의는 우선 내재성 원칙을 세우고, 실현된 문장들(Corpus)의 연구에 국한하여 그들의 구조(구조모양, 내부요소들의 의존 관계)를 정의하려는 시도를 보임. 그와 함께, 담화에 관계되는 모든 것(특히, 주어, 상황 등 어느 정도 불변적인 요소들)을 연구, 논의하는 것으로 침. 그러나, 이점에 있어서는 학파간에 중요한 의견차이가 있음. Jakobson, Benveniste 등의 프라그(Prague) 학파는 화자(話者)-전언(傳言) 간의 관계 분석에 관심을 기울이며, Saussure의 후계자인 Bally는 Lengua의 언어학과 대립되면서 동일한 중요성을 갖는 Habla의 언어학을 수립함. 이와는 반대로 Bloomfield와

미국 구조주의는 현실 세계에서 화자의 의미와 그 관계를 정의하는 것은 불가능하다고 함(이들에 따르면, 너무 많은 요인들이 관여하므로, 상황의 변별적 특징을 명확하게 구조화할 수 없다는 것임). 구조주의의 또 다른 중요한 특징은 언어 부호(Código)인 Lengua와 그 실현인 Habla에 대한 학파간의 다양한 정의임. 따라서 Habla 행위에 의한 문장 또는 분석된 문장에서 Lengua의 체계를 이끌어 낼 수 있지만, Habla에 대한 연구 자체는 실제로 오랫동안 등한시되어 왔고, 좀 더 뒷날의 연구 과제로 남아 있었던 것임. 또한 역사적 통시적 연구가 체계에 대한 부정처럼 보이는 범위 안에서, 어느 일정 시기의 안정된 기능체계의 연구(공시적 연구)를 시작하였음. 구조주의는 언어 경제성의 근거를 부호의 공시적 기능에 둠. 문장 전체에 대해서, 어떤 내재적 분석에 기초하여 후에 밝혀야만 할 구조의 존재를 선험적으로 설정하며, 부호란 어느 하나로 귀속될 수 없는 것으로 간주된다. 따라서, 한 언어에서 다른 언어로의 번역이 가능한가 하는 질문이 제기되며, Bar-Hillel과 같이, 구조주의에서는 그것이 결코 완전히 가능하지는 못하다는 입장을 취함. 조금만 깊이 들어가도, 어느 한 언어의 미세한 구조(예를 들어, 어휘장의 관계)들은 어느 하나로 귀착될 수 없는 것임. 이 같은 구조와 구조간의 독립성은 기의(significado)와 기표(significante)의 측면에 관한 다음의 여러 가정을 수반함. 기의와 기표는 그 자질이 자의적이며, 약간의 예외(의성어 등)를 없애면 기호의 형태와 지시대상 간에는 아무 관계도 없음. 또 형식과 실체간의 구분이라든가 형식과 실체간의 동형성 원칙들을 내세우기도 함. ② 이러한 이론들의 방법론적 귀결 역시 여러 구조학파들의 비교를 가능케 함. 구조주의자들은 분석의 단계를 정의함에 있어서 문장은, 각 구성요소가 좀더 상위의 구조에서의 결합에 의해 결정되는 단계적인 구조의 연속으로 인식됨. 음운은 형태소 단계에서의 결합상태에 따라, 형태소는 문장 내에서의 결합에 의해 결정됨. 여러 학파들은 여기서 어느 단계를 더 중요하게 평가하는가에 따라 차이를 보임. Martinet는 음운에서 형태소 단계로의 과정을 중시한 반면, Benvensite는 프라그학파와 마찬가지로 음운의 변별적 자질에서 음운으로의 과정을 중시했음. 구조주의 방법론은, 비록 실제로는 실현되지 않는 여러 분장들의 결과에 대한 예측에 도달할 수 있다 할지라도, 기본적으로 귀납적임. 이는 어느 정도, 문장을 읽을 때 그 문장을 재구성할 틀에 맞춰 분석하려는 경향이 있다는 것을 말하며, 또 분석의 결과란, 그 문장이 가지고 있는 것 이상의 것을 주지는 못하는 문장 표현의 새로운 표현에 불과하다는 것을 의미함. 모든 구조주의는 분류론의 수립으로 나아감. ③ 구조주의는 어느 단위의 환경연구에 의존한다는 의미에서 정보이론과 통함. /ma/라는 음절을 발음했을 때, 대부분의 단어들이 가능하지만, 반면에 많은 단어들이 여기서 이미 그 가능성이 배제되는 것도 사실임. /ma/ 다음에 /ta/라는 음절을 발음했을 때는, 또 다른 새로운 단어들이 배제됨. 이런 유형의 연구들은 언어학에 있어서 통계학의 도입을 가져왔음(이런 연구들은 어휘보다는 음운 연쇄에 더 잘 적용됨). ④ 구조 언어학은 양면적인 차이의 연구에서 특징지어짐. 대립관계는 결합 축에서일 수 있고(어느 단위 요소의 전후 요소들과의 대립) 계열 축에서 일 수도 있음(대상 요소가 있는 발화 연쇄 내의 자리에 올 수 있는 모든 다른 요소들과의 대립). ⑤ 구조주의적 공적 중의 하나는, 공시태/통시태, 부호규칙/개인적 실현, 변별적 자질/잉여적 자질들의 구분을 도입하여, 언어학을 언어에 대한 과학으로서 확립하였다는 점임. 언어의 기술을 개선하여, 구조주의는, 언어학에 있어서 언어 사실에 대한 체계적인 객관적 연구 대신 인상에 치우쳤던 주관주의를 제한하였음. ⑥ 서방 민족 중심적 경향(모든 언어를 기술하는데 있어서, 인구어에서 사용되는 범주들을 기초로 해서 기술하려는 경향)은, 구조주의에서는 각 언어의 체계가 독립적이며 고유의 기술을 갖는 것으로 간주됨으로 해서 사라져 버렸음. ※ Corpus; Significante; Significado 참조.

Ético ① [언어] 에틱한. 언어·행동의 기술에서 기능 면을 문제삼지 않는 관점에 대해 일컬음. ② [언어] = Dativo. ③ [철학] 윤리(학)의, 도덕의. ※ Dativo 참조.

Étimo [언어] 원의(原義); 어원어(語源語).

Etimología [언어] 어원학(語源學). 어원론. 단어의 역사 연구를 지시하는 용어. □ 비교언어학의 방법론이 확립되기 이전의 어원학은 그리스 시대를 대표로 볼 때, 단어형태가 그 단어가 지시하는 사물과 실제로 또는 자연스럽게 상응한다는 사고방식에서 출발함. 즉, 단어의 형태와 의미가 필연적으로 결합되어 있다고 보는 경향이 강함. 또한, 중세의 어원론은 모든 언어는 특정의 알려져 있는 언어, 그리고 쓰여진 형태로 연구되는 언어에서 파생되었다는 신념에 기초를 둔 연구였음. 이러한 연구의 대부분은 비교언어학적 관점에서 볼 때, 비 학문적인 것으로 취급되며, 그 가운데 가장 대표적인 것이 민간어원설(民間語源說)임. 이것은 화자가 약간의 형태적 유사성에 의해서 의식적이든 무의식적이든 기원적으로 그 형태와 아무런 관련도 없는 다른 형태와 연결짓는 현상임.

Etimología folklórica [언어] 민속 어원(民俗語源). 민간어원. 외국적인 풍미를 풍기는 단어들을 잘못 이해하여 자신들에게 좀 더 친숙한 어원으로 재분석하여 새로운 단어를 만들어 내는 것을 말 함.

Etimología popular [언어] (개인의 착각으로 인해 만들어진) 대중 어원. 사람이 어떤 새로운 단어를 들을 때는 자기가 이미 알고 있는 어떤 다른 단어에 연관시키는 경향이 있는데, 이 경우 잘못된 이해로 인해 음성적 변형이 이루어지는 경우를 일컬음. 예)

Vagabundo가 vaga (por el) mundo로 잘못 이해되어 vagamundo라고 한 것.

Étnico 민족의. 예) Sufijo étnico 민족을 나타내는 어미.

Étnolingüística [언어] 민족 언어학.

Etopeya 성격묘사.

Eufemismo¹ [언어] 완곡어. 어감이 좋지 않고 직접적인 표현을 보다 부드럽게 꾸며서 표현하는 방법을 말함. 예) 화장실: retrete → baño.

Eufemismo² [문법] 완곡 표현. 완곡어법. 다른 사람에게 무엇인가를 부탁할 때 "~을 해주세요"라고 직설적으로 말하는 것보다는 "아무쪼록 ~해주시기를 바랍니다. 부탁드립니다"와 같이 정중하게 부탁하는 것이 훨씬 더 관계를 원만하게 할 뿐만 아니라 또 이렇게 하는 것이 일반적인 것임. 이러한 표현을 다음과 같이 스페인어에서 하는 것을 볼 수 있음. 예) <원문> Deja esto en mi casa 이것을 우리 집에 두어라. ① 다른 말 부가. Por favor, deja esto en mi casa 제발, 이것을 우리 집에 둬. ② 의문형으로 사용하여 상대방의 의향을 물음. 예) ¿Puedes dejar esto en mi casa? 넌 내 집에 이것을 놓아 줄 수 있니? ③ 부정의문형으로 하여 상대방의 의향을 물음. 예) ¿No puedes dejar esto en mi casa? 넌 내 집에 이것을 놓아 주지 않겠니? ④ 다른 시제(가능법, 접속법 과거)를 사용하여 정중하게 말하기. 예) ¿No podrías hacerme el favor esto en mi casa? 넌 내 집에 이것을 놔주는 호의를 베풀어주지 않겠니?

Eufonía [언어] 호조음(好調音). 듣기 좋은 음조(↔ cacofonía); 언어 활(滑)음조, 음운 변화. ※ Cacofonía 참조.

Euro- [어원] 「유럽의」의 의미. 예) Eurodiputado 유럽 의회 의원.

Euskera [언어] 바스크(Vasco)어(語). 스페인 북부의 바스크 지방에서 나타나는 특이한 언어. 언어의 기원이 라틴어와는 상관이 없는 특이형임으로, 많은 연구의 대상이 되고 있으나, 정확히 그 어족을 분류하기가 어려운 언어임. ※ Vasco 참조.

Evanescente, Fonema [언어] 조락성(凋落性)의 · 무음화되는 음운.

Evolución [철학] 진화. (창조적) 진화. 예) Evolución creativa((베르그송의 용어)) 창조적 진화.

Evolutivo 진화의.

Ex- [어원] 「외 · 제거」의 의미. 예) *ex*portar 수출하다.

Excepción 예외.

Exceptiva, Proposición [논리] 예외적인 명제.

Exclamación, Punto de [문법] 느낌표, 감탄부호.

Exclamativa (oración) [언어·문법] 감탄문. 기쁨·놀람·분개·원망 등등을 감탄적으로 나타내는 문장. 스페인어의 감탄문에 사용되는 감탄사는 Qué, Cómo, Cuánto 등이며, 감탄문은 원칙적으로 『¡동사 + 주어!』의 어순이 됨. 예) ¡Qué hermosa pintura es ésta! = ¡Qué hermosa es esta pintura! 이 그림이 얼마나 아름다운가

Exclamativamente [문법] 간투사적으로.

Exclamativo [문법] 감탄사. 예) Frase exclamativa 감탄문.

Exclusivo ① [언어] 제외적인: Nos exclutivo 제외적 "Nos"((2인칭이 포함되지 않은 1인칭 복수)). ② [논리] Disjunción exclusiva 배타적 이접(선언).

Exhaustividad [논리] 철저 논증법((가능한 가설을 모두 검토함)).

Existencial ① [철학] (인간의) 실존과 관계된, 실존적인. ② [논리] Cuantificador existencial 실존적 양화사, 존재 기호.

Existencialismo [철학] 실존주의. 실존이란 인간이 자기의 존재에 관심을 가지면서 그 존재를 자기의 독자적인 방법으로 결정해 나갈 수가 있다고 하는 것이며, 이 실존을 대상으로서가 아니라 주체적으로 파악하려하는 하는 철학임. 키에르케고르에 의해 비롯되어 1차 세계 대전 뒤에 하이데거, 야스퍼스 등에 의해 확대되었고, 2차 세계 대전 뒤에 프랑스의 작가 사르트르가 하나의 문학 운동으로까지 발전 시켰음.

Existencia semiótica [언어] 기호론적 존재. 기호학적 존재. 기호학의 근본적인 원리는 내재성임. 다시 말하면, 텍스트는 자체적으로 완결성을 갖기 때문에, 텍스트 생산자가 수용자는 그것의 분석 과정에서 배제되어야 한다는 것임. 이와 관련해서, 프랑스의 구조주의의 언어학자이면서 비평가인 롤랑바르뜨(Roland Barthes)는 "작가는 죽었다."라는 말을 남기바 있음. 이제 작가는 죽고 작품만 남았다는 말인데, 작품은 자체적으로 운동성이 있어서 그 내부에서 무수한 의미를 생산해 낸다는 것임. 또 다른 언어학자 뱅브니스트(Benvenist)는 '말하는 주체'가 아닌 '말해진 것(발화문) 속에서 구성된 주체' 개념을 중시했음. 즉, '말을 하는 나'는 중요하지 않고, '내가 한 말 속에서 표현된 나'만 의미가 있다는 말임. 이런 생각을 끝까지 밀어붙이면, 인간의 실존은 간데 없고, 인간이 생산해낸 말만이 존재하게 되는 결과를 낳게됨.

Exocéntrico [언어] 외심적인.

Expanción [언어] 확대.

Experienciador [언어] 경험자. 변형 생성문법에서 무엇이 일어나서 그것을 겪는 입장에 있는 사람을 가리키는 주어의 SN에 주어지는 의미역임. 예) 《Yo sentí un dolor 나는 아픔을 느꼈다.》에서 주어인 나(Yo)는 sentir 동사의 행위자이기 보다는 경험자로 보아야 함.

Expletivo [언어] 허사(虛辭).

Explicativo [언어·논리] 설명적인. 예) Proposición relativa explicativa 설명적 관계절.

Explicatura [언어] 명시(明視). 단순히 문자적 의미만을 가리키는 것이 아니라 발화문, 상황 정보, 기억 속에서 접근 가능한 문맥적 가정들과 추론에 의해 해석되는 논리 형식에 관한 설명을 가리킴. Escandell Vidal(1993)이 설명하는 명시는 언어시스템에 의해 개념적으로 기호화된 내용을 문맥적으로 추론 할 필요가 있는 다른 내용들과 결합시킴. 발화문의 명시는 화용적 해석 절차를 구성하는 기본요소이며 그것은 단지 코드의 해독과정으로만 볼 수 없다는 점임. 즉, 발화의 전개 혹은 보완과정의 문제라 볼 수 있는 것임. ※ Implicatura 참조.

Explosión [언어] (자음의) 파열; 외파열(外破裂). 음절을 형성하는 초기 단계를 나타낼 때, 나타나는 형태로써 발음 기관이 닫혀진 상태로부터 최대로 열려진 상태로 움직이는 것을 일컬음.

Explosivo [언어] 외파음·파열음. □ 외파음의·파열의. 예) Consonante explosiva 파열 자음.

Exposición 해설. 설명.

Expresión [언어] (의사) 표현, 말, 발화(= Significante). (↔ Contenido, Significado). ※ Emisión; Significante; Significado; Contenido; Habla; Sentido 참조.

Expresión de la opinión con indicativo [문법] 직설법을 통한 의견 표현. 의견을 말할 때, 후속 절을 직설법 절을 통해 말하는 경우. □ 형태.

> Pienso que + 직설법 문장
> Creo que + 직설법 문장
> Tengo la convicción de que + 직설법 문장
> Tengo la impresión de que + 직설법 문장
> A mi entender, + 직설법 문장
> Para mí, + 직설법 문장

예) Yo creo que enamorarse es perjucicial para la salud 난 사랑에 빠진다는 것이 건강을 위해서는 유해(有害)하다는 것으로 믿는다. Yo pienso que ella es muy aplicada 난 그녀가 매우 성실하다고 생각한다. ※ Indicativo 참조.

Expresiones de sentimientos(+ infinitivo) [문법] (동사원형과 결합한) 감정의 표현. 역 구조를 통한 감

정을 표현하는 방법으로 동사 뒤에 오는 동사원형이 문법적 주어로써 역할을 함. 이는 명사와는 다르게 아무리 많이 동사원형을 여러 개 나열을 해도 감정을 나타내는 동사는 3인칭 단수형태를 유지함에 주의. 의미상 주어로 여격(Dativo)를 사용하며, 의미를 강조하기 위해 중복형으로 앞에 한번 더 써주기도 함. □ 감정 동사와 명사의 결합 예:

> Me guata/n + 명사(단/복수)
> (나는 …좋아한다)
> Te encanta/n + 명사(단/복수)
> (너는 …매료되있다)
> Le fastidia/n + 명사(단/복수)
> (그/그녀/당신은 …화나다)
> Nos indigna/n + 명사(단/복수)
> (우리는 …분개하다)
> Os entristece/n + 명사(단/복수)
> (너희들은 …슬프다)
> Les entusiasma/n + 명사(단/복수)
> (그들/그녀들/당신들은 …열광한다)

예) Me gusta bailar, escuchar la radio y conducir el coche 난 춤추기, 라디오 듣기 그리고 자동차 운전하기를 좋아한다. A él le encanta nadar en el mar 그는 바다에서 수영하는 것을 좋아한다.

Expresiones de sentimientos(+ que + perfecto de subjuntivo) [문법] (접속법 현재 완료시제의 절과 결합한) 감정의 표현. 역 구조를 통한 감정을 표현하는 방법으로 동사 뒤에 오는 명사절[접속법 현재 완료시제 절]이 문법적 주어로써 역할을 함. 의미상 주어로 여격(Dativo)을 사용하며, 의미를 강조하기 위해 중복형으로 앞에 한번 더 써주기도 함. 예) Me preocupa que los chicos no hayan llegado a casa todavía 난 아이들이 아직도 집에 도착하지 않았다는 것이 걱정된다. A mí me fastidia que no hayan llamado para decir dónde están 난 그들이 어디에 있다고 말하기 위해 전화를 하지 않은 것이 화가 난다. ※ Dativo 참조.

Expresiones de sentimientos(+ que + presente de subjuntivo) [문법] (접속법 현재시제의 절과 결합한) 감정의 표현. 역 구조를 통한 감정을 표현하는 방법으로 동사 뒤에 오는 명사절[접속법 현재시제 절]이 문법적 주어로써 역할을 함. 의미상 주어로 여격(Dativo)을 사용하며, 의미를 강조하기 위해 중복형으로 앞에 한번 더 써주기도 함. □ 감정 동사와 접속법 시제 절의 결합 예:

> Me guata + que + 접속법 현재 절
> (나는 …좋아한다)
> Te encanta + que + 접속법 현재 절
> (너는 …매료되있다)
> Le fastidia + que + 접속법 현재 절
> (그/그녀/당신은 …화나다)
> Nos indigna + que + 접속법 현재 절
> (우리는 …분개하다)
> Os entristece + que + 접속법 현재 절
> (너희들은 …슬프다)
> Les entusiasma + que + 접속법 현재 절
> (그들/그녀들/당신들은 …열광한다)

예) Me gusta que me abraces 난 네가 나를 안아 주는 것이 좋다. Nos

da mucha pena que Sancho y Elena no vengan a la fiesta 우리는 산초와 엘레나가 파티에 오지 못하는 것이 너무 아쉽다.

Expresiones de sentimientos(+ sustantivo) [문법] (명사와 결합한) 감정의 표현. 역 구조를 통한 감정을 표현하는 방법으로 동사 뒤에 오는 명사가 문법적 주어로써 동사의 수를 결정함. 의미상 주어로 여격(Dativo)을 사용하며, 의미를 강조하기 위해 중복형으로 앞에 한번 더 써주기도 함. □ 감정 동사와 동사원형의 결합 예:

```
Me guata + 동사원형
 (나는 …좋아한다)
Te encanta + 동사원형
 (너는 …매료되있다)
Le fastidia + 동사원형
 (그/그녀/당신은 …화나다)
Nos indigna + 동사원형
 (우리는 …분개하다)
Os entristece + 동사원형
 (너희들은 …슬프다)
Les entusiasma + 동사원형
 (그들/그녀들/당신들은 …열광한다)
```

예) Me encanta estar cinco minutos más en la cama antes de levantarme 난 일어나기 전에 침대에서 5분 더 있는 것이 좋다. Me pone alegre la llegada de la primavera 봄이 온 것이 나를 기쁘게 해준다.

Expresiones de tiempo [문법] 시간·때 표현. 일반 동사와 함께 올 때, 시간, 날짜, 요일, 달(月), 계절, 연도 등등을 표시하기 위해서는 그 표현과 알맞은 전치사를 알아두어야 함.

□ 시간 표현을 위한 전치사.

종류	전치사	사용방법
시간	a	a + la(s) + 시간 + de + 때(하루의 부분)
때	por	por + la + 때(하루의 부분)
요일	el	Ø + el + 요일
날짜	el	Ø + el + 날짜 + de + 달(月)
달, 계절	en	en + 달(月), 계절
연도	en	en + 연도

예) A las cinco de la mañana 오전 5시에. Por la tarde 오후에. El lunes 월요일에. El 17 de enero 1월 17일. En mayo 5월에. En verano 여름에. En 2006(dos mil seis) 2006년에. □ 시간을 연결 할 때, 그 연결 전치사는 de를 사용함. 예) Yo le encontré el martes, 28 de febrero de 2006 a las cuatro y veinte de la tarde 난 그를 2006년 2월 28일 화요일 오후 4시 20분에 만났다. ※ Hora 참조.

Expresionismo [문학] 표현주의. 제1차 세계 대전 이후로 독일에서 일어난 예술 운동으로 훗설의 현상학, 프로이트의 정신 분석학, 베르그송의 생의 철학을 사상적 근거로 하고, 자아의 내면적인 생의 감정을 능동적으로 표현함으로써 근대 물질 문명이 초래하는 위기감을 극복하려고 하는 것. 역사적으로는 현실과 동적으로 관계 맺을 만한 힘을 상실하고 만 신낭만주의적 데카당스와 자연주의적 트리비얼리즘, 특히 수동적이며 폐쇄적이며 심미적 형식주의에 빠진 인상주의에 대한 반동으로써 19세기 말부터 이미 등장함.

Expresión ritual 관용적 표현. 습관적으로 자주 쓰는 표현.

Expresiones temporales con indicativo [문법] 직설법 동사를 이용한 시간표현. 현실을 있는 그대로 언급하거나, 확실한 사실을 말하는 방법으로서, 상황이나 시간의 순차적인 것을 표시하기 위한 방법. 가능 시제는 습관적인 것을 사용할 때는 현재를 사용하며, 이 이외에 상황을 말할 때 현재를 사용하며, 과거의 사실을 말할 때는 과거 시제를 사용할 수 있음. □ 형태(관계사절이 앞으로 올 수 있음): 일반 (직설법) 문장 + 시간표현 관계사(Cuando; Mientras; En cuanto; Tan pronto como; Apenas; Antes de que; Después de que) + 직설법 문장. 예) Cuando terminó el concierto, nos fuimos a casa 콘서트가 끝났을 때, 우리는 집에 갔다. Ella llamó después de que te fuiste 네가 간 후에 그녀가 전화했다. Mientras ella lee el periódico, su hijo estudia el español 그녀가 신문을 읽고 있는 동안, 그녀의 아들이 스페인어 공부를 한다. En cuanto llegó a casa, se dio un baño caliente 집에 도착하자 마자, 더운물에 목욕을 했다. ※ Presente de indicativo; Pretérito indefinido de indicativo 참조.

Expresiones temporales con infinitivo [문법] 동사원형을 이용한 시간표현. 동사원형을 쓰면서 시간적 표현을 나타내는 방법은 표현마다 약간씩 뉘앙스의 차이는 가지고 있음. ① Al + 동사원형: 동시에 일어나는 의미. 예) Al entrar en casa puse la radio 난 집에 들어갔을 때, 라디오를 틀었다. ② Nada más + 동사원형: 행동의 즉각적으로 다른 동작으로 이어질 때 사용하는 방법. 예) Nada más entrar en casa, te llamé 집에 들어가자마자, 난 네게 전화했다. ③ Después de + 동사원형: 어떤 (동사원형) 동작 이후에 순서를 결정짓는 방법. 예) Después de comer mucho, no puedo hacer nada 난 많이 먹은 후에는 아무 것도 할 수 없다. ④ Antes de + 동사원형: 어떤 (동사원형)동작 이전에 행동을 표현하기 위해 순서를 나타내기 위한 방법. 예) Antes de acostarme, me ducho un rato 난 잠이 들기 전에 잠깐 샤워를 한다. ※ Infinitivo 참조.

Expresiones temporales con subjuntivo [문법] 접속법 동사를 이용한 시간표현. 미래의 어느 한 순간을 표현하기 위한 방법으로 접속법 동사를 쓰는 경우가 있는데, 이는 조건적인 의미가 들어가 있음. 사용 가능 시제는 미래임. □ 형태(관계사절이 앞으로 올 수 있음): 일반 (직설법)

문장 + 시간표현 관계사(cuando; tan pronto como; en cuanto; antes de que; después de que, etc.) + 접속법 문장. 예) Te llamo mañana, cuando vuela Marcos 내일 내가 네게 마르꼬스가 도착할 때 전화 할게. Me voy a acostar en cuanto temine este trabajo 이 일을 끝내자마자 저는 잠을 잘 것입니다.

Expresiva [언어] 감정 표현적 기능. 인간의 느낌이나 감정을 표현하는 기능으로 보통 전달자의 마음의 상태를 표현하는 기능을 말함. 예) iNo aguanto más! 더 이상 못 참겠어. iAy de mí! 아이고 내 팔자야! ※ Emotiva 참조.

Expreso [문법] (형태적으로 동사의 주어가) 나타나 있을 때. 이는 우리가 흔히 보는 주어가 있고, 그 다음에 동사가 나타나는 주절 형태를 일컫는 말임. 이와는 반대로 동사가 원형으로 써지면서 그 의미상 주어가 보이지 않는 경우(Tácito)의 경우도 있음. ※ Tácito 참조.

Extensión ① [언어] (의미의) 확장. ② [논리] (개념・명제 따위의) 외연. ③ [정보] 확장.

Extensión analógica [언어] 유추 확장. 한 언어 안에서 이미 있던 구조적 유형을 기초로 한 재래유형의 교체.

Extensivo ① [언어] 광의(廣義)의. ② 외연(外延)적인. ③ [철학] 연장(延長)의.

Extra- [어원] ① 「범위외」의 의미. 예) extrajudicial 법의 관할 외의. ② 「극히・아주・더없이」의 의미. 예) extraplano 아주 반반한. 아주 얇은.

Extracción ① [언어] 추출, 발췌, 인출. ② [의학] 뽑아내기, 제거.

Extralingüístico 언어 외적인; 언어학 영역 밖의.

Extraposición [언어] 외치(外置). 주어 기능을 하는 『de + Inf.』나 『que + ~절』을 문미(文尾)로 이동시켜 비인칭 구문을 구성할 때, 적용되는 통사 조작.

-ezuelo, la [어원] 「작은」의 의미. 예) portezuelo 작은 항구. portezuela 승강구.

Eyección ① 배출, 분출, 방출. ② [생리] 배설.

Eyectivo [언어] 방출음.

【F】

F [언어] f 에페 (스페인어 자모의 여섯 번째 문자). 스페인어의 자음 음소 /f/. 음성학적으로는 마찰음(fricativo), 순치음(labiodental), 무성음(sordo)의 자질을 가짐(= Fricativa labiodental sorda 무성 마찰 순치음). 음성학 기호로는 [f]로 나타남. 예) **F**avor 호의; **F**uego 불. ※ Fricativo; Labiodental; Sordo 참조.

Factitivo [언어] 사역(使役); 사역의. 예) Verbo factitivo 사역 동사.

Factivo [언어] 사역의(= Factitivo).

Facultativo [언어] 임의성(任意性). 언어에서 소리 단위와 의미 연결의 임의성. 일반적으로 언어 기호는 스스로가 지시하려는 대상과 내적으로 어떠한 필연적 연관성을 가지고 있지 않음. 예를 들어서 'Juan Carlos'라는 표기는 우연히 스페인의 국왕을 가리키게 되었지만, 그 표기가 경우에 따라서는 전혀 다른 사람을 가리킬 수도 있을 것임. 따라서 'Moisés Stankovich'를 가리켜 'Juan Carlos'라고 할 수도 있을 것이며, 이러한 식으로 지명된 자신을 전혀 다른 명칭으로도 나타낼 수 있을 것임. 이러한 방식은 언어에서 나타나는 극단적인 임의성을 보여주는 것으로, 사람을 지칭하는 데 사용되는 이름들이 반드시 특정인의 특질을 반영하여 설정된 것이 아님을 확연하게 보여줌. ※ Arbitrariedad 참조.

Falacia afectada [문학] 감정적(感情的) 오류. 1946년에 출판된 한 에세이에서 W.K. Wimsatt과 Monroe C. Beardsley는 감정적 오류를 독자에게 가져오는 효과, 특히 정서적 효과에 의하여 시를 평가한다고 하는 것이 오류라고 정의를 내림. 이 오류의 결과로 "특수한 비평적 판단의 대상으로서의 시 자체는 사라지게"되기 때문에, 비평은 "인상주의나 상대주의에 그치고 만다."는 것임.

Fallo 결정적 요소.

Falsete 가성(假聲). 지어내는 목소리. (남성의) 최고 음역.

Familia [언어] (단어의) 어족: Familia de la palabra. (언어 계통상의) 어족: Familia del lenguaje. 두개 이상의 언어가 역사적으로 계통적으로 연관되어 있을 때, 그 언어들이 하나의 공통 기원으로부터 발전되어 나왔다고 판단되는 경우를 일컬어 동일 어족에 속한다고 함. 일반적으로 어족이란 동일 어원으로부터 나온 모든 언어들의 집합을 일컫는 말. 19세기 언어학의 가장 중요한 업적은 엄격한 방법론과 원칙을 수립함으로써 문법, 문헌학, 언어학 등의 분야에서 역사 비교방법에 의해 어족들을 확정할 수 있게 된 점임. □

인구어족: 인구어족은 어족 중에서 가장 명확히 확정되어 다른 비교 문법 연구들의 모형으로 사용됨. 대부분 선진국의 언어들이 인구어족에 속해 있기 때문에 때때로 인구어족을 가장 최상의 어족으로 잘못 생각하기도 함. 인구어족에 비교방법을 적용한 것은 꽤 오래 전부터이며, 따라서 인구어족은 다른 어족들보다 훨씬 많은 연구대상이 되어 왔음. 인구어족에는 게르만어파, 켈트어파, 로망스어파, 슬라브어파, 발트어파(이 둘은 발트슬라브어파로 묶임), 알바니아어파, 아르메니아어파, 희랍어파, 이란어파, 인도어파(이 둘은 인도이란어파로 묶임), 토카라어파, 그 외에 오늘날에는 사라졌지만 아나톨리아어파 또는 인도 히타이트어파 등이 속함. 이중에서 스페인어가 속하는 로망스어파를 자세히 살펴보면, 로망스어에는 스페인어, 포르투갈어, 프랑스어, 이탈리아어, 루마니아어 등이 있으며, 그 외에도, 프로방스어, 카탈루니아어 등의 로망스계 소수언어가 속함. 이들 언어들은 통속 라틴어에서 진화되었으며, 오늘날에는 사라졌지만, 고대 유물에서 확인된 오스크어, 옴브리어, 베네티어 등은 라틴어와 함께 이탈리어파에 속하게 됨.

Familia de tranformación [언어] 변형족(變形族), 변형 어족(語族).

Familia de palabras [언어] 어족. ※ Familia 참조.

Familiar [언어] 친근(성); 교양(성). 대화를 할 때, 담화자간의 '친근성(Familiar)'을 나타내기도 하며, '교양성(Familiar)'을 드러내는 경우는 매우 예의바르게 어떤 사안을 거절할 때 사용하는 언어 형태에서 사용이 됨. 언어의 자질에서 볼 때, 'Familiar (친근한·교양 있는)'는 'Vulgar (상스러운)', 'Grosero (무례한)'과 반대되는 개념이. 이러한 의미를 Purista (언어 순수주의자)들은 'Familiar'와 'Grosero'의 의미를 혼동하는 경향이 있음.

Faringal [언어] 인두음. □ (자음이) 인두음(咽頭音)의. 예) Articulación faringal 인두 조음(調音).

Faringalización [언어] 인두음화.

Faringe [해부] 인두(咽頭).

Farίngeo [언어] 인두음. □ (자음이) 인두음(咽頭音)의.

Farsa [문학] 소극(笑劇). 관중들에게 단순하고 아무 저의 없는 웃음을 유발하도록 꾸며진 희극의 형태. 이를 위해 이 형식은 매우 과장되고 희화화된 인물 유형을 보통 사용하고, 그들을 터무니없고 우스꽝스러운 상황에 집어넣고, 광범위한 말의 익살이나 신체적인 격렬한 연기를 마음대로 사용함.

Fases que integran a la formación de un sonido [언어] 소리형성의 형세(形勢). 소리를 내기 위해서는 조음 기관의 일정한 운동이 필요함. ① 우선 기관들은 휴식기 혹은 일정한 위치에 있다가 소리를 낼 목적으로 움직이기 시작함. 이렇게 준비하고 있는 형세(形勢)를 'fase intensiva' 혹은 'intensión'이라고 함. ② 조음기관이 소리의 형태를 결정하면 같은 위치에서 일정 기간동안 그 상태를 유지함. 이것을 'fase tensiva' 혹은 'ensión'이라 함. ③ 마지막으로 소리가 이미 나오면 조음기관은 휴지기나 다음 소리를 내기 위해 전에 차지한 위치를 포기함. 이 세 번째 단계를 'distensión' 혹은 'fase distensiva'라고 함. □ 어떤 소리의 본질적인 면은 'tensiva'임. 다른 두 가지는 이어지는 소리들의 특정 위치 사이의 과도기임. 'intensión'은 또한 'implosión'이라고도 불리며 똑같이 'distensión'도 'explosión'이라 불림.

Fática [언어] 강조적 기능. 의사전달을 확실히 하기 위해 사용하는 기능. 예) ¿Eh? 예? ※ Distensión; Tensión; Implosión; Explosión 참조.

Fechación ① 날짜 기입. ② 연대 추정(결정)

Feedback ① [언어·정보] 피드백(= Retroacción), 귀환. 출력 신호의 일부를 입력 측에 되돌려 보내는 기능. 어떤 계통에서 그 계통의 행위의 결과를 거듭 도입함에 의해서 얻어지는 제어 방식을 일컬음. 되돌아가는 정보에 의해서, 그 계통의 작용 방법과 모델을 바꿀 수 있으면 그것이 피드백(Feedback)이 됨. 이 원리에 의해 얻어지는 언어는, 고도로 완성된 컴퓨터처럼, 자기 자신이 기능 장애를 제거하는 것을 일컬음. 예를 들자면, 음성 변화에 의해 생긴 어떤 종류의 불편한 동음이의(同音異義)를 제거하는 과정 등을 말함. ② [심리] 피드백, 송환. ※ Autorregulación 참조.

Femenino ① [언어] 여성형. □ 여성(형)의. 예) Género femenino 여성. Nombre femenino 여성 명사. ② [운율] Rima femenino 여성운.

Femto- [어원] 「1,000조(兆)분의 1, 10^{-15}」의 의미. 예) *femto*gramo 1,000조분의 1 (10^{-15}) 그램.

Fenómeno [문학] 현상(現像). 인간의 감각을 통하여 관찰되는 온갖 사물을 일컬음. 본질의 외면적인 나타남으로써 본질과 관련시켜 생각하지 않으면 안되지만, 보통 현상적이라고 할 때 관찰된 그 자체에만 시종 되는 것을 말함.

Fenotexto [언어] 현상텍스트. ① 기호학에서 간단한 읽기 체로 나타낼 수 있는 텍스트를 일컬음. ② 기호를 생성하는 행위는 현상으로 다루어지며 숨겨진 화면으로서 기능하는 구조화된 의미작용 전반에 있음. 그러나 반면에 의사 소통의 언어 그 자체는 그 위반의 활동을 통해 의미를 생성하는 생산성을 예시하고 표시하는데 쓰임.

Fenotipo [언어] 현상 유형. 러시아의 언어학자 S. K. Chaumjan의 술어로써, 추상적인 통사상의 대상인 '유전자형(遺傳子型)'이 취하는 외면적 형식을 말함.

Figura [문법·수사] 형성소(形成素), (말·생각 따위의) 수식, 수사; 문체. 예) Figura de las palabras 전의(轉義). Figura de estilo 문식(文飾).

Figurado 비유적 의미.

Figurar [언어·규칙동사] 자리를 잡다. □ 어휘 또는 문법적 형태의 항목들이 문장 속에서 제 위치의 구실을 하면서, 자리 매김 하는 것을 일컬음. 문장 속에서의 변별자질이 되는 문법적 형태는, '명사', '동사', '형용사', '부사', '시제' 등이 있음. 예) Mi padre lee el periódico 나의 아버지는 신문을 읽으신다. → [한정사(determinante) + 명사(nombre) + auxiliar(조동사; 시제-인칭) + verbo(동사) + 한정사(determinante) + nombre(명사)]. ※ Nombre; Determinante; Verbo; Auxilio 참조.

Figuras retóricas [문학] 수사적 표현. 은유(Metáfora)나 그 밖의 비유에서처럼 단어 자체의 근본적인 의미의 변화에 의해서가 아니라 특수한 효과를 위한 단어의 배열 방법에 의하여 표준언어나 '축어적(Implicativo)'언어와 구별되는 몇 가지 표현법을 일컬음. 예) 돈호법(Apostrofe), 기원(Invocación), 수사적 질문(Cuestión retorical), 교차대구법(Quismo), 액어법(Zeugma) 등등. ※ Metáfora; Implicativo 참조.

Filología [언어] 문헌학(文獻學). 문헌학은 남겨진 문자 기록을 중심으로 언어뿐 아니라 역사적·고고학적 과거 사실을 밝히고자 하는 연구 분야. 문헌학은 문헌이 어떻게 전달되고, 원형을 어느 정도 보존하고 있으며, 각 언어 시기에 걸쳐 어떻게 변화되었는가 등에 관심을 가짐. 학문적 명칭으로는 언어학(Lingüística)과의 관계가 문제시 됨. 영국에서는 언어학과 문헌학을 포괄해 Filología를 사용하는데 반해, 미국은 언어학(Lingüística)과 문헌학(Filología)을 나누어 사용하는데, 언어학은 언어의 과학적 연구를 가리키고, 문헌학은 이와 같은 언어학과 문학적·인문학적 연구와의 중간 위치를 차지하는 넓은 영역을 지칭하는데 쓰임.

Filtro [물리] (음향·광학 장치 따위의) 필터, 여과기.

Filtro acústico 음향 필터.

Fin [언어] 목적. 예) Complemento circunstancial de fin 목적 상황 보어. Subordinado de fin 목적절.

Final ① [언어] 어말(語末)의, 말미의, 목적의. 예) Vocal final 어말 모음. Proposición final 목적절. ② [철학] 목적을 나타내는. 예) Causa final 목적인(因)·궁극원인.

Finalidad [언어] 어말, 어미; 어말음. 예) Finalidad acentuada 어말 강세음.

Fisio- [어원] 「자연(naturaleza)」의 의미. 예) *fisio*nomía 용모. *fisio*terapia 자연[물리] 요법.

Fisiofonética [언어] 생리 음성학. 오늘날 '음성학'이라고 불리는 것에 거의 대응하는 언어학의 부문을 가리켜 나타내기 위해서, 언어학자 J. Baudouin de Courtenay에 의해 제안된 술어임. 이 단어는 오늘날에는 언어학자들에 의해 배척받고 있음. 이러한 것은, 이 단어로써는, 음성학에 있어서 생리적 기구와 마찬가지로 중요하며, 또 생리적 기구와 밀접한 관계에 있는 심리적·신경적 기구가 버려지기 때문임.

Fisiología [문학] 생리학. 19세기 중엽에 특정 계층의 생태를 묘사·분석하려한 책들의 제목.

Flap ① [언어] 탄(설)음(彈(舌)音), 튀김 소리. 음성의 튀김 현상. ② [물리] (피스톤의) 왕복운동. ③ [물리] 맥놀이. 비슷한 두 음파를 합성했을 때, 나타나는 간섭 현상으로서의 주기적 진폭변화.

Flecha ① [어학] 화살표 기호. 생성운법의 서술 방법에서, 화살표 기호는 화살표의 오른쪽에 서술한 요소를 통해 화살표의 왼쪽 내용을 다시 쓰기한 것을 일컬음. 예) SN(명사구) → Det(한정사) + N(명사). ② [기계] 부하(負荷)에 의한 횡적(橫的) 변형의 폭.

Flexión [언어] 굴절; 변화. 예) Flexión radical 어근 굴절. Flexión temática 어간 굴절. Flexión verbal 동사의 굴절. Flexión nominal 명사의 굴절.

Flexionable [언어] 굴절되는 (형태). 문법적 기능, 인칭·수, 의미론적 범위 등등을 나타내는 어휘 형태소와 어미 형태소에 의해 형성된 어휘에 굴절되는 형태(Forma flexionable)라 이름을 붙임.

Flexional [언어] 굴절되는, 굴절의. 예) Lengua flexional 굴절어.

Flexivo [언어] 굴절되는, 굴절의.

Flojo [언어] 이완성음(弛緩性音). □ (음성이) 이완성(弛緩性)을 띠고 있는.

Focalizar [언어] (생성문법에서) 초점화시키다.

Foco [언어] ① 초점. 강조의 절차를 가리켜서, '초점 맞춤'이라는 표현을 이따금 사용하는 일이 있음. ② (생성문법에서 말하는) 초점.

Folklórica, etimología [언어] 민간어원(民間語源). 낯선 단어를 유추와 동화로 좀 더 친숙한 엉뚱한 단어로 교체시킨 것, 즉 일반 사람들이 자기가 쓰고 있는 말에 대해서, 그 말이 가진 뜻을 자기가 이미 잘 알고 있는 말로써 해석하려는 경향이 있음. 이러한 해석 방법이 보편화되면 그 말의 소리도 그렇게 바꾸어 버리는 일이 일어남.

Fonación [언어] 발성(작용), 발음. 구어체 언어를 형성하는 음은 대체적으로 성대에 의해 조절되어 입 밖으로 발성되는 목소리에 의해서 이루어짐. 목소리란 폐의 수축 작용에 의해 울려 퍼져 나오는 음이 성대(Cuerdas vocales)와 접촉을 하여 일으키는 결과임. 예) Problema de la fonación 발성(발음) 장애. ※ Cuerdas vocales 참조.

Fonador [언어] 발성의, 발음의. 예) Aparato fonador 발성(발음) 기관.

Fonema [언어] 음소(音素). 음운론의 기본 요소 및 최소 단위.

Fonemática [언어] 음소론(音素論). 음소론이란, 음소, 즉 최소의 변별단위를 특히 연구하는 음운론의 한 부문임. 음소론의 목적은, 연구 대상이 되는 한 언어, 또는 몇 언어의 음소 목록을 작성하여, 음소를 분류하고, 그 결합을 살펴보는 일 등임.

Fonémico [언어] 음소의.

Fonética [언어] 음성학. 말(Habla)에 있어 의미의 연구. 발음학. (한 언어어족의) 음성 조직[체계]. 인간이 발성 기관을 이용하여 만들어 내는 소리 중에 실제로 의미를 전달하기 위해 사용하는 소리, 즉 '말소리'만을 연구의 대상으로 함. 다시 말해 음성학이란 인간의 의사전달수단인 언어를 이루는 언어음성에 대한 과학적인 연구라고 할 수 있음. ※ Habla 참조.

Fonética acústica [언어] 음향 음성학. 음파로서의 말소리가 지니고 있는 음향적 자질을 연구하는 학문. 음향음성학은 2차 세계대전 이후인 1950년대에 들어서면서 전자기기의 발달과 더불어 시작된 분야로 인간언어의 말소리 연구에 많은 공헌을 해 왔음.

Fonética articulatoria [언어] 조음 음성학. 말소리들의 조음과정을 비롯하여 말소리의 기술과 분류에 대한 연구. 조음 음성학은 청각음성학이나 음향음성학처럼 인체에 대한 해부학적 지식이나 물리학적 지식 등과 같은 전문적 지식을 요구하지 않음. 뿐만 아니라, 인종에 관계없이 비슷한 발성기관의 해부학적 구조로 인해 특정의 언어가 아닌 인간의 모든 언어의 소리를 함께 연구할 수 있는 장점이 있어 오래 전부터 널리 깊게 연구 되어온 말소리의 연구방법임.

Fonética auditoria [언어] 청각 음성학. 말소리의 청각적 인상을 연구하는 분야. 그러나 청각적 인상이라는 것을 객관적으로 세분하기 어려울 뿐만 아니라 청각 음성학은 인체 해부학이 발달하면서 시작된 학문으로, 아직은 학문으로서 인정받을 만한 그럴 듯한 성과를 내지 못하고 있음.

Fonética descriptiva [언어] 서술(敍述) 음성학. 서술 음성학에서는 언어의 음, 음의 질, 음의 배열을 연구 대상으로 함.

Fonética, evolución [언어]음성적 변화(音聲的 變化). 특정 언어의 역사적 음 변화 안에서, 음소를 구성하는 하나 또는 그 이상의 변이음에는 변화가 있지만, 그 언어의 음소체계에는 변화가 미치지 않는 것을 말함. 그러나 이러한 음 변화가 그 언어의 음소체계에 변화를 미치게 될 때, 이것을 음운적 변화라 함.

Fonética normativa [언어] 규범(規範) 음성학. 규범 음성학에서는 단어 및 구절의 정확한 발음을 가르치는 것을 연구 대상으로 함.

Fonética general [언어] 일반 음성학(一般 音聲學). 특정 언어에 국한하지 않고 말소리를 총체적으로 연구하는 학문. 인간이 낼 수 있고 들을 수 있는 모든 음성적인 문제를 총체적으로 다룸. 물론 이는 개별음성학의 그 기초가 됨.

Fonética individual [언어] 개별 언어학(個別 音聲學). 어떤 특정 언어에서만 사용되는 말소리를 다루는 학문. 스페인어 음성학, 영어 음성학, 한국어 음성학 등과 같이 개별 언어를 대상으로 하거나 또는 개별 언어 내의 방언을 대상으로 하여 스페인 본토 스페인어 음성학, 멕시코 스페인어 음성학이나 까스띠야 방언 음성학, 발렌시아 방언 음성학과 같이 한 언어 내의 방언을 중심으로 다루는 음성학임.

Fonética sintáctica [언어] (문장 상 구조로 인한) 음성 변이. 어떤 단어의 경우 그 자체는 강세가 있지만, 문장 상의 다른 단어에 어미 첨가 또는 어두 첨가에 의하여 강세가 상실되는 경우가 있음. 예) dŏminu와 dŏmina가 각각 그 자체로서는 dueño, dueña가 되지만, 문장 상에 다른 단어의 어두 첨가되어 강세가 상실됨으로 인해 /ŏ/의 이중모음화가 일어나지 않아 don, doña가 생기게 됨.

Fonética universal [언어] 보편적 음성학. Chomsky 등. 보편적 통사론 및 보편적 의미론과 함께 보편 문법의 일부를 구성함. 보편적 음성학은 인간언어에서 사용하는 언어음을 모두 나타낼 수 있는 보편적 음성문자를 설정함으로써 다양한 규칙체계를 명확하게 해줌. 여기서 말하는 보편적 음성문자는 보편적 음성학에 있어서 원초적 요소인 변별적 음성자질의 행렬임. 따라서 모든 언어음은 이 행렬에 의해 표시됨. 이 이론은 언어음의 비연속성, 언어의 무한성, 그리고 두 분절간의 유사점 및 차이점을 나타내는 것 등의 세 가지 면을 적어도 포함하고 있음. 이 이론에서 설정된 변별적 자질은 절대적인 면과 상대적인 면을 가지고 있음에 주의해야 함. 즉, 설정된 변별적 자질은 모든 언어를 설명할 수 있도록 되어 있다는 점에서 절대적이며, 한편, 자질의 절대 값이, 가령 front-back에 관해 2인 경우(변별적 음성자질의 값은 (+)나 (-)가 아니라 1, 2, 3, 등 정수(整數)에 의해 표시됨), 어떤 언어에서는 그것을 front로, 다른 언어에서는 그것을 back으로 할 수 있다는 점에서 상대적임. 그리고, 다양한 법칙체계를 명확하게 한다는 것은 어떤 개별 언어에서 허용되는 음의 연속 및 어떤 음이 선택될 수 있는가 등을 바탕으로 하여 지배하고 있다는 법칙을 정식화 하는 것을 의미함. 보편적 음성학의 역할을 다른 관점에서 본다면, 실질적 보편소로서 일정수의 변별적 자질을 설정하는 것, 및 형식적 보편소로서 음운부에서 사용되는 규칙은 어떤 것이 있으며, 그들의 순서는 어떠하며, 변형순환의 원리는 필요한가 등을 반드시 규정하고 있는 것임. ※ Chomsky 참조.

Fonético [언어] 음성의, 음성학의, 표음의. 예) Notación fonética 음성 표기체계. Transcripción fonética 음성표기법·표음전사(법). Escritura fonética 표음문자. Ortográfica fonética 표음정서법.

Fonetógrafo 음성 표기 장치. 각각의 소리, 즉 청각적 성격을 분석하는 음향 스펙트럼으로부터 글로 된 텍스트상의 구어(口語)로 변환할 수 있도록 허용하는 장치.

Fonía [언어] 발성, 발음(= Fonación). ※ Fonación 참조.

Fónico [언어] 소리의, 음성의. 예) Unidad fónica 음단위.

Fono [물리] 폰. 소리의 강도 측정 단위.

Fono- [어원] 「소리, 음(音 voz, sonido」의 의미. 예) fonología 음성학.

-fono, na [어원] 「소리」의 뜻. 예) teléfono 전화.

Fonocronología [언어] 음운 연대학.

Fonoestilística [언어] 음성 문체론.

Fonograma ① [언어] 표음 문자. 단어를 구성하는 (말)소리를 직접 적어 나타내는 글자를 말함. 표음 문자는 분절의 정도에 따라, 음절문자(Letras silábicas)와 음소문자(Letras fonémicas)로 나뉨. ② 녹음물. ※ Letras silábicas; Letras fonémicas 참조.

Fonología [언어] 음운학(론). 언어(Lengua)에 있어서 의미의 연구. 음운 조직. 예) Fonología diacrónica 통시 음운론. Fonología sincrónica 공시 음운론. Fonología generativa (생성문법에서) 생성 음운론.

Fonología autosegmental [언어] 자립 분절음운론. 자립분절음운론은 스텐포드 대학의 William R. Leben 교수의 "Underlying Tone in Margi and Igbo(1973)"과 Sadock(1991)의 "Autolexical Syntax"에 영향을 받은 시카고 대학의 John Goldsmith 교수에 의해 처음 도입된 생성음운론의 한 수정 이론임. 이 이론은 종래의 단선적인 분절음운론에서 성조나 초 분절자질을 제대로 기술할 수 없었던 것을 새롭게 보완한 것으로써, 조화 현상과 중첩을 포함한 비 연결적 형태론적 현상, 장음 현상 등을 설명하는데 매우 유용하게 이용되고 있음.

Fonología funcional [언어] 기능 음운론. 기능 음운론은 인간의 발화조직에 대한 일반이론으로서 암스테르담 대학의 Paul Boersma 교수에 의해 정립됨. 이 이론은 세계의 모든 언어자료를 기술하고 설명하기 위해 인간의 행동과 지각에 기초하여 그 가능성을 체계화한 것으로, 최소의 조음적 노력 및 지각과 같은 기능적인 원칙을 설명하고 있음.

Fonología métrica [언어] 율격(律格) 음운론. 율격 음운론은 1977년 예일대학 언어학과의 Alvin Mark Liberman 교수와 뉴저지주립대학 Rutgers 언어학과의 Alan Prince 교수에 의해 처음 시도되었음. 이 이론은 음운 규칙의 적용방법이나 도출과정보다는 음운 표시에 초점을 맞춘 것으로 스텐포드 대학 언어학과의 Paul Kiparsky 교수와 UCLA 언어학과의 Bruce Hayes 교수, 메사추세츠 암헤스트 대학 언어학과의 Elisabeth Selkirk 교수 MIT대학 언어학과의 Morris Halle 교수, 남부캘리포니아대학 언어학과 Jean Roger Vergnaus 교수 등에 의해 집중적으로 연구되었음.

Fonología generativa [언어] 생성음운론.

Fonológico [언어] 음운론의, 음운론적인. 예) Sistema fonológico de una lengua 한 언어의 음운 체계. Oposición fonológica 음운 대립.

Fonologización [언어] 음운화. 조건의 요소가 소실됨으로써 다른 음소로 분리되는, 조건이 맞는 변이음소의 발전을 포함하는 한 언어의 음운 체계상의 변화.

Forma¹ [언어] 형태; 실체. ((옐름슬레우(Hjelmslev)분류)) 언어 기호(Signo lingüístico)에서 볼 때, 내용(Contenido)과 표현(Expresión)으로 구분할 수 있음. 이중에서 내용의 "형태"를 'Forma'라 하며, 표현의 "실체"를 또한 'Forma'라 함. ※ Contenido; Expresión 참조.

Forma² ① [언어] 형태, 형식. 예) Forma activa 능동형. Forma afirmativa 긍정형. ② [심리] 형태. 예) Teoría(Sicología) de la forma 형태(게슈탈트) 학설(심리학). ③ [논리] (추론·명제의) 형식. 예) Formas del entendimiento 오성(悟性)의 형식. ④ [철학] (아리스토탈레스·스콜라 철학의) 형상; (칸트 철학의) 형식.

Forma canónica 규준형(規準形).

Formación de palabras [언어] 조어법(造語法). 형태소가 모여 단어를 형성하는 방법을 조어법(Formación de la palabra)이라 하여 형태론의 하위 분야로 잡음.

Formación de plural [언어] 복수형(태) 만들기. ① 강세가 없는 모음으로 끝나는 명사일 경우는 '-s'를 붙임. 예) perro 개 - perros 개들. ② 자음으로 끝나는 명사나 강세가 있는 'í'로 끝나는 경우는 '-es'를 붙임. 예) mantel 식탁보 - manteles 여러 개의 식탁보, rubí 루비 - rubíes 여러 개의 루비. ③ 명사가 'z'로 끝나는 어휘는 'c'로 고쳐서 '-es'를 붙임. 예) lápiz 연필 - lápices 여러 개의 연필. ④ 명사가 's'로 끝날 때, 단수형과 복수형이 동일한 형태를 띠게 됨. 예) el lunes 월요일 - los lunes 매주 월요일, dosis (약의) 복용량, tesis 논문, caos 혼동. ((예외의 경우: gas 가스 - gases)) ⑤ 단수가 복수로 될 때, 강세 위치가 변하는 명사도 있음. 예) caráter 성격 - carateres, régimen 제도 - regímenes. ⑥ 남성 복수 명사가 때때로 양성(兩性)을 의미함. 예) Los padres 부모님들 = el padre y la madre 아버지와 어머니. ⑦ 어떤 명사는 복수만 가지고 있는 형태도 있음. 예) las gafas 안경, las afueras 교외, los gemelos 쌍둥이. ⑧ 어떤 명사는 단수, 복수형을 모두 같은 의미로 사용하는 경우. 예) el pantalón 바지 - los pantalones 바지.

Formador [언어] 형성소(形成素): □ 형성하는. 예) Elementos formadores 어휘 형성소.

Formal ① [언어] 형태(상)의, 형식의. 예) Analisis formal de un lenguaje 언어의 형태 분석. ② [문학] 형식의, 형식을 중시하는. 예) Hermosura formal 형식미(形式美). ③ [심리] 형식적인. 예) Pensamiento formal 형식적 사고. ④ [논리] 형식의. 예) Lógica formal 형식 논리학. Sistema formal 형식체계.

Formalista [언어] 형식주의자. 언어 형태들의 의사 소통적인 기능보다는 언어형태에 관심을 보이는 언어학자들.

Formalización [언어] 형식화, 공리화(公理化). 예) Formalización de la lógica 논리의 형식화.

Formante ① [언어] (복합어를 구성하는) 어휘 형성소. ② [음악] 형성음.((악기·목소리에 특유의 음색을 주는 특정의 주파수대)) ③ [음성] 음형대(音形帶).

Forma progresiva de Verbo [문법] 동사의 진행형. □ 기본 형태: 『Estar + 현재분사(-ando/ -iendo)』 계속 ~ 하다. 예) Los chicos están jugando al juego 소년들은 계속 놀고 있다. □ 용례: ① 진행 상태를 강조함. 예) Él lee el libro 그는 책을 읽는다. → Él está leyendo el libro 그는 책을 읽고 있는 중이다. ② 행동의 진행을 강조할 뿐만 아니라, 감정의 진행도 강조함. 예) Estoy deseando que te cases 난는 네가 결혼하길 (정말) 바라고 있다. ③ 평서문을 강조하는 이외에 평서문과 의미가 다르게 되는 경우가 있음. 예) [평서문] Ella estudia en la universidad 그녀는 대학에서 공부하고 있다(그녀는 대학생이다); [진행형] Ella está estudiando en la universidad 그녀는 대학에서 공부를 하고 있는 중이다(그녀는 대학에서 한창 공부 중이다). ④ 과거에는 두 종류의 과거형태가 존재함. 『Estar(부정과거) + 현재분사형(-ando / -iendo)'와 'Estar(불완료과거) + 현재분사형(-ando / -iendo)』 예) Estuve trabajando allí hasta ayer 나는 어제까지는 거기서 일하고 있었다; Yo estaba trabajando allí en aquel tiempo. 나는 그때 거기서 일하고 있었다. ⑤ Estar동사 이외에 진행형 동사와 어울려 표현을 나타낼 수 있는 동사: 『ir + 현재분사형(-ando / -iendo) 점점 ~하다(증대)』; 『venir + 현재분사형(-ando / -iendo) 계속 ~해오다(수렴)』; 『seguir + 현재분사형(-ando / -iendo) 계속 ~하고 있다(고집상태)』; 『continuar + 현재분사형(-ando / -iendo) 계속 ~하고 있다』; 『andar + 현재분사형(-ando / -iendo) 여기저기서 ~하고 있다[다니다]』; 『quedarse + 현재분사형(-ando / -iendo) 가만히 ~하다(부동 행위의 계속)』 ※ Gerundio; Gerundio de presente de indicativo; Gerundio de pretérito de indicativo; Gerundio de futuro de indicativo 참조.

Formas de Verbo [문법] 동사의 형태. 스페인어 동사는 어미가 -ar, -er, -ir로 끝나는 3가지 형태만이 존재하며, 각 동사의 변화형은 시제, 인칭, 수에 따라 규칙변화와 불규칙변화 동사가 있음. □ 시제: · 스페인어 시제는 단순시제와 복합시제로 2가지 형태를 가지고 있음. ① 단순시제. 예) 《Bebo 난 마신다; Beberé 난 마실 것이다; Bebí 난 마셨다》 등등. ② 복합시제. 예) 《He bebido 난 마셨다(왔다); Yo había bebido 난 마셨었다》 등등. · 모든 시제에 진행형 형태를 가지고 있으며, 이 어휘는 『estar동사 + 현재완료형(gerundio)』 형태를 띰. 현재 완료형 어미는 항상 -ndo형태를 띄고 있음. ③ 진행형. 예) 《Estoy bebiendo 난 마시고 있다; Yo estaba bebiendo 난 마시고 있었다; He estado bebiendo 난 마셔왔다》 등등. ■ 진행형을 만드는 연결동사는 estar동사 이외에 "seguir, continuar, ir, venir" 등이 있음. □ 법(modo): 스페인어의 법은 직설법(indicativo), 접속법(subjuntivo) 그리고 명령법(imperativo)가 있음. [※ 설명은 각각 법에 대한 어휘 참조] □ 인칭과 수: 스페인어의 동사는 주어의 인칭과 수에 따라 그 어미 변화형이 형성됨. ① 인칭과 수에 따른 변화의 예) Hablo 난 말한다(1인칭·단수); Hablas 넌 말한다(2인칭·단수); Habla 그/ 그녀/ 당신은 말한다(3인칭·단수); Hablamos 우리는 말한다(1인칭·복수); Habláis 너희들은 말한다(2인칭·복수); Hablan 그들은/ 그녀들은/ 당신들은 말한다(3인칭·복수). ※ Modo; Indicativo; Subjuntivo; Imperativo 참조.

Formas no personales del verbo

[문법] 동사의 무인칭 형태: Hay 동사. □ Hay 동사는 주어가 없으며, 존재의 뜻만을 나타냄. Hay 동사 뒤에 정관사와 소유격 형태를 쓰지 못하는 어휘로서, 어떤 사물의 유무(有無)만을 나타내는 동사임. 예) Hay muchos amigos en la biblioteca 도서관에는 많은 친구들이 있다. Hay un libro sobre la mesa 책상 위에는 (한 권의) 책이 있다.

Formativo [언어] 형성하는.

Fórmulas rimadas [문학] 운율을 맞춘 형식.

Fosilización [언어] 응결(凝結).

Foto- [어원] 「빛, 광(光)」의 의미. 예) *fotó*lisis 광분해.

Fraccionario [언어] 부분을 나타내는. 예) Artículo fraccionario 부분 관사.

Fractura [언어] 음의 분열. 단모음의 이중 모음화.

Fragmento [문학] (문장·작품 등의) 단편(斷片), 일절(一節), 부분 원고, 미완성 유고(遺稿).

Franco- [어원] 「프랑스의」의 뜻. 예) *franco*filo 프랑스를 좋아하는.

Franqueamiento 넘기. 건너기. 통과.

Frase [언어] ① 구절(句節). 학자에 따라 각기 달리 사용하고 있으면서도 많이 쓰이는 용어. 용법이 각각 다르다고 하지만, 구절(句節)이라는 용어의 사용 범위는 보통 전통적으로 절(節) 및 문장(文章)의 범위 이외에 국한함. 둘 이상의 단어가 모여 어떤 단위를 이루는 것을 구절이라고 하며, 그 구절이 실제 어떤 것인가 하는 것은 그 앞에 놓인 수식어(修飾語), 예를 들며, 과거분사형 (participio), 동사원형(infinitivo), 전치사형(preposición), 동사형(verbo), 부사형(adverbio) 등등에 의해서 판정할 수밖에 없음. 물론 수식어를 수반하지 않을 경우라도 특정한 학자의 고유한 용법도 있으므로, 그런 경우에는 그 학자가 부여하는 정의(定義)를 참조해야 함. ② 구절 (Frase)는 문어체 표현의 최소 단위이며, 한 개의 단어 이상으로 되어 있고, 하나의 생각을 표현하는 것을 일컬음. 예) Hola, ¿qué tal? 안녕, 어떻게 지내? □ 모든 문장(Oración)은 구절 (Frase)이 될 수 있지만, 모든 구절은 문장이 될 수 없음. ※ Oración; Participio; Infinitivo; Preposición; Verbo; Adverbio 참조.

Frases activas [언어] 능동문. ① 명사 목적어와 보어를 수반하는 경우. 『주어 + 술어 + 직접 목적어 + 간접 목적어 + 장소 부사』 예) El profesor da el libro al alumno en clase 교수님은 수업시간에 학생에게 책을 주신다. ② 대명사화 된, 목적 보어를 가지고 있는 경우. 『주어 + 직접목적어(대명사) + 술어 + 간접목적어 + 장소부사』 예) El profesor lo da al alumno en clase 교수님은 수업시간에 그것을 학생에게 주신다. 『주어 + 간접목적어(대명사) + 술어 + 장소부사』 예) El profesor se lo da en clase. 교수님은 수업시간에 그것을 그에게 주신다. ③ 만약 부정을 나타내는 'No'가 오게 될 때, 그 위치는 주어 바로 뒤가 됨. 예) El profesor no da el libro al alumno; El profesor no lo da al alumno; El profesor no le da el libro; El profesor no se lo da. ※ Ordenación de las frases 참조.

Frases pasivas [언어] 수동문. 수동문은 능동문이 변한 형태인 'Ser + 과거분사형'을 기본으로 함. 『주어 + 술어 + 직접 목적어』 → 『주어 + 수동 술어형(Ser + 과거분사형) + por + 행위자(탈격형태)』 예) El profesor escribe el libro 교수님이 책을 쓰신다. → El libro es escrito por el profesor. ※ Ordenación de las frases; Ablativo 참조.

Frases absolutas [언어·문법] 분사구문. 분사구문은 현재분사구문(Gerundio)과 과거분사구문(Participio pasado)의 형태로 나누어짐. □ 현재분사구문 용법: ① 분사구를 주절보다 앞에 놓는가 뒤에 놓는 가에 따라 내용에 약간의 변화가 있고, 주동사의 시제에 의해서도 의미가 달라질 때가 있음. ② 현재분사(Gerundio)의 단순형은 '동시성·직전성'을 갖음. 복합형은 '완료'를 나타냄. □ 현재분사구문의 의미적 구분: ① 때(~하자, ~할 때). 예) Yendo hacia tu casa, me encontré con un amigo 너의 집 쪽으로 가고 있었을 때, 친구 한 사람을 만났다. ② 원인·이유(~ 때문에). 예) Corriendo mucho, pudo alcanzar el tren 열심히 뛰었기 때문에 그는 그 기차의 제 시간에 도착할 수 있었다. ③ 조건(~라면, ~하면). 예) Estudiando un poco más, podrás aprobar el inglés 조금 더 공부하면, 너는 영어에 합격할 수 있을 것이다. ④ 양보(~일지라도, ~불구하고). 예) Siendo inteligente, a veces parece tonto 그는 현명하지만, 때때로 바보처럼 보인다. ⑤ 성행(~하고). 예) Saludando a los tres, volví a mi pueblo 세 사람에게 인사하고, 나는 고향으로 돌아왔다. ⑥ 설명적 용법(~하므로). 예) El capitán, viendo que el barco se hundía, mandó preparar las lanchas de salvamento 선장은 배가 침몰하는 것을 보고 구명정을 준비하라고 명령했다. □ 과거분사구문 용법: 주동사의 주어와 다른 주어를 취할 때는 현재분사의 분사구문과 같이 그 주어는 후치함. □ 과거분사구문의 의미적 구분: ① 때(~하고, 하자). 예) Leída la carta, la hizo mil pedazos 편지를 읽고는 그는 그것을 갈기갈기 찢어 버렸다. ② 원인(~이므로). 예) Visto que no hubo nada inconveniente, lo aprobó 아무것도 부적당한 것이 없음을 보고, 그는 그것을 허가했다. ③ 양태(~해서). 예) La casa, puertas y ventanas cerradas, parecía abandonada 그 집은 문과 창이 닫혀 있어서 빈집 같았다. ④ 가정 조건(~하면). 예) Comprado un airecondicionador, tendremos un verano agradable 에어컨을 사면 쾌적한 여름을 보낼 수가 있을 것이다. ⑤ 양보(~이지만). 예) Escrito de prisa, el libro no tiene ninguna falta 서둘러 쓰여지긴 했지만, 그 책에는 아무런 실수도 없다. ※ Gerundio; Participio pasado 참조.

Frases conjuntivas [언어] 접속구(接續句).

Fraseología [언어] (집합적) 관용구, 관용표현.

Fraseológico [언어] 관용어구(표현)의. 예) Diccionario fraseológico 관용어 사전.

Frástico [언어] 문(장)의, 문(장)에 관한. 예) Estructura frástica 문(장)의 구조.

Frecuencia ① [언어] 빈도(수): Frecuencia cumulada(relativa) 누적(상대) 빈도. Frecuencia de la palabra 어휘의 빈도. ② [물리] 진동수; (전기·전파의) 주파수.

Frecuentativo [언어] 반복상(相); 반복형(形). □ (행위의) 반복·빈번을 나타내는. 예) Aspecto frecuentativo 반복상(相). Verbo frecuentativo 반복(상) 동사.

Fricativas (consonante) [언어] 마찰음. 음성통로의 일부가 좁아질 때, 이 곳을 통과하는 공기는 마찰을 일으키게 되는데, 이런 음을 마찰음이라 한다. 예) /f, Θ, s, x, y/ fama, cenicero, casa, jota, mayo.

Frontera [언어] 경계. 예) Frontera lingüística 언어 경계,

Fuente ① [언어] 기점 (언어). 예) Lengua fuente (번역에서의) 기점언어. ② [정보] 처리해야 할 정보, 소스.

Fuerte [언어] ① 강세가 있는. 예) Radical fuerte 강세어간. Sílaba fuerte 강음절. ② 경음(硬音)의. 예) Consonante fuerte 경(硬)자음. ③ (게르만 제어(諸語)의) 강변화의. 예) Verbo fuerte (독일어의) 강변화 동사 (불규칙동사).

Fuerza [문법] 강력함. 다른 문법보다 많은 문집합(文集合)에 대하여 구조(構造)나 틀을 부여할 수 있을 때, 그 문법은 보다 강력하다고 할 수 있음.

Función [언어] 기능. 예) Funciones del adjetivo 형용사의 기능. Función del sujeto 주어의 기능. Función del lenguaje 언어의 기능. Función del símbolo 상징 기능. Función signal 기호 기능. Función de expresión (comunicación) 표현(의사소통)기능.

Función anafórica [언어] 대용어 기능. 대용어 기능으로서 관계대명사 (Que)는 선행사를 지칭하며, 이때 선행사는 명시적이거나 함축적일 수 있

다고 봄.

Funcional [언어] 기능의. 예) Palabra funcional 기능어. Lingüística funcional 기능 언어학. Oposición funcional 기능적 대립.

Funcionalismo [언어] 기능주의. 말의 제 기능에 관한 프라하학파의 깊은 고찰 결과, '기능주의'의 여러 가지 조류(潮流)가 생겨남. 그것들은 각각 말의 제 기능 중의 어느 것인가를 우선적으로 다루는 경향을 지니는 것임. 이는 일반 음운론 및 기술적 음운론의 방향, 그리고 일반 언어학의 방향을 일컬음.

Función apelativa [언어] 명령적 기능; 중심적 기능. 청자(聽者)의 주의를 끌거나 청자의 대답을 이끌어 낼 때에 사용되는 요청, 명령과 같은 기능.

Función clasificada [언어] 범주소 기능.

Función cognitiva [언어] 대표 지시적 기능. ※ Función representativa 참조.

Función conativa [언어] 명령적 기능. 사동적 기능. 사역 동사적 기능. 수신자에게 초점이 맞추어진 경우로서, 타인의 행동을 유발시킬 것을 목표로 삼는 의문문이나 명령문에서 특히 잘 나타남. 예) ¡Estudia mucho! 열심히 공부해라! ※ Función apelativa 참조.

Función del adjetivo [언어] 형용사의 기능. ※ Adjetivo 참조.

Función emotiva [언어] 표현기능; 감정 표현적 기능. 인간의 느낌이나 감정을 표현하는 기능으로 보통 전달자의 마음의 상태를 표현하는 기능을 말함. 예) 《¡Ay de mí! 불쌍한 나!》의 표현은 화자의 처량한 신세의 한탄하는 감정을 나타내게 됨.

Funciones del gerundio [언어] 현재분사의 기능.

Funciones del infinitivo [언어] 부정사(동사원형)의 기능.

Funciones del lenguaje [언어] 언어의 기능. 언어는 다양한 기능을 가지며 그 기본적으로 사용되는 기능으로는 대표 지시적 기능(Representativa), 감정 표현적 기능(Expresiva), 명령적 기능(Apelativa), 친교적 기능(Realizativa), 강조적 기능(Fática), 미적·시적 기능(Estética), 메타언어학적 기능(Metalingüística)이 있음.

Funciones del participio [언어] 과거분사의 기능.

Funciones del sintagma nominal [언어] 명사구의 기능.

Funciones del sintagma verbal [언어] 동사구의 기능.

Funciones oracionales [언어] 문장

기능.

Función estética [언어] 미적, 시적 기능. 표현된 단어나 문장이 의도적이건 아니건 간에 미적으로 표현되어 나타나는 기능으로 서정시와 같은 아름다움을 표현하는 기능.

Función expresiva [언어] 표현 기능. ※ Función emotiva 참조.

Función fática [언어] 강조적 기능. 친교적 기능. 의사 소통의 행위를 개시하고 연장하거나 중단하는데 사용되는 메시지 속에서, 그리고 의사 전달을 확실히 하며, 잘 작동하는지 확인하기 위해, 특별한 내용 없이 이미 언급된 언어행위를 강조하는 것. 예) ¿Eh?, ¿No?

Función identificadora [언어] 확인소 기능.

Función metalingüística [언어] 메타언어학적 기능; 언어 이상학적 기능. 언어 자체가 메시지의 목표가 될 때 갖는 기능. 예) 《No se dice tieno sino tengo.》에서 'tieno'라 하지 않고 'tengo'라고 함.

Función poética [언어] 미적, 시적 기능. 이 기능은 야콥슨이 언급한 「메시지 자체에 초점이 맞추어진 것, 화자의 의도에 따라 메시지 자체가 강조되는 것」임. ※ Función estética 참조.

Función realizativa [언어] 친교적 기능. 특별한 내용 없이 의례적인 표현이나 인사 같은 언어행위. 예) ¡Buenos días!; ¡Hola!

Función referencial [언어] 대표 지시적 기능. 가장 명백한 기능. 언어는 세계의 상태에 관한 정보를 전달함. 예) Está lloviendo mucho 비가 많이 오고 있다. Yo voy a viajar por España en las vacaciones 나는 휴가에 스페인을 여행할 것이다. ※ Función representativa 참조.

Función representativa [언어] 대표 지시적 기능. 언어의 가장 주된 기능인 일반적 의사 소통 행위를 위한 것으로 일어난 일을 설명하거나 또는 어떤 지식이나 정보를 전달하는 기능을 말함.

Función simbólica [언어] 대표 지시적 기능. ※ Función representativa 참조.

Función transpositora [언어] 전환자 기능. 전환자 기능으로서 관계대명사(Que)는 하나의 문장을 다른 문장의 구성성분으로 전환시키면서, 동시에 두 문장을 이어주는 연결사 역할을 수행함. ※ Que 참조.

Funcionalismo [언어] 기능주의(機能主義). 프라그(Prague)학파의 언어 기능에 관한 고찰은 언어 사용의 이러저러한 기능을 중시하는 여러 가지 기능주의적 경향을 낳았음. Martinet의 저서에서는 밀접한 관계를 갖고 있는 세 가지 방향, 즉 일반 기술음운론의 방향, 통시 음운론의 방향, 일반 언어학의 방향 등을 찾아 볼 수 있음. 일반 음운론에 있어서, Martinet는 음성 차이의 기능 부담량(언어 기능)을 측정하였음. 음성학적 사실과 음운론적 사실의 중요한 구분에서부터 출발하여, 그는 의사소통의 필요(가능한 한 가장 변별적인 최대수의 단위의 요구)와 최소노력의 경향(가능한 한 가장 덜 변별적인 단위의 요구)을 대립시킴. 이 두 가지 요구의 조화를 추구하려는 경향은, 언어에 있어서, 경제 또는 기능 부담량의 개선을 낳음. 문장의 각 단위들은 두 가지 상반되는 압력, 즉 이웃한 단위들에 이웃한 발화 연쇄 내에서의 계열체적인 압력과, 동일한 위치에 나타날 수 있는 단위들에 대한 체계 내에서의 계열체적인 압력을 받음. 전자의 압력은 동화(同化)적이고, 후자의 압력은 이화(異化)적임.

Funcionalista [언어] 기능주의자. 언어형태의 의사소통 기능들에 관심을 갖는 언어학자들.

Función rítmica del acento [언어] 강세의 운율적 기능. 각 언어는 그들만의 독특한 음악성을 갖는다고 말한 것처럼 역시 각 언어는 그들만의 특징적인 운율을 갖고 있다고 말할 수 있음. 영어와 스페인어를 비교해 보면, 비록 두 언어가 단어의 강세라는 공통된 특징을 가지고 있음에도 불구하고 매우 상이한 운율을 갖는다는 것을 볼 수 있음. 영어에서의 운율(韻律)은 우리가 Ritmo acentualmente acompasado(차분한 강세의 운율)이라고 부를 수 있음. 어느 한 문장에의 첫 강세들은 그들 사이에 위치한 강세가 없는 음절의 수와 상관없이 거의 같은 사이를 두고 강세가 위치해 있음. 만약 중간에 아무것도 없으면, 화자는 말의 속도를 감소시킴. 그리고 만약 강세가 많이 있다면 강세가 있는 음절에 의해 나타난 박자(compás)를 유지하는 형태로 더 빠르게 발음하게 됨. 영어에서 화자가 문장을 발음하는데 사용하는 시간이 강세의 수가 많고 적응에 의존한다고 말할 수 있음. 반대로 스페인어에서는 차분한 음절로 발음하는 리듬임. 음절은 박자를 나타내는 것임. 그래서 스페인어의 화자가 한 문장을 발음하기 위해 사용하는 시간은 음절의 수에 의존함. 20개의 음절을 발음하는데 걸리는 시간은 10개의 음절을 발음하는데 걸리는 시간보다 거의 두 배가 됨.

Fundamental 기본적인, 기초적인: [음악] Frencuencia fundamental 기본음.

Funtivo [언어] 기능체(機能體). '기능체'는 하나의 기능을 구성하는 사항(辭項)에 해당함. 기능은 그 기능체의 양태(樣態)에 맞추어 상호 의존적인 것도 있고, 일방의존 혹은 상호 무의존적인 것도 있음.

Fusión ① [언어] 융합(融合); 응결(凝結).((굴절 어미가 붙거나 파생어를 만들 때, 두 개 이상의 음성이 서로 영향을 미쳐서 별개의 음성으로 변하는 현상)) ② [정보] 여러 개의 파일을 하나로 합치기.

Fusionante [언어] 굴절의. 예) Lengua fusionante 굴절어(= Lengua flexional).

Futurismo [문학] 미래파. 미래주의. 이탈리아의 밀라노에서 시인 마리네티가 1909년에 최초의 선언을 하였고, 그를 비롯하여 그 주변의 시인과 예술가가 일으킨 예술 운동. 큐비즘(Cubismo)이 발전한 것이라고 보기도 함. ※ Cubismo 참조.

Futuro [언어] ① 미래 (시제): Futuro simple 단순미래. Futuro del pasado 과거에 있어서의 미래. ② 직설법 불완료 미래((Andrés Bello(1847) 사용)). ※ Futuro imperfecto de indicativo 참조.

Futuro compuesto [언어·문법] 미래 완료. 예) Ellos habrán tenido algún problema 그들은 어떤 문제가 있을 것이다(현재 완료된 사실에 대한 추측). ※ Futuro perfecto de indicativo 참조.

Futuro de indicativo [문법] 직설법 미래. ① 말하는 현 시점에 대해 앞으로 일어날 행위를 표현하는 것이 미래의 주된 사용법. 사건이 완료되지 않은 것을 말하므로 상태는 불완료를 나타냄. 예) Iremos a su casa esta noche. 우리는 오늘밤에 당신의 집에 갈 겁니다. ② 미래 시제 형태의 기원은 『동사원형 + haber 동사 직설법 현재변화』로 처음의 의미는 의무(~을 해야한다)란 의미에서 시작되었음. 따라서 현재 스페인어의 미래시제를 말하는 의미 속에는 의무, 앞으로의 행위 실행을 요구하는 명령의 의미가 포함되어 있는 경우가 많이 있음. 예) Yo aprobaré el año que viene. (= Voy a aprobar el año que viene; Tengo que aprobar el año que viene.) 내년에 합격할 것이다; 내년에는 합격해야 한다. ③ 미래는 그 자체 완곡한 명령의 의미로 2인칭에 사용할 수 있음. 예) Irás a la escuela y aprenderás. 학교에 가서 배우거라. ④ 현재, 미래의 사건 상황을 추측하는데 사용. 예) ¿Qué hora será? 몇 시일까? ¿Cuándo vendrá? 언제나 올까? ⑤ 의문문이나 감탄문에서 미래는 놀라움을 표시함. 예) ¿Te atreverás a hacerlo? 네가 감히 그것을 할 수 있단 말야? Serás loco! 네가 미친놈이라니! ⑥ 예의를 갖춘 표현에 쓰임. 예) ¿Podrá servirme un café? 제게 커피한잔 주실 수 있겠어요? ※ Futuro imperfecto de indicativo 참조.

Futuro de mandato [언어] 명령의 미래. 미래표현에 의한 명령·금지. 예) Saldrás a la calle (넌) 거리로 나가라; No mataréis (너희들은) 살생하지 말지어다; Uds. se quedarán aquí 여러분들은 여기에 남으세요.

Futuro de probabilidad [언어] 현재의 추측. 예) Serán las nueve 지금 9시쯤 되었죠; La llegada será a las dos 도착은 2시일 겁니다.

Futuro de sorpresa [언어] 놀라움의 미래. 의문문·감탄문에서 사용할 수 있는 형태. 예) ¿Será posible lo que ella me cuente? 그녀가 내게 말하는 것이 가능하겠어?; ¡Qué guapa será esa señorita! 그 여자는 얼마나 이쁜지!

Futuro de subjuntivo [문법] 접속법 미래. 접속법 미래는 현재나 미래에 일어날 일에 대해서 현실적으로 있을 만한 사실을 말 할 때 쓰이지만 오늘날은 거의 쓰이지 않고 접속법 현재형 또는 직설법 미래형을 많이 사용함. ☐ 형태: 접속법 불완료 과거형의 -ra 부분을 -re로 바꾸어 놓은 형태.

hablar	
단수	복수
1 hablare	habláremos
2 hablares	hablareis
3 hablare	hablaren

comer	
단수	복수
comiere	comiéremos
comieres	comiereis
comiere	comieren

vivir	
단수	복수
viviere	viviéremos
vivieres	viviereis
viviere	vivieren

Futuro hipotético [언어] 가설(假說) 미래. 조건법 (Condicional)이라고 부르는 사람이 있는가 하면, 가능법 (Modo hipotético)라는 것은 "Gili y Gaya"가 붙인 명칭이다. 그는 이것은 일종의 '미래'이며 직설법, 접속법 등과 대립하는 것이 아니라 직설법 안에 속하는 것이라고 주장함. ※ Condicional 참조.

Futuro imperfecto de indicativo [문법] 직설법 미래. ① 미래. 예) Iré allá mañana. 나는 내일 그쪽에 가겠다. ② 현재의 상상, 추측, 가능성. 예) Serán las doce 12시경일 것이다. ¿Lloverá mucho? 비가 많이 올까? ③ 명령이나 금지. 예) Dirá usted. 말해 보세요. No correrás. 뛰면 안 돼. ④ 계약, 규약, 주문 등의 관용적 표현. 예) La suma abonada no se devolverá en ningún caso 여하한 경우에도 불입금을 반환치 않는다. ☐ 규칙 형태:

hablar	
단수	복수
1 hablaré	hablaremos
2 hablarás	hablaréis
3 hablará	hablarán

comer		vivir	
단수	복수	단수	복수
comeré	comeremos	viviré	viviremos
comerás	comeréis	vivirás	viviréis
comerá	comerán	vivirá	vivirán

☐ 불규칙 형태(원형→ 1인칭 단수

형): ① **생략형**: ·caber(들어차다)→ cabré. ·haber(조동사/ 있다)→ habré. ·poder(~할 수 있다)→ podré · querer(~를 좋아하다)→ querré. ·saber(알다)→ sabré. ② **첨가**: ·poner(놓다)→ pondré. ·tener(가지다)→ tendré. ·venir(오다)→ vendré. ·valer(값이 나가다)→ valdré. ·salir(나가다)→ saldré. ③**불규칙**: ·decir(말하다)→ diré. ·hacer(하다/ 만들다)→ haré. ※ Futuro de indicativo 참조.

Futuro imperfecto de subjuntivo
[문법] 접속법 미래. ※ Futuro de subjuntivo 참조.

Futuro imperfecto potencial [언어] 단순 가능법. ※ Potencial simple 참조.

Futuro para expresar la Hipótesis
[문법] 가정을 표현하기 위한 미래. 우리가 현재 사실에서 확신하지 못하는 것을 가정으로 표현하기 위해 사용하는 경우의 미래시제. 예) ¿Qué hora será ahora? 지금 몇 시쯤 되었어? No, no creo. Estará en algún lugar de la casa 아뇨, 전 믿지 않아요. 그것은 집에 어딘가 있을 것입니다. ※ Futuro imperfecto de indicativo 참조.

Futuro perfecto de indicativo [언어·문법] 직설법 미래완료; 전미래 (前未來). 『동사 haber의 직설법 미래형 + 과거분사』로 구성됨. 미래완료는 미래의 어느 시점을 정해 놓아야만 사용할 수 있음. 그리고 미래의 그 시점까지의 완료 의미를 표현. ① 미래의 동작이 완료되었을 것이라는 표현. 예) De hoy en ocho días habré leído esa novela 오늘부터 일주일 후면 나는 그 소설을 다 읽을 것이다. ② 해당문장의 의미상 시제와 상관없이 말하는 시점에서 그 의미상 완료를 상상한 표현. 예) Mañana habrá llegado a la ciudad 내일이 되면 그가 도시에 도착해 있겠지. ③ 경험에 대한 상상. 예) Espero que no habrás ido a ese barrio 그런 동네에 자네는 갈 리 없을 것이라고 나는 생각하고 싶다. □ 형태:

수 인칭	단 수
1	habré hablado
2	habrás comido
3	habrá vivido

복 수
habremos hablado
habréis comido
habrán vivido

Futuro perfecto de subjuntivo [언어·문법] 접속법 미래완료. 접속법 미래 완료는 어떠한 행위가 미래의 어느 시점에서 완료되었다는 것을 가정하고 있는 것임. 하지만 이 형태는 오늘날 잘 쓰이지 않으며 대신에 주로 직설법 미래완료형을 쓰고 있음. □ 형태: 『Haber의 접속법 미래형 + 과거분사』

	단 수
1	**hubiere** hablado
2	**hubieres** comido
3	**hubiere** vivido

복 수
hubiéremos hablado
hubiereis comido
hubieren vivido

Futuro simple [언어] 단순미래. 직설법 미래. ※ Futuro imperfecto de indicativo; Futuro de indicativo 참조.

Futuro simple potencial [언어] 단순 가능법. ※ Potencial simple 참조.

【G】

G [언어] g 헤 (스페인어 자모의 일곱 번째 문자). ① G + e, i 일 때, 스페인어의 자음 음소 /x/. 음성학적으로는 마찰음(fricativo), 연구개음(velar), 무성음(sordo)의 자질을 가짐(= Fricativa velar sorda 무성 마찰 연구개음). 음성학 기호로는 [x]로 나타남. 예) Co<u>g</u>er 잡다; <u>G</u>eneral 장군. ② G + a, o, u 일 때, 스페인어의 자음 음소 /g/ 또는 /ǥ/. 음성학적으로는 폐쇄음(oclusivo), 연구개음(velar), 유성음(sonoro)의 자질(= Oclusiva velar sonora 유성폐쇄 경구개음)을 가지는 것은 /g/이며, 음성학 기호로는 [g]로 나타남[(예) 휴지(pausa) + g; n + g]. 그리고 음성학적으로는 마찰음(fricativo), 연구개음(velar), 유성음(sonoro)의 자질을 가지는 것은 /ǥ/임. 음성학 기호로는 [ǥ]로 나타남[(예) 모음 + g; 자음(n제외) + g]. □ 철자 gu[모음 e, i 앞에서]음은 유성폐쇄 경구개음(Oclusiva velar sonora)의 자질을 가짐. 음성학 기호로는 [g]임. 예) <u>Gu</u>erra 전쟁; Che <u>Gu</u>evara 체 게바라. ※ Fricativo; Velar; Sordo 참조.

Galicismo [언어] 프랑스어에서 영향을 준 스페인어. 프랑스어도 스페인어에 여러 차례에 걸쳐서 영향을 주었는데, 특히 중세로부터 두 나라간의 관계로 인하여 적지 않은 단어들을 받아들임. 예) bufanda(목도리), mensaje(메시지), monje (사제).

Gallego [언어] 갈리시아 어(語). 언어학적으로 포르투갈어와 매우 밀접한 관계가 있으며, 그와 함께 많은 특징을 지니고 있음. 예를 들면, 초기 로망스어의 모음 사이 자음 /-l-/, /-n-/이 쇠퇴한 것 등임. 갈리시아어의 철자법은 주로 스페인어에 기초를 두고 있는데, 예를 들면 /l/와 /n/ 대신에 ll와 ñ를 사용함. 예) /fiḻa/→filla, /baṇu/→baño. 그러나 포르투갈어의 경우는 lh와 nh를 사용함.

Galleguismos [언어] 갈리시아어에서 차용된 스페인어. 예) buffet, chaperona, gurupié, premiere, soufflé.

Gastr- [어원] 「위(胃)의, 복부의」의 의미. 예) *gástr*ico 위의, *gastr*itis 위염.

Geminación ① [언어] (동일음이나 음절의) 자음 중복. ② [수사학] 동일어 반복.

Geminado [언어] 중자음; 두 번 연속되는 자음: Consonante geminada 중자음. 예) Pe<u>rr</u>o. Ca<u>ll</u>e; Letras geminadas 중복된 문자. 예) EE. UU. 미국(= Estados Unidos).

Genealogía 계통학, 계보학; (사건 따위의) 연대기.

General, gramática [언어] 보편 문법. 보편문법의 기도(企圖)는 일반적으로 데카르트 학파에까지 소급되는 것으로 기술됨. 보편문법은 모든 언어에 적합한 고찰을 정식화(定式化)하는 것임. 그렇기 때문에 보편문법이 그 연구의 대상으로 삼는 것은, 모든 언어에 공통되는 필연적인 기구, 말의 보편 사상임.

Generativo [언어] 생성적(生成的). 대상 언어의 단어의 모든 짜 맞춤[조합]에 대해, 그것이 문법적인가 어떤가를 결정하고, 만일 법칙이 없다면, 그것에 구조 기술을 부여할 수 가 있는 것과 같은 것이 규칙의 집합인데, 문법이 이와 같은 규칙의 집합으로 되어 있는 경우, 그 문법을 '생성적'이라고 일컬음.

Genérico [언어] 총칭(總稱)의, 총칭적인. 예) Termino genérico 총칭적인 용어.

Género del nombre 명사의 성(= Género del sustantivo). ※ Género de los sustantivos 참조.

Género de los sustantivos [문법] (명사의) 성. 스페인어의 모든 명사는 남성(masculino)과 여성(femenino)으로 구성되어 있는데 의미상으로 분화될 수 있는 성과 분화될 수 없는 성으로 구분됨. □ 분화될 수 있는 성: ① -o로 끝나는 남성명사의 여성형은 -o가 -a고 바뀜. 예) [남성 : 여성] (el) niño : (la) niña 어린이, (el) perro : (la) perra 개, (el) gato : (la) gata 고양이. ② 자음으로 끝나는 남상명사의 여성형은 어미에 -a를 첨가함. 예) [남성 : 여성] (el) doctor : (la) doctora 박사, 의사, (el) español : (la) española 스페인 사람, (el) león : (la) leona 사자. ③ 남성, 여성형의 형태가 전혀 다른 명사들이 있음. 예) [남성 : 여성] (el) hombre 남자 : (la) mujer 여자, (el) padre 아버지 : (la) madre 어머니, (el) macho 숫컷(짐승의) : (la) hembra 암컷(짐승의). ④ 남성, 여성형이 같은 명사들이 있으며, 관사의 성을 구별함. 예) [남성 : 여성] (el) periodista : (la) periodista 기자, (el) dentista : (la) dentista 치과의사. (el) estudiante : (la) estudiante 학생, (el) joven : (la) joven 젊은이. □ 분화될 수 없는 성. ① -o로 끝나는 명사는 대부분 남성임. 예) (el) libro 책, (el) carro 승용차, (el) saco 저고리, (el) clavo 못. ※예외: -o로 끝나는 명사라도 여성인 것이 있음. 예) (la) mano 손, (la) foto 사진, (la) moto 오토바이, (la) radio 라디오. ② 자음으로 끝나는 명사는 대부분 남성명사임. 그러나 -d, -l, -z로 끝나는 명사는 예외적으로 여성이 많음. 예) (el) mes 달, (el) camión 트럭, (el) cristal 유리, (el) lápiz 연필, ※예외: (la) verdad 진실, (la) piel 가죽, (la) sal 소금. ③ -a로 끝나는 명사는 대부분 여성임. 예) (la) casa 집, (la) silla 의자, (la) mesa 탁자, (la) pizarra 칠판. ※ 예외: -a로 끝나는 단어라도 남성인 것이 약간 있음. 예) (el) idioma 언어, (el) mapa 지도, (el) clíma 기후. ④ -ie, -umbre, -ción, -sión, -tión, -xión 등으로 끝나는 명사의 대부분 여성임. 예) (la) superficie 표면, (la) costumbre 풍습, (la) atención 주의, 집중, (la) comprensión 이해, (la) cuestión 문제, (la) conexión 연결. ⑤ -e로 끝나는 명사는 남성도 있고 여성도 있음. 예) (el) coche 승용차, (el) chiste 농담, (el) café 커피, (la) llave 열쇠, (la) gripe 독감(감기), (la) noche 밤. ⑥ 형태는 같으나 관사에 따라서 뜻이 서로 다른 명사들이 있음. 예) (el) cólera 콜레라, (la) cólera 분노, (el) capital 자본, (la) capital 수도, (el) orden 질서, (la) orden 명령, (el) guía 안내인, (la) guía 안내서, (el) policía 경찰관, (la) policía 경찰.

-génesis [어원] 「기원(起源)(origen)·시초(principio)·생성 과정(proceso de formación)」의 뜻: endo-*génesis* 내생(內生).

Genético ① [언어] 발생적. ② [철학] 발생론적인: Crítica genética 발생론적 비평.

Genetismo [철학] 경험론. ※ Empirismo 참조.

Genitivo [언어] (격 변화하는 언어의) 제 2격, 속격.

-génito, ta [어원] 「생산하는·낳은」의 뜻. 예) primo*génito* 처음에 낳은, uni*génito* 외아들, 그리스도.

Genotexto [언어] 심층의 텍스트. 기호학에서는, 하나의 긴 텍스트 혹은 발화의 심층 구조를 심층 텍스트라고 함.

Genotipo 유전자형(遺傳子型).

Gentilicios [문법] 국명. 지명 명사 및 형용사(= Adjetivo gentilicio). □ 국명형용사는 소문자로 써야함. 여성과 남성을 구분해서 써주어야 함. 예) coreano·coreana(한국 남성·여성); español·española(스페인 남성·여성); mexicano·mexicana(멕시코 남성·여성); inglés·inglesa(영국 남성·여성), estadounidense(미국 남성·여성, 동일 형태로써 관사로 구분); belga(벨기에 남성·여성, 동일형태); marroquí(모로코 남성·여성, 동일형) 등등.

Geo- [어원] 「땅, 지(地), 지구(地球)」(tierra, la Tierra)의 뜻. 예) *geo*grafía 지리학. *geo*física 지구 물리학.

Geografía lingüística 언어(학적) 지리학. 언어의 지리적 분포 연구. 방언학에서, 언어의 변이가 서로 어떠한 지리적 배치관계에 있는 가를 정하는 연구부문을 언어 지리학(Geografía lingüística)라고 함. 이것은 어떤 의미에서는 비교 언어학으로부터 나온 것으로 보기도 함.

Geolingüística [언어] 지리 언어학. 개인 혹은 사회 집단에 의한 언어 사용 변이의 연구.

Germanismos [언어] 게르만어에서 영향을 준 스페인어. 5세기경 북부 유럽으로부터 게르만족의 침입으로 스페인의 역사를 바꾸어 놓았음. 이 민족은 라틴어를 만나 결국 자신들의 고유 언어를 잊게 되는데, 본래의 단어들이 라틴어와 혼합되어 스페인어화가 되는데, germanismo라고 함. 주로 법률용어와 전쟁용어가 주류를 이룸. 예) 법률용어: galbea, feudo, 군사용어: guerra, guardia.

Gerundio [문법] 현재분사.
· 형태:

hablar	→	hablando
comer	→	comiendo
vivir	→	viviendo

① 조건을 나타내는 구를 형성. 예) Trabajando mucho, Uds. pueden tener éxito(=Si Uds. trabajan mucho, pueden tener éxito) 열심히 일을 하면 당신들은 성공을 할 수 있다(당신들은 열심히 일을 하면 성공을 할 수 있다). ② 양보를 나타내는 구를 형성. 예) Siendo pobre, ellos ayudan a los otros 비록 가난하지만 그들은 다른 사람들을 돕는다. (그들은 비록 가난하지만 다른 사람들을 돕는다.) ③ 이유를 나타내는 구를 형성. 예) Viniendo tarde, él perdió el metro 늦게 와서 그는 전철을 놓쳤다. (그는 늦게 와서 전철을 놓쳤다.) ④ 상태를 나타내는 구를 형성한다. 예) Cantando juntos, los niños dan un paseo 함께 노래부르며 아이들은 산책한다. (아이들은 함께 노래부르며 산책한다.)

· 현재 분사 형태의 불규칙 예(例)

decir	→	diciendo
ir	→	yendo
poder	→	pudiendo
venir	→	viniendo

creer	→	creyendo
leer	→	leyendo
oír	→	oyendo
traer	→	trayendo

■ 형용사로서의 현재분사(Gerundio)의 사용: 영어화자들이 현재분사형(~ing)형태를 사용하는 것과 유사하게 생각해, 많은 스페인어를 외국어로 사용하는 화자들이 영어와 비교해 실수를 하는 경우가 많음. 예를 들어 영어에서 《Crying baby 울고 있는 아기》를 스페인어로 《*Llorando bebé 울고 있는 아기》로 오역해 사용하는 경우가 있는데, 이는 《El bebé que está llorando 울고 있는 아기》로 사용해야 함. 단, arder([불 등이] 타다) 동사와 hervir([물 등이] 끓다) 동사에서만 현재분사형의 형용사

역할을 허용함. 예) El agua hirviendo 끓고 있는 물, La casa ardiendo 불타고 있는 집. ※ Adjetivo 참조.

Gerundio de futuro de indicativo
[문법] 직설법 미래 진행. 『동사 estar의 직설법미래 + 현재분사』로 구성되며 미래의 어느 시간동안 진행 중인 동작을 나타냄. 미래 진행시제는 가상 미래의 시점을 기준으로 사용할 수 있음. 예) Mañana por la tarde, el profesor Kim estará enseñando el español a los estudiantes 내일 오후에 김교수는 학생들에게 스페인어를 가르치고 있을 것이다. ※ Forma progresiva del verbo 참조. □ 형태:

수 인칭	단 수
1	estaré hablando
2	estarás comiendo
3	estará viviendo

복 수
estaremos hablando
estaréis comiendo
estarán viviendo

Gerundio de presente, de indicativo
[문법] (직설법) 현재 진행. 『동사 estar 직설법 현재 + 현재분사』로 구성되며 진행 중인 동작을 나타낸다. 스페인어에 있어서는 직설법 현재가 현재 진행중의 동작을 나타내기도 하지만 진행형만으로 진행중의 동작을 나타내는 것은 아님. 동사는 'estar' 대신 'seguir, continuar, ir, venir'를 사용할 수 있음. 예) El profesor está explicando las causa del problema 교수는 그 문제의 이유를 설명하고 있다. ※ Forma progresiva del verbo; Estar + Gerundio 참조.

Gerundio de pretérito de indicativo
[문법] 직설법 과거진행. 『동사 estar의 불완료 과거 + 현재분사』로 구성되며 과거의 진행중인 동작을 나타냄. estar동사 중 부정과거를 사용하지 않는 이유는 진행의 의미를 나타내기 때문임. 예) El profesor estaba expresando su ira 교수는 그의 노여움을 표현하고 있었다. ※ Forma progresiva del verbo 참조.

□ 형태:

수 인칭	단 수
1	estaba hablando
2	estabas comiendo
3	estaba viviendo

복 수
estábamos hablando
estabais comiendo
estaban viviendo

Giga- [어원] 「10억・무수」의 뜻. 예) *giga*bayte 기가 바이트 (10억 바이트 상당의 컴퓨터 정보 단위). *giga*hertzio 기가 헤르츠 (10억 헤르

츠, 전기 기호 GHz).

Giro 어법. 표현; 관용구. 예) Giro verbal 동사구.

Glide [언어] 전이음. 과도음(過渡音). 영어 음성학에서 차용된 이 용어는 전통적이기는 하지만, 극히 부정확한 의미로서 반자음이나 반모음으로 일컬어지는 음을 가리켜 사용됨. 예) 프랑스어의 [j, y, w].

Glosa 주해, 주석; 해설.

Glosario 어휘 용어집(사전); 방언사전; 전문용어사전.

Glosema [언어] 어의소(語意素). 언어형식소. 의미를 가지는 언어 요소 중, 그 이하로 분할 할 수 없는 최소의 단위를 일컬음. 어간, 접사 등을 비롯하여, 음조나 어순 등도 포함됨.

Glossemática [언어] 언어소론(言語素論). ((옐름슬레브(Hjelmslev)가 주장한 기능주의 언어 분석이론)). 종래의 언어학의 엄한 비판을 포함하고 있음. 즉, 종래의 언어학은 외재적인 것이며, 언어 자체에 있어서는 외적 데이터에 기초를 두고 있음. 실제로, 그것은 선사적, 역사적, 물리적, 사회적, 문학적, 철학적, 심리학적 제 사실의 인식을 목표로 하는 기술에 환원시켜지고 있는 것임. 이에 반하여 언어소론이 목표로 삼는 것은 내재적임. 이는 자기 폐쇄적인 통일체로서의, 또는 '독자적인' 구조로서의, 언어만을 대상으로 함.

Glosolalia [정신 의학] 설어(舌語). ((의미가 불분명한 정신병자의 말)); 단어 망상(單語 妄想); 방언.

Glosomanía [정신 의학] 설어증; 외국어광(外國語狂).

Glotal [언어] 성문(聲門)의, 성문에서 나오는: Vibración glotal 성대진동. Oclusivo glotal 성문 폐쇄음.

Glotalización [언어] 성문화(聲門化). 구강 내부의 폐쇄에 호응하여 일어나는 성문 폐쇄를 가리킴. 성문보다 상부에 가두어진 공기는 후두(喉頭)의 상승에 의해 압축되고, 구강내의 폐쇄가 풀리면 파열적 조음을 냄. 이 발음 과정은 방출이라 일컬어지는 일도 있음. 예) 성문화 음은 [pʔ, tʔ, kʔ, fʔ, sʔ](방출음)과 [pʕ, tʕ, kʕ, fʕ, sʕ](입파음)으로 표시됨.

Glotalizado [언어] 성문화음(聲門化音). 조음에 성문 파열음이 포함되는 음이며, 아메리카 원주민의 언어나 아프리카 등의 언어에 존재함. ※ Glotalización 참조.

Glotis [해부] 성문(聲門). 발성기관 중 발성부.

Glotocronología [언어] 언어 연대학. 어떤 특정한 어휘 항목들의 묶음 속에 있는 동족어의 숫자를 기초로 하여 두 언어 사이의 관계 등급을 결정하는 언어 통계학적 방법.

Glotocronological constante [언어] 언어 연대학적 유지 비율. 1000년 동안 각자 다르게 발전된 이후 두 언어 속에 남아 있을 것으로 추측되는 동족어의 비율.

Gnómico [언어] (동사의 법·시제가) 격언적인, 보편적 진리를 나타내는. 예) Presente gnómico 보편적 현재.

-go [문법] 직설법 현재 1인칭 단수형이 -go로 끝나는 불규칙 동사의 어미. □ [동사원형 → 직설법 현재 1인칭 형태] tener 가지다 → tengo. venir 오다 → vengo. hacer 하다, 만들다 → hago. decir 말하다 → digo. poner 놓다 → pongo. salir 나가다 → salgo. traer 가져오다 → traigo. oír 듣다 → oigo. caer 떨어지다 → caigo. valer 가치 있다 → valgo. asir 쥐다, 잡다 → asgo. obtener 얻다 → obtengo. 예) Yo tengo un diccionario. 나는 사전을 한 권 가지고 있다.

Gobernar [언어] 지배하다. 예) En latín, el verbo activo gobierna el acusativo 라틴어에서 능동사는 목적격을 지배한다.

Golpe 부딪힘, 충격, 두드리기. 예) Golpe de glotis 성대의 (최초) 떨림.

Gorjeo 졸졸거리는 소리; 지저귀는 소리; 종알대는 소리.

Gradación ① [수사학] 점층(점강)법. 수사학의 문체로써, 일련의 사고 내지는 감정을, 다음에 오는 것이 앞에 오는 것보다 조금씩 커지거나, 조금씩 작아지게 제시하는 방법. ② [음악] (음의) 단계적 상승.

Grado [언어] 급(級). 예) Grados de comparasión (significación) (형용사·부사의) 급. Grado positivo (parativo·superlativo) 원급(비교급·최상급).

Grado de abertura [언어] (구강의) 개폐(開閉)의 정도. 모음을 정의하는 기준으로 사용됨. 예) Vocal 참조.

Gradual 점진적인, 단계적인.

Grafema [언어] 자소(字素). 한 언어의 문자체계에서 음소(音素)를 표시하는데 쓰이는 최소의 변별적 단위로서의 문자 혹은 문자결합을 말함.

-grafía [어원] 「쓴 것」이나 「그린 [묘사한] 것」을 뜻하는 접미어. 예) mono*grafía* 전공 논문, 연구 논문, mecano*grafía* 타자(술).

Grafías [언어] ① 문자, 글자. 음소나 소리를 나타내는 것이 아닌 직접 글자로 보이는 것을 일컬음. ② 철자, 표기법. 예) Grafías fonéticas 표음식 표기법. Grafías tradicionales 올바른 철자. ※ Fonética; Fonema 참조.

Gráfico ① [언어] 표기의. 예) Signos

gráficos 표기 기호(문자). Sistema gráfico 표기 체계. ② [정보] 그래픽의. 예) Terminal gráfica 그래픽 단말기. Memoria gráfica 그래픽 메모리.

Grafo- [어원] 「쓰기(escritura)」를 뜻하는 접두어. 예) *grafo*logía 필상학, *grafo*manía 저술광.

-grafo, fa [어원] 「쓰는(que escribe)·묘사하는(que describe)」을 뜻하는 접미어: mecanógrafo 타자수, telégrafo 전신기, bolígrafo 볼펜, hidrógrafo 수로(水路) 기사.

Gramática [언어] 문법. '문법이란 무엇인가?'라는 물음에 관해 간단한 답은 없을 것임. 여기서는 gramática를 수식하는 형용사 셋을 골라, 시대 순서로 각 문법이 의도하는 것과 그 특징을 개관(槪觀)하기로 함. 세 가지 문법이란, 전통문법(傳統文法), 구조주의문법(構造主義文法), 그리고 변형생성문법(變形生成文法)임. ① 전통문법 속에 소위 학교문법(學校文法)이나 Jespersen 등의 과학적 문법(科學的文法) 등을 포함시킨다면, 전통문법이 의도하는 바는, 모국어(母國語) 화자(話者)의 모국어 사용능력이란 어떤 것이며, 어떻게 하여 얻어지는 가에 관심을 두는 것이었다고 할 수 있음. 방법론적으로는 표면 구조에 의존하되 품사 등에 관해 직관에 의한 개념적 정의를 내리고, 단순한 규범주의(規範主義)에 치중하거나, 역사적인 연구만을 과학적인 연구라고 하는 풍조를 일으키기도 했음. ② 구조주의문법은 주어진 언어자료를 가능한 한 처음부터 끝까지, 일괄적으로, 완전하게 그리고 간결하게 기술하는 것이 그 목적이라고 할 수 있음. 이 목적을 실현하기 위한 조작 절차는 극히 엄정한 것이었음에도, 그 발견절차에 의해 달성된 결과에는 수긍이 가지 않는 점이 많은데, 이는 대상을 관찰 가능한 것으로 좁히고 언어의 중요한 측면들을 외면하였기 때문임. ③ 변형생성문법이 의도하는 바는 모국어 화자가 가진 모국어의 지식, 혹은 언어 사용 능력을 해명하는 것이며, 이를 과학적 방법론에 의해 행하고 언어 현상을 지배하는 규칙들을 형식화하려 함. 방법론이 엄밀한 점은 구조주의 문법과 비슷하고, 그 의도는 전통문법과 일맥 상통하는 바가 있다고 할 수 있음. □ '문법이란 무엇인가?'라는 물음에 대하여, 그 답은 논자의 문법관에 따라 달라지며, 따라서 문법의 조직 자체는 다양하다 할 수 있음. 주로 통사론적 체계를 가리킬 때가 많으나, 음운에 관한 현상이나 어휘에 관한 기술을 문법의 일부로 생각하는 것은 현재의 생성문법에서는 아주 당연시되고 있으며, 이 때의 문법은 언어이론을 일컬음.

Gramática categórico [언어] 범주문법. 범주문법은 폴란드의 논리수학자 Kazimierz Ajdukiewicz가 인공언어와 자연언어 표현의 문법성을 판단할 수 있는 하나의 규칙체계를 찾아내기 위해 고안한 문법이론임. 이 이론은 Frege 원리를 따르면서 내포의미론을 가능케 해 주는 체계를 갖춘 형식화된 문법이론으로, Yehoshua Bar-Hillel이 Chomsky의 구조문법과 구별하기 위하여 처음으로 이 용어를 사용하기 시작하였으며, Richard Montague에 이르러 더욱 구체화되어 Motague Grammar로도 불려짐.

Gramática de la lengua española
스페인어 문법. 1713년 스페인 왕립 언어 학술원(Real Academia de la Lengua)가 설립되어, 스페인어의 언어체제의 정비에 들어간 이후, 1771년에 스페인어 문법(Gramática de la lengua española)이 출간되면서, 많은 여러 학자들에 의해 다양한 갈래로 집필되던 문법서가 통합 발간됨.

Gramática del orden de palabras
[언어] 어순 문법. 문장의 문법성과 비(非) 문법성을 판단하는 데에는 단어들의 배열 순서가 중요 기능을 함. 문법성에 맞게 문장 배열이 된다는 것은 그 내부적 특정구조를 지님을 의미.

Gramática descriptiva [언어] 기술 문법. 현대 언어학자들은 이전의 전통 문법(Gramática tradicional)과는 다르게 기존 언어학적 형태와 그 사용법에 대해 미리 규정짓지 않으며, 단지 기술하려고 노력하는 것을 일컬음. 즉 어떤 구문이 실제로 사용되고 있는지에 관심을 가지고 있을 뿐, 어떤 문장이 사용되어야 한다는 공식과 같은 것에는 관심을 기울이지 않는 것을 일컬음. ※ Gramática tradicional 참조.

Gramática estructural [언어] 구조 문법. 문장이란, 단어를 단순히 차례대로 나열해 놓은 것이 아니라 단어들이 어느 순서에 따라 보다 큰 단위로 묶여지고, 또 잘 배열된, 복잡한 구조 형태임. 문장의 구성에는 어순도 중요하지만, 구조를 밝히는 것도 매우 중요함을 알 수 있는데, 이러한 문법을 구조 문법이라 함.

Gramática funcional [언어] 기능주의 문법. 기능문법(GF)은 언어를 추상적인 개념이 아닌 사회적인 교류의 기능으로 파악한 문법이론으로, Givín과 Kuno 등에 의해 통사론 분야에서 활발하게 논의됨. Kuno는 '감정이입'이 통사에 미치는 영향에 대해 특히 관심을 보였음.

Gramática generativa [언어] 생성문법. 생성문법은 MIT 대학의 언어학과 Chomsky 교수에 의해 처음 도입된 언어이론으로서, 화자의 언어생성능력을 문법의 원형으로 간주하여 이를 규명하고자 하는 태도를 가리키는 말임. 변형개념을 도입하여 변형생성문법 또는 변형문법이라고 부르기도 하는데, 생성문법은 현재까지도 많은 학자들에 의해 수정 보완되고 있는 가장 큰 영향력을 행사하고 있는 언어학 이론임.

Gramática prescriptiva [언어] 규범 문법(= Gramática tradicional). ※ Gramática tradicional 참조.

Gramática sintagmática [언어] 구절

구조 문법. 문장의 성분 분석에서 생긴 각 성분에 그 성분의 문법적 관계를 한정하고 그 성격을 나타내는 구조 범주, 즉 문법적 명칭(O, SN, SV, SA, DAdv, SP, N, V, Det, A, Adv, Prep)

Gramática tradicional [언어] 전통문법(= Gramática prescriptiva). 19세기까지의 언어학의 일컬어 규범적인 문법, 즉 전통문법이라 일컬음. ■특징: ① 구어(Lengua hablada)보다 문어(Lengua escrita)에 더 우선권을 둠. 전통 문법에서 구어는 그 불완전성과 오류로 인해 문어보다 하위에 있다고 간주함. 그래서 대부분의 전통 문법학자들은 문법규칙의 진실성을 고전 문학 작품에서 증명하려했음. ② 올바른 말(Lengua correcta)을 규정함에 있어 당대 최고의 문필가가 쓴 문학작품의 글이 완벽한 말이라 믿고, 그 작품처럼 언어사용을 해야 한다고 믿음. ③ 고대 그리스 시대의 문법 연구가 논리학과 동일시되어 시작되었기 때문에, 언어 논리의 사고 범주간에는 평행적 관계가 있다고 생각함. 예) [논리학] 본질(Sustancia) = [문법] 명사(Sustantivo); [논리학] 우연성(Accidente) = [문법] 형용사(Adjetivo). ④ 언어학자의 임무는 언어를 정확하게 쓰고 말할 수 있게 지도하는 것임.

Gramática Universal [언어] 보편문법. 보편문법이란, 인간이 태어날 때부터 소유하고 있는 언어에 대한 능력.

Gramatical 문법적.

Gramaticalidad [언어] 문법성. ① 언어의 규칙, 즉 음운형태의 통사론적인 규칙을 이행하는 경우. ② 문법성은 어떤 단어 또는 어떤 구문의 용법에 근거하는 것은 아니고, 판단에 근거하고 있음. 이 판단은, 그 때까지 얻은 경험에 의존하고 있는 것이 아니라, 언어를 습득하는 동안의 내면화된 일반적 규칙의 체계에 의존함. 그렇기 때문에, 문법의 규칙을 만드는 데 사용되는 것은 문법성의 판단임. 그렇기 때문에 비문법성을 검토하는 일에 의해 일반적 규칙에 작용하는 제약이 정해짐.

Gramaticalización [언어] 문법화(文法化). 통시 언어학에서, 언어의 진화, 혹은 한 언어로부터 다른 언어로 바뀔 때, 어휘적 형태소가 문법적 형태소로 되는 것을 문법화라고 함.

Gramema [언어] 문법소. 통사론적인 규칙을 만들 수 있는 최소 변별 단위. 이는 어휘적 형태소인 어휘소에 대립되는 개념임. ※ Morfema gramatical 참조.

Grandilocuencia [문학] 허풍. 이 어휘는 표현하려는 내용에 어울리지 않는 장황하고 허풍과 같은 시 어법을 가리키기 위해 사용됨.

Grave (palabra) [문법] 끝에서 두 번째 음절에 강세가 있는 단어. 모음으로 끝나거나 자음 중 n, s로 끝나는 단어. 예) carretera, cortina, casas.

Graves, vocales [언어] 저모음(低母音). 무거운 음. 혀가 뒤로 처지고 입안의 공간이 입술의 움직임에 따라 커지며 내는 소리임. 예) [u], [o].

Grice [언어학자] 그라이스. 협력원칙을 제시함으로써 화용론(Pragmática)에서 의미 파악에 필요한 새로운 개념을 도입하게 하였음. 즉, 대화상의 함축(Implicatura)이라는 새로운 개념의 도입으로 문장의 의미와 발화체의 의미가 달라지는 현상을 설명할 수 있게 한 것임. ※ Pragmática; Implicatura; Máxima de convertsación 참조.

Grimm, la ley de [언어 이론] 그림의 법칙. 1822년에 J. Grimm에 의해 발견된 규칙으로, 게르만 어의 선사시대에 일어난 음 추이에 의해서, 게르만 제 언어 사이의 주된 대응 관계를 설명함. 인도-유럽어 기층어의 무성 폐쇄음 [p, t, k]이 무성 마찰음 [f, Ө, h]로, 대기 자음 [bh, dh, gh]는 비대기(非帶氣) 자음 [b, d, g]로, 유성음 [b, d, g]는 무성자음 [p, t, k]로 바뀌는 것을 일컬음. 이 법칙은, 그것이 끌어내는 결과의 가치라는 점에서 그 자체가 중요한 것인데, 또 동시에 인식론적 관점에서도 중요한 것임.

Grosero [문학] 통속적인, 대중적인. 예) Estilo grosero 통속적 문체.

Grotesco [문학] 괴기미(怪奇美). 15세기 말에 로마의 티투스 황제의 그로타라 불려지는 동굴에서 발견된 장식이 기괴했기 때문에 생긴 용어. 뜻이 바뀌어 일반적으로 괴이(怪異), 황당, 이형(異形)의 것을 가리키는 형용사로 사용되게 되었음.

Grupo 무리, 집단. ① [언어] Grupo de las lenguas 언어군, Grupo de las palabras 어군, Grupo de verbos (어미 변화에 따른) 동사의 군. ② [문학] Grupo literario 문학 그룹. ③ [심리] Dinámica del grupo 집단 역학, Psicología de grupo 집단 심리(학). Factor de grupo 집단 요인.

Grupo albanés [언어] 알바니아어군. 발칸반도 서부와 그리스 북부에서 사용되다 소멸된 것으로 추정되는 일리리아어와의 지리적 근접성과 트리키아어와의 어휘적 유사성 때문에 과거에는 알바니아어가 이들에서 분화되어 나온 언어일 것이라는 주장이 유력했음. 그러나 최근에 이르러 알바니아어는 이들 두 언어와는 상관없이 독자적인 진화를 해온 인도유럽어 개별어라는 학설이 더 설득력을 얻고 있음.

Grupo anatolio [언어] 아나톨리아어군. 중앙 아나톨리아(Anatolia) 지역, 다시 말해 기원전 1900년에서 1200년 사이에 소아시아에서 번영하였던 히타이트 제국의 수도 핫투사스(Hattusas)의 유적지인 터키의 보가즈쾨이(Boğazköy)란 마을에서 1906년 고고

학자들은 만여개에 이르는 설형(쐐기)문자로 새겨진 점토판을 발굴하였음. 이 점토판들 중 일부는 이미 알려져 있던 수메르어와 악카드어로 되어 있었지만 대부분은 그 당시까지는 전혀 확인된 바 없는 미지의 언어로 기록되어 있었으며 언어학자들은 이를 '히타이트어'로 명하였음.

Grupo armenio [언어] 아르메니아어군. 아르메니아어는 코카서스 산맥의 남부로부터 터키의 완(Wan) 호수 근방에 이르는 지역에서 쓰이던 언어. 아르메니아어는 굴절어의 특성을 지닌 인도 유럽어계와는 달리 인접지역의 우랄알타이어계에 속한 터키어와 유사하게 분석적·교착적 특징을 지니고 있음. 이러한 특이성은 아르메니아어가 인도 유럽어족에 속하지 않은 고대 언어인 후리안어와 우라티아어의 영향을 받은 때문이라 추정됨.

Grupo bático [언어] 발트어군. 발트어군은 크게 동발트 하위어군과 서발트 하위어군으로 나뉨. 동발트 하위어군에는 프러시아어가 속하며, 서발트어 하위어군에는 리투아니아어와 라트비아어가 각각 속해 있음. 발트어군에 속하는 개별어들은 극도의 의고적(擬古的) 형태를 띠고 있기 때문에 인도 유럽어 비교언어학 연구에 있어 매우 중요한 언어들로 여겨지고 있음.

Grupo céltico [언어] 켈트어. 켈트어는 지리적으로 분류하여 스페인에서 사용되던 쎌띠베로어(Celtíbero), 프랑스, 알프스 지방, 독일의 서남부 지역 및 소아시아(갈라티아어) 등에서 사용되던 대륙 켈트어와 영국 및 아일랜드에서 사용다고 있는 섬 켈트어로 분류됨. 대륙 켈트어는 이미 사어(死語)가 되어 더 이상 사용되지 않는 반면, 섬 켈트어는 영국의 웨일즈 지방, 스코틀랜드 고원지대 및 아일랜드에서 아직까지 사용되고 있음.

Grupo eslávico [언어] 슬라브어군. 고대 슬라브어는 11세기에 들어와 방언적 차이가 심해지면서 동·서·남부 슬라브어의 세 가지 하위어군으로 분화되어 발전하게 됨. 동슬라브 하위어군에는 모스크바 지역의 방언으로서 현대 러시아어의 표준어가 된 소러시아어, 우크라이나 지방의 방언이 된 소러시아어와 러시아 서부지역과 폴란드 동부 지역에서 사용되는 백러시아어가 있음. 서슬라브 하위어군에는 폴란드어, 체코어, 슬러바키아어, 소르비아어 등이 있음. 남 슬라브 하위어군에는 슬로베니아어, 세르비아어, 크로아티아어, 미케도니아어, 불가리아어 등이 있음.

Grupo fónico [언어] 음성 군(群), 음성 그룹. 음성 그룹은 두 휴지(pausa) 사이에 포함된 과정의 한 부분이다. 스페인어에서는 8음절과 11음절 사이의 음성 그룹 중간에서 진동한다. 위의 말들은 작은 음절의 음성 그룹이 존재하지 않는다는 이야기가 아니라 대답하는 말인 no, sí 하나 하나를 포함해 음성 그룹이라고 이야기 할 수 있음. 주요한 두 가지 원인으로 인해 음성 그룹의 개념이 중요함. 첫째는 그룹의 처음 위치에 있을 때 소리의 음성학적 성질임. 예로 /b/는 음성 그룹의 처음 위치에서는 폐색음[b]로 실현되고, 비음이 선행하는 경우가 아니면 음성 그룹의 중간에서 마찰음 [ß]로 실현됨. 두 번째는 각기 음성그룹마다 궁극적인 모든 것들이 억양(entonación)의 주요한 특성인 한정된 단계를 제시함. ※ Pausa; Entonación 참조.

Grupo germánico [언어] 게르만어군. 게르만어군은 크게 북부와 동부 및 서부 게르만 하위어군으로 분류되며, 북부 게르만 하위어군에 속한 개별어는 노르웨이어, 덴마크어, 스웨덴어, 아이슬란드어 등이 있음. 동부 게르만 하위어군에는 사어가 된 고트어와 반달어가 있었으며, 서부 게르만 하위어군에는 프리지아어, 프랑코니아어, 영어, 저지대 독일어 현대 독일어의 모태가 된 고지대 독일어 등이 속함.

Grupo helénico [언어] 그리스어군. 인도 유럽어에 있어서 가장 오래된 언어로 여겨지는 그리스어군에는 희랍어 하나만이 속해 있음. 그리스와 고대 세계에 존재했던 수많은 그리스 식민도시들에서 사용된 고대 희랍어는 고대 지중해 세계와 근동지역의 공용어로 사용되었음. ※ Koiné 참조.

Grupo indoiranio [언어] 인도-이란어군. 인도어군에 속한 언어와 이란어군에 속한 언어들은 서로 다른 모습으로 진화하였음. 그러나 이들 중 가장 오래된 언어인 인도어군에 속한 베다어와 이란어군에 속한 아베스타어는 서로 매우 유사하며 이는 인도 유럽어 공통조상어에서 분화되어 진화한 초기에는 두 어군이 같았음을 보여주는 증거임.

Grupo itálico [언어] 이탈리어 어군. 이탈리아어군에 속하는 하위어군은 크게 라틴-팔리스코 하위어군(Subgrupo latín-falisco)과 오스코-움브로 하위어군(Subgrupo osco-umbro)로 분류되며, 전자에서 라틴어(Latín)와 팔리스코어(Falisco)가, 후자에서는 오스코어(Osco), 움브로어(Umbro) 및 사비노어(Sabino)가 각각 갈라져 나옴. ※ Centum; Kentum 참조.

Grupos romances [언어] 로망스어 자음군(子音群). 어휘에 나타나는 강세의 전후 모음은 일반적으로 탈락되는 현상을 볼 수 있는데, 이러한 탈락으로 인해서 라틴어와는 달리 로망스어에 와서는 두 자음이 인접하는 경우가 있음. 이렇게 새롭게 만들어진 자음군을 '로망스어 자음군(Grupos romances)'라고 함. 예) □ 라틴어의 경우: scamnu > escaño. □ 로망스어의 경우: homine > hombre; famine > hambre.

Grupo tocario [언어] 토카리아어군. 지금은 중국영토가 된 중앙아시아의 투르케스탄에서 기원 후 7세기에서 8세기 사이에 쓰였을 것으로 추정. 지금은 사어(死語)가 된 토카리아어는 알려지지 않은 어느 시기에 이르러 오늘날의 위그르 터키어로 대체되었을 것으로 추정됨.

Guaraní [언어] 과라니 어(語). Paraguay와 Panamá (Argentina 북부)에서 사용되었던 언어로서, 현재 Paraguay에 200만 이상의 사용인구를 가지고 있으며, 스페인어와 함께 공식어로 사용되고 있음. 어휘적인 면에서 볼 때, 스페인어에 많은 영향을 주었음. 예) ananá 파인애플, bagual 사나운 말, tapioca 타피오카 ((mandioca의 뿌리에서 추출한 하얗고 좁쌀알 모양의 전분; 수프용으로 쓰임)),... 등등.

Guión [인쇄] ① (단어를 분할해서 다음 줄로 넘기는) 연결부호 "-". ② (부연설명이나 대화자의 바뀜을 표시하기 위한) 줄표.

Gustar □ 타동사로 사용될 때: ① 맛보다(= sentir y percibir el sabor de las cosas). 예) gustar la sopa 국을 맛보다. ② 경험하다, 체험하다, 맛보다, 몸소 겪어 보다(= experimentar, probar). 예) gustar la dificultad 어려움을 맛보다. □ 자동사로 사용될 때: ① 마음에 들다, 좋아하다(= agradar). 예) Me *gusta* la salsa 나는 살사가 마음에 든다. A mí me *gusta* la paella (다른 사람은 모르지만) 나는 빠에야를 좋아한다. ② (다른 사람에) 반하다, 매료되다. 예) ¿Te *gusto*? -Sí, me *gustas* 너 내가 좋으니? -그래, 좋아. ③ [+de] (…을) 좋아하다. 예) gustar *de* correr 달리기를 좋아하다. gustar *de* jugar 놀기를 좋아하다.

Gutural [언어] 후(두)음(喉頭音). 때로는 연구개음(velar)이나 구개수음(úvular)의 동의어로 사용됨. 구개범(口蓋帆)에서 실현되는 자음을 가리키기도 하고, 혹은 구개수(口蓋垂)에서 실현되는 자음을 가리키기도 함. 예) 스페인어: ojo[r̃oxo]에서 [x]; Paga [pava]에서 [v]. □ 후(두)음의. 예) Consonante gutural 후두 자음. ※ Velar 참조.

Guturalización [언어] 후(두)음화(喉頭音化); 경음화(硬音化). N.S. Trobetzkoy와 프라하학파의 술어에서는, 비연구개화 자음과 주요 조음 이외에 연구개로의 설면(舌面)의 융기(隆起)라는 부수적인 후음화의 작용을 수반하는 그 밖의 자음과의 사이에 성립되는 대립을 후음화의 상관(相關)이라 함. 이러한 상관은 몇 반투 제어 (Bantu), 특히 쇼나(Shona) 어군(語群) 및 그 인근 벤다 어(Venda)에서 나타나는데, 설면의 융기가 아주 강하고, 그대로 연구개 폐쇄에까지 이르는 경우도 있는데, 융기가 그 정도로 강하지는 않고, 단순히 연구개 협착(狹窄)이 일으켜지는 경우도 있음. ※ Trobetzkoy 참조.

【H】

H 아체 ((스페인어 자모의 아홉 번째 문자)). □ 철자 **Hi**의 경우. 유성 마찰 경구개음(Fricativa palatal sonora)이 되며, 음성학 기호로는 [j]가 됨. 예) H*i*erba 풀・약초. ※ Inestable; Fricativo; Palatal; Sonoro 참조.

Habitual 습관상(習慣相); 습관적인; 관례적인, 통상적인.

Habla [언어] 말. 말은 언어 사회 구성원들의 각각으로부터 한정된 장소와 순간적 언어의 구체적 실현임. 소쉬르의 'Parole(빠롤)'의 스페인어적 용어.

Hablado [언어] 발화의, 음성의. 예) Lengua hablada y lengua escrita 구어(口語)와 문어(文語). Cadena hablada 연쇄 발화.

Hablante [언어] 화자. 목적대상에 대해 정보를 주는 목적이 없이도 말할 수 있는 사람을 통칭하는 화자를 일컬음. 말을 하지 않는 상태에서도 그 언어를 할 수 있는 화자로 인정하는 경우.

Hablar □ [자동사] ① 말하다. 예) Hablo en español. 난 스페인어로 말한다. Mi sobrina ya sabe hablar. 내 조카는 이제 말할 줄 안다. ② 연설하다 (pronunciar un discurso u oración). 예) Mañana *hablará* en las Cortes el ministro de Hacienda. 내일 재무 장관은 의회에서 연설할 것이다. ③ [전화에서] 말하다. 예) ¿Quién *habla*? −*Habla* Kim 누구십니까? −김입니다. ¿Con quién *hablo*? −(*Habla*) Con Kim. 누구십니까? −김입니다. ④ [+de] (…에 대해) 말하다. 예) Habla de negocios. 사업에 대해 말하다. Habla de artes. 예술에 대해 말하다. Habla de literatura española. 스페인 문학에 대해 말하다. ⑤ 이야기하다. 예) He oído hablar mucho de usted. 선생님에 대한 말[소문]은 많이 들었습니다. ⑥ 이야기하다, 쓰다. 예) Esta novela *habla* de la Guerra Civil Española. 이 소설은 스페인 내전에 대해 쓰고 있다. ⑦ [+a] …에게 말하다. 예) El rey *habló* a todos los presentes. 국왕은 모든 참석자들에게 말했다. Nadie le *hablará* antes que yo. 아무도 나보다 먼저 그에게 말하지 않을 것이다. ⑧ (말 이외의 수단으로) 표현하다. 예) Hablar con gestos 몸짓으로 나타내다. Hablar por señas 신호로 나타내다. Estas piedras nos *hablan* de la grandeza del Imperio Incaico. 이런 돌들은 잉카 제국의 위대함을 우리에게 말해 주고 있다. ⑨ 소문을 퍼뜨리다, 험담하다(murmurar, criticar). ⑩ 연인 관계에 있다, 사랑하는 사이다(tener relaciones amorosas). 예) Kim habla con la señorita Lee. 김은 이 양과 연

인 관계다. ⑪ …를 위해 간청하다[중재하다]. □ [타동사] ① [+무관사 언어] 말하다, 쓰다, 사용하다(emplear). 예) Habla coreano 한국어를 사용하다[말하다]. Ella habla español e italiano 그녀는 스페인어와 이탈리아어를 말한다[사용한다]. ② (어떤 것을, 특히 좋은 것이나 나쁜 것을) 말하다(decir). 예) Hablar pestes 험담을 하다. Hablar maravillas 기적을 말하다.

Hace [문법] ((Hacer 동사에서 파생된 이(異)형태; 단인칭(3인칭단수) 동사형태)) ① [날씨] (날씨가) …하다. 예) *Hace* calor 날씨가 덥다. *Hace* frío 날씨가 춥다. *Hace* viento 바람이 분다. ② [시간] ㉮ [+que+*ind*.] …한 지 …되었다. 예) *Hace* cuarenta años *que* él vive en Seúl 그가 서울 산 지 40년 되었다. *Hace* mucho tiempo *que* no te veo. 당신을 보지 못한 지 오래 되었다, 오랜만이다. ㉯ [전치사적] [시간] …전(前)(에). 예) *hace* cinco años 5년 전(에). desde *hace* dos horas 두 시간 전부터. ㉰ [과거의 한 시점을 기준으로 할 경우는 hacía] ⓐ …전(에). 예) Yo vivía en el campo *hacía* diez años 나는 10년 전에 시골에서 살고 있었다. ⓑ …한 지 … 되었다. 예) *Hacía* dos meses *que* yo aprendía el alemán 내가 독일어를 배운 지 2개월 되었었다. ㉱ [미래를 기준으로 할 경우는 hará] …이 되다. 예) Mañana hará treinta años de nuestra boda 내일이 우리들이 결혼한 지 30년이 된다.

Hacer □ 타동사로 사용될 때: ① ㉮ 만들다. 예) hacer un mueble 가구를 만들다. hacer un castillo de arena 모래로 성을 쌓다. ㉯ (재봉으로) 옷을 짓다. 예) hacer un vestido 드레스를 짓다. hacer un traje de paño 천으로 옷을 만들다. ㉰ 제작하다, 창작하다. 예) hacer un programa de TV 텔레비전 프로그램을 제작하다. hacer un poema 시를 쓰다. ㉱ 제정하다, 설립하다. 예) hacer una regla 규칙을 만들다. hacer una urbanización 단지를 건설하다. ㉲ 창조하다. 예) Dios *hizo* al hombre a su imagen y semejanza 하나님은 인간을 자신의 모습과 비슷하게 만드셨다. ② ㉮ 하다, 행하다. 예) hacer yoga 요가를 하다. hacer español 스페인어 공부를 하다. ㉯ (활동을) 하다. 예) hacer un trabajo 일을 하다. hacer guardia 당직을 하다. ㉰ 상연하다, 상영하다. 예) ¿Qué película hacen hoy? 오늘 무슨 영화가 상영되고 있습니까? ㉱ 연기하다. 예) hacer el malo 악역을 하다. ③ (소리 등을) 내다. 예) El gallo *hace* quiquiriquí 수탉이 꼬끼오하고 운다. El tren *hizo* chacachaca 기차가 칙칙폭폭 소리를 냈다. ④ [+목적격 보어] …을 …하게 하다. 예) Yo la *haré* feliz 나는 그녀를 행복하게 하겠다. ⑤ [동사의 대용] 하다. 예) hacer un viaje 여행하다(viajar). hacer un esdudio 공부하다(estudiar). ⑥ (수량이) …이 되다. 예) Cinco y veinte *hace* veinticinco 5 + 20 =25. Usted *hace* el diez 당신은 10번이다. ⑦ (자동차 등이 거리를) 주행하다, 나아가다, 전진하다. 예) El coche *hace* ciento veinte kilómetros por hora 자동차가 시속 120

- 223 -

킬로미터로 달린다. ⑧ 씻다; 소제하다, 청소하다. 예) hacer los cristales 유리를 닦다. hacer la habitación 방을 준비하다. ⑨ [+a] (…에) 길들이다, 익게 하다, …의 트레이닝을 하다. 예) hacer dedos (피아니스트 등이) 손가락을 움직이다. hacer piernas (병후 또는 경기 시작 전에) 걷기 연습을 하다. ⑩ [사역 동사] ㉮ [+*inf.*] …하게 하다. 예) *hacer* venir a *su* compañero 동료를 오게 하다. *Hágale* callar al niño 아이를 조용히 하게 해주십시오. ㉯ [+que+*subj.*] …하게 하다. 예) Le *hice que* abriera la ventana 나는 그에게 창문을 열게 했다. ⑪ [단인칭 동사] [날씨] (날씨가) …하다. 예) *Hace* calor 날씨가 덥다. *Hace* frío 날씨가 춥다. *Hacía* una mañana estupenda 멋진 아침이었다. ⑫ [단인칭 동사] [시간] ㉮ [+que+*ind.*] …한 지 …되었다. 예) *Hace* mucho tiempo *que* no te vi 당신을 보지 못한 지 오래 되었다, 오랜만이다. *Hace* dos meses *que* no llueve 비가 내리지 않은 지 2개월 되었다. ㉯ [전치사적] [시간] …전(前)(에). 예) Ella estudia francés desde *hace* tres años 그녀는 3년 전부터 프랑스어를 공부하고 있다. ¿Desde *hace* cuánto tiempo aprendes español en el instituto? 언제부터[얼마나 전부터] 학원에서 스페인어를 배우고 있냐? ㉰ [과거의 한 시점을 기준할 경우는 hacía] ⓐ …전(에). 예) Yo vivía en la ciudad *hacía* diez años 나는 10년 전에 도시에서 살고 있었다. ⓑ …한 지 … 되었다. 예) *Hacía* dos meses *que* yo aprendí el chino 내가 중국어를 배운 지 2개월 되었다. ㉱ [미래를 기준으로 할 경우는 hará] …이 되다: Pasado mañana hará veinte años de nuestra boda 모레 우리들이 결혼한 지 20년이 된다. □ 자동사로 사용될 때: ① 하다. 예) Déjame hacer 내가 하게 해라, 나에게 맡겨라. *Haz* como quieras 하고 싶은 대로해라. ② [+de] (직업·역할을) 맡다, 다하다, (무대에서) 연기를 하다. 예) hacer de abogado 변호사로 일하다. hacer de presidente 의장(직)을 보다. ③ [+por+*inf.*] …하려 하다, …하기 위해 노력하다. 예) *Haré por* verte mañana (무슨 일이 있어도) 내일은 너를 만나려고 애쓰겠다. ④ [+a+사람] (…에게) 그런 마음이 있다. 예) Si te *hace*, vamos a salir ahora mismo 그렇다면 지금 당장 출발하자. ⑤ [+a+사물] (…에) 적합하다, 관련이 있다. 예) Este corcho no *hace* a la botella 이 코르크 마개는 병에 맞지 않다. □ **hacerse** [재귀형]: ① 만들어지다. 예) El pan *se hace* de trigo 빵은 밀로 만든다. ② 성장하다, 자라다, 크다. 예) Este árbol *se hace* rápidamente 이 나무는 성장이 빠르다. ③ [+주격 보어] (자신의 의지·노력으로) …이 되다. 예) José *se hizo* médico 호세는 의사가 되었다. María *se hizo* pianista 마리아는 피아니스트가 되었다. ④ [+정관사+형용사] …체[척]하다. 예) Me *hice* el sordo 나는 귀머거리인 척했다. Ella *se hizo* la desentendida 그녀는 알아듣지 못한 척했다. ⑤ [+a+사람] (…에게) …처럼 생각되다[보이다]. 예) Las manadas *se le hicieron* ejércitos a Don Quijote 양떼는 동끼호떼에게는 군대처럼 보였다. ⑥ (자기의

몸의 것을) 자르다, 깎다. 예) hacer*se* las uñas 손톱을 깎다. hacer*se* la barba 수염을 자르다. ⑦ (변하여) …이 되다. 예) El vino *se hizo* vinagre 포도주가 식초가 되었다. ⑧ [+*inf*.] 자신을 …시키다. 예) hacer*se* atar las manos con una cuerda 줄로 자신의 손을 묶다. ⑨ [+a] (…에) 익숙해지다, 길들다, 익다. 예) *Nos hicimos a*l calor 우리들은 더위에 익숙해졌다. *Me hago a vivir solo* 나는 혼자 사는 데 익숙하다. ⑩ [+con] (…을) 자기의 것으로 만들다. 예) Yo hice esfuerzos por hacer*me con* ese documento 나는 그 서류를 입수하기 위해 노력했다. ⑪ [+장소의 부사] (그쪽으로) 물러나다, 가다. 예) *Hazte* allá 저리 가(거라).
□ hacer 동사 변화 형태.

직·현재	직·부정 과거
h*a*go	h*i*ce
h*a*ces	h*i*ciste
h*a*ce	h*i*zo
h*a*cemos	h*i*cimos
h*a*céis	h*i*cisteis
h*a*cen	h*i*cieron

직·미래	가능법
har*é*	har*í*a
har*á*s	har*í*as
har*á*	har*í*a
har*e*mos	har*í*amos
har*é*is	har*í*ais
har*á*n	har*í*an

접·현재	접·과거
h*a*ga	h*i*ciera, se
h*a*gas	h*i*cieras, ses
h*a*ga	h*i*ciera, se
h*a*gamos	h*i*ciéramos, semos
h*a*gáis	h*i*cierais, seis
h*a*gan	h*i*cieran, sen

과거 분사 *hecho*

※ Verbos irregulares: Hacer, ser y tener 참조.

Hacía [문법] Hacer 동사 불완료 과거 1·3인칭 단수형. 과거 완료 진행형 시제를 위해 사용함.『Hacía + 시간 (기간표현) + que + 불완료 과거형 또는 과거 진행형(estaba + 현재분사형』예) Hacía dos horas que ella cantaba[= estaba cantando] 그녀는 2시간 전부터 노래를 부르고 있었다. ※ Hace; Hacer 참조.

Halo- [어원] 「소금·염(鹽)(sal)」의 뜻. 예) *halo*́geno 할로겐. *halo*ideo 할로겐화된.

Hápax [언어] 단 한 번 밖에 사용한 적이 없는(용례가 아주 드문) 낱말·형태.

Hapaxepia [언어] 중음 탈락. ((비슷한 음이 연속될 때, 한번만 발음하는 것)) 예) (불어에서) Tragico-comique 를 Tragicomique로 발음하는 것.

Haplografía [언어] 중자탈락(重字脫落); 중자오탈(重字誤落). ((중복되는 철자 중에 하나를 잘못해서 탈락시키는 것)) 예) (불어에서) Appler를 Apeler로 쓰는 따위.

Haplolalia [언어] 어중 유사음 생략.

Haplología [언어] 중음 탈락(重字落). 어중 유사음 생략. 연이은 동일한 또한 거의 비슷한 음절들 안에서 한 음절이 탈락되는 것. ※ Hapaxepia 참조.

Harmonía vocálica [언어] 모음조화 (母音調和). 순행동화의 한 형태로, 일련의 순서 속에서 첫 모음은 후속 모음들을 제한하는 요인을 구성함.

Harmónico [언어] 배음(倍音). 복합 진동 속에서 진동체의 일부분에 의해 산출되는 음을 일컬음. 발음에 있어서, 모음 곧 악음(樂音)은, 후두 진동의 기본음에 포함되는 일정한 배음을 공명강(共鳴腔)을 통해 강화함에 의해서 만들어짐. ※ Parcial 참조.

Hay [문법] ((Haber동사의 3인칭 단수형의 이(異)형태, 무(無)인칭으로만 사용)) ① (일·사건이) 일어나다: *Hay una hecatombe* 대학살이 있다. ② 개최되다, 열리다, 행해지다, 실시되다: *Hay junta* 회의가 열린다. ③ [hay que+*inf*.] (사람들이) …해야 한다, …하지 않으면 안 된다: *Hay que* tener paciencia 참아야 한다. *Hay que* ver lo que se hace 행해지는 일을 보아야 한다. ④ (어떤 곳에 실제로) 있다: Hay diez personas en una reunión 모임에 10명이 있다. Hay poco dinero en la caja 금고에 돈이 거의 없다. ⑤ (실제로·비유적으로) 있다, 존재하다: *Hay hombres sin caridad* 자비심이 없는 사람들이 있다. *Hay razones en apoyo de tu dictamen* 네 의견에 지지하는 이유가 있다.

Haz [언어] (언어의 지역적 특성을 나누는 기준으로서의) Haz 등어선(等語線). ① 등어선 Haz에 대한 개념은 같은 어족(語族) 속에 있는 방언들 간에 존재하는 언어사용의 경계선에서 혼동양상을 보임. ② Trubezkoy는 같은 상관관계 쌍의 음군(音群)에 속하는 모든 음소들에 의해 형성된 '상관관계로서의 Haz'로 정의함. 까스띠야어(Castellano)에서는 3개의 상관관계 쌍으로 Haz가 존재함.

Hebraísmo [언어] 히브리어가 영향을 준 스페인어; 히브리말의 특유 어법. 예) malsín(고자질 쟁이), máncer(윤락녀의 아들), 등등.

Hebraísta 히브리어[문학] 연구자.

Hechos [언어] 사실. 수집된 자료 (Corpus)로부터 기술 언어학자들은 언어 '사실'을 뽑아내는 것이며, 그 언어 '사실'에 의하여, 고찰 대상인 언어의 규칙(문법)을 귀납할 수가 있음. 그렇지만 기술이라는 것이 모두 사실을 '이상화(idealiza)'하고 있는 일은 주의하지 않으면 안됨. 언어학자 소쉬르(F. de Saussure)는 한번 강연하는 동안 '여러분(Señores)'이라는 단어를 몇번이고 되풀이되는 경우의 예를 들고, 이미 그것을 지적하고 있음. 다시 말하면, 언어학자는 어떤 판단에 의해, 자료체(Corpus) 중의 이들 서로 다른 절편(切片)을 같은 단 하나의 언어 사실로 치는 것임. 언어학자 촘스키(N. Chomsky)는, 언어 데이타와 언어 사실을 구별함. 곧, 자연 그대로의 언어 자료가 종류별로 구별된 언어자료로 바뀌어지는 것은, 언어 능력<기술자(記述者) 자신 혹은 자료 제공자(informadores)의 언어 능력>이 가해짐에 의한 것임. 언어 능력에 의해 해석된 사실이 데이터를 구성한다고 함.
※ Corpus 참조.

Hecto- [어원] 「백(百)」의 뜻. 예) *hect*área 헥타르(면적단위).

Helenismos [언어] 그리스어에서 영향을 준 스페인어. 그리스어는 고도의 문명화된 어로서 라틴어에 침투되었던 것이 그대로 스페인어에도 남게 되었음. 그 이후 르네상스 시대 및 근세에 와서도 계속 침투되어 여러 면에 걸쳐 많은 어휘를 제공하고 있음. □ 접두사 「anti-」 예) antidoto 해독제, □ 접미사 「-itis」 예) bronquitis 기관지염. □ 예술분야 어휘. 예) idea 사상, fantasía 환상, filosofía 철학, poesía 시, matemática 수학,... 등등 □ 문학분야 어휘. 예) tragedia 비극, comedia 희극, escena 장면, ritmo 리듬, oda 찬가(讚歌),... 등등. □ 교육분야 어휘. 예) escuela 학교, pedagogía 교육학,... 등등.

Helico- [어원] 「나사 모양의(espira l)」의 뜻. 예) *helico*idal 나사 모양의. *helic*óptero 헬리콥터.

Helio- [어원] 「태양(sol)」의 뜻. 예) *helio*céntrico 태양 중심의. *helio*terapia 일광 요법.

Hemato- [어원] 「피(血)(sangre)」의 뜻. 예) *hemato*logía 혈액학. *hema*tófago 흡혈동물. *hemo-*, *hema-*, *hamat-* 형으로도 사용함(예) *hemo*rragia 출혈(出血). *hema*termo 온혈의. *hemato*ma 혈종.

Hembra ① (동·식물의) 암컷. ② (봉건법·족보의) 여성.

Hendíadis [수사학] (한가지 뜻을 지닌 표현을 단어로 나누어서 하는) 수사적 표현.

Hetero- [어원] 「다른, 이(異), 타(他)」의 뜻. 예) *hetero*géneo 이질(異質)의. *hetero*sexual 이성애(異性愛)의.

Heteroclisis [언어] 명사[동사]의 어미 변화(flexión nominal o verbal).

Heteróclito ① [언어] 불규칙하게 변화하는. 예) Verbo heteróclito 불규칙동사. ② [문학] (예술의) 규칙을 벗어난; (양식이) 혼합적인. 예) Novela heteróclita 비정형적인 소설.

Heterogéneo [언어] 변성의, 불균질한. 예) Sustantivo heterogéneo 변성명사((단수와 복수에서 성(性)이 달라

짐)).

Heteronimia [언어] 이근 동류(異根同類). 예) caballo와 yegua.

Heterónimo [언어] 이근동류(異根同類)의. 예) Palabras heterónimas 이근동류어.

Heterorgánico [언어] 이기음(異器音)

Heterosintagmática [언어] 이질 연사간(異質 連辭 間).

Hexa- [어원] 「6(seis)」의 뜻. 예) *hexá*gono 육각형. *hexa*sílabo 6음절.

Hiato [언어] 음절 분리. 고 모음(i, u)이 한 단어 속에서 중모음(e, o) 혹은 저모음(a)과 접촉할 때, 각각 다른 음절 형태를 가지는 것을 'hiato'라 함. 즉, 반모음이나 반자음이 강세를 가지게 되면, 한음절을 구성하던 이중모음이 두 개의 모음으로 나뉘게 되는 것을 말함.

Híbrido ① [언어] 혼종(混種)의. 예) Palabra híbrida 혼종어(語). ② [문학] 절충의, 혼합의. 예) Literatura híbrida 절충 문학 (장르).

Hioides [해부] 설골(舌骨)의.

Hipálagel [문학·수사학] 대환법(代換法). 문장 속의 어구의 위치를 바꾸어 놓는 방법을 일컬음.

Hipérbaton [문학·수사학] 전치법(轉置法). 통상적인 어순을 바꾸거나 분리하여 부가하는 것.

Hipérbole [문학·수사학] 과장법. 어떤 현상이나 생각을 본래보다 확대하여 과장하거나, 축소하여 과장하는 비유법을 말함.

Hipercorrección [언어] (발음·형태 따위의) 과잉 정정(訂正). 지나친 정확 어법. 과정 확어법. □ ① 보다 정확한 형태로 고치려다가 오히려 틀리거나 일반성이 없는 형태로 만드는 것. ② 위신 때문에 역사적으로 동기가 없는 형태를 사용함.

Hiperdialéctico [언어] 의사 방언적 (疑似 方言的)

Hiperonimia [언어] (1960년경) 상위 개념(↔ Hiponimia).

Hiperónimo [언어] (1960년경) 상위 개념어(↔ Hiponimo).

Hipertono armónico [언어] 조화(調和)된 배음(倍音).

Hipo- [어원] ①「아래의, 하(下)의」의 뜻. 예) *hipo*dérmico 피하(皮下)의. *hipó*crita 위선자. ②「말(馬)」의 뜻. 예) *hipo*dromo 경마장.

Hipocorístico [언어] 애칭어. 예) Pequeño → Pequeñito; José → Pepe; Susana → Susi. □ 애칭의;

Disminutivo hipocorístico 애칭 지소사.

Hiponimia [언어] 하위개념(↔ Hiperónimia)

Hiponimo [언어] 하위개념(↔ Hiperónimo)

Hipóstasis ① [언어] 범주 전환((형용사를 명사로 쓰는 따위)). ② [철학] (신플라톤 알렉산드리아 학파의) 본질, 실체.

Hipotaxis [언어] 종속, 종위.

Hipotético ① [언어] 가정(조건)의. 예) Proposición hipotética 가정(조건)절. ② [논리] 가언적(假言的)인. 예) Proposición hipotética 가언적 명제.

Hipótesis realizativa [언어] 수행 가정.

Hipótesis de regularidad [언어] 규칙 가설. 모든 변화에 있어서 어떤 주어진 언어의 각 음이 같은 환경에서 매 경우에 유사하게 변화한다는 가설.

Hispano- [어원] 「스페인의(español)」의 뜻. 예) hispanófilo 스페인을 좋아하는 (사람). hispanoamericano 스페인계 아메리카의.

Histerología [수사학] 도역법(倒逆法) ((두 요소의 시간적·논리적 순서를 바꾸는 표현법))

Histo- [어원] 「유기 조직(tejido órganico)」의 뜻. 예) histología 조직학.

Historia 역사, 역사학; 연혁; 내력.

Histórico [언어] 역사의. 예) Gramática histórica 역사 문법. Lingüística histórica 역사 언어학. Presente histórico 역사적 현재.

Hjelmslev [언어학자] 예름슬레우. 덴마크 언어학자. 1937~65년 코펜하겐 대학에서 비교언어학 교수를 지냈음. 《일반문법원리(1928)》를 발표한 이래로 언어의 이론을 세우고자 하였음. H. 우루달과 함께 《언어이론의 기초(1943)》 《언어의 성층(成層, 1954)》 등을 펴내 언리학(言理學)을 주창하여 F. 소쉬르 이후 언어학의 한 주류를 대표하였음. 그밖에 《격(格)의 범주 Ⅰ·Ⅱ》《언어》《라스크 선집》《언어이론 적요》 등이 있음.

Holo- [어원] 「모든(todo)」의 뜻. 예) holoceno 완신세(完新世). holografía 레이저 광선 사진술.

Hombro [인쇄] (활자의) 어깨 ((활자 본바탕 외의 판판한 부분)).

Homeo- [언어] 「비슷한·같은(semejante·parecido)」의 뜻. 예) homeopatía 동독 요법. homeóstasis 항상성.

Homeoteleutón [언어] 동일 말음(同

一 末音).

Homofonía ① [언어] 동음이의(同音異義). ② [음악] 단선율, 제창.

Homófono ① [언어] 동음(이의(異義))의. ② [음악] 단선율(單旋律)의.

Homogeneidad 통일성, 일관성; 등질(균질)성.

Homogloso [언어] 동언어(同言語). 입력 언어가, 출력 언어의 한 구화(口話), 한 방언인 것과 같음을 일컬음. 예를 들어 경상도 방언-한국어 사전은 '동언어' 사전이라고 말할 수 있음.

Homografía [언어] 동형어 관계.

Homógrafo [언어] 동철동음이의(同綴同音異義)어; 동철이음이의(同綴異音異義)어. □ 동철동음이의(同綴同音異義)의; 동철이음이의(同綴異音異義)의.

Homonimia [언어] 동음이의어. 동일한 청각영상이 나타내는 여러 가지의 의미 사이에 어떤 관계도 없는 경우를 말함. 예) banco라는 청각영상을 통해 '은행'과 '벤치'라는 전혀 상관없는 의미가 나타나게 되는 것.

Homónimo [언어] 동음이의(同音異義)의.

Homorgánico [언어] 동위음(同位音)의.

Homosintagmático [언어] 동질 연사 내(同質 連辭 內)

Honorífico ① 존대말의. ② [역사] (봉건 영주에게 부여되는) 명예권.

Hora [문법] 시간. □ 시간 표현하기. 시간은 시간만을 나타낼 때, Ser동사를 이용하여 나타냄을 원칙으로 하며, 일반동사와 함께 표현할 때는 전치사를 이용하여 표현하는 방법이 있음. ① 시간만을 나타낼 때:

> Ser + 여성정관사+ 시간 y/menos + 분
> (1시일 경우만 Es, 나머지는 Son)

예) ¿Qué hora es? (=¿Qué horas son?) 지금 몇 시입니까? Es la una 한 시 입니다. Son las diez 열시 입니다. Son las dos y cinco 두 시 5분이다. Es la una y cuarto 한 시 15분이다.(=Es la una y quince) Son las nueve y media 9시 반이다. (=Son las nueve y treinta) Son las doce cincuenta 11시 50분이다. Son las tres menos cuarto 세 시 15분전이다. (=Son las quince para las tres; Son las dos cuarenta y cinco. = Faltan quince minutos para las tres) □ 오전, 오후를 표시할 때는 뒤에 반드시 'de + 때'를 표시함. 예) Es la una de la tarde 오후 한시. Son las nueve y cuarto de la noche 밤 9시 15분; Son las siete de la mañana 오전 7시. ※스페인어

에서는 '밤에(de la noche)'라는 표현을 사용함에 주의. □ 일반 숫자가 아닌 시간 표현법: 15분(cuarto), 30분(media), 정각(en punto), ~전(menos + 분). ② 일반 동사와 붙여서 표현할 때:

> A + 여성정관사+ 시간 y/menos + 분
> (일반동사 뒤에 전치사 'a'를 붙임)

예) ¿A qué hora empieza la clase? 몇시에 수업이 시작합니까? Empieza a la una en punto 1시 정각에 시작합니다. La película termina a las cuatro y cuarto 영화는 4시 15분에 끝납니다. □ 일반 동사와 함께 올 때, 사용하는 시간 의문사는 'Cuándo(언제)', 'A qué hora(몇 시에)'가 있음.

Hueco ① 텅 빈 울림소리; 저음(低音). ② 무의미한; 의미 없는: Discursos(textos) huecos 무의미한 담화(텍스트).

Humanismo [문학] 인문주의. 휴머니즘. 인간주의 등이라 번역하는데, 르네상스의 중심적인 사상으로서, 중세의 봉건주의와 교회적 신학적인 사상의 속박에 반대하여, 현세적이며 인간적인 고대 문화의 정신에 따라 인간을 재발견하고 해방시키려한 사조.

Humano ① 인간에 관한, 인문의. 예) Ciencia humana 인문과학. ② [음악] (오르간의) 인성음(人聲音) 키.

Hysteron-proteron [문학·수사학] 도역법(倒逆法) ((두 요소의 시간적·논리적 순서를 바꾸는 표현법))

【I】

I [언어] i 이 (스페인어 자모의 아홉 번째 문자). 스페인어의 자음 음소 /i/. 음성적으로는 닫힌 모음(cerrada), 전설모음(anterior)의 자질을 가지고 있음. 발음을 할 때, 혀가 구개에 매우 가까이 닿을 듯하고, 입의 앞쪽으로 옮겨진 상태에서, 입술은 반쯤 열린 상태에서 닫는 상태로 가면서 실현됨. ※ Cerrada; Anterior 참조.

I- [어원] 「무(無)·불(不)」의 뜻. ☞ -in¹, -in²

-í [어원] 「국명(國名)·지명(地名)의 형용사화」의 의미. 예) iraquí 이라크의, marroquí 모로코의, israelí 이스라엘의.

-ia [어원] ① 「대부분 라틴어에서 온 것으로 여성 명사이며 대개 추상 명사들임」 예) Vigilia 여자 이름, eficacia 효과, ignominia 수치. ② 「도시·영토·나라 이름에 나타남」 예) Murcia 무르시아, Alcarria 알까리아, Australia 오스트레일리아, Suecia 스웨덴.

-ía [어원] ① 「형용사의 추상 명사화」의 뜻. 예) cercanía 근접, alegría 기쁨, bizarría 용감. hidalguía 고결, villanía 비천. ② 「학문·기술·직업의 이름」을 뜻함. 예) astronomía 천문학. ③ 「공장·가게」의 의미. 예) panadería 빵집, carnicería 정육점, librería 서점.

-iatría [어원] 「치료을 연구하는 의학 부문」으로 사용. 예) pediatría 소아과 의학, psiquiatría 정신병학.

-ible [어원] 「-er··-ir 동사에서 가능성 형용사」를 만듦. 예) mover 움직이다 →movible 움직일 수 있는.

Iberismos [언어] 이베리아어에서 영향을 준 스페인어. 이베리아 반도의 로마화와 더불어 바스크어(Euskera)를 제외하고는 반도의 모든 언어가 사라졌지만, 그 당시 이베리아어의 일부 언어가 남아 스페인어에 남게 된 것을 일컬음. 접미어는 "-rro", "-rra", "-orro", "-urro" 등이 있음. 예) Cerro 언덕, Pizarra 칠판, Machorro 불임의. ※ Euskera 참조.

Icono [언어] 도상(圖像). Peirce의 여러 가지 저서 및 Jakobson(1965), Pierce는 의미(意味)하는 것과 의미되는 것과의 관련 방법의 차이에 의해서 기호(記號)를 icono, índice, símbolo 세 가지로 나누었음. icono란 예를 들어, 동물과 그 동물의 그림과의 관계처럼, 의미하는 것과 의미되는 것과의 유사성에 기초를 두었음. índice 란 의미하는 것과 의미되는 것과의 직접적 연접성(連接性)에 기초를 두는 것으로, 예를 들어 연기가 오르고 있으면 거기에는 불이 있다고 말할 수 있는데, 이때 연기를 불의 índice라고 함. símbolo란 의미하는 것과 의미되는 것 사이의 약속(約束)에 기초한 것으로, 예를 들면, '개'라고 하면 네발이 달리고 '멍멍'하고 짖는 동물을 가르치듯이, 인위적으로 정해진 것으로, 의미하는 것과 의미되는 것의 결합에는 일정한 규칙성이 보임. ※ Símbolo; Índice 참조.

-ida [언어] 「(-er・-ir 동사의 명사화) 동작(acción)・결과(efecto)]의 의미. 예) acoger →acog*ida*, partir → part*ida*, sacudir →sacud*ida*.

-idad [언어] 「형용사의 추상 명사화」의 의미. 예) feliz →felic*idad*. activo →activ*idad*.

Idea [철학] 관념. 일반적으로 말한다면 대상을 표시하는 심리적 형상의 총칭임. 예를 들어 산의 관념이라든가 선악의 관념이라는 말을 씀. 또는 개념이란 뜻으로도 사용하고, 단순히 생각한다든가 견해라는 정도의 말로도 사용됨. 철학상의 관념론은 정신적 존재-이념, 자아, 정신, 이성, 의지 등으로써 본원적이며 제일 의존적인 존재로 삼고, 물질적인 존재는 그것의 현상이라든가 가상으로 보아 제 2의 의존적인 것으로 생각하여 유물론과 대립함.

Ideal [정신분석] 이상으로서의 자아.

Idealismo [철학] 관념론(↔ Materialismo); 이상주의(↔ Realismo)

Identidad [언어] 동일성. 생성문법에서 어떤 요소를 제거(除去)하는 변형 규칙에 관련된 중요한 개념. 문장 구조의 어느 일부분을 제거할 때는 원칙적으로 그것과 동일한 부분이 동일 문장 안에 존재하지 않으면 안 됨. 이것을 일반적으로 동일성 조건이라고 부르며, 이것은 제거 변형에 따르는 가장 중요한 조건임. 동일성 조건을 수반하지 않는 제거 변형도 존재하지만 그것들은 극히 한정된 경우에만 그렇게 됨. 동일성에 기인한 제거는 일반 자연언어(自然言語)에서 많이 나타나는 현상으로, 종래의 대명사화, 동사구 제거, 관계절 형성, 재귀대명사화 등 많은 변형 규칙에서 결정적인 역할을 함.

Identificación ① 동일시; 동화, 일체화. ② [심리] 동일시.

Ideograma [언어] 표의(表意)문자. 어떤 관념에 대응하는 도형적 문자를 일컬음. 일반적으로 표의문자법의 예로는 중국의 문자법이나 이집트의 히에로글리프(Hieroglyph)가 있음.

Ideogramático [언어] 표의(문자)적인 (= Ideológrafico). 자소(字素; Grafema)가, 음소는 아니고, 형태소를 나타내는 체계를 '표의 문자적'문자법이라고 함. ※ Grafema 참조.

Ideografema [언어] 표의(문자) 표기

자(表記字); 표의(문자) 표기소(表記素).

Ideografía [언어] 표의(문자) 표기법.

Idiolecto [언어] 개인 어(個人 語). 개인 말. 개인 방언. 화자(話者)가 가질 수 있는 개인적인 말 또는 언어의 변이형태.

Idiolecto individual 개인 방언(方言). 개인 어.

Ideológrafico [언어] 표의(문자)적인. 음소는 아니고, 형태소를 나타내는 체계를 '표의 문자적' 문자법이라고 함.

Idioma [언어] ① (한 공동체의) 관용어, 고유어; 관용어법. ② 방언.

Idiomático [언어] ① 관용어의, 고유어의; 관용어법의. 예) Expresión idiomática 관용(고유)어법. ② 방언의.

Idiosincrasia ① [언어] (언어 사용의) 개인적 특이성. ② [의학] (약품 따위에 이상반응을 일으키는) 특이 체질.

Idiotismo [언어] (한 언어의 고유한) 관용어법.

-ido, da [어원] ① 「-er·-ir 동사의 과거 분사」의 의미. 예) comer → comido, vivir →vivido. ② 「-er·-ir 동사의 명사와 동사의 형용사화 및 명사화」를 뜻함. 예) dolor → dolor*ido*, sufrir →suf*rido*, flor → flor*ido*. ③ 「소리(sonido)를 뜻하는 명사형」의 뜻. 예) bal*ido* (양의) 울음소리, buf*ido* (동물의) 으르렁거리는 소리, cruj*ido* 삐걱거리는 소리, estall*ido* 폭발(음).

Igualdad [언어] 동등. 예) Comparativo de igualdad. 동등 비교급.

Ilativo ① [문법] (古) 추론의. 예) Conjunción ilativa 추론 접속사. ② [언어] (핀란드어 따위의) 방향격(格).

-ilo [언어] 「화학의 기(radical químico)」를 뜻함. 예) acet*ilo*, ac*ilo*, et*ilo*.

Ilocucionario [언어] 발화내적(發話內的) 행위 (= ilocutorio). □ 발화내적(發話內的)인. 예) Acto ilocucionario 발화 내적 행위.

Imagen [문학] 심상(心象), 이미지. 감각적으로 마음에 재생한 영상. 직접 외계의 자극에 의하지 않고, 기억과 연상에 의하여 마음에 떠오르는 상(像)을 말함. 이러한 것이 문학에 비춰 사용되는 예를 보면, 이미지를 만드는 시(詩)문학에서 볼 수 있음. 중요한 방법 중 하나는 비유, 직유, 은유 등이 있으며, 이 비유법에 의해 시인은 다양한 이미지의 창조를 이룰 수 있는 것임.

Imagen alegórica 알레고리적 이미지.

간략한 알레고리적 역할을 하는 추상적 실재의 의인화.

Imaginación [문학] 상상 (능력). 현재의 지각에 의거하지 않는 사물의 영상을 의식 속에 떠오르게 하는 것. 과거의 경험을 생각하는 재생 상상의 경우와 과거의 경험을 조합하여 새로운 심상을 만드는 창작 상상의 경우가 있음. 창작 상상에서는 상상의 이미지 결정에 의해 묘사할 수 있는 부분이 처음에는 없을 수 있음. 그래서 현실에 지각한 일에서 촉발되어 과거의 경험을 가지고 있으나, 재인식 감정을 동반하지 않고 직감적으로 새로운 영상을 만들어 가는데(단, 경험의 무질서하고 무의식인 재 조합일 수밖에 없음), 이 상상에 의한 능력이 작가의 재능에서 가장 큰 부분을 차지하는 것임.

Imbricación ① (부분적으로) 포개짐, 겹침. 예) Imbricación de las letras 글자의 부분적인 겹침. ② (이해관계·권한 따위가) 서로 얽힘, 중복됨.

Imitativo ① 의성(擬聲)의. 예) Palabras imitativas 의성어. ② 모방하는, 모방의.

Imparisilábico [언어] 부등철음어(不等綴音語). ① 단수형태의 다른 어휘보다 한 음절 적은 형태의 어휘 어미 격변화. ② 라틴·희랍어에서 속격형이 주격형보다 음절수가 1음절이 많은 어휘. ☐ 부등철음(不等綴音)의.

Imparisílabo [언어] 부등철음어(不等綴音語). 단수형태의 다른 어휘보다 한 음절 적은 형태의 어휘 어미 격변화.

Imperativo [문법] 명령법. 행위·상태의 현실에 대한 명령·권고의 태도를 나타내는 것임. ① 주어는 대체적으로 동사의 뒤에 놓이는 것을 원칙으로 하지만 생략. 예) *Habla* en español 스페인어로 말해라. *Estudien* mucho 열심히 공부해요. ② 부정 명령이 되는 경우에는 부정어인 no를 동사의 앞에 놓으나 2인칭 단수·복수인 경우에는 접속법 2인칭 단·복수형을 사용. 예) *Coma* Ud. mucho. → No *coma* Ud. mucho. *Habla* en español. → No *hables* en español.(2인칭의 경우) ③ 재귀대명사는 긍정명령에서는 동사의 어미에 붙임. 예) levántate → no te levantes (2인칭의 경우 접속법으로) levántese → no se levante ④ 간접·직접 목적대명사를 동반하는 경우에 긍정명령이면 동사의 어미에 붙여 쓴다. 이때 명령형 동사의 본래의 악센트 위치에 악센트 부호를 표시해야 함. 예) *Estúdielo* mucho 그것을 열심히 공부하시오. *Déselo* Ud 그것을 그에게 주시오. ⑤ 부정 명령의 경우에는 인칭 대명사 직접·간접목적격을 동사의 앞에 위치함. 예) Estúdielo mucho. → No lo estudie. Déselo Ud. → No se lo dé. ☐ 기본 형태:

	hablar	
	단수	복수
1	—	hablemos
2	habla	hablad
3	hable	hablen

comer		vivir	
단수	복수	단수	복수
—	comamos	—	vivamos
come	comed	vive	vivid
coma	coman	viva	vivan

☐ 2인칭 단수 불규칙 형태:

- decir— di   · venir— ven
- hacer— haz   · salir— sal
- tener— ten   · ser — sé
- poner— pon · ir — ve

☐ 재귀형 동사의 명령 형태:

	irse
2인칭·단수	vete
3인칭·단수	váyase
1인칭·복수	vámonos
2인칭·복수	idos
3인칭·복수	váyanse

levantarse	detenerse
levántate	detente
levántese	deténgase
levantémonos	detengámonos
levantaos	deteneos
levántense	deténganse

Imperativo pasiva [언어·문법] 수동의 명령문. 명령을 수동으로 사용하는 것은 다소 어색한 면이 있기 때문에 많이 사용되지는 않음. 예) Tradúzcanse al español las frases siguientes 다음 문장을 스페인어로 옮기시오. Sépase 알아두세요. ※ Se refleja 참조.

Imperfecta del potencial [문법] 가능법 불완료형. ① 과거에서 본 미래. 예) Él me dijo que se iría al día siguiente 그는 다음날 가겠다고 나에게 말했다. ② 과거의 상상을 표현. 예) Tendría él entonces unos cincuenta años. 그때 그는 약 50세 가량 되었을 것이다. ③ 미래, 현재의 가정의 결과. 예) Si tuviera trabajo, trabajaría 일이 있으면 일을 할 텐데. ④ 과거, 현재, 미래 어느 때든지 사실의 가능성을 표현. 예) Yo desearía hacer lo que yo deseaba 나는 내가 원했던 것을 하고 싶은 데(현재의 표현). Serían las cinco de la tarde 오후 다섯 시 경이었을 것입니다(과거의 표현). Usted debería ir a verlo mañana 당신은 그를 만나러 내일 가야만 할 것이다(미래의 표현).

☐ 형태:

	hablar	
	단수	복수
	hablaría	hablaríamos
	hablarías	hablaríais
	hablaría	hablarían

	comer		vivir	
	단수	복수	단수	복수
	comería	comeríamos	viviría	viviríamos
	comerías	comeríais	vivirías	viviríais
	comería	comerían	viviría	vivirían

Imperfectivo [언어] 미완료상. □ 미완료의. 예) Aspecto imperfectivo 미완료상(相)

Imperfecto [언어] 불완료성.

Impersionismo [언어] 비인칭성.

Impersonal ① [언어] 비인칭 동사(= Verbo impersonal) □ 비인칭의: Modo impersonal 비인칭법, Frase impersonal 비인칭문. ② [문법] 무인칭. 스페인어에는 무인칭 사용은 크게 3가지가 존재함. ① 불특정 개인. 『Uno + 3인칭 단수 동사』 ② 막연한 사람들. 『3인칭 동사 복수(주어는 생략)』 ③ 모든 개인. 『Se + 3인칭 단수 동사(문법적 주어는 없음)』 □ 용례: ① Uno를 주어로 하는 무인칭: ⓐ Uno는 비특정 개인을 의미함. 예) Uno no puede menos de asustarse 누구라도 깜짝 놀라지 않을 수 없다. ⓑ 여성형으로 Una도 사용됨. 예) Si una está triste, busca la soledad 여자는 슬플 때, 고독을 찾는 법이다. ⓒ 동사가 재귀동사일 때, 무인칭 se를 중복시켜 표현할 수 없고, uno를 주어로 한 무인칭 구문으로 해야함. 예) *No se puede dormirse. → Uno no puede dormirse 누구도 잘 수 없다. ⓓ 화자가 자신을 암시하여 Uno라고 말할 때가 있음. 예) Uno está cansado de aguantar 누구라도((나를 의미)) 참을 수 없다. ② 3인칭 복수형 동사에 의한 무인칭: ⓐ 3인칭 복수형 동사(-n)를 활용하고 있지만, 주어는 특정한 사람들이 아니므로 '그들'이라고 해석하면 안됨. 예) Dicen que ella es una buena estudiante (사람들이 말하길) 그녀가 훌륭한 학생이라고 한다. ⓑ 실제로는 한사람 밖에 없어도 사용함. 예) Llaman a la puerta (누군가) 문가에서 부르고 있다. Profesor, le llaman por teléfono 교수님, 전화왔습니다. ⓒ 여격(Dativo: 간접목적어)를 동반한 문형을 의미상의 주어로 보고, 해석할 땐 주어로 해석하는 것이 매끄러움. 예) Nos robaron todo lo que teníamos 우리들은 가지고 있던 것을 모두 도난 당했다. Me han operado 나는 수술했다. ③ 무인칭의 Se: ⓐ Se는 주어를 없애는 역할을 함. 예) Se puede ser pobre y feliz 사람은 가난해 질 수도 행복해 질 수도 있다. ⓑ 의미를 이해하기 어려운 구문에서는 'Se'를 '사람들'로 이해해서 해석해야 함. 예) No se te entiende que dices 사람들은 네가 말하는 것을 이해하지 않는다. ⓒ 재귀수동과 경계를 확실히 할 수 없는 경우가 있음. 예) [재귀수동] Se venden periódicos 신문을 팔고 있습니다. [무인칭] Se vende periódico 신문을 팔고 있습니다. ⓓ 무인칭의 Se는 uno나 3인칭 복수형을 사용한 무인칭 보다도 추상성이 강함. 3인칭 복수형동사는 Yo, Tú는 포함하지 않지만, 무인칭의 Se는 1인칭도, 2인칭도 포함하는 것이 그 차이임. 예) Lo que no se sabe, no se le hace daño 모르는 것이 해를 주지 않는다. Se sigue por esta calle (길을 가르쳐 줄 때) 이 길로 쭉 갑니다. ※ Dativo; Se 참조.

Implicación [언어] 함의. 문장 간의 관계를 나타내는 또 다른 개념은 바로 함의인데 이는 두 문장은 완전 동의 관계는 아니지만 한 문장이 다른 문장을 전제할 때 한 문장이 다른 문장을 함의한다고 함.

Implicación doble [언어] 이중 함의. 두개의 명제인 A와 B 사이에서, A가 바르면 B도 바르고, B가 바르면 A도 바른 경우에 성립되는 상호 함의의 관계를 말함.

Implicatura [언어·문학] 함축(含蓄). 함축 의미란 자신의 발화가 명시적으로 적합한 것이기를 의도하는 화자가, 청자에게 명시적으로 드러낼 것을 명시적으로 의도한 문맥적 내용 또는 함축내용임. 함축은 문맥적 추정을 바탕으로 하여 도출된 경우 함축적 결론(Conclusión implicada)이 되고 발화체가 제공하는 언어적 지표들을 바탕으로 하여 도출되는 경우 함축적 전제(Premisa implicada)가 됨. 관련성 이론은 모든 함축의미들이 이 둘 가운데 한 범주에 속한다고 주장함. ※ Relevancia; Conclusión implicada; Premisa implicada 참조.

Implicatura convencional [언어] 관습 함축. 특정 단어 사용과 관련된 진술되지 않은 의미. 예를 들어, 'A pero B'는 A와 B사이의 대조를 나타내므로 '대조'는 'pero'의 관습 함축이 됨.

Implicatura conversacional [언어] 대화 함축. 대화 원리가 유지되기 위해 가정되어지는 진술되지 않은 의미. 예를 들어 누가 《El Presidente es una rata.》이라고 했다면, 청자는 생각하기에 화자가 진술된 것보다 그 이상의 의미를 표현하고 있다라고 가정해야 함.

Implosión [언어] (파열음의) 내파열(內破裂). (↔ explosión). 음절을 형성하는 마지막 단계로써 열린 상태(Abertura)에서 닫혀 지는 상태로 되는 과정. ※ Explosión; Abertura 참조.

Implosivo [언어] 내파음(內破音). Pike(1943: 91), Chomsky(1968: 315). 구강(口腔)이 폐쇄(閉鎖)됨과 동시에 성문(聲門)이 폐쇄되고, 폐쇄를 유지하면서 후두(喉頭) 전체가 내려가기 때문에, 구강 및 인두강(咽頭腔)의 공기압(空氣壓)이 내려가고, 이에 의해서 입술, 설첨(舌尖) 혹은 연구개(軟口蓋)의 폐쇄가 파열(破裂)하면서 일어나는 음(音)을 말함. 내파음(內破音)과 방출음(放出音)과의 차이는, 전자는 후두 전체가 내려가는 반면에, 후자는 후두 전체가 올라가는 점임. □ 내파음(內破音)의. ※ Chomsky 참조.

Impresionismo ① [미술] 인상주의. 19세기 후반 프랑스의 화가 마네에 의해 시작되었음. 모네와 르느와르가 발전시킨 미술상의 이론으로서 외계의 대상을 그저 충실하게 눈이 보이는 대로 묘사한 것이 아니라, 순간의 인상, 즉 그때 그때에 따라 변해 가는 인상을 색채 분해라든가 점묘(點描) 등 특수한 방법을 사용하여 묘사하는 방법임. ② [문학] 인상주의. 감각적인 현상을 선명하게 하거나 또는 어떤 부분을 강조하여 상세하게 묘사하는 방법. 객관적인 사실주의와는 대립되는 방법으로 주관적인 인상을 감각적으로 묘사하는 방식을 대담하게 시도한 표현상의 혁명이라 할 수 있음.

In-¹ [어원] 「(b·p 앞에서는 *im-*, l·r 앞에서는 *i-* 로 변함) 안에·안으로」의 뜻. 예) *in*cluir 포함시키다, *im*portar 수입하다, *ir*rumpir 침입하다.

In-² [어원] 「(b·p 앞에서는 *im-*, l·r 앞에서는 *i-* 로 변함) 무(無)·부(不)」의 뜻. 예) *in*acabable 한이 없는, 끝없는, *in*comunicar 고립시키다, *in*acción 활동하지 않음, *im*paciencia 초조, *i*legal 불법의, *ir*real 비현실적인.

In absentia (관련된 사람·사물이) 부재 중.

Inacabado 미완성의, 불완전한.

Inacentuado [언어] 무강세의(= Átono). 예) Sílaba inacentuada 무강세 음절. ※ Átono 참조.

Inaceptabilidad [언어] 비 가용성. 통사적으로 정확하고, 음운적으로 올바르게 발음된 경우에도 의미가 없는 경우. 예) 《El árbol rojo estudia mi conocimiento en el cielo(빨간색 나무가 하늘에서 내 지식을 공부한다)》는 그 의미를 짐작할 수 없음.

Inalienable 양도할 수 없는; 빼앗을 수 없는.

Inanimado 생명이 없는; 의식이 없는, 생기 없는.

Incidente ① [문법] 삽입절(= Inciso). □ 삽입의. 예) Proposición incidente 삽입절. ② [문학사] (희곡·소설 따위의) 삽화, 에피소드.

Inciso ① [문법] 삽입절(= Incidente). □ 삽입의. 예) Proposición incisa. ② [음악] 앙시즈. ((그레고리아 성가의 휴지부, 삽입구))

Inclusión [논리] 포함(관계), 내포(內包)(= Implicación). 예) Inclusión reciproca 상호포함.

Inclusivo ① [언어] (인칭이) 포괄적인. ((1인칭 복수가 상대방을 포함하는 따위)). ② [논리] 포함(포괄)적인: Disjunción inclusiva 포함(포괄)적 선언. ((두 명제의 양쪽이 거짓인 경우에만 전체가 거짓이고, 그 밖의 경우는 참이 되는 선언))

Incoativo [언어] 기동상(起動相). □ 기동의, 동작의 개시를 가리키는. 예) Verbo incoativo 기동 동사. 예) Empezar 시작하다. envejecer 늙(어가)다.

Incompatibilidad ① [논리] 비양립(성). ② [정보] 호환성 없음.

Incompleto 불완전한, 불충분한, 미완성의; [논리] 불완전성의.

Incremencial [정보] 증가의, 증분(增分)의.

Incrustación ① [언어] 끼워 넣기. 생성문법에서 구조체의 새로운 배치가 의미를 다르게 가져오지 않는 경우에 이를 끼워 넣기라고 함. 변형을 통해, 생성능력(∑1) 안에서 그 연결 생성능력(∑2)을 완전하게 포함해 구성하고 있는 작동을 일컬음. 예) (1) ∑1 no he leído Det + libro. (2) ∑2 me has dado Det + libro. 위 문장에서 한정사 Det는 두 번째 문장을 첫 번째(∑1) 끼워 넣기 한다고 해서 그 의미 자체를 바꾸는 것이 아니라, 2개의 독립 변항을 결합하여, 복합문장을 만들뿐이지 자체의 의미를 완전히 훼손하는 것이 아님. 예) No he leído el libro que me has dado 난 네가 나에게 주었던 책을 읽지 않았다. ② (텔레비전 따위의) 화면 삽입. ((화면의 일부분에 또 다른 화면을 삽입하는 조작))

Indeclinable [문법] 무변화사(無變化詞). ((격변화 없는 부사·접속사·전치사 따위)) □ 격변화 없는.

Indefinido [문법] 부정어(不定語). 비특정어. 특정한 사물이나 사람을 지칭하지 않는 대명사, 형용사 또는 부사. 예) algo 어떤 것, alguien 누군가, siempre 항상, también 역시 ~이다. casi 거의, 등등. □ 형태:

	종 류
형용사, 대명사	alguno, ninguno, cualquiera, todo, mismo, uno, otro, ambos
대명사	nadie, nadie, algo, nada
형용사, 대명사, 부사	mucho, poco
형용사	cada

Indefinido irregular [문법] 불규칙형 부정과거. 부정과거의 변화형 중 불규칙적인 변화형을 일컬음. 예)[열거 순서: 1·2·3인칭 단수, 복수]· haber(조동사/ 있다)→ hube hubiste hubo hubimos hibisteis hubieron.· tener(가지다)→ tuve tuviste tuvo tuvimos tuvisteis tuvieron.· estar(이

다)→ estuve estuviste estuvo estuvimos estuvisteis estuvieron. · andar(걷다)→ anduve anduviste anduvo anduvimos anduvisteis anduvieron. · poner(놓다)→ puse pusiste puso pusimos pusisteis pusieron. · poder(~할 수 있다)→ pude pudiste pudo pudimos pudisteis pudieron. · saber(알다)→ supe supiste supo supimos supisteis supieron. · caber(들어차다)→ cupe cupiste cupo cupimos cupisteis cupieron. · conducir(인도하다/ 운전하다)→ conduje condujiste condujo condujimos condujisteis condujeron. · querer(좋아하다)→ quise quisiste quiso quisimos quisisteis quisieron. · venir(오다)→ vine viniste vino vinimos vinisteis vinieron. · decir(말하다)→ dije dijiste dijo dijimos dijisteis dijeron. · hacer (하다/ 만들다)→ hice hiciste hizo hicimos hicisteis hicieron. · traer(가져오다)→ traje trajiste trajo trajimos trajisteis trajeron. · dar(주다)→ di diste dio dimos disteis dieron. · ver(보다)→ vi viste vio vimos visteis vieron. · ser(이다)→ fui fuiste fue fuimos fuisteis fueron. · ir(가다)→ fui fuiste fue fuimos fuisteis fueron. · sentir(느끼다)→ sentí sentiste sintió sentimos sentisteis sintieron. · pedir(요구하다/ 청구하다)→ pedí pediste pidió pedimos pedisteis pidieron. · dormir(자다/ 재우다)→ dormí dormiste durmió dormimos dormisteis durmieron. · caer(넘어지다)→ caí caíste cayó caímos caísteis cayeron. · leer(읽다)→ leí leíste leyó leímos leísteis leyeron. · oír(듣다)→ oí oíste oyó oímos oísteis oyeron. · huir(도망가다)→ hui huiste huyó huimos huisteis huyeron. ※ Pretérito indefinido, de indicativo 참조.

Indefinido regular [문법] 규칙형 부정과거. 부정과거의 변화형 중 규칙적인 변화형을 일컬음. ※ Pretérito indefinido, de indicativo 참조.

Independiente ① [문법] 독립절. □ 독립된. 예) Proposición independiente 독립절. ② [수학] 독립적인. 예) Variable independiente 독립변수.

Indeterminado [철학] 비결정론의, 우연의.

Indianismo [언어] 인도어 관용어법.

Indicador [언어] 표지(標指). 예) Indicador sintagmático 구절 표지.

Indicativo (modo) [문법] 직설법. 현실의 행위·상태를 서술하는 것임. 이런 점에서 조건법과 접속법에 대립됨. 현재를 나타내는 시제로 현재, 과거를 나타내는 시제로는 부정 과거, 불완료 과거, 과거완료(대과거)가 있음. 미래를 나타내는 시제로는 단순 미래가 있음. ※ Presente de indicativo; Pretérito indefinido de indicativo; Pretérito imperfecto de indicativo 참조.

Índice ① [언어] 표시, 색인, 찾아보기. ② [정보] 색인, 지표. ※ Símbolo; Icono 참조.

Indicial 지수의, 지수에 의한. 예) Notación indicial 지수 표기법.

Indicio ① 표시; 징후, 기미. ② 지수; 첨수, 첨자. ((A_1 B_2 C_3 ... 등등에서 "$_1$ $_2$ $_3$" 따위))

Indigenismos americanos [언어] (북·중·남미) 토착어(土着語). 유럽 국가들이 아메리카 대륙에 가 점령하기 전의 아메리카 원주민어나 불란서 내의 불어와 같이 주어진 지역의 토박이 인구가 사용하고 그 인구 사이에서 발전해 내려온 언어를 뜻함.

Indirecto [언어] 간접의. 예) Complemento de objeto indirecto 간접 목적 보어. Verbo transitivo 간접 타동사. Discursos(Estilo) indirectos libres 자유 간접화법.

Individuación [철학] 개별화, 개체화. 예) Principio de Individuación 개체화의 원리.

Indización 색인 정리, 분류.

Inducción [언어·논리] 귀납(歸納). 전제들의 진(眞)이 결론의 진(眞)을 필연적으로 이끌지 못하는 논증. 만일 그러한 논증의 전제와 결론의 부정(否定)이 연접(連接)된다고 하더라도 모순은 나오지 않음.

Inductivo [논리] 귀납적인, 유도적. 예) Metodo inductivo 귀납법.

Inesivo [언어] 내격(內格). 동작이 어떤 장소 내부에서 이루어짐을 나타내는 격. 예) Él está dentro de la casa 그는 그 집의 안에 있다.

Inestable [언어] 불안정한 언어적 상태의. Gougenheim의 용어로서 h inestable는 'h'음소가 발음되지 않는 상태를 말함. 음소가 존재함에도 발음이 되지 않음으로 불안정한 상태에 있다고 명명.

Infección [언어] (켈트어에서) 모음이 뒤에 오는 모음·반모음의 영향으로 변하는 현상.

Inferencia ① [논리] 추리, 추론. ② [정보] 추론(推論). 예) Motor de inferencia (지식 베이스의 지식을 이용해 탐색하는) 추론 기구.

Infijo [언어] 접요사(= Interfijo). 단어 내에 첨가되는 경우를 일컬음. ※ Interfijo 참조.

Infinitivo (modo) [언어·문법] 부정사. 동사원형 형태. 형태는 어미가 '-ar/ -er/ -ir'로 3가지만이 존재함. 그 형태의 비중은 '-ar'형태가 가장 많으며, '-ir'형태가 가장 적음. 법으로서의 의의는 희박하고 동사의 명사형에 지나지 않음. □ 명사적 용법: ① 명사 역할을 함. 예) Ver es creer 보는 것은 믿는 것이다. ② 주어, 목적어, 명사 보어의 문장 성분이 됨. ⓐ 주어로 사용되는 경우. 예) **Estudiar español** es muy interesante(= Es muy interesante **estudiar español**) 스페인어를 공부한다는 것은 매우 재미있다. ⓑ 목적어로 사용되는 경우. 예) Le mandé **callar** 난 그에게 조용히 하는 것을 명했다. ⓒ 명사보어로 사용되는 경우. 예) El amor es **entender** 사랑은 이해하는 것이다. ③ 『남성 단수 관사 + 부정사 형』이 경우는 일반적으로 원형을 써도 되는 것인데, 명사임을 나타내기 위한 수단으로 활용될 뿐임. 예) Me gustan **el comer** y **el dormir**(= Me gusta comer y dormir 난 먹고 자는 것을 좋아한다: ■ 주의! 관사가 있을 때와 없을 때, 동사의 형태가 틀림. 관사가 있을 때는 셀 수 있는 명사로 취급함) 난 먹고, 자는 것을 좋아한다. □ 형용사적 용법: ① 『의문사 + 부정사 형』 예) No sé **cómo hacer** 난 어떻게 해야할 지 모르겠다. ② 『명사 + (전치사 +) que + 부정사 형』 예) No tiene casa en que vivir 그에게는 살집이 없다. Tengo algo que contarte 네게 말할 것이 있다. □ 부사적 용법: 『전치사 + 부정사 형』 = 부사구 형성. 예) Yo estudiaba mucho para entrar en la universidad nacional 난 국립대에 들어가기 위해 열심히 공부했었다. ※ Expresiones temporales con infinitivo 참조.

Infinitivo compuesto [문법] 부정형 과거. 동사원형인 부정형을 사용하는 상황에서 말하는 시점에서 그 이전의 시제를 나타내기 위한 방법으로 사용하는 것을 일컬음. 그 형태는 『Haber + 과거분사형(남성단수)』임. 예) Ella debe de haber comido mucho 그녀가 많이 먹었음에 틀림없다.

Infinitivo impersonal [문법] 부정사에 의한 무인칭. 부정사라는 것은 주어가 부정(不定)이라는 뜻으로, 그 내용이 무인칭인 것이 많음. 예) Es importante **estudiar** español 스페인어를 공부하는 것은 주요하다. Oí **decir** que Juan no iba 난 후안이 가지 않는다는 이야기를 들었다.

Inflección [언어] ① 굴절. 단어의 원래 의미를 보다 한정하거나 문법적 정보를 첨가하는 과정을 굴절(inflección)이라 함. ② 어조의 변화. ③ 접변. 예) Inflección vocálica 모음 접변.

Inflexión [언어] 굴절. ※ 참조: Inflección 동일.

Información 정보, 지식; 정보조사, 정보수집.

Influencia de una palabra sobre otra [언어] 서로 연관성이 있고, 대화에서 자주 함께 사용되는 두 개의 단어가 같은 소리로 변하는 유추현상. 예) nurus > nura; socera >

suegra →(앞의 두 단어가 합쳐져 만들어진 통속라틴어) nora > (로망스어) nuera.

Informante　정보원(= informador). 연구에서 연구자에게 분석할 자료를 제공해 주는 사람. 예를 들어, 자료는 정보원의 말을 녹음하거나 언어 사용에 대해 정보원에게 질문을 함으로써 얻을 수 있음. □ [철학] 물질에 형상을 부여하는.

Infra-　[어원]「아래의 (inferior · debajo)」의 뜻. 예) *infra*humano 인간 이하의, 인간 같지 않는, *infra*scrito 아래에 적은 이름의.

Ingramaticalidad　[문법] 비(非)문법성. 탈(脫)문법성.

Ingresión　[언어] 흡착음(吸着音); 혀 차는 소리.

Ingresivo　[언어] 시동상(始動相). 최초의 단계에 한정된 행위를 표현하는 동사 형식을 말함. 예) empezar 시작하다, comenzar 시작하다. □ 동작의 시작을 나타내는.

Inherente　① 고유의. 속성으로의; 불가분의. ② [철학] 내속의.

Inicial　[언어] ① 어두음. 단어의 처음이나 절의 처음처럼 언어단위의 처음에 나타나는 자음군. □ 처음에 나타나는. 예) 다음의 어휘 'Pragmática'의 /Pr/는 초성 자음군임. ② 시발(始發).

생성문법에서는, 어떤 요소가 다른 어떠한 요소의 구성 요소도 아니고, 따라서 어떠한 바꿔쓰기 규칙에 있어서도 화살표 오른쪽에 나타나는 일이 결코 없는 경우, 이것을 '시발 요소'라고 함. 예를 들어 Σ 는, 생성문법의 시발요소임. 실제로는, 이 이론 뒤의 발전 단계에서는, 화살표 왼쪽의 요소가 오른 쪽에도 써넣어지게 되었음.

　NP→ NP et NP (et= y)

이와 같은 경우, 예를 들어, VP의 바꿔 쓰기에서는 화살표 오른쪽에 Σ 가 나타나는 일이 있음. 이것은 동사가, 조동사 및 동사와 후속하는 명사구 또는 문(장)이라는 형식으로 바꿔 써지는 것을 의미함.

$$VP \rightarrow Aux + V + \begin{bmatrix} NP \\ \Sigma \end{bmatrix}$$

※ Pragmática 참조.

Injuria　욕설, 모독.

Inmanente　① 내재하는. 예) Finalidad inmanente a la vida 생명에 내재하는 궁극성. Justicia inmanente 내재적 정의. ((자연의 순리 자체에 의해 이루어지는 정의)) ② [철학] 내재인(內在因).

Inmotivado　[언어] 무동기의, 무연성의.

Innatismo　[언어] 생득설. 이성주의자들의 언어관. 인간은 자신이 들어보지 못한 문장을 무한대로 만들어내고, 경험설(Empirismo)에서 말하는 모방, 강화, 반복이라는 과정을 겪어야만 습득되는 언어적 완성으로 설명되지 않는 능력이 있음을 설명함. 데카르트는 로크와는 반대로 지식과 인지는 인간의 마음 속에 타고난 천부적인 요인에 기초하고 있다는 이성주의적 견해를 주장했음. 이러한 견해는 노엄 촘스키(Noam Chomsky)에게 영향을 미치게 되고, 촘스키는 언어의 기본이 되는 기저 형태는 태어나면서 인간의 마음 속에 선천적으로 자리 자고 있기에 습득해야 하는 것은 언어의 세세한 주변적인 면이라고 주장을 함. ※ Empirismo; Chomsky 참조.

Innato ① 타고난, 선천적인. ② [철학] Ideas innatas 본유(本有)관념. 생득(生得)관념.

Input [기술] (컴퓨터) 입력.

Inserción [언어] 어휘삽입(挿入); 개재; 기입.

Insistencia [언어] 강조. 예) Acento de la insistencia. 강조(를 위한) 강세.

Inspiración [생리] 흡기, 들숨(→ Expiración); 호흡.

Inspiratoria [의학] 흡기의, 들숨과 관련된.

Instancia ① [언어] 사례; 행위. 예) Instancias de discursos 개별적 발화행위, 담화사례. ② [정신분석] 심급(審級).

Instrumental ① 도구의; 악기의. ② [의학] 기구의 도움으로 이루어지는.

Integración ① 통합, 동화. ② [철학·심리] 통합. 예) Integración mental 심적 통합. ③ [생리] 통합. ④ [기술] 집적화(集積化).

Integración de los sonidos en la sílaba [언어] 음절에서의 소리의 융합(融合). 음절 속에서 통합하는 소리들의 재구성(reagrupación)에 대한 개념. 음절의 구성은 소리에서와 유사함. 처음, 중간, 끝 부분이 존재함. 처음을 외파음(explosiva)라고 하고 닫힘 혹은 좁게 열림에서 열림에 이를 때까지임. 중간 부분은 음절의 핵으로 가장 큰 열림, 가장 큰 소리, 가장 큰 인지력 등의 특성을 가진다. 스페인어에서 음절의 핵은 항상 모음을 포함함. 음절의 마지막 부분은 내파음(implosiva)라고 함. 처음 부분과 반대로 열림으로부터 닫힘까지임. 음절의 핵 전에 있는 음소 혹은 음은 외파음(explosiva) 위치 혹은 음절의 핵 전 위치에 있고, 그래서 외파음(explosiva) 혹은 prenucleares라고 함. 음절의 핵 뒤에 있는 음소 혹은 음은 내파음(implosiva)위치 혹은 음절의 핵 후 위치에 있음. 그래서 내파음(implosiva) 혹은 postnucleares라고 함. 예를 들면 《tres》란 한 음절에서 처음 부분 《tr》은 폐쇄음, 치음, 무성음의 닫힘에서 시작해서 보다 큰 열림인 진동음 《r》까지 이어진다. 가장 큰 청취도, 유성음, 유성적인 면, 열림은 모음 《e》에서 나와 이때부터 음절의 내파음(implosiva) 단계에 있는 마찰 무성음 《s》의 좁아짐에 이를 때까지 진동이 감소함. 예에서처럼 《tr》은 prenuclear 혹은 외파음(explosiva) 이고 반면 《s》는 postnuclear 혹은 내파음(implosiva)임. ※ Explosivo; Implosivo 참조.

Intelectualismo [문학] 주지주의. 감정적인 주정주의에 대하여 지성을 존중하는 입장을 가리킴. 20세기 초엽에 낭만주의 등의 문학에 대해 혐오를 느끼고 반항적인 태도를 취해 건조하면서 의식적인 모더니즘의 경향이 주지주의임.

Inteligibilidad [언어] 이해하기 쉬움. 알아듣기 쉬움.

Intensidad [언어] 강도(强度). 음성학에서 강도는 전체 진동의 진폭에 달렸는데, 즉 모든 배합 음들의 진동하는 파장의 진폭의 합임. 가장 큰 파장의 강도는 소리의 방출에 사용되는 조화된 화음의 힘임.

Intensivo [언어] 강의어(强意語). 어근이 나타내는 특성이 높은 정도임을 나타내는 접두사나 접미사를 수반한 명사, 형용사, 부사, 동사를 '강의어'라고 함. □ 의미를 강화하는. 예) Partícula intensiva 강조의 첨사.

Inter- [어원] ①「사이(entre) · 안에 (en meddio)」의 뜻. 예) *inter*costal 늑골 사이의, 늑간(肋間)의. ②「여럿 사이에, 서로(entre varios)」의 뜻. 예) *inter*ministerial 부처(部處)간의, 부처간의 인사 교류의.

Intercambiabilidad [언어] 교환성. 인간의 언어적 특성 중에 하나로, 화자가 수시로 청자가 되고, 청자는 화자가 될 수 있음을 일컬음. 동물의 세계에서는 송신자(Trasmisor)와 수신자(receptor)의 기능이 분리된 경우가 많은데, 이는 수컷과 암컷의 기능이 서로 나누어져 있어 그 표현 방법이 일방적인 것을 말함. 인간은 이와 다르게 그 송신자와 수신자를 쉽게 바꿀 수 있는 것을 알 수 있음.

Intercambio verbal 말의 주고받음. 말에 의한 의사소통(意思疏通).

Intercomprensión 상호이해.

Interconsonántico [언어] 자음간(子音間)의(↔ Intervocálico 모음간의). ※ Intervocálico 참조.

Interdentales (consonante) [언어] (설) 치간음. 혀끝이 윗니와 아랫니 사이에 닿을 때 나는 소리. 예) /θ/

Interdependencia 상호의존; 상관성.

Interfenrencia ① [언어] 간섭, 개입; 충돌. ((개의 언어를 사용하는 화자에 의해 쓰이는 두 언어 사이의 언어 접촉의 효과를 지시하는 용어)) ② [물리] 간섭.

Interferencia fonética [언어] 음성 간섭. 화자가 그의 제 1 언어 체계의 입장에서 그의 제 2 언어체계의 음을 지각하여 재생산하는 태도.

Interfijo [언어] 접요사(=infijo). 어휘소와 접미사 사이에 위치하는 형태소. 스페인어에서는 드물게 나타남. 나타나는 경우는 대부분 어조(eufonía)의 이유임. 예) pan-ec-ito(작은 빵). ※ Eufonía 참조.

Interior 안의, 내부의; 내면의, 정신적인. 예) Voz interior 내면의 목소리.

Interjección [언어] 감탄사. 감탄사는 혐오, 분노, 고통, 권태, 감격, 기쁨, 주의 등을 나타내며 성·수에 따라 변화하지 않음.

Interlingüístico [언어] 국제어 연구.

Interlocutor [언어] 대화자, 청자(= alocutorio, destinatario).

Intermediario 중개인, 중재자. □ 중간의, 중개의, 매개의. 예) Solución intermediaria 중간 해결책, 타협안.

Intermedio [문법] 수단. 예) Complemento de intermedio 수단의 (상황) 보어. □ [언어] 중간의. 예) Voz intermedia 중간태(中間態). Vocal intermedia 중설 모음.

Interno 안의, 내부의, 내면의; 내부를 향하는, 내부에 속하는.

Interpretable 해석할 수 있는, 이해할 수 있는.

Interpretación ① 해석, 번역. ② [정신분석] Delirio de interpretación 해석 망상증.

Interpretativo ① 해설적인, 해석(설명)에 도움이 되는. 예) Declaración interpretativa 해설적인 성명. ② [심리] 해석 망상증의. 예) Estados interpretativos 해석망상 상태.

Interroenfático [문법] 강조의문. 강조문을 바탕으로 하고 있는 의문문의 형식을 말함.

Interrogación [언어] 의문문.

Interrogativo [문법] 의문사. 의문사에는 의문대명사, 의문형용사, 의문부사 등이 있음. 이 의문사들은 문장 맨 앞에 두어야 함. 단, 전치사와 의문사와의 결합이 의문의 내용을 이룰 때는 전치사가 의문사 앞에 위치. 의문사에는 qué, cuál(es), quién (quienes), cuánto/a (cuántos/as), cómo, cuándo, dónde 등이 있음. ① ¿Qué? (무엇, 무슨…): 성·수 변화를 하지 않으며 의문대명사와 의문형용사로 쓰임. 예) ¿Qué pregunta él? 그는 무엇을 질문합니까? ¿Qué libros quieres comprar? 너는 어떤 책들을 사기를 원하느냐? ② ¿Cuál? (어떤 것, 어떤 사람, 어느…): 수 변화만 함. 의문대명사로도 쓰이고 의문형용사로도 쓰임. 예) ¿Cuál es el número? 어떤 번호입니까? ¿Cuál novela quiere leer Ud.? 당신은 어떤 소설을 읽고 싶습니까? ※참조: Qué 와 Cuál을 구별해서 사용할 때, Qué 는 좀더 포괄적인 범위에서 선택을 요할 때 사용하며, Cuál은 한정된 범위에서 선택을 원할 때 사용함. ③ ¿Quién? (누구): 수 변화만 함. 사람에 한해서 의문대명사로만 사용되며 의문형용사로는 사용되지 않음. 예) ¿Quiénes estudian español? 어떤 사람들이 스페인어를 공부합니까? ¿Con quién hablo? 누구세요? (전화할 때) ¿De quién es ese coche? 그 자동차는 누구의 것입니까? ④ ¿Cuánto? (얼마만큼, 몇 개): 성·수 변화를 함. 의문형용사로 쓰이고 의문대명사로도 쓰임. ¿Cuánto cuesta? (¿Cuánto vale?/ ¿Cuánto es?) 얼마입니까? ¿Cuántas muchachas vienen? 몇 명의 소녀가 옵니까? ⑤ ¿Cómo? (어떻게): 상태나 방법 등을 묻는 의문부사임. 부사이므로 당연히 성·수 변화되지 않음. ¿Cómo está Ud.? 안녕하세요? 어떠세요? ¿Cómo habla Ud. tan bien el español? 어떻게 그렇게도 스페인어를 잘하십니까? ⑥ ¿Cuándo? (언제): 때를 묻는 의문부사임. 예) ¿Cuándo termina la clase? 수업은 언제 끝납니까? ¿Desde cuándo vives aquí? 너는 언제부터 여기에서 살고 있느냐? ⑦ ¿Dónde? (어디에): 장소를 묻는 의문부사이다. ¿Dónde viven ellos? 그들은 어디에 살고 있습니까? ¿A dónde van Uds. ahora? 당신들은 지금 어디에 가십니까? □ 형태 정리:

	종류
대명사	quién, qué, cuál, cuánto
형용사	qué, cuál, cuánto
부사	dónde, cuándo, cómo

Interrogativo parcial [언어] 부분 의문문. 의문사를 동반해 묻는 의문문으로, 필요한 어휘를 대답으로 요구함.

Interrogativo total [언어] 전체 의문문. Sí 또는 No로 대답할 수 있도록 묻는 의문문.

Intersección 교차; 교차점.

Intersubjuntivo [철학] 주체(主體)간의, 상호주관적인. 예) Comunicación intersubjuntiva 상호 주관적 의사 소통.

Intervensión (토론 따위에의) 참여, 발언; 중재, 중개; 원조, 지지.

Intervocálico [언어] 모음 사이의, 두 모음 사이에 놓인. 예) Caída de una consonante intervocálica 두 모음 사이의 자음 탈락.

Intoxicación 중독(中毒) 증세.

Intra- [어원] 「속·안·내(內)(dentro

de, en el interior de)」을 뜻함. 예) *intra*muros 시내에. *intra*venoso 정맥 내의.

Intralingual, traducción [언어] 언어 내 번역. 주어진 언어 내에서 몇 가지 기호에 의해 이미 표현된 어떤 내용을, 같은 언어에 속하는 다른 기호로 표현하려고 하는 일련의 조작(操作)을, 야콥슨(R, Jakobson)은 '언어 내 번역' 또는 '환언(換言)'이라 일컬음. 간접화법의 경우가 언어 내 번역의 특수한 경우임.

Intransitivos, Verbos [문법] 자동사. 행동이 그 행위자인 주어 자신에 머무르고 다른 목적물을 향하지 않는 경우를 일컬음. 예) Yo nací en España. 난 스페인에서 태어났다. ※ Se intransitivo 참조.

Intratextualidad [언어・문학] 내(內) 텍스트성.

Intuición [철학] 직관. 어원은 라틴어 intuere(응시하다)에서 나오게 됨. 판단과 추리 등 아무런 사유 작용을 더함이 없이 대상을 직접 파악하는 작용을 말함.

Invariable [언어] 불변화의, 어미 변화 없는. 예) Adjetivo invariable en género (남성・여성 따위의) 성이 변화하지 않는 형용사..

Invariante 불변요소. □ 불변의.

Invención ① [문학] 거짓, 꾸며낸 이야기. ② [예술] 창작력; 허구. ③ [음악] (푸가풍의) 기악 소품.

Inversión [언어] 어순 도치(倒置).

Inversión de la regla [언어] 규칙 도치. 표면적 표현이 심층 표현으로 재해석되고, 이전의 심층표현과 일치하는 형태들은 규칙에 의해 파생되어지는 과정.

Inversivo [언어] 도치의, 어순이 거꾸로 된. 예) Lenguas inversivas 어순 도치가 용이한 언어.

Inverso ① 반대의, 순서가 거꾸로 된, 전도(顚倒)된. ② [논리] Proposición inversa 역명제.

Invertido 전도된, 역(易)의.

Invocación [문학] 기원(祈願). 말을 거는 대상이 시작(詩作)의 편의를 위해 신(神)등이 될 때에는 이를 기원이라 일컬음. ※ Figuras retóricas 참조.

Inyectivo [수학] 단사(單射)의.

Ir □ 자동사로 사용되는 경우: ① 가다: ㉮ [+a] (…에) 예) ¿A dónde *va* usted? —*Voy al* hospital 어디 가십니까? —병원에 갑니다. *Fui a* España el año pasado 나는 작년에 스페인에 갔다. ㉯ [+탈 것] (…로) 예) *ir en* coche [autobús・taxi・tren・avión・bicicleta]

차[버스·택시·기차·비행기·자전거]로 가다. ((ir a pie 걸어 가다. 교통 수단이 특별히 지정된 경우에는 정관사를 사용함: Voy en el autobús 나는 그 버스로 간다)). ㉰ [+a+명사] (…하러) 예) ¿Vas al cine? 너 영화 보러 가니? ㉱ [+de+동작 동사] (…하러) 예) ir de visita 방문하러 가다. ir de bares 한 잔 하러 가다, 마시러 가다. ㉲ [+con+사람] (…와) 예) ¿Vienes conmigo? ─ Sí, voy contigo. 나하고 가겠니? ─응, 너하고 가겠다. ㉳ [상대가 말하는 사람이 있는 곳에] 오다. 예) ¿No vas a mi casa mañana? 내일 내 집에 오지 않겠니? ㉴ [행렬·줄에서] 예) ¿Quién va ahora? 누가 마지막입니까? ② 이르다, 달하다, 향해 가다, 통하다, 도달하다, 가다. 예) Esta calle va desde el parque hasta la plaza 이 길은 공원에서 광장까지 이른다. Tengo que estudiar todo lo que va desde la página diez hasta la treinta 나는 10쪽부터 30쪽까지[에 달하는] 내용 전부를 공부해야 한다. ③ [a+사람] (건강·경영 상태 등이) …이다. 예) ¿Cómo te va (a ti)? ─(Me va) Muy bien 건강은 어떠니?[어떻게 지내니?] ─아주 좋습니다. No me va mal 그저 그렇다, 그럭저럭 지냅니다. ④ [+a] ㉮ (…에) 적합하다, 맞다, 걸맞다, 어울리다. 예) Esta medicina te irá bien 이 약은 너에게 잘 들을 것이다. No me va bien esta blusa 이 블라우스는 나한테 어울리지 않는다. ㉯ [+a] (…의) 마음에 들다. 예) No me va esta casa 이 집은 내 마음에 들지 않는다. ¿Te va esta música? 이 음악 네 마음에 드니? ⑤ [+a por] ㉮ …을 가지러[데리러·찾으러] 가다. 예) ir a por agua 물을 뜨러 가다. ㉯ …을 노리다, 추구하다. 예) ir a por el puesto de director 사장 자리를 노리다. ⑥ [+con] ㉮ …을 입고, 몸에 걸치고. 예) Ella va con gabardina 그녀는 레인코트를 입고 간다. ㉯ …과 조화를 이루다, 어울리다. 예) Esta corbata no va con ese traje 이 넥타이는 그 옷과 어울리지 않다. ㉰ (말 등을) 꺼내다, 시작하다, 제기하다. 예) ir con chismes a alguien …에게 뜬소문을 흘리다. ㉱ (사람에게) 관계가 있다. ㉲ [모습] …하고 있다. 예) ir con miedo 무서워하고 있다. ir con cuidado 조심[주의]하고 있다. ⑦ [+de] ㉮ …을 입고 있다. 예) ir de rojo 붉은 옷을 입고 있다. ir de largo 긴 드레스를 입고 있다. ㉯ [역할] …이다, …을 하다. 예) ir de intérprete 통역을 하다. ㉰ [숙어적으로] …이다. 예) Iba de broma 농담이었다. Va de verdad 그는 진심이다. ㉱ …을 대상으로 하다, 다루다, 취급하다. 예) película que va de la guerra civil de España 스페인 내란을 다룬 영화. Yo no sabía de qué iba la conversación 나는 무슨 대화인지 알지 못했다. ⑧ [+en] (…에) 운명이 걸려 있다. 예) Nos va en ese partido nuestro porvenir 우리의 미래는 그 시합에 달려 있다. ⑨ [+por] ㉮ …을 가지러[데리러·찾으러] 가다. 예) ir por el niño 아이를 부르러[데리러] 가다. ir por la leña 땔감을 베러[가지러] 가다. ㉯ (사람에게) 관계가 있다. ⑩ [트럼프 게임 등에서] 플레이에 참가하다; (순번이) 해당하다, 차례다; (금액이) 걸리다. 예) El dijo que no iba y se retiró de la partida 그는 더 이상하지 않겠다고 말하고 게임에서 물러앉았다. ⑪ [조동사적으로] [+a+*inf*.] ㉮ [가까운 미래] …하려 하다, …할 것이다. 예) Parece que *va a* nevar [llover] 눈[비]이 내릴 것 같다. Cuando yo *iba a* salir, ella vino 내가 외출하려 할 때 그녀가 왔다. ㉯ [미래형의 대용] 예) Mañana *va a* hacer frío [calor] 내일은 추울[더울] 것이다. Yo creía que él *iba a* llegar a tiempo 그 사람이 제시간에 도착하리라고 나는 믿는다. ㉰ [의지] 예) *Voy a* telefonearle a ella ahora mismo 지금 당장에 그녀에게 전화를 걸겠다. ㉱ [명령] 예) ¿No te *vas a* callar? 입 닥쳐라, 조용히 해라. ㉲ [Vamos a+*inf*.] …하자. 예) *Vamos a* cantar juntos 우리 다같이 노래 부릅시다. □ **Irse** [재귀형으로 사용되는 경우] ① 가다, 가버리다, 떠나다, 출발하다, 돌아가다. 예) *Vámonos* 갑시다. *¡Vete!* 가버려!, 꺼져! Ella se fue del pueblo natal 그녀는 고향을 떠났다. ② (액체가) 새다, 흘러나오다. 예) Este vaso *se va* 이 잔은 샌다. El gas *se va* por la llave de paso 가스가 꼭지[개폐 장치]에서 샌다. ③ 죽다(morirse), 죽어 가다(estarse muriendo). 예) Ella *se iba* por momentos 그녀는 점점 죽어 가고 있었다. ④ 미끄러지다(deslizarse), 미끄러져 넘어지다, 쓰러지다(perder el equilibrio). 예) *irse* la pared 벽이 쓰러지다. *Se* le *fueron* los pies y cayó de la escalera 그는 발이 미끄러져 계단에서 넘어졌다. ⑤ (물건 등이) 없어지다, 사라지다. 예) Esa idea *se ha ido* ya de mi mente 그 생각은 이미 내 마음에서 없어졌다. ⑥ (천이) 찢어지다, 째지다, 헐다. ⑦ (무의식적으로) 방귀를 뀌다, 대소변이 나오다. ⑧ (카드의 불필요한) 패를 버리다. 예) El *se fue* de los ases 그는 에이스를 버렸다. ⑨ 다하다, 떨어지다. 예) En mi casa el arroz *se va* en un instante 내 집에는 쌀이 곧 떨어진다.

□ Ir 동사 변화형.

직·현재	직·부정 과거
voy	*fui*
vas	*fuiste*
va	*fue*
*vam*os	*fuim*os
vais	*fuisteis*
van	*fueron*

직·불완료 과거	접·현재
*ib*a	*vay*a
*ib*as	*vay*as
*ib*a	*vay*a
*íb*amos	*vay*amos
*ib*ais	*vay*áis
*ib*an	*vay*an

접·과거
*fuer*a, se
*fuer*as, ses
*fuer*a, se
*fué*ramos, semos
*fuer*ais, seis
*fuer*an, sen

※ Verbos irregulares: Hacer, ser y tener 참조.

Ir a + Infinitivo [문법] (가까운) 미래형을 만드는 형태. 미래동사 변화의 대체: 『주어 + ir(동사변화) + a + 동사원형(Infinitivo)』 예) Voy a viajar por España 난 스페인을 여행할 것이다. ※ Ir 참조.

Irradiación 발광(發光); (광선 따위의) 발산.

Irreal [언어] 비현실법. □ 비현실의. 예) Modo irreal (조건법 따위를 이용하여 표현하는) 비현실법.

Irregular [문법] 불규칙 변화의. 예) Verbos irregulares 불규칙 동사, Plurales irregulares 불규칙 복수형.

-ísimo, ma¹ [어원] (형용사나 일부 부사의 절대 최상급) 「매우」의 뜻. 예) facil*ísimo* 매우 쉬운. balanqu*ísimo* 새하얀. □ -ble → -bil*ísimo*. 예) ama*bilísimo*, nota*bilísimo*.

-ísimo, ma² [문법] 절대 최상급 어미 -ísimo. 형용사 어미에 **-ísimo**를 붙이면 muy(매우)를 앞에 놓는 뜻과 같음. 다른 것과 비교함이 없이 최상급을 뜻한다고 해서 이 형을 **절대 최상급**이라 함. □ 형태: (1) 모음으로 끝나는 형용사는 모음을 떼고 -ísimo를 붙임. 예) ocupa*do* 바쁜 → ocupa*dísimo* 매우 바쁜, queri*do* 사랑하는 → queri*dísimo* 매우 사랑하는. (2) 자음으로 끝나는 형용사는 -ísimo를 붙이면 됨. 예) general 일반적인 → general**ísimo** 매우 일반적인. (3) 원래의 발음을 살리기 위해 철자가 변하는 것이 있다. -co로 끝나는 형용사는 co를 qu로 고치고 -ísimo, -go로 끝나는 형용사는 go를 gu로 고치고 -ísimo, -z로 끝나는 형용사는 z를 c로 고치고 -ísimo를 붙임. 예) blan**co** 하얀 → blan**quísimo** 새하얀, lar**go** 긴 → lar**guísimo** 매우 긴, feli**z** 행복한 → feli**císimo** 매우 행복한. (4) 형용사의 원형에 붙어 있는 악센트는 모두 -ísimo 처럼 í의 위로 옮겨짐. 한 단어에 강세가 두 군데 찍힐 수 없기 때문임. 예) difícil 어려운 → dificil**ísimo** 매우 어려운. 5) 형용사 mucho는 muy mucho 라고는 하지 않는다. 항상 muchísimo 라 함. 예) Ella tiene **muchísimo** dinero. 그녀는 매우 많은 돈을 가지고 있다. (6) 모든 형용사를 절대 최상급의 형태로 만들 수 있는 것은 아니며 불규칙한 형태도 있음. 이중 모음이 단모음으로 되기도 하고 이중 모음 그대로 쓰이기도 함. 예) fu**e**rte 강한 → fort**ísimo** 매우 강한. b**ue**no 좋은 → bon**ísimo**, buen**ísimo** 매우 좋은. (7) 절대 최상급도 형용사이므로 명사에 따라 성·수가 변화함. -ísimo가 -ísima, -ísimos, -ísimas가 됨. 예) **Muchas** gracias. 대단히 고맙습니다. **Muchísimas** gracias. 정말로 고맙습니다.

-ismo [어원] ① 「주의·제도·학파·동작」의 뜻. 예) social*ismo* 사회주의, platon*ismo* 플라톤 철학, impresion*ismo* 인상파. ② 「행동」의 뜻.

예) ego*ismo* 이기주의, indivídua-l*ismo* 개인주의, puritan*ismo* 엄정주의, 청교주의. ③「스포츠 활동」의 뜻. 예) atlet*ismo* 운동 경기, alpi-n*ismo* 등산. ④「학술 용어」의 뜻. 예) trop*ismo* 향성(向性), 굴성(屈性), astigmat*ismo* 난시, le*ismo* lo 대신 le 사용.

Iso- [어원]「동(同)·같은(igual)」의 뜻. 예) *iso*morfo 동형의.

Isoglosa [언어] 등어선(等語線). 어떤 언어적 특성에 근거하여 지리적 지역을 두르는 지도상에 그려진 선.

Isolación [언어] 고립도.

Isomorfismo [언어] 동형성(同形性). 예) Isomorfismo de la lengua y de los hechos culturales 언어와 문화 현상간의 동형성((Sapir-Whorf 의 가설)).

Isosilábico [언어] 동음절의.

Isotopia ① [언어] (1965년경) (텍스트 이론에서) 동위성. ((그레이마스 Greimas가 제창한 개념으로, 메시지 또는 텍스트를 구성하는 각 요소의 의미가 지닌 공통성에 의해 구성되는 의미 연결의 일관성)) ② [물리] 동위체의 특성.

-ista [어원] ① 명사화되는 형용사로, 접미어 -ismo와 같은 어간에 붙어 「주의 (主義)의 ·…을 신봉하는」의 뜻. 예) comun*ista* 공산주의의, 공산주의자, europe*ísta* 유럽 패권의, 유럽 패권주의자, optim*ista* 낙천주의의, 낙천주의자. ②「특정한 직업을 가지는 사람을 지정하는 명사형」의 의미. 예) almacen*ista* 백화점 점원, period*ista* 신문 기자, tax*ista* 택시 기사.

Itacismo [언어] (그리스의) 'i'음의 잦은 사용; [3]를 [j]로 잘못 발음하기.

Italianismo [문학] 이탈리아어의 영향. 르네상스기의 이태리의 예술과 16·17세기의 스페인의 이탈리아 점령 등을 통해 이탈리아어 어원의 단어들이 스페인에 첨가되게 됨. 예) diseño (디자인), campeón(챔피언), novela(소설).

Italorrománico [언어] (고대 이탈리아 영토에서 사용된) 라틴어 기원의 여러 언어의[에 관한]. □ [언어] (고대 이탈리아 영토에서 사용된) 라틴어 기원의 여러 언어군(言語群).

Item ① [언어] (특정) 사항, 항목; (선다형으로 된) 설문, 테스트의 한 항목. ② [심리] 검사항목.

Iterativo ① [언어] 반복상(相). □ 반복을 나타내는, 반복(상)의. 예) Verbo iterativo 반복동사. 예) Repetir 반복하다. volver 되돌아가다, 다시 하다. ② [정보] (프로그램 처리를) 반복하는.

-itis [어원]「염증(inflamación)」의

뜻. 예) hepat*itis* 간염, ot*itis* 귀 염증.

-ito¹, ta [어원] 「산염(酸鹽)」의 뜻. 예) fos*fito* 아린산염, sul*fito* 아황산염.

-ito², ta [어원] ①「광물(鑛物) 이름」의 뜻. 예) graf*ito* 흑연, magnet*ita* 자철광, pir*ita* 황철광. ②「폭발물 이름」의 뜻. 예) dinam*ita* 다이너마이트. ③「여러 가지 목적에 유익한 지방족 알코올」의 뜻. 예) man*ita* 감로당.

-ito³, ta [어원] 「축소·애칭」의 뜻. 예) ahor*ita* 지금 당장, 금방, herman*ito* 형제, pajar*ito* 작은 새, pequeñ*ito* 아주 작은, pront*ito* 바로, 곧. [어떤 경우에는 -ecito, -ececito -cito 형을 취함: sol*ecito*, pi*ececito*, corazon*cito*, mujer*cita*].

-ivo, va [어원] ①「형용사형」의 의미. 예) reflex*ivo* 반사의, combat*ivo* 투쟁적인, defens*ivo* 방어의. ②「명사형」의 의미. 예) alternat*iva* 교대, defens*iva* 수세.

【J】

J [언어] j 호따 (스페인어 자모의 아홉 번째 문자). 스페인어의 자음 음소 /x/. 음성학적으로는 마찰음(fricativo), 연구개음(velar), 무성음(sordo)의 자질을 가짐(= Fricativa velar sorda 무성 마찰 연구개음). 음성학 기호로는 [x]로 나타남. 예) Juego 놀이·경기; Lejos 멀리. ※ Fricativo; Velar; Sordo 참조.

Jarcha [문학] 하르차. 아랍어로 「출발·출구」를 의미하여 가끔 아랍어와 혼동하여 사용되어졌던 통속 모사라베어(Mozárabe)로 된 연(連). ※ Mazárabe 참조.

Jerga [언어] 은어(隱語); 암어(暗語). 옛 은어. 온전치 않은 말. 알아들을 수 없는 말.

Jergoafasia [의학] 자곤 실서증; 혼란 실어증(混亂失語症).

Jergoagrafía [의학] 자곤 실서증(失書症); 혼란 실서증.

Jeroglífico [언어] (고대 이집트의) 상형문자; 읽기[알기] 어려운 글; 알 수 없는 말.

Judeo-español [언어] 유태계 스페인어. 1492년 스페인에서 유태인 추방령이 내려진 후, 터키나 이탈리아, 포르투갈 등지로 이주하여 살면서, 스페인어를 잊지 않고 그들의 성서에서 사용되고 있었기 때문에 보존되고 있었음. 하지만, 스페인에서 나오게 된 15세기 16세기 초의 스페인어였고, 수 백년 동안 이베리아 반도와는 동떨어져 살았기 때문에 16세기 초 이후에 일어난 스페인에서의 변화와 동참하지 못한 의고주의(Arcaísmo)의 형태를 지니고 있는 것을 알 수 있음. □ 모음 특징: ① /r̄/ 다음의 /a/ > /e/ 변화. 예) Arresgar; arrescuñar ② /r/과 접한 /e/ > /a/ 변화. 예) tarnero; rapelar ③ er > ar 변화. 예) afarrar; sarrar(serrar) □ 자음 특징: ① 어두음 /f-/의 유지. 예) fazar; ferida(herida) ② /b/음소와 /v/음소의 소리 구별. 예) Boca [어두음 b-] - vubu [어두음 v-] ③ 자음 군에서 /l/가 /r/이 선행할 경우 순치음이 됨. 예) polvu; sjervu ④ 유성 경구개음 [ž]와 무성 경구개음 [š]의 잔존((스페인어의 전형적인 고어 특징)). 예) [péši] (pez); [brúša] (bruja) ⑤ 중세의 후치 무성자음 /ç/[ŝ]와 /z/[ẑ]. 예) sinco(cinco); sanar(cenar) ⑥ /-s-/와 /-ss-/에 대한 중세적 차별성 유지. 예) kaza; kenzu ⑦ 구개음화. 예) buškar; moška; piškadu ⑧ 설측음 [l]의 [l]음으로의 동화. 예) luvia(lluvia), pileyu(pellejo). ⑨ /y/음소의 [lj] 음으로의 대체. 예) bia(villa); ea(ella) ⑩ 어두음소 /n-/의 /m-/으로의 변화. 예) mižuelo (nezuelo); muez (nuez); mwevi (nuevo) □ 형태론적 특징: ① ser동사 1의 이(異) 형태. 예) Tú sos(eres); Nosotoros semos(somos) ② 명령형어미의 이(異) 형태. 예) [2인칭 복수 명령법] mostrá (mostrad); comandá (comandad) ③ 재귀형태의 불분명한 사용. 예) [화자의 마음에 따라 사용되는 경우] ir(se); venir(se) □ 대명사의 특징: ① nuestro 대신에 muestro의 사용. ② 소유형용사 앞에 관사 사용. 예) el mi padre ③ 강세 있는 어두 음소 /a-/를 가진 어휘에 관사 la를 쓰는 경우. ④ 경구개음 [l]이 사라진 지시사 사용. 예) aqueo (aquello); aquea (aquella) ⑤ 관계사 cualo, cuala사용. ⑥ 의문사 cuálo 사용. 예) ¿Cuálo vamos a hazar después de comer? 우리 식사한 후에 무엇을 할까? ⑦ -eno[e ĉ no]로 끝나는 서수의 흔적. ⑧ 부사 agora (ahora), aínda (todavía) 등의 사용. ⑨ bien대신 bueno 사용. 예) Escobas nuevas barren bueno. 새로운 빗자루는 잘 쓸린다. □ 어휘적 특징: 유태계 스페인어의 어휘가 결정적으로 의고적인 특징을 가지고 있는데, 어휘의 사용을 들여다보면 그 사용의 계연성을 볼 수 있음. 처음에는 까스띠야 어의 특징을 나타내고, 그 다음에는 레온 방언 및 반도 북부의 몇몇 방언들의 특징을 보존하면서 동부와 서부 지역의 차별성을 보여주고 있음. 시간이 지남에 따라 터키나 포르투갈, 이탈리아의 영향이 미친 어휘도 볼 수 있음. 예) [동부지역과 서부지역의 어휘] agranda 와 mangrana; tibio와 tebio.

[북부 방언의 영향] baba ž adas (tonterías); furo(vacío). [포르투갈 영향] froña (funda); saloso (sollozo).

Junción 결합, 접합. 연결.

Juntutura 연접(連接). 접합.

【K】

K [언어] k (스페인어 자모의 열한 번째 문자). 스페인어의 자음 음소 /k/. 음성학적으로는 폐쇄음(oclusivo), 연구개음(velar), 무성음(sordo)의 자질을 가짐. 음성학 기호로는 [k]로 나타남. ※ Oclusivo; Velar; Sordo 참조.

Kentum [언어] 켄툼. 인도 유럽어 공통 조상어를 두 개로 나눌 때, 켄툼어와 사템(Satem)어로 나눔. 켄툼어군에 속하는 언어들은 100에 해당하는 어두자음을 연구개음인 /k/로 발음하며, 여기에는 이탈리아 어군(Grupo itálico), 게르만어군(Grupo germánico), 그리스 어군(Grupo helénico) 등이 분화되어 발전되었음. ※ Centum; Satem 참조.

Kilo- [어원] 「1,000」을 뜻함. 예) *kilo*hercio 천 헤르츠. ((참고: kili- 형을 취할 수도 있고, 가끔 quilo- 로 쓰임)).

Koiné [언어] (알렉산더 대왕의 사망 후, 기원전 5-3세기의) 표준 희랍어; 통일어; 공통어. 해양민족이었던 그리스인들은 고대 지중해 세계의 곳곳에 그들의 식민도시를 건설하였으며, 고대 희랍어는 이들 식민 도시와 그리스 본토의 도시 국가들에서 사용되었음. 그러나 하나의 통일된 표준어는 존재하지 않았으며, 각 도시별로 서로 다른 방언들이 존재했었음. 이들 방언들은 크게 아티카-이오니아 방언, 에올릭 방언 및 도리아 방언의 세 종류로 분류할 수 있으며, 이들 중 아티카-이오니아 방언은 아테네에서 사용되던 방언으로 기원전 5세기경에 이르러 그리스에서 가장 영향력 있는 언어가 되었음. 기원전 4세기 경에 시작된 헬레니즘 시대에 이르러 아티카-이오니아 방언은 고대 지중해 세계와 근동지역의 공용어인 Koiné 어로 발전하게 되었음. ※ Grupo helénico 참조.

【L】

L [언어] 1 엘레 (스페인어 자모의 열두 번째 문자). 스페인어의 자음 음소 /l/. 음성학적으로는 설측음(lateral), 치경음(alveolar), 유성음(sonoro)의 자질을 가짐(= Lateral alveolar sonora 유성 설측 치경음). 음성학 기호로는 [l]로 나타남. 예) L*ado* 측면; Ca*l*or 더위. ※ Lateral; Alveolar; Sonoro 참조.

Labial [언어] 순음(脣音). □ 순음의.

Labialización [언어] 순음화(脣音化). 입술의 작용정도. 모음을 정의하는 기준이 됨. ※ Vocal 참조.

Labializado [언어] 순음화 된. 예) Vocal labializada 순음화된 모음: /o/.

Labiodental (consonate) [언어] 순치음. 아래 입술을 윗니에 댈 때 나는 소리: /f/.

Labiopalatal [언어] 순경구개음(脣硬口蓋音). □ 순경구개음의.

Labios [해부] 입술. 예) Labio superior 윗입술. Labio inferior 아랫입술.

Labiovelar [언어] 순연구개음(盾軟口蓋音). □ 순연구개의.

Laísmo [문법] 간접대명사 le 또는 les를 대신해서 la와 las를 쓰게 되는 현상. 예) La regalamos un diccionario 우리는 그녀에게 사전 하나는 준다.

Lakoff. Regla de Cortesía de R. Lakoff [언어] Lakoff의 공손 규칙. 명확한 것(Sea claro)과 공손한 것(Sea cortesía)으로 분류하여, 전자는 Grice의 협동원리(*Grice 참조)에 충실한 경우를 말하며, 후자는 다음과 같이 3가지로 분류한다. 첫째, 부담을 주지 않는다(No se imponga). 둘째, 선택을 줌(Ofrezca opciones). 셋째, 담화자들 간의 친밀도를 강조함(Refuerce los lazos de camaradería). ※ Grice 참조.

Lalación [언어] [l] 발음의 오류. (([l]을 [ll]처럼, 또는 [R]를 [l]처럼 발음하는 따위))

-landia [어원] 「…의 장소(sitio de, lugar de)」의 뜻 ((일반적으로 고유명사에서 쓰임)). 예) Zumo*landia*, Foto*landia*.

Largo [문법] 긴, 장(長). 예) Sílaba larga 장음절. Vocal larga 장모음.

Laringe [해부] 후두(喉頭).

Laríngeo [해부] 후두(喉頭)의.

Latente ① 잠재적인, 잠재하는. ② [정신분석] 꿈의 잠재적 내용.

Lateral, consonate [언어] 설측음. 공기가 구강의 한쪽 혹은 뒤쪽에서 나옴에 의해 생긴다. 예) [m] , [n].

Lateralización [언어] 설측음화. 저지대(Tierras bajas) 스페인어에서 진동음 [r]은 음절의 끝이나 단어의 끝에 위치할 경우 설측음화(Lateralización) 되기도 함. 예) parte [pál-te]; color [ko-lól]. ※ Tierras bajas 참조.

Latín arcaico [언어] 고대 라틴어. 로마 기원에서부터 기원전 1세기 말까지에 해당. 기원전 3세기 이전의 언어 상태는 비문, 축문, 일부 공문서 등에서만 단편적으로 남아 있어, 전체적인 체계는 알기가 쉽지 않음.

Latín clásico [언어] 교양 라틴어; 고전 라틴어. 기원전 1세기 중엽부터 기원 후, 14년인 Augustus 황제가 사망할 때까지의 시기를 지칭함. 이 시기는 로마 문화의 황금세기(Edad de Oro)이며, 언어적 측면에서도 절정기를 이룸.

Latín popular [언어] 통속 라틴어(Latín vulgar). ※ Popular 참조.

Latín posclásico [언어] 후기 고전 라틴어. Augustus 황제가 사망한 후부터 약 200년을 지칭하는 것. 이 시기는 로마의 은세기(Edad de Plata)라고 불리움. 아직 로마 영광의 그림자가 사라지지 않은 시기로, 문학 작품에 대중적인 요소들이 도입되기 시작한 '로마 문학의 바로크'시대라고 불리움.

Latín preclásico [언어] 고대 라틴어. ※ Latín arcaico 참조.

Latín tardío [언어] 후기 라틴어. 이 시기는 기원 후 200년경부터 로망스어가 등장하기 전까지에 해당함. 로마 문화의 쇠퇴와 더불어 언어도 급속하게 속어 화되어 갔음.

Latín vulgar [언어] 통속 라틴어(Latín popular). ※ Popular 참조.

-latría [어원] 「예배·숭배(adoración)」의 뜻. 예) icono*latría* 우상 숭배, 성상 예배.

Laudatorio 찬양(찬미)하는.

Laxitud [의학] (조직 따위의) 이완.

Laxo [언어] (음성이) 이완성(弛緩性)을 띤.

Leech. Principio de Cortesía de Leech [언어] Leech의 공손법 이론. 4가지 행위(Acción)와 6가지의 격률(Máxima)로 이루어짐. 행위는 ① 공손법을 보조하는 경우(Acciones que apoyan la cortesía). ② 공손법에 실질적으로 무관한 경우(Acciones prácticamente indiferentes a la cortesía). ③ 공손법과 논쟁이되는 경우(Acciones que entran en conflicto con la cortesía), ④ 대담자간의 관계 유지에 정면으로 대치되는 경우(Acciones dirigidas frontalmente contra el mantenimiento de la relación entre los interlocutores). 격률은 ① 상대가 권리를 가지는 것(Máxima de tacto), ② 상대의 이익을 증대시키며, 발화자 자신의 이익을 축소하는 것(Máxima de generosidad), ③ 다른 사람에 대한 칭찬을 하며, 경멸 요소를 축소하는 것(Máxima de aprobación), ④ 다른 사람에 대한 칭찬을 하며, 자신의 칭찬 요소를 축소시키는 것(Máxima de modestia), ⑤ 다른 사람의 동의를 얻어내는 것(Máxima de acuerdo), ⑥ 호감을 높이고 부정적 시각을 축소시키는 것(Máxima de simpatía)임. ※ Máxima 참조.

Legibilidad ① 가독성(可讀性), 읽기 쉬움. ② 해석 가능성. 이해 가능성.

Leísmo [문법] 직접대명사 형 lo 또는 los를 대신해서 le와 les를 쓰게 되는 현상. 예) Este libro no te le doy 이 책은 너에게 줄 수 없다.

Lema [문학] 주제. 사전에(미리) 관계 정보를 가지고 있지 못한 상태에서 결정되는 주제. ※ Tema 참조.

Lengua [언어] ① 랑그. ((소쉬르가 제시한 랑그, 빠롤 중의 하나)) ② 언어. 언어는 일반적인 모델이며 제한적 언어사회의 모든 구성원들에게 존재하는 것이며, 이 초(超) 개인적인 것으로서 인간 의사소통 과정을 제한한다. ※ Habla 참조.

Lengua adicional [언어] 부가언어. 이 용어는 어떤 상황(특히 남아프리카 상황)에서는 제 2언어(La segunda lengua)라는 용어보다 더 빈번히 사용됨. 왜냐하면, 제 2언어는 제 1언어와 공존하고 동일한 위치에 있는 것이라서 학습자에게 반드시 보다 중요한 것은 아니라는 것을 암시하기 때문임.

Lengua aglutinante [언어] 교착어(膠着語).

Lengua hablada [언어] 사용(언)어. ※ Vivo 참조.

Lengua hermana [언어] 자매(딸)어. 공통 조상으로부터 계승된 관련 있는 언어들.

Lenguaje [언어] ① 언어 활동: Lenguaje natural 자연 언어. Problema del lenguaje 언어 장애. ② (자연언어 이외의) 언어. 예) Lenguaje artificial 인공언어. Lenguaje simbólico 기호 언어.

Lengua madre 모국어.

Lengua muerta [언어] 사어(死語). ※ Arcaísmo 참조.

Lengua natural [언어] 일상언어, 자연적 상태의 언어. Una buena parte de la filosofía ha dedicado su atención a mostrar que las lenguas naturales son altamente imperfectas. 어학의 많은 부분에서 일상 언어가 아주 불완전하다는 것을 보여주는데 그 주의를 기울여 왔다.

Lengua viva [언어] 사용(언)어(= Lengua hablada).

Lenguaje administrativo 행정 용어.

Lenguaje afectivo 정의적 언어 활동(情意的 言語 活動)

Lenguaje científico 과학 용어.

Lenguaje común [언어] 공통언어. 한 언어의 역사적인 발전 단계에서 파생 언어로 분화되기 바로 직전의 언어(형태).

Lenguas analíticas [언어] 분석적 언어. 통속 라틴어(Latín popular), 영어 또는 불어에서처럼 문법적인 정보가 단어 앞에 놓이거나 구문상의 위치로부터 추정하는 경우를 일컬음. ※ Latín popular 참조.

Lenguas sintáticas [언어] 구문적 언어. 교양 라틴어(Latín clásico)에서 기본적인 언어 형태로서, 문법적인 정보가 단어의 종결형과 연관되는 경우. ※ Latín clásico 참조.

Lenición [언어] 연음화. 아일랜드 이전 말에서 무성 파열음이 마찰음으로 되는 음성변화를 지시하는데 쓰이는 용어.

Letras 문자, 글자. 예) Letras dobles 이중(중첩)글자: /ch/; /ll/; /rr/.

Letras fonemáticas [언어] 음소(音素) 문자. 말소리를 음소의 단위까지 분석하여, 자음과 모음으로 나눠서 적는 글자. 스페인어나 한글은 음소 문자임. ※ Fonograma 참조.

Letras silábicas [언어] 음절(音節) 문자. 한 음절을 한 개 글자로 표기하는 글자. 일본의 '가나'는 음절 문자임. ※ Fonograma 참조.

Leuco- [어원] 「흰(blanco) · 밝은 [엷은]색의(de color claro)」의 뜻. 예) *leuco*cito 백혈구, *leuco*ma 백반(白斑). ②「(의약 용어에서)「백혈구」의 뜻. 예) *leuco*penia 백혈구 감소증.

Lexema [언어] ① 어휘소. 어휘의 의미적 최소단위. 어근. 언어의 중심의미를 나타내는 부분. [동의어: Morfema léxico] 예) Pan es el morfema léxico en panadería, panecillo, empanada. Pan(빵)은 pan adería(빵집), pan ecillo(작은 빵), empan ada(파이)에서의 어근이 됨. ② 어휘 항목(語彙 項目). 문장이나 구(句)의 일부로서는 아니고, 이들로부터 추상되어 어휘 항목의 하나로서 생각된 단어를 말함. 단어라는 말이 헷갈리기 쉽게 애매한 술어이기 때문에, 특정한 절차에 의해서 설정된 단위로, 단어의 개념에 가까우나 그것과는 서로 다른 것을 가리키는

데 사용되지만, 그 구체적인 내용은 학자에 따라 상당한 차이가 있음. ※ Morfema 참조.

Lexemática [언어] 어휘소론. 같은 하나의 어휘 단위의 여러 의미들의 장소(área)를 특징 지워주고자 할 때, 다의(Polisemia)의 연구를 위해서도 사용. ※ Polisemia 참조.

Lexia [언어] 렉시. 의미가 기술되는데 가장 적당한 길이의 여러 가지 차원에서의 해독 단위 혹은 텍스트의 단위.

Lexicalización [언어] 어휘화(語彙化). 일련의 형태소가 어휘 단위로 되는 과정.

Léxico [언어] ① 어휘. ((한 언어의 어휘 요소의 총체)); 어휘부. ② 어휘. ((한 개인이 사용하는 단어의 총체))

Lexicoestadística [언어] 어휘 통계학. 특정 언어군(言語群)에서 사용되는 조사 어휘의 빈도를 조사하는 것.

Lexicografía [언어] 사전학; 어휘연구, 사전 편집(법).

Lexicográfico [언어] 사전학적, 사전학의; 어휘 연구의, 사전편집의. 예) Trabajo lexicográfico 사전편찬 연구.

Lexicología [언어] 어휘론. 어휘(語彙)를 대상으로 행하는 연구. 개방 집합으로서의 어휘군(群)을 전체적인 계량으로서 또는 어휘소(lexema) 하나하나에 대한 추적으로서 행해야 하는 어휘론의 방법론적 특성상 최근에 들어와서야 현대적인 장비, 즉 전자계산기의 도움을 받을 수 있게 되면서 실질적인 작업의 상당부분의 수행이 가능해짐. ※ Lexema 참조.

Lexicologo 어휘론 연구가.

Lexicón [언어] 어휘목록. 어휘 목록에서 나타나는 단어는 구조와 매우 밀접한 관계를 가지는데, 각각의 단어는 어느 특정 구조에 속해서만 사용된다든가 어떤 단어들과 특별한 관계를 가지게 됨. 어휘 목록에는 이러한 모든 정보가 자질로 구체화되어 나타나는데 음운적 표시의 변별적 자질과 통사자질 그리고 의미 자질 등을 포함함. ■ 비교: lexicón과 vocabulario는 똑 같이 '어휘'라는 술어로 번역되나 lexicón은 '사전' 또는 '어휘집'의 의미로도 사용되며, 언어학의 이론적인 서술 과정에서 사용되는 개념을 가지고 있는 반면, vocabulario는 어휘력이라는 인간의 언어 능력을 구성하는 요소들의 집합으로서의 개념을 가짐. ※ Vocabulario 참조.

Ley fonética [언어] 음성 규칙.

Líaison ① (논리적) 연관, 연결, 관련. 예) Termino de líaison (접속사·전치사 따위의) 연결어. ②[언어] 연음. ③ [음악] 연결 기호.

Lebertad [철학·심리] (의지의) 자유; 자유의지.

Libre ① [언어] 자유의; 자립의; 일반의. 예) Discursos indirectos libres 자유 간접화법. Variante libre 자유 변이체. Vocal libre 자유모음((개음절의 모음)). Morfema libre 자립형태소. ② [철학] 자유 의지를 지닌.

Ligado ① [언어] 묶인, 구속된: Forma ligada 구속형식 (↔ Forma libre). ((홀로 쓰이지 못하고 다른 형태·말에 딸리어 쓰이는 형태·말)) ② [음악] (음이) 연결된.

Ligadura [음성] 전이음. 예) 프랑스어의 [j], [y], [w].

Ligazón [언어] 연음(連音).

Ligur [언어] 리구리아(Liguria) 어. Menéndez Pidal에 따르면, 이 언어의 영향으로 이탈리아와 프랑스의 지명과 함께 스페인의 지명에 영향을 미쳤다고 함. 스페인에 영향을 미친 어휘는 Langa (Soria, Cuenca, Avila), Bergenza, Toledo... 등등. 그 어휘의 특징은 ① ~asco : Viascón, Piasca ② ~osco, ~usco : Amuscno, Ledusco, Biosca ③ ~ona : Barcelona, Tarazona.

Linfo- [어원] ①「임파(linfa)의 뜻. 예) infocito 임파구. ② [의학 용어로, 「임파구(linfocito)」의 뜻. 예) linfopenia. ((참고: linf-형도 있음, linfangitis 임파관의 수)).

Limitado 한정된, 제한된; (능력·사고력 따위가) 한계가 있는.

Límite ① 경계, 한계; 제한. ② [심리] 극한. 예) Método de los límites 극한법.

Linde [언어] (지식의) 한계, 범위; 경계. 예) Lindes lingüísticos 언어 경계.

Linealidad ① [언어] 선조성(線條性). ② [수학] 선형성, 1차성.

Linguadental (consonante) [언어] 치음. 혀끝이 윗니에 닿을 때 나는 소리. 예) /t, d/

Lingua franca ① [언어] 링구아 프랑카. ((아프리카·중동 지방에서 쓰이는 스페인어·프랑스어·이탈리아어·터어키어·아랍어 따위의 혼성어)) ② 다른 언어를 쓰는 사람들 사이에서 의사 소통의 수단으로 쓰이는 공통언어.

Lingual ① [언어] 설음(舌音). □ 설음의. ② [해부] 혀의.

Lingüística [언어] 언어학. 예) Lingüística general 일반 언어학. Lingüística comparativa 비교 언어학. Lingüística histórica 역사 언어학. Lingüística aplicada 응용 언어학.

Lingüística antropológica [언어] 인류 언어학. 인류 언어학은 언어와 문화 사이의 관계, 즉 언어가 그 언어집단의 문화양식에 따라 어느 정도 좌우되는지를 중심적으로 연구하는 학문분야임. 실제 예로 미국 인디언 언어의 어휘자료를 중점적으로 연구했던 미국의 언어학자들은 인디언 언어에 사냥이나 낚시에 관한 어휘가 풍부한데, 이는 미국 인디언들의 경제 및 생활방식이 어휘에 반영된 것이라고 설명함. 한편 Berlin Kay(1969)는 각 언어의 색채어는 전체적으로 기본범주 수(11개)가 일정하다고 주장했으며, Rosch(1977) 또한 비교문화심리학적 연구에서 원형에 의한 범주의 인식이 보편적이라는 결론에 이르고 있음. 언어의 자의성에 의문을 제기한 것임.

Lingüística cognitiva [언어] 인지(認知) 언어학. 인지언어학은 다른 학문 분야로부터의 경험적 발견 사실을 언어이론에 통합하는 방식에 의해서 인지적이며 또한 인간의 개념적 지식 구조뿐만 아니라 그 구체적 내용의 연구를 추구하기 때문에 인지적이라고 하였음. 인지언어학자들은 언어현상을 분석하기 위하여 심리학이나 인류학과 같은 관련 분야의 견해를 수용할 뿐 아니라 인간의 개념적 지식에 대한 실질적 내용에 관해서도 경험적 탐색을 계속하고 있음. 인지언어학은 의미를 중심으로 하여 사람의 체험에 바탕을 둔 일반 기호 체계의 언어라는 언어관에 뿌리를 두는 이론이라면 변형문법은 통사론 중심으로서 언어체계는 일반인지와 독립된 자율언어학의 언어이론이라는 특성을 갖고 있음. 이처럼 인지언어학은 변형문법과는 또 다른 관점에서 변형문법보다 더 주관적이고 유연한 방법론을 취하고 있는 것임. 현재로서는 개별적이고 다양성에 토대를 둔 인지언어학이 분석적이고 보편성에 바탕을 둔 변형문법의 단점을 보완 할 수 있는 이론의 하나로 보고 있음.

Lingüística computacional [언어] 컴퓨터 언어학. 컴퓨터가 직접 인간의 언어(즉 자연언어 : Leguaje natural)로 작성된 모든 텍스트(음성 텍스트 및 문서 텍스트)를 이해하고 분석(análisis)하여, 인간이 수행하는 언어 관련 작업(가령 문서를 작성한다든지, 정보를 검색한다든지, 외국어로 번역한다든지 하는 등의 작업)을 수행(처리: procedimiento)하고, 또 그 결과를 인간에게 자연언어의 형태로 전달(생성: generación)할 수 있도록 연구하는 모든 분야를 일컬음.

Lingüística del Texto [언어] 텍스트 언어학. 텍스트 언어학은 문장보다 큰 단위인 텍스트를 연구하는 언어학의 한 분야로서, 어휘장 이론과 마찬가지로 독일에서 발전된 언어학 이론임. Zelling Harris의 담화분석을 시작으로 Petofi와 Amsterdam 대학의 Van dijk 교수에 이르러 더욱 구체화되었으며, 국내에는 80년대 중반부터 소개되고 있음.

Lingüística estructural [언어] 구조언어학. 구조언어학의 언어분석은 언어의 음소-형태소-통사법이라는 계열을 포착하고 최소단위인 음소(fonema)에서 출발하여 음소의 결합체인 형태소(morfema)에 이른 다음 마지막으로 형태소의 '기호열'에 따라 완성된 문(oración)에 도달하는 순서를 밟음. 그리하여 이들 세 가지 언어형태의 연구를 각각 음운론, 형태소론, 통사론이라 부르게 됨. ※ Fonema; Morfema; Oración 참조.

Lingüística descriptiva [언어] 기술 언어학. 일반 언어학의 이론적인 모형 개발보다는 개별 언어들의 기술을 우선적으로 간주하는 언어학의 한 영역.

Lingüística forénsica [언어] 법정 언어학. 법적 용어들 해석의 목적을 두고, 법적 언어 증거를 검토하는 것.

Lingüística formal [언어] 형식 언어학. 언어의 추상적 형태와 그 형태들의 내적인 관계에 관한 연구.

Lingüística funcional [언어] 기능 언어학. 의사 소통에 있어서의 언어의 사회적 기능과 관련하여 언어의 형태를 연구하는 언어학 분야.

Lingüística geográfica [언어] 언어 지리학. ※ Geografía lingüística 참조.

Lingüística matemática [언어] 수리 언어학. 수리언어학은 수학의 방법론적 절차를 받아들여 언어를 가능한 정확하고 간결하게 기술하고자 발달시킨 언어학의 한 분야임.

Lipo- [어원] 「지질(lípido) · 지방(grasa)」의 뜻. 예) *lipo*succión 지방 제거 미용 수술의 한 기법. *lipo*proteína 지(脂) 단백질.

Líquidas (consonante) [언어] 유음. 일반적으로 r과 l을 유음이라고 하는데, 혀끝을 잇몸에 대고 공기를 혀 양쪽으로 빠져나가게 하기 때문에 설측음(linguolateral)이라고 부름. 예) /l/, /l̬/: lado, llover.

Lírica [문학] 서정시(抒情詩). 서사시, 극시와 더불어 시의 3대 부문 가운데 하나. 원래 그리스에서 일곱 줄 악기인 리라에 맞추어 노래하는 것을 가리켜 하던 말이었으나, 훗날 시인이 주관적이고 개인적인 정서나 경험을 노래하는 시를 가리키게 되었음.

-lisis [어원] 「분해(disolución, descomposición)」의 뜻. 예) electro*lisis* 전기 분해. foto*lisis* 광분해(光分解). hidro*lisis* 가수 분해(加水分解).

Literal 문자를 사용하는, 문자에 의한: Notación literal 문자에 의한 표기.

Lito- [어원] 「돌(piedra) · 화석(fósil)」의 뜻. 예) *lito*grafía 석판 인쇄(술). *litó*fago 돌을 먹는.

-lito [어원] 「돌(piedra) · 화석(fósil)」의 뜻. 예) mega*lito* 거석(巨石). osteo*lito* 뼈 화석.

Lítotes [문학] 곡언법(曲言法). 원래 표현하려는 것보다 약한 뜻을 가진 말을 씀으로써, 오히려 뜻을 강조하는 효과를 나타내는 일. 과장법(Hipérbole)와 대조됨. ※ Hipérbole 참조.

Ll [언어] ll 엘예 (스페인어 자모의 열 두 번째 문자('l') 속으로 편입된 소리글자). 스페인어의 자음 음소 /l/. 음성학적으로는 설측음(lateral), 구개음(palatal), 유성음(sonoro)의 자질을 가짐(= Lateral palatal sonora 유성 설측 경구개음). 음성학 기호로는 [l]로 나타남. 예) Llave 열쇠; Calle 거리. ※ Lateral; Palatal; Sonora 참조.

Llana, palabra [언어] 끝에서 두 번째 음절에 강세가 있는 단어. 모음으로 끝나거나 자음 중 n, s로 끝나는 단어. 예) carretera, cortina, casas.

Llaves ① 중괄호: '{ }' ② [음악] 연결선.

Lleísmo [언어] Lleísmo 현상. y를 발음할 때, ll처럼 발음하는 현상을 말함. 예) yuca [ʎúka], yate [ʎáte], ayer [aʎér].

Lleno [언어] Palabra llena 실어(實語). 어휘적 의미를 가진 말.

Lo [문법] □ 관사 lo : ① [정관사 중성형으로 형용사·형용사구 앞에 놓여 추상 명사화] ···의 것[일] : ㉮ [+ 형용사] 예) lo grande 큰 것. lo pequeño 작은 것. lo alto 높은 것. lo bajo 낮은 것. Lo pálido de su cara me sorprendió 나는 그의 얼굴이 창백한 것에 놀랐다. ㉯ [+ 소유 형용사] 예) Lo tuyo es mejor que lo mío 네 것이 내 것보다 더 좋다. ㉰ [+과거 분사] 예) lo prohibido 금지 사항. ㉱ [이미 알고 있었던 화제(話題); + de + 명사·*inf.*] 예) Gracias por lo de ayer 어제는 고마웠습니다. Cuéntame lo del Sr. Kim 김 씨에 대한 것을 나한테 말해 다오. ② [위치] ···의 곳. 예) en lo alto de la escalera 계단 위(의 곳)에. en lo hondo del pozo 우물의 바닥에. ③ [+ 명사] ···다움. 예) lo hombre 남자다움. lo mujer 여자다움. lo niño 어린이다움. Me gusta lo torero de él 나는 그의 투우사다움이 마음에 든다. ④ [+ que, + 형용사·부사 + que] [앞 문장 전체가 선행사] 그것. 예) Ella me dijo que no lo sabe, lo que no es verdad 그녀는 그것을 모른다고 나에게 말했는데 그것은 사실이 아니다. □ 대명사 lo : ① [인칭 대명사 3인칭 단수 직접 목적] 그를, 당신을 ((스페인에서는 lo·los 대신에 le·les를 사용하는 경우가 많다. ■ 참고 : leímo)); [남성 명사를 받아서] 그것을. 예) Lo busqué por todas partes 나는 당신을 [그를·그것을] 여기저기 찾았다. ② [중성 대명사] ㉮ 그것을. 예) No hay clase hoy —No lo sabía 오늘 수업이 없다 —나는 그것을 모르고 있었다. ㉯ [+ ser·estar·parecer; 이미 나온 명사·형용사의 대신 주격 보어로 사용됨] 그렇게, 그리. 예) Ella se cree guapa, pero no lo es 그녀는 자신을 미녀라고 생각하지만 그렇지 않다. ※ Usos del pronombre 'Lo'.

Local 지방의, 지방 특유의.

Locativo [언어] 소격(所格). C.J.

Fillmore(1968) 등의 용어. 격문법(格文法)에 있어서의 격의 하나로서, 전치사 등에 의해 행위의 장소나 위치를 표시하는 격을 일컬음. □ 장소를 표시하는. 예) Preposiciones locativas 장소의 전치사.

Locución [언어] ① 어법, 표현; 관용구. 예) Locución verbal 동사구. ② 구, 숙어. 예) de balde 공짜로.

Locución adjetiva [언어] 형용사 상당(어)구.

Locus [언어] 집속점(集速點). 음향음성학에 있어서, 자음에 선행 혹은 후속하는 모음의 형세가 만들어지는 음향스펙트럼 상의 한 점을 일컬음. 자음에서 모음으로, 모음에서 자음으로 이행(移行)할 때, 공명강(共鳴腔)의 형상이 서서히 변화해 가고, 각 자음은 이 공명강의 변화에 대응하는 스펙트럼상의 변형을 인접하는 모음에 주는 것임. 그리고 이와 같은 형세의 굴절은 집속점이라는 한 점을 향해 가며, 이에 의해서 자음의 동정(同定), 특히 폐쇄 자음의 동정이 될 수 있음.

Locutor ① [언어] 화자(話者) (↔ auditor). 예) Locutor nativo 모국어 화자. ② [정보] (수치 정보 교환에서의) 발신장치.

Logatoma [언어] 무의미 음절. 어떤 언어나 말하는 상태에 속하긴 하나, 의미가 있는 단어나 구를 구성하지 않는 음절을 말함.

-logía [어원] 「론(論)(tratado)・학문(學問) (estudio)・학(學)(ciencia)」의 뜻. 예) mineralogía 광물학. lexicología 어휘학, 사전학.

Logográfico [언어] 표어(表語) 문자법의. □ 표어 그래프. 어표(語表). 특별한 어휘적 지시를 가진 기호.

Logografía [언어] 표어(表語) 문자법.

Logograma [언어] 표어문자(表語文字). 표의 문자는, 글자 하나 하나가 단어에 상당하는 개념을 표시하는 문자라는 뜻에서 붙여진 이름.

Logopeda 언어 교정 전문가.

Logopedia [의학] 언어 교정치료. 언어 교정법.

Logorrea ① 다변, 수다; 요설(饒說). ② [의학] 병적 다변증, 어루증(語漏症).

Logorréico [의학] 어루증 환자. □ 수다스런; [의학] 어루증의.

Loísmo [언어] le 또는 les를 대신해서 lo와 los를 사용하게 되는 현상. 예) A él. lo doy un abánico 난 그에게 부채를 준다.

Longitud 길이; 거리; 분량. 예) Longitud de un texto 텍스트의 분량.

Lusismo [언어] 가예고(Gallego)-포르

투갈어에서 영향을 준 스페인어. 스페인 서부에 위치한 갈리시아 지방과 그 서쪽으로 또한 포르투갈을 접하고 있는 지형적인 특징으로 인해 나타나는 갈리시아 지방의 가예고와 포르투갈의 스페인어(까스띠야 어)에 미치는 영향. 예) Bandera 깃발, Caramelo 캬라멜, Chubasco 소나기.

Lusitanismo [언어] 가예고(Gallego)-포르투갈어의 영향. ※ 참조 Lusismo.

【M】

M [언어] m 에메 (스페인어 자모의 열 세 번째 문자). 스페인어의 자음 음소 /m/. 음성학적으로는 비음(nasal), 양순음(bilabial), 유성음(sonoro)의 자질을 가짐(= Nasal Bilabial sonora 유성 비 양순음). 음성학 기호로는 [m]로 나타남. 예) **m**adre 어머니; ho**m**bre 남자. ※ Nasal; Bilabial; Sonoro 참조.

Macrocontexto 대의적 문맥; 대문맥(大文脈).

Macrosegmento [언어] 대분절(大分節); 대절편(大切片). 하나의 억양에 의해 구별되는 발화부분을 말함. 세 가지 말미연접(末尾連接) 중 어느 하나로 끝남. 만일 억양이 형태소라고 하는 입장을 취한다면, 대부분의 직접 구성성분은 항상 억양과 그 나머지임.

Macroestructura [언어] 매크로 구조(構造). 텍스트의 추상적인, 근저에 있는 구조. 텍스트의 전체적인 의미를 정의하는 심층구조. 매크로 구조는 일련의 조작 혹은 변형에 의해서 미크로(Microestructura) 혹은 표층 구조로 변환됨. ※ Microestructura 참조.

Macho [언어] (언어의) 남성성. 사람이나 동물에 있어서 의미론적 성격 속에 성별의 구분 위치에 남성(macho)이 있는데, 명사 hijo(아들)은 구별되는 의미론적 자질로서 [+ macho]라고 쓰임. 반면에 남성적 자질을 가지고 있지 않은 것은 [- macho]라고 쓰임. 어휘《Masculino》와 의미론적 의미의 《macho》는 정확히 일치하지 않는 경우가 있음. 예) Vela(불침번), Centinela(파수꾼), Guardia(경비)의 경우 문법적으로는 여성을 띠지만, 남성성 의미를 가질 수 있음.

Macrolingüística [언어] 거시 언어학(巨視 言語學). 음성에 관한 물리적 연구로부터 시작하여 언어와 문화의 관련을 다루는 것에 이르기까지 언어 연구의 연구부분을 총칭하는 용어로, 구조주의 언어학에서 사용하는 술어. 일반적으로 전단언어학(前段言語學) prelingüística), 미시언어학(微視言語學 microlingüística), 후단언어학(後段言語學 metalingüística)으로 구분됨.

Madrigal ① [문학] 목가, 서정 단시(敍情短詩), 짧은 연가. 14세기에 이탈리아에서 생겨났을 때는 가요풍의 서정시로서 교묘한 운(韻)의 교차에 의하여 음악적인 아름다움을 발휘했음. 15세기에서 17세기에 걸쳐 영국과 프랑스 및 독일에서 유행함. ② [음악] 마드리갈. 다성 합창곡((보통 5성부(聲部)로 된 무반주의 성악 합창)).

Mando [언어] 욕구발화(欲求發話).

Skinner (1957)는 발화를 '환경에 대하여 작용하는 행위'로 보았음. Skinner에 따르면, 발화는, 그 발화를 통제하는 이전의 자극(estímulo)이 말로 된 것인가 혹은 그렇지 않은가에 따라, 두 가지로 구분됨. 그는 다시, 말로 표현되지 않고 자극을 받은 발화를 mando와 táctica로 나눔. mando는 그 반응이 특징적 귀결(歸結)에 의해 보강되고, 따라서 결핍, 혹은 불쾌한 자극과 상관 있는 조건들의 관제하에 있는 발화를 말함. ※ Táctica 참조.

Manierismo [문학] 매너리즘. 습관이란 의미에서 만들어진 말인데, 그 사람의 틀에 박힌 안이한 형태로 오직 타성적으로 표현하기만 할 뿐이요, 방법상의 탐구나 독창성을 상실하여 신선함이 결여된 작품을 뜻함.

Manifestación (생각·감정 따위의) 표출(表出), 표시, 표명, 나타냄. ② [의학] 질병의 임상적 발현.

Mapa lingüístico [언어] 언어학(적) 지도. 언어의 사용에 따른 지역적 분류 또는 어원적 분석에 따른 어군을 지역적으로 분석해 놓은 것.

Marca [언어] 표지(標識), 표. ① 하나의 자질만을 제외하고는 동일한 자질들을 두 언어요소가 있을 때, 이 둘의 대립관계를 유무대립이라 하는데, 이러한 대립관계를 이루는 두 요소 중 어느 한 요소에는 나타나나 다른 요소에는 나타나지 않는 자질. ② 발화체 분석에서는 발화체가 생산되기까지 관련된 연산작용(Operación)을 잘 파악하는 것이 대단히 중요함. 표지는 바로 이 연산 작용의 흔적이어서 표지의 발견과 표지의 내력을 알아내는 것이 발화체 분석에서 중요한 작업이 됨.

Marcado [언어] 유표(有標)의. 하나의 자질만을 제외하고는 동일한 자질들을 두 언어요소가 있을 때, 이 둘의 대립관계를 유무대립이라 하는데, 이러한 대립관계를 이루는 두 요소 중 어느 한 요소에는 나타나나 다른 요소에는 나타나지 않는 자질을 표(Marca)라고 하며, 이러한 표지를 갖는 요소를 유표 요소, 표지를 갖지 않는 요소를 무표 요소라 함. 예) /p/와 /b/는 모두 양순 파열음이나 /b/는 성(聲)을 수반하나, /p/는 그렇지 않음. 이 경우 성대의 진동을 표지가 될 것이며, 따라서 /b/는 유표, /p/는 무표 요소가 됨. ※ Marca 참조.

Marcador [언어] ① (유표 자질을 나타내는) 표지(標識). ② 연동소(連動素). ③ 담화표지; 구문·담화 연결사 (= Conector). ⓐ 불변하는 언어학적 단위이며, 문장의 술부 범위 내에서는 구문론적인 기능을 수행하지 않음. 그리고 담화 내에서 일치되는 내용, 다시 말해 의사 소통 과정에서 실현되는 추론들을 각각의 형태 구문론적, 화용론적, 의미론적 특징들에 따라 연결시키는 내용을 지니고 있음((Portolés(1998) 사용)). ⓑ 담화표지 분석은 담화 내에서의 연관성에 대한 좀 더 일반적인 연구의 일부임. 즉, 화자와 청자 사이에 주고받은 말들 속에서 전체적인 의미를 만들어내기 위해 형태, 의미, 그리고 행동을 어떻게 통합하는가를 연구하는 것임. 따라서 담화표지는 전후의 발화를 단순히 연결시켜주는 것이 아니라 내용과 내용의 연관성을 유지하는데 일익을 담당함((Schiffrin(1987)사용)). ※ Conector 참조.

Marcador del discurso [언어] 담화 표지. ※ Marcador 참조.

Marcadores sintagmáticos [언어] 구절 표시. (통사론 구조에서) 한 문장이 각 구절로 분석되고, 그 부류 명칭이 표시된 그림을 구절 표시라 함.

Marcante [언어] (유표를 갖는 등의) 눈에 띄는, 현저한.

Mas [문법] ((접속사)) 그러나(pero). 예) Ella no me lo ha dicho, mas lo he adivinado 그녀는 나에게 그것을 말하지 않았지만 나는 그것을 알아차렸다.

Más [문법] [mucho의 비교급. 﨎 menos] □ 부사로써 사용되는 용례: ① 더, 더욱, 한층, 보다[더] 많이. 예) una vez más 한 번 더. Dame más 더 주라. Hable más despacio 더 천천히 말씀해 주십시오. Ella se quedará en Madrid ocho días más 그녀는 마드리드에 1주일 더 머물 것이다. ¿Quieres algo más? −No, nada más 무얼 좀 더 들겠소? −아니, 아무 것도 더 들지 않겠다. No te daré ni un céntimo más 너한테 일전 한 푼도 더 주지 않겠다. ② [수량·정도의 비교: +de] … 이상. 예) Ella viene aquí más de tres veces al día 그녀는 하루에 세 번 이상 이곳에 온다. Aquí caben más de mil personas 이곳은 천 명 이상 들어갈 수 있다. En España votan los que tienen más de dieciocho años 스페인에서는 18세 이상이 투표권을 가지고 있다. Aquí no llueve más de un mes 이곳은 한 달 이상 비가 내리지 않고 있다. No hables más de lo necesario 필요 이상으로 말하지 마라. Tú pareces más joven de lo que eres 너는 실제보다도 더 젊게 보인다. ③ [우등 비교급: +que] (…보다) 더. 예) Yo soy más alto que mi hermano 나는 내 동생보다 키가 더 크다. Ella trabaja más que nadie 그녀는 어느 누구보다도 더 많이 일한다. Hoy hace más calor [frío] que ayer 오늘은 어제보다 더 덥다[춥다]. ④ [우등 최상급. +de·en·entre] (… 중에서) 가장. 예) El lago Titicaca es el más alto de todo el mundo 띠띠까까 호수는 전세계에서 가장 높은 (곳에 있는) 호수이다. La primavera es la estación que me gusta más 봄은 내가 가장 좋아하는 계절이다. El español es una de las lenguas más hermosas del mundo 스페인어는 세계에서 가장 아름다운 언어 중의 하나이다. Muchos lingüístas dicen que el coreano es el idioma más científico del mundo 많은 언어학자들은 한글이 세계에서 가장 과학적인 언어라고 말하고 있다. Esteban es el que estudia más de la clase 에스떼반은 학급에서 가장 열심히 공부한다. ⑤ [감탄문에서] 정말, 대단히, 몹시, 매우, 예) ¡Qué paisaje más hermoso! 정말 경치가 아름답구나! ¡Qué día más espléndi- do! 정말 날씨 좋다! ⑥ [수학] 더해서. 예) Diez más veinte son treinta 10 더하기 20은 30이다. □ '형용사'로써 사용되는 용례: ① 더 많은. 예) más dinero 더 많은 돈. más libros 더 많은 책들. con más frecuencia 더 자주. ¿Quiere usted más agua? 물 더 드시겠습니까? ② 더 우수한. 예) Aquel es más edificio que éste 저것이 이것보다 더 멋진 건물이다. Sois más equipo que nosotros 너희 팀이 우리 팀보다 더 강하다. □ '대명사'로써 사용되는 용례: ① [정관사+] 대다수, 대부분. 예) Los más piensan así 대다수가 그렇게 생각하고 있다. Los más de los niños lo saben 대부분의 아이들은 그것을 알고 있다. Lo más del tiempo lo paso en casa 나는 대부분의 시간을 집에서 보내고 있다. □ 명사로써의 사용되는 경우: [수학] 더하기 (기호). ※ Comparativo de igualdad; Comparativo de superioridad; Correlación 참조.

Masculinización ① [문법] (성이 없는 것의) 남성화. ② [문법] 여성[중성]의 남성화.

Masculino ① [언어] 남성. 남성형. 문법상의 성으로, 두 성으로의 분류에서는 여성에 대립하고, 세 성으로의 분류에서는 여성과 중성이 대립함. □ 남성의. 예) Nombre masculino 남성명사. ② [작시법] Rima masculino 남성운.

Masivo [언어] 불가산의. 예) Nombres masivos 불가산(不可算)명사. ※ No numerable 참조.

Mate (소리가) 잘 울리지 않는, 무딘: Sonido mate 무딘 소리.

Materia ① [언어] 소재. 전통적 언어학에 있어서, '소재'란 실질적으로 구성되는 물리적 재료로서, 어떤 특정의 형태가 필연적으로 결부되어 있으며, 이 형태가 실질적인 동일성과 영속성을 부여함. 소재는 음(音)으로 되어 있거나, 도형(圖形)으로 되어 있어도 상관없음. ② [문법] Complemento de materia 재료 보어. ③ [철학] 질료; 물질계. ④ [문학] (작품·이야기 따위의) 소재, 주제; 분야.

Materno 어머니의, 모계의. 예) Lengua materna 모계언어(모국어).

Matiz [문학] 뉘앙스. 색채, 음, 가락, 의미, 감정 등의 미묘한 변화, 음영(陰影), 농담(濃淡) 등을 가리킴.

Matriz [언어] ① (생성문법에서의) 모문(母文). ② 행렬. 어휘 목록(lexicón) 안에서 한 어휘 목록의 음운자질의 기술을 말함. 그때 가로줄은 음운 분절(segmento fonológico)을 나타내며, 세로 줄은 각 음운 자질의 이항(二項)적 지정(指定)을 나타냄. ※ Lexicón; Segmento; Fonológico 참조.

Matrónico 어머니에게 이어 받은 성(姓).

Máxima [언어] 격률. ※ Lakeoff; Máxima de conversación 참조.

Máxima de conversación [언어] 대화 격률. 그라이스(Grice)의 대화격률을 일컬음. □ 그라이스가 제시한 대화의 격률. (1) 양의 격률: ① 요구되는 만큼만의 정보를 제공하여 대화에 기여하라. ② 요구되는 정보보다 많은 정보를 제공하지 않음으로써 대화에 기여하라. (2) 질의 격률: ① 거짓이라고 믿는 바를 확언하지 말라. ② 증거가 불충분한 것을 확언하지 말라. (3) 관계 격률: 관련 있는 말을 하라(경우에 맞게 말하라). (4) 양태 격률: ① 불명료함을 피하라. ② 중의성을 피하라. ③ 간결 하라. ④ 순서 있게 말할.

Mayestático [언어] 위엄(존엄)이 있는; 존칭형의. ((2인칭의 의미를 가지고, 문법적인 3인칭을 사용하는 당신(Usted)이 그 예가 되겠음))

Mecanismo ① [언어] (변형생성문법의) 기구; 기계론. ② [철학] 기계론. 온갖 현상을 기계적인 인과 관계에 의한 운동으로 환원시켜 설명하려고 하는 철학적인 입장. ③ [문학] 메카니즘. 시 등에 있어서 메카니즘인 작품이라고 하면, 정서라든가 뉘앙스(Matíz) 따위를 지워버리고, 언어를 기계의 부품처럼 조립하여 즉흥적인 표현을 한, 틈이 없는 구성을 한 것을 가리킴. ④ [심리] 기제(機制), 기구. 예) Mecanismo material 유물론적 기계론. Mecanismo de defensa 방어 기제. ※ Matiz 참조.

Media (voz) [언어] 중간 소리. (소리가) 구강의 중앙에서 조음되는 소리.

Mediación ① [철학] 매개. ② [심리] Teoría de mediación 매개 이론. ③ [음악] 중간 휴지.

Medio [언어] (소리가) 구강의 중앙에서 조음되는. 예) Vocal media 중간 모음.

Mediodorsal ① [언어] 중설배음(中舌背音). □ 중설배음의. ② [해부] 배측(背側) 중앙의.

Mediopalatal [언어] 중부 경구개음(中部硬口蓋音). □ 중부 경구개음의.

Mediopasivo [언어] 중간 수동의; 중간태의.

Medios audiovisuales [교육] 듣고 말하기 방법. 언어 교육 방법의 하나로 읽기, 쓰기보다 듣기, 말하기에 중점을 두고 대화를 이용하여 모방, 암송, 유형연습을 반복하는 것. 이 방법은 2차 세계대전 때, 미국의 전시 언어 프로그램에 기원을 둔 것으로 1960년대에 널리 실시됨.

Medios de comunicación 의사소통의 수단

Melodía [언어] 선율. 문장의 선율이란, 말의 운율적 변화를 가리키는데 선율의 역할 중요성은 언어마다 다름. 불어의 경우 의문문에서의 억양만이 서술문의 억양과 비교하여 볼 때 어떤 의미를 갖고 있을 뿐, 대개 선율은 화, 즐거움, 만족 등과 같은 언어 외적 감정 표현을 나타냄. 언어학자에 따라, 문장의 선율이 어떤 의미를 가지며, 이를 연속 단위로 분석할 수 있다고 하기도 하는데, 실제로 아프리카나 아시아의 몇몇 언어에서는 성조와 같은 선율의 변화가 변별적 기능을 하기도 함.

Mención [언어] 언급(言及). 《¿Qué quiere decir 'Exquisito'?》에서 Exquisito는 언급된 것이고, 《Este queso es muy exquisito.》에서 exquisito는 사용된 것임. 이와 같이 어떤 단어가 언어 자체에 대하여 말하는 문장에 사용된 경우 '언급'되었다고 말함.

Menos [문법] [poco의 비교급. 반] más] □ 부사로 쓰이는 경우의 용례: ① 더 적게. 예) Ella gasta menos 그녀는 덜 쓴다. Estoy menos cansado 나는 (생각보다) 덜 피곤하다. Este año llueve menos 금년은 비가 더 적게 내린다. ② [수량·정도의 비교. +de] … 이하. 예) a menos de cien mil euros 10만 유로 이하로. Vinieron menos de mil personas a la exposición 전시회에 천 명 이하가 왔다. ③ [열등 비교급. +que] …보다 적게. 예) Los jóvenes saben menos que los viejos 젊은이들은 노인들보다 지식이 많지 않다. Esta flor es menos hermosa que aquélla 이 꽃은 저 꽃보다 더 아름답지 않다. Juan es menos prudente que su hermano 후안은 형보다 더 신중하지 못하다. ④ [열등 최상급. +de·en·entre] (… 중에서) 가장 적게. 예) Ella es la que estudia ~ 그녀는 공부를 제일 안 한다. ⑤ [시각] … 분 전(分前): Son las siete menos diez 일곱 시 십 분 전이다. □ 형용사로 쓰이는 경우의 용례: 더 적은. 예) Quiero menos comida 나는 그렇게 많은 식사를 하지 않는다, 나는 더 적은 식사를 원한다. Tengo menos dinero que usted 나는 당신보다 돈을 적게 가지고 있다. □ 명사로 쓰이는 경우: [수학] 마이너스 (기호). □ 전치사로 쓰이는 경우의 용례: …을 뺀, …이외, …을 제외하고(= excepto). 예) todo menos eso 그것을 제외하고 모두. Han llegado todos menos dos 두 사람을 제외하고 모두 왔다. ※ Comparativo de igualdad; Comparativo de superioridad; Correlación 참조.

Mensaje ① [언어] 어떤 현상이나, 사건을 언급하고, 묻고, 대답하며, 가르치고, 심정을 표현하며, 명령을 하는 등으로 구성된 언어 활동을 일컬음. ② [정보] 전언(傳言). 부호체계에 의해 전달되는 통신 내용으로 단순히 정보라는 의미로 사용되는 때도 있으며, 또한 부호체계에 관한 말로서 구체적으로 신호화된 행위를 의미함.

Mentalismo [언어] 정신주의(精神主

義). 언어학에서의 정신주의란 언어 사실의 연구가 문장 생성에 있어서 정신 작용의 연구와 불가분의 관계에 있다고 하는 언어관을 가리킨다. 정신주의는 Bloomfield(1933)에 의해 배척되어, 미국 구조주의 언어학에서는 언어의 분석이나 기술을 오히려 불순하게 한다고 여겨졌으나, 변형문법에서는 대전제를 이루는 필연적인 개념으로 여겨짐. ※ Bloomfield 참조.

-mente [문법] 부사어미 -mente. 형용사의 여성 단수형에 -mente 를 붙여서 부사를 만들어 낼 수가 있음. □ 형태: (1) -o로 끝나는 형용사는 -o를 여성형 -a로 바꾼 뒤 -mente를 붙임. 예) exact**o** → exact**a**mente, correct**o** → correct**a**mente, atent**o** → atent**a**mente, clar**o** → clar**a**mente. (2) -o 이외로 끝나는 형용사는 그대로 -mente를 붙임. 예) igual → igual**mente**, especial → especial**mente,** feliz → feliz**mente,** amable → amable**mente**. (3) -mente를 붙여서 만들어 낸 부사는 원래의 형용사의 강세가 있던 곳과 -**men**에 강세가 온다. 즉 두 곳을 강하게 읽는 것임. 또 형용사에 원래 강세가 있는 단어는 강세를 그대로 두고 -mente를 붙임. 예) fácil → fácil**mente**, difícil → difícil**mente**. (4) -mente가 붙는 부사가 둘 이상 나란히 쓰일 경우에는 마지막의 것에만 -mente를 붙인다. 그러나 다른 것도 여성 단수형으로 고쳐야 함. 예) Luisa pronuncia claramente y lentamente.→(×). Luisa pronuncia claro y lentamente.→(×). Luisa pronuncia clar**a** y lent**a**mente.→(O) 루이사는 분명하고 천천히 발음한다. ※ Acento doble 참조.

Merisma [언어] 음소를 이루는 최소 변별 자질((벤베니스트의 용어)).

Merismático [언어] 음소를 이루는 최소 변별 자질의.

Meta [언어] (번역에서) 목표 언어.

Metacronía [언어] 내재(内在) 통시론(通時論).

Metadiscurso [언어] 기술용 담화(記述用 談話).

Metafísica [철학] 형이상학(形而上學). 현상을 초월하거나 또는 그 배후에 존재하는 것의 본질 또는 존재의 근본 원리 든가 절대 존재를 가장 순수한 사유(思惟), 직관 등에 의하여 탐구하려 하는 것. 신, 세계, 영혼 등이 그 주요 문제가 됨.

Metafonía [언어] 음성변이; 모음변이, 움라우트.

Metafonía vocálica [언어] (역사·음운) 움라우트 현상. ① Latín어의 fēcī와 vēnī가 스페인어에서는 hice/íɵe/와 vene/bíne/로 바뀌는 e>i와 같은 변화를 말함. ② 선행하는 모음이 뒤따르는 모음(대개는 고전설모음 i, e)

의 영향으로 바뀌는 현상. 예를 들면 모음 ū가 ǖ로 전설모음이 되는 것인데, 게르만어파의 공통조어에서 /mūsiz/ 였던 것이 고대 영어에서 /mūs/로 바뀌는 현상이 있음. ※ Umlaut 참조.

Metáfora [문학] 은유(隱喩). 수사법의 하나로 유추(類推)나 공통성의 암시에 따라 사물이나 관념을 대치 외연(外延)하는 방법. 이것은 두 개의 다른 사물들 사이에는 외양이나 성질 등의 유사성을 발견하여 한 사물의 이름을 다른 사물에 적용함으로써 성립됨. 예) cuello de la botella(병 목).

Metalengua ① [언어] (언어를 기술·분석하기 위한) 상위 언어, 메타언어. ② [논리] (1차 언어의 명제의 진위 설정에 이용되는) 상위(2차) 언어.

Metalenguaje [언어] 상위언어(上位言語). 메타언어. 어떤 언어에 관해 논할 때 사용되는 언어. 스페인어 문법에 관해서 한국어로 논한다면, 영어는 대상언어이고 한국어는 상위언어임.

Metalepsis [언어] 전유(轉喩).

Metaligüística [언어] 후단언어학(後段言語學). 메타언어학적 기능. ① 어떤 언어체계와 그 언어를 말하는 국민의 우주관, 세계관, 혹은 문화 체계와의 관련을 조직적으로 연구하는 것으로, 언어학의 한 분야이며 거시 언어학 (巨視 言語學 macrolingüística)의 하위구분의 하나임. ② 언어 자체가 메시지의 목표가 될 때 갖는 기능. 예) No se dice *cabo* sino *quepo*. "cabo"가 아니라 "quepo"라고 한다. ※ Macrolingüística 참조.

Metaplasmo [언어] 어음(語音) 변이, 어형변이.

Metástasis [언어] (폐쇄 자음의) 이완(弛緩).

Metateoría 메타이론. 형식화된 이론 체계 그 자체를 분석의 대상으로 하는 이론.

Metátesis [언어] 음위 전도(轉倒), 음위 전환(轉換). 음운자리 바꿈. 특정한 어휘 항목에서 또는 특정한 연속음절 형태에서 보는, 인접한 분절음의 순서의 바뀜.

Metátesis cuantativa [언어] 음량 전환. 밀접한 분절음의 자질로서 변별되는 길이의 순서에 따른 변화.

Metodología 방법론, (남용) 방법.

Metonimia [문학] 환유(법). 환유는 그리스어로 이름의 변화를 말하는데, 생각이 합쳐지는 데서 출발함. 사물과 그 사물이 생산되는 장소와의 같은 여러 종류의 관계가 있을 수 있음. 예) 사람을 지칭하는 말로 alma나 cabeza 등을 사용할 수 있음.

Metro [문학] (시의) 운율(韻律). 모든 지속적인 음성 언어에서 음성의 흐름

속의 강세의 박자의 가변적인 패턴을 인식할 수 있는데, 그 속에서 리듬이 감지되면서, 또한 규칙적 단위로 구성되는 것을 일컬음.

Microestructura [언어] 미크로 구조(構造). 텍스트의 매크로 구조(Macroestructura) 혹은 심층구조가 구현화된 것. 미크로 구조는 일련의 조작 혹은 변형에 의하여 매크로 구조에 연관됨. ※ Macroestructura 참조.

Microsegmento [언어] 소절편. 분포언어학에서, 연접(連接)의 현상에 의해서 분리되는 대절편의 일부를 일컬음. 대개는 하나의 어휘 혹은 형태소에 대응함.

Miembro ① [언어] (문장의) 구성요소. 예) Miembro de frase 문장의 구성요소. ② [문학] (시구의) 구(句).

Mientras [문법] ((접속사)) …하는 동안, …하는 사이에(= durante el tiempo en que). 예) *Mientras* tu te diviertes, Juan estudia 네가 즐기는 동안, 후안은 공부한다.

Mientras que [문법] ((접속사)) 반면에(= en cambio). 예) Juan estudia, mientras que tú no haces nada de provecho 후안이 공부하는 반면에 너는 유익한 아무 일도 하지 않는다.

Mimesis [문학] 모방에 의한 이야기 언설. 서사론(Narratología)에서는 '말하는 일', 곧 보고하는 것에 대립하는 '보이는 일', 즉 형상화를 말함. 플라톤은 2가지 시적 방법을 구별했는데, 시인이 마치 누군가가 될 것처럼 이야기를 하는 모방에 의한 이야기언설(言說)과 시인이 스스로의 자격으로 이야기를 하는 순수한 이야기 언설. 즉 서술이 그것임. ※ Narratología 참조.

Mimica ① [문학] 몸짓과 표정에 의한 표현(법). ② [언어] (말을 대신하는) 몸짓, 표정.

Minimalismo [언어] 최소주의. 최소주의는 80년대 지배결속이론(GB) 이후 기존의 원리-매개 변항 이론 내의 여러 원리에 대한 검토를 시작한 이래 일련의 논문을 통해 발표된 새로운 이론적 모색의 시도를 가리키는 말임.

Mismo [문법] □ 형용사로 사용될 때: ① 똑같은, 동일한(idéntico, no otro). 예) Le gustan las mismas películas que a mí 그는 내가 좋아하는 똑같은 영화를 좋아한다. ② (정확히) 같은(exactamente igual). 예) de la misma forma 같은 모양의. del mismo color 같은 색의. ③ [강조, + 명사/명사 +] 바로 그, … (바로) 그것. 예) Desde el mismo momento en que nos vemos empieza la separación 우리는 만난 바로 그 순간부터 이별이 시작된다. ④ [인칭 대명사 +] …자신, 몸소, 친히, 손수. 예) Yo mismo lo haré 내 자신이 그것을 하겠다. Ella misma se condena 그녀 자신이 자책하고 있다. ⑤ [강조, 부사+] 당장, 바로, 곧. 예) Hoy mismo lo veré 오늘 당장 그를 만나겠다. Aquí mismo te espero 바로 여기서 너를 기다리겠다. ⑥ [정관사+] ㉮ 같은 것. 예) Esta película es la misma que vi ayer 이 영화는 내가 어제 본 것과 같은 영화다. Yo no soy el mismo que antes 나는 옛날의 내가 아니다. La vida es la misma 생활은 똑같다. ㉯ [lo+] 같은 것; 같은 물건; 같은 양(量). 예) Ella dice todos los días lo mismo 그녀는 매일 같은 말을 한다. ¿Toma algo? ㅡ Sí, lo mismo que usted 무얼 좀 드시겠습니까? ㅡ예, 선생님과 같은 것으로 (들겠습니다).

Misticismo [문학] 신비주의. 신비한 것이나 불가사의한 것을 좋아하는 경향. 기독교인이든 아니든 간에 명상에 잠기거나하여 신이나 절대자와 일체가 되려 하거나 이성으로 이해할 수 없거나 설명할 수 없는 정신적이며 영적인 것이 있다고 믿는 문학상의 경향을 일컬음.

Mixto 남녀 혼성의.

Modal ① [언어] 양태 조동사. □ 동사의 법에 관한. 예) Forma modal 양태. ② [논리] 양식 명제. □ 양식의. 예) Existencia modal (실체적 존재에 대한) 양태. ③ [철학] (실체의) 양태의, 양식의.

Modalidad [언어] 양태(樣態). 양태 연산자에 의한 진술 혹은 일련의 진술의 한정.《Juan está enfermo 후안은 아프다.》와《Juan no sabe estar enfermo 후안은 아픈 것을 알지 못한다.》

Modalización [언어] 양태 부여.

Modalizador [언어] 양태 요소.

Modelo [언어] 모형, 모델. 예) Modelo lingüístico 언어 모델.

Modernismo [문학] 모더니즘. 20세기 초에 기성 문학에 반항하여 새롭고 근대적인 문학을 시작하려는 움직임으로 나타났으며, 20세기 초기의 세계적인 문학 운동을 포괄하는 반항적이며 실험적이며 또한 의식적인 문학 운동임.

Modificación [언어] 수식.

Modificador [언어] 수식어.

Modificar [문법] 수식하다.

Modificativo [언어] 수식어. □ ① 수식하는. 예) Proposición modificativa 수식절. ② 변경(수정)하는. 예) Texto modificativo 수정문.

Modo ① [언어] 서법(敍法). (동사의) 법. 동사의 어형 변화에 의해 문장의 내용에 대한 화자의 심적 태도를 나타내는 문법범주. 인구어 문법에서는 직설법(indicativo), 명령법(imperativo), 접속법(subjuntivo), 원망법(optativo)이 설정됨. 문장 유형으로서의 서법에는 서술법, 의문법, 명령법, 감탄법이 언어 보편적으로 존재하는데 개별 언어에 따라 약속법, 청유법 등이 인정되기도 함. ② [문법] 방법, 양태(樣態): adverbios de modo 방법[양태]의 부사. ※ Advervios de modo 참조.

Modo condicional [언어] 조건법. ※ Condicional (Modo) 참조.

Modo de articulación [언어] 조음법(調音法). 발음 양식에 의한 구분. 예) Oclusivas 폐쇄음; Fricativas 마찰음; Africadas 폐쇄 마찰음; Vibrante 진동음; Lateral 설측음; Nasales 비음.

Modo subjuntivo [언어] 가정법. ※ Si; Condicional (Modo) 참조.

Modo verbal [언어] 동사의 법. 예) Modo (verbal) personal 인칭법. Modo impersonal 무인칭법.

Modus 방식.

Mojado [언어] Consonante mojada 습음(濕音).

Mojamiento [언어] 습음성(濕音性).

Momentáneo [언어] 순간음. □ 순간음의. 예) Consonante momentánea 순간 자음.

Monema [언어] 기호소. 단소. 형태소. Significado (기의)와 Significante (기표)를 갖는 일차 분절의 최소 단위가 monema(기호소)임. □ 어휘 형태소와 문법 형태소: 어휘 형태소는 열린 체계를 이루고 있는데 반하여, 문법 형태소는 닫힌 체계를 이루고 있음. 형태소와 관련해 뭉친 형태소(= 축약 형태소) 또는 변이 형태소를 언급하게 되는데, 뭉친 형태소란 스페인어에서 전치사 a 와 남성 단수형 정관사 el이 만나면 al이라는 축약형태를 만들어 내는 것을 언급하며, 변이 형태소란 스페인어의 동사 ir(가다)가 직설법 현재형으로 활용될 때, voy; vas; va; vamos; vais; van의 형태로 다양하게 변하는 경우를 일컬음. ※ Morfema; Significado; Significante 참조.

Monofonemático [언어] 단음소적(單音素的). 모음의 결합체가 기능적으로 한 음소로서 기능할 때 사용하는 용어. 음의 연속체가 한 음소를 이루는가 아닌가를 결정하는 기준은 Trubetzkoy에 의해 제기되고 Martinet가 보완한 것임. ※ Trubetzkoy 참조.

Monogénesis [언어] 일원발생설(一元發生說). 세계의 모든 언어들은 단일한 공통어에서 발전해 내려왔다고 하는 가설로, 이는 인류의 기원에 관한 기독교인들의 가르침에 의해 더욱 고취되었음.

Monolingüe 일개국어를 하는 사람. □ 단일 언어의; 일개 국어를 말하는. 예) Diccionario monolingüe 단일어 사전.

Monoligüísmo (사람·지역·국가의) 단일 언어 사용.

Monólogo [문학] 독백. 모놀로그. 배우가 상대방이 없이 혼자 말하는 대사, 또는 한편의 연극 중 모든 역을 혼자서 연출하는 극을 말하기도 함. 중세 이전의 극에서는 인물의 성격이나 줄거리의 전개 등 설명을 하는 중요한 역할을 담당했으나, 근대극에서는 거의 사용되지 않음. 모놀로그 형식은 내면적인 심정을 표명하는 경우에 많이 사용됨.

Monoptongación [언어] 단모음화. 예) Bueno에 ~ísimo를 붙일 때, Bonísimo로 변화하는 것과 같이 /ue/와 같이 2중모음을 /o/와 같이 단모음화 시키는 경우를 일컬음.

Monoptongo [언어] 단모음.

Monorima [문학·운율] 단운시(詩). □ 단운의.

Monosemia [언어] 단의(單意), 한 기표 (Significante)가 한 기의 (Significado) 만을 의미할 때, 이를 단의 (單意)라고 함. ※ Significado; Significante 참조.

Monosémico [언어] 단의(單義)적인.

Monosilábico [언어] 단음절의, 단음절로 된. 예) Lengua monosilábica 단음절언어((중국어 따위)).

Monosílabo [언어] 단음절. □ 단음절의. 예) con, ser, sol, hay.

Monotonización [언어] 단모음화. 최상급형을 만들 때, 기존의 2중 모음이었던 음소가 단모음화 되어 형태를 이루는 경우를 일컬음. 예) Fuerte(힘센) → Fortísimo(아주 힘이 센).

Monte Carlo 몬테 카를로. 수학 혹은 물리 문제에 대한 근사치의 해답을 얻는 시행착오(試行錯誤)의 방법.

Mora [운율] 모라. mora는 음절보다 하위 운율 단위로서 그 지속량은 짧은 음절과 동일함. mora는 갖는 언어에 있어서, 동일한 음절을 이루는 두 개의 운율적 단위간의 구분은 음악적 강세의 고저에 의해 이루어짐. 즉, 최고 mora(mora culminante)에서는 성조(tono)의 상승이 주어짐. ※ Tono 참조.

Morfema [언어] 형태소(形態素). 의미를 가진 최소의 언어 단위. 예) casas는 2개의 형태소로 구성되어 있음. casa라는 하나의 형태소와 -s라는 복수를 나타내는 형태소. ※ Monema 참조.

Morfema completo [언어] 실질 형태소(= Morfema lexical). ※ Morfema lexical 참조.

Morfema derivativo [언어] 파생형태소. 파생형태소는 일반적인 품사 분류에서 다른 새로운 단어를 형성하기 위해서 어근에 부가되는 형태소를 말함. 한 단어에 문법소가 첨가되어 다른 단어가 되는데 이 문법소가 바로 파생 문법소가 됨. 예) pre-, contra- 등의 접두사는 의존 형태소로서 파생 형태소에 속하나, 품사의 변화는 나타나지 않음.

Morfema desinenciales [언어] 굴절 형태소(= Morfema flexivo). (문법적 의미를 가지는) 변화어미. 성·수·인칭·시제·격 등을 나타내기 위해 문법적 의미를 나타내는 어휘의 어미부분.[동의어: Morfema flexivo] 예) -s 는 casa<u>s</u>(집들)에서 복수를 나타내는 언어형태소가 됨. ※ Monema; Morfema flexivo 참조.

Morfema flexivo [언어] 굴절 형태소. (문법적 의미를 가지는) 변화어미. 성·수·인칭·시제·격 등을 나타내기 위해 문법적 의미를 나타내는 어휘의 어미부분. ※ Morfema desnencial; Monema 참조.

Morfema gramatical [언어] 문법 형태소. 문법소. 단지 문법적 기능만을 갖는 형태소로서 어휘 형태소의 의미를 지정하거나 서로 관계를 맺어 주는데 사용. 즉, 접두사, 접미사, 시제, 법, 성, 수 등등의 어미 변화, 한정어, 전치사나 접속사 등이 이에 속함. 예) 수의 문법소. ~s (casa<u>s</u>, libro<u>s</u>), ~es (lápec<u>es</u>, general<u>es</u>). ※ Monema 참조.

Morfema léxema [언어] 어휘 형태소. 어휘소. 사물(명사)이라든가 동작(동사), 질(형용사 또는 부사) 등을 나타내는 완전한 의미를 가진 형태소를 지칭함. 예) pon- (poner, pniente...) blanc- (blanco, blancura...)

Morfema lexical [언어] 어휘적 형태소 (= Morfema léxico). 구체적인 대상이나 동작, 상태와 같은 어휘적 의미를 가진 형태소.

Morfema léxico [언어] 어휘의 의미적 최소단위(= Lexema). 어근. 언어의 중심의미를 나타내는 부분. 예) Pan es el morfema léxico en panadería, panecillo, empanada. Pan(빵)은 <u>pan</u>adería(빵집), <u>pan</u>ecillo(작은 빵), em<u>pan</u>ada(파이)에서의 어근이 된다. ※ Monema; Lexema 참조.

Morfema libre [언어] 자립형태소. 독자적으로 단어로서 문장의 한 성분이 될 수 있으며 mi, tu, para, casa, pero 등과 같은 한정어, 전치사, 접속사와 조동사 등이 이에 속함.

Morfema ligado [언어] 의존 형태소. 의존 형태소는 최소한 하나 이상의 다른 형태소와 결합해야만 단어가 되거나 문장 성분이 됨. 의존 형태소들로 구성되는 단어들은 일반적으로 어근(raíz)과 접사(afijo)의 결합으로 나타나는데 단어 의미의 핵심이 어근이며 접사에 의해서 그 의미가 변화됨. ※ Raíz; Afijo 참조.

Morfema trambado [언어] 의존 형태

소(= Morfema ligado). ※ Morfema ligado 참조.

Morfemático [언어] 형태소의.

Morfo [언어] 형태. ((분포주의 언어학에서 형태소(Morfema)의 실현태)). ※ Morfema 참조.

Morfofonema [언어] 형태음소. 구조 언어학의 용어. 동일한 형태소에 속하는 음소의 류(類 clase)를 말함. 예를 들어 복수를 나타내는 형태소에 속하는 음소류인 /-s, -es/는 형태음소임.

Morfofonología [언어] 형태 음소론(音素論). 트루베츠코이(Trubetzkoy)가 언어학에 도입한 이 용어는 형태론으로 조건 지워진 음소의 변이 형태들을 연구하는 분야를 말함. ※ Trubetzkoy 참조.

Morfología [언어] 어형론. 형태론. 어휘의 내부인 어미, 어간, 어근의 변화형에 관련된 구조 연구. 낱말의 내부 구조, 즉 의미의 최소 단위인 형태소를 연구하는 분야로써, 형태소의 종류, 특정 유형에 해당되는 형태소의 의미, 그리고 형태소가 모여서 낱말을 구성하는 방법 등을 연구하는 문법의 한 분야임.

Morfología, Objeto de [언어] 어형론·형태론의 목적. 단어 구조에 대한 인간의 언어능력을 규명하는 것임. 언어능력에 대한 '형태론적 규명'은 새로운 단어를 만들어 내거나 분석하는 능력을 뜻함.

Morfología prosódica [언어] 음율 형태론. 일반적으로 발화의 음소자질은 분절음소 (fonema segmental)인 음운이거나 초분절음소 (fonema suprasegmental)인 운율학 (prosodia)으로 분류되는데, 운율학으로는 길이(longitud), 강세(acento), 높이(altitud) 등이 있음. ※ Fonema; Segmental; Fonema suprasegmental; Prosodia; Longitud; Acento; Altitud 참조.

Morfológico [언어] 형태론의.

Morfologización [언어] 형태화. 이 형태들의 의미적 차이의 결과로서 나타난 새로운 범주로의 발전.

Morfosintáctica palabra [언어] 형태 통사적 어휘. 일반적으로 어떤 의미를 가졌다고 말할 수 있는 단어에 시제 등의 문법적 요소까지 그 의미에 포함시킨 단어 형태를 말함. 《Yo quise》의 'quise'는 'quiero'의 과거이며, 《Yo he querido》의 querido는 'querer'동사의 과거 분사형임. 따라서 이렇듯 'querer'는 두 개 이상의 상이한 형태 동사적 어휘임을 알 수 있음.

Morfosintaxis [언어] 형태 통사론.

Morisco [역사] 기독교로 개종한 이슬람교 인. 1492년 이후에 스페인에서 거주했던, 기독교로 개종한 이슬람교인들. 1501년 이후에 그들 모두에게 종교전향자에 대한 법령이 적용되면서, 1614년경에 펠리뻬 3세에 의해 추방당함.

Motivación ① [언어] (언어 기호와 지칭 대상 사이, 의미와 구성요소 사이의) 유연성(有緣性). ② [심리] 동기; 동기부여(유발). ③ [철학] (행동의) 인과관계.

Motivado [언어] (기호·표현이) 유연(有緣)적인.

Mozárabe [언어] 모사라베 어. 모사라베(Mozárabe)어는 회교세력 지배하의 반도 내에 살았던 그리스도인들이 사용하였던 로망스 방언들의 집합체를 지칭함. 이 라틴어계의 말은 북부 동어화자(同語話者)들에게서 분리되어, 확실히 의고주의적인 가족 언어였음. 즉, 모사라베 어는 문학적으로는 거의 개발되지 않고 집안에서 사용하는 언어가 됨. □ 모음의 특징: 아랍어권의 영향에 있는 언어였기 때문에 아랍어의 영향이 많은데, 아랍어가 모음을 표현하는데 부적절하기 때문에, 아랍모음의 몇 안되고 쉽게 생략될 수 있는 기호가 암시하는 로망스어의 모음형태는 정확히 파악하기 매우 어려움. 아랍작가들이 사용하는 강세모음 /ó/는 자주 이중모음 /uo/를 나타냈음. 따라서 발음이 유동적임. 예) Opta > Huete. ① [ĕ]의 이중 모음화. 예) Hĕrba > Yerba > Hierba ② Yod 앞의 이중모음. 예) (마을 이름) Caracŏi > Caracoy > Caracuey [Caracuy] > Caracuel ③ -iello > -illo로의 축약. 예) culebriella > culebrilla; tomiello > tomillo ④ 어미 -o의 상실[탈락]. 예) Milano > milán; Masculus > Masculo Mascul ⑤ 약세이중모음(Diptongo decrecientes). 예) Pandayr > Pandero; Kerray > querre □ 자음의 특징: 모사라베 자음의 특징은 알론소 사모라 빈센떼(Alonso Zamora Vincente)의 분류법에 따라 나누어짐. ① 어두자음 /f-/. 예) (무르시아 지역의 지명) Fontnica; Fontanar. (안달루시아 지역의 지명) Ferreira; Fontes. ② /g-/ 또는 /j-/ + 경구개모음(Vocal palatal; [a], [o]). 예) Yeneš ta > hiniesta; yenair > enero; yunco > yunio ③ 어두자음군: /pl-/, /cl-/, /fl-/. 예) flumen > bulumen; blita > bilita; flore > folor ④ 어두자음 /l-/ > /ll-/. 예) (소리아의 지명) Lamosos > Llamosos ⑤ 기타 어두음들: 아랍어에는 /p-/가 존재하지 않았으며, 모사라베어에서는 /b-/로 변해 나타남. 예) Parcĕlla > barchilla; persicula > bresquilla; Pace > Beja ⑥ 모음 사이의 무성음의 유성음화. 예) acephalos > acebleos; lepra > lebra ⑦ 자음군의 변형: /-j-/, /-g-/, /-gi-/는 비록 몇몇 경우 소실되었지만, 유지된 것도 있었음. 예) nigella > miyella /-bj-/, /-vj-/의 구개음화. 예) Marruyo; Royo. 모음사이 /-n-/, /-l-/의 보존. 예) Mértola; Molino ⑧ Yod를 지닌 자음군. /-lj-/, /-c'l-/, /-g'l-/의 자음군은 모사라베인들 사이에 원시적 단계인 /-lj/, 또는 로망스어 /ll/, /-il-/로

나타남. 예) Xarrayla (Pedro de Alcalá) ⑨ 교양 자음군 /-ct-/, /-ult-/음소의 유지. 예) oktúbar (octubre); truhta(trucha) ⑩ 기타 자음의 특징: ☞「자음 + 폐색음」 예) artemone > ardimon ☞ /-scj-/, /-stj-/ 자음군. 예) crescere > creš er; fascia > faš a ☞ 이상한 어미자음의 사용. 예) eš p̄ r ag; calápac (galápago). Alcort.

Mucho [문법] □ 형용사로 사용되는 **mucho**: 명사의 성수에 일치를 시켜 어미'-o'를 '-o / -a / -os / -as'/로 나타낼 수 있으며, 셀 수 있는 것과 셀 수 없는 것에 상관없이, 수와 양의 많음을 뜻함. ① 많은, 풍부한, 다량의, 숱한. 예) Aquí se bebe mucho vino 이곳에서는 많은 포도주를 마신다. En España e Italia hay muchos turistas 스페인과 이탈리아에는 관광객이 많다. ② [정도] 엄청난, 대단한, 큰, 훌륭한, 멋진. 예) Hace mucho calor 대단한 더위다, 날씨가 무척 덥다. *Mucho deporte puede resltar peligroso* 심한 운동은 위험을 초래할 수도 있다. □ 부사로 사용되는 **mucho**: 부사, 형용사나 형용사 상당어구, 그리고 동사의 의미를 수식해주는 역할을 하며, 그 의미는 양적으로나 질적으로 많음을 나타냄. ① 많이; 무척, 대단히, 몹시. 예) beber mucho 많이 마시다. trabajar mucho 열심히[많이] 일하다. ¿Te gusta? —Sí, mucho 마음에 드니? —그래, 무척 (마음에 든다). ② [다른 부사와 함께] 훨씬. 예) mucho antes 훨씬 전에. ③ [부정문에서] 그다지[별로]…(아니다). 예) Ella no estudia mucho 그녀는 그다지[별로] 공부하지 않는다. ④ 오래, 오랫동안. 예) esperar mucho 오래 기다리다. Hace mucho que no te veo 나는 너를 보지 못한 지가 오래되었다. ⑤ [비교급과 함께] 훨씬. 예) mucho más 훨씬 많이. mucho menos 훨씬 적게. □ 대명사로 사용되는 **mucho**: [부정 대명사] 많은 사람[물건]. 예) *Muchos* quieren ser [hacerse] ricos 많은 사람이 부자가 되기를 원한다. *Muchos de los presentes estaban conformes* 출석자의 많은 사람이 찬성했다.

Mudejar [역사] 중세 스페인의 기독교 점령지역에 살고 있는 이슬람교인.

Mudo [언어] 무음의, 묵음의: H muda 묵음 H. Sílaba muda (낱말에서) 발음되지 않는 철자.

Muestra ① [통계] 추출표본. ② [정보] 표본, 샘플.

Muladies [역사] 이슬람으로 개종한 스페인 또는 로마인. 개종한 스페인 또는 로마인은 이슬람교화가 되는 과정을 겪었던 사람들로서, 그들 중에 몇몇은 사라고사(Zaragoza)의 바누까시(Banu Qasi)로서 전 지역을 통제했었음.

Muletilla [언어] 여음(구); 말(입)버릇. ① 말 사이에 불필요하게 삽입되어 전체 의미구조에 있어서 보조 역할을 하는 어휘나 어구. ② 말과 말 사이에 입버릇처럼 끼워 넣는 말인 여음 (muletilla)은 구체적인 의미를 갖지 못한 채, 단지 담화를 보조하는 역할을 하며, 일반적으로 화자는 자신의 발화에서 특별한 의도 없이 이것을 무의식적으로 습관처럼 사용함.

Multi- [어원] 「많은・다(多)・여러(muchos)」의 뜻. 예) *multi*millonario 억만장자. *multi*nacional 많은 나라와 관계가 있는.

Multidimensional ① 다원적인, 다각적인. ② [통계] 다차원의.

Multilateral [언어] 다원적(多元的). 예) Oposición multilateral (음운의) 다원적 대립.

Multilingüe [언어] 다언어 (병용)의:. 예) País multilingüe 다언어 국가. Texto multilingüe 다언어로 쓰여진 텍스트.

Multiplicativo [문법] 배수. 「기수 + veces más(menos) que~ ~보다 (몇)배 더(덜)...(하다)」, 「배수 형용사 + de 형용사 + que~ ~보다 (몇) 배...(하다)」 □ 배수 형용사의 형태:

	1	2
형용사	simple	doble
형용사	sencillo	duplo
동사		duplicar

3	4	5
triple	cuádruple	
triplo	cuádruplo	quíntuplo
triplicar	cuadruplicar	quintuplicar

《A es dos veces más grande que B.》 A는 B보다 두 배 더 크다. 《A es cuádruple de alta que B.》 A는 B보다 네 배 더 높다.

Mutabilidad lingüística [언어] 언어적 가변성. ※ Tendencia 참조.

Mutación [언어] (음운) 교체(交替). 이웃 단어의 영향으로 어중음(語中音)이 달라지는 것을 총칭하는 용어. 이러한 변화는 한 언어의 전체 음 체계에 역사적으로 한 단계에서 다음 단계에로 영향을 미칠 수도 있음. ※ Metátesis; Sustitución 참조.

Muy [문법] ① [원급의 형용사・부사의 정도를 강조] 매우, 대단히, 몹시, 무척, 퍽. 예) muy conocido 무척(잘) 알려진, muy tarde 매우 늦게. *Muy* buenos días [정중한 오전 인사] 안녕하십니까. ② [부정문에서] 그다지[별로] (…이 아니다) 예) Ella no es muy alta 그녀는 그다지 크지 않다. ③ [+ de + 명사] 매우, 무척, 대단히: 예) muy de noche 밤늦게. muy de nuestro tiempo 매우 현대적인. ④ [정관사 + muy + 명사] 큰, 대(大), 아주, 매우, 대단히, 무척: el muy ladrón 대도(大盜), 큰 도둑. 예) la muy coqueta 대단히 요염한 여자. ⑤ [+ 무관사 명사 등과 함

께] 매우, 대단히, 무척, 아주. 예) Ella es muy mujer 그녀는 아주 여자답다. Mi hermano es muy hombre 내 동생은 아주 남자답다. *Muy* señor mío (남자 한 사람에게), *Muy* señora mía (부인 한 사람에게), *Muy* señores míos (회사・공공기관 앞으로) 근계(謹啓) ((「삼가 아룁니다」의 뜻으로, 편지 첫 머리에 씀)).

【N】

N [언어] n 에네 (스페인어 자모의 열네 번째 문자). 스페인어의 자음 음소 /n/. 음성학적으로는 비음(nasal), 치경음(alveolar), 유성음(sonoro)의 자질을 가짐(= Nasal alveolar sonora 유성 비 치경음). 음성학 기호로는 [n]로 나타남. 예) **N**ivel 수준; **N**ieve 눈(雪). ※ Nasal; Alveolar; Sonoro 참조.

Nano- [어원] 「10억분의 1 (10^{-9}) (una milmillonésima) ((기호 n))」의 뜻. 예) *nanó*metro 나노미터.

Nahuatle [언어] 나우아뜰어(語). Antillas 남부 지방, 베네수엘라, 가이아나 지역에서 쓰였으며, 고대 멕시코 제국의 공용어였음.

Narcisismo [정신 분석] 나르시시즘. 자기 도취증. 그리스 신화에서 나르시소스라고 하는 미(美) 청년이 산의 요정 에코의 사랑을 받으면서도 배척했기 때문에 사랑의 여신 아프로디테의 노여움을 사게 되어, 샘물에 비치는 자기의 아름다운 모습을 사랑하여 영원히 뜻을 이룰 수 없는 운명이 주어졌고, 마침내 물에 빠져 죽어 수선화가 되었다는 신화 이야기에서 유래한 용어. 자기의 용모나 능력에 대해서만 생각하고 황홀해 있는 마음의 경향을 가리킴.

Narración [언어] 화법. ① 실제 혹은 가공의 사실들로 엮어 만든 이야기. ② 문맥상으로는 과거시제로 표현되어야 할 동사를 직설법 현재나 부정법으로 나타내는 표현 방법.

Narrador ① 이야기하는 사람; 이야기 작가. ② (이야기 속에서 1인칭으로 등장하는) 화자.

Narratario [언어] 이야기하는 사람; (대화 속에서) 발화자.

Narrativo [언어] 서술(敍述), 이야기하기, 서술. 예) Presente narrativo 설화적 현재.

Narratología 서사학(敍事學). 다양한 예술 장르나 매체로 실현되는 이야기의 일반 이론을 연구하는 영역.

Nasales (consonante) [언어] 비음(鼻音). 비음은 폐에서 올라오는 음이 구강으로 가는 공기가 비강으로 가는 양이 늘면서 나타나는 소리. 예) /m, n, ñ/ madre, ca**n**tar, a**ñ**o.

Nasalidad [언어] 비음성(鼻音聲).

Nasalización [언어] 비음화(鼻音化). 비음화는 모음이건 자음이건 간에 유성음에 한해서 일어나며, 어떤 음이 비음화하면 그것은 구강음과 비음의 성격을 모두 가지게 됨. 어떤 음을 비음화한다는 것은 구강음을 발음하는 것과 동시에 연구개와 목젖을 인강벽(咽腔壁)으로부터 떼어 밑으로 냄으로써 공기가 구강으로 빠져나가는 것과 동시에 비강으로도 빠져나가게 하는 것임. 어떤 음이 비음화할 때 중요한 것은 공기가 비강을 통해 빠져 나온다는 사실이 아니라 공기가 비강 안으로 들어가 거기에서 진동한다는 사실임. 이점이 비음과 비음화한 음이 같지 않다는 점임.

Nasalizado [언어] 비음화된.

Naso- [어원] 「코·비(鼻)(nariz)」의 뜻. 예) *nas*ología 비과학(鼻科學).

Nativo [언어] 모국어의. 예) Locutor nativo 모국어 화자.

Natural [언어] ① 자연스러운. 변형생성문법에서 많이 사용하는 용어. Natural이 언어 기술에 사용될 때, 원의(原義)는 '언어적 직관에 합치한다'의 의미이며, 실례(實例)에 있어서는 general(일반적), 또는 simple(단순히)의 의미로 쓰이는 경우도 있음. ② Vocal Natural 자연모음: [ə]. (프랑스어의 e muet). 이러한 음은 프랑스어뿐만 아니라, 영어 등에서도 나타나는데, 이는 대개의 모음이 강세를 받지 못해 발음이 애매해질 때에 [ə]가 됨. 이러한 중립 모음(Schwa)이라고도 함. ※ Schwa 참조.

Naturalismo [언어] 자연주의(自然主義). 철학적 의미론에서 단어의 형태와 그것이 가리키는 사물 사이에 근본적인, 필연적인 관련이 있다고 희랍 때부터 주장하는 견해, 단어란 우리가 실재적, 즉 외부의 세계의 대상에 부여하는 자연적인 명칭임. 실재론(Realismo)이라고도 하며, 플라톤이 이 견해를 취하고 있음. ※ Realismo 참조.

Navarro-aragonés [언어] 나바로-아라곤 어. 11세기에 이베리아반도 내에서 독립된 왕국으로 나타나기 시작한 아라곤(Aragón)왕국은 Huesca(1096)와 Zaragoza(1118)의 정복과 함께 남쪽으로 영토를 넓혀 갔음. 나바로-아라곤어(語)는 아스뚜리아-레온어(語)(Astur-leonés)처럼, 여러 면에서 갈리시아-포르투갈어와 까스띠야어 사이의 전이(轉移) 관계를 보여주며, 까스띠야어(語)(Castellano)와 까딸루냐어(語)(Catalán) 사이의 중간 단계를 보여줌. 그러나 이후에 까스띠야어(語)에 흡수되어 사라지게 됨.

Necesario ① [철학] 필연(성). ② [연극] 필연(성). ③ 필연적. 예) Verdad necesaria 필연적 진리.

Necro- [어원] 「죽음·시체(muerto); 괴사(壞死); 괴저(壞疽)」의 뜻. 예) *necro*fagia 죽은[썩은] 고기를 먹음. *necro*filia 시간(屍姦).

Nefro- [어원] 「신장(腎臟)(riñón)」의 뜻. 예) *nefro*logía 신장학.

Negación [언어] 부정(否定). 부정요

소(negativo)의 문법적 작용 가운데서, 문장의 의미 해석에 주는 작용을 말함. ※ Negativo 참조.

Negación doble [언어] 이중 부정. 다른 언어에서는 '부정어 + 부정어'는 이중 부정으로 긍정을 의미하지만, 스페인어에서는 긍정이 되지 않음. 그래서 스페인어에서는 '준 부정어 + 부정어'와 '주절과 종속절에 부정어가 있는 복문'이 있음. 예) no poco 적지 않게, no mal 나쁘지 않게, no faltar 부족하지 않다, no ~ sin… …하지 않고서는 ~하지 않다. no poder menos de ~하지 않을 수 없다,… 등등.

Negación parcial [언어] 부분 부정. 일반적인 부정문에서는 'no + 동사'의 형태를 취하지만, 부분 부정은 부정하는 말의 바로 앞에 오게 됨. 예) Estoy disgustado no contigo 너에게 불쾌해 하고 있는 게 아니야. La herida puede no ser mortal 부상은 치명적이 아닐지도 모른다.

Negativo [문법] 부정어(否定語). 부정요소(否定要素). 스페인어의 부정어는 다른 언어와 틀린 다음과 같은 특징을 가지고 있음. ① no 이외의 부정어가 동사보다 앞에 있으면 부정문인 것이 확실하므로 동사 앞에 no를 붙일 필요가 없음. 예) Nunca estudia 그는 결코 공부하지 않는다. ② 단문 내에서는 부정어가 중복되어도 이중 부정, 즉 긍정이 되지 않음. 예) Yo no dije nada a nadie 난 아무에게도 아무 것도 말하지 않았다. 사람의 부정어(不定語 indefinidos)와 부정어(否定語 negativos) 앞에는 'a'가 붙음. 예) ¿Ha visto Ud. a alguien? 누군가를 보셨습니까? -No, no he visto a nadie 아니오. 아무도 못 봤습니다. □ 형태:

	종 류
부사	no, nunca, jamás, tampoco, apenas
대명사	nadie, nada, ninguno
형용사	ninguno(ningún)
접속사	ni
전치사	sin

※ Indefinido 참조.

Neo- [어원] 「최근(reciente)·새로운, 신(新)(nuevo)」의 뜻. 예) *neo*católico 신카톨릭주의의. *neo*latino 신라틴어의.

Néoforma 새로 형성된.

Neogramáticos [언어] 소장 문법학자들. 19세기 후반부에 주로 독일 사람들로 구성된 일단의 언어학자들이 현대 과학 및 철학에서 지배적인 자리를 차지하고 있는 실증주의 원칙을 연가 언어학에 도입하려고 기도하였음. 그들의 소망은 비교 문법을 쇄신하는 것이었고, 그들 스스로 '소장 문법학파(Neogramáticos)'라고 불렀음. 그들의 주요 명제는 다음과 같음. ① 역사 언어학은 설명적이어야 함. 역사 언어학은 단순히 언어 변화라 하여 간단히 주를 달거나, 기술하는 것이어서는 안 된다. 역사 언어학은 그 원인도 발견할 수 있어야 함. ② 이러한 설명은 실증주의적인 것이어야 함. 슈라이허나 헤겔의 애독자들에게 나타나는 방대한 양의 철학적인 설명은 무시되어야 함. 단지 실증 가능한 원인들만이 이 언어를 이용하는 과정에 있어서 그 언어를 전이시키는 화자의 활동 원인만이 속에서 발견되어야 함. ③ 여러 가지 이유를 탐색하는 작업을 수행하기 위하여서는 제한된 시간 안에 나타나는 변화를 연구할 필요가 있음. 관계가 매우 희박한 언어 상태를 비교하는 대신 언어학자는 한 상태에서 다른 상태로 옮겨가는 과정을 그들의 연구대상으로 삼아야 함. ④ 원인에 관한 첫째 유형은 조음상의 순위에 관한 것이다. 이른바, 음성법칙은 사실상 그 자체가 생리학적 설명을 수반함. 그러므로 그들의 활동은 절대적으로 기계적 혹은 맹목적임. 곧 한 언어 상태 안에서 한 변화가 일어날 때, 그 자체의 의미론적 내지 문법적 상황에 관계없이 어떤 단어도 여기에서 벗어날 수 없음. 슈라이허가 간단하게 지적한 바와 같이 소장문법학자들은 이러한 것에 예외가 생긴다면 그것은 현재까지 알려지지 않은 법칙이 나타난 것으로 여겼음. ⑤ 원인에 관한 둘째 유형은 심리적인 것이다. '유추적' 경향은 생각과의 결합에 근거를 두고 있다고 봄. 화자들은 음성과 의미가 서로 비슷한 요소로 되어 있는 부류 안에서 단어와 문장을 묶으려 하며, 이러한 부류를 풍부하게 할 수 있는 새로운 단어나, 문장을 만들어 내려고 함. 가령 realizar란 모형에서 modernizar와 actualizar를 만들어 낼 수 있고, 《Estoy bien》의 유추에 의해 《Estoy mal》을 만들어 낼 수 있음. ⑥ 언어사는 설명적이어야 할 뿐 아니라, 역사적인 것 이상으로 상당한 언어학적 설명이 가능해야 함. 따라서 한 단어의 상이한 의미 안에 들어 있는 기본적인 의미를 말하기 위해서는, 이 단어의 의미가 연대학적으로 주로 언제 나타나게 되었는지를 알아야만 설명상의 가치를 지닐 수 있게 됨. 이와 동시에 '파생(derivación)'에 관해서도 설명을 할 수 있어야 하. 가령 한 단어가 다른 단어로부터 파생되었다고 설명하는 일등을 일컬음.

Neología [언어] 신조어(新造語). 신어.

Neologísmo [언어] 신조어. 어느 특정시대에 있어서 새로 만들어진 단어를 가리키는데 일반적으로 언어 사용자들이 일상 생활에서 언어의 경제원칙에 따라 긴 의미의 구문을 한 단어에 함축시키며, 새로운 단어를 만들어 내게 됨.

Netiquette [언어·컴퓨터] 컴퓨터 예의. 컴퓨터 대화 시(時)의 예절. ※ Cortesía; Comunicación Mediatizada por la Computadora 참조.

Neumo- [어원]「폐(肺)(pulmón)」의 뜻. 예) *neumo*tórax 기흉(氣胸).

*neumo*coco 폐렴 쌍구균.

Neurolingüística experimental [언어] 실험 신경 언어학. 실험 신경언어학은 언어사용의 장애와 언어사용에 관계되는 뇌 조직의 관계를 뇌의 해부학적 생리학적 실험에 근거하여 연구하는 학문분야.

Neutral, Vocal [언어] 중립 모음 [ə]. (프랑스어의 e muet). 이러한 음은 프랑스어뿐만 아니라, 영어 등에서도 나타나는데, 이는 대개의 모음이 강세를 받지 못해 발음이 애매해질 때에 [ə]가 됨. 다른 명칭으로 Schwa (중립모음)이라 함. ※ Schwa 참조.

Neutralizable 중화(中和)될 수 있는.

Neutralización [언어] 중화 현상. 서로 다른 두 음소의 동일한 위치에서 구별되는 제 역할을 잃을 때, 이를 중화현상이라 한다. /amár/ amar와 같은 동사원형에 있어 자음인 [r]을 [amár]로 말하면서, 혹은 다르게 복합진동음(전동타음)으로서의 자음인 [r̄], [amár̄]나 마찰음인 [ɹ]로 발음해도 동사의 의미가 바뀌지 않는 현상을 일컬음. ※ Vibrante múltiple 참조.

Neutralización absoluta [언어] 절대 중화. 둘 또는 그 이상의 음운론적으로 다른 분절음들 사이에서 음성 차이의 완전한 소실.

Neutras, vocales [언어] 중립 모음 (中立 母音). 혀의 위치와 입안의 공간이 상기 저모음(Vocales graves)과 고모음(Vocales agudas)의 중간 소리임. 예) [a]. ※ Vocales graves; Vocales agudas 참조.

Neutro [언어] 중성. 형태적으로 또는 문맥상의 표지에 의해 남성 및 여성에 대립되는 문법성의 일종. 스페인어에서 남성, 여성은 단수, 복수 대격형이 주격, 호격과 다른 형태인 데 반하여, 중성의 경우는 이들의 격의 형태가 같이 나타남. 즉, 성의 구별을 무시하고 단수형태로서 존재함. 예) esto 이것, aquello 저것.

Neuro- [어원] 「신경(神經)(nervio)·신경계(神經系) (sistema nervioso)」의 뜻. 예) *neuro*tomía 신경 해부. *neuro*biología 신경 생물학.

Neurolingüística [언어] 신경언어학. 신경언어학은 주로 언어 사용의 장애 (afasia 실어증)와 언어 사용에 관계되는 뇌조직의 상처간의 관계를 연구하는 학문임. 여기에서 기본이 되는 가정은 여러 언어분석모형(즉, 분포주의, 구조주의, 변형생성문법모형)들에 의해 기술될 수 있는, 말의 사용상의 혼란 형태와 언어사용과 관련된 상해 부위에 기초하여, 신경과 의사들이 밝힌 병리학적 유형들 간에는 어떤 연관이 있다는 것임.

Nexo [언어] 접사(接詞). 서술적 관계 (표현).

Ni[1] [문법] ((접속사)) ~아닌. [동사 앞에

서는 no는 사용하지 않음] ① …도 …도 아니다. 예) Esa niña no tiene (*ni*) padre *ni* madre / *Ni* padre *ni* madre tiene ella 그 여아는 아버지도 어머니도 안 계신다, 그 여아는 고아다. No tomaré (*ni*) café *ni* té 나는 커피도 홍차도 마시지 않겠다. Mi hermano no ha venido *ni* ha llamado por teléfono 내 동생은 오지도 않고 전화도 걸지 않았다. *Ni* fumo *ni* bebo 나는 담배를 피우지도 술을 마시지도 않는다. *Ni* él *ni* ella no saben 그도 그녀도 모른다. ② [부정의 강조] …(조차)도 …이 아니다. 예) No tengo tiempo *ni* para comer 나는 밥 먹을 시간도 없다. No quiero *ni* verlo 나는 그의 낯짝도 보고 싶지 않다. Ella se marchó sin decir *ni* una palabra 그녀는 말 한 마디 없이 떠나버렸다. Aunque la llamé, *ni* se volvió fingiendo no oír 나는 그녀에게 전화를 걸었지만, 듣지 않은 체하고 돌아오지 않았다. Aquí no hace frío *ni* aun en pleno invierno 이곳은 한 겨울에 조차도 춥지 않다. Tú no puedes *ni* imaginarlo 너는 그것을 상상조차 할 수 없다. ③ [동사의 생략] 예) ¡*Ni* un céntimo! 일전 한 푼도 없다!

Ni² [언어] 뉘 ((라틴어의 n에 해당되는 희랍어 알파벳의 14 번째 문자)).

Nivel [언어] 층위. 언어체계에서의 층위. ① 단어 층위, 구 층위, 종종 층위는 작은 언어 단계를 포함하는 하위 층위로부터 보다 큰 언어 단계를 포함하고 있는 위계를 형성함. ② 형태소 층위, 단어 층위, 구 층위, 절 층위 등등, 각 층위의 항목들은 보다 낮은 층위의 항목들로 이루어져 있음.

Nivel de lengua [언어] 어층(語層). 화계(Registro de lengua)를 나타내는 다른 명칭. ※ Registro de lengua 참조.

Noción [언어] 표상체. 개념(概念). 생각. 관념(idea). 우리는 우리가 경험하는 언어 외적 세계를 재구성하고 걸러서 언어적으로 표상을 하게 되는데 - 물론 언어 외적인 현실을 경험할 때, 언어가 작용하는 부분이 있게 마련이어서 우리가 경험하는 현실을 언어적 세계에 앞서는 세계로 구분하여 말하는 일이 어려움. 표상체(Noción)는 바로 물리 문화적 속성의 복합적인 표상의 집합체를 가리킴.

Nocional [언어] 관념의, 개념의: Campo nocional 개념의 장(場).

No-específico, no-especificado 무지정(無指定)의.

No-frases 비문(非文).

No-funcional 비기능적.

No-humano 비인간.

No-inclusión 비포함(非包含).

No-motivado 무동기(無動機)의.

Nombre [언어] 명칭, 이름, 명사. ①

집합이나 영역(領域)의 개체를 지적하는 단어나 숫자. ② 명제(命題) 안에서 명사로서 역할을 할 수 있는 단어 혹은 단어의 무리. ③ 명제는 명사로 구성되는데, 이 명사는 개체를 지시하는 이름과 이름이 지시하는 개체에 대해 어떤 정보를 주기 위해 그 이름과 결합되어 사용되는 술어(predicado)로 나눌 수 있음. ④ 단어를 소리와 의미의 양면성을 지닌 것으로 볼 때, 의미에 연결된 소리의 측면. ※ Sustantivo; Predicado 참조.

Nombre ambiguo [언어] 모호한 성(= Nombre dodoso). 사물 이름 중에서 적지 않은 수의 성(género)에 있어서의 모호한 경우가 나오는 것을 일컬음. 예) el mar inmenso 끝없는 바다; la mar salada 염분이 많은 바다; un buen dote 많은 지참금; una buena dote 많은 지참금. ※ Género 참조.

Nombre animado [언어] 유정명사(有情名詞). 성(Género)을 가지고 있는 명사를 일컬으며, 생명력을 가지고 있음을 나타냄. 예) León 사자(수컷)-Leona(암컷). Alumno 학생(남)-Alumna(여). ※ Género 참조.

Nombre apelativo [언어] 총칭 명사. 사람 persona, 나무 árbol 등등과 같이 불리는 총체적인 것을 나타내는 명사.

Nombre colectivo [언어] 집합명사. 같은 류의 개체의 집합체 혹은 무한 정한 수의 집단을 일컬음. 예) robledo 떡갈나무 숲, enjambre 벌떼, clero 사제단.

Nombre común [언어] 보통 명사. 일반 명사. 이는 사람이나, 동물, 사물 등등을 공통으로 부를 수 있는 명칭을 일컬음. 예) Mesa 탁자, Ciudadno 도시인, Caballo 말. ※ Nombre genérico 참조.

Nombre dudoso [언어] 모호한 성(género). ※ Género; Nombre ambiguo 참조.

Nombre genérico [언어] 보통명사. 공통 자질을 갖춘 개체의 집단을 일컬음. 예) silla 의자, mesa 책상. ※ Nombre común 참조.

Nombre individual [언어] 개체 명사. 같은 류의 한 개체를 지칭하는 것을 일컬음. 예) roble 떡갈나무, abeja 벌, sacerdote 사제.

Nombre material [언어] 물질 명사. 어떤 한정된 물체를 말하는 것이 아니고, 그 이름이 갖는 모든 자질을 소유하는 본질의 형태와 크기가 없는 한정되지 않는 집단을 일컬음. 예) vino 포도주, agua 물, arroz 쌀, azúcar 설탕.

Nombre propio [언어] 고유 명사. 소속된 물체의 집단 속에서 어떤 한정된 개체를 말함. 즉, isla(섬)라는 보통 명사 속에 Mallorca(마요르카 섬)라는 구체적인 명칭이 됨. 어떤 고유명사는 경우에 따라 그가 속해 있는 집단 전체를 뜻하는 경우도 있음. 즉 Juan이라는 사람은 너무도 많지만, 고유명사가 아닌 것은 아님. 예) María 마리아 (이름), Corea del Sur 대한민국, Seúl 서울.

Nombre verbal [언어] 동사의 무(無)인칭 형태. 동사 원형, 현재분사, 과거분사 형태를 일컬음.

Nomenclatura [언어] 술어집. 술어 사전. 예) Nomenclatura química 화학 술어 사전.

-nomía [어원] 「…법(法)・학(學)」의 뜻. 예) geo*nomía* 식물 지질학(植物地質學), biblioteco*nomía* 도서관학.

Nominal [언어] 명사적. 예) predicado nominal 명사 술어.

Nominalismo [언어・철학] 유명론(唯名論). 철학적 의미론에서 사물을 가리키기 위해 우리가 쓰는 단어의 형태는 그것이 가리키는 대상과 내재적으로 연결되어 있지 않고, 오히려 단어의 형태는 인간의 관습과 규약에 의해 자의적으로 정해진다고 하는 희랍 때로부터 의 견해. 아리스토텔레스가 이를 주장했으며 자연주의(Naturalismo)와 대조됨. ※ Naturalismo 참조.

Nominalización [언어] (형용사의) 명사화. 형용사가 본래의 뜻에 관련되는 명사가 될 때 다음과 같음. ① 남성형 그대로 사용. ② 여성형이 되는 것, 여성형인데 의미가 상당히 멀어지는 경우. ③ 사람, 동물에 관한 것에는 남성형이 남성, 여성형이 여성인 것에서 어떤 것의 명사가 되는 형용사가 있음.

Nominalizador [언어] 명사화 접미사. ((동사・형용사를 명사로 바꾸는 접사: -ismo, -aje 등등)) ※ Sufijo 참조.

Nominativo [언어] 주격(主格). 격변화를 하는 명사나 형용사의 기본형. 다른 격 형태에 비해 주격형은 대개 격변화에서의 대표형, 무표 형태에 해당함. 문장의 주어를 나타내는 것이 주격의 가장 일반적인 기능이라 할 수 있음.

No-nasal 비비음(非鼻音)

No numerable [언어] 불가산의; 셀수 없는 (명사). 복수로 사용될 수 없는 명사를 일컬음. 예) Tristeza 슬픔; Solidaridad 단결. ※ Masivo 참조.

No-oración 비문(非文)

Nord- [어원] 「북(北)・북쪽(norte)」의 뜻: *nord*este 북동. *nord*irlandés 북아일랜드 사람.

No-redondeado 비원순(非圓盾) 모음

Norma [언어] 규준(規準). 구어(口語)나 문어(文語)의 두루 인정된 표준으로 간주되는 것. 소통 상황의 형태와 이론적 접근에 따라 관용(慣用)의 각이(各異)한 층(層)과 표준이 세워져 때로는 상충하는 여러 규준들을 결정하는데 도움을 줄 수 있음.

Normalizado 정상화된, 표준화된, 규격화된.

Normativo [언어] 규범적(規範的). 언어의 불가피한 변화에 의해 생겨난 새로운 형태들을 배척하고 고정된 이상적인 언어 규범을 제창하는 언어관을 규범적 언어관이라 함. 규범문법에서는 언어의 옳은 방법, 아름다운 언어를 주장하고 거기에 벗어나는 형태들은 틀린 것으로 간주하여, 주어진 언어 사실을 있는 그대로 기술하는 기술문법과 대립되는 입장임.

Notación 기호. 기호로 표기하기.

Noticia 지식(noción). ※ Noción 참조.

Núclear [언어] 핵(核)의. 음절 구조에서 모음은 핵을 이룬다고 하며 자음은 주변적이라고 함.

Núcleo [언어] 핵(核). 음절핵(音節核 núcleo silábico)의 뜻으로 쓰임. 어떤 구조에서 중심적 구성요소를 핵이라고 부르고, 측면적(側面的), 종속적인 구성 요소를 위성(衛星)이라고 부름. 예컨대, 어간, 주절 등은 핵이고, 이에 대조되는 접사, 수식어, 종속절 등은 위성임. ※ Satélite 참조.

Nudo [언어] 연결. 연결사(nexo). ※ Nexo 참조.

Numerable [언어] 가산의; 셀수 있는 (명사). 예) una casa 집 한 채; tres casas 집 세 채; dos libros 두권의 책. ※ Contable 참조.

Numerales cardinales 기수. ※ Número 참조.

Numerales fracciones 분수. □ 분수의 형태(기수/서수; 기수/기수 + -avo/-ésimo): 1/2 un medio, 1/3 un tercio, 1/4 un cuarto, 1/5 un quinto, 1/6 un sexto, 1/11 un onzavo, 1/12 un dozavo, 1/13 un trezavo, 1/19 un diecinuevezavo, 1/20 un veintavo, 1/30 un treintavo, 1/50 un cincuentavo, 1/100 un centavo(un centésimo), 1/1000 un milésimo, 1/10000 un diezmilésimo, 1/1000000 un millonésimo.

Numerales partitivos 분수. ※ Numerales fracciones 참조.

Número [문법] 수(數). 운율, 시구 (verso). □ 기수(número cardinal): · 스페인어에서 기수는 15까지 형태가 반복되지 않는 형태를 띠고 있음. 예)

0	cero
1	uno
2	dos
3	tres
4	cuatro
5	cinco
6	seis
7	siete

8	ocho
9	nueve
10	diez
11	once
12	doce
13	trece
14	catorce
15	quince

veinte y uno → veintiuno(21), veinte y seis → veintiséis(26) · 100을 나타내는 ciento는 명사의 앞에 사용될 때, ~to를 탈락시키고 cien만 사용함. 예) cien libros 100권의 책. · 1000을 나타내는 mil은 복수형을 가지고 있지 않지만, 셀수 없이 많은 '수천의 …'라고 사용될 때는 복수형을 사용함. 예) mil personas 천 명의 사람. miles de personas 수천 명의 사람들. □ 서수(número ordinal): 11부터의 서수도 존재는 하지만, 구어체에서 10보다 큰 수를 언급할 때에는 서수대신 기수로 사용함. 서수는 모든 수에서 성(性)을 가지고 있으며, 1번째와 3번째를 나타내는 Primero와 Tercero는 남성단수 명사 앞에서 ~o를 탈락시켜 사용함. 예) 1번째 날 el primer día. 제 3권 el tercer tomo.

· 스페인어의 기수에서 성을 구분하는 수는 1과 200~900까지의 백 단위임.
예)

1	uno/a
200	doscientos/as
300	trescientos/as
400	cuatrocientos/as
500	quinientos/as
600	seiscientos/as
700	setecientos/as
800	ochocientos/as
900	novecientos/as

1°	primero
2°	segundo
3°	tercero
4°	cuarto
5°	quinto
6°	sexto
7°	séptimo
8°	octavo
9°	noveno
10°	décimo

· 16~19와 21~29까지의 숫자는 십 단위와 일단위 사이에 y를 쓰던 것을 합쳐서 하나의 단어로 쓰고 있음.
예) diez y seis → dieciséis(16),

※ 일부 스페인어를 사용하는 화자들이 기수에 접미사 ~avo를 결합하여 10이상의 서수를 만들기도 함. 이 방

법은 많이 사용되지만, 모든 지역에서 모든 화자들이 사용하는 것은 아님. 예) 제 52주년 el cincuenta y dozavo aniversario.

Número cardinal [문법] 기수. ※ Número 참조.

Número de los nombres [문법] 명사의 수(數). ※ Número de los sustantivos 참조.

Número de los sustantivos [문법] 명사의 수(數). 명사에는 단수형과 복수형이 있음. ① 자음으로 끝나는 명사는 어미에 -es를, 모음으로 끝나는 명사는 어미에 -s를 붙여 복수형을 만듦. 예) [단수 : 복수] (el) papel 종이 : (los) papeles 종이들, (la) ciudad 도시 : (las) ciudades 도시들, (el) diccionario 사전 : (los) diccionarios 사전들, (la) casa 집 : (las) casas 집들. ② 모음으로 끝나는 명사이더라도 그 모음 위에 강세 부호가 찍혀 있는 명사는 어미에 -es를 붙여 복수형을 만듦. 그러나 어미가 -é로 끝나는 명사는 어미에 -s만을 붙여 복수형을 만듦. 예) [단수 : 복수] (el) bambú 대나무 : (los) bambúes 대나무들, (el) rubí 루비 : (los) rubíes 루비들, (el) café 커피 : (los) cafés 커피들. ■ 예외: (el) papá 아빠 → (los) papás, (la) mamá 엄마 → (las) mamás. ③ -z로 끝나는 명사는 -z를 -c로 바꾸고 -es를 붙이고, -c로 끝나는 명사는 -c를 -qu로 바꾸고 -es를 붙여 복수형을 만듦. 예) [단수 : 복수] (la) luz 빛 : (las) luces 빛들, (el) frac 연미복 : (los) fraques 연미복들. ④ 단수, 복수의 형태가 동일한 명사들이 있음. 이 명사들은 관사로 단·복수형을 구분함. 예) [단수 : 복수] (el) paraguas 우산 : (los) paraguas 우산들, (el) lunes 월요일 : (los) lunes 매 월요일, (el) cumpleaños 생일 : (los) cumpleaños 생일들. ⑤ 항상 복수형만을 쓰는 명사들이 있음. 예) (las) gafas 안경, (las) vacaciones 휴가, (las) tijeras 가위, (los) guantes 장갑. ⑥ 단수명사가 복수가 되면서 강세 부호를 삭제하는 단어가 있고 반대로 복수가 되면 본래의 강세 위치에 강세 부호를 찍어야 하는 단어가 있음. 예) (la) estación 계절, 역 → (las) estaciones 계절들, 역들, (la) atención 주의 → (las) atenciones 주의, (el) joven 젊은이 → (los) jóvenes 젊은이들, (el) examen 시험 → (los) exámenes 시험들, (la) orden 명령 → (las) órdenes 명령들. ■ 참고 : 같은 단어라 해도 강세 위치로 의미가 바뀔 수 있음. 예) la secretaría 비서직·사무국, la secretaria 비서.

Número del nombre ※ Número de los sustantivos 참조.

Número ordinal [문법] 서수. ※ Número 참조.

Nulo [정보] 공(空). 정보의 부재(不在)를 가리키는 것.

【Ñ】

Ñ [언어] ñ 에네 (스페인어 자모의 열다섯 번째 문자). 음성학적으로는 유성음(sonoro), 경구개음(palatal), 비음(nasal)의 자질을 가짐(= Nasal palatal sonora 유성 비 경구개음). 음성학 기호로는 [ɲ]로 나타남. 스페인어의 자음 음소 /ɲ/로 나타냄. 예) Peque**ñ**o 작은; A**ñ**o 연도(年). ※ Sonoro; Palatal; Nasal 참조.

【O】

o¹ [언어] o 오 (스페인어 자모의 열여섯 번째 문자). 스페인어의 자음 음소 /o/. 음성적으로는 중간 모음(media), 후설 모음(posterior)의 자질을 가지고 있음. 발음을 할 때, 혀가 구개에 매우 가까이 닿을 듯하고, 입의 앞쪽으로 옮겨진 상태에서, 입술은 반쯤 열린 상태에서 닫는 상태로 가면서 실현됨. ※ Medio; Posterior 참조.

o² [언어] (통사론의 구조를 나타낼 때) 문장(Oración)의 약자. ※ Oración 참조.

o³ [문법] ((접속사)) 또는. (o~·ho~로 시작되는 단어 앞에서는 u가 되며, 아라비아 숫자 사이에서는 혼동을 피하기 위해 ó로 된다. 또 o~·ho~로 시작되는 단어 앞이라도 문장 앞에서는 o 그대로 사용함) ☐ 용례: ① [둘 또는 그 이상의 선택해야 할 단어·구·절을 동격적으로 결합하여] (…인지) 또는, 혹은, …이나 …, 아니면. 예) Antonio *o* Francisco 안또니오나 프란시스꼬. blanco *o* negro 하양거나 검은. plata *u* oro 금(金)이나 은(銀). siete *u* ocho personas 일곱이나 여덟 명. 50 *ó* 60 euros 오십이나 육십 유로. Llegaré a Madrid el lunes *o* el martes 월요일 아니면 화요일에 마드리드에 도착하겠습니다. ¿Vamos en tren *o* en autobús? 우리 기차로 갈까요 버스로 갈까요? No sé si dices la verdad *o* no 네가 진실을 말하는지 거짓말을 하는지 모르겠다. Ella *o* yo nos quedaremos en casa 그녀나 나는 집에 머물 것이다 ((주어에 1인칭이 있는 경우에는 동사를 1인칭 복수형으로 받는다)). Tú *o* ella os quedaréis en casa ((주어에 2인칭이 있는 경우에는 동사를 2인칭 복수형으로 받는다)). El tiempo *o* la muerte lo resolverá [resolverán] 시간이나 죽음이 그것을 해결할 것이다 ((주어가 둘다 3인칭일 경우에는 동사는 3인칭 단수나 복수나 어느 것이건 받을 수 있다)). ② [반복하여 쓰여] 혹은 … 혹은, …이거나 …이거나. 예) Lo harás *o* de grado *o* por fuerza 마음에서 자진해서건 억지로건 그 일을 해라. *O* lo hace usted, *o* lo golpeo 당신이 그것을 하던지 내가 당신을 때리던지 둘 중의 하나다! *O* te callas, *o* me marcho 네가 조용히 하던지 아니면 내가 나가던지 하겠다. *O* ella no lo sabía, *o* no lo querría decir 그녀가 그것을 모르고 있었거나 아니면 그것을 말하고 싶지 않았거나 둘 중의 하나다. ③ [명령문에서] 그렇지 않으면. 예) Abreme la puerta, *o* me meto por la ventana 문을 열어 주라, 그렇지 않으면 창문으로 들어가겠다. ④ 다시 말하면, 즉(o sea, lo que es lo mismo). 예) El protagonista, *o* el personaje principal de la fábula, es Hércules 주

인공 즉 우화의 주요 인물은 헤라클래스다.

Objetivo [언어] 목적. 목적의. 객관적인.

Objetivo discursivo [언어] 담화의 목적. 발화자(emisor)의 담화 의도(Intención discursiva)로 표현되기도 함. 담화의 목적은 대화문의 발화 속에서 인지될 수 있는 2가지 경우를 말함. 첫 번째는 협의적인 경우(los transaccionales)이며, 두 번째는 상호교환적인 경우(los interaccionales)를 말함. ※ Emisor; Transaccional; Interaccional 참조.

Objeto [언어] 목적어. 연구 대상. 객관. 주관(Subjeto)의 반대가 되는 말. 주관의 인식 및 행동의 대상이 되는 것을 말함. 요컨대 주관에 대립이 되는 것으로서 주관으로부터 구별되는 모든 사물을 일컬음. 객관적이라고 하는 것은 주관의 움직임과는 독립되어 있어 보편 타당한 입장에 서있는 것을 의미함. ① 목적어에는 직접 목적어(Objeto directo)와 간접 목적어(Objetivo indirecto) 그 위치와 대명사 형태를 각 볼 수 있음. ② 그레이마스(Greimas)의 행위자 모델 중, 이야기의 심층구조 레벨에서 행위함(actante) 혹은 기본 구실의 하나. ※ Subjeto; Greimas; Actante 참조.

Objetos directos [문법] 직접 목적어. □ 형태:

	단수	복수
1ª	me	nos
2ª	te	os
3ª	lo, la, (le)	los, las, (les)

▷ 3인칭에서 여성과 남성을 구별하지 않고, 존칭으로 말할 때나, 주로 남성의 어휘 'lo'를 대신해 'le'를 사용함.
※ Complemente directo 참조.

Objetos indirectos [문법] 간접 목적어. □ 형태:

	단수	복수
1ª	me	nos
2ª	te	os
3ª	le (se)	les (se)

▷ 3인칭에서 'se'로 나타나는 경우는 3인칭 간접목적어와 3인칭 직접목적어가 모두 같은 위치에 나란히 나타나게 되는 경우, 그 발음의 혼동을 막기 위해 사용하게 됨. 예) *Yo le lo doy. → Yo **se** lo doy. 나는 그것을 그(녀)에게 준다. ※ Complemento indirecto 참조.

Oblicuo [언어] 사(斜)의, 간접의. 예) Caso oblicuo 사격(斜格). Discursos oblicuos 간접화법.

Obligatorio 의무의. 필수의. 예) Asignatura obligatoria 필수 과목.

Obstruyente [언어] 장애음. 자음 중

에서 폐에서 시작된 공기의 흐름이 구강(Cavidad bucal)에서 완벽하게 장애(Obstrucción)를 받아 나는 소리를 장애음이라고 함. 이는 파열음, 마찰음, 파찰음이 이에 해당됨. 장애음들 중에서 조음의 위치(Punto de articulación)에 따라 양순음 /b/, 치조음 /d/, 연구개음 /g/는 각각의 음소가 조음 방법이 파열음과 마찰음이라는 두 개의 변이음을 가지고 있음. 즉, 음소 /b/와 /g/가 휴지기(Pausa)와 비음 뒤에 위치할 때는 파열음 [b, g]로 모음과 모음 사이에 위치할 때는 마찰 [ƀ, ǥ]으로 조음되는 것임. 음소 /d/는 휴지기, 비음 및 /l/ 뒤에 위치할 때는 파열음 [d]로, 모음과 모음 사이에 위치할 때는 마찰음 [đ]로 발음이 됨. (1) 음소 /b/: ① 휴지기 뒤에 위치하는 경우. 예) i[b]ete!; i[b]áilate!. ② 비음 뒤에 위치하는 경우. 예) am[b]os; en[b]idia; en[b]anrco. ③ 모음과 모음 사이에 위치하는 경우. 예) i[ƀ]a; hu[ƀ]o; de[ƀ]e. (2) 음소 /g/: ① 휴지기 뒤에 위치하는 경우. 예) [g]ran hombre; i[g]áname! ② 비음 뒤에 위치하는 경우. 예) ten[g]o; man[g]o; los [g]atos. ③ 모음과 모음 사이에 위치하는 경우. 예) ma[g]o; ami[g]o; la [g]anancia. (3) 음소 /d/: ① 휴지기 뒤에 위치하는 경우. 예) [d]amas y caballos; i[d]ámelo!. ② 비음 뒤에 위치하는 경우. 예) an[d]an[d]o; man[d]o; son [d]amas. ③ 음소 /l/ 뒤에 위치하는 경우: al[d]ea; el [d]ía; al [d]uque. ④ 모음과 모음 사이에 위치하는 경우. 예) la[đ]o; pue[đ]o; la [đ]irección. (4) 음소 /y/: ① 휴지기 뒤에 위치하는 경우. 예) [ŷ]ave (→ llave); [ŷ]elo(→ hielo); [ŷ]o(→ yo). ② 비음 뒤에 위치하는 경우. 예) un [ŷ]avero(→ llavero); un [ŷ]ano(→ llano); un [ŷ]erno(→ yerno). ③ 그 외의 경우. 예) ma[ỹ]o(→ mayo); ma[ỹ]o(→ mallo); ca[ỹ]e(→ calle).

Oclusión 폐쇄. 폐색(閉塞).

Oclusivas (consonante) [언어] 폐쇄음. 파열음. 구강을 통해서 나오는 공기가 어느 부분에서 순간적으로 또는 완전히 폐쇄되었다가 갑자기 파열되면서 생기는 소리. 조음기관이 완전히 닫혀 있을 때 파열음(explosiva o momentánea)이라고 함. 어떤 말에서 폐쇄음은 기식 음화(aspiradas) 될 수 있음. 기식음은 파열이 열린 공간에서 일어날 때 생김. 이것은 자음의 파열과 다음 모음의 시작 사이에서 공기가 빠져 나오는 소리가 들리는 곳에 위치함. 닫힌 공간에서 발음되는 소리들은 기식음화 되지 않음. 스페인어에서는 [p, t, k]가 여기에 해당됨. 예) /p, b, d, t, k, g/ co<u>p</u>a, <u>b</u>aca, mer<u>c</u>ado, pa<u>t</u>o, e<u>x</u>tremo, <u>g</u>ato. ※ Explosiva; Aspiradas 참조.

Ocultamiento [음향] 차폐(遮蔽). 예) Efecto de ocultamiento 차폐 효과.

Ocurrencia [언어] 출현(出現). 분석 대상 자료 속에서 어떤 단어의 출현 빈도 수((Número de la ocurrencia de una palabra dentro del corpus)).

OFINES [언어] 중남미 스페인어 이질 화실태 조사 언어 연구소(Oficinas Internacional de Observación e Información de Español). 스페인어의 단일화를 위한 스페인 한림원 연합회 (Asociación de las Academias)의 협력 연구소.

-oide. [어원] ① 「… 같은 (것)((parecido a))·… 모양의 (것)·… 질(質)의 (것)」의 뜻. 예) metal*oide* 비금속. andr*oide* 로봇. celul*oide* 셀룰로이드. negr*oide* 흑인종적인. 또 **-oideo**, **-oides** 형도 있음. 예) lip*oideo* 지방 모양의, cub*oides* 주사위 모양의, delt*oides* 삼각 모양의. ② 「형용사에 붙여 경멸」의 뜻을 나타냄. 예) fascist*oide* 파시즘의. siniestr*oide* 왼쪽의.

-ol¹ [어원] (화학) 「수산기, 특히 알코올·페놀을 함유한」의 뜻. 예) colester*ol* 콜레스테롤. cres*ol* 크레졸. ben-z*ol* 벤졸. glicer*ol* 글리세롤.

-ol² [어원] (화학) 「기름의 이름 (nombres de aceites)」의 뜻. 예) cumin*ol* 카민정(精). icti*ol* 이시치올 ((도포제)).

Ola (새로운) 경향; (감정 따위가) 밀려오기, 고조.

Oligo- [어원] 「약간·과(寡)(poco)·불충분한(insuficiente)」의 뜻. 예) *oligo*polio 과점(寡占). *oligo*frenia 정신 장애[박약].

Omisión del artículo [문법] 관사의 생략. 관사가 생략되는 경우는 다음과 같음. ① 속담, 책의 제목 등에는 관사를 사용하지 않는 경우가 많음. 예) Agua pasada no mueve molino. 흘러가는 물에는 물레방아를 돌리지 못한다. Guerra y Paz 전쟁과 평화. ② Ser 동사를 사용해서 국적, 신분, 직업, 종교를 말할 때는 관사를 생략함. 예) Soy coreano. 나는 한국인입니다 (국적). Mi hermana es médica. 내 여동생은 의사입니다(직업). ③ Hay, tener, buscar 등과 같은 동사를 사용하여 단지 존재의 여부를 말할 경우에는 관사를 사용하지 않음. 예) ¿Hay médico aquí? 여기 의사선생님이 계십니까? No tengo reloj. 전 시계가 없습니다. ④ 물질 명사로서 부분을 의미할 때. 예) Dame agua. 물 좀 줘. Bebimos vino. 우리들은 포도주를 마셨다. Ten paciencia. 참아라. ⑤ 동격에서는 관사를 생략. 예) Alfonso, rey de España. 스페인 국왕 알폰소. Mi amigo, médico de España. 스페인 출신 의사인 내 친구. ⑥ Cien, Mil, medio, cierto 의 앞에는 un, una를 붙일 수 없음. 예) cien personas 백 명의 사람들. Media docena 반 타스(6개). Cierta mujer 어떤 여자. ⑦ ¡qué!, con, sin, de, por,, desde, cuando, aunque, tal, otro 등에 명사가 직접 연결 될 때에는 원칙적으로 un, una를 사용하지 않음. 예) ¿Hay alguien sin libro? 책이 없는 사람이 있습니까? Sirvió de guía 그는 안내원 역할을 했다. Lo recuerdo desde niño. 나는 그것을 어

릴 때 배웠다. ⑧「전치사 + 명사」로 재료, 도구를 의미할 때는 관사 생략. 예) un traje de lana 모직으로 만든 정장. Abre la puerta con llave. 열쇠로 문을 열어라. ⑨ 습득하는(배우는) 것에는 관사를 사용하지 않음. 예) Ella estudia química. 그녀는 화학을 공부한다. ¿Sabe Ud. español? 당신은 스페인어를 아십니까? ¿Lee Ud. francés? 당신은 프랑스어를 읽을 수 있습니까? ⑩ no es sino, no es más que…의 뒤에서는 관사를 생략. 예) No es sino excusa para llegar tarde. 그것은 늦게 오기 위한 변명에 불과하다. No es más que motivo de disturbios. 그것은 단지 소요의 동기일 뿐이다.

Omni- [어원]「전(全)·총(總)」의 뜻. 예) *omni*potencia 전능(全能).

Onda [물리] 파(波). 파형. 파장.

Onda aperiódica [언어] 비 배음파. ※ Onda sonora 참조.

Onda armónica [언어] 배음파. ※ Onda sonora 참조.

Onda compuesta [언어] 복합파. 언어에서는 생성된 음파가 항시 합성됨. 성대음은 각각의 주기에 일련의 풍부한 배음과 함께 하는 기본적 음색인 복합 음파를 생성함. 후에 이 복합 음파가 구두의 공간을 지나거나 횡단할 때 입의 공간의 빈도와 함께 일치하지 않는 배음을 잃음. 입은 음향의 도랑과 일치하는 배음의 빈도들 외에는 지나도록 허락 않는 필터역할을 함. 생겨난 첫 단순 음파는 기초음(fundamental)이라 하며, 배음(armónicos)이라 불리는 단순음의 배수의 것도 중요시됨. ※ Fundamental; Armónicos 참조.

Onda inarmónica [언어] 비 배음파. ※ Onda sonora 참조.

Onda periódica [언어] 배음파. ※ Onda sonora 참조.

Onda sonora [언어] 유성음 파. 모든 음파는 다음과 같이 구성됨. ① 단순파(Simple) : 음 또는 진자의 진동과 같은 음파 외에는 구성에 간섭 않는 때의 음. ② 복합파(Compuesta) : 어떤 모음이라도 될 수 있는 하나 이상의 음파의 구성에 의할 때의 음. ③ 주기적파, 배음파(Periódica o armónica) : 시간에 따라 동일한 기간과 폭과 함께 반복되는 진동음. ④ 비주기성파, 비배음파(Aperiódica o inarmónica) : 시간에 따라 각각의 진동의 기간과 폭이 변할 때의 음. ※ Onda compuesta 참조.

Onda periódica simple [언어] 단순(주기성)파. 음파의 청각 구성요소를 명백히 이해하기 위해서는 단순 주기 음파에 의지하는 것이 편리함. ※ Onda sonora 참조.

Onoma- [어원]「명칭·말」의 뜻. 예) Onomatopeya 의음, 의성어.

Onomasiología [언어] 명칭학(名稱學). 명칭론. 수많은 명칭에 대한 학문.

Onomástica [언어] 고유 명사의 연구; 이름에 관한 연구.

Onomatopeya ① [언어] 의성어(擬聲語). 의문법(疑問法). 예) Tictac(시계 소리). ② [문학] 성유법(聲喩法). 의성법(擬聲法)이라고도 불리며, 광의와 협의의 두 가지 용법으로 사용됨. ㉠ 협의적인 면에서, 더 일반적인 성유법은 "buzz", "bang"처럼 지시하는 소리를 닮은 음성을 가진 단어나 단어의 결합을 일컬음. 그러나 비경구(非經口)적인 음성을 경구(經口) 음성에 의해 정확하게 나타낼 수는 없음. 그러므로 외면상의 유사성은 그 음성에서도 오지만, 의미나 발화의 느낌에서도 오는 것임을 일컬음. ㉡ 넓은 의미에 있어서 성유법은 소리는 물론 부피나 동작, 힘 등등, 어떤 면에서도 그 지시 대상과 일치하는 것처럼 보이는 단어나 구절에 적용되는 것을 일컬음.

Ontivo [언어] 존재 인칭. 의사소통에 참가하거나 그 대상에게 향하고 있는 1인칭, 2인칭에 해당하는 인칭을 일컬어 L. Tenière에 의해서 지정된 것. ※ Anontivo; Autoontivo 참조.

Ontogenia [철학] 개체발생(個體發生); 존재발생(출산).

Ontogénico [철학] (사상·추론·개념 따위가) 존재 출산적인.

Opacidad [언어] 불투명성. 예) Opacidad del signo 기호의 불투명성((대체나 번역이 불가능함)).

Operador ① [언어] 조작자. 연산자. ② [논리] 결합자. 예) Operador proposicional 명제 결합자((명제의 가치를 지시하는 부정 기호·연언 기호 따위)). Operador modal 양태사. ③ [정보] 연산자. 예) Operador de relación 비교 연산자(작용소).

Operante ① [언어] 조작 대상문. 변형이 적용되는 문장은, 기본적인 문장이든 그렇지 않은 문장이든 간에 '조작 대상문(Operante)'이라고 일컬으며, 이러한 변형에 의해 생겨난 문장을 조작 결과 문장(Resultante)이라 함. 예) Juan se alborota por una trivialidad 후안이 사소한 일로 소란을 일으킨다((조작 대상문)). → Juan siempre habla con exageración 후안은 항상 과장해서 말하는 사람이다((조작 결과문)). ② [신학] Gracia operante (본인의 의지와 관계없는) 작용적 은혜. ③ 효력있는, 효과적인. ※ Resultante 참조.

Operativo ① [철학] 행위의 기원이 되는. ② [심리] 조작적인, 조작 기능의.

Opinión ① (개인적인) 의견, 견해. ② [문법] 의견. 예) Verbo de opinión 의견동사. 예) pensar, decir.

Oponente ① 반대하는, 대항하는. ②

[해부] (근육 따위가) 대측의, 대위의.

Oposición [언어] (관계) 대립. 교환할 수 있는 두 음소 사이에 존재하는 관계 대립(Oposición). 음소를 증명하기 위해서는 연속적인 같은 위치에서의 교환의 방법이 필요함. 즉 단어의 음소 각각을 의미에 있어 다르게 마주치는 것으로 바꾸는 것. 교환할 수 있는 두 음소 사이에 존재하는 관계가 대립(Oposición)임. 이론적으로는 음운론의 목록 상의 것을 실현하기 위해서는 언어의 모든 음소들을 전환하여 늘어놓는 것이 필요하겠지만, 실제적으로는 비슷한 특징이 제시하는 음소들을 전환시키는 것으로 충분함. 즉, 두 동일한 특성(폐쇄음과 양순음)을 나타내는 두 음소는 단지 유·무성음 (/p/ 무성음, /b/ 유성음)의 자회에 의해 구별되는데 이를 대립으로 나타냄.

Oposición bilateral [언어] 일(1)원적 대립. ※ Bilateral 참조.

Oposición distintiva [언어] 변별적 대립. 한 언어 속의 단어에서 의미가 통할 수 있게 분화할 수 있는 모든 소리의 대립을 일컬음. 대립에 있어서의 각 부분을. 의미를 분화하는 음운론적 대립의 각 항을 음운론적 단위 혹은 변별적 단위라 하고, 더 이상 짧은 계기적 단위로 분석될 수 없는 음운론적 단위를 음소라고 함.

Oposición fonológica [언어] 음성적 대립(= Oposición distintiva). ※ Oposición distintiva 참조.

Oposición gradual [언어] 점차적 대립; 점층적 대립. N.S. Trobetzkoy의 분류에 의하면, 대립하는 두 항이, 동일한 특성의 각각 서로 다른 정도에 의해서, 특징 지워져 있는 음운 대립을 '점차적 대립'이라고 함. 예) Mas(그러나)와 Más(더); De(전치사)와 Dé(dar 동사의 접속법 1·3인칭 단수); Este(지시형용사), Éste(지시대명사) 그리고 Esté(estar 동사의 접속법 1·3인칭 단수), 등등.

Oposición multilateral [언어] 다각적 대립. 다면 대립. ※ Bilateral; Oposición distintiva 참조.

Optativo [언어·문법] 기원법. 희구(希求)법. 희망, 욕구를 표현하는 동사의 법을 일컬음. 기원·희구법은 문장으로 나타나게 될 때, 접속법(Modo subjuntivo)의 방법으로 표현됨. Modo optativo 기원법. 예) Yo espero que ella venga pronto 난 그녀가 빨리 오기를 바란다. ※ Modo subjuntivo 참조.

Optimismo [문학] 낙천주의, 낙관주의. 염세주의와 반대되는 말로, 세계와 인생에서 여러 가지 모순과 악덕의 존재를 인정하면서도 광명적 방면만을 보고 모든 것을 긍정적으로 생각하는 사상임. 낙천주의는 관능 면에서는 향락주의, 노력 면에서는 영웅주의, 문예면에서는 유머를 불러일으킴.

Oración [언어] 문장. ① 문장은 한 개의 구절(Frase)이상의 더 복잡한 여러 개의 구절로 되어 있으며, 주어와 술어부분을 반드시 가지고 있음. 예) Sancho fue al cine 산초는 영화관에 갔다. □ 모든 문장(Oración)은 구절(Frase)이 될 수 있지만, 모든 구절은 문장이 될 수 없음. ② 문장이라 함은 발화의 실현이 되지 않으며, 추상적인 문법적 구조의 형태를 일컫는다((Una "oración" es un tipo de estructura gramatical, abstracta, no realizada)). [문장의 정의] ⓐ 추상적, 이론적이며, 실질적이지 않은 상태. ⓑ 문법적인 체계에 맞추어, 문법적 이론 속에서 정의될 수 있음. ⓒ 문법적 단위. ⓓ 그 의미적 내용은 그 가능한 사용에 따라 결정되는 것이 아니라, 그 구조에 의해 결정됨. ⓔ 그 문장은 옳으냐, 그르냐의 용어로 평가됨. ※ Frase; Preposición 참조.

Oración adverbial [언어] 부사절. 일반적으로 부사절은 관계부사에 의해서 연결이 됨. 예) 관계부사는 접속사와 부사의 역할을 하며 부사, 부사구 또는 명사를 선행사로 하는데 선행사 없이 쓰이기도 함. ① 시간부사절- 관계부사 cuando 이용. 시간의 관계어로서 시간을 나타내는 부사 · 부사구 또는 명사 등을 선행사로 함. 예) Era por enero *cuando* conocí a Sancho 산초를 안 것은 1월경이었다. ② 장소부사절- 관계부사 donde 이용. 장소의 관계어로서 장소의 부사나 명사를 선행사로 함. 예) Le seguí a todos los sitios a *donde* iba 그가 가는 곳에는 어디라도 따라갔다. ③ 방법 부사절- 관계부사 como 이용. 방법의 관계어로서 방법을 의미하는 부사·부사구 또는 명사를 선행사로 함. 예) Era diferente a *como* me la había imaginado 그녀는 내가 상상하고 있던 것보다 달라져 있었다.

Oración atritiva [언어] 명사 술어문. 주어와 명사보어 사이에 ser동사를 써서 만드는 형태의 구문을 일컬음. 영어와 다르게 스페인어에서 ser의 형태는 주어에 일치시켜도 되고, 명사보어에 일치 시켜도 됨. 예) [영어] A minute is sixty seconds 일분은 60초이다; [스페인어] Un minuto es sesenta segundos = Un minuto son sesenta segundos 일분은 60초이다. ※ Atritivo 참조.

Oración compuesta [언어] 복문. 단문(Oración simple)들이 접사(Nexo)를 통해 서로 연결되어 있을 때를 말함. ※ Oración simple; Nexo 참조.

Oraciones coordinadas [문법] 대등문. 같은 범주의 요소들을 서로 연결함으로 인해 대등문이라 함. ① 구 내에서의 대등. 예) Tiene unos libros antiguos y nuevos 오래된 책과 새 책을 갖고 있다. ¿Está bien o mal hecho? 잘되었나, 못 되었나? ② 절(문장) 내에서의 대등. 예) Quiero pan y que me traiga una taza de té 빵을 원하니 내게 차 한잔 갖고 오길 바란다. ③ 발화 내에서의 대등. 예) Mi padre entre y mi madre sale 나

의 아버지는 들어오시고, 나의 어머니는 나가신다.

Oraciones coordinadas adversativas
[문법] 배반문. 서로 모순되고 상반되는 문장을 말함. 이러한 문장에 사용되는 접속사는 두 종류가 있음. ① 서로 대응되는 문장을 이으면서, 배척하지 않는 경우: pero, mas, empero, aunque. 예) Hace buen tiempo pero nos quedaremos en casa 좋은 날씨지만 우린 집에 있을 것이다. ② 두 문장을 서로 이으면서 동시에 서로 배척하는 경우인 완전 배반하는 경우: sino, sino que. 예) No me dio sino me pidió 내게 준 게 아니라 내게 요구했다.

Oraciones coordinadas distributivas
[문법] 배분문. 다양한 장소나 상황, 시간 또는 다양한 주어들 사이에서 행동의 분배를 언급할 때 사용하는 경우: Uno ⋯ otro, éste ⋯ aquél, ya ⋯ ya, bien ⋯ bien, sea ⋯ sea 등등. 예) Unos saltaban, otros corrían, otros paseaban 어떤 사람들은 뛰었고, 어떤 이들은 달렸고, 어떤 이들은 산책했다. Bien sale, bien entra 나오기도 하고 들어가기도 한다.

Oraciones coordinadas disyuntivas
[문법] 이접 대등문. 동등한 사물들을 두고 그것들을 동시에 다 취하지 못해서 선택을 하여야 할 경우 'o'를 쓰며 모음 충돌이 일어날 경우 충돌을 피하기 위해 'u'로 표기함. 예) Déjame o tómame 나를 버리든지, 나를 데려가든지 해라. O le echas de aquí u ordeno que se vaya de inmediato 여기서 네가 그를 내쫓든지 아니면 당장 가버리라고 내가 명한다.

Oraciones relativas con subjuntivo o con indicativo [문법] 접속법 절과 직설법 절을 지니고 있는 관계사절[문장]. 직설법 절은 이미 알고 있는 사람이나 알고 있는 구체적 사물이나 일에 대해 언급할 때 사용하며, 접속법 절은 아직 알고 있지 않은 사람이나 사물, 그리고 사건에 대해 언급할 때 사용하는 것을 일컬음. 예) Tengo un coche que va a 250 km/hora, tiene elevalunas eléctrico, airbag, ABS 난 시속 250 킬로미터로 달리는 차를 가지고 있고, 자동 개폐식 유리, 에어백, ABS 브레이크 등을 가지고 있는 차를 가지고 있다. Quiero comprarme uno que sea exclusiva, que impresione nada más verlo y que sea el último modelo de la mejor empresa de automóviles 난 자동차를 보았을 때 바로 감동을 할 수 있는 특이한 차를 사고 싶고, 최고의 자동사 회사의 최신 모델인 차를 사고 싶다. ※ Presente de indicativo; Presente de subjuntivo 참조.

Oración exclamativa [문법] 감탄문. 감탄문은 감탄부호(¡~!)를 문장의 앞뒤에 찍어야 함. 기본적인 감탄문의 구성은 [¡Qué + 명사 + tan(혹은 más) + 형용사!]의 순서로 함. 예) ¡Qué muchacha tan bonita! 얼마나 예쁜 소녀인가! ¡Qué comida tan sabrosa! 얼마나 맛있는 음식인가! [¡Qué(Cuán) + 형용사 + 동사 + 명사!] 예) ¡Qué bravo es ese toro! 그 황소는 얼마나 힘이 센가! ¡Qué bonita es la señorita! 그 아가씨는 얼마나 예쁜가! ¡Cuán(=Qué) difícil es el chno! 중국어는 얼마나 어려운지! [간단한 형식을 취하는 표현] 예) ¡Qué frío! 춥구나! ¡Qué bonita casa! 참으로 아름다운 집이구나! [¡Qué 이외의 의문사를 사용하는 경우] 예) ¡Cuánta alegría! 얼마나 즐거운가! ¡Cuántos libros! 얼마나 많은 책인가!

Oración exhortativa [언어] 명령문. 명령형은 Tú형과 Ud.형이 있는데, 2인칭인 경우는 문자 그대로 명령의 뜻이 있으며, 3인칭(Ud.)의 형태인 경우는 권고의 경향이 강함. 2인칭인 경우는 특이한 형태도 있지만, 가급적 직설법을 사용하며, 3인칭인 경우는 접속법을 사용함.
□ 수·인칭별 형태 :

	hablar	
	단수	복수
1	—	hablemos
2	habla	hablad
3	hable	hablen

comer	
단수	복수
—	comamos
come	comed
coma	coman

vivir	
단수	복수
—	vivamos
vive	vivid
viva	vivan

* 2인칭 단수에서의 불규칙 변화 *

decir	—	di	venir	—	ven
hacer	—	haz	salir	—	sal
tener	—	ten	ser	—	sé
poner	—	pon	ir	—	ve

■ 1인칭 복수의 경우 청유형 성격이 강함으로 "vamos a inf." 형태도 많이 대치된다. □ 용법 : (1) 주어는 대체적으로 동사의 뒤에 놓이는 것을 원칙으로 하지만 생략함. 예) *Habla* en español 서반아어로 말해라. *Estudien* mucho 열심히 공부해요. (2) 부정 명령이 되는 경우에는 부정어인 no를 동사의 앞에 놓으나 2인칭 단수·복수인 경우에는 접속법 2인칭 단·복수형을 사용해야 함. 예) *Coma* Ud. mucho 많이 드세요 → No *coma* Ud. mucho 많이 드시지 마세요. *Habla* en español 스페인어로 말해라. → No *hables* en español (2인칭의 경우) 스페인어로 말하지 마라. (3) 재귀대명사는 긍정명령에서

는 동사의 어미에 붙임. 형태:

	irse
2인칭·단수	vete
3인칭·단수	váyase
1인칭·복수	vámonos
2인칭·복수	idos
3인칭·복수	váyanse

levantarse	detenerse
levántate	detente
levántese	deténgase
levantémonos	detengámonos
levantaos	deteneos
levántense	deténganse

※주의 : 2인칭 복수형에서 재귀 대명사를 붙일 때, 'levantad' 동사의 'd'를 없애고 'os'를 붙여준다는 것에 명심하자. 하지만 부정명령의 경우에는 재귀대명사를 동사 앞에 놓아야 함. 예) levántate 일어나. → no te levantes (2인칭의 경우 접속법으로) 일어나지 마. levántese 일어나세요. → no se levante 일어나지 마세요. (4) 간접·직접 목적대명사를 동반하는 경우에 긍정명령이면 동사의 어미에 붙여 씀. 이때 명령형 동사의 본래의 악센트 위치에 악센트 부호를 표시해야 함. 예) Estúdielo mucho 그것을 열심히 공부하시오. Déselo Ud 그것을 그에게 주시오. ■ 그러나 부정명령의 경우에는 인칭 대명사 직접·간접목적격을 동사의 앞에 놓는다. 예) Estúdielo mucho 그것을 많이 공부하세요. → No lo estudie 그것을 공부하지 마세요. Déselo Ud 그것을 주세요. → No se lo dé 그것을 주지 마세요.

Oración interrogativa (directa) [언어] (직접) 의문문. ① 스페인어는 어순에 있어 매우 자유로움. 의문문은 주어와 동사의 위치를 바꾸어 놓거나 평서문을 의문문의 억양으로 나타내기도 함. 그리고 부호의 앞뒤(¿~?)에 반드시 붙여야 한다. 예) Juan viene. 후안이 온다. ¿Viene Juan? 후안이 옵니까? ¿Juan viene? 후안이 옵니까? ¿Son tuyas esas plumas? 그 펜들은 너의 것이냐? ② 때때로 평서문 끝에 ¿verdad?, ¿no?, ¿No es verdad? 등을 붙여서 의문문을 만들기도 함. 이러한 의문문은 상대방의 동의를 구할 때 쓰임. ■ 참고: 중남미에서 ¿Es verdad?이란 말은 "이해하니?"라는 뜻으로 많이 쓰임. 예) Ud. es coreano, ¿verdad? 당신은 한국인입니다. 그렇지요? Diana es muy bonita, ¿no? 디아나가 매우 예쁘네요. 안 그래요? Esta carta es para mí, ¿no es verdad? 이 편지는 나에게 온 것이지요, 그렇지 않아요? ③ 의문사를 사용하여 의문문을 만듦. 예) ¿Qué estudia Ud.? 당신은 무엇을 공부합니까? ¿Quién es Carmen? 누가 까르멘입니까?

Oración interrogativa (indirecta) [언어] 간접 의문문. 간접 의문문에는 Si(가정)를 사용하는 전체 질문과 의문사를 중개로 하는 부분 실문의 두 가지가 있음. ① 전체 질문(「~si~」 ~인지 아닌지). 예) Mire Ud. si hay correo para mí. 제게 편지가 와 있는지 봐주세요. Se conoce si está maduro por el color 색깔에 의해 익었는지 안 익었는지 알 수 있습니다. ② 부분 질문(「동사 + 의문사 동사」). 예) No sé cuándo vendrá 나는 그가 언제 오는지 모른다. Ella no comprende cómo el Sr. Kim aprenció español 그녀는 김씨가 어떻게 스페인어를 배웠는지 모른다. ※ Si 참조.

Oración negativa [언어] 부정문. ① 부정문을 만들기 위해서는 긍정문의 동사 앞에 no를 놓으면 됨. 만일 동사 앞에 인칭대명사 목적격이 있으면, 그 앞에 놓임. ■ 주의: 한 문장에 부정어 2개가 들어간다고 해서 이중 부정이 되는 것이 아니라 부정이 강조됨을 명심. 예) Él no es estudiante 그는 학생이 아니다. No teníamos hijo.; No lo teníamos 우리들에게는 자식이 없었다. La ficción nunca es preferible a la verdad 꾸며낸 것은 결코 진실보다 바람직하지 않다. No tengo nada en mi bolsillo 내주머니에는 아무것도 없다. ② 부정어는 부정문과 부정의 어구 중이나, 부정을 예상하여 부정이 잠재하는 표현에서도 쓰임. 예) Si no hacemos mal a nadie, nada debemos temer 우리들이 누구에게도 나쁜 짓을 하지 않는다면, 아무것도 무서워 할 일이 없다. Es inútil hacer nada contra su cuerpo 그의 몸에 무엇을 해도 무익하다.

Oración periodístico [수사] 도미문(棹尾文). 문장 끝에 이르러 뜻이 완성되는 글을 일컫는 용어.

Oración reducida [언어] 소절. 소절은 통사적 위치에 따라, 동사의 논항 위치에 나타나는 논항 소절과 비논항 위치에 나타나는 비논항 소절로 대별됨. □ 논항 소절: 통사상 중요한 사항은 동사가 그의 논항들을 선택하는 문제로, 동사는 하위 범주화된 내항위치에 직접적으로 의미역을 부여하게 됨. 비 하위 범주화된 외항(주어위치)에는 간접적으로 의미역을 부여하게 됨. 내부 논항 소절의 술어로는 다양한 범주들이 나타날 수 있는 데, 주로 형용사(1a), 과거분사(1b), 전치사구(1c), 명사구(1d), 부정사구문(1e), 현재분사구문(1) 등을 찾아 볼 수 있음. 1) a. Creo [OR tonto a Juan]. b. Cree [OR llegado el momento de revelar el mismo secreto]. c. Creo [OR a Carmen en Madrid]. d. Consideraban [OR Toledo centro de la vida cultural]. e. Hago [OR salir del cuarto a los chicos]. f. Veo [OR a la chica mirando por la ventana]. 앞 문장들에서 동사는 소절의 주어로 행동하는 직접목적어 기능의 SN을 단지 하위 범주화하는 것이 아니라, 소절 전체를 일괄하여 하위 범주화함. 즉, 주어에게 행위자(agente)의 의미역을 부여하고, 또 문장보어(complemento oracional)인 소절에 직접적으로 테마(tema)의 의미역을 부여하고 있음. 그러나 소절 내 어휘주어가 격 여과를 피하기 위해 격 부여를 받아야 하나, 소절 내 굴절자질(FLEX)의 부재로 외부로부터 격을 받아야 하고, 따라서 동사로부터 대격(acusativo)을 부여받게 됨. 논항소절의 경우 동사가 <주어 + 술어>의 복합구조를 취함. 따라서, 이들 두 요소 중 하나를 빼면 비문 또는 다른 내용의 문장이 됨. □ 비논항 소절: 비논항 소절은 말 그대로 논항이 아니며, 주동사의 의미역 망에 의해 요구되어지지 않는 경우를 말함. 부가어 기능을 수행하는 소절로 비 지배 위치에 나타나며, 그 주어는 지배받지 않는 범주인 PRO이며, 이것은 상황에 따라 주절주어 또는 주절목적어에 의해 결속되어 있음. 따라서 항상 그 결속자에 의해 성분 통어(mando-C)되어 나타나야 하므로, 주어로 향하는 비논항 소절의 경우 O에 부가되며, 주절목적어에 의해 결속되어 나타나는 경우는 SV에 부가되어 나타남. 즉, 비논항 위치에서 생성되며, 다음의 두 종류로 대별해 볼 수 있음. (1) 주어로 향하는 경우 O교점에 직접 관할됨. 2) a. Cantamos *alegres*. b. El chico viene a casa *cansado*. (2) 목적어로 향하는 경우 SV교점에 직접 관할됨. 3) a. Ellos comen *crudo* el pescado. b. Los terroristas hirieron *de gravedad* a un soldado. 서술보어와 그 주어 사이의 서술관계는 대명사적 대용사 PRO, 즉, 비지배 공 범주에 의해 매개화되며, 그 이유는 이 유형의 소절의 비논항적 특징에서 유래한다. 또한 이런 연유로 삭제가 가능함. 4) a. Cantamos. b. El chico viene a casa. 5) a. Ellos comen (el) pescado. b. Los terroristas hirieron a un soldado. (4)의 제2술어인 alegres, cansado와 주어 사이의 관계 및 (5)에서 pescado와 crudo, soldado와 de gravedad사이에 존재하는 서술관계를 설명하기 위해 결함 문장 범주인 소절(OR)에 의존하게 됨. 소절은 주어와 술어에 의거하나 굴절 자질(FLEX)을 지니고 있지 않음. ※ Aspecto; Tema 참조.

Oración simple [언어] 단문. '주어+술어'의 구조의 문장으로 된 것을 말함. 예) Ella vendrá esta tarde 그녀는 오늘 올 것이다.

Oración subordinada [언어] 종속절. ※ Suboraciones 참조.

Oración sustantiva [문법] 명사절(名詞節). 명사문(名詞文). 종속문 중 가장 중요한 명사절은 인칭과 비인칭구문으로 나눌 수 있음. ① 인칭 명사절 -『주동사 + que + 종속동사(직설법/접속법)』. 예) Dice que vive aquí (그가) 이곳에 살고 있다고 말한다. Me alegro de que me acompañes 네가 나를 동반해 주어서 기쁘다. ② 비인칭 명사절 -『주동사(3인칭단수) + que + 종속동사(직설법/접속법)』. 예) Es importante que lo averigüen 그것을 조사하는 것은 중요하다. Está claro que no me ha reconocido 나를 알아보지 못한 것은 분명하다.

Oracional [언어] 문(장)의, 문(장)에 관한. 예) Estructura oracional 문장 구조.

Oral ① [언어] 구음(口音). □ 구강의. 예) Cavidad oral 구강. Vocal oral 구강 모음. ② [문학] 구술의, 구전의. 예) Literatura oral 구비 문학. Tradición oral 구비(口碑), 구전(口傳). ③ [정신분석] 구순기의, 구순성의. 예) Etapa oral 구순기.

Orden 순서. 차례.

Ordenación de las frases [언어] 어순. 어순은 크게 능동문(Frases activas)의 형태와 수동문(Frases pasivas)의 형태가 있음. 그리고, 능동문의 경우에는 명사 목적어, 보어만을 가지고 오는 경우와 대명사화 된 목적어 보어를 가지고 있는 문장으로 나뉠 수 있음. ※ Frases activas; Frases pasivas 참조.

Ordenador del discurso [언어] 구문・담화 연결사(= Enlace extraoracional). 이 연결사는 담화 내에서의 구문론적인 연결보다 담화 내부에서 수행되는 연결사의 기능들에 더 중점을 둔 용어임. 다양하고 광범위한 일련의 요소들이 하나의 절과 그 절에 선행하는 다른 절 사이를 연결하거나 논리적인 관계를 나타내기 위해 담화 내부에서 사용됨((Alcina y Blecua (1975) 사용)). ※ Conectivo; Enlace extraoracional; Relacionante supraoracional; Conector interlocutivo; Elmento concatenador 참조.

Orden de las palabras [언어] 어순(語順).

Ordinal, número [문법] 서수의. ① 서수 형용사는 한정형용사로서 명사 앞에 붙고 성・수에 변화함. ② 1번째와 3번째를 나타내는 Primero, Tercero는 남성 단수 명사 앞에서 「~o」를 떨어뜨림. 예) El tercer libro. 세 번째 책. ③ 계열적이라고 하는 느낌일 때는 품질 형용사처럼 명사 뒤에 붙임. 이때 큰 번호(페이지, 일수 등)에서는 제 1만 서수를 사용하며, 이하는 기수로 대용함. 예) la página 511 [quinientos once]. 511페이지. 왕의 세대 또는 세기등 비교적 적은 수치를 나타낼 때, 제 10까지는 서수를 사용하고 이후의 수치는 기수로 나타냄. 예) Isabel II[Segunda] 이사벨 2세, Alfonso XIII[Trece] 알폰소 13세.

□ 서수의 형태:

1°	primero
2°	segundo
3°	tercero
4°	cuarto
5°	quinto
6°	sexto
7°	séptimo

8°	octavo
9°	noveno
10°	décimo
11°	undécimo
12°	duodécimo

■ ⓐ 제 13이하에서는 decimo~를 접두어로서 1단위의 서수를 붙여 만듦. 예) decimotercio 제 13, decimocuarto 제 14. ⓑ 제 20부터의 서수에서는 vigésimo~, 제 30부터의 서수에서는 trigésimo~를 사용해서 만들지만, 앞에서 말한 데로 큰 숫자는 기수를 사용하는 경우가 일반적임. 예) vigésimocuarto 제 24. ■ ① 순서를 나타내는, 서열의. 예) Número ordinal y número cardinal 서수와 기수. Relación ordinal 서열 관계. ② 서수의. 예) Adjetivo ordinal 서수 형용사.

Órganos articulatorios 조음 기관들.

Orientado ① 방향이 정해진. ② (일정한) 사상적 경향을 드러내는(지닌).

Origen ① 원전(原典), 출전(出典). ② [언어] (번역에서의) 기점 언어. 예) Lengua origen.

Orto- 「직(直)…(recto) · 정(正) (correcto)」의 뜻. 예) *orto*doncia 치열 교정학. *orto*fonía 발음 교정. *ortó*ptero 메뚜기류의.

Ortoepía [언어] 정음법(正音法), 정음학(正音學).

Ortofonía ① 발음 교정; 정음법(正音法). ② [의학] 발성정상(發聲定常).

Ortografía ① 정서법(正書法), 철자법. 예) Regla de la ortografía 철자법 규칙. ② 철자, 스펠링.

Ortología 바른말 쓰기. 정화술(正話術).

Oscilógrafo [전기] 오실로그래프. 발음되는 말이나, 소리를 물리학적인 주기적인 변동이나 진동을 궤적으로 나타낸 그래프.

Oscilograma 오실로 그램. ((오실로그래프로 촬영한 궤적))

Oscura. Vocal [언어] 애매 모음 [ə]. (프랑스어의 e muet). 이러한 음은 프랑스어뿐만 아니라, 영어 등에서도 나타나는데, 이는 대개의 모음이 강세를 받지 못해 발음이 애매해질 때에 [ə]가 됨. 이러한 것을 중립 모음(Schwa)이라고도 함. ※ Schwa 참조.

Ostensión [논리] 직접 지시.

Ostensivo [논리] 직시(直視)에 의한.

-ote, ta [어원] ① 「형용사·명사의 뒤에 붙어 증대」의 뜻. 예) grand*ote* 거대한. ② 「형용사·명사의 뒤에 붙어 경멸」의 뜻. 예) bob*ote* 매우 우

둔한. ③ 「형용사・명사의 뒤에 붙어 축소사」의 의미. 예) isl*ote* 작은 섬.

Oxímoron [수사] 모순어법. 강력한 표현을 위해 서로 모순되는 말을 결합시키는 방법. 예) Violencia dulce 부드러운 폭력.

Oxítona (palabra) [언어] 끝음절에 강세가 있는 단어. n이나 s가 아닌 자음으로 끝나는 단어. 예) papel, pared

Oxitonizar [언어] 끝 음절에 강세가 오게 하다. 일반 동사의 활용 중에서 직설법 부정과거(Pretérito indefinido de indicativo)에서 1인칭・3인칭 단수에서 마지막 음절에 강세가 오는 것과 직설법 단순미래(Futuro simple de indicativo)에서 1인칭 복수를 제외한 모든 인칭에서 마지막 음절에 강세를 가지고 오는 것을 볼 수 있음. 예) Hablar(말하다) → □ 부정과거: Hablé(1인칭 단수)・Habló(3인칭 단수). □ 단순미래 : Hablaré(1인칭 단수)・Hablarán(3인칭 복수). ※ Pretérito indefinido; Futuro simple 참조.

Oyente [언어] 청자, 대화의 목적대상이 되지 않는 사람들 모두 포괄하는 청자.

[P]

P [언어] 뻬(pe) ((스페인어 알파벳 열아홉 번째 문자; 국제 라틴어 순서의 열여섯 번째)). 무성 폐쇄 양순음 (Oclusiva bilabial sorda). □ 음성학 기호로는 [p]. 예) **P**erro 개, **P**uerta 문(門). ※ Oclusivo; Bilabial; Sordo 참조.

Paciente [언어] 수동자. 변형생성 문법에서 동사 행위에 영향을 받는 SN에 주어지는 의미역임. 예) 《Juan golpea a María 후안이 마리아를 때린다.》나 《María es golpeada por Juan 마리아가 후안에 의해 얻어맞는다.》에서 'María'가 수동자가 됨. 수동자의 기능은 보통 직접 목적어나 수동문의 주어가 갖게 되는데, 생물체가 아니라도 가능함. 《Sancho abre la ventana 산초가 창문을 연다.》에서 'la ventana'가 수동자가 됨.

Palabra [언어] 단어, 어휘. 형태소 이외에 형태론의 단위로는 '단어'를 들 수 있음. 단어란 독립된 의미 단위라는 것으로만 정의되지는 않으며, 최소 의미 형태라는 것으로도 정의되지 않는다. 단어는 형태상으로 독립된 의미의 최소 단위라고 정의할 수 있음. 예) ventanilla는 ventana(창문)란 의미와 -illo/a(축소 접미사)의 2개 의미 결합이라고 할 수 있음.

Palabra bisílabas [언어] 2음절 단어. 두 개의 음절로 이루어진 단어. 예) ca-fé, ár-bol, pe-rro, va-so.

Palabra trisílaba [언어] 3음절 단어. 세 개의 음절로 이루어진 단어. 예) con-tac-to, per-fu-me, bu-se-ta, a-le-gre, ca-be-za.

Palabra monosílabas [언어] 1음절 단어. 한 개의 음절로 이루어진 단어. 예) mar, sal, por, sí, luz.

Palabra no portada de sílaba acentuada [언어] 강세 음절을 가질 수 없는 어휘. ① 정관사, 반면 부정관사는 강세를 나타냄. 예) el, la, los, las ② 단음절 형태의 전치사 예) a, en, sin ③ 접속사 예) que, quien ④ 합성된 수에서 첫 번째로 나타나는 수 예) dieciséis 12, veintidós 22 ⑤ 강세가 없는 대명사 예) yo ⑥ 의문사와 같은 기능을 하지 않는 que, cual, quien, donde, cuando, cuanto, como 의 형태

Palabra polisílaba [언어] 다(多)음절 단어. 세 개 이상의 음절로 이루어진 단어. 예) te‐rre‐mo‐to, es‐trep‐to‐mi‐ci‐na, pa‐ja‐ri‐to, ca‐mi‐se‐ta.

Palabra portada de dos sílabas acentuadas [언어] 2개의 음절에 강

세를 가지고 있는 어휘. '-mente'로 끝나는 부사 어휘에서 일반적으로 두 개의 강세가 있는 음절이 됨. 예) [굵은 글씨에 강세 위치] r**á**pidam**e**nte 빠르게, fr**a**ncasam**e**nte 솔직히. ※ -mente 참조.

Palabra portada de sílaba acentuada [언어] 강세 음절을 가지고 있는 어휘. ① 명사. ② 형용사. ③ 강세가 있는 대명사. ④ 기수나 서수와 같은 수에서는 강세가 위치함. 그럼에도 불구하고 수의 합성어에서는, 첫 번째 요소에는 강세가 위치하지 않음. ⑤ 동사. ⑥ 부사. ⑦ qué, cuál, quién, dónde, cuándo, cuánto, cómo와 같은 의문을 나타내는 형태

Palabra con acento [언어] 강세가 있는 단어. 단어 내에서 강세를 갖는 음절이 차지하는 위치에 따라 단어를 다음과 같이 분류함. ① 끝음절에 강세가 오는 단어(Oxítona; Aguda). 예) reuni**ó**, cen**é**, mam**á**. ② 끝에서 두 번째 음절에 강세가 오는 단어 (Paroxítona; Llana; Grave). 예) herm**a**no, result**a**do, much**a**cho. ③ 끝에서 세 번째 음절에 강세가 오는 단어(Proparoxítona; Esdrújula). 예) r**é**gimen, bol**í**grafo. ④ 뒤로부터 네째 음절에 강세가 오는 단어(Superproparoxítona; Sobresdrújula). 예) C**ó**metelo, recogi**é**ndoselo. ※ Acento; Oxítona; Aguda; Llana; Grave; Proparoxítona; Esdrújula; Superproparoxítona; Sobresdrújula 참조.

Palabra sin acento [언어] 강세가 없는 어휘. ① 모든 정관사(Artículo determinado): el, los, la, las. ② 어미 탈락형 소유 형용사, 즉 전치형 소유 형용사(Adjetivos posesivos apocopados): mi, tu, su, nuestro/a, vuestro/a. ③ 전치사 없는 보어로서 사용되는 인칭 대명사형, 이를 무(無)억양형이라고 함: me, te, le, lo, la, nos, os, les, los, las. ④ 존칭어: Don, Doña, Fray, San, Santo/a. ⑤ 전치사 없이 쓰이는 관계 대명사: que, quien, cuyo, cuanto, cual. ⑥ 관계부사: como, donde, cuando, cuanto, cual. ⑦ 부사: tan, muy, 등등. ⑧ 수량부사: aun, medio, 등등. ⑨ Según을 제외한 모든 전치사: a, con, en, 등등. ⑩ 접속사: ya, bien, sea, ora 등을 제외한 접속사. ※ Acento; Artículo determinado; Adjetivo posesivos apocopados 참조.

Palabras llanas [언어] 끝에서 두 번째 음절에 강세가 있는 단어. 모음으로 끝나거나 자음 중 n, s로 끝나는 단어.

Paladar [해부] 경구개(硬口蓋). 잇몸 등성이 뒤로 입의 천장을 이루는 둥그스름한 뼈 구조. 발성 기관 중 발음부.

Palatales (consonante) [언어] 혀의 앞부분이 경구개에 닿을 때 나는 소리. 예) /y, ĉ, ñ, l/

Palatalización [언어] 구개음화(口蓋

音化). 통시적 관점에서는, 원래 경구개음(Palatal)이 아닌 음이 음 변화에 의해서 경구개음이 되는 것을 말함. 통시적인 관점에서 인구어를 켄툼(Kentum)언어와 사템(satem)언어로 양분할 때, 구개음화가 그 분기의 원인이 되는데, 사템언어는 일차 구개음화를 겪는 언어들을 말함. 공시적 관점에서는, 음구조의 기저에 있는 음운표시에서의 경구개음 이외의 음이 구개화되어 음성표시에서 구개음으로 실현되는 과정 및 원래의 음운이 구개화된 음으로 실현되는 과정, 두 가지를 들 수 있음. 예로는 음운에서 /k/, 음성에서 [k] 임. ※ Kentum; Satem 참조.

Palatalizado [언어] 구개음화된.

Palatina [해부] 구개골(骨).

Palatograma [언어] (1950년경) 구개도(口蓋圖). 조음 접촉을 표시하는 하나의 기법. 고운 가루를 입천장에 뿌렸다가 어떤 어(語)를 조음하고 난 다음에 입천장의 어느 부분의 가루가 혀 때문에 씻겨 없어 졌는지 관찰할 수 있는 것으로 해 그 결과를 표로 만든 것.

Palifrasia, Palinfrasia [의학] 어구 반복증.

Palilalia [정신의학] 동어(同語) 반복증.

Pan- [어원] 「전(全)·범(汎)·총(總) (totalidad)」의 뜻. 예) *panteímo* 범시론(汎神論).

Pancrónico 범시적(汎時的). 오랜 기간동안 변화하지 않은 언어를 일컬음. 범시적 연구에서는 언어 구조의 불변 사상, 곧 시간이란 본질적으로 수반되는 변화로부터 독립해 있는 것과 같은 사상에 중심을 둠.

Pantomima [문학] 판토마임. 작중 인물의 행동을 흉내내고, 작중 인물의 감정을 표현하기 위하여, 자세, 제스처, 신체적 동작, 과장된 얼굴 표정만 사용할 뿐, 대사가 없는 연기를 일컬음.

Para [문법] ((전치사)) para. ① [목적] …을 위하여, …을 목적으로, …을 노리고, …이 되려고, …을 하려고. 예) ¿*Para* qué trabaja usted tanto? 무엇을 위해 그렇게 일하십니까? Ellos me dieron todas las facilidades para la investigación 그들은 연구를 위해 나에게 모든 편의를 제공해 주었다. He conseguido permiso para salir mañana 나는 내일의 외출 허가를 받았다. ② [용도·적응] …용(用)의[으로], …대상의[으로], …에 적합한. 예) caña para pescar 낚싯대. jarabe para la tos 감기용 시럽. medicina para quemadura 화상약, 볕에 탄 데 바르는 약. ropa para mujeres 여성복. tela para camisas 와이셔츠용 천. Esa cama es para mi hija 그 침대는 내 딸아이용입니다. Esta agua no es buena para beber 이 물은 음료수로

는 적합하지 않다. Ella está dotada para la enseñanza 그녀는 교사의 자질이 있다. ③ [대상] …에 대해서, 몫으로, 주려고. 예) Esto es para mí 이것은 내 몫이다. Los libros son para los amigos 책들은 친구들 줄 것이다. Traigo una carta para tu hermana 네 누이에게 편지를 가져왔다. Hay una llamada para ti 너한테 전화다. Hay cinco candidatos para una plaza 공석 하나에 대해 후보자가 다섯 명이다. La abuela compra una muñeca para su nieta 할머니는 손녀 주려고 인형을 산다. ④ [관여] …에 있어서, …로서, …에 대하여. 예) El viaje siempre es agradable para mí 여행은 나한테는 언제나 즐거운 일이다. Para ella es un gran problema 그것은 그녀에게는 큰 문제다. El tabaco es muy nocivo para la salud 담배는 건강에 무척 해롭다. ⑤ [분량] …분의. 예) paella para tres personas 3인분의 빠에야. ascensor para quince personas 정원 15명의 승강기. No hay espacio para tanta gente 그렇게 많은 사람이 들어갈 공간이 없다. Hay arroz para sólo un día 쌀이 하루분밖에 없다. ⑥ [+ 동사원형] ㉮ [목적] …하기 위하여; …하여. 예) Vamos pronto para no llegar tarde 늦지 않도록 빨리 갑시다. ㉯ [결과] …하여 …하다. 예) Juan se detuvo para encender un cigarrillo 후안은 멈춰 서서 담배에 불을 붙였다. ⑦ [대비·비교] …치고는, …에 비해, …으로서는, …하기에는. 예) Ella es muy alta para su edad 그녀는 나이치고는 키가 매우 크다. Hace mucho calor para la estación 이 계절치고는 날씨가 무척 덥다. Llueve mucho para la primavera 봄으로서는 비가 많이 내린다. Me pagan poco para lo que trabajo 내가 하는 일에 비해 봉급이 적다. ⑧ [목적지·방향] …을 향하여, …에 가기 위해[위한], …행. 예) tren para Barcelona 바르셀로나행 열차. mirar para el exterior en la habitación 방에서 바깥을 바라보다. Mañana por la noche parto para León 내일 밤 나는 레온으로 떠난다. ⑨ [시간] ㉮ [기한] …까지. 예) aplazar para el mes que viene 다음 달까지 연기하다. Faltan ocho días para la Navidad 크리스마스까지는 아직 일주일 남았다. Llegaré a casa para las diez de la noche 늦어도 밤 열 시까지는 집에 도착하겠다. ㉯ [예정일·시각] …로. 예) La boda estaba anunciada para el sábado por la tarde 결혼식은 토요일 오후로 알려져 있다. ㉰ [기간] … 동안, … 동안에 걸쳐(durante, por): para toda la vida 일생을 통해, 일생 동안에 걸쳐, 일평생[전생애]를 바쳐. prestar mil euros para quince días 천 유로를 2주일간 빌려주다. Va para diez años que se murió mi padre 부친께서 돌아가신 지 10년이 된다. ⑩ [사람의 능력·솜씨] …에 대한. 예) Antonio es para todo [mucho] 안또니오는 매사에[많은 것에] 재주가 있다. ⑪ [동기·이유] … 때문에, … 이유로. 예) ¿Para qué madrugas tanto? 무엇 때문에 그렇게 새벽같이 일어나느냐? ⑫ [+con] (어

떤 것의 다른 것과 비교를 설명하기 위해) …에게. 예) ¿Quién es usted para con*migo*? 당신은 나와 어떤 관계가 있습니까?

Para- [어원] 「근처・근사・보호・반대・역(逆)・낙하산의[에 의한]」의 뜻. 예) *para*cronismo 시대착오. *pará*frasis 부연 해설. *para*doja 역설. *para*brisa 바람막이. *para*caídas 낙하산.

Paradigma [언어] 어형변화 계열(語形變化 系列). 계열체. 하나의 기체(基體)를 공통으로 갖고, 이에 첨가할 수 있는 요소를 첨가해서 얻어지는 일련의 어휘를 말함. 즉 비슷한 성격의 요소들이 하나의 범주로 묶여 구성된 집합체를 일컬음. ※ Sintagma 참조.

Paradigma semántico [언어] 의미적 어형 변화. 의미관계의 밀접한 정도에 따라 분류되어 한 부류에 속하도록 묶은 단어나 형태소.

Paradigmático [언어] 어형 변화적(語形 變化的). 격에 맞게 일반적으로 이분법 과정의 용어는 옐름슬레우(Hjelmslev)에 의해 그들이 기호 언어학에 적용될 때, 어형 변화적으로 그리고 결합적으로 명명되었음. 이 이분법은 본질적으로 그리고 단독으로 그 축의 각각을 특징짓는 관계의 유형에 기초를 둠.

Paradoja [문학] 역설(逆說). 만일 그 언명이 사실이라면 모순으로 귀결되고, 또 그 언명의 부정(否定)이 사실이라고 해도 역시 모순으로 귀결되는 언명(言明). 역설은 다음의 두 가지로 나뉨. ① 논리적(論理的) 역설: 단지 논리 기호의 사용만을 포함하는 것으로, 대상언어에서 발견됨. ② 의미적(意味的) 역설: 의미론적 개념의 사용을 포함하여, 상위 언어에서 발견됨.

Parafasia [의학] 착어증(錯語症). 실어증 환자의 언어 활동에 있어서 예상되는 단어와 의미적으로 많든 적든 간에 연관성이 없는 단어를 대입하는 것. ※ Afasia 참조.

Paráfrasis [문학・언어] 말 바꿈. 바꿔 말하기. 동일한 언어에서 의미를 바꾸지 않고, A의 표현이 동일한 의미일 때, A와 B 사이에는 말 바꿈 관계가 있다고 하거나, 또는 A와 B의 상호 완전한 말 바꿈이라고 말함. 여기서 말하는 의미는 감정적 의미가 아닌 인지적 의미임.

Paragoge [언어] 어말음(語末音) 첨가. 어말음(語末音) 소멸(apócope)과 대조. 대개 어말에 모음을 첨가함으로써 발음상의 어려움을 해소시키는 현상을 말하며, 이와 달리 자음을 첨가하는 것도 넓은 의미의 어말음 첨가에 해당함. 예) Feliz를 Felice로 사용하는 경우. ※ Apócope 참조.

Paragrafía [의학] 착서증(錯書症). 실어증 환자의 문자 철자법에 나타나는 착어증과 같이 언어 장애가 나타나는 것을 일컬음. ※ Afasia; Parafasia 참조.

Parágrafo [문법] 단락(段落). 문장이 무엇인가의 표현 의도에 의해 한 덩어리로 정돈되어 있을 때, 내용상, 형식상 구획을 가지고 구분하는 경우가 있음. 이처럼 구획에 의해 구분된 한 덩어리의 부분 부분을 단락이라고 함.

Paragrama [언어] (글자 하나 틀리는) 철자 오류.

Paragramatismo [의학] 착 문법증(錯文法症).

Paralexema [언어] 준(準) 어휘소. 표현 수단에 대한 그 통합적 용적의 내용수준 단위는 어휘소의 용적 단위보다 더욱 큼. 그러나 적합한 어휘소의 집합 안에서 대체될 수 있는 것은 준 어휘소라 부를 수 있음. 이 용어는 B. 포티어(Pottier)가 제안한 어휘소의 단위와는 경쟁적임.

Paralexia [의학] 착독증(錯讀症). 실어증 환자가 책을 큰소리로 읽는 경우, 기대되고 있던 단어 대신 다른 단어라든가 그 언어가 필요로 하는 것에 맞지 않는 엉뚱한 신조형식(新造形式)으로 나타나는 증상. ※ Afasia 참조.

Paralingüístico [언어] 부차 언어적. 의사 소통의 한 부분이긴 하지만, 언어의 일부라고 볼 수는 없는 의미 표현과 관련되어 있는 것을 의미함. 예) 몸짓, 인상쓰기, 어조 등등.

Para que [문법] ((접속사)) para que [+ 접속법]. ㉮ [목적] …하기 위하여; …하여. 예) Lo traigo para *que* lo veas tú 너에게 그것을 보여 주려고 가져왔다. Mi mujer rezó para *que* yo volviera sin novedad 내 아내는 내가 무사히 돌아오도록 기도했다. ㉯ [결과] …하여 …하다. 예) ¿Qué sucede para *que* te extrañes así? 무슨 일이기에 그렇게 놀래느냐? ※ Para 참조.

Parasinónimo [언어] 준(準) 동의어. 준 동의어(혹은 유사 동의어)는 어휘소의 대치 가능성 때문에 일정한 문맥에서만 인식될 수 있는 두개 혹은 그 이상의 어휘소의 부분적인 동일시 하는 것. '완전 동의어'는 의미소와 동일 수준에서만 자명한 사실로 인정됨.

Parasintesis [언어] 병치 종합. 단어 형성에서 파생과 합성이 동시에 나타날 수가 있는데, 이런 경우를 지칭함. 예) intolerable(참을 수 없는) [in + tolera + ble].

Parataxis [언어] 병위(並位). 문장 성분의 연결에 있어서, 종속이나 등위보다 그 연결의 정도가 약함. 접속사가 없이 두 문장이 연결되는 경우임. 예) Iré al centro de la ciudad. Tengo una cita con él 난 시내에 나갈 것이다. 난 그와 데이트가 있다.

Paratitivos [문법] 분수. 「기수 + avo(~ce→zavo)) ■ 단, 4~10까지는 기수/서수 ; 1/2, 1/3은 다르게 사용

함」 예) 1/2 (un medio), 1/3 (un tercio), 1/4 (un cuarto), 1/5 (un quinto), 1/10 (un décimo), 1/11 (un onzavo), 1/14 (un catorzavo), 1/18 (un dieciochavo).

Parcial [언어] 부분음(部分音). 복합 진동 중에서, 진동체의 일부분에 의해 생성되는 음파를 일컬음. ※ Harmónico 참조.

Parecer □ 자동사로 사용될 때: ① (물건이) 나타나다, 보이다(= aparecer, dejarse ver). ② (…로·처럼) 보이다, …인 듯하다, …으로 생각되다[추측되다], … (하는) 것 같다: ㉮ [주격 보어와 함께] 예) Esta película *parece* muy interesante 이 영화는 무척 재미있을 것 같다. *Parece* bien 좋을 것 같다, 좋을 것처럼 보인다. Tú *pareces* mucho más joven para tu edad 당신은 나이에 비해 훨씬 젊어 보인다. ㉯ [동사 원형과 함께] 예) Ella *parece* ser una mujer responsable 그녀는 책임감이 있는 사람으로 보인다. Tú no *pareces* tener la edad que tienes 너는 그런 나이로 보이지 않는다. ㉰ [parece+que+*ind.*] 예) *Parece que* va a llover [nevar] por la noche 밤에 비가[눈이] 올 것 같다. ㉱ [no parece+que+*subj.*] 예) *No parece que* llueva mañana 내일 비가 내릴 것 같지 않다. ㉲ [parece(n)+a+사람] ¿Qué le *parece*? 당신은 어떻게 생각하십니까?, 당신의 생각은 어떻습니까? ¿Qué te *parece* este libro? ③ (잃어버렸던 것이) 발견되다(= hallarse, encontrarse). ④ …과 닮다, 비슷하다: Tú *pareces* mexicana con ese traje 너는 그 옷을 입으니 멕시코 여자와 비슷하다. Ella tiene una casa que parece un palacio 그녀는 궁전 같은 집을 가지고 있다. □ **parecerse** [재귀형으로 사용되는 경우] ① [+a] (…를) 닮다, (…과) 비슷하다(= asemejarse). 예) la hija que *se parece* mucho *a* su madre 어머니를 쏙 뺀 딸. ¿A quién *te pareces*? 너는 누구를 닮았니? Ella no *se parece* nada *a* su madre 그녀는 어머니를 전혀 닮지 않았다. ② [복수형] 서로 닮다. 예) Las dos hemanas *se parecen* mucho como las gemelas 두 자매는 쌍둥이처럼 많이 닮았다. Vosotros dos *os parecéis* mucho 너희들 둘은 붕어빵이다.

□ **parecer** 변화형

직·현재	접·현재
pare*zc*o	pare*zc*a
pareces	pare*zc*as
parece	pare*zc*a
parecemos	pare*zc*amos
parecéis	pare*zc*áis
parecen	pare*zc*an

Paréntesis [인쇄] 괄호: ( ); [ ]. ① 이 부호는 언급하려는 중요한 목적 외에 우연한 자료나 명확성을 나타냄. 예) Fernando viene con frecuencia a casa (es como de la familia) y yo voy a la suya 페르난도는 (마치 가족의 집처럼) 자주 집에 오고 나는 그의 집에 간다. ② 문헌을 복사하거나

인용하면서 인용자가 어떤 원문에 빠져 있는 부연 설명이나 어떤 단어나 글자를 추가하는 것이 필요하다고 생각할 때 이 부호가 사용됨. 예) Es ésta [la lengua escrita] muy diferente de la hablada 이것(문어체)은 구어체 언어와는 매우 다르다.

Parisílaba [언어] 음절수가 단수형태에서 동일한 경우의 격변화.

Parodia [문학] 패러디. 다른 사람의 작품 특징이나 문체 또는 운율 등을 모방하여 우스꽝스러운 것으로 바꾸어 놓는 것. 다분히 풍자적인 의도가 깃들게 마련임. 이것은 표절과 달라서 기성의 것을 사용하여 새로운 의미를 내는 곳에 패러디의 의의가 있음.

Parónimo [언어] 류음어(類音語). 형태는 거의 유사하나, 의미가 아주 다른 단어.

Paronomasia [수사학] 유음중첩법(類音重疊法).

Paroxítona (palabra) [언어] 끝에서 두 번째 음절에 강세가 있는 단어. 모음으로 끝나거나 자음 중 n, s로 끝나는 단어. 예) carretera, cortina, casas.

Paroxitónico [언어] 파록시톤의. ※ Paroxítono 참조.

Paroxítono [언어] 파록시톤((끝에서 두 번째 음절에 강세가 있는 말)).

Párrafo ① (글의) 단락, 문단. ② 단표(段表). ((§로 표시되며 단락 번호를 나타냄))

Partes de la oración [언어] 품사의 구분. 문장내의 모든 단어들은 다음의 기준에 따라 차이를 보일 수 있음: ① 의미적 기준; 단어들은 표현되어지는 의미에 따라 구분되어 짐. 예) 사물 (명사; libro, acero, mar), 명사의 질 (형용사; blanco, grande, azul), 행동 (동사; andar, beber, tirar), 동사의 질 (부사; tarde, mucho, temprano). ② 형태적 기준; 같이 결합되어질 수 있는 형태소에 따른 단어의 분류. 예) com-이 어미변화를 하게되면(-o, -es, -e...) 동사가 되고, herman-의 어미가 명사의 성수 어미 형태소인 (-o, -a, -os, -as)와 변화하게 되면 명사로 취급하게 되는데, 이는 형용사 어미 형태소가 될 수 도 있다는 것을 알아두어야 함. ③ 통사적 기준; 문장 내에서 수행하는 기능에 따른 단어의 구분. 예) "El hombre gasta mucho dinero 그 남자는 많은 돈을 쓴다."에서 'El hombre'는 주어로 쓰였는데, 이 주어에서도 'El'은 'hombre'를 꾸며주는 보충어 기능을 하는 관계를 가지고 있음. 'gasta'는 문장 내에서 핵심적인 술어로 쓰였기에 동사가 되고, 목적어로서의 'mucho dinero'는 문장 전체 내에서는 목적어 위치에 있지만, 그 자체 내에서는 'mucho'는 'dinero'를 보충해 주는 기능을 수행하고 있는 형용사임. □ 품사를 나누는 다른 기준: 형태의 변화 품사와 형태가 변화하지 않는 품사. ① 형태의 변화 품사 → 명사(Nombre), 형용사(Adjetivo), 대명사(Pronombre), 관사(Artículo), 동사(Verbo). ② 형태가 변하지 않는 품사 → 부사(Adverbio), 전치사(Preposición), 접속사(Conjunción), 감탄사(Interjección). ※ Nombre; Adjetivo; Pronombre; Artículo; Verbo; Adverbio; Preposición; Conjunción; interjección 참조.

Participio [언어·문법] 과거분사. 수동의미의 형용사. 과거분사는 완료형(haber + 과거분사 '남성 단수' 형태)을 만드는 역할을 하며, 이외에 수동형태에서 연결동사(ser 또는 estar)와 함께 쓰이며, 형용사의 역할을 함으로 주어의 성수에 일치됨. □ 과거분사의 규칙 형태 : -ar 동사는 어미 -ar를 떼고 -ado를, -er, -ir 동사는 어미 -er 및 -ir를 떼고 -ido를 붙이어 과거 분사를 만듦.

```
hablar  →  hablado
comer   →  comido
vivir   →  vivido
```

□ 과거분사의 불규칙 형태의 예 (例)

```
escribir   →  escrito
volver     →  vuelto
hacer      →  hecho
satisfacer →  satisfecho
ver        →  visto
```

```
abrir    →  abierto
decir    →  dicho
poner    →  puesto
romper   →  roto
resolver →  resuelto
```

※ Adjetivo 참조.

Participio de presente [언어·문법] 능동분사. 명사나 형용사가 '-ante', '-ente' '-iente'로 끝나는 경우를 일컬음. 예) estudiante 학생; Presidente 대통령; obediente 복종적인; conveniente 편리한.

Participio pasado [언어·문법] 과거분사(형). 이미 행동이 끝난 것을 나타내는 표현. 형용사처럼 사용되기도 함. 예) Yo he terminado... 난...를 끝냈다. Un producto terminada 끝난(완성된) 제품. ※ Participio 참조.

Partícula [언어] 첨사(添辭). 전통문법에서 첨사라는 용어는 관사, 접속사, 전치사, 간투사(間投詞), 그리고 접두사와 접미사까지의 모든 불변화사(不變化詞)를 지시하는 데 사용됨. 변형문법에서는 오직 'We washed up the dishes 우리는 설거지를 했다. → We washed the dishes up.'로의 변화에서 볼 수 있듯이 'up'과 같은 낱말을 기술하는 데에만 사용됨. 즉 동사와 결합하여 별개의 어휘를 구성하지만 변형 규칙에 의해 동사로부터 분리될 수도 있는 낱말을 말함.

Partitivo [언어] 부분격(部分格). 일부분을 의미하는 표현을 지칭하는 문법 범주.

Paroxítona, palabra [언어] 뒤에서 두 번째 음절에 강세가 있는 어휘. 강세가 한 단어의 뒤쪽에서부터 두 번째 음절에 위치했을 때를 가리킴. 일반적으로 모음으로 끝나거나 자음 중 n, s로 끝나는 단어에 많음. ※ Llana 참조.

Pasado [언어] 과거의, 지나간. 예) Participio pasado 과거 분사. Tiempo pasado 과거 시제. □ [언어] 과거(시제). 예) Pasado compuesto [simple] 복합[단순] 과거.

Pasado acabado [언어] 부정 과거 ((Antonio de Nebrija(1492) 사용)). ※ Pretérito indefinido 참조.

Pasado acabado, por rodeo¹ [언어] 직설법 현재 완료((Antonio de Nebrija(1492) 사용)). ※ Pretérito perfecto de indicativo 참조.

Pasado acabado, por rodeo² [언어] 직설법 직전과거((Antonio de Nebrija(1492) 사용)). ※ Pretérito anterior de indicativo 참조.

Pasado acabado, por rodeo, subjuntivo [언어] 접속법 현재완료 ((Antonio de Nebrija(1492) 사용)). ※ Pretérito perfecto de subjuntivo 참조.

Pasado más que acabado, por rodeo¹ [언어] 직설법 과거 완료 ((Antonio de Nebrija(1492) 사용)). ※ Pretérito pluscuamperfecto de indicativo 참조.

Pasado más que acabado, por rodeo² [언어] (접속법 측면에서 접근한) 가능법 완료((Antonio de Nebrija(1492) 사용)). ※ Potencial compuesto 참조.

Pasado más que acabado, por rodeo, subjuntivo [언어] 접속법 과거완료((Antonio de Nebrija(1492) 사용)). ※ Pretérito pluscuamperfecto de subjuntivo 참조.

Pasado más que acabado, subjuntivo [언어] 접속법 과거((Antonio de Nebrija(1492) 사용)). ※ Pretérito imperfecto de subjuntivo 참조.

Pasado no acabado [언어] 불완료 과거((Antonio de Nebrija(1492) 사용)). ※ Pretérito imperfecto 참조.

Pasado no acabado, por rodeo [언어] (접속법 측면에서 사용된) 가능법 ((Antonio de Nebrija(1492) 사용)). ※ Potencial 참조.

Pasado, optativo [언어] 접속법 과거 ((Antonio de Nebrija(1492) 사용)). ※ Pretérito imperfecto de subjuntivo 참조.

Pasado por rodeo [언어] 직설법 미래 완료((Antonio de Nebrija(1492) 사용)). ※ Futuro perfecto de indicativo 참조.

Pasado por rodeo, optativo [언어] 접속법 과거완료((Antonio de Nebrija(1492) 사용)). ※ Pretérito pluscuamperfecto de subjuntivo 참조.

Pasado por rodeo, subjuntivo [언어] 접속법 미래완료((Antonio de Nebrija(1492) 사용)). ※ Futuro perfecto de subjuntivo 참조.

Pasiva refleja [언어] 재귀 수동태. ※ Se refleja 참조.

Pasivo [언어] 수동태. 일반적으로 수동태라고 하면, 능동태와 대응하여 관찰되어 왔으며, 수동태를 능동태로부터 도출하는 수동변형에 관해서 일찍부터 여러 가지 논의가 있어 왔음. ※ Frases pasivas; Voz pasiva 참조.

Patente [언어] 표면의, 피상적인, 겉보기에. 예) Analisis patente 피상적인 분석. Estructura patente (= superficial) (생성문법에서) 표층 구조.

-patía [어원] 「고통・감정・…증(症)・요법」의 뜻. 예) homeo*patía* 동종[유사] 요법. tele*patía* 정신 감응.

Pato- [어원] 「질병(dolencia)・감정(afección)」의 뜻. 예) *pató*geno 병인이 되는. *pato*grafía 병력(病歷).

Patois [언어] 사투리. 한 언어의 지역적 변이체, 방언 사용자는 방언을 공용어에 비해 낮게 생각하며, 가족 간에, 일정 사회 계층 간에 또는 인정 지역에 국한하여 사용함.

Patronímico 부계(父系)의. 예) Nombre patronímico 성(姓); (고대의) 부계(父系) 호칭((이름높은 선조의 자손들이 공유하는 호칭)).

Patrónimo [언어] 아버지의 이름을 본 딴 이름. 성(姓). 아버지의 이름을 본 딴 가족 이름. 어머니의 이름을 본 딴 것을 Matrónimo라고도 말함. 예) Sancho → Sánchez.

Pattern [언어・인문・과학] 형(型). 언어학에서 극히 드물게 사용되는 용어로서, 엄밀한 정의가 내려지지 않고 있으며, 정의하기 곤란한 용어임. 이 용어는 학자에 따라서 다소 견해가 다르기는 하지만, 원칙적으로는 여러 가지 언어분석의 층위에서 각 언어요소간에 일정하고 정연한 규칙성이나 상대적 관계가 있다는 것과, 따라서 언어 요소의 규칙적인 분류가 가능함을 나타내는 데 사용하는 용어라고 할 수 있음.

Pausa [언어] 휴지(休止). 숨쉬기. 말하거나 읽을 때 쉬거나 정지하는 부분을 휴지(pausa)라 함. 휴지(pausa)는 생리적인 원인, 언어적인 원인에 의해 발생하는데, 두 가지 모두 휴지

(pausa)의 개념에 부합함. 생리적으로는 발음하기 위해 새롭게 공기를 흡입해야 할 필요성 때문이고 언어학적으로는 표현이 끝났음을 나타냄. ① Pausa final absoluta- 완전히 다 말한 상태를 Pausa final absoluta라고 하는데 맞춤법 상으로는 점(punto)로 나타냄. ② Pausa enumerativa(서술·평서문 상 휴지)- 침묵을 하거나, 심각하거나, 슬플 때와 같은 상황들 사이에서 만들어지는 경우를 pausa enumerativa (서술·평서문 상 휴지)라고 함. ③ Pausa explicativa는 처음과 끝에서 열거된 다른 부분보다 확장되어 나타나는 경우를 말함. 즉 el emperador / francés / muy~ 와 같이 띄어 읽을 수도 있지만, 띄지 않고 el emperador francés를 붙여서, 그리고 뒤의 besaba la bandera를 붙여서 읽어 주는 것을 말함. ④ Pausa potencial- Pausa potencial은 화자의 음량에 따라 실현되는데 hiperbática와 expresiva의 두 가지 종류가 있음. hiperbática는 문장을 한꺼번에 쉬지 않고 발음할 수도 띄어서 발음할 수도 있다는 것이고 expresiva는 주어와 동사를 띄어서 발음할 수도 붙여서 발음할 수도 있으나 만일 주어가 동사 앞에 오면 pausa 없이 발음해야 함. ⑤ Pausa significativa- 그것이 있고 없고 에 따라 열거된 말들의 의미가 완전히 달라지게 되는 pausa를 말함. 예로 no / necesitamos estudian más 라고 하면 '아니다, 우리는 더욱 공부할 필요가 있다.'라는 뜻이 되지만 붙여서 발음하게 되면 '우리는 더 이상 공부할 필요가 없다' 라는 뜻이 되어 완전히 그 의미가 달라지게 됨.

Pedir [문법] ☐ 타동사로 사용되는 경우: ① 부탁하다, 간청하다. 예) Los niños me *pidieron* más pastel 아이들이 나에게 케이크를 더 달라고 간청했다. ② 주문하다. 예) ¿Qué pide usted? -*Pido* un helado. 무엇을 주문하시겠습니까? -아이스크림을 주문하겠습니다. ③ 구걸하다. ④ (장사꾼이) 상품에 값을 붙이다[놓다·매기다·부르다]. 예) Piden cien euros por unos zapatos 구두 값으로 백 유로를 부르다. ⑤ (필요로) 요구하다, 요청하다, 필요로 하다, 요하다. 예) El ladrón me *pidió* la cámara y el reloj 도둑이 나에게 카메라와 시계를 요구했다. ⑥ 원하다, 바라다, 가지고 싶어하다, 탐내다. ⑦ (여자의 부모·친척에게) 결혼의 승낙을 요구하다, 구혼하다, 청혼하다(pedir la mano). 예) ir a pedir la mano a su novia 그의 애인에게 구혼하러 가다. ⑧ (트럼프에서) (카드를) 요구하다. ⑨ (판사에게 권리 등을 고소하다, 청구하다, 의뢰하다. 예) Pide en justicia 재판에 의뢰하다. ⑩ 빌리다. 예) Quiero pedirte un poco de dinero para comprar un diccionario de la lengua española 스페인어 사전을 한 권 사게 너한테 돈을 약간 빌렸으면 한다. ⑪ (시간 등을) 예약하다. 예) Quisiera pedir hora [vez] para una consulta 진찰 시간을 예약했으면 싶습니다.

☐ pedir 변화형:

직·현재	직·부정 과거
p*i*do	pedí
p*i*des	pediste
p*i*de	p*i*dió
pedimos	pedimos
pedís	pedisteis
p*i*den	p*i*dieron

접·현재	접·과거
p*i*da	p*i*diera, se
p*i*das	p*i*dieras, ses
p*i*da	p*i*diera, se
p*i*damos	p*i*diéramos, semos
p*i*dáis	p*i*dierais, seis.
p*i*dan	p*i*dieran, sen

현재 분사 p*i*diendo

☐ 아르헨티나, 우루과이, 빠라과이 등지에서는 2인칭 단수의 형태가 pedís로 특이하게 쓰임에 유의. 그리고 중남미 대부분의 지역에서 2인칭 복수는 사용하지 않고, 3인칭 복수 당신들(Uds.)형으로 대신해서 사용을 함. ※ Presente irregualar: ~E → → I 참조.

Penta- [어원] 「5(cinco)」의 뜻. 예) *pentá*gono 오각형.

Pentametro yámbico [문학] 약강오음보격(弱強五音步格). ※ Yámbico; Voz en blanco 참조.

Penúltima [언어] 끝에서 두 번째의. 예) Sílaba penúltima 끝에서 두 번째 음절. ☐ [언어] 끝에서 두 번째 음절.

Per- [어원] ① 「강함·전부·완전히·끝까지 (…하다)」의 뜻. 예) *per*tinaz 완고한. *per*fecto 완전한. ② 「나쁜」의 뜻. 예) *per*jurar 거짓 선서하다. *per*vertir 못쓰게 만들다.

Perceptibilidad [논리] 지각(知覺) 가능성.

Pérdida [언어] (음성·문자의) 탈락.

Perfecta de potencial [언어·문법] 가능법 완료형. 예) ① 완료의 의미. 예) Ya habría gastado mil pesos. 벌써 천 뻬소는 썼을 것이다. ② 과거로부터 본 미래 완료의 표현. 예) Él me dijo que María habría partido al día siguiente. 그는 마리아가 그 다음날 떠났을 것이라고 나에게 말했다. ☐ 형태:

	단 수	복 수
1	habría hablado	habríamos hablado
2	habrías comido	habríais comido
3	habría vivido	habrían vivido

Perfectivo [언어] 완료의. 예) Aspecto perfectivo 완료상.

Perfecto [언어] 완료.

Performativo [언어] 수행 (발화)의.

예) Verbo performativo 수행 동사. Adverbio performativo 수행[발화] 부사. □ [언어] 수행적 발화. 영국 철학자 Austin의 용어. 발화 자체가 발화되는 문장이 표상하는 어떤 행위를 수행하는 발화임.

Perífrasis [언어] 우설법. 우설법이란 조동사(verbo auxiliar)에 의해서 동사의 의미를 구체적으로 한정하는 것을 말하며, 스페인 한림원(Real Academia Español)에서는 우설법을 나타낼 때는 그 어휘가 부분적으로 또는 완전히 그 고유한 의미를 상실한다고 함. ※ Verbo auxiliar 참조.

Periódico [수사학] 총합문의; (문체 따위가) 유려한, 미문의. 예) Frase periódica 총합문. Estilo periódico 유려한 문체.

Período ① [수사학] 총합문. 여러 개의 절이 조화를 이루면 구성된 장문(長文). 예) Período oratorio 연설문. ② [음악] 악절.

Perisología ① [언어] 중복 표현법. ② [수사학] 중복 강조법.

Perispómena [문법] (그리스어에서) 마지막 음절에 억양 부호가 있는 낱말.

Perlocutorio [언어] 발화 매개의. 예) Acto perlocutorio 발화 매개 행위.

Permanente 지속적인, 끊임없는; 연속적인. □ [철학] 영원성.

Permisivo [심리] 자유로이 허용하는, 자유 방임의; (규제 따위에 대해) 관대한, 관용적인.

Permutable [언어] 치환(환치·교체)할 수 있는. 예) Elementos permutable 치환 가능 요소들.

Permutación [언어] 교체. 치환(置換). 변형 생성문법에서의 용어로 구절표식(句節標識)에서 열(列)의 위치를 바꾸는 것을 말함.

Pero [문법] ((접속사)) 그러나. □ 용례: ① 그러나, …이지만. 예) El dinero hace ricos a los hombres, pero no dichosos 돈은 사람들을 부자로 만들지만 행복하게 하지는 않는다. ② [같은 형용사를 반복해서 강조] 아무튼, 하여튼, 어쨌든. 예) Ella tiene unas manos muy frías, pero muy frías 그녀는 아주 찬 아무튼 아주 찬 손을 가지고 있다. ③ [글의 앞에서 강조·놀람·비난] 그런데, 야, 아니. 예) Pero ¿tú por aquí? 야, 여기서 너를 만나다니. Pero ¿qué hace aquí a tal hora? 아니[그런데], 이런 시간에 여기 뭐 하니? Pero ¿dónde vas a meter tantos libros? 그런데 그렇게 많은 책을 어디에 넣을 거냐? Pero ¡qué hermosa noche! 야, 참 아름다운 밤이군!

Perseveración [정신의학] 보속증(保續症). ((병의 원인이 제거되었는데도

의식적·무의식적으로 증세가 유지되는 현상))

Persona [언어·문법] ① 인칭(人稱). 인칭이라는 문법 범주는 대화자와의 관계에 의해 결정됨. 1인칭은 말하는 사람을 지칭하는데 사용되고, 2인칭은 청자를, 3인칭은 화자, 청자 외의 제 3자를 가리키는데 사용됨. 이 중에서 3인칭은 사람 외에 동물, 사물, 또는 개념을 가리키는 데도 쓰이며, 한정된 것 또는 비 한정된 것 등을 나타내는 다른 문법 범주와 결합할 수도 있음. 한편, 일인칭 복수는 청자를 포함할 수도, 제외할 수도 있는데, 몇몇 언어에서는 별개의 대명사를 사용하기도 함. 스페인어에서 3인칭의 Ud.은 예외적으로 청자를 지칭하는 것으로 의미상으로는 2인칭이지만, 문법적으로 볼 때 3인칭에 맞추어 사용해야 함.

□ (주격)인칭 대명사의 형태.

	단수	복수
1인칭	Yo	nosotros nosotras
2인칭	Tú	vosotros vosotras
3인칭	Él Ella Ud.	Ellos Ellas Uds.

※ Pronombre 참조.

Personal [언어] 인칭의 (↔ impersonal). 예) Modos personales 인칭법. Pronombre personal 인칭 대명사.

Verbo personal 인칭 동사. ※ Impersonal 참조.

Personificación [수사학] 의인화(擬人化). 무생물 또는 동물 등에 인간에만 적용되는 특질을 부여하는 수사법.

Pertenencia 부속, 소속. 예) Relación de la pertenencia 포함관계. Grupo de la pertenencia 귀속 집단.

Pertinencia [언어] 적절성; 관여성. 특히 음운론에 있어서 한 음소(Fonema)와 대립되는 다른 음소와의 구별하는 것에 관여하는 특성을 이르는 말. ※ Fonema 참조.

Pertinente [언어] 관여적인. 예) Rasgo pertinente 관여적 속성. Oposición pertinente 관여적 대립.

Pesimismo [철학·문학] 비관론. 페시미즘. 염세주의. 인생은 불행과 고뇌에 찬 존재로서 이 세상에서는 행복을 차지 할 수가 없다고 정의하고 나타냄.

Peyorativo [언어] 경멸어(輕蔑語). 단어의 의미 또는 접미사 등의 형태가 경멸적 어감을 풍기는 단어.

Pictografía [언어] 그림문자 표기 체계, 그림문자에 의한 표기.

Pictograma [언어] 그림표기. 장식적이며 미학적인 용도 외에 어떤 전언의 내용을 언어적 형태를 빌리지 않고 전하기 위해 사용되는, 여러 가지 색깔의 다양한 형태의 그림들을 '그림표기'라 함. 이 그림들은 어떤 얘기를 말해주기는 하나, 말로만 표현된 문장들과 뚜렷한 관계는 없음. 대상이 되는 얘기는 그림의 주체로서 표현됨. 이 같은 문자표기 이전의 형태는 규칙적인 교류를 갖는 수렵 어민족들, 즉 아메리카 인디언, 에스키모인, 시베리아인 등에게서 찾아 볼 수 있음.

Piro- [어원] 「불(fuego)」의 뜻. 예) *piro*tecnia 꽃불[화약] 제조(술).

Pírrico [문학] 약약격(弱弱格). 운율법에서 표준음보 중에 하나로써, 거의 똑같은 무강세 음절이, 다음 시행의 두 번째와 네 번째의 음보에서처럼 연속되는 것을 일컬음.

Pitch [언어] 음 높이. 인간의 음성 속에 포함되어 있는 진동기의 차(差)에 의해 발생하는 상대적인 음의 높이로, 의미의 차이에 관계될 때 혹은 의미의 차이를 기술하기 위한 문법에 필요할 때 언급됨. 소리의 높이느니 중국어에서와 같이 불가결하게 단어의 일부를 이루는 경우도 있으며, 스페인어에서와 같이 발화 전체에 걸쳐 억양의 형태를 구성하는 요소로서 작용하기도 함.

Plano (논문·작품 따위의) 초안, 구상, 계획.

-plastia [어원] 「재건(再建)·개조(reconstrucción)」의 뜻. 예) rino-*plastia* 코 정형 수술. auto*plastia* 자기 성형 (수술).

Plaza [논리] 자리. 논리학에서 파생한 용어로써, 《Moisés muere 모이세스는 죽는다.》와 같이 단일한 자동사 문장을 '한 자리의 구조'라고 함. 여기서 'Moisés'는 'muere'와 결부되는 단 하나의 자리를 차지하고 있음. '두 자리의 구조'는 《Vitor quiere a María 빅또르는 마리아를 사랑한다.》와 같이 단 하나의 목적어를 가진 타동사의 경우를 일컬음. ※ Transitividad 참조.

Pleno [언어] Lenguaje pleno 실어(實語), 어휘적 의미를 가진 말.

Pleonasmo [언어] 중어법(重語法). 용어법(冗語法). 한 문장이나 표현 안에 음성 형태는 다르나 의미가 같은 단어들을 반복하는 것. 낱말뿐만 아니라 문장이 중복되어 나타나기도 함. 이것은 대개 동의어, 또는 우설법(perífrasis)을 이용함. ※ Perífrasis 참조.

Plerema [언어] 의미소(意味素). 의미 성분 분석에서 의미의 최소 단위를 가리키는 용어로 의미 자질 또는 의미 성분과 같은 뜻임.

Pleremática [언어] 내용소론(內容素論). ((L. Hjelmslev의 개념))

Plosivo [언어] 파열음(破裂音). 영어의 [p]와 [b]의 경우와 같이 폐기류기작(肺氣流機作)에 의해 만들어지는 폐쇄음.

Plural 복수의, 다수의. ※ Formación del plural 참조.

Plural mayestático [언어·문법] 권위의 복수. 실제로는 'yo(나)' 한사람이지만, 복수형용사를 써서 말함. 왕(王)등이 권위를 갖고 말할 때, 사용하기 때문에 '권위의 복수'라고 함. 예) Nos, el rey. 본인은 왕이다((서명할 때 왕 이름을 쓰는 대신 이렇게 씀)); Vamos. A ver si damos clases de español 자, 스페인어 수업이 있는지 어디 보자((선생님이 혼잣말을 할 때, 자주 사용하는 예임)).

Pluralidad 복수성, 다수성; 다원성, 다양성.

Pluralismo [철학] 다원론(多元論), 다원주의; 복수체계.

Pluri- [어원] 「다수(多數)(pluralidad)」의 뜻. 예) *pluri*empleo 겸임. *pluri*lingüe 여러 언어를 말하는.

Plurilingüe [언어] ① 여러 언어를 구사하는[사용하는] (↔ Monolingüe, Unilingüe); (국가 따위가) 여러 언어를 공용하는. ② 여러 언어로 이루어진. 예) Diccionario plurilingüe 다국어 사전.

Plurilingüismo [언어] 다언어 구사[공용].

Plurivalencia 다가성(多價性).

Plurivalente ① [철학] 다가(多價)의, 다양한 형태를 취할 수 있는, 다양한 결과를 가져올 수 있는. ② [논리] Lógica plurivalente (둘 이상의 진리값 인정하는) 다치(多値) 논리학.

Plurivocidad [논리·언어] 다가성(多價性); 다의성(多義性).

Plurívoco [논리·언어] 다가(多價)의; 다의(多義)의.

Pluscuamperfecto [언어] 대과거. 과거완료. 과거보다 이전과거를 의미함. 형태로는 직설법의 경우에 'haber 동사의 직설법 불완료과거형 + 과거분사 남성단수형'을 사용하며, 접속법의 경우는 'haber 동사의 접속법 과거형 + 과거분사 남성단수형'을 사용함. ※ Pretérito pluscuamperfecto de indicativo; Pretérito pluscuamperfecto de subjuntivo 참조.

Pluscuamperfecto del indicativo [언어] 직설법 대과거; 직설법 과거완료형. ※ Pretérito pluscuamperfecto de indicativo 참조.

Pluscuamperfecto del subjuntivo [언어] 접속법 대과거; 접속법 과거완료형. ※ Pretérito pluscuamperfecto de subjuntivo 참조.

Poética [문학] 시학(詩學). 시에 관한 이론 또는 시를 미학적인 견지에서 연구하는 학문.

Potencia ① 효력, 위력, 역량. 예) Potencia de las palabras [de la imagen] poéticas 말(시적 심상)의 힘(호소력). ② [철학] 가능태, 잠재성. ③ [심리] Prueba de potencia 잠재능력 테스트.

Podo- [어원] 「발(pie)」의 뜻. 예) *podó*logo 발병 전문가.

-podo [어원] 「발(pie)」의 뜻. 예) mirió*podo* 다족류(多足類).

Poema dramático [문학] 극시(劇詩). 서정시, 서사시와 더불어 시의 3대 장르 중 하나. 전편이 개개 인물의 운문체 대사로 구성됨. 사건 구성에 있어서 서사시와 비슷하고, 대사로 구성됨. 대사에 있어서는 서정시와 유사함. 오늘날에 와서는 산문형식의 희곡 속에 동화되고 있음.

Poética ① [언어] (Jakobson이 말하는) 시적인 (기능). 예) Función poética del lenguaje 언어의 시적 기능. ② [문학] (시의 본질 따위에 대한 일반론으로서의) 시학, 시론, 시법. ① (문학 창조·문학성에 대한 연구로서의) 시학.

Poli-¹ [어원] 「다수(pluralidad) · 풍부(abundancia)」의 뜻. 예) *poli*-fásico 다면(多面)의. *poli*morfo 모양이 다양한. *poli*uria 오줌량 과다.

Poli-² [어원] 「도시(ciudad)」의 뜻. 예) *poli*s (고대 희랍에서) 도시 국가, 폴리스.

Polisemia [언어] 다의어(多義語). 하나의 기표를 가지고 여러 가지의 개념을 의미하게 되는 경우. 이는 동의어와 반대되는 현상으로 볼 수 있음. 예) <u>la llave</u> del reloj(시계 태엽 나사), <u>la llave</u> del grifo(수도 꼭지), <u>la llave</u> maestra(마스터 키)

Polisílaba [언어] 다음절(多音節). 예) 음절이 여러 개로 구성된 어휘의를 보면, edificio 건물, subordinación 종속관계.

Polisílabo [언어] 다음절(多音節)의, 다철(多綴)의; 다음절어(多音節語), 다철어(多綴語).

Popol-Vuh [문학] 뽀뿔-부. 'Libro de Consejo(조언서)'라고도 불리며, 끼체족에 전해오던 전통을 라틴어로 기록해 놓은 자료로서, 1554년경에 기록. 마야문화-끼체족-의 역사적 자료, 신화적인 전통, 설화, 여러 종족들의 이동 및 발전과정을 담고 있으며, 세부분으로 구성. □ 첫 부분은 세계의 생성과 인간의 창조를 다루고 있음. 첫번째 창조: 대지와 초목을 창조하고, 동물들을 만들어 각각 하나씩의 언어를 주고 살게 함. 인간은 출현하지 않았고, 동물들은 신들의 의지에 흡족할 만큼 성스러운 이름을 나타낼 수 없었기에 파괴되었음. 두 번째 창조: 진흙으로 인간을 창조. 말은 하지만 사고력이 부족하고 머리를 움직일 수 없어서 얼굴은 늘 한쪽 면만 향하게 되었고 신들이 파괴를 결정함. 세 번째 창조: 나무로 인간을 창조. 말을 하고 동물을 길들이며 생식능력을 지니고 있었지만, 피가 부족하면 말라버렸음. 사육하는 동물들을 비롯한 여러 가지 것들로부터 나무인간들은 반란을 겪게되고, 신들은 홍수를 일으켜서 이들을 파괴함. 살아남은 나무인간들은 산으로 도망침. 네 번째 창조: 옥수수로 인간을 만듦. 4인의 옥수수인간들은 말을 하고 위험한 존재로서 서로 결투를 할 때도 있었지만, 우주의 존재와 신비를 이해할 수 있는 현명함과 창조자에 대한 경배를 올릴 수 있는 자질을 갖추었기에 신들은 만족하게 되었음. □ 둘째 부분은 신화적 인물들이 벌이는 모험에 대하여 다루고 있음. 여기에는 인간의 삶에 영향을 끼치는 초자연적인 현상, 주술적인 형태가 빈번히 등장하고 권선징악의 면모가 두드러짐. 셋째 부분은 옛 마야제국의 붕괴 이후에 끼체족이 정착할 때까지 이동하며 겪었던 생활사를 중심으로 왕, 사제, 촌락들의 이름들이 나옴. 이 부분을 통하여 우리는 끼체-마야족의 의식주 생활과 함께 정치제도, 종교규율, 사회관습 등을 추론해 볼 수 있음. 시적 표현이 엿보이는 문체는 상징성과 함께 은유와 유추를 많이 구사하고 있으며, 직설적이고 단선적인 표현보다는 이미지를 사용하여 암시성을 강하게 함. 그리하여 상징적인 은유와 더불어 함축적인 다의미를 산출하여 일화나 신화의 상상적인 측면을 더욱 다양하게 확장시켜 주고 있음.

Popular [언어] 통속적(通俗的)인, 대중적인. 사회 언어학에서 '통속적'이란 말은, '교양 있는', '천한', '야비한', '전문적인' 등에 대립하며, 교양이 있는 귀족적 계층으로부터는 배제되고, 그러면서도 천하고 야비하고 하는 일 없이, 민중 속의 얌전한 계층에서 사용되는 구어의 특성을 나타내는 모든 특징, 모든 언어 체계를 의미함. 예) Lenguaje popular 통속어. Expresión popular 속된 표현. Etimología popular 민간 어원설. Latín popular 통속 라틴어.

Por [문법] ((전치사)) por. ① [이유·원인] …으로, … 때문에. 예) ver por un negocio 사업 때문에 만나다. ② [동기] …을 위해. 예) morir por su patria 조국을 위해 죽다. ¡*Por* tu salud! 네 건강을 위해 (건배)! ③ [찬성] …에, …을 찬성하여. 예) votar por la reforma 개혁에 찬성하다, 개혁에 찬성표를 던지다. votar por un candidato honrado 청렴한 후보자에게 투표하다. ④ [목적] …을 구하러, …을 찾으러, …을 부르러. 예) bajar por agua a la fuente 물을 뜨러 샘에 내

려가다. ir por los comestibles a la calle 식료품을 구하러[사러] 거리에 가다. salir por el médico 의사를 부르러 나가다. ⑤ [수단·방법] …로, …을 통해서, …에 의해서. 예) por violencia 폭력으로[에 의해]. por teléfono 전화로. por fuerza 힘으로. ⑥ [대체] …의 대신으로. 예) asistir por el jefe 사장 대신 참가하다. ⑦ [대가] …로. 예) comprar por cien euros 100유로로 사다. ⑧ [평가·자격] …로. 예) recibir a *alguien* por esposo …를 남편으로 맞이하다. ⑨ [시간] ㉮ …동안. 예) por mucho tiempo 오랫동안. guardar por ocho días 일주일간 누워 있다. ㉯ …쯤. 예) volver por el invierno 겨울쯤 돌아오다. ㉰ [기회] …에. 예) regalar una meñeca por su cumpleaños 생일에 인형을 선물하다. ir a España por la Navidad 크리스마스 휴가로 스페인에 가다. ⑩ ㉮ [공간] …의 근처[부근·주변·언저리]에. 예) estar por la universidad 대학교 근처에 있다. ㉯ [통과] …으로, …을 통해서. 예) entrar por la ventana 창문으로 들어가다. *Por* aquí, por favor 이쪽으로 오십시오[가십시오]. ㉰ …를 쭉. 예) viajar por la América Latina 라틴 아메리카를 여행하다. ㉱ [부위] …의 곳을. 예) Ella me cogió por la mana 그녀는 내 손을 잡았다. Le agarré por la cintura 나는 그의 허리를 붙잡았다. ⑫ ㉮ [단위] …에 대하여, …당. 예) por hora 시간당. por cada persona 한 사람당. ㉯ [곱하기] 예) Cinco por tres, quince 5 곱하기 3은 15다. ㉰ [명사+*por*+같은 명사] …씩. 예) examinar cosa por cosa 한 건씩 검토하다. ⑬ [+*inf.*] ㉮ [이유·원인] 예) Hoy no salgo por estar resfriado 나는 오늘 감기로 외출하지 못한다. ㉯ [목적] …하기 위해서. 예) Ella se levantó temprano por no llegar tarde a la clase 그녀는 수업에 늦지 않기 위해 일찍 일어났다. ㉰ [개시] 우선, 최초에, 첫째로. 예) Empezaré por abrir todas las ventanas 우선 모든 창문을 열겠다. ㉱ [결과] 마지막으로 …하는 것으로 되다. 예) Los dos acabaron por reñir 두 사람은 결국 싸움으로 끝났다.

Porque [문법] ((접속사)) ① [이유·원인] [¿Por qué? (왜?)에 대한 대답으로] … 때문에. 예) ¿Por qué llegas tarde? −Porque dormí demasiado 왜 늦었니? −너무 잤기 때문입니다. ② [보통은 주절 다음에서] … 때문에, …이므로. 예) Tengo que descansar porque estoy muy cansado 무척 피곤하기 때문에 나는 쉬어야 한다. Voy a comer algo porque tengo mucha hambre 배가 많이 고파 무얼 좀 먹어야겠다. ③ [목적, +접속법] …하도록(= para que). ※ Por 참조.

Porta- [어원] 「사람·장치·도구를 받치거나 운반하기 위해 쓰는 것」을 뜻함. 예) *porta*estandarte 기수(旗手). *porta*caja 북 매는 가죽 끈.

Portoñol [언어] 포르투갈 어(브라질 어)식 스페인어. 포르투갈 인이 스페인에서 자기 언어 식으로 스페인어를 하는 것을 일컫는 말, 이외에도 중남미에서 브라질 사람이 브라질 어(포르투갈 어) 식으로 인접 국가인 아르헨티나 또는 파라과이 등에서 스페인어를 사용하는 경우를 일컬음..

Portuguesismo [언어] 포르투갈어에서 영향을 준 스페인어. ※ Lusismo 참고.

Pos- [어원] 「…의 뒤에(detrás de)·… 후에(después de)」의 뜻. 예) *pos*bélico 전후(戰後)의. *pos*poner 뒤에 두다. *pos*tónico 강세 뒤의. ((「가끔 라틴어 형태를 보존해서 *post-*」예) *post*dorsal 후설음의. *post*fijo 접미어))

Poseedor 소유자, 소지자.

Posesión [언어·문법] 소유(所有). 소유(관계). 소유를 표현하는 언어 형식에는 여러 가지가 있기 때문에 한마디로 정의할 수는 없음. 가장 직접적인 소유 표현은. ① 《Miguel tiene un coche nuevo 미겔은 새 차를 가지고 있다.》와 같은 표현으로부터, 소유를 일차적인 의미로 나타내고있지 않지만 결국은 누군가의 소유를 의미로써 갖고 있는 표현인. ② Miguel le da un poco de dinero a Catalina 미겔은 까딸리나에게 조금의 돈을 주었다. ③ 《Miguel compró un libro de Catalina 미겔은 까딸리나로부터 책 한 권을 샀다.》등과 같은 표현에 이르는 다양하나 종류가 있음. 이들을 어떤 의미에서 일종의 소유 표현이라 간주했을 때, 그 공통성을 동사의 자질로 나타내는 방법이 있음.

Posesivo [언어] 소유사(詞); 소유의, 소유를 나타내는. 예) Adjetivo posesivo 소유 형용사.

Posesivos [문법] 소유격 형용사, 소유사. 소유격 형용사의 경우 명사의 성수에 따라 그 형태를 달리하며, 스페인어에서는 명사의 앞에 붙는 형태와 뒤에 붙는 형태를 가지고 있음. ① 전치형 소유사:

	단수	복수
1ª	mi	nuestro(a)
2ª	tu	vuestro(a)
3ª	su	su

예) mi maleta 나의 가방. sus libros 그(그녀/ 당신/ 그들/ 그녀들/ 당신들)의 책들. Vuestra meleta 너희들의 가방.
② 후치형 소유사:

	단수	복수
1ª	mío	nuestro(a)
2ª	tuyo	vuestro(a)
3ª	suyo	suyo

예) el libro mío 나의 책. la maleta nuestra 우리들의 가방. ※ Adjetivos posesivos 참조.

Posesivos, Nombres [언어·문법] 소유 대명사. 사물을 대화자간에 서로 인지하고 있는 상태에서 소유 대명사로 만드는 것이 가능함. ☐ 형태: 다음에 오는 후치형 소유사 형태인 『관사 + 명사 + 후치 소유사』에서 명사만을 생략한 형태.

	단수	복수
1ª	mío	nuestro(a)
2ª	tuyo	vuestro(a)
3ª	suyo	suyo

예) el (libro) tuyo 너의 것. la (maleta) nuestra 우리들의 것. los (libros) suyos 그(그녀/ 당신/ 그들/ 그녀들/ 당신들)의 것.

Posición [언어] (발음기관·언어 요소의) 위치. 예) Vocal en posición fuerte[débil] 강[약] 위치 모음.

Positivismo [철학] 실증주의: Positivismo lógico 논리 실증주의, 신 실증주의. ☐ 실증주의; C. 생시몽이 처음 사용하고, A. 콩트에 의해 체계화된 철학. 좁은 뜻으로는 콩트 자신의 철학을 가리키지만, 넓은 뜻으로는 경험을 중시하고 초월적인 존재를 부정하려는 경향 일반을 말함. 영국의 경험론 철학도 넓은 뜻으로는 이 실증주의에 포함되며, 자연과학도 실증주의적 학문으로 규정되기도 함. 문제는 '경험'이라고 하는 개념이 철학적으로 복잡 미묘한 개념이어서 그 해석 여하에 따라 '실증주의'가 차지하는 범위가 늘기도 하고 줄기도 한다는 데 있음. 20세기에 들어와 빈 학파의 사상도 논외의 역할을 중시하는 실증주의 곧 논리실증주의라고 불렀음. 논리실증주의자들은 형이상학을 무익한 것으로 경멸했고 형이상학 대신 논리학과 방법론을 추천했음. 논리실증주의자들의 주장 가운데 사실적 유의미성에 관한 검증가능성 기준은 많은 논쟁을 불러일으켰는데 이는 20세기 중반을 넘어오면서 증명가능성 또는 확증가능성 등 좀 더 관대한 기준으로 바뀌었음. 콩트와 마흐의 현상주의·도구주의의 전통과 관련이 깊은 실증주의라는 이름은 20세기 중반 이후 원자론과 이론적 실체에 대한 부정적 태도로 과학의 정신과 조화를 이룰 수 없었음. 그러나 가설과 이론을 경험적으로 검증할 수 있어야 한다는 요구는 포기할 수 없는 것이었고 이에 논리실증주의를 대신해서 논리 경험주의가 새 이름으로 대두하였음. L.J.J. 비트겐슈타인의 후기 저작에서 비롯된 일상언어 분석 철학이 한 흐름을 형성했고 논리실증주의의 연장선상에서 연구대상 언어와 메타언어를 구분하여 논리적 재구성주의를 도모한 인공언어학파의 R. 카르나프 등이 또 한 흐름을 형성했음.

Positivo ① [언어] (형용사·부사의) 원급의. 예) Adjetivo positivo 원급 형용사. ② [철학] Filosofía positiva 실증 철학. Etapa positiva 실증적 단계((콩트 철학에서 Etapa teológica, Etapa metafísica 다음의 단계)). ③ [문학] Héroe positivo 혁명적 주인공.

Posnominal [언어] 명사[형용사]에서 파생된.

Pospalatal [언어] 후부 경구개음의. □ 후부 경구개음.

Posposición [언어] 후치사.

Pos-pretérito [언어] (직설법측면에서 접근한) 단순 가능법((Andrés Bello (1847) 사용)). ※ Potencial simple 참조.

Pos-préterito subjuntivo común [언어] 접속법 과거((Andrés Bello(1847) 사용)). ※ Pretérito de subjuntivo 참조.

Pospuesto [언어] 후치(사)의.

Postalveolar [언어] 후부 치경음의; 후부치경음(([ʃ], [ʒ])).

Postartículo [언어] 관사 후사. 한정사의 하위 범주로서, 관사의 뒤, 명사의 앞에 놓이는 것을 일컬음. 여기서 '관사 후사'는 형용사와는 구별됨. 이유는 그것이 속사(Atributo)로는 될 수 없기 때문임. 예) 《El mismo niño(같은 아이)》에서 'mismo(같은)'을 일컬음. ※ Atributo 참조.

Postdental [언어] 이 안쪽 (음)의; 치리음(齒裏音).

Postdeterminante [언어] 후치 한정사. 명사의 뒤에서 수식 대상인 명사를 제한 또는 한정하는 수식어.

Postdorsal [언어] 후부 설배음의; 후부 설배음.(([k], [g] 따위))

Posterior [언어] 후설음; 후설(음)의: Vocal posterior 후설 모음.

Postónica [언어] 강세 음절 뒤에.

Postpaladar [언어] 후부 경구개(음)의; 후부 경구개음(([k], [g], 따위)).

Postvelar [언어] 후부 연구개(음)의; 후부 연구개음.

Potencial ① [언어] 가능법의. ② [철학] 가능태의. ※ Potencial simple 참조.

Potencial compuesto [언어·문법] 가능법 완료. □ 용례: ① 현재나 과거의 시점에서 미래가 완료된 것을 상상한 순수 가정에 사용. 예) Aunque dijera la verdad, yo no le habría creído 아무리 사실을 말한다 할지라도 난 그를 믿지 않았을 것이다. ② 과거 사실에 반대되는 가정문에 사용. 예) Si me hubiera dicho tal cosa, le habría pegado un puñetazo 내게 만일 그런 말을 했었다면 한방을 때렸을 텐데. □ 규칙 형태:

	단수	복수
1ª	habría	habríamos
2ª	habrías	habríais
3ª	habría	habrían

\+

-ar형	-er/-ir형
-ado	-ido

	단수	복수
1ª	-aría -ería -iría	-aríamos -eríamos -iríamos
2ª	-arías -erías -irías	-aríais -eríais -iríais
3ª	-aría -ería -iría	-arían -erían -irían

Potencial simple [언어·문법] 단순 가능법. 미래의 확실한 행위가 아니라 가능한 행위를 표현하므로 가설적 미래라고도 부름. □ 용례: ① 독립적으로 쓰여 충고나 암시, 개인의 소망, 실현 불가능한 희망을 표현. 예) Debería salir pronto para poder llegar a tiempo 제 시간에 도착하려면 빨리 나가야 할 것이다. Me gustaría salir con Juan 후안과 사귀고 싶은데요. ② 과거에서 본 미래, 즉 과거의 시점에서의 미래를 표시함. 예) Nos prometieron que nos pagarían más 우리에게 더 지불하겠다고 약속했다. ③ 주절의 시제가 직설법 현재일 때, 종속문에서 가능법이 사용되었다면, 화자가 행위에 대한 확신이나 실현 의지가 없는 경우임. 예) Yo creo que no podría 난 내가 할 수 없을 것이라 믿는다. ④ 과거의 일을 유추할 때 사용. 예) Serían las tres cuando llegó a casa 집에 도착했을 때가 세 시였을 것이다. □ 동사 변화형 어미: (-ar/-er/-ir 변화형).

Praga, Escuela de. [언어학파] 프라그(가) 학파; 프라하 학파. 1926년 세워져서 음운론을 중심으로 한 구조주의 언어학 학파. 프라그 학파는 구조주의적 연구의 모델이었던 음운론의 원리에 의하면 음운요소의 감각적 내용은 체계 속에서의 그들의 상호관계보다 덜 본질적인 것으로 간주함. 따라서 음소들 사이에 존재하는 관계를 반드시 명시해야만 음운체계의 특징을 드러낼 수 있다고 함. 음운체계란 고립된 음소들의 기계적인 총화가 아니라 음소들을 구성요소로 지니는 하나의 유기적인 총체이며 이 총체의 구조는 제 법칙을 따르는 것이라 정의함.

Pragmática ① [언어] 화용론. 어용론. ② [역사] 왕령, 칙령. □ 화용론: 1. 발화의 성격. 1.1 화용론의 이해. 1.1.1 화용론의 규정. 발화의 의미를 연구하는 분야를 화용론이라고 함. 화용론은 화자와 청자에 대한 언어적 발화의 의미, 곧 발화가 사용자와 해설자에 대하여 갖는 의미를 연구하는 분야를 말함. 일찍이 미국의 철학자 모리스(1938)와 논리학자 카르납(1942, 1955)

은 화용론을 기호와 기호의 체계에 대한 연구인 기호학의 3대 하위영역 가운데 하나로서 간주하였음. 여기서 기호학의 3대 영역이란 사용자와 관련 속에서 기호를 연구하는 의미론, 기호 및 표현과 관련 속에서 기호 또는 표현을 연구하는 통사론을 말함. 이들 세 영역의 차이점을 프리쉬(1967)의 꿀벌이 다른 꿀벌들에게 꽃가루와 꿀의 출처를 알리는 이른바 '언어적 춤'에 비유해 보면 다음과 같음. 곧 동작의 연속체로서 춤의 실질적 구조는 통사론이며, 꿀의 출처에 대한 방향과 거리의 표현으로서 춤의 지시 내용은 의미론이며, 꿀벌이 꿀을 모으는 수단, 즉 꿀벌의 행동 양상으로서 춤의 기능의 방법은 화용론이 됨. 1.1.2 의미론과 화용론. 화용론은 의미론 및 통사론과 대립되는 영역으로 출발되었지만, 그 중 의미론과 화용론은 언어의 의미현상을 취급함으로써 두 영역을 더 밀접한 상호의존 관계를 유지해 왔음. 이와 관련하여 의미론과 화용론의 위상을 설정하는 데는 다음과 같은 세 가지 관점이 있음. ① 의미주의 : 의미론의 하위영역으로 화용론을 취급하는 관점으로서 로스가 대표적인 학자임. ② 화용주의 : 화용론의 하위영역으로 의미론을 취급하는 관점으로서 설이 대표적인 학자임. ③ 상보주의 : 의미론과 화용론에 독자성을 부여하면서 상호 보완적인 성격을 지니는 것으로 보는데, 이러한 관점을 취한 학자로는 리치를 들 수 있음. 1.1.3 화용론의 과제. 화용론의 연구과제에 대해서는 의견이 일치되지 못한 상태임. 이와 관련된 다음 두 학자의 견해를 살펴보기로 함. 리치(1981)는 화용론의 영역을 '지시'와 관련하여 '화자(Hablante)와 청자(Oyente)', '화자의 의도와 청자의 해석', '화맥(Contexto)', '언어사용에 의해 수행된 행위(Acto)'로 잡고 있음. 한 편, 레빈슨(1983)에서는 지시, 함축, 전제, 발화행위, 담화구조의 양상을 들고 있음. 1.2 발화(Enuciación)의미의 이해. 낱말이나 문자의 의미는 구 자체로도 분석·기술될 수 있지만, 언어가 실제로 사용되는 상황 곧 화맥(Contexto)의 도움 없이는 제대로 파악되기 어려운 성질을 지니고 있음. 최근 들어 의미기술의 이러한 한계를 극복하기 위하여 발화의 의미분석에 많은 관심이 쏠리게 되었음. 1.2.1 문장의 발화의미. 의미기술이라는 공통성을 지니면서도 문장의미와 발화의미는 차이를 갖는다. 한마디로 전자는 '표현-의미' 사이의 2중 관계인 'X는 Y를 의미한다'에 국한되는 반면, 후자는 '화자-표현-의미' 사이의 3중 관계인 'S는 X에 의해서 Y를 의미한다'에 관련됨. 1.2.2 발화의미의 두 가지 양상. 발화상황은 현재 이루어지고 있는 발화의 의미를 결정하는 중요한 열쇠가 됨. 곧 발화상황의 다양한 변수에 따라 동일한 의미가 상이한 표현형식으로 나타나기도 하며, 동일한 표현형식이 상이한 의미를 지니게도 되는 것임. 1.2.3 발화의미의 파악. 발화의미가 걸치는 영역은 발화자체, 화-청자, 화-청자가 공유한 지식을 포함한 발화상황과 일치함. 여기서 공유된 지식을 '화맥(Contexto)'이라고 함. 2. 화맥(Contexto). 화맥이란, 발화가 실현되는 구체적인 맥락을 말한다. H₂O가 물리적 환경에 따라 물, 얼음, 수증기로 나타나듯이 화맥에 따라 동일한 진리치(Veritativo)를 지닌 발화가 상이한 표현양식을 지니게 됨. 2.1 화자와 청자. 언어의 전달과 수용은 화자와 청자를 전제로 하고 있음. 화자와 청자간에 놓인 화맥의 요소로는 지위, 친밀도, 성별 등이 있음. 2.1.1 지위. 화자와 청자의 지위에 따라 발화의 형식이 바뀌게 됨. 지위의 높낮이는 문화권마다 다른 모습으로 형성되겠지만, 한국어의 경우 어버이와 자식, 형과 동생 등의 혈연 관계나, 어른과 아이, 스승과 제자, 선배와 후배, 상급자와 하급자 등의 사회관계에서 신분의 서열이 결정됨. 우리말의 대우체계는 화자의 지위를 잘 반영하고 있음. 2.1.2 친밀도. 친밀도는 화자와 청자가 의식하는 심리적인 거리를 말하는데, 이에 따라 발화의 형식이 달라짐. ① 갑과 을의 친밀도가 먼 경우임. ② 갑과 을의 친밀도가 가까운 경우임. 일반적으로 친밀도와 발화의 길이는 비례관계에 놓이게 됨. 곧 친밀도가 낮은 경우에는 비격식체인 편한 말씨를 사용하므로 발화의 길이가 긴 반면, 친밀도가 높은 경우에는 격식을 갖춘 말씨를 사용하므로 발화의 길이가 짧음. 2.1.3 성별. 언어표현에는 화자가 남성인가 여성인가에 따라 발화형식이 구별되는 일이 있음. 한국어의 경우 성별에 따른 표현형식의 차이는 그다지 분화된 것 같지는 않음. 2.2 장면. 장면은 화자와 청자간에 발화가 사용되는 특정한 시간과 공간을 말하는데, 연극공연의 무대를 비유할 수 있음. 따라서 동일한 진리치를 지닌 발화라 하더라도 장면의 제약을 받거나 장면을 통해서 제대로 파악됨. 2.2.1 공적장면과 사적장면. 말은 사용자의 삶을 드러내는 도구이므로, 화자와 청자가 놓인 장면이 공적이냐 사적이냐에 따라 조절됨. 일반적으로 공적인 장면에서는 품위 있고, 정중한 격식체를 사용하며, 사적인 장면에서는 친근하고 부담 없는 비격식체를 사용함. 2.2.2 장면 지시표현. 발화가 특정한 공간과 시간을 기점으로 화자와 청자의 관계에 의해 사물, 사람, 사건 등을 가리키는 것을 직시표현(Deíxis)이라고 함. 레빈슨(1983)에서는 직시표현의 유형으로 인칭 직시표현, 시간 직시표현, 장소 직시표현, 사회 직시표현을 들고 있는데, 이 가운데서 장소 직시표현과 시간 직시표현은 장면 직시표현으로 묶어서 다루고 있음. 2.2.3 장면의 시점. 사건이 진행되는 장면을 기술하는 모습은 화자에 따라 다름. 그것은 화자의 관심사가 어디에 있느냐 하는 시점과 관련됨. 화자의 시점과 청자의 시점이 일치될 경우에는 의사소통이 원활하지만, 그렇지 않을 경우 혼란이 일어남. 아래에서 화자의 시점이 어느 쪽에 놓여 있는지를 살펴보기로 함. ① 오른쪽과 왼쪽의 시점. 축구경기에 패널티킥 장면을 라디오에서 듣는 경우 아나운서가 "X선수가 골대의 왼쪽으로 공을 찼습니다."라고 했을 때, '왼쪽'은 누구의 시점인가? 이 경우는 4가지 시점에 가능한데, 공격자를 중심으로 한 시점과 문지기를 중심으로 한 시점이 있으며, 전후반전에 공격과 수비의 위치가 바뀜에 따른 시점이 있음. 실제로 왼쪽과 오른쪽의 혼란은 우리가 만나는 일상사에서 매우 흔함. ② 앞과 뒤의 시점이다. 먼저 공간상의 용법으로서, 기차를 타고 갈 때 화자가 마주 놓인 좌석의 어디에 앉느냐에 따라 기차의 나아가는 방향은 다르게 표현됨. 곧 화자의 시점에 따라 기차는 앞으로 뿐만 아니라 뒤로한다고도 할 수 있는 것임. ③ 버스에서나 극장에서 비어 있는 자리를 보고 옆 사람에게 "자리 있습니까?"라고 물었을 때, 그 대답이 '있다'나 '없다' 어느 경우라 하더라도 선뜻 앉을 수 없게 됨. 그 까닭은 화자와 청자의 시점이 다를 수 있기 때문임. 2.3 발화의 흐름. 발화의 모습은 그 흐름인 이야기 속에서 놓인 위치에 영향을 받음. 어떤 발화가 이야기의 처음에 등장하느냐, 이야기의 중간에 놓이느냐에 따라 정보의 가치에 차이가 나타남. 2.3.1 신정보와 구 정보. 언어의 일차적 기능은 정보의 전달에 있음. 정보를 기술하는 예는 개별적인 문장만을 대상으로 할 수는 없음. 그 까닭은 동일한 모습을 지닌 문장이라 하더라도 그 문장이 놓인 앞 뒤 관계뿐만 아니라, 문장에 실제로 사용되는 화맥에 따라 정보의 가치가 다르게 실현되기 때문임. 하나의 발화에서 전제되어 청자에게 알려져 있거나 청자의 의식 속에 들어 있는 정보를 구정보라 하고, 청자가 궁금하게 생각하는 사항으로서 화자가 문장을 통해서 제시하는 정보를 신정보라고 함. 곧 구 정보는 청자의 판단으로 식별되거나 유추될 수 있는 정보인 반면, 신정보는 그렇지 않음. 2.3.2 화제와 논평. 정보와 관련하여 프라그학파에서는 언어활동을 전달기능면에서 두 가지 측면으로 분석한 바 있음. 즉 한편으로는 정보의 전달구조 측면에서 신-구정보, 다른 한편으로는 문장의 외형적 구조상 '무엇에 관하여 말하려는 그 무엇'인 화제와 '그것에 관하여 말하려는 것'으로서 '논평'으로 구성되어 있다는 것임. '신-구정보'가 청자의 관점이라면, '화제-논평'은 화자의 관점에 더 큰 비중을 둔 것임. 예) 저 산은 높다. 화제 논평. 3. 발화행위. 3.1 발화행위 이론. 화용론은 언어학의 기술적 필요성에서라기보다, 철학적 추상성을 밝히기 위해서 출발되었음. 심지어 화용론이 언어학자들에게 그 중요성이 인식되었을 대도 일련의 철학자들이 이 분야의 중추적인 역할을 맡고 있었음. 특히 1970년대에 오스틴, 설, 그라니스와 같은 세 사람의 철학자들은 그들 자신의 연구에서 '화용론'이라는 술어를 직접 사용하지는 않았지만, 화용론의 확립에 큰 공헌을 끼쳤음. 3.1.1 오스틴. 1) 수행발화와 단정발화. 화용론의 개막을 알리는 오스틴(1962)에서는 수행발화(Enunciado realizativo)와 단정발화(Enunciado asertivo)를 구별하고 있음. 곧 수행발화란 약속, 명명 내기, 경고, 사죄 등과 같은 행위에 관한 발화이며, 단정발화란 사물의 내용에 대한 참과 거짓에 관한 진술발화임. 수행발화의 의미를 설명하는 데 요구되는 조건을 오스틴 자신은 적절 조건이라 하여 단정발화의 진리조건과 구분하였음. 단정발화의 결과는 참이나 거짓이 되는 반면,

수행발화의 결과는 적절하거나 부적절한 것으로 나타남. 그러나 오스틴에서는 수행발화뿐만 아니라, 모든 발화가 행위의 성격을 띤다는 결론을 내리게 되었음. 곧 서술문, 의문문, 청유문 등에서도 다음과 같이 비 명시적 수행발화 표지를 덧붙임으로써 행위를 추출할 수 있다는 것임. 2) 발화행위의 3분법. 언어적 현상을 근본적으로 행위라고 본 오스틴의 접근 방식은 서술 혹은 명제의 의미, 곧 진리조건에 국한된 정통적 논리학자의 한계를 초월하는 계기를 마련하였음. 이러한 접근방식은 동일한 발화가 동시에 세 종류의 행위로 구성된다고 보았음. ① 언표 행위(Acto locutivo) : 어떤 특별한 의미와 지시로써 어떤 표현을 발화하는 행위 (그녀를 때려라!), ② 언표내적 행위(Acto ilocutivo) : 언표행위의 수행 안에서 수행되는 행위 (그녀를 때리라고 재촉/요청한다.) ③ 언향적(언표 매개적) 행위(Acto per-locutivo) : 말해진 것에 의해 수행되는 행위 (예: "그는 나에게 그녀를 때리라고 설득한다.") 이 가운데서 오스틴은 언표내적 행위에 초점을 두었음. 언표행위는 진리에 근거한 의미론의 전통적 영역이었으며, 언표매개 행위는 발화의 영향이나 결과를 다루므로써 엄격히 말하면 언어의 의미연구 영역을 벗어나기 때문임. 3.1.2 설. 초기 화용론에 대한 오스틴의 탐구는 그의 제자 설에 이르러 한층 더 세계적인 이론으로 자리잡게 되었다. 설은 언어연구를 행위이론의 한 부분이라고까지 주장함으로써 오스틴보다 더 적극적으로 의미의 개념을 행위의 일종으로 간주하였음. 화용론에 관한 그의 관심사는 언표내적 행위와 언표외적 수행력에 집중되었으므로, 설의 '발화행위 이론'은 실제로 언표내적 행위를 말함. 설(1969)은 화행이 효과적으로 수행되기 위한 조건으로 다음과 같은 4가지 규칙을 제시하였음. ① 명제내용 규칙 : 발화의 명제부분에 의해서 표현된 의미를 명시한다. ('약속한다'는 반드시 화자의 어떤 미래의 행위를 지시함.) ② 예비 규칙 : 언어행위의 수행에 요구되는 조건을 명시함. ('감사'의 행위에 있어서 화자는 청자가 화자에게 유익한 일을 했다는 것을 알아야 함.) ③ 성실 규칙 : 언어행위가 성실히 수행되기 위해서 갖추어야 할 조건을 명시함. ('사과하다'가 성실한 말이 되기 위해서는 화자가 앞선 행위에 대하여 유감을 가져야 함.) ④ 필수 규칙 : 관습적으로 언어행위가 간주되어져야 하는 것을 명시함. (경고에 대한 필수 규칙이란 미래의 사건에 대하여 청자가 관심을 갖고 있지 않다는 것이 간주되어져야 함.) 3.1.3 그라이스. 그라이스(1975)는 설과 마찬가지로 진리조건의 의미로부터 일상적 대화의 의미가 어떻게 다른가의 문제에 관심을 기울였음. 설이 행위 속에서 진리에 근거한 패러다임이 있다고 제안한 반면, 그라이스는 '말해진 것'과 '의미된 것' 사이의 차이를 설명하는 데 관심을 가졌음. 여기서 '말해진 것'이란 액면 그대로의 가치에서 낱말이 의미하는 것을 말하며, '의미된 것'이란 화자가 청자에게 전달하려고 하는 효과임. 이 두 종류의 전언 사이에는 상당한 거리가 존재함. 전자는 '명시적 의미'만으로 구성되는 반면, 후자는 '비명시적 의미'도 포함됨. 1) 협력의 원리. 협력의 원리란 대화 참여자 상호간에 지켜져야 할 다음과 같은 조건을 말함. (가) 일반원리 : 대화에서의 말은 자신이 참여하고 있는 대화에서 합의된 목표나 방향과 알맞게, 그리고 그 말의 시점에서 적절한 기여가 되도록 하라. (나) 하위원칙. 1) 질의 원칙 : 당신의 기여를 참이 되도록 노력하라. ① 거짓이라고 믿는 것을 말하지 말라. ② 적절한 증거가 없는 것을 말하지 말라. 2) 양의 원칙 : ① 현재의 대화상의 목적에 요구되는 만큼의 기여를 하라. ② 요구되는 깃 이상의 정보를 기여하지 말라. 3) 관계의 원칙 : 적절한 기여를 하라. 4) 태도의 원칙 : 분명하고 구체적이 되게 하라. ① 불투명성을 피하라. ② 중의성을 피하라. ③ 간략히 하라. ④ 순서를 지키라. 2) 대화의 함축(Implicatura). 일반적으로 협력의 원리가 준수되지 않을 때는 의사소통이 원활히 이루어지지 못함. 그런데, 화자가 의도적으로 협력의 원리를 깨뜨림으로써 청자가 함축된 의미를 추론하도록 이끄는 경우도 있게 됨. 이것을 그라이스(1975)는 대화의 함축이라고 하였음. 이 경우 청자는 화자의 발화에 협력의 원리가 준수되고 있다는 믿음이 전제되어여 하며, 화자 역시 청자가 그러한 고의성을 추론해 낼 것으로 기대하고 있음. 그 둘 중 어느 한가지라도 충족되지 않으면 문제의 발화는 부적절하게 됨. 3.2.1 간접 발화행위의 규정. 발화행위에는 직접 발화행위와 간접 발화행위로 대변시킬 수 있음. 직접 발화행위는 다음에서 보듯이 종결어미의 형태와 기능이 일치되는 경우임. 예) <형태> <기능> 밥 먹었니? 의문문. 간접 발화행위의 연구는 설의 고전적 발화행위 이론과 수행가설에 의해서 시도된 문법적 발화행위 이론에 도전을 불러 일으켰음. 설에 따르면 간접 발화행위는 하나의 언표내적 행위가 다른 것에 의해서 간접적으로 수행되는 경우로 규정하였음. 잘 알려진 보기는 다음과 같이 겉으로는 의문문이면서 요청을 나타내는 경우임. 예) 창문을 열어 주시겠습니까? 3.2.2 간접 발화행위 양상. 간접 언어행위의 표현 내적 수행력은 여러 종류가 있음. 곧 적절한 화맥만 주어진다면 간접 발화행위로 사용되지 않는 문장을 찾기란 매우 어려울 정도임. 간접 발화행위는 통사범주로서 평서문, 의문문, 명령문으로 나타나며, 이는 의미/논리적 범주의 진술, 의문, 요청에 해당됨. 이것을 화용론적 범주에 대응시키면 주장, 요청, 지시가 됨. 3.2.3 간접 발화행위의 해석. 발화의 직접적 수행력과 간접적 수행력 사이의 관계를 해명하려는 많은 시도가 이루어져 왔음. ① 고던 & 레이콥(1971)에서는 생성의미론의 관점에서 문장의 심층구조에 작용하는 '대화의 공준', 즉 화용적 규칙을 제안함. ② 새딕(1974)과 콜 & 모간(1975)의 접근법임. 이것은 간접 발화행위에 수행가설을 확대한 것으로서, 그 기저의 표현내적 수행력을 '심층통사'에 의해서 표시되도록 하는 것임. ③ 설(1979)을 이러한 결함을 극복하기 위하여 간접 언어행위에 대한 설명을 제시하였음. 그는 액면 그대로의 표현과 간접표현 사이에 관계를 그라이스의 '말해진 것'과 '의미된 것' 간의 관계와 유사하다고 주장했음. 따라서 발화행위 규칙뿐만 아니라 협력의 원리라는 관점에서 유사한 설명이 제공될 수 있음. ④ 간접 발화행위에 대한 그라이스의 접근방식을 취한 또 다른 대안이 리치에서 제기되었음. 그는 발화의 의미론적 해석으로서 '의의'와 화용론적 해석으로서 '수행력'을 구분하였음. 3.2.4 간접 발화행위의 동기. 간접성의 동기에 대한 세 가지 견해는 다음과 같음. ① '무한성'과 같은 복잡하고 추상적인 개념 및 '사랑, 슬픔'과 같은 격렬한 감정을 표현하게 될 경우 화자가 이것을 직접적으로 표현할 능력이 부족하기 때문으로 보는 것임. ② 화자가 간접성을 사용함으로써 사교와 의사소통에서 이점을 얻을 수 있다는 가정임. ③ 간접성의 가장 보편적인 설명은 화자의 '공손성'의 표시라는 점임. 요컨대, 간접 발화 행위는 하나의 발화가 청자에게 둘 또는 그 이상의 표현내적 수행력을 갖는 것으로서, 이것은 곧 단일한 표현을 통하여 일석이조의 효과를 나타내는 차원 높은 의사소통 방식이라 하겠음. ※ Grice 참조.

Pragmático ① [언어] 화용론의. ② [철학] 실용주의의. ③ Desición pragmática 실제적인 결정·정책.

Pre- [어원] 「미리; …이전의; …의 앞쪽에 있는; 우선해서, 선행해서; 예비의」 뜻. 예) *pre*fijar 미리 결정하다.

*pre*historia 유사 이전. *pre*pósito 우두머리.

Prearticulo [언어] 관사전사(冠詞前辭). 한정사의 하위 범주로서, 관사 앞에 놓이고, 관사가 선행되지 않은 것을 말함. 예) 《*Todos* los hombres 모든 남자들》에서 todos를 일컬음.

Preaspirado [언어] 전기음(前氣音). 예) Consonante preaspirada 전기 자음(子音).

Predeterminante [언어] 전(前) 한정사.

Predetermismo [철학·신학] (사건·현상이 신에 의해 미리 정해졌다는) 예정론.

Predicable ① [논리] (주어의) 속성으로 적용[단정]할 수 있는; ② [철학] (스콜라 철학의) 빈사(賓辭), 객어(客語). ((어떤 범주의 일반적인 속성을 나타내는 유(類)·종(種)·종차(種差)·특성·우성(偶性) 중의 하나))

Predicación ① [언어] 술어 기능. ② [논리] (명제의 주어에 대한) 속성의 부여, 단언.

Predicado ① [언어] 술어, 술부(↔ Sujeto). 예) Ana **estudia mucho** 아나는 **열심히 공부한다**. ② [논리] 술어; 빈사, 객어.

Predicado nominal [언어] 명사 술어문.

Predicar ① [언어] 술어적 서술을 하다. ② [논리] (명제의 주어에) 속성을 부여하다, 단언하다.

Predicados realizativos [언어] 수행적 발화 《Austin nota algunas propiedades interesantes de ciertos tipos de enunciados, lo cual le llevará a formular su teoría de <u>los predicados realizados</u>. Austin은 여러 종류의 발화에 대한 어떤 흥미있는 자질들을 지적하였고, 그러한 것들이 그의 **수행적 발화** 이론을 형성하게 된다.》

Predicativo ① [언어] 술어[술부]의, 술어적인. ② [논리] 술어의; 빈사의. ③ 단정적인, 절대적인(= categórico).

Predictivo [언어] 예측적인, 예측력이 있는. 예) Valor predictivo 예측치.

Predorsal [언어] 전부(前部) 설배음(의); 전설면음(前舌面音). 혀를 볼록하게 하고 아랫니에 혀끝을 대고 조음하는 방법. 예) [s], [t], [d].

Prefijo [언어] 접두사. 어휘소(lexema)인 어근 앞에서 그 의미를 변경시킴. 예) <u>predecir</u>, <u>des</u>aprecer. ※ Lexema 참조.

Pregnante ① 함축성이 있는, 의미 심장한. ② [심리] Estructura pregnante 프레그넌시 구조.

Preguntas comparativas [문법] 비교 의문문. ① 비교 대상이 2개일 때: ·사람의 경우-- ¿Quién tiene más dinero, Sr. A o Sr. B? A씨와 B씨 중에 어느 사람이 돈이 더 많습니까?; ·사람이나 사물일 경우: ¿Cuál cuesta más, este abrigo o aquél? 이 외투와 저 외투 중에서 어느 것이 더 비쌉니까? ② 비교 대상이 2개에 한정되는 것이 아닌 경우: ¿Cuál de sus comedias te parece mejor? 그(녀)의 희극들 중에서 어느 것이 가장 좋다고 생각하니? ; ¿Qué color le gusta a Ud. más? 당신은 어느 색을 가장 좋아합니까?

Preguantas generales [문법] 전체적 질문. 형태·내용적으로 보면 Sí나 No의 대답을 요구하는 질문. 예) ¿Ha venido tu padre? 너희 아버지가 오셨니?

Preguntas parciales [문법] 부분적 질문. 의문사를 동반하여 특정한 것을 요구하는 질문. 예) ¿Quién ha venido? 누가 왔니?

Prelenguaje [언어] 선(先)언어. 한 언어의 역사에서 어느 시기를 지시하는 용어로, 내적 재구에 의해 재구성될 수 있는 어떤 자질로 구성되는 언어.

Premisa implicada [언어] 함축(숨音)적 전제. 함축 전제는 관련성 원리와 일치하는 해석을 낳고, 그런 해석으로 이끄는 명시적으로 가장 접근하기 가장 쉬운 전제이기 때문에 함축 의미로 규정함. ※ Implicatura 참조.

Prepalatal [언어] 전부경구개(음)의; 전부경구개음. 예) [ʃ], [ʒ], 등등.

Preposición [언어] 전치사. 전치사는 명사·대명사, 때와 장소의 부사 또는 재료를 나타내는 형용사 앞에 두어져서 다른 단어의 보어임을 나타냄. ① 부사구를 만들어서 동사·형용사·부사를 수식. 예) pintar el coche de rojo. 차를 빨갛게 칠하다. ② 형용사구를 만듦. 예) problema de los sin trabajos. 실업자 문제. ③ 그밖에 일반적으로 부사구·전치구·접속구·명사구적인 것을 만들 때도 있음. 예) en general. 일반적으로.

Preposición [문법] 전치사. (1) de ⅰ) 소유 또는 귀속. 예) los flores de este jardín. 이 정원의 꽃들. ⅱ) 출신. 예) Tú eres de México 너는 멕시코 출신이다. ⅲ) 재료 또는 부분. 예) el anillo de plata 은반지. unos de ellos 그들 중 몇 명. ⅳ) 시간. 예) de noche 밤에. de día 낮에. ⅴ) de + 부정사(inf.) ⇒ 조건 표현. 예) De no ser ese precio, no puedo comprarlo 그 가격이 아니라면, 나는 그것을 살 수 없다. ⅵ) 동위격의 명사 사이에서 쓰인다. el mes de enero 1월. el año de 2000 2000년. ⅶ) 조동사 + de + 부정사(inf.). ▶deber de + inf. …임에 틀림없다(추측). 예) Ellos deben de estar en la escuela 그들은 학교에 있는 것이 틀림없다. ▶ haber de +inf. …을 할 것이다, …을 할 예정이다(의무). Vamos a esperarla un poquito más porque ha de llegar pronto 그녀가 곧 도착할 것이니 조금만 더 기다립시다. ▶dejar de + inf. ..하는 것을 그만두다. 예) Tienes que dejar de fumar 너는 담배를 끊어야 한다. ▶acabar de + inf. 방금 …하는 것을 그만두다. Acabamos de llegar a casa 우리는 방금 집에 도착했다. (2) a. ⅰ) 직접목적어 앞에서 사람과 동물의 명사나 대명사 그리고 의인화된 사물의 명사가 타동사의 직접목적어가 될 때 사용됨. 예) Tenemos que respetar a los ancianos 우리들은 노인들을 존경해야 한다. ⅱ) 간접목적어 앞에서 어느 동작이 향하는 방향, 목적, 귀착점 그리고 이해의 대상 및 소유를 나타낼 때 사용됨. Ella escribe a su papá 그녀는 그녀의 아버지에게 편지를 쓴다. ⅲ) 시점, 지점, 관념적 기준을 나타낼 때 사용함. 예) Te esperamos a la puerta 우리는 너를 문에서 기다린다. Encontramos a las doce 우리는 12시에 만났다. ⅳ) 목적어가 부정사인 경우에 사용함. 예) Estoy aprendiendo a bailar 나는 춤추는 것을 배우고 있다. ⅴ) al + inf. …을 할 때. 예) Al llegar, no hay nadie 도착했을 때 아무도 없었다. (3) con. ⅰ) 누군가가 무엇을 동반할 때 사용됨. 예) Ella va al cine con su amiga 그녀는 그녀의 친구와 영화관에 간다. ⅱ) 수단 또는 방법을 나타낼 때 사용됨. Escriba con tinta 잉크로 써라. ⅲ) 재료나 부

속을 나타낼 때 사용됨. un café con leche 밀크 커피. iv) con + 추상명사 = 부사. 예) con claridad = claramente 명확하게. v) con + inf. 가 현재분사의 의미가 되는 경우. 예) Con llegar tan tarde, se quedó sin cenar(= Llegando tan tarde, se quedó sin cenar) 그는 너무 늦게 도착해서 저녁도 못 먹었다. vi) con + inf. 가 aunque의 의미가 되는 경우. 예) Con tener tanto dinero, Sancho no impidió su humildad 비록 돈은 많았지만, 산쵸는 겸손을 잃지 않았다. (4) en. i) 범위나 시간, 공간을 나타낼 때 사용됨. Ella vive en Seúl 그녀는 서울에서 산다. ii) en + 명사/형용사 ⇒ 부사구의 경우. 예) en particular = particularmente 특별히. iii) 생각의 뜻을 가진 동사가 en과 함께 쓰이는 경우. ▶pensar en …을 생각하다. 예) Yo estoy pensando en ti 나는 너를 생각하고 있다. ▶creer en …을 믿다. 예) Yo creo en ti 나는 너를 믿는다. (5) para. i) 목적이나 행선지를 표현할 때 사용됨. 예) Este regalo es para ella 이 선물은 그녀를 위한 것이다. ii) 운동의 방향을 나타낼 때 사용됨. 예) Vamos para Madrid 우리는 마드리드에 간다. iii) "…까지", "…로"와 같은 시간을 나타낼 때 사용됨. 예) Tenemos que terminar la tarea para mañana 우리는 내일까지 숙제를 끝내야 한다. iv) "…으로서"와 같은 비교의 기준으로 사용됨. 예) Para los niños es muy peligroso 아이들에게는 매우 위험하다. v) estar + para + inf. ⇒ 막 … 하려 하다. 예) El autobús está para salir 버스가 막 떠나려 하고 있다. (6) por. i) 이유, 동기를 표현할 때. 예) Vienen por ver las fiestas 축제를 볼까해서 온다. 예) Me sacrifico por ti 나는 너로 인해서 희생된다. ii) '…을 대신해서'라는 의미로 사용될 때. 예) Asisto por me compañero 나는 동료를 대신해서 참석한다. iii) 가격, 수량, 가치를 나타낼 때 사용된다. 예) treinta por ciento 30%. Ella vende la pintura por cien pesos 그녀는 그 그림을 100페소에 판다. iv) 동사의 수동태의 행위자를 표현할 때 쓰임. 예) María es amada por todo el mundo 마리아는 모든 사람들로부터 사랑을 받고 있다. v) 방법이나 수단을 나타낼 때 사용됨. 예) Llámeme por teléfono 나에게 전화해 주세요. vi) 시간. 예) Voy a España por un mes 나는 스페인에 한달 일정으로 갈 것이다. por agosto 8월경에. mañana por la noche 내일 밤. vii) 공간. 예) por aquí 이쪽으로. por todas partes 모든 곳에. Damos un paseo por el parque 우리는 공원을 산책한다. viii) por + 형용사/명사. por lo general (=generalmente) 일반적으로. por mayor 도매로. por menor 소매로. por último(= ultimamente) 최후로. ix) por + 형용사/부사 + que ⇒ 아무리 …할지라도. 예) Por mucho que corras, no conseguirás alcanzarlo 네가 아무리 빨리 뛴다 할지라도 그를 따라잡지는 못 할 것이다. (7) desde 시간 및 공간적인 기점 (…에서부터). 예) desde ahora 지금부

터. desde Seúl hasta Pusan 서울부터 부산까지(de Seúl hasta Pusan). (8) entre. ⅰ) 두 개 이상의 사물의 사이를 표현할 때 사용함. 예) Llegaré entre las dos y las tres 나는 2시에서 3시 사이에 도착하겠다. ⅱ) 두 명 혹은 두 개 이상의 협력을 표현할 때 사용함. 예) Entre cuatro amigos, se comieron 친구 넷이서 칠면조 한 마리를 모두 먹어치웠다. ⅲ) 사람과 사람 사이를 표현할 때 사용함. 예) Entre tú y yo, dejará de existir la amistad 너와 나 사이에는 우정이 없어지겠군. ⅳ)관용구. decir entre sí 자신에게 말하다. pensar entre sí 마음속으로 생각하다. (9) hacia. ⅰ) 방향을 나타낼 때 사용함. 예) Esta habitación mira hacia el norte 이 방은 북향이다. ⅱ) "…경에"라는 표현을 할 때 사용함. 예) El escritor falleció hacia 1980 그 작가는 1980년경에 작고했다. ⅲ) 관용구. hacia arriba 위쪽으로. hacia abajo 아래쪽으로. hacia adelante 앞쪽으로. hacia atrás 뒤쪽으로. (10) hasta. 시간, 공간, 동작, 수의 한계를 표현함. hasta ahora 지금까지. Llegaré hasta las ocho 나는 8시까지 도착할 것이다. ⅱ) 강조의 뜻을 표현할 때 사용한다. 예) Allí hasta los niños fuman 거기서는 어린이들까지도 담배를 피운다. ⅲ) hasta que …할 때까지. 예) Me quedaré aquí hasta que venga mi amiga 나의 친구가 올 때까지 여기 남아 있겠다. (11) sobre. ⅰ) "…의 위에" 예) Los libros están sobre la mesa 그 책들은 탁자 위에 있다. ⅱ) "..에 대해서". 예) el informe sobre España 스페인에 관한 보고서. ⅲ) 대체적인 수량을 나타낼 때 사용함. 예) Sancho llegará sobre las siete 산쵸는 7시쯤에 도착할 것이다. ⅳ) 관용구. sobre todo 무엇보다도, 특히. (12) sin. ⅰ) "…이 없이". 예) Se fue sin decirme un adiós 안녕이란 말조차 없이 떠나버렸다. ⅱ) "…은 별도로". 예) Cuesta cien dólares sin los gastos 잡비를 제외하고는 백 달러가 든다. ⅲ) 부정하는 말 다음에 오면 긍정이 됨. 예) No pasa ni un solo día sin leer 그는 독서를 하지 않고는 하루도 못 보낸다. ⅳ) 합성어. 예) sinrazón 무분별한 일. sinsabor 무미. sintrabajo 실업. (13) según. ⅰ) "…에 의하면". 예) según la tradición 전설에 의하면. ⅱ) "…에 따라서". 예) Sentenció según la ley 법에 따라 판결을 내렸다. ※ Anteposición 참조.

Preposicional [언어] 전치사의; 전치사에 의해 유도되는. 예) Sintagma preposicional 전치사구.

Preposiciones compuestas [문법] 복합 전치사. 2개 이상의 어휘로 구성된 전치사를 일컬음. 예) Detrás de- ~의 뒤에; Delante de- ~의 앞에; Al lado de- ~의 옆에; Encima de- ~의 위에, 등등. ※ Preposición 참조.

Preposiciones con verbos de movimiento [문법] 동적(動的) 동사와 어울리는 전치사.

```
IR + EN + 교통수단
IR + A + pie, caballo
```

위의 ir(가다) 동사는 움직임을 나타내는 동사로써 차, 버스 등의 '교통수단을 이용해서 간다'를 쓸 때, 전치사 en을 사용하며, '걷는다', '말을 타다' 등을 쓸 때만, 전치사 a를 씀. 예) Yo <u>voy</u> al trabajo <u>en coche</u> 난 차를 타고 직장에 간다. Ella va a pie hasta la jglesia 그녀는 교회까지 걸어간다. □ Ir + 다른 전치사가 올 때: ① Ir a + 장소(-로 가다). 예) Él va a Sevilla 그는 세비야로 간다. ② Ir de + 장소 a + 다른 장소('장소'에서 '다른 장소'로 간다) 예) Mi amigo va de Barcelona a Madrid 내 친구는 바르셀로나에서 마드리드로 간다. ③ Ir por + 장소(-를 경유해서 간다). 예) Yo voy por París 난 파리를 경유해서 간다.

Prepositivo [언어] 전치사적인. 예) Locución prepositiva 전치사구.

Prepositivos, pronombres [언어, 문법] 전치사의 목적어. □ 형태:

	단수	복수
1ª	mí	nosotros(as)
2ª	ti	vosotros(as)
3ª	él, ella, ello, Ud.	ellos, ellas, Uds.

▷ 위 3인칭 단수의 'ello'는 중성을 나타내는 전치사의 목적형임. 중성대명사는 이미 앞에서 언급되었던 내용을 받거나, 지시 대상에 대한 정보가 부족해 알지 못하는 경우에 사용됨. 단, 전치사 con과 결합이 될 때는 다음과 같음.

	단수	복수
1ª	conmigo	con nosotros(as)
2ª	contigo	con vosotros(as)
3ª	*consigo	*consigo

▷ 3인칭에서 consigo는 재귀형의 의미를 가질 경우 사용하고, 그 이외에는 con él, con ella, con Ud. 등으로 사용됨.

Presentador ulterior [언어] 후 도입소. Fernando Lazaro Carreter는 실현화 정도로 볼 때, 정관사 'el'은 부정관사 'un'이나 무(無)관사와는 달리 재언급되는 명사에 수반되는 요소이므로, 이 세 요소를 하나의 범주명인 '관사'로 다루어서는 안 된다고 지칭하고, "후도입소(presentador ulterior)"라는 지칭함.

Presentativo [언어] 소개사, 제시어.

Presente [언어·문법] 현재. 사실. 현재는 끝나지 않은 행위, 완료되지 않은 행위를 지칭함. 시간의 범주에서 현재는 과거나 미래에 비해 시간이 분명하지 않아 과거나 미래의 가치를 가짐. ① 현재란, 시제 체재 내에서의

가치: 현행(現行) 현재라 이름하며 화자의 행위와 말 행위의 시간적 일치를 나타낼 때 사용. 현재 시제의 고유 용법임. 예) Tengo sueño 난 졸리다. Llueve ahora 지금 비가 온다. ② 습관적 현재: 현재 바로 시행되지 않지만, 습관적으로 해오던 행위를 표현할 때 사용. 예) Todos los domingos voy a la iglesia 매주 일요일에 난 교회에 간다. ③ 지속적 현재: 진리는 시간과 공간에 구애받지 않고 항상 현재로써 존재함. 예) La tierra es redonda 지구는 둥글다. Todos los hombres son mortales 모든 사람들은 죽는다.

Presente actual [언어] 목전의 사실. 예) Yo leo 독서하고 있다. El niño duerme 아이는 자고 있다.

Presente de indicativo [언어] 직설법 현재. 원래 현재라는 시제는 존재하지 않음으로 계속 다가오는 미래와 과거가 되는 지나간 시간이 있기 때문임. 하지만 일컬어지는 것은 화자가 순간적으로 겪는 생각이나 행위, 상태를 사실적으로 나타낸 것. 그리고 이러한 계속 다가오는 미래 때문에 가까운 미래를 현재로 대용할 수 있음. ① 현재 상태. 예) Eernesto toca la guitarra en la sala seminaria 에르네스토는 세미나실에서 기타를 치고 있다. ② 습관적 행위. 예) Llegamos a tiempo a la clase entre la semana 우리는 주중에는 수업에 정시에 도착한다. ③ 불변의 진리. 예) El sol sale por el este 태양은 동쪽에서 뜬다. ④ 역사에 대한 느낌의 현재화. 예) La Olimpíada de Barcelona se celebra en 1992. 바르셀로나 올림픽은 1992년에 개최되었다. ⑤ 가까운 미래. 예) Mañana partimos para la universidad Hankuk de Estudios Extrajeros 내일 한국외국어대학교를 향해서 출발한다. ⑥ 강제성 없는 명령과 강제성을 갖는 명령. 예) Sales a la calle. Y me compras el periódico diario (강제성 없음) 자네 거리에 나가서 신문을 사 가지고 와 주겠나. Cómelo pronto. Y descansa más(강제성 있음) 그것을 빨리 먹고, 더 쉬어라. ※ Presente regular 참조.

Presente de subjuntivo [언어·문법] 접속법 현재. 접속법 현재는 주로 현재와 상상의 미래 동작을 표현. 말하는 화자의 말과 청자 또는 대상의 행동이나 생각하는 사실과 다를 수 있는 상태를 표현하는 것. ① 명사절에서의 접속법(직설법 현재 및 미래 + que +접속법 현재): (ⅰ) 주동사의 주어와 종속동사의 주어가 서로 다를 때. (ⅱ) 종속문의 주어의 행위가 실현가능성이 있는지 없는지 확실치 않을 때. (ⅲ) 종속문의 주어의 의지와 상관없는 주동사의 주어의 의지가 적용되었을 때. (ⅳ) 주문의 동사가 원함(querer, desear), 희망(esperar), 필요(necesitar), 요구(pedir), 불확실(dudar, sospechar) 및 감정의 뜻을 가진 복문의 종속절 문장에서 사용됨. 즉 종속문의 주어의 의지와는 관계하지 않음. ■ 주의: 종속문에 대한 확신 또는 사실을 말할 때는 직설법을 사용함. 예) Les permito que salgan de la clase 그들이 교실에서 나가는 것을 허락한다. Te aconsejo que te vayas pronto 나는 너에게 빨리 가라고 충고한다. No creo que él venga mañana 그가 내일 오리라고 나는 믿지 못한다. Espero que no nieve mañana 나는 내일 눈이 안 오기를 원한다. ② 주동사가 무(無)인칭인 경우에 쓰이는 접속법: 가능성, 불확실성, 중요성, 당연성, 필요성 등의 표현이 술어가 될 때 사용함. 예) Es posible que Juan aprenda la danza de deporte 후안이 스포츠 댄스를 배우는 것은 가능하다. ■ 종속문의 주어 역시 무인칭의 경우에는 접속법을 사용치 않고 부정사(inf.) 사용함. 예) Es posible aprenderla 그것을 배우는 것은 가능하다. ③ 형용사문에 쓰이는 접속법: 형용사절은 주문(선행사)의 불확실성 내지 불(不)실재의 뜻을 가진 부정일 경우 형용사절의 동사는 접속법이 사용됨. 예) Busco un hombre que hable español 나는 서반아어를 할 줄 아는 사람을 찾고 있다. No conozco a nadie que lo sepa 그것을 아는 사람을 나는 아무도 모른다. ④ 부사문에 쓰이는 접속법(a. 때): 어떤 동작의 완료가 불확실할 때, 다음의 접속사나 접속사구들과 함께 쓰이는 동사들은 접속사를 사용해야 함. [cuando(...할 때), antes que(...하기 전에), después de que(...한 후에), hasta que(...할 때까지), mientras(...하는 동안), siempre que(...할 때 언제나), luego que(...하자마자), en cuanto(...하자마자), así que(...하자마자), tan pronto como(...하자마자), apenas(...하자마자)] + 접속법. 예) Venga a mi casa cuando Ud. quiera 나의 집에 오고 싶을 때 오시오. Lo esperaré hasta que él vuelva 그가 돌아올 때까지 나는 기다릴 것이다. Saldremos en cuanto mis padres vuelvan a casa 나의 부모님이 집에 돌아오자마자 우리는 나갈 것이다. ⑤ 부사문에 쓰이는 접속법(b. 목적): [a que(...하기 위해서), para que, a fin de que, de modo que, de manera que] + 접속법. 예) Le mando a mi hija a Segovia para que aprenda la música de guitarra 나는 나의 딸이 기타음악을 배우게 하기 위해 세고비아에 보낸다. Hablaré despacio de manera que ellos me entiendan bien 나는 그들이 나의 말을 잘 이해할 수 있도록 천천히 말할 것이다. ⑥ 부사문에 쓰이는 접속법(c. 방법): [sin que(...함 없이), según(...에 따라), como(...하는 대로), como si, cual si(마치...처럼), igual que si(마치...처럼)] + 접속법. 예) Ella habla como si fuera española. 그녀는 마치 스페인 사람처럼 말한다. Tome Ud. como quiera 당신이 원하는 대로 먹으시오. Sal por aquí sin que nadie te vea 너는 아무 눈에 띄지 않게 여기서 나가라. ⑦ 부사문에 쓰이는 접속법(e. 조건, 가정): [si(만일...이라면), con tal que(..하는 조건으로), en caso que(..하는 경우에는), a no ser que(..하는 것이 아니라면), a menos que(..하는 것이 아니라면), salvo que(..하는 것이 아니라면)] + 접속법. 예) Iré mañ ana *con tal que* no lluvea 나는 비가 안 오면 내일 가겠다. No podemos viajar por Europa a menos que tengamos mucho dinero 우리는 돈이 많지 않으면 유럽으로 여행을 갈 수 없다.

□ 형태:

	hablar	
	단수	복수
1	hable	hablemos
2	hables	habléis
3	hable	hablen

	comer	
단수	복수	
coma	comamos	
comas	comáis	
coma	coman	

	vivir	
단수	복수	
viva	vivamos	
vivas	viváis	
viva	vivan	

Presente habitual [언어] 습관적 사실. 예) Me levanto a las seis 나는 6시에 일어난다. Nunca estoy enfermo 나는 결코 병들지 않는다.

Presente histórico [언어] 역사적 현재. 과거의 사실을 생생하게 나타내서 독자로 하여금 심리적으로 과거로 이끌어 가도록 하는 것. 예) Ayer me insulta y ahora me invita a su casa 어제는 모욕을 줘 놓고, 지금은 자기 집에 초대한다; Casi se corta el dedo 그는 하마터면 손을 베일 뻔했다.

Presente irregular: ~e → ~i [문법] 어간 -e형이 -i형으로 변하는 불규칙 현재(직설법 동사). 예) 1·2인칭 복수를 제외하고, 동사의 ~e가 ~i로 변하는 경우: · pedir(청구하다/ 요구하다)→ pido. · servir(봉사하다)→ sirvo. · reír(웃다)→ río. · despedir(작별하다)→ despido. · impedir(방해하다)→ impido. · competir(경쟁하다)→ compito. · repetir(반복하다)→ repito. · vestir(옷을 입히다)→ visto. · medir([키 등을] 재다)→ mido. · seguir (계속하다)→ sigo. · gemir (신음하다)→ gimo. ※ pedir 참조.

Presente irregular: ~e → ~ie [문법] 어간 -e형이 -ie형으로 변하는 불규칙 현재(직설법 동사). 예) 1·2인칭 복수를 제외하고, 동사의 ~e가 ~ie로 변하는 경우: · pensar(생각하다)→ pienso. · sentar(앉히다)→ siento. · comenzar(시작하다)→ comienzo. · calentar(뜨겁게 하다)→ caliento. · despertar(잠을 깨우다)→ despierto. · confesar(고백하다)→ confieso. · cerrar(닫다)→ cierro. · empezar(시작하다)→ empiezo. · negar(부정하다)→ niego. · querer(좋아하다)→ quiero. · perder(잃다)→ pierdo. · encender (불을 켜다)→ enciendo. · atender(시중들다)→ atiendo. · entender(이해하다)→ entiendo. · defender(방어하다)→ defiendo. · mentir(거짓말하다)→ miento. · consentir(동의하다)→ consiento. ·herir(부상을 입히다)→ hiero. ·preferir(더 좋아하다)→ prefiero. ※ Cerrar 참조.

Presente irregular: ~go [문법] 어미가 -go형으로 끝나는 불규칙 현재(직설법 동사). 예) 1인칭 단수의 형태가 '-go'가 되는 경우: ·tener (가지다)→ tengo. ·venir (오다)→ vengo. ·poner (놓다)→ pongo. ·valer (값이 나가다)→ valgo. ·salir (나가다)→ salgo. ·hacer (만들다/ 하다)→ hago. ·decir (말하다)→ digo. ·asir (쥐다)→ asgo. ·traer (가지고 오다)→ traigo. ·caer (떨어지다)→ caigo. ·oír (듣다)→ oigo. ※ Salir 참조.

Presente irregular: ~o → ~ue [문법] 어간 -o형이 -ue형으로 변하는 불규칙 현재(직설법 동사). 예) 1인칭·2인칭 복수 형태를 제외하고 어간 '-o'가 '-ue'로 되는 경우: ·contar (숫자를 세다/ 이야기하다)→ cuento(1인칭 단수형). ·rogar (원하다)→ ruego. ·acordar (결정하다)→ acuerdo. ·mostrar (보여주다)→ muestro. ·costar (비용이 들다)→ cuesto. ·recordar (기억을 하다)→ recuerdo. ·almorzar (점심을 먹다)→ almuerzo. ·sonar (소리가 나다)→ sueno. ·encontrar (발견하다)→ encuentro. ·volar(날다)→ vuelo. ·poder (할 수 있다)→ puedo. ·volver (돌아오다)→ vuelvo. ·soler (언제나 …을 하다)→ suelo. ·llover (비가오다)→ llueve(3인칭 단수형). ·morir (죽다)→ muero. ·dormir (자다)→ duermo. ·adormir (잠들다)→ aduermo. ※ volar 참조.

Presente regular [문법] (직설법 동사의) 규칙변화 현재. 이 동사의 변화가 일반적으로 나타나는 형태(=Presente de indicativo)와 다르게 아르헨티나, 빠라과이, 우루과이 등등의 나라에서는 특이한 2인칭 단수의 변화를 보임. 예) Hablás(원형: Hablar), Comés(원형: Comer), Vivís(원형: vivir)임. □ 규칙 형태:

	hablar	
	단수	복수
1	hablo	hablamos
2	hablas	habláis
3	habla	hablan

	comer	
단수	복수
como	comemos
comes	coméis
come	comen

	vivir	
단수	복수
vivo	vivimos
vives	vivís
vive	viven

※ Presente de indicativo 참조.

Presente (subjuntivo) [언어] 접속법 현재((Antonio de Nebrija(1492) 사용)). ※ Presente de subjuntivo 참조.

Presente y futuro [언어] 접속법 현재((Andrés Bello(1847) 사용)). ※ Presente de subjuntivo 참조.

Presente y futuro, subjuntivo hipotético [언어] 접속법 미래 ((Andrés Bello(1847) 사용-)). ※ Futuro de subjuntivo 참조.

Presente y futuro, subjuntivo común [언어] 접속법 현재((Andrés Bello(1847) 사용-)). ※ Presente de subjuntivo 참조.

Presión 압력. 발성(發聲)할 때의 숨 바람의 세기.

Préstamo[1] [언어] (외국어로부터의) 차용; 차용어. 예) 샌드위치(빵)을 영어로부터 차용해서, Bocadillo를 대신해 Sandwich라고 직접 사용함.

Préstamo[2] [언어] 차용어. 많은 영어의 어휘들이 스페인어 음성체계에 적응되어 변화되었으며, 영어의 원 뜻을 그대로 유지하는 경우가 있는데 이것을 일컬음. 예) telefón(← telephone); gasolín(← gasoline); balún(← baloon); bisnes(← business); brecas(← brakes); cruque(← crook); bil(← bill); nicle(← nickel). ※ Anglicismos 참조.

Presuposición [언어] 전제(前提). 촘스키의 전제는 논리적 성격을 가진 것으로 언어적 문맥에 의존하는 것이 아니라, 문장의 어휘요소의 의미와 통사구조에 의존함. 문장요소와 구조에서 나오는 의미는 논리적 추론에 해당됨. ※ Chomsky 참조.

Presuposición existencial [언어] 존재적 전제. 언급되는 어휘 요소의 존재를 정의하는 것을 일컬음.

Presuposición temática [언어] 의미역적 전제. 문장의 명사구 사이에 의미 관계를 표시하는 것을 일컬음.

Presupuesto [언어·논리] 전제된. 예) Sentido presupuesto 전제의미; 전제 (사항). ((이미 알고 있거나 자명한 것으로 취급되어 발화 속에 포함되어 있는 내용))

Preterición [수사학] 연언법, 암시적 간과법. 예) Por preterición 암시적 간과법을 사용하여.

Pretérito [언어] ① (시제의) 과거 (형). 특히 부정과거를 가리킴. ② 부정 과거((Andrés Bello(1847) 사용-)). ※ Pretérito indefinido 참조.

Pretérito anterior, de indicativo [문법] 직전 과거. 현재 이 형태는 사용되지 않고, 문장어로서 문법으로만 가르쳐 짐. 대신에 직설법 과거와 대과거가 사용됨. 『동사 haber의 직설법 부정과거(점 과거) + 과거분사』로 구성되며 직전과거는 과거의 어떤 때를 기준 하여 그 직전에 이루어진 동작을 표현하는 것임. 일상 구어에서의 사용 예는 거의 없음. 최근에는 직전

과거 대신에 주로 직설법 부정과거를 쓰고 있음. □ 형태:

	단 수
1	hube hablado
2	hubiste comido
3	hubo vivido

	복 수
	hubimos hablado
	hubisteis comido
	hubieron vivido

예) Tan pronto como **hube comido**, salí de casa.(Tan pronto como **comí**.) 나는 밥을 먹자마자 집에서 나갔다. Entré en la clase luego que **hubo salido** el profesor.(Entré en la clase luego que **salió** el profesor.) 나는 선생이 나가자마자 교실에 들어갔다.

Pretérito débil [언어] 약세 부정과거. 스페인어에서 1·2·3인칭 단수에서 규칙화되어 있는 어미에 강세가 오는 경우를 일컬음. 예) -í / -iste / -ió. ※ Pretérito fuerte 참조.

Pretérito fuerte [언어] 강세 부정과거. 규칙동사의 어미 활용이 아닌 어간에 강세를 두어 변화를 하는 불규칙 형태를 일컬음. 예) tuve, tuvo, supe, supo 등등. ※ Pretérito débil 참조.

Pretérito imperfecto de indicativo [문법] 직설법 불완료 과거. 불완료 과거형은 과거에 계속되던 행위나 상태를 나타내며, 또한 완전히 완료되지 않은 사항을 나타내는 시제임. 시제상의 불완료 과거는 동사 형태만으로는 그 의미를 명확히 알 수 없고, 보통 다른 시제와 더불어 분장의 전후 맥락을 통해서만 그 뉘앙스를 파악할 수 있음. 스페인 한림원에서는 불완료 과거란 과거의 일정한 기간 동안 끝나지 않고 계속되는 동작을 가리키며, 주절의 동작과 종속절의 동작이 서로 일치하는 상대적 시간(tiempo relativo) 개념으로 정의하고 있음. □ 용법: 불완료 과거동사는 과거에 있어서의 주어의 동작·상태가 계속되고 있었던 것을 표현하는 것임. 과거 행위를 하는 시점을 중심으로 그 시작과 끝이 불분명하게 나타나는 경우를 말함. ① 기본적으로 「누가 …을 하고 있었다.」라는 표현. 예) Todo ayer, yo estudiaba la lección 20. 나는 어제 하루종일 제 20과를 공부하고 있었다. ② 동시에 발생한 과거의 지속된 동작의 표현. 예) Mi familia vivía en Seúl cuando yo era pequeño. 내가 어렸을 때 나의 가족은 서울에 살았었다. ③「누가 …을 하였을 때 누가 …을 하고 있었다」를 표시할 때의 부사인 cuando 다음에 불완료 과거형을 취한다. 뜻은 같지만 「누가 …을 하고 있을 때 누가 …을 하였다」라고 표시할 때는 반대로 cuando 다음에 불완료 과거형을 취함. 예) Le saludé cuando iba a la escuela 내가 학교에 갈 때 그에게 인사했다. Cuando entré en el cuarto, mi mamá comía 내가 방에 들어갔을 때 나의 어머니는 식사 중이셨다. ④ 과거의 행동이 습관화되어 지속적 표현을 나타냄. 예) Todos los domingos nos reuníamos en la iglesia 우리는 교회에서 매주 일요일에 모이곤 했었다. ⑤ 과거의 상황 및 환경의 표현. 예) Él tenía 30 años cuando se casó 그는 결혼했을 때 30세였다. ☐ 규칙 형태:

hablar		
	단 수	복 수
1	hablaba	hablábamos
2	hablabas	hablabais
3	hablaba	hablaban

comer		vivir	
단 수	복 수	단 수	복 수
comía	comíamos	vivía	vivíamos
comías	comíais	vivías	vivíais
comía	comían	vivía	vivían

Pretérito imperfecto de subjuntivo
[문법] 접속법 불완료과거. 직설법부정과거형의 3인칭 복수형은 모두 -ron으로 끝나는데 그 동사형에서 -ron을 떼어내고 그 형태를 기준으로 하여 뒤에 -ra, -ras, -ra, -(강세)-ramos, -rais, -ran을 붙여 접속법 불완료과거 형태를 만듦.(스페인에서는 ron 자리에 -se, -ses, -se, -(강세)-semos, -seis, -sen을 붙여 사용하기도 함) 예) tuvieron → tuviera [(tener의 직설법 부정과거형 3인칭) → (접속법 불완료 과거형)] ① 명사절에서의 접속법 불완료과거. 예) Mis padres me prohibieron que saliera de noche 나의 부모님은 내가 밤에 나가는 것을 금지했다. No creía que él llegara a tiempo 나는 그가 정시에 도착하리라는 것을 믿지 못했다. ② 주동사가 무인칭의 표현인 경우에 쓰이는 접속법 불완료과거. 예) Era imposible que vinieran ayer 그들이 어제 오는 것은 불가능했다. Era necesario que Elena aprendiera el coreano 엘레나가 한국어를 배울 필요가 있었다. ③ 형용사문에서 쓰이는 접속법 불완료과거. 예) Buscaba unas mujeres que hablaran español 나는 스페인어를 할 줄 아는 여성들을 찾고 있었다. No conocí a nadie que lo supiera 나는 그것을 아는 사람을 한 명도 알지 못했다. ④ 부사문에 쓰이는 접속법 불완료과거. 예) Mandé a mi hija a México para que estudiara español 나는 스페인어 공부하라고 나의 딸을 멕시코로 보냈다. Él quería partir aunque lloviera 그는 아무리 비가 온다 할지라도 떠나기를 원했다. Ella iba a venir antes de que partiera sus padres 그녀는 그녀의 부모님들이 떠나기 전에 돌아오려 했었다. ⑤ 현재의 사실에 반대되는 가정문에 쓰이는 접속법 불완료과거. 예) Si yo tuviera dinero, lo compraría 만약 돈이 있다면, 그것을 살텐데. ☐ 규칙형태:

	hablar	
	단수	복수
1	hablara	habláramos
2	hablaras	hablarais
3	hablara	hablaran

comer		vivir	
단수	복수	단수	복수
comiera	comiéramos	viviera	viviéramos
comieras	comierais	vivieras	vivierais
comiera	comieran	viviera	vivieran

Pretérito indefinido, de indicativo
[문법] 부정과거. 부정과거는 과거의 어느 시기에 완전히 끝난 행위나 사실로 현재와는 관련지어 생각할 수 없는 완전한 점의 시제(acción puntual)임. 스페인 한림원은 이를 절대대적인 시제 개념과 상대적인 시제 개념의 두 가지 측면에서 설명하고 있음. 《Cain mató a su hermano Abel 카인은 그의 동생 아벨을 죽였다. Jesucristo nació en tiempo de Augusto 예수님은 어거스틴(황제)시절에 태어나셨다. El mes pasado estuve en El Escorial 지난달 난 엘 에스꼬리알에 있었다》 앞에서와 같은 예문에 의하자면 절대적인 측면에서 부정과거는 부정적인(indefinido) 성격을 지니는 것으로, 행위의 종결 여부에 관계없이 발화 행위 진전에 행위가 일어났음을 의미함. 여기서 언급된 절대적인 과거 시제란 담화 행위 시점을 기준으로 하여 과거로 분류된 것으로 주로 단문에 적용된다고 볼 수 있음. 한편 상대적인 측면에서 보자면 부정과거는 시작하는 행위를 나타내거나 종결된 행위를 나타내는데, 이는 동사 자체의 의미에 따라 좌우된다고 한림원은 설명함. 즉, 과거 사실의 일차적 분류기준이었던 발화 시점을 벗어나 동사의 의미나 동반된 부사와 부사구 그리고 같은 시제일 경우 관계 형용사절 등의 구조적인 상관 관계 속에서 파악해야 한다는 것임. 《Vió a su hijo y se echó sobre él[...] 그는 그의 아들을 보고, 그(아들) 위로 덮쳤다》 앞의 예문과 같이, 동사의 시제가 같은 형태일 경우에는 동사의 고유 의미에 따라 시간의 전후가 결정되며, en seguida처럼 상황보어도 시간적인 선후 관계에 적잖게 영향을 미치고 있음을 볼 수 있음. □ 규칙 형태:

	hablar	
	단수	복수
1	hablé	hablamos
2	hablaste	hablasteis
3	habló	hablaron

comer		vivir	
단수	복수	단수	복수
comí	comimos	viví	vivimos
comiste	comisteis	viviste	vivisteis
comió	comieron	vivió	vivieron

※ Indefinido irregular 참조.

Pretérito perfecto de indicativo [문법] 직설법 현재 완료. 이 명칭은 '완료 과거'로 번역해야겠지만, 영문법에서 말하는 '현재완료(Present perfect)' 와 내용적으로 가깝고 또 '과거완료(Past perfect)'와 혼동될 우려가 있기 때문에 현재 완료라고 명명함. 직설법 현재완료는 『동사 haber의 직설법 현재형 + 과거분사』로써 만듦. 단 과거분사는 형용사적 용법으로 사용될 때는 명사의 성·수에 일치 하지만 완료형으로 쓰일 때는 성·수의 변화가 절대 없음. □ 형태:

단 수	
1	he hablado
2	has comido
3	ha vivido

복 수	
	hemos hablado
	habéis comido
	han vivido

□용법: ① 경험을 나타냄(…을 한 적이 있다). 예) Yo *he estado* en España 나는 스페인에 갔다 왔다. ② 결과를 나타냄(…을 한 후이다. …을 하고 있다.). 예) El autobús *ha partido* 버스는 떠났다(떠난 후이다). ③ 현재까지 계속성을 나타냄(…을 계속 해왔다). 예) *He estado* de pie desde hace tres horas 나는 이 세시간을 (꼬박)서 있었다. ④ 완료를 나타냄(…을 완료했다). 예) *He comido* 밥을 먹었습니다(뉘앙스가 먹어서 현재까지 배부르다 또는 먹은 느낌을 가지고 있다는 뜻). ⑤ 최근의 과거를 나타냄. 예) En este otoño *ha lluvido* mucho 이번 가을에는 비

가 많이 왔었다.

Pretérito perfecto de subjuntivo
[문법] 접속법 현재 완료. 접속법 현재완료는 『동사 haber의 접속법 현재형 + 과거분사』로써 만듦. 단 과거분사는 형용사적 용법으로 사용될 때는 명사의 성·수에 일치 하지만 완료형으로 쓰일 때는 성·수의 변화가 절대 없음. □ 형태:

단 수	
1	haya hablado
2	hayas comido
3	haya vivido

복 수	
	hayamos hablado
	hayáis comido
	hayan vivido

예) Me encanta que hayas venido a verme 네가 나를 보러 와 주었다는 것이 나는 기쁘다. A mí me gusta que me hayas comprado caramelos 난 네가 나에게 캬라멜을 사준 것이 좋다.

Pretérito pluscuamperfecto de indicativo [문법] 직설법 과거완료. 『동사 haber의 직설법 불완료 과거 + 과거분사』로 구성되며 과거 완료형은 두개의 과거의 전·후 관계를 확실히 하는 표현과 과거의 어떤 때를 기준해서 그 당시 있었던 경험, 완료, 그 때까지의 계속됐던 동작들을 표현하는데 사용함. □형태:

	단 수	
1	había	hablado
2	habías	comido
3	había	vivido

복 수	
habíamos	hablado
habíais	comido
habían	vivido

예) Cuando llegué a la estación del metro, ya había salido el metro 내가 지하철역에 도착했을 때, 지하철은 벌써 떠났다. Él me dijo que había escrito una postal en español 그는 엽서 한 장을 서반아어로 썼다고 나에게 말했다.

Pretérito pluscuamperfecto de subjuntivo [언어·문법] 접속법 과거완료. □형태: 『Haber 접속법 불완료과거 + 과거분사(-ado, -ido)』

	단 수	
1	hubiera	hablado
2	hubieras	comido
3	hubiera	vivido

복 수	
hubiéramos	hablado
hubierais	comido
hubieran	vivido

① 주문의 주어의 행위보다 종속문의 주어의 행위가 먼저 완료 됐다는 것을 표현할 때 쓰임. 예) No creí que ella hubiera ganado la beca 나는 그녀가 장학금을 탔다는 것을 믿지 않았다. ② como si, cual si, igual que si 다음에 놓여서 완료적 표현을 할 때 사용됨. 예) El edificio estaban limpio como si hubiera sido nuevo 그 건물은 마치 새 건물이었던 것처럼 깨끗했다. ③ 과거 사실에 반대되는 가정문에서 사용됨.

Si + 접속법 대과거	직설법 완료조건
조건문	귀결문

예) Si yo hubiera tenido dinero ayer, lo habría comprado 내가 어제 돈을 갖고 있었더라면 그것을 샀을 텐데.

Prétérito subjuntivo común [언어] 접속법 과거((Andrés Bello(1847) 사용)). ※ Pretérito de subjuntivo 참조.

Preterminal [언어] 종단전의. 예) Seguida preterminal (생성문법에서의) 종단전(終端前) 기호열(記號列).

Pretónico [언어] 강세가 있는 음절 앞의.

Prevaricación [언어] 거짓말. 인간의 언어적 특징 중 하나. 동물의 의사소통에 있어서는 거짓표현이 거의 없다고 보지만, 인간의 표현에는 거짓말을 통한 거짓 표현을 자주 볼 수 있음.

Prevelar ① [해부] 목젖 앞의, 전부(前部) 연구개의. ② [언어] 전 연구개음의; [언어] 전부 연구개음.

Preverbio [언어] 동사 접두사. 동사 앞에 붙는 접두사. 예) Desconocer에서 Des~를 일컬음.

Previsibilidad 예측 가능성.

Primario ① 최초의; 원초적인; 제 1 차의. 예) Publicación primaria (미발표 학술 원고의) 최초 간행.

Primeras de pasiva [언어·문법] 제 1 수동. 수동태에서 행위자(Por ~)가 나타나는 경우를 일컬음. 예) Juan Carlos es respetado por todos los españoles 후안 까를로스는 모든 스페인 사람들에게 존경을 받고 있다. Se firmó la paz por los embajadores 평화의 서약은 대사들에 의해 서명되었다. ※ Voz pasiva; Se refleja 참조.

Primero ① [언어] 처음의; 1인칭의. 예) Primera persona de singular 1인칭 단수. Sentido primero (말의) 원의(原義). ② [철학] 제 1의. 예) Causa primera 제 1원인((운동의 궁극적 원인; 궁극적으로는 신)). ③ [종교] Primera comunión (카톨릭에서) 초성체(初聖體).

Primitivo ① [언어] 기본의. 예) Tiempo primitivo (동사의) 기본 시제. ② [문학] (14·15세기 르네상스파 직전의) 원초주의 화가[예술가]. ③ [문학] 고대 문명기의 예술가.

Principal 주된, 가장 중요한. 예) [언어] Proposición principal 주절(主節).

Principio cooperativo [언어] 대화원리(對話原理). 개개의 대화 참가자들이 요구된 시간 안에 적절하게 대화를 교환해 나가는데 기여하고 노력한다는 대화 속의 기본 가정.

Principio pasado [언어·문법] 과거분사. □ 형태:

hablar	→	habl**ado**
comer	→	com**ido**
vivir	→	viv**ido**

① 때를 나타내는 구를 형성. (명사의 성·수 일치) 예) Terminado la clase, regresé a casa 수업이 끝나고서 나는 집으로 갔다. Sentados sus amigos, él empezó a hablar 그의 친구들이 앉았을 때 그는 말하기 시작했다. ② 이유를 나타내는 구를 형성.(명사의 성·수 일치) 예) Perdido su trabajo, ella tiene que buscar otro 일자리를 잃어서 그녀는 다른 일자리를 찾아야 한다.

Privativo [언어] 결성사(缺性辭), 부정 접두사; 결여[결핍]를 나타내는, 부정의. 예) Partículas privativas 결여[결성]소사. Prefijos privativos 결성[부정] 접두사. Oposición privativa 결여적 대립.

Pro- [어원] ① 「…대신으로・대(代)(por・en vez de)」의 뜻. 예) *pro*nombre 대명사. *pro*cónsul 지방총독. ② 「앞・전(前)」의 뜻. 예) *pró*logo 머리말. *pro*genitor 선조. ③ 「앞으로 향하는・전진하는」의 뜻. 예) *pro*mover 진흥하다. *pro*pulsar 추진하다. *pro*seguir 앞으로 계속하다. ④ 「공표・발표(publicación)」의 뜻. 예) *pro*clamar 포고하다, 선언하다. *pro*ferir 말하다. ⑤ 「부정・부인(negación)・금지(contradicción)」의 뜻. 예) *pro*hibir 금지하다. *pro*scribir 금지하다.

Probabilidad [철학・신학] 개연성; 개연설. 예) Probabilidad de una hipotesis 가설의 개연성.

Procedimiento ① [언어・기술] ((집합적)) 조작방법, 방식. ② [정보] (실행) 명령.

Procedimiento mental [언어] (언어 사용의) 내적・정신적 과정. 심리언어학에서 연구하는 분야로서 심리학과 언어학의 공동 관심사인 언어습득 과정 중 언어 습득 과정의 단계 중의 하나로 간주되는 학문 분야.

Proceso [언어] 사행(事行). 동사가 나타내는 동작・상태의 변화를 총괄하는 개념.

Proceso fónetico [언어] 음성 작용. 다른 음 또는 이러한 어려움이 없는 연속음에 의한 현재하는 어떠한 분절상 어려움에 대한 음의 대치 또는 음의 연속.

Proclisis [문법] 후(後)접어. 한 동사 형태와 앞에 오는 접어가 나타나는 것을 말함. 예) Se lo voy a dar 그(녀)에게 그것을 줄 것이다.

Proclítico [문법] 후접어. Proclisis와 동일.

Producción ① [언어] 산출. 어떤 언어의 문법 규칙에 의해 발화를 산출하는 행위, 만들어 내는 행위를 말함. ② (정신에 의한) 생산, 창조. ③ (어떤 현상의) 유발, 발생, 생성.

Productividad 생산・발생 가능성.

Proforma [언어] 대(용)형(代(用)形). 초기의 생성문법 용어로 어떤 범주의 구성원에 공통되는 특징의 집합으로 여겨지는 추상형.

Profunda, Estructura [언어] 심층(深層) 구조.

Programa de Minimalista [언어] 최소 이론. Chomsky(1993)이후 발전되고 있는 최소주의 이론에서 통사구조 내 문법성이나 전치현상과 관련된 결정적 역할은 어휘범주나 기능범주가 지니고 있는 형식자질임. 최소주의 이론에서 상정하고 있는 통사구조 형성과 해석에 관련된 모델임. 최소주의 이론에서 말하는 문법성이란 결국 우리의 일반 인지체계가 지니고 있는 조음-청취체계나 개념-의도체계에서 해석될 수 있는 구조에 대한 적격성 판정이 될 것임.

Progresivo ① [언어] 진행의. 예) Verbo progresivo 진행형 동사. ② [음성] (동화가) 순행[진행]적인.

Progresivo pasivo [문법] 수동 진행형. 『Estar + ser의 현재분사(siendo) + 과거분사(-ado/ -ido) ~해 지고 있는 중이다』는 스페인어에서는 거의 사용하지 않고, 능동형으로 말함. 단, 예외적인 표현이 존재함. 예) La cuestión está siendo discutida por la junta 그 문제는 위원회에 의해 토의되고 있는 중이다. ※ Voz pasiva 참조.

Prohibición 금지, 금제. 예) Verbo prohibición 금지 동사. Expresión de prohibición 금지 표현.

Prolepsis ① [수사학] 예변법(豫辨法). 예기되는 반론이나 항의 따위를 미리 반박하여 예방선을 쳐 두는 방법. ② [언어] 예변법. 종속절의 말을 주절에 옮기는 통사법. 예) Tú supiste cómo Juan quería el chocolate. 너는 후안이 얼마나 초콜릿을 좋아하고 있었는지 알고 있었다. ③ 예기적 빈사법. 동사가 나타내는 동작·사건의 결과·상태를 예상하고 명사·형용사를 빈사로 쓰는 방법.

Proléptico ① [언어] 예변법의, 예기적 빈사법의. ② [수사학] 예변법의.

③ [의학] 조발성(早發性)의.

Prominencia [언어] 탁립(卓立). 음(音)이 공명도(共鳴度), 길이, 강세, 및 소리 높이 때문에 다른 음들 보다 현저하게 들리는 정도(程度).

Pronombre[1] [언어] 대명사(代名詞). 예) Pronombre demostrativo 지시대명사. Pronombre personal 인칭 대명사. Pronombre relativo 관계 대명사.

Pronombre[2] [언어·문법] 대명사. ■ 동사의 앞과 뒤에 존재하는 대명사: 1) 주격인칭 대명사(Pronombres personales nominativos).

	성	단 수	복 수
1	남성 여성	yo	nosotros nosotras
2	남성 여성	tú	vosotros vosotras
3	남성 여성 중성 남·여	él ella ello usted	ellos ellas ustedes

[용법] (1) 제 2인칭은 친밀한 사이의 상대를 가리키고 보통의 상대에게는 제 3인칭의 usted[= Ud.]의 형을 사용. 이 Ud. 은 의미상으로는 2인칭이지만 문법 상으로는 3인칭 취급한다는 것에 주의. (2) 제 3인칭의 él, ella, ellos, ellas의 내용은 「사람이나 물건, 의인화」 일수 있다. (3) 모든 남성 복수형은 여성이 섞여있는 경우도 포함할 수 있음. (4) 중성형 ello는

이미 말한 것을 묶어서 가리키며 「그것, 그일」을 의미함. ■ 직접 목적 대명사(Caso acusativo) : □ 위치 : 부정사(modo infinitivo), 현재분사 및 긍정명령형을 제외한 모든 변화형의 동사의 목적 대명사는 바로 그 앞에 놓임.

성		단 수	복 수
1	남·여	me	nos
2	남·여	te	os
3	남성	lo	los
	여성	la	las
	중성	lo	
	남,여	le	les

예) El profesor Park *me* mira 박 교수는 나를 바라본다. [용 법] (1) 3인칭 단, 복수의 경우 목적 대명사들의 뜻 즉 당신, 그녀, 그 남자, 당신들, 그녀들, 그 남자들인지를 잘 식별치 못하게 될 경우는 중복형(a Ud., a él, a ella, a Vds, a ellas, a ellos)을 씀. 1인칭, 2인칭 단, 복수의 경우는 중복형(a mí, a ti, a nosotros, a vosotros)을 쓰지 않아도 뜻을 알기 때문에 그리 많이는 쓰지 않으나 말의 뜻을 강조 할 때는 쓰는 경우가 종종 있음. 예) Yo la miro *a Ud.* 나는 당신을 바라본다. Te quiero *a ti* 나는 너를 사랑한다. (2) 사람이 동사의 목적어가 되는 경우는 아무 전치사도 오지 않으나 인칭 및 동물이 목적어가 될 때는 대체적으로 전치사 a가 오고 간혹 en 및 de가 오는 경우가 있음. 예) Yo compro los libros 나는 책들을 산다. Me acuerdo *de* Ud.. 나는 당신을 기억하고 있다. ■ 간접 목적 대명사(Caso dativo): □ 위치; 직접목적대명사와 동일하며 직접목적 대명사와 함께 올 때는 바로 그 앞에 위치함.

성		단 수	복 수
1	남·여	me	nos
2	남·여	te	os
3	남·여·중성	le(se)	les(se)

예) Ella me *lo* presta 그녀는 나에게 그것을 빌려 준다. Ella me *lo* presta a mí(중복형) [용 법] (1) 간접목적대명사와 직접목적대명사가 함께 올 경우 그것들이 모두 3인칭이면 단, 복수나 남성, 여성을 막론하고 간접목적대명사인 le와 용법도 직접, 간접목적대명사의 경우와 동일함. 예) El profesor enseña el español a los alumnos 교수는 학생들에게 서반아어를 가르친다. El profesor *se lo* enseña 교수는 그것을 그들에게 가르친다. El profesor *se lo* enseña a los alumnos(중복형) (2) 동사가 부정사(infinitivo), 현재분사, 긍정 명령형인 경우의 목적 대명사들은 그 동사들의 어미에 붙여서 사용함. 본래의 동사의 악센트 위치가 바뀔 우려가 있을 경우는 본래의 동사의 강세 위치에 강세부호를 찍음. 예) Ella quiere *dármelo* 그녀는 그것을 나에게 주기를 원한다.

■전치격 인칭 대명사:

성	단수	복수
1	남성 / 여성	mi	nosotros / nosotras
2	남성 / 여성	ti	vosotros / vosotras
3	남성 / 여성 / 중성	él / ella / ello	ellos / ellas
	남·여	sí, usted	sí, ustedes

[용법] (1) 전치사 para(…을 위하여), por(… 때문에), de(…의), con(…과 함께), en(…속에), a(…를, …에게)등의 전치사 다음에는 위의 전치격 인칭 대명사들이 옴. Es muy fácil *para mí* 그것은 나에게는 대단히 쉽다. (2) 전치격 mí와 ti가 전치사 con과 함께 올 때는 각각 conmigo와 contigo가 됨. Ellos van a la escuela *conmigo* 그들은 나와 함께 학교에 간다. (3) 전치격 인칭대명사 3인칭 단·복수가 con과 함께 와서 「자신이 (손수)…을 가져가다, 가져오다」등이 될 때는 consigo가 됨. 예) Mi papá lleva su maleta *consigo* 나의 아버지는 자신이 자기의 가방을 가지고 간다. (4) 전치격 인칭대명사 3인칭 단·복수가 para와 함께 오면서 「자신을 위해서」가 될 때는 para sí가 됨. 또한 con을 제외한 타 전치사와 함께 올 때도 sí가 됨. 물론 3인칭 단·복수에 한해서임. 예) Ella ahorra dinero *para sí* 그녀는 자신을 위해서 돈을 저축한다. Él piensa *en sí* 그는 자신을 생각한다.

Pronombre acusativo [언어] 직접 목적어. ※ Acusativo; Pronombre; Complemento directo 참조.

Pronombre complemento directo [언어] 직접 목적어. ※ Pronombre; Complemento directo 참조.

Pronombre complemento indirecto [언어] 간접 목적어. ※ Pronombre; Complemento indirecto 참조.

Pronombre demostrativo ① [언어] 지시 대명사. ※ Demostrativos, pronombres 참조. ② [문법] 지시 대명사. 지시대명사는 그것이 대신하는 명사의 성과 수에 일치하여야 함. 지시대명사의 형태는 지시형용사와 같으나 지시 형용사의 본래의 강세 위치에 강세 부호를 붙인 꼴(este → éste)임. 그러나 발음상 차이는 없음. 이유는 지시 형용사와 지시 대명사를 구별하기 위한 것뿐임.

	단수	
남성	éste	
여성	ésta	이것, 이사람
중성	esto	
남성	ése	
여성	ésa	그것, 그사람
중성	eso	
남성	aquél	
여성	aquélla	저것, 저사람
중성	aquello	

복수	
éstos éstas —	이것들, 이사람들
ésos ésas —	그것들, 그사람들
aquéllos aquéllas —	저것들, 저사람들

예) Este libro y aquél son del profesor Diana 이 책과 저것은 디아나 교수의 것이다. Estas chicas y aquéllas son coreanas 이 젊은 여자들과 저 젊은 여자들은 한국인이다. Esta calle es estrecha y aquélla es ancha 이 거리는 좁고 저 거리는 넓다.

Pronombre indefinido [언어] 부정 대명사. 언급하는 사람이나 사물을 정체성의 언급 없이 부르거나 나타내는 것을 일컬음. 부정 대명사는 대부분 복수 형태를 가지지 않음. 예) alguien 누구, nadie (부정 의미의) 누구, algo 어떤 것, nada (부정 의미의) 어떤 것. 하지만, Cualquiera 어떤 것(이라도~) 또는 Quienquiera 누구(라도~)의 경우에는 -quiera는 형태를 반드시 단수 형태일 때와 똑같이 유지한 채로 나타나는 복수형태인 Cualesquiera와 Quienesquiera의 형태가 있음. □ 형용사가 부정 대명사의 역할을 하는 경우가 많음. 예) Pido poco 난 거의 요구하지 않는다. Hablas demasiado 넌 말을 너무 많이 한다. No tienes bastante 넌 충분히 가지고 있지 않다. □ 수량형용사(Adjetivo numeral)가 부정 대명사의 역할을 하는 경우도 있음. 예) Vineron solamente cuatro 단지 4명이 왔다. Dos de ellos me preguntaron dónde estaba este lugar 그들 중에 2명이 내게 내가 이 장소가 어디인지 물어봤다. ※ Adjetivo numeral 참조.

Pronombre interrogativo [언어] 의문 대명사. ※ Interrogativo 참조.

Pronombre objeto átono 비강세 목적어 대명사.

Pronombre objeto tónico 강세 목적어 대명사.

Pronombre personal con preposición [문법] 전치사를 동반한 인칭 대명사. 전치사 뒤에 인칭대명사가 따라올 때, 나타나는 형태.

□ 형태:

	단수	복수
1ª	mí	nosotros/as
2ª	ti	vosotros/as
3ª	él, ella, Ud.	ellos, ellas, Uds.

□ 예외 경우: ① 전치사 'con'과 합쳐질 때, 형태가 특이해 짐. 예) conmigo(1인칭 단수)/ contigo(2인칭 단수)/ consigo(3인칭 단·복수 재귀

형). ② 전치사 뒤에 sí가 나오는 경우: 3인칭 단·복수형의 재귀형태가 될 때, 전치사 뒤에 sí를 붙임. 예) Él lo toma para sí 그는 그 자신을 위해 그것을 먹는다. ③ 잘 알지 못하는 사람에 대해, 중성으로 이야기 할 때는 전치사 뒤에 'ello'를 사용함. 예) Hablo de ello 난 그런 사람(중성)에 관해 이야기한다.

Pronombres personales nominativos
[언어] 주격 인칭 대명사.

	단수
1	yo 나
2	tú 너
3	él 그 남자 / ella 그 여자 / usted 당신

복수
nosotros(-as) 우리들
vosotros(-as) 너희들
ellos 그 남자들
ellas 그 여자들
ustedes 당신들

① 제 2인칭은 친밀한 사이의 상대를 가리키고 보통의 상대에게는 제 3인칭의 usted의 형을 씀. 이 Ud.은 의미상으로는 2인칭이지만 문법 상으로는 3인칭 취급한다는 것에 주의. ② 제 3인칭의 él, ella, ellos, ellas의 내용은 「사람이나 물건, 의인화」일 수 있음. ③ 모든 남성 복수형은 여성이 섞여있는 경우도 포함할 수 있음. ④ 중성형 ello는 이미 말한 것을 묶어서 가리키며 「그것, 그일」을 의미함. ※ Pronombre 참조.

Pronombre posesivo [언어·문법]
소유 대명사. 소유 대명사는 『정관사 + 소유 형용사 후치형』으로 이루어지며 이때 정관사의 소유 형용사 후치형은 그것이 대신하는 명사의 성·수에 일치함.

단 수	복 수
el mío (la mía) 나의 것	los míos (las mías) 나의 것들
el tuyo (la tuya) 너의 것	los tuyos (las tuyos) 너의 것들
el suyo (la suya) 그의 것, 그녀의 것, 당신의 것	los suyos (las suyas) 그의 것, 그녀의 것, 당신의 것
el nuestro (la nuestra) 우리들의 것	los nuestros (las nuestras) 우리들의 것들
el vuestro (la vuestra) 너희들의 것	los vuestros (las vuestras) 너희들의 것들
el suyo (la suya) 그들의 것, 그녀들의 것, 당신들의 것	los suyos (las suyas) 그들의 것들, 그녀들 것들, 당신들의 것들

예) Tú lees tu libro y yo leo el mío 너는 너의 책을 읽고 나는 내 것을 읽는다. La madre de Diana y la tuya están en mi casa 디아나의 어머니와 너의 어머니는 나의 집에

계신다. Regresan pronto mi abuela y la suya 나의 할머니와 그의 할머니는 곧 돌아오신다. Ésta es la mía 이것은 나의 것이다. ※ Posesivos, pronombres 참조.

Pronombre reflexivo [언어] 재귀 대명사. ※ Reflexivos, pronombres 참조.

Pronombre relativo¹ [문법] 관계 대명사. ① 선행(antecedente)가 문중에 나타나 있는 경우와 나타나 있지 않고 내포되어 있는 경우가 있음. ② 격은 주격, 간접 목적격, 직접 목적격, 전치사격 등이 있음. ③ 용법으로는 한정적 용법과 설명적 용법 등이 있음. ④ 스페인어에서 관계 대명사는 생략이 불가능함. 예) El libro que compré.(0) El libro compré.(X) 내가 산 책. □ 관계 대명사 형태 :

	단 수			복 수	
	남성	여성	중성	남성	여성
대명사	(el) que	(la) que	(lo) que	(los) que	(las) que
	(el) cual	(la) cual	(lo) cual	(los) cuales	(las) cuales
	quien	quien	-	quienes	quienes

※ Antecedente 참조.

Pronombre relativo² [문법] 관계 대명사. 앞에 제시된 명사나 대명사를 대신하는 대명사의 기능과 주절에 종속절을 연결시키는 접속사 기능을 접하고 있는 대명사임. 관계 대명사 앞에 쓰인 명사나 대명사를 선행사(Antecedente)라고 하고, 관계대명사에 인도되는 종속절을 관계사절(Proposición relativa)이라 부름. A que: 선행사의 종류나 절의 성격에 관계없이 두루 사용되며, 성·수의 변화를 하지 않음. 그리고 que는 문장의 내용에 따라 전치사와 함께 쓰이는 경우가 있음. 예) El idioma que estudiamos es muy difícil 우리가 공부하는 언어는 매우 어렵다. ① que의 선행사가 사람인 경우에는 주격과 직접목적격에만 사용. 예) El profesor que vimos ayer es mexicano 어제 우리가 보았던 그 교수님은 멕시코 사람이다. ② 앞에 전치사와 함께 쓰이는 경우. 예) El país a que me invitaron España 나를 초대한 나라는 스페인이다. La pluma con que escribo es negro 내가 쓰고 있는 펜은 검은색이다. La escuela en que estudiamos es muy grande 우리가 공부하고 있는 학교는 매우 크다. El asunto de que hablan no me interesa 그들이 말하는 그 문제에 대해서 나는 관심이 없다. B quien / quienes: 성에는 변화하지 않지만 단수와 복수형은 다르게 사용. 그리고 선행사가 사람이거나 의인화된 사물이었을 때 사용. 단, quien이 관계절의 주어가 되었을 때에 제한적 문장에서는 사용될 수 없음. 예) Voy a visitar a mi amiga, quien está en cama 나는 나의 친구를 방문할 것이다. 그녀는 병상에 누워있다. □ quien은 전치사와 함께 쓰이기도 함. 예) Ésta es la mujer a quien estoy buscando 이 사람이 내가 찾고 있는 여자이다. Ellas son las señoritas de quienes yo te hablaba 그녀들은 내가 너에게 말해주었던 아가씨들이다. La persona <u>por quien</u> me interesa es digna de aprecio 내가 관심을 갖고 있는 그 사람은 존경할만한 가치가 있다. Quiere irse esa señora <u>con quien</u> has venido 너와 함께 온 여자 분이 가기를 원한다. ⒞ el que(la que, los que, las que): 앞에 붙은 정관사로 인해서 성·수 변화를 하며 선행사가 사람이나 사물인 경우에 모두 사용. 그리고 전치사와 함께 쓰여 전치격으로 사용되며 또한 이들 관계대명사 앞에 오는 명사가 두 개 이상인 경우 어떤 것이 선행사인지 확실히 나타내기 위해 사용. 또 quien과 마찬가지로 선행사의 의미가 내포되어서 사용할 수도 있음. 예) Sancho es <u>el que</u> estudia mucho 산초는 많이 공부한 사람이다. <u>Los que</u> no quieren ir, pueden quedar aquí 가기 싫은 사람들은 여기에 남아있어도 된다. Mi mamá es la única persona <u>a la que</u> puedo platicar 엄마는 내가 그것을 말할 수 있는 유일한 사람이다. ⒟ el cual(la cual, los cual, las cual): 정관사로 성·수의 변화를 모두 하며 복수의 경우 cual도 복수형으로 바꾸어 주어야 함. 그리고 전치사와 함께 쓰일 수도 있으나 선행사가 내포되어 있는 것으로 쓰일 수는 없음. 예) Llegan hoy Petra y Sancho, <u>el cual</u> va a casarse pronto 뻬뜨라와 산초가 오늘 오는데, 그(산초)는 곧 결혼할 것이다. Ésta es la pluma *con* <u>la cual</u> tienes que escribir 이것은 네가 가지고 써야 할 펜이다. ⒠ lo que, lo cual: 이것은 선행문 전체 또는 일부분을 받는 것인데 선행문 없이 독립용법으로 쓰일 때는 lo que를 사용해야 함. 예) Los estudiantes llegaron a la clase muy tarde, <u>lo que(lo cual)</u> le enojó a su profesor 학생들은 수업에 너무 늦게 왔고 그런 사실은 그들의 교수를 화나게 했다. <u>Lo que</u> me interesa es esto 나를 흥미 있게 하는 것은 이것이다. ※ Antecedente; Proposición relativa 참조.

Pronombre sujeto [언어·문법] 주격 대명사. 스페인어에서 2인칭 단수 'tú'와 3인칭 남성 단수 'él'에 강세가 붙어 있다는 것에 주의를 해야 함. 이는 2인칭 단수 소유격 'tu'와 단수 정관사 'el'과의 혼동을 회피하기 위한 방편임. □ 형태:

	단수	복수
1ª	Yo	Nosotros/as
2ª	Tú	Vosotros/as
3ª	Él, Ella, Ud.	Ellos, Ellas, Uds.

■ 거의 대부분의 스페인에서는 상위의 형태를 따르지만, 스페인 일부 지역과, 중남미의 많은 지역에서 2인칭 복수 형태인, Vosotros/as의 형태가 존재하지 않고, 대신 Ustedes(=Uds.)을 사용함. ※ Pronombre; Sujeto 참조.

Pronominal [언어] 대명사의, 대명사

적인. 예) Verbo pronominal 대명동사.

Pronominalización [언어] (인칭) 대명사화.

Proparoxítona, palabra [언어] 강세가 뒤에서 3번째 음절에 있는 어휘. 강세가 한 단어 뒤쪽에서부터 세 번째 음절에 위치했을 때를 가리킴. 이에 속하는 단어들은 일반적으로 강세 표시를 항상 달고 있음 ※ Esdrújula 참조.

Proparoxitónico [언어] 프로파록시톤의. 예) Palabra proparoxitónica 어미에서 세 번째 음절에 강세가 있는 낱말. ※ Proparoxítono 참조.

Proparoxítono [언어] 프로파록시톤. 어미에서 세 번째 음절에 강세가 있는 낱말.

Properispómena [언어] (그리스어의) 어미에서 두 번째 음절에 강세가 있는 낱말.

Propio ① 고유의, 본래의. 예) Frecuencia propia 고유 진동수. Nombre propio 고유명사. en el propio sentido de la palabra 말의 본래의 의미에서. ② 특유의. ③ [문법] ((명사 바로 뒤 또는 앞에 씀으로써 강조의 의미가 됨)) 자기 자신의. 예) coche propio 마이 카. defensa propia 자기 방어. ④ … 본인의, … 자신의; … 자체의. 예) el propio día que él se presentó al tribunal 그가 법정에 출두한 바로 그 당일. El propio interesado debe firmar (당사자) 본인이 서명해야 한다.

Proporcional [언어] 명제적 (태도). 믿음, 의심, 의도 등을 언급할 때 사용되며, 이러한 명제적 태도를 나타내는 동사 뒤에 오는 기술적 명사구는 그것이 지시하는 것이 꼭 존재한다는 것을 전제로 하거나 함의하지 않음. 예) 《Yo creo que Juan tiene razón 나는 존이 옳다고 믿는다.》는 문장은 명제적 태도의 문장이며, 문장 자체 내에서 진리치와 관계없이 상위 문장의 진리치가 결정된다는 특징을 가지고 있음.

Proposición ① [언어] 선행 절(節)·문장. 종속 절(節). 예) <u>Cuando yo era niño</u>, yo iba a la iglesia 난 어렸을 적에, 교회에 다녔었다((밑줄 쳐진 문장을 절이라 하며, 종속(부사)절이라고 함)). □ Proposición principal (subordenada·independiente) 주(종속·독립) 절. Proposición relativa (nominal) 관계사(명사) 절. ② 종속절. 문법적으로 완벽한 문장으로서, 의미상 완벽함(Oración)을 나타내기 위한 부분적인 의미 역할을 함. ③ [논리] 명제. 예) Proposición complicada (contradictoria) 복합(모순) 명제. ※ Oración 참조.

Proposición actancial [언어] 행위항 절(行爲項節).

Proposición adjetiva [언어] 형용사절.

Proposición adverbial [언어] 부사절.

Proposición categorial [언어] 단언명제. 두 집합간의 관계를 단언 또는 부인하는 형식의 명제. 그 구성은 양화사(Cuantificador), 주어(Subjeto), 연계사(Copula), 술어(Predicado)가 차례로 배열됨. ※ Cuantificador; Sujeto; Cópula; Predicado 참조.

Proposición principal [언어·논리] 주절(主節). 전통 문법에서는 보문(補文), 관계사절, 상황절을 종속시키고, 그것 자신은 아무런 다른 문(文)에 종속하지 않는 문을 일컬음.

Proposición subordinada [언어·논리] 종속절(從屬節). 복문(複文)에서 종속절, 즉 의존절이란, 다른 절에 종속하고, 다른 절에 종위의 관계로 딸려 붙은 절을 일컬음. 종속절은 문법상의 자립성을 가지지 않으며, 단문과 같이 그대로 사용되는 일은 없음.

Proposiciones subordinadas adjetivas [언어] 종속 형용사절

Proposiciones subordinadas adverbiales [언어] 종속 부사절

Proposiciones subordinadas de relativo [언어] 종속 관계사절

Proposiciones subordinadas substantivas [언어] 종속 명사절

Propósito [언어] (주제에 대한) 설명.

Prosa [문학] 산문. 운문(verso)이라고 하는 운율단위로 정형화되지 않은, 말이나 글로 된 모든 담화(Discurso)를 가리키는 포괄적 용어. 그러나 매우 다양한 비 운율적 언어 유형을 구별할 필요가 있는데, 이것은 그러한 언어 유형들이 리듬이나 그 밖의 형식적 조직 양식을 어느 정도 사용하고 있느냐 하는 정도에 따라서 스펙트럼으로 표시할 수 있음. 그 한쪽 끝에 위치하는 것이 불규칙적이고, 어쩌다가 형식을 갖출 뿐인, 일상적 담화를 산문이라고 함. ※ Discurso; Verso 참조.

Prosodema [언어] 운율소(韻律素).

Prosodia ① [언어] 운율소론. 성조·강세·억양·음량 등에 관한 말소리의 특징을 연구하는 음성학·음운론의 부문 영역. ②[문학] 운율법, 운율학. 작시법(Versificación; 作詩法)의 체계적인 연구. ③[음악] (성악에서의) 운율 기법.

Prospectivo 미래의, 미래 예측의, 미래를 전망하는. 예) Estudios prospectivos 미래 연구.

Próstesis [언어] 어두음(語頭音) 첨가; (어두음) 첨가 철자.

Prótasis ① [언어] 전제절. ((조건의

종속절)). ② [논리] 대전제(大前提). ③ [문학] (고전극의) 주제 제시부. (연극) 도입부(導入部).

Prótesis [언어] 어두음 첨가. ※ Próstesis 참조.

Protético [언어] 어두음 첨가(prótesis)의[에 관한]. ※ Prótesis 참조.

Protónico [물리] 양자의, 프로톤의.

Proto- [어원] 「최초의, 원시의, 주요한」의 뜻. 예) *proto*mártir 최초의 순교자. *proto*médico 시의(侍醫). *proto*tipo 원형(原型).

Protolenguaje [언어] 조어(祖語). 비교 재구의 방법을 사용하여 세운 어떤 언어의 초기 형태를 지시하는 용어.

Prototipo [언어] 원형. 특정 사회의 구성원의 어휘범주의 가장 전형적인 예라고 생각하는 것.

Protracción (혀 따위를) 앞으로 쑥 내 밂.

Proverbo ① 속담, 격언. ② [연극] (속담 소재의) 소희극.

Proximidad ① (개념 따위의) 유사. ② (공간·시간적인) 가까움, 인접; 임박.

Proyección ① [언어] Regla de proyección 투사 규칙((생성문법에서 의미 해석을 해 주는 규칙)). ② [심리·정신분석] 투사, 투영. 예) Proyección y Identificación (주관의)투사와 (객체와의) 동일화.

Proyectivo [심리] 투사(投射)의. 예) Psicología proyectiva 투사 심리.

Pseudocopulativo [언어] 의사(疑似) 연결. ※ Seudocopulativo 참조.

Pseudointransitivo [언어] 의사(疑似) 자동사. ※ Seudo intransitivo 참조.

Pseudorrajamiento [언어] 의사(疑似) 분열문. ※ Seudorrajamiento 참조..

Pseudorrefleja [문법] 의사재귀구문(疑詞再歸構文). 명칭은 구문에서 어떤 재귀성(reflexividad)도 띠지 않은 채 형태만 재귀대명사를 취하여 동사와 함께 활용되는 경우를 두고 이르는 말임. 이런 경향은 다분히 라틴문법정신이 반영된 해석이라고 볼 수 있는데, 이는 Salvador Gutiérrez Ordóñez의 「Sobre los dativoas superfluos」, Archivum(Univ. de Oviedo), vol 27~28, 1977~1978, 413~452에 잘 나타나 있음: 《La aplicación de la reflexividad se apoyaría en espíritu y letras de gramáticas latinas(p.417)》 이 밖에 의사 재귀 구문이라는 라틴어적인 해석에 대한 비판을 엿볼 수 있는 자료는 다음과 같음: José M. García-Miguel, 「*La* *voz media en español; las construcciones pronominales con verbos transitivos」*, Verba 2, 1985, 307~343, pp. 309~310; Nelson Cartagena, 「*Sentido y estructura de las construcciones pronominales en español*」, Publicaciones del Instituto Central de Lenguas, Concepción, 1972, pp.149, 209.9 ※ Reflexividad 참조.

Pseudosubordinada [언어] 의사(疑似) 종위절. ※ Seudosubordinada 참조.

Psico- [어원] 「영혼(alma)・정신(espíritu)」의 뜻. 예) *psico*análisis 정신 분석. *psico*tecnia 정신 공학.

Psicofonética [언어] 음성 심리학.

Psicolingüística [언어] 심리 언어학. ① 심리 언어학은 언어를 인간관계에서 말을 사용하는 유기체로서의 인간의 심리적인 면과 관련시켜서 언어행위를 파악하려는 연구 분야를 가리킴. 이 이론은 인간의 모든 심리적 요소를 고려하지만, 특히 생성문법에서는 인간의 생득적 자질과 생득자질에 의해서 습득될 수 있는 언어기구의 한계까지를 연구대상으로 삼음. ② 심리언어학에서는 언어학자들이 언어 구조를 탐구하여 얻어 낸 언어 이론들이 어떻게 실제에 있어서 언어수행으로 나타나는가 하는 것을 규명함. 심리언어학자들의 궁극적인 목적의 하나는 언어수행 (Realización lingüística)의 모형을 추출하여 정립하는 일이다. 심리언어학은 언어 이론의 심리적 타당성을 입증하고 부여하는 학문이라 할 수 있음.

Psicologismo ① [철학] 심리주의. 넓은 뜻의 심리학이 일체 정신 과학의 기초를 이루고 있고, 가치, 논리, 규범 등 그것 차제로서의 존립을 인정하지 않는 철학적 입장. ② [문학] 심리주의. 소설에 있어서 작중 인물의 심리 경과를 분석 묘사하고, 사건이나 행동보다도 인간 심리의 표현을 주로 하는 소설의 흐름.

Psicomecánica [언어] 심리 역학론. G. Guillaume의 언어.

Psicosistemática [언어] 심리 체계론. 심적 표상체계로서의 개별 언어를 연구하는 G.Guillaume 언어학의 한 분야.

Psilosis [언어] 프로시즈. 기음(氣音)의 소실을 일컬음. 프로시즈라는 단어는 동(東) 이오니아 방언이나 레스보스 방언에서 빈번히 일어난 이 현상을 가리키는 희랍어의 술어임.

Pues [문법] ((접속사)) ① [이유・원인] …하기 때문에, 왜냐하면. ② [조건] …이면. ③ [문장 앞에서] 그럼, 그러면. 그래서. 예) Me llamaste, pues aquí estoy 네가 나에게 전화를 했지. 그래서 난 여기에 있다. ④ 왜?. ⑤ [말문을 꺼낼 때] 저 …, 그런데. ⑥ [감탄사적으로] 그래, 으흠.

Punto [인쇄·문법] 마침표. ① 문장의 끝맺음을 나타내는 종지부로 사용. ② 생략표시로 사용. 예) Ud. → usted ③ 수(數)의 자릿수 표시에 사용. ■ 단, 소수점은 반대로 쉼표(coma)를 사용함. 예) 11.027.540,21 (한국식과 반대임) ※ Coma 참조.

Punto de articulación [문법] 조음점. 조음점은 입술, 이, 경구개, 연구개 등으로 혀가 닿는 부분에 따라 다르게 나타나게 되는 지점을 말함. 조음점에 따른 분류는 입술에 따른 '양순음(bilabiales)', 이에 따른 '치음(linguadental)과 치간음(interdentales)', 입술과 이에 따른 '순치음(labiodentales)', 치경에 따른 '치경음(alveolares)', 경구개에 따른 '경구개음(palatales)', 연구개에 따른 '연구개음(velares)'이 있음. ■ 분류에 대한 자세한 설명은 위의 각 항목별 어휘에서 참고.

Puntos suspensivos [인쇄·문법] 생략 부호[...]. ① 한 문장을 미완성으로, 의미하지 않은 상태로 두는 경우에 사용. 예) El domingo visitaré a mis hermanos... 일요일에 나는 나의 형제들을 방문하고... ② 화자나 독자가 이미 알고 있는 것으로 간주되기 때문에 말을 중단하는 경우 생략 부호로 표현되기도 함. 예) Como dice el refrán: Ojos que no ven... 격언에서 언급하는 것처럼, 보지 못하는 눈은... ③ 열거가 완성되지 않은 채 남겨 졌을 때, 생략부호와 함께 끝이 맺어 짐.

Punto y coma [인쇄·문법] 세미콜론[;]. ① 문장이 길어서 단락을 끊어야 할 때 사용. 예) En la Biblia están escritos los anales del cielo, de la tierra y del género humano; en ella se contiene lo que fue, lo que es y lo que será 성서에는 하늘과 땅과 인류의 연대기가 쓰여 있다. 그 안에는 과거의 것, 현재의 것 및 미래의 것이 포함되어 있다. ② 문장과 문장을 접속사에 의존하지 않고 세미콜론[;]으로 연결하는 경우도 있음. 예) Unos tienen que marcharse; otros están cansados; otros no han tenido nunca interés; el caso es que todos desean terminar 돌아가야만 하는 사람들이 있고 지쳐있는 사람들이 있고, 전부터 전혀 흥미가 없는 사람들도 있다. 요는 모두가 끝내고 싶어 한다는 것이다. ③ 배반 접속사 mas, pero, aunque 등의 앞에 자주 쓰임. ④ 콜론[:]과 교체하여 쓰는 경우가 적지 않음. 설명, 언명, 전개, 결과를 말할 때 두 가지 부호 모두 사용할 수 있는 경우가 있음.

Puntuación ① 구두점; 구두법. 예) Signo de puntuación 구두점, 구두 기호. ② [인쇄] 구두점 활자. ③ [음악] 쉼표. ※ Signo de puntuación 참조.

Puntual [언어] 점괄적(點括的)인. 예) Aspecto puntual 점괄상(相)((동작의 개시·진행·종료를 한 점으로 나타내는 상)).

Purismo ① [언어] (언어의) 순수(정

통) 주의. ② [문학] (예술·사상의) 순수주의.

【Q】

Q 꾸. 스페인어 알파벳의 스무 번째 문자; 국제 라틴어 순서의 열일곱 번째 문자. □ 철자가 qu[모음 e; i 앞에서 que; qui가 될 때]는 음성적으로 무성폐쇄 경구개음(Oclusiva velar sorda)의 자질을 지님. 음성학 기호로는 [k]. 예) **Q**ueso 치즈, **Q**uién 누구. ※ Oclusivo; Velar; Sordo 참조.

Quasi momento vigente [언어] 의사 현행 시점(擬似現行 時點). 이 개념은 과거의 순간, 현재의 순간, 미래의 순간을 각각 포함하는 과거의 시간 폭, 현재의 시간 폭, 미래의 시간 폭이라는 개념으로 인식할 수 있음. 구체적으로 다시 설명하면, ① 보다 엄밀한 의미의 지금(ahora)에서는 제외됨. ② 일반적 의미의 과거나 미래와는 구별되는 개념으로 이래됨. ③ 현행시점(momento actual)과 분명히 연관이 있음. ④ 현행 시점에서 본 과거나 미래에 속하는 시간이 됨.

Que [문법] □ 관계 대명사 que: ① [선행사가 사람·사물·일의 명사·대명사 ; 성과 수는 변화하지 않음] ㉮ [한정 용법] …하는. 예) Conozco al señor que está allí 나는 저기 있는 저 분을 알고 있다. ㉯ [계속 용법] …하는데 …는. 예) Tengo una sobrina, que estudia en España 나는 여 조카가 있는데, 그녀는 스페인에서 공부하고 있다. ② [정관사+] …하는 사람[사물·일]: 예) El *que* estudia mucho, aprende mucho 많이 공부한 사람이 많이 배운다. ③ [콤마 다음에 오는 lo que는 앞 문장을 받는다] 그것, 그 일. 예) Ella me dijo que no lo sabe, *lo que* no es verdad 그녀는 그 일을 모른다고 말했는데 그것은 사실이 아니다. □ 접속사 que : ① [명사절을 이끌어 주어나 직접목적어가 된다] …하는 것은, …하는 것을, …한다고. 예) Es importante que tú vuelvas a casa pronto 네가 빨리 귀가하는 것이 중요하다. ② [동사 원형 앞에서] …해야 할. 예) ¿Tiene usted algo que *declarar*? 신고해야 할 것 있습니까? ③ [문장 앞에서 접속법과 함께] ㉮ [간접 명령] …하게[하라고] 하십시오. 예) *Que* espere un momento 잠깐 기다리라고 하십시오. ㉯ [접속법 현재와 함께, 현재나 미래의 단순한 원망] …하기를. 예) ¡Que haga buen tiempo mañana! 내일 날씨가 좋기를! ④ [비교급 다음에서] …보다. 예) Ella es *más alta que* yo 그녀는 나보다 키가 크다.

Qué [문법] □ 의문 대명사 qué : ① 무엇. 예) ¿*Qué* es esto? 이것은 무엇이냐? ¿*Qué* pasa? (지금) 무슨 일이냐? ② [동사 원형과 함께 쓰여 명사구를 만든다] 무엇을[뭐라고] …할 것인가. 예) No sé qué *hacer* 나는 무엇을 해야 할 지 모르겠다. □ 의문

형용사 qué: 무슨, 어떤. 예) ¿Qué profesión tiene usted? 무슨 직업을 가지고 계십니까? ¿De qué color es tu corbata? 네 넥타이는 무슨 색이냐? □ (감탄을 표현하는) 부사 : [감탄] 정말, 참, 얼마나, 야, 아이구. 예) ¡Qué hermosa! 정말 아름답다. ¡Qué pena! 참 안됐습니다!

Quechua [언어] Quechua 어(語). 옛 잉카제국의 언어로 콜롬비아 남부, Ecuador, Perú, Bolivia 및 아르헨티나의 일부지방에서 원주민이 사용하고 있으며, Perú에서는 스페인어와 함께 공식언어로 인정되고 있음. 어휘적인 면에서 볼 때, 스페인어에 많은 영향을 주었음. 예) Llama 산양, mate (남미전통 차) 마떼차, Papa 감자,... 등등.

Quiasmo ① [수사학] 변화 반복법, 교착(交錯) 어법. ② 교차대구법(交叉對句法). 통사법적으로는 병행어구인데, 대응하는 단어들이 역순으로 되어 있는 두 개의 구(句)나 절(節)의 연속. 이 효과는 때때로 두음법이나 음성의 유사성으로 더욱 강화되기도 함.

Quien [문법] 관계 대명사 quien ; 선행사가 사람, 수의 변화를 함. ① (계속적 용법 ; 보통 앞에 쉼표를 찍음) 그 사람, …하는 사람. 예) mis padres, a quienes respeto 내 부모님, 나는 그 분들을 존경한다. ② (한정적 용법) …하는, …한. 예) las personas de quienes él recibió la ayuda 그가 도움을 받았던 사람들. ③ (관사와 함께 쓰이지 않음) ; (…하는) 사람, (…하는) 사람은 누구나. 예) Quien no puede es quein más quiere (속담) 성취할 수 없는 사람이 더 원한다.

Quién [문법] 의문 대명사 Quién-(es) ; 누구. 예) ¿De quién? 누구의. ¿A quién? 누구를, 누구에게. ¿Con quién? 누구와. ¿Para quién? 누구를 위해. ¿Quién es usted? 당신은 누구냐?, 직업이 무엇입니까? ((성명이나 직업을 물음)). ¿A quién invitas? 너는 누구를 초대하느냐? ¿De quién es este libro? 이 책은 누구의 것입니까? ¿Con quién hablo? －Con José. [전화에서] 누구십니까? －호세입니다.

Quiro- [어원] 「손(mano)」의 뜻. 예) quiromancia 수상점.

【R】

R [언어] r 에레 (스페인어 자모의 열아홉 번째 문자). 스페인어의 자음 음소 /r/. 음성학적으로는 치경음(alveolar), 단일 진동음(vibrante simple), 유성음(sonoro)의 자질을 가짐(= Vibrante simple alveolar sonora 유성 단일 진동음). 음성학 기호로는 [r]로 나타냄. 예) f<u>r</u>esco 신선한; pe<u>r</u>o 그러나. ※ Alveolar; Vibrante simple; Sonoro 참조.

Racionalismo [언어·철학] 합리론(合理論). 지식의 습득은 후천적인 경험에 의해서가 아니라, 선천적으로 유전적인 생득능력에 의해 달성된다고 하는 철학적 사상이며, 17세기 Decartes, Leibniz 등이 그 대표적인 이론가임. 경험론에 대조되는 것으로 당연히, 직관(直觀), 내성(內省), 연역 등의 개념이 중요시됨. 언어학에서 문제되는 것은 언어 습득에 관한 것인데, 특히 Chomsky는 그 자신의 변형생성문법을 합리론적 사고 방식 안에서, 일반 언어 사용에 있어서의 창조성, 무한성, 상황적응성, 그리고 어려서 극히 짧은 기간에 매우 복잡한 구조를 가진 인간 언어를 습득할 수 있는 어린이의 습득 능력 등을 설명하기 위해서는 내용이 빈약한 경험론보다는 합리론에 의거해야 한다는 취지를 역설하고 있음. 그러나 모든 의론(議論)을 합리론이나 경험론 중 어느 하나에 획일적으로 의거하기는 어려우며, 언어 습득에 관한 문제를 합리론적 견지에서 생득능력에 의한다고 규정한다 해도, 언어 습득에 관한 문제가 모두 해결되는 것은 아니라는 사실을 유의할 필요가 있음. ※ Chomsky 참조.

Radical [언어] 어기(語基); 어간(= Raíz). ① 문(장)의 여러 가지 실현에 있어서, 어근이 취하는 형태의 하나 하나를 '어기'라 함. 어기는, 그런 까닭에 어근과는 구별됨. 어근은 모든 어기를 대표하는 기저가 되는 추상형이며, 어기는 그 표출임. ② 단어의 형태소 중, 기호 내용이 그것에 결부되어 있는, 접사가 아닌 것을 '어기 형태소'라함. ※ Raíz 참조.

Radio- [어원] ① 「방사, 복사; 반경; 요골; 라듐; 무선, 전파; 방사성」의 뜻. 예) *radio*terapia 방사선 요법. ② 「(모음 앞에서) radi-」. 예) *radi*activo 방사성의.

RAE 스페인 한림원 (= Real Academia Española).

Raíz [언어] 어근(語根); 어간(語幹). 일반적으로 단어의 구성은 보통 『어근 + 접사(어미)』로 나타남. 어근은 단어 구성 요소 중 기본 의미를 갖고 있는 어휘 형태소를 말하며 그것은 자립 형태소일 수도 있고, 의존 형태소 일 수도 있음. 예) incontrolable에서 in-과 -able을 뺀 control이 어근이 됨.

Rajado [언어] (문법 요소가) 분리된, 갈라져 나간. 예) Frase rajada 분열문.

Rajamiento ① [언어] (생성문법에서의) 분열문. ② [정신분석] (자아) 분열.

Rango 치역(値域). 어떤 함수가 취할 수 있는 값(valor) 혹은 양(cantidad)의 집합.

Rapsodia ① [문학] 랍소디. 어원적으로 호메로스 시대의 음영(吟詠) 시인이 읊은 서사시를 의미하지만, 오늘날에는 거의 그 원 뜻을 내포하고 있지 않음. ① [음악] 광시곡(狂詩曲). 파격적 선율을 격정적인 리듬에 실은 작품.

Rasgo [언어] 자질(資質). ① 형성소(形成素)가 가진 통사적, 의미적 특성과 음운상의 분절적, 초분절적 요소가 가진 특성을 구성하는 단위의 성질. 문장의 생성과 해석에는, 다양한 규칙이 그 대상이 되는 형성소 및 음운 요소의 여러 성질에 관계하는데, 형성소 그리고 음운상의 요소는, 통사·의미·음운상 의의있는 어떤 성질(자질)을 가짐으로써 각각의 특성을 구성하므로, 결국 자질의 집합으로서 정의됨. ② 자질은 오늘날 변형 생성문법에서 불가결한 것이 되었는데, 이러한 견해 자체는 Jacobson - Fant - Halle(1952)의 변별적 자질에서 볼 수 있는 것으로 생성문법이전의 것임. 음운론에서의 자질의 개념부터 통사론에서의 자질 개념에 이르는 과정은 Chomsky (1965)에서 명확히 제시되고 있는데, 1965년 이후 변형생성문법에 관한 글에서 항상 자질의 개념을 전체로 해 왔다고 할 수 있음. ※ Fonema; Morfema 참조.

Rasgos distintivos [언어] 변별적 자질. 임의의 언어 요소가 다른 언어 요소로부터 구별되는 데 필요한 음운·통사·의미상의 특징을 일컬음. 변별적 자질의 개념을 최초로 제안한 사람은 Jakobson으로, 변별적 자질의 초기이론은 Jakobson - Fant - Halle(1951) 및 이의 수정안인 Jakobson - Halle(1956)에서 찾아볼 수 있음. 초기 이론에서의 변별적 자질은 오직 음운론에만 쓰이는 용어였기 때문에 음의 변별적 자질이라는 의미였음. Jakobson 등은 자질이 2항 대립이며 조음적·음향적 성질을 나타내는 음성기술에도 그대로 적용된다고 생각했기 때문에, 초기의 변별적 자질은 음운자질과 음성자질의 차이가 명확하지 않았음. 그 때문에 기대했던 성과를 거두지 못했다고 볼 수 있음. 그러나 변형생성문법이 나타나서 체계적 음소론과 체계적 음성학이 대두되면서 음의 변별적 자질은 음운자질과 음성자질 두 가지로 명확하게 구분되었음. ① 음운자질은 이치적(二値的)인 것에 반하여, 음성자질은 다치적(多値的)이고, 음운 표시는 대립되는 두 개의 범주로서 나타나는 반면 음성표시는 음성적 정도 차이를 수반하면서 나타남. 음운 자질은 어떤 음이 어떤 음류에 속하는 가를 나타내는 음의 분류적 성격을 가진 반면, 음성 자질은 구체적으로 변이음의 음성적 차이를 나타내는 음의 물리적 현상과 관계함. 음운 자질은 언어에 따라 다른 자의적(恣意的)인 것임에 반해, 음성 자질은 물리적 근거를 나타내는 모든 언어에 공통된 보편적인 것임. ② 음성자질인 [consonantal], [nasal], [voiced] 등은 발화할 때 제어할 수 있는 데 반해서, 음운 자질은 실질을 나타내지 않기 때문에 제어할 수 없음. 자의적인 실질을 수반하지 않는 음운 자질은 언어끼리 비교할 수 없지만, 음성자질은 각 언어끼리 비교할 수 있음.

Rasgo sintáctico [언어] 통사 자질. 구조 내에서 단어의 사용을 구명하는 것으로 그 자질 중 하나는 품사가 되는 것임. 예) 동사라는 같은 품사 내에서도 자동사와 타동사라는 자질로 구분될 수 있음.

Raya [인쇄] 늘임표, 줄표: "—". 연극이나 영화의 대사 앞에 사용하여, 화자의 교체를 나타냄. 말의 인용은 보통 큰따옴표로 나타내지만, 화자의 교체가 연속적으로 나오는 극의 대본이나 소설의 대화 장면에 많이 사용됨.

Re- [어원] ① 「반복·재(再)(repetición)」의 뜻. 예) *re*construir 재건축하다. ② 「후퇴·뒤로 움직임(movimiento hacia atrás)」의 뜻. 예) *re*fluir 역류하다. ③ 「강화·증대·증가 (intensificación」의 뜻. 예) *re*cargar 다시 짐을 지우다. ④ 「반대(oposición)·저항(resistencia)」의 뜻. 예) *re*chazar 거부하다. *re*pugnar 반발하다. ⑤ 「부정(negación)·단순한 의미의 전도」의 뜻. 예) *re*probar 불합격시키다.

Real Academia de la Lengua (스페인) 왕립 언어 학술원. 1713년 '왕립 언어 학술원'의 설립. 이를 계기로 본격적인 언어 체제의 정비에 들어감.

Realidad [문학] 실재(實在); 리얼리티. 일반적으로 말하면 현실인데, 여기서는 표현된 사물의 현실성 또는 실재성을 가리킴. 작자의 인식이나 상상 또는 표현력 등에 의하여 작품 속에 포착된 생생한 표상의 의미. 단순히 현실을 묘사한다거나 또는 현실에 가깝다고 하기보다 좀더 적극적인 창조상 및 표현상의 실재감을 가리킴.

Realismo 실재론(實在論). ① [언어] 언어 분석을 단순히 형태의 기술 또는 분포 기술에만 머무르지 않고, 기능의 기술까지를 포함하고자 하는 언어관, 형태를 실체와 별개의 것으로 간주하여, 형태 분석에만 주력하는 형식주의에 반대하여, 실재론에서는 언어의 음성 실체가 언어 형태, 기능 및 변화를 어느 정도 결정하므로 언어 연구에서 음성 실체가 언어 형태, 기능 및 변화를 어느 정도 결정하므로 언어연구에서 음성 실체에 대한 연구를 배제하여서는 안 된다고 함. ② [철학] 서양철학의 커다란 두 사상적 조류인 명목론(名目論)과 실재론(實在論) 중의 하나. 어떤 단어의 개념으로서의 보편소가 인식 주체의 마음 밖에 실제로 존재한다고 생각하는 입장. 플라톤으로부터 연유하는 초월적 실재론과 아리스토 탈레스로부터 내려오는 내재적 실재론이 있음. ③ 현대 철학에서는 관념론에 반대되는 개념으로, 물적 대상이 우리 외부에 그리고 우리의 감각 경험과 관계없이 존재한다는 철학적 견해. 19세기 말에는 관념론이 서양철학을 지배했으나 20세기 초 영국의 Moore, Russell과 미국의 W. James 등이 이 입장을 취했음. 언어철학자 Putnam도 이 입장을 취했었고, 상황 의미론도 실재론적 의미론임. 이에 반해, 관념론에서는 물적 대상에 대한 우리의 앎이나 의식이 없이는 그것들이 존재하지 않는다고 봄. ④ [문학] 사실주의. 대상이 되는 사물을 객관적으로 보고 있는 그대로 묘사하려 하는 예술상의 입장. 낭만주의가 주관적이며 감정적인 반면, 사실주의는 객관적이며 실증적임.

Realización [언어] 구현(具現). 언어 수행(言語遂行). 성층문법(成層文法)의 용어. 이 이론에서는, 언어는 네 가지 내지 여섯 가지의 층으로 관계 체계이며, 각 층에는 독자적인 문법이 있고, 각 층이 성원인 -소(素)는 -자(子)의 형태로 정리되어, 인접한 하층의 성원으로 재조정되어 간다고 생각함. 이 조정을 받는 것을 구현된다고 하며, 조정의 소산을 구현(具現)이라고 함. 변형문법처럼 통사부와 같은 하나의 부문이 중심이 되는 것이 아니라, 똑같은 정도의 중요성을 가진 각 층에 있는 성원이 다른 층에서 다른 형태로 구현되어 간다고 함. ■ 언어수행. 변형문법이론의 용어. 어어 능력에 대조됨. 언어 능력과는 달리 언어 수행은 직접적인 관찰의 대상이 되면 dato로 나타낼 수 있음. 언어 능력은 추상적인 그리고 이상적인 것이지만, 언어수행은 구체적이며, 기억의 한계, 부주의, 고쳐 말하는 것, 머뭇거리는 것 등 언어 이외의 요소에서 오는 제약을 수반한 불완전한 형식까지도 포함함. 언어 수행을 연구하는 방향은 대개 두 가지가 있는데, 하나는 언어 수행을 연구함으로 알게 되는 사실들을 기반으로 하거나, 혹은 그 사실들을 이용하여 언어 능력을 해명하려 하는 것임.

Realizativa [언어] 친교적 기능. 특별한 내용 없이 의례적인 표현이나 인사 같은 기능. 예) Buenos días. 안녕하세요(아침인사).

Reanalisis morfológico [언어] 형태론적 재분석. 형태소 경계의 재 구분에 의하거나 그 가능성에 있어 동일성의 변화에 의함에 따른 일련의 형태소의 재해석.

Rección [언어] 제사(制辭), 지배((보어를 취하는 동사의 속성)).

Recepción [언어] (정보·언어의) 수신(受信).

Recepción estética [문학] 수용미학 (受容美學). 어떤 개별적인 문학 작품의 의미나 미적 성격을 일정기간에 걸친 독자들의 누적적 반응에 의하여 현실화될 때에만 나타나는 일련의 의미나 미의 잠재적 가능성으로서 한정을 할 수 있게 해줌.

Recepción histórica [문학] 수용사 (受容史). 지금까지 고정된 의미와 가치를 가지고 있는 다양한 텍스트들이 시간의 경과와 더불어 생산되는 일에 대한 설명으로 생각되어지던 문학사 (文學史)를, 뒤를 잇는 독자들의 지평선이 변화함에 따라서 선택된 주요 작품들이 해석되고 평가되는, 변화를 그치지 않는 동시에 누가적인, 방법의 역사로 만들음으로써 변화시키는 것을 일컬음.

Receptor [언어] 수신자. ① 언어학에서 언어를 포함한 다양한 의사 전달에 있어서 남에게서 전달받는 의사전달의 객체를 통칭. ② 변형 생성문법에서 무엇을 받는 SN또는 SP를 말하는데, 간접 목적어나 'recibir' 동사에 해당하는 직접 수신자와 전치사 'para'와 생물체 명사구로 된 SP에 해당하는 간접 수신자로 구분됨. 예) 《Carmen le entregó el libro a Juan 까르멘은 후안에게 책을 전했다.》나 《Juan recibió ese libro 후안은 그책을 받았다.》에서는 직접 수신자가 'a Juan'이나 'Juan'이 되고, 《Te doy una carta para tu padre 난 네게 네 아버지에게 보낼 편지를 주겠다.》에서 'para tu padre'는 간접 수신자가 됨.

Reciprocidad [언어] 상호성(相互性). LeesKlima (1963) 및 Gruber(1965) 등에서 논하고 있는 개념. 어떤 일정한 행위가 상호간에 행해지는 것을 의미함. 전통적으로 uno a otro, uno contra otro도 상호대명사라 하며, golpear, conversar 등의 동사와 같이 목적어로서 상호 대명사를 취할 수 있는 것, 또는 《Ellos golpean 그들은 싸운다.》과 같이 자동사로 쓰이는 것을 상호 동사라고 해 왔음.

Recíproco ① [문법] 상호적. 예) Verbo pronominal recíproco 상호적 대명동사. ② [논리] 환위(換位)의. 예) Proposiciones recíprocas 역명제.

Recomposición [언어] 재 합성((라틴어·희랍어에서 온 비 자율적 요소들이 모여 합성어를 이루는 방식)).

Reconocedor [언어] 재 인식소. Marcos Marín은 관사가 부정관사, 정관사, 무(無) 관사로 나뉘는 형태에서 정관사 'el'을 지칭하는 명칭을 재 인식소(Reconocedor)라 함.

Reconstrucción comparativa [언어] 비교 재구. 딸(관계)어의 동계어(同系語)들의 비교에 의해 조어(祖語)를 재구해 내기 위한 절차.

Reconstrucción internal [언어] 내적 재구. 언어 공시적 기술을 위한 유용한 자료로부터 한 언어의 역사의 부분을 추론해 내는 절차.

Rectángulos de vocal [언어] 모음 사각도. ※ Vocal rectangular 참조.

Recursión [정보] 재귀.

Recursividad 회귀성, 귀납성.

Recursivo [언어] 귀환적, 회귀적. 생성문법에서 사용하는 술어임. 생성문법에서만 쓰이는 용법으로, 다시 쓰기 규칙에서 좌우 양쪽에 걸쳐 반복해 나타나는 기호를 말함. 예를 들면, 종래의 생성문법에서 상정한 다시 쓰기 규칙은 대강 다음과 같음. (1)S → NP Aux VP, (2) VP → V (NP) (PP) (S), (3) NP → (Det) N (S)…. 이 규칙에서 S기호가 (1)에서 좌변에 나타났는데, (2), (3)에서는 우변에서 나타남. 이 S를 귀환적(Recursivo)이라고 하거나, 혹은 귀환기호라고 함. (2)와 (3)의 우측 S는 그 S에 대해서 (1)이 재차 적용됨을 의미하며, 또한 (1)에 이어서 (2), (3)이 적용되고 다시 (1)이 적용되면, 무한히 긴 복잡한 기층구절표식(基層句節標識)이 생성될 수 있음을 의미함. 만약 귀환 기호가 없으면, 하나의 도출에서 동일한 규칙을 한없이 반복하여 적용할 수 없게 되므로, 무한히 긴 복잡한 문장이 만들어 질 수 있다는 자연언어의 가장 뚜렷한 특징을 표현할 방법이 없음. 이런 의미에서 귀환 기호는 자연언어 문법에서 근본적으로 중요함. 그러나, 어떤 기호를 귀환 기호로 인정해야만 하느냐는 것은 중요한 문제인데, 오늘날 S가 귀환기호라는 점에 대해서는 이론(異論)은 없으나, 그밖에 NP도 귀환 기호로 간주해야 한다고 주장하는 설도 있음.

Rechazo ① [언어] (주어·동사의) 후치(後置); (문체 효과를 위한 문장 요소의) 후치. ② [작시법] 하나의 시구를 구문 상으로 매듭짓는 한·두개의 단어를 다음 행의 첫머리로 보내기.

Recursividad [언어] 반복성. 단어를 계속 붙여 붙여가면서 긴 문장을 만들 수 있고, 문장에 다른 문장을 포함시키는 등 여러 문장을 합쳐서 끝없이 긴 문장을 만들어 내는 언어 성질.

Redondeado [언어] 원순(모음) (= Redondeado labial)

Redondeamiento ① (문장의) 균형잡힘. ② [언어] 입술을 둥그렇게 하기; 원순음 만들기.

Reducción ① 축소, 감소. ② [논리] Reducción al absurdo 귀류법. ③ [철학] 환원.

Redundancia [정보] 잉여도(剩餘度), 잉여성(剩餘性). 정보를 전달할 때, 만일 한 부분을 떼어 낸다해도 본질적인 정보 전달에는 아무 지장이 없는 부분을 가리키는 용어임. 정보이론에 있어서 수량화할 때는 실제 전달된 정보의 양과 이론적으로 가능한 최대의 정보량과의 비율을 1에서 뺀 나머지 수를 백분율(%)로 나타냄. 예를 들면, A의 기호가 1/16의 확률로 사용되고 B의 기호가 15/16의 확률로 사용된다면, A의 정보량은 1회에 4.00 bit, B의 정보량은 1회 0.093 bit이므로 15배로 하면 1.39bit이고, 실제 정보량의 평균은 (4.00 + 1.39) ÷ 16 = 0.34bit가 됨. 이론적으로 가능한 최대의 정보량은 A와 B가 확률 1/2로 나타날 때 얻어지는 1임. 따라서 이 때의 잉여도는 1 - 0.34/1 =0.66, 즉 0.66%임.

Reduplicación [언어] 중첩(重疊) 현상. 중복(重複) 현상. ① 단어 전체를 반복하거나 비슷한 형태 또는 어느 한 부분을 반복하여 새로운 단어를 만들어 낼 수 있는 방법. 단어 전체가 반복되는 전체중복과 비슷한 형태나 어느 한 부분이 반복되는 부분중복이 있음. ② McCarthy (1981), Marantz (1982) 등에 의해 주로 자립분절 음운론 방식으로 다루어지고 있고, 종전에 Sapir(1921)가 어근 요소의 전부 또는 일부가 반복되는 현상이라고 정의함. 중첩현상은 해당어의 일부분만이 반복되는 부분 중첩과 해당 어 전체가 반복되는 전체 중첩으로 구분됨. 부분중첩은 단위의 성격에 따라 다시 음보 충첩과 음절중첩으로 세분화됨.

Reestructura [언어] 재구(再構). 음운론적 체계의 구성에 있어서의 변화.

Reestructura fonológica [언어] 음운론적 재구화(再構化). 어떤 언어의 소리체계가 기존 대립의 소멸, 새로운 대립의 도입, 또는 체계 안에서의 음소 재배치에 의해서 구조적으로 재조직되는 것.

Referencia [언어] 지시. 명제를 표현하기 위한 언어의 사용. 즉 문맥(contexto) 속에서 사물에 대해 이야기하는 것. ※ Contexto 참조.

Referencial [언어] (사물·대상을) 지시하는, 지시적(指示的)인. 예) Función referencial (기호의) 지시 기능.

Referente [언어] 지시 대상.

Reflejo [언어] 어떤 형태소의 특정한 위치를 차지하는 소리로, 이 소리는 그 이전 단계에 같은 형태소의 같은 위치를 차지했던 소리를 이어받아 나는 것임.

Reflexividad ① (이항관계의) 반사성. ② [철학] (자기) 반성성.

Reflexivización [언어] 재귀 대명사화.

Reflexivo ① [언어] 재귀의. 예) Transformación reflexiva 재귀 대명사화. ② [심리] Psicología reflexiva 내관(內觀) 심리학. ③ [철학] 반성적인, 반성에 기초한. 예) Análisis reflexiva 반성적 분석.

Reflexivos, Pronombres [언어, 문법] 재귀 대명사. 타동사를 자동사화시키는 성질이 있거나, 자신의 행동을 강하게 표현할 때 사용됨. □ 형태:

	단수	복수
1ª	me	nos
2ª	te	os
3ª	se	se

※ Verbos reflexivos 참조.

Refonologización [언어] 재(再)음운화. 변별적 대립의 방법에 있어서는 아무런 변화 없이 상관성의 체계에서의 재조직을 수반하는 변화.

Reformulación (생각·감정의) 명확한 재표명; (문서·수식 따위의) 올바른 작성.

Refrán [문학] (시·노래의) 반복구, 후렴. 후렴이 있는 노래. 단조로운 노래. (비유) 늘 되풀이하는 말(생각).

Regir [언어] (격·법 따위를)지배하다, 요구하다. 예) El verbo transitivo rige un complemento. 타동사는 보어를 지배한다.

Registro [언어] 언어 사용역(域). 음역(音域). 성역(聲域).

Registro de lengua [언어] 화계(話階). 한국어 또는 스페인어라는 이름으로 하나의 언어에 대해서 말할 때, 언어가 한 사회에서 통용되는 것인 만큼 어떠한 형식으로든 계층이 있기 마련인 사회를 생각하면, 언어의 사용에도 계층에 따른 차이가 있으리라는 것은 쉽게 짐작할 수 있을 것임. 따라서 같은 언어를 사용한다고 할지라도 화자는 상대화자와의 관계에 따라, 발화의 상황에 따라 또는 화자의 성별, 직업, 연령 지식의 정도에 따라 혹은 글로 써서 하는 말이냐 입으로 하는 말이냐에 따라 다른 방식으로 말하게 됨. 이와 같이 한 언어 공동체에서 통용되는 언어라 할지라도 여러 층위의 표현 방식이 있음을 화계(Registro de lengua)라고 함.

Regla 기본 원칙. (기본) 원칙.

Regla de escritura sintagmática [언어] 구절 구조 규칙. (통사론 분석에 있어서) 분석된 문장의 구조를 보다 일반적으로 나타내고, 주어진 어휘에서만이 아니라 모든 어휘를 가지고 잠재적으로 나타날 수 있는 문장에 대해서까지 그 일반적인 형태를 예측할 수 있게 하는 이러한 방법을 일컬음.

Reglas de pronunciación [언어] 발음 규칙. □ 5개모음과 함께 하는 [K, Z, G, J]의 경우.

K	ca	que	qui	co	cu
Z	za	ce	ci	zo	zu
G	ga	gue	gui	go	gu
J	ja	je, ge	ji, gi	jo	ju

① 다음의 음절 'gue', 'gui'에서 'u'의 음을 발음하기 위해서는 음소 /u/ 위에 <¨>를 붙여 주어야 함. 예) cigüeña 황새, pingüino 펭귄, vergüenza 수치. ② 음소 /q/는 오직 'que', 'qui'로만 나타남. ③ 음소 /z/는

모음 /e, i/ 앞에는 사용되지 않음. 그러나 다음의 경우는 예외가 됨: Zig-zag 지그재그, zeta (알파벳으로) Z, zipizape 난투극. ④ 음소 /h/는 발음하지 않음. ⑤ 음소 /v/는 음소 /b/와 같은 발음을 함. ⑥ 음소 /r/는 자음 음소 /n, l/ 앞에 올 때, /rr/로 발음되며, 글자의 맨 앞에 올 때도 /rr/로 발음함. ⑦ 음소 /ll/는 모음 앞에서는 음소 /y/와 유사하게 발음됨. 단, 스페인 중·북부와 중남미의 일부 국가에서는 설측음(linguolateral)이나 기식음(Aspiración)으로 발음하는 경우가 있음. ⑧ 같은 자음은 절대 두개이상이 함께 올 수 없음. 예) -pp-, -ss-, -tt- 등등. 단, 다음의 경우는 예외가 됨: -cc-, -nn- 예) lección 학과, innecesario 필요없는. ※ Alfabética(escritura); linguolateral; Aspiración 참조.

Reglas de reescritura [언어] 다시 쓰기 규칙. 일정한 부호를 다른 부호로 다시 쓰는 규칙을 의미함. 예를 들어 수형도로 나타난 것을 다시 쓰기 규칙에 의해 풀어쓰는 것을 말함.

Reglas transformacionales [언어] 변형 규칙. 구절구조 규칙에 따르면, 스페인어의 경우에 주어가 생략되는 경우와 또는 주어의 위치가 문장 중간이나 뒤에 나타나는 것을 쉽게 설명할 수 없음. (Juan viene hoy 후안이 오늘 옵니다. Viene hoy 오늘 옵니다. Hoy viene Juan 오늘 후안이 옵니다.) 이러한 구성 요소들의 이동을 설명하기 위해서는 구절구조규칙에 의하여 생긴 구조 내에서 요소들의 위치를 변경 또는 이동시킬 수 있는 일련의 규칙이 필요하게 됨. 이러한 규칙을 '변형규칙'이라 지칭함.

Regramatización [언어] 재문법화. 형태소의 문법적 직능에 있어서의 교체.

Regresión [수사학] 어순 도치.

Regular [언어·문학] 규칙에 맞는. 예) Verbos regulares 규칙동사. Versos regulares 정형시.

Regularidad 일정함, 규칙성.

Rehilamiento 떨림 소리. 어떠한 자음들의 조음을 만드는 특이한 떨림(Vibración)에 의해, 생성된 바람소리(Zumbido)를 일컬음. 스페인 남부 몇몇 지역과 아르헨티나에서 음소 /y/와 /ll/가 원래 스페인어에서 [j]로 나타나는데, 위 지역에서는 순음화가 되지 않은 상태에서 음성 [ʒ]로 발음되는 현상을 일컬음. ※ Vibración; Zumbido 참조.

Reinterpretación de distinción [언어] 변별 재구. 이중어 사용 화자가 제 2체계 속에 부수적으로 따르거나 풍부히 존재하는 자질들(이들은 제 1체계와 관련 있다)에 의해 제 2체계의 음소를 구별해 내는 과정.

Relación ① 관련, 관계, 연관. ② [논리] Relaciones binarias 이항관계. ③ [정신분석] Delirio de relaciones 관계

망상.

Relación co-referencial [언어] 공(共) 지시적 관계.

Relacional 관계의: [언어] Adjetivo relacional 관계 형용사((명사에서 파생한 형용사)).

Relacionante supraoracional [언어] 담화 연결사(= enlace extraoracional). 이 연결사는 유사어인 Enlace extraoracional(담화 연결사)와는 달리, 의미론적인 내용보다는 구문적인 연결을 보다 중점적으로 다루고 있음을 설명함((Fuentes Rodríguez(1987) 사용)). ※ Enlace extraoracional 참조.

Relaciones paradigmáticas [언어] 계열관계. 다른 말로 '수직적인 관계(Relaciones verticales)라고 부르는데, 이는 한 문장 내에서 문법 구조를 바꾸지 않고 대치되어 질 수 있는 다른 단어들과의 단어들 간 관계를 말함. 예) 《Su padre vivía en la villa 그의 아버지가 그 별장에 살았었다.》와 《Tu tía trabajaba en el supermercado 네 삼촌은 슈퍼마켓에서 일을 했었다.》에서 같은 위치에 있는 Su와 Tu, padre와 tía 등등은 다른 유사 종류의 어휘로 바꿀 수 있음. 이렇게 문법의 구조를 바꾸지 않고 대치시킬 수 있는 단어들의 관계를 계열관계라 함.

Relaciones sintagmáticas [언어] 통합관계. 다른 말로 '수평적인 관계(Relaciones horizontales)'라고 하는데, 한 문장 내에서 단어들끼리 가질 수 있는 관계를 지칭.

Relajación [언어] 이완, 동일한 모음 사이에도 긴장(Tensión)과 이완의 상태에 따라 소리 차이를 보이게 됨. 그러한 차이가 스페인어에는 없지만, 영어에서 나타남. 예) 이완 모음: [ɪ], [ɛ], [æ], [ʌ], [ə], [u]. ※ Tensión 참조.

Relajado 이완된. 어떤 음의 조음의 최종 부분에서는, 발음의 기관은 바로 그 음을 특징 지우는 위치를 벗어나 휴지(休止)의 위치를 취하거나, 후속음을 발생시킬 준비를 하거나 하는데, 이완된(Relajado) 음은 그러한 초기 활동의 국면으로 이어지는 성질을 가지지 못하고 휴지 단계로만 들어가는 것을 일컬음.

Relativa 상대적. ① 전제(前提)에 비교급을 포함하는 그 단정(Aserción)이 어디까지 진실인가를 명시하는 보어(부사어)를 '최상급'이 거느리고 있는 경우, 그것을 상대 최상급이라 일컬음. 예) 《Él corre más que nunca 그는 어느 때보다도 빨리 뛰었다》 여기서 문장 자체로 보았을 때는 비교급 문장이지만, 의미상으로는 최상급에 해당함으로 이는 상대적으로 최상급 표현이라 할 수 있음. ② 미래시제에서나 과거시제에서 발화시를 시점으로 그 미래와 과거를 표현하는 방식을 '상대 시제'라고 함. 예) 《Él me dijo que ella pondría la mesa 그는 나에게 그녀가 상을 차린다고 말했다》 앞에서 과거에 그(Él)가 미래를 언급하고 있음. 그럼으로 이것은 상대적으로 과거에서 본 미래, 즉 과거에서의 미래에 해당함)) ※ Aserción; Comparación 참조.

Relativismo [언어] 상대주의. 특정 언어에 있어서, 음운론적 구분들의 특정한 집합을 고르는 것은 순전히 자의적(恣意的)이라고 하는 구조주의자들의 입장. 그러나, 이러한 주장을 한 구조주의자들이 있기는 하지만, 상대주의가 반드시 구조주의에 필수적인 것은 아님. 구조주의는 적어도 어떤 종류의 보편주의와 양립 가능함.

Relativización [언어] 관계 대명사화.

Relativo [언어] 관계사. 문장과 문장을 연결해 주는 역할을 하며, 관계사는 뒤 종속절의 문장에 포함될 때, 그 문장성분에 따라 관계 대명사, 관계 형용사, 관계 부사로 나뉠 수 있음.

☐ 형태:

대명사	형용사	부 사
quien	cuyo	(a)donde
que		cuando
el cual		como
cuanto		porque

Relativo, Adjetivo [언어, 문법] 관계 형용사. 종속절에서 명사를 꾸며주는 형용사 역할을 하는 관계사. ① 『명사 + cuyo(뒤의 명사에 성수 일치) + 명사』: 선행사(앞의 명사)가 후행사(뒤의 명사)의 소유자가 됨. 예) Visitaron Corea cuya historia es antigua e interesante 그들은 역사가 오래되고 흥미있는 한국을 방문했다. ② 『명사 + 전치사 + cuyo(뒤의 명사에 성수 일치) + 명사』 예) La casa en cuyo jardín hay una fuente 정원에 분수가 있는 집. Mi amigo a cuya hermana conoces. 네가 그의 여동생을 알고 있는 내 친구. ③ 『Cuanto (뒤의 명사에 성수 일치) + 명사』 ~하는 것 전부의[선행사 내포]. 예) Recibimos cuantos mensajes nos enviaron Uds. desde Europa 우리는 당신들이 우리에게 유럽으로부터 보냈던 모든 메시지들을 받았다.

Relativo, Adverbio [언어, 문법] 관계부사. 스페인어에서 관계부사 donde, cuando, como는 많이 쓰이지는 않음. 그 이유는 en que 등의 관계대명사로 바꿔 쓸 수 있으며 오히려 이것이 더 많이 쓰이기 때문임. 특히 선행사를 동반하는 형태는 사용법에 제한이 있으므로 여기에 열거한 문형 이외의 표현은 사용하지 않는 편이 좋음. 문형은 다음 세 가지 형태가 있음. ① 『선행사 + 관계 부사 + (주어) + 동사』 예) La casa donde vivimos es pequeña 우리들이 사는 집은 작다. ② 『(선행사+)전치사 + 관계부사 + (주어) + 동사』 예) Ella vive en un lugar adonde no llegan periódicos 그녀는 신문이 닿지 않는 곳에 살고 있다. ③ 『Es + 관계부사 + (주어) +

동사』 예) No es allí donde están los enemigos 적들이 있는 곳은 저기가 아니다. Aquí es donde ocurrió el accidente 사고가 일어난 곳은 여기가 아니다.

Relativo, Pronombre [언어, 문법] 관계 대명사. 두 문장을 하나의 문장으로 만드는 경우 고리 역할을 하는 말로, 종속절에서 명사의 역할을 하는 것을 볼 수 있음. 관계 대명사에서는 다음의 것을 주의해야함. ① 선행사(antecedente)가 문중에 나타나 있는 경우(Explícito)와 문중에 나타나 있지 않은 경우(Implícito)가 있음. ② 격은 주격, 간접 목적격, 직접 목적격, 전치격 등이 있음. ③ 용법으로는 한정 용법(Uso especificativo, determinativo)과 설명적 용법(Uso explicativo) 등이 있음. ④ 스페인어에서 관계대명사의 생략은 불가능함. 예) El libro que compré.(O) / El libro compré (X). 내가 산 책. ※ Antecedente; Explícito; Implícito 참조.

Relativo de generalización [언어] 일반화 관계대명사.

Relato ① (구두 또는 글로 된) 이야기. ② [음악] (교양곡의) 주제부.

Relevacia, Teoría de [언어] 관련성 (이론). 언어는 인간이 상호의사를 전달하는 기호 체계의 하나임. 우리가 이 언어로 대화를 하며 의사소통을 한다는 것은 단순히 언어 구성단위의 의미를 주고받는 것이 아니라 화자가 청자에게 발화하는 상황, 장면 등을 고려하는 과정이라 할 수 있음. 다시 말해 화자의 발화 내용은 청자에게 이해되어야 하며 이 과정은 화자와 청자의 여러 상황, 경험, 지식 등을 바탕으로 이루어짐. 이러한 과정에 대해 언어학자 Sperber y Wilson은 "발화 해석은 명시적으로 표현된 상정내용을 단순히 규명하는 일 이상의 것이다. 즉, 이미 처리된 상정내용 집합에 또 하나의 상정내용을 부가시킨 그 결과를 밝혀내는 작업이 결정적으로 포함되어 있다"고 언급함. ※ Efecto contextual y esfuerzo 참조.

Relevante [언어] 변별적(辨別的)인, 특별한. 예) Atributo relevante 독특한 속성. Signo relevante 식별표시.

Relexicalización [언어] 재(再)어휘화. 형태소들의 음운론적 구조에 있어서의 변화.

Rema [언어] 논술. 문장의 기능적 구분에서 주제(Tema)에 대한 신정보를 전개하는 부분. 즉, 발화의 일부이며, 주제에 무엇인가 새로운 것을 부가하고, 주제에 대하여 무엇인가 말하면서 화제에 대한 정보를 부여하는 것. 예) 《¿Cuántas manzanas compró Luís? 루이스는 몇 개의 사과를 샀는가?》에 대한 답으로 《Luis compró dos manzanas 루이스는 2개의 사과를 샀다.》라고 대답했을 때, 논술은 dos(2개)가 됨. 참고로 주제(tema)는 《Luis compró varias manzanas 루이스는 몇 개의 사과를 샀다.》가 됨.

※ Tema 참조.

Renacimiento [문학] 르네상스; 문예부흥. 피렌체를 비롯한 근대 도시의 경제적 번영을 배경으로 15세기 이탈리아에서 발생된 전 유럽의 문화현상임. 그리스와 라틴의 고전을 재생하는 것을 지향하였고, 중세적 기독교 세계로부터 탈피하여 인간성을 구가 하였음. 시에서는 소네트(Soneto)가 주류를 차지하고 있음.

Rendimeinto funcional [언어] 기능부담량. 음운론적 대립을 이루는 두 음소가 동일한 환경에 출현하여 어의(語義)를 분화시킬 수 있는 단어의 수를 일컬음. 예) P<u>e</u>so / B<u>e</u>so; Pe<u>r</u>o / Pe<u>rr</u>o.

Reportaje [문학] 기록 기사・문학. 흔히 보고 문학이라고 번역되지만, 적절한 말이 아님. 사회 통념이나 작자의 주관적 해석을 피하고 사실의 기술을 통해 상황의 진실을 알리는 문학으로서, 냉정한 관찰력을 필요로 함. 기술(記述)은 묘사라고 하는 표현상의 방법보다도 더욱 사무적이어서, 사건 속에 스며 있는 본질 적인 것을 추구하는 통찰력이 없어서는 안됨. 이러한 문학은 신문이나 잡지 등에서 더욱 많은 비중을 차지하고 있음.

Representativa 대표 지시적 기능. 이 기능은 언어의 가장 주된 기능인 일반적 의사 소통 행위를 위한 것으로 일어난 일을 설명하거나 또는 어떤 지식이나 정보를 전달하는 기능을 말함. 예) Sancho llegó tarde a la clase, porque había mucho tráfico 산초는 교통체증 때문에 수업에 늦게 도착했다. ※ Referencial; Simbólica; Cognitiva 참조.

Representatividad [언어] 대표도. 발화의 한 집합이, 연구 대상으로서 결론에 결부되는 모든 특징을 포함할 때, 그 것은 '대표적(Representativo)'인 것이라 일컬음. 한 언어의 대표적 자료체(Corpus)는, 연구에 의해서 관여할 수 있는 것이라고 고려되는 그 언어의 모든 구조적 특징을 포함하지 않으면 안됨. ※ Representativo; Corpus 참조.

Réquiem [문학・음악] 레퀴엠; 진혼가(鎭魂歌). 죽은 사람의 영혼에 위로와 안식을준다는 뜻을 가지고 있음. 레퀴엠으로 씌여진 시는 시의 제재가 되고 있는 사람의 마음을 진정시키고, 독자에게 평안을 줄 수 있는 배려가 담겨 있는 시.

Resonador 공명기, 공진기, 공진자. 예) Resonador acústico 음향 공명기.

Resonancia 울림. 공명성. 반향성. 예) Resonancia de sonido 소리의 공명. Resonancia de la voz 음성의 공명.

Respectiva 각기의, 각자의.

Respuesta 대답; 회답; 답장.

Restauración analógica [언어] 유추 복원. 유추의 진행을 통한 더 오래된 형태(이미 음운 변화를 겪은)의 복원.

Restricción [언어] 제약(制約). 예) Restricciones de la rima 각운의 제약. Restricción sintáctica 통사적인 제약.

Restrictivo [언어] 제한적인, 한정적인. 예) Proposición restrictiva 제한(한정) 절.

Resctricción seleccional [문법] 선택 제한. 이상한 문장이 생성되지 않도록 낱말의 결합에 주어지는 제한. 예를 들어 el amigo와 leer는 『명사구절 + 조동사 + 타동사 + 명사구절』라는 문장 유형에서 명사구절과 타동사를 대표하는 것으로 선택될 수 있음. 예) El amigo puede leer el libro 친구는 책을 읽을 수 있다. 그런데 el perro와 Leer는 보통으로는 선택될 수 없음. 예) *El perro puede leer el libro 개(犬)가 책을 읽을 수 있다. 모든 명사에는 명사의 고유한 성질을 나타내는 통사 자질이 주어져 있고 동사-형용사 등에는 다른 어휘 항목과의 선택 관계를 나타내는 선택 자질이 있음. 이들 어휘 항목 중에서 먼저 명사가 자유롭게 주어로서 선택되고, 다음에 이 선택된 명사의 자질에 합치되는 선택 자질을 지닌 동사가 선택됨.

Resultante ① [언어] 조작 결과문. 해리스(Z. Harris)의 변형 문법에서는, 변형이 적용되는 문장은, 기본적인 문장이든 그렇지 않은 문장이던 간에 '조작 대상문(Operante)'이라고 일컬으며, 이러한 변형에 의해 생겨난 문장을 조작 결과 문장(Resultante)이라 함. 예) Juan se alborota por una trivialidad 후안이 사소한 일로 소란을 일으킨다((조작 대상문)). → Juan siempre habla con exageración 후안은 항상 과장해서 말하는 사람이다 ((조작 결과문)). ② [논리] (복합적인 요인에 의한) 결과, 산물. ※ Operante 참조.

Resultativo [언어] ① 결과상(結果相). 동작이 끝까지 행해지거나 끝났음을 나타내는 형태의 말. ② 결과사(結果詞). 특히 행위의 결과인 현재의 상태를 나타내는 동사.

Rético 레티아((La Retia 현재의 스위스의 한 지방)) 말.

Reticencia [수사학] 묵설법(默說法). 고의로 말을 빠뜨리기.

Retórica [수사학] ① 수사학; 웅변술, 연설법. 옛날 그리스나 로마 시대에는 단순히 웅변의 방법이라든가 화술을 위한 아름다운 문장의 연구였으나, 오늘날에는 문체의 본질이라든가 문장 표현상의 용어법의 연구를 일컬음. 이는 문장의 수식함을 위한 것이 아니라, 작자의 사고와 감정 및 내용의 진실을 어떻게 유효하게 표현하는가 하는 문제와 관계가 있음. 언어의 선택 배치가 작자의 인식과 관계를 지으면서 표현의 기능을 살려 나가는 데 있어서 창조 문제와 관계되는 용어 방법, 문장 형식의 연구라고 할 수 있을 것임. ② (개인 특유의) 수사, 표현 방법, 설득 수단. ③ [문학] 아리스토텔레스는 웅변술을 어떤 주어진 경우에 설득의 모든 가능한 수단을 찾아내는 기술이라고 정의하였으며, 그 이후, 많은 수사학자들이 수사적 담화를 찬안(Invención: 논점이나 증거의 발견), 배열(disposición: 그러한 재료의 배열)과 양식(Estilo): 이 재료를 가장 효과적으로 표현할 수 있는 단어나 비유나 리듬의 선택)으로 구성되어 있는 것으로 분석함.

Retórica deliberativa [수사학] 심의용(審議用) 웅변. 공공의 정책에 대해 찬성하던가 반대하고 거기에 따라 행동하도록 청중을 설득하려하는 방법.

Retórica epideítica [수사학] 과시용(誇示用) 웅변. 의식적 행사 같은 데서 한 사람이나 어떤 집단의 칭찬 받을 일, 또는 비난받을 일을 확대해서 이야기하는 방법.

Retórica forense [수사학] 법정용 웅변. 재판장 등에서 어떤 사람의 행동을 비난 또는 찬성하려 하는 방법.

Retro- [어원] 「후방에; 다시 제자리에; 거꾸로; 재…, 역…, 반…, 퇴…」의 뜻. 예) *retro*ceder 후퇴하다. *retro*visor 백미러.

Retroacción [언어·정보] 피드백, 제어방식(制御方式); 반작용, 역작용. ※ Feedback 참조.

Retroflejo [언어] (소리가) 반전적(反轉的)인, 반전음의. 권설음의. 혀끝을 구개 쪽으로 구부려 발음하는 것.

Reunión [언어] 결합(= Combinación), 연결, 집합. ① 언어의 어떤 단위가 말하기에 나타나는 다른 단위와 (구체적인) 어어 행위의 면에서 관계를 맺는 과정을 일컬음. 소쉬르에 있어서, 실제의 말하기 속에서 확인된 결합은, 말하는 이가 개인적인 생각을 표명하기 위해, 언어코드를 이용하여 결합하는 경우를 일컫는데, 이는 말하는 사람이 이를 외부적으로 표출을 하지 않는 경우에는 발견할 수 없는 부분이 됨. ② 음성학에서는 둘, 또는 몇 개의 조음(調音)이 동시 혹은 인접하여 행해지는 경우에 일어나는 연결을 '결합'이라고 함. 예) 영어에서 보면, 파열음 [d] + 마찰음 [ʒ] = 파찰음 [dʒ]. ※ Combinación 참조.

Reversible [논리] 역행할 수 있는, 역(逆)이 성립하는. 예) Proposición reversible 역이 성립하는 명제(절).

Reversión fonológica [언어] 음운론적 복귀. 단순히 통합되기 이전에 존재하는 대립의 어휘적 전후 관계와 전체의 완전한 통합 후, 대립의 재(再) 소개와 같은 음운론적 재구화의 포함되는 가정적 상황.

Rewording 환언(換言), 바꿔 말하기. 어떤 주어진 언어 내에서 어떤 화자가, 그 언어로 다른 화자에 의해 표현된 것을 정확하게 다른 형식으로 재현하려고 하는 표현 행동을 '환언'이라고 함. 환언은 또, '언어 간 번역'에 대하여 '언어 내 번역'이라고도 일컬어 짐.

Rima [문학] (시의) 운. 각운(脚韻). 한 시의 구절 끝에 붙는 운. 서구의 시의 경우 2행 또는 2행 이상의 시행에 있어서 줄 끝의 음에 같은 음 또는 유사한 음이 올 경우를 말함. 사이에 두고 같은 음 또는 유사한 음이 줄 끝에 옴으로써 독자에게 율동적인 쾌감을 줌. 반복되는 음의 성질에 의하여 남성 각운과 여성 각운으로 구별함.

Rima consonante [문학] 완전운. ※ Rima perfecta 참조.

Rima femenima [문학] 여성 각운, 여성 운(韻). 시에서 1, 3행은 어떤 행과도 각운을 이루지 않으며, 5, 6행과 7, 8행은 각각 강세 단음절로 되어 있는데, 이를 남성 각운(脚韻)이라고 함.

Rima imperfecta [문학] 불완전 운(韻). 불완전 (각)운은 철자(綴字)가 같고 대부분의 경우에 발음도 같지만, 세월이 흐름에 달라서 바름이 달라진 단어들을 말함. 이 효과는 동요 같은 민속 시가에 꽤 많이 발견됨.

Rima masculina [문학] 남성 각운, 남성 운(韻). 시에서 1, 3행은 어떤 행과도 각운을 이루지 않으며, 2, 4행에서 강세 음절 다음에 무(無) 강세 음절이 오는데 이를 여성 각운(脚韻)이라고 함.

Rima perfecta [문학] 완전 운(韻). 운을 이루는 음성의 대응 관계가 정확할 때를 일컬음.

Rima total [문학] 완전 운(韻). ※ Rima perfecta 참조.

Ritmo ① [문학·어학] (시·문장의) 리듬. 운율. 여러 가지 운율 요소로부터 생기는 유사한 청각 인상이, 언어 연쇄 중에서 규칙적으로 반복되는 것을 '리듬'이라고 함. 리듬은 다음 두 가지로부터 생김. ⓐ 운(韻): 둘 혹은 그 이상의 행에 있어서의 열두 번째 음절에, 소리의 하강을 수반한 동일 음절이 나타나는 것. ⓑ 구(句) 끊음: 여섯 번째 음절에 소리의 상승이 나타나는 것. ② (영화·연극 따위의) 속도감, 템포.

Ritmo de intensidad [문학] 강세 음보. 음보. 운문의 최소 운율을 측정하는 단위. 한 시의 보격은 그 시의 운율을 분석할 때 나타나는 우세한 음보의 형태, 수에 따라 결정됨. 음의 장·단을 운율의 기초로 아는 고전 운문에서는 2음절 이상으로 된 장음절과 단음절의 묶음을 음보라고 함. ※ Yambo; Troqueo; Dáctilo; Anfíbraco; Anapesto 참조.

Romance[1] [언어] 로망스(언)어. 로망스 제어. 라틴어가 로마제국이 붕괴한 후 옛 제국 영역 내의 각지에서 지방적으로 분화하여 변천을 거듭하다가, 중세기에 이르러 다시 탄생과 성장의 길을 밟아 이루어진 근대어(近代語)의 총칭. 이에 속하는 언어로는 이베로로망스어(포르투갈어·스페인어 등)·갈로로망스어(프랑스어 등)·이탈로로망스어(이탈리아어·레토로망스어·사르디니아어)·발칸로망스어(루마니아어 등)가 있음. 그 중 한 나라의 공용어, 즉 국어가 된 언어로는 포르투갈어·스페인어·프랑스어·이탈리아어·루마니아어 등이 있음. 한 나라의 국어의 지위에까지는 이르지 못하였지만 스페인어의 카탈루냐 지방에서 쓰고 있는 카탈루냐어는 독자적인 문화를 소유하고 있으며, 남(南)프랑스의 프로방스어는 중세 때 융성한 문학을 탄생시켰고, 주위 여러 나라의 언어에 큰 영향을 끼쳤다. 한편, 사르데냐섬의 언어는 옛날 형태를 많이 간직하고 있어 로망스 언어학 연구에 귀중한 자료가 되어 있고, 또한 달마티아 지방에 오래도록 남아 있다가 사라져버린 로망스 제어에 속하는 소언어(小言語) 등도 있음.

Romance[2] [문학] 발라드. 하나의 이야기 줄거리를 가지고 있는 구전(口傳)의 노래임. 발라드(Romance)는 민요 중에서 설화성을 띠고 있는 것이며, 문맹자 또는 글이 서투른 민중들 속에 그 연원을 두고 있음.

Romaticismo [문학] 낭만주의. 18세기말에서 19세기초에 걸쳐 유럽을 휩쓴 예술상의 태도. 그것은 초자연적인 것과 중세적인 것 및 이국(異國) 취향을 좋아하였고, 감정과 공상을 존중하였으며, 대담한 상상력의 구사에 의해 문학의 시야를 넓혔고, 그리고 정열의 해방과 자아의 자유를 추구하는 한편 혁명 정신도 지니고 있었음.

Rondó [문학] 회선곡(回旋曲); 13행시. 프랑스 정형 서정시 가운데 하나로서 16세기 때부터 많이 사용됨. 13행을 5·3·5행의 3절로 나누어, 그 1행은 8이든지 10음절로 하였고, 제 1행의 말이나 어구가 전체에 걸쳐 반복됨.

Rotacismo ① [언어] 로타시즘. ⓐ 다른 소리를 /r/로 바꾸어 발음하기, ⓑ (라틴어에서) /s/를 /r/로 바꾸어 발음하기. ⓒ /s/ 또는 /z/가 /r/로 변화하는 역사적 과정을 포함하는 것으로, 대개 모음사이에 위치할 때 발생. ② [의학] /r/ 소리의 발음 부전(불능).

Rotado [언어] 전동타음. 혀끝으로 굴려서 발음하는 /rr/. ※ Vibrante múltiple 참조.

Rr [언어] rr 에-레 (스페인어 자모의 열 아홉 번째 문자('r') 속으로 편입된 소리글자). 스페인어의 자음 음소 /r̄/. 음성학적으로는 치경음(alveolar), 복합 진동음(vibrante múltiple), 유성음(sonoro)의 자질을 가짐(= Vibrante múltiple alveolar sonora 유성 복합 진동 치경음). 음성학 기호로는 [r̄]로 나타남. 예) Ce**rr**ar 닫다; **R**ata 쥐. ※ Alveolar; Vibrante múltiple; Sonoro 참조.

-rro, rra [어원] 「축소사·경멸」의 뜻((-arro, -orro, -orrio 형으로 쓰임)). 예) guij*arro* 돌멩이. vid*orra* 처참한 생활. vill*orrio* 작고 덜 개발된 마을.

Ruido ① 소리, 음; 소음, 시끄러움. ② [통신·전자] (다른 신호의 간섭에 의한) 공전(空電), 잡음.

【S】

S [언어] s 에세 (스페인어 자모의 스무 번째 문자). 스페인어의 자음 음소 /s/. 음성학적으로는 마찰음(fricativo), 치경음(alveolar), 무성음(sordo)의 자질을 가짐(= Fricativa alveolar sorda 무성 치경 마찰음). 음성학 기호로는 [s]로 나타남. 예) Ca*s*a 집; Me*s*a 탁자. ※ Fricativo; Alveolar; Sordo 참조.

Sabir [언어] 사비르어(語). ① 지중해 연안 지방에서 있는 아랍어·프랑스어·스페인어·이탈리아어의 혼합어. ② 이국적인 요소가 많이 섞인 혼합 언어로서 모국어가 다른 사람들 사이에서 보조 역할을 하는 간단한 혼성어.

S adverbial [언어] S (어미) 부사어. 부사표지(副詞標識)의 S. 어원적 관계가 없는 어미 -s를 첨가함으로 인해 특별한 의미를 가지지 못하는 몇몇 부사어의 특징을 일컬음. 이러한 현상은 다음과 같은 여러 라틴어에 영향을 줌. 예) atrás 뒤로, más 더, menos 덜, después 뒤에...등등. 앞의 부사어와 같은 어휘들이 영향을 준 다른 부사어들이 있으나, 그 '-s 부사어'의 특징이 결여된 예가 존재함. 예) antes 전에, quizás 아마도, entonces 그때...등등.

Salir [문법] □ 자동사로 사용되는 경우: ① ㄱ) 나가다, 나오다. 예) Salgo *de* la habitación 나는 방에서 나온다[나간다]. Sale *de su* país 출국하다. ㄴ) 외출한다. 예) Sale *de* casa 외출하다, 집에서 나오다[나가다]. ㄷ) [+de+동작 명사] (…하러) 가다. 예) Sale *de* compras 쇼핑하러 가다. ㄹ) [+a+*inf.*] (…하기 위해) 나가다. 예) Yo salgo *a* pasear 난 산책하러 나간다[나온다]. ㅁ) 떠나다, 출발하다. 예) Ella sale *de* Seúl 그는 서울을 떠난다[출발한다]. ② (직무 등에서) 관계가 없어지다. (상태를) 벗어나다. 예) Ella sale *de* director 그녀는 사장을 그만둔다. Mi amigo sale *del* hospital 내 친구가 퇴원한다. ③ 나타나다. 예) El sol *sale por* el este 태양은 동쪽에서 뜬다. ④ 생기다, 나오다, 싹트다. 예) Mi hija sale los dientes 내 딸이 이가 난다. ⑤ (더러움이) 없어지다, 사라지다. ⑥ 돌출 되어 있다, 튀어나오다. ⑦ (결과로서) …이 되다. 예) salir caro [barato] 비싸게 먹히다[싸게 먹히다]. ⑧ [+a] (…와) 닮다. 예) Ella sale *a su* padre 그녀는 아버지를 닮았다. ⑨ (좋은 기회 등이) 오다. 예) Me *ha salido* una buena ocasión 나에게 좋은 기회가 왔다. ⑩ (제비뽑기·투표로) 뽑히다, 선출되다. 예) Él sale presidente 그가 의장으로 선출되다. ⑪ [+por] (…을) 보증하다. ⑫ [+a] (길 등이 …로) 이어지다. 예) Esta calle va a salir *a* la Plaza Mayor 이 길로 가면 대광장으로 나간다. ⑬ [연극] 퇴장하다. 예) Ellos salen por la derecha 그들은 오른쪽으로 퇴장하다. ⑭ [+de] (…의 역에) 출연하다. 예) Mi padre sale de Don Quijote 내 아버지가 돈 끼호떼 역에 출연한다. ⑮ (알이) 부화하다, 깨다. ~se ① 밖으로 나오다. ② 몰래 빠져나가다, 도망가다. ③ 넘치다, 흘러나오다. ④ (제한·상태 등을) 벗어나다.

□ Salir 동사 변화형.

직·현재	직·미래
salgo	saldré
sales	saldrás
sale	saldrá
salimos	saldremos
salís	saldréis
salen	saldrán

가능법	접·현재
saldría	salga
saldrías	salgas
saldría	salga
saldríamos	salgamos
saldríais	salgáis
saldrían	salgan

□ 특히 형태: 아르헨티나, 우루과이, 빠라과이 등에서는 특이한 salir형태가 사용이 됨. 예) 2인칭 단수 형태→ Salís. 그리고, 2인칭 복수형태는 존재하지 않고, 대신 3인칭 복수형태를 사용하며, 주어는 Uds.(당신들)를 사용함. ※ Presente irregular: ~go 참조.

Saltillo [언어] 성문(聲門) 파열음. 성문 막기. 인두나 후두에서는 공기의 통로를 일시적으로 닫는 일이 가능한데, 후두에 있어서 성대를 서로 완전히 밀착시켜서 만들어지는 폐쇄에 의해 발음되는 음을 가리킴.

Samprasarana [언어] 자음으로 되는 모음형태. 모음이 유성음(sonante)과 만나 변화하는 형태를 일컬어 자음으로 되는 모음 형태(samprasarana)라고 함. krotos의 어근이 되는 라틴어 certus(그리스어 kritos)에서 e가 변화해, γ로 바뀌면서 자음 r이 되는 것을 일컬음. ※ Sonante 참조.

Sandhi [언어] 연성(連聲). 한 단어가 다르게 변하는 문맥 속에서 어떤 음의 소멸, 개입, 교체, 각 개별적 단어의 영역보다는 훨씬 변화 폭이 넓은 음 변화.

Sandhi externo [언어] 어미 연성(連聲); 음절 끝 연성. 발화과정에서 구별될 수 있는 어휘의 범위 안에서 발생된 음의 변화 형태. 예) ① 원음소(Archifonema) /R/ 뒤에 모음이 올 경우 [r]이 나타남: hablar alto [a β lár álto]. ② 원음소(Archifonema) /R/ 뒤에 자음이 올 경우 [r]또는 [r̄]가 나타남: hablar bajo [a β lár β áxo] 또는 [a β lár̄ β áxo]. ※ Archifonema 참조.

Sandhi interno [언어] 음절 내 연성(連聲). 같은 어휘 내의 음절 사이에서 나타나는 음의 변화 형태. 예) 원음소 /N/이 순치음 [m̩]으로 발음이

되는 경우: Confiar [koɱfjár]

Satélite [언어] 위성어(衛星語), 위성어휘; 측면적 구성요소, 종속적인 구성 요소. 다른 어휘(核語 Núcleo)에 의존해 기능을 하는 어휘를 일컬음. 예) La casa **blanca** 흰 집. ※ Núcleo 참조.

Satem [언어] 사템언어. 인도유럽어 공통 조상 어(語)는 크게 두 개로 갈라졌는데, 이는 켄툼(Kentum)어와 사템어 임. 사템어군에 속한 언어들은 100에 해당하는 단어의 어두자음을 마찰 치경음 /s/로 발음하며, 이 곳에서 발트어군(Grupo báltico), 인도-유럽어군(Grupo indoiranio), 슬라브어군(Grupo eslávico), 아르메니아어군(Grupo armenio), 알바니아어군(Grupo albanés) 등이 갈라져 나왔음. ※ Kentum; Centum 참조.

Sátira [문학] 풍자(諷刺). 어떤 주제를 우습꽝스럽게 만들거나, 거기에 대한 재미, 멸시, 분노, 냉소 등의 태도를 환기시킴으로써 그것을 격하시키는 문학적 기법을 일컬음.

Saussure [언어학자] Ferdinand de Saussure, 1857~1913] 소쉬르. 스위스 언어철학자. 제네바 출생. 제네바대학에서 강의한 <일반언어학강의>는, 그가 죽은 뒤인 1916년 같은 제목으로 제자들에 의해 출간되었다. 그 내용에서 간파되는 언어의 본질을 둘러싼 다양한 사색은, 모든 인간과학의 방법과 인식론에서 <실체론에서 관계론으로>라는 패러다임변환의 계기가 되었음. 그는 우선 인간이 가지는 보편적인 언어능력・상징화활동을 랑가주(lenguaje)라 하고 이것을 그 사회적 측면인 랑그(significado)와 개인적 측면인 파롤(significante)로 나누었는데 이때 랑그와 파롤은 상호의존적임. 사람들 사이에 커뮤니케이션이 성립하기 위해서는 간주관적(間主觀的)인 침전물로서 가치체계・사회제도가 전제되지만, 역사적으로는 항상 개개인의 발화행위(發話行爲)가 선행해 파롤이 랑그를 변혁하기 때문임. 그리고 언어의 동태면의 연구를 통시언어학(通時言語學), 정태면의 연구를 공시언어학(共時言語學)이라 하고 이 두 방법론상의 혼동을 경고했다. 또 플라톤이나 성서 이래 전통적 언어관인 언어 명칭 목록관(언어는 사물이나 관념의 명칭목록이라는 견해)을 부정하고, 언어 이전에는 명백한 인식대상이 존재하지 않는다고 밝혔음. 언어란 인간이 그것을 통해 혼돈하는 외계를 비연속화하는 프리즘이며 자의적 게슈탈트(형태)임. 따라서 말의 의미는 언어기호 밖에 있는 것이 아니고 그 시니피앙(significante; 표현)과 시니피에(significado; 내용)는 시뉴(signo; 기호)의 분절(分節)과 함께 공기적(共起的)으로 산출된다. 이것은 그리스이래 서유럽의 형이상학을 지배하고 있던 로고스중심주의에 대한 근본적 비판으로 20세기 문화기호학의 기반이 되었음. ※ Significado; Significante; Signo 참조.

Saussurianismo [언어] 소쉬르주의.

소쉬르(F. De Saussure)가 21세기 되던 해에 썼던 소장 문법학파에 속하는 저술인 「인구어 원시 모음 체계에 대한 논문(Mémoire sur le systéme primitif des voyelles Indo-européinnes)」(Paris, 1878)을 출판하고 난 후, 역사 언어학의 연구를 거의 완전히 포기함. 왜냐하면, 이 연구를 연기하여야 한다고 판단했기 때문임. 그는 스스로 그와 같은 개편을 시도하여 1906년부터 1911년 사이에 제네바에서 있었던 세 번의 강좌에서 그의 연구 결과를 발표했음. 이 세 책들은 그가 죽은지 3년 후에 몇몇 제자들에 의해 「일반언어학 강의(Cours de linguistique générale)」(Paris, 1916)라는 제목으로 출판되었음. 비교를 위한 이론적인 근거는 법칙 자체가 의사 소통의 활동과 연결되어 있다는 것임. 따라서 비교를 위한 이론적 근거는 음성 법칙의 영향 아래 언어의 진보적인 해체에 놓여 있는 것임. 현 상태에서 줄 세공처럼 이전 상태의 문법을 읽게 하는 이 논문은 이후의 상태가 아무리 문법적으로 크게 상이한 점을 지니는 듯이 보여도, 우리들로 하여금 후기의 문법적인 요소를 비교하기 위하여 후기의 상태와 동일시하게 만듦.

Schwa [언어] 중립 모음 [ə]. 애매모음(曖昧母音). (프랑스어의 e muet). 이러한 음은 프랑스어뿐만 아니라, 영어 등에서도 나타나는데, 이는 대개의 모음이 강세를 받지 못해 발음이 애매해질 때에 [ə]가 됨. 이러한 중립 모음(Schwa)을 애매 모음(Vocal oscura), 중립 모음(Vocal neutral), 자연 모음(Vocal natural) 이라고 부르기도 함.

Se [문법] □ 재귀 대명사 se: ① [원형] 자기 자신 : levantar*se* 자신을 일으키다, 일어나다. ② [재귀 대명사 3인칭 단수·복수; 타동사의 자동사화] 자신을, 그것 자신을 : Ella *se* levanta a las seis 그녀는 여섯 시에 일어난다. ③ [직접 재귀] 자신을 : Mi mujer *se* mira en el espejo 내 아내는 거울을 본다[거울 속에서 자신을 본다]. ④ [간접 재귀] (a) 자신의 …을: Ella *se* lava las manos 그녀는 손을 씻는다. (b) [이해 관계] 자신을 위해서: Elena *se* compra unas rosas 엘레나는 자신을 위해 장미꽃을 산다. ⑤ [재귀 대명사로만 사용되는 것] arrepentirse 후회하다. Ella *se* arrepiente su conducta 그녀는 자기의 행동을 후회한다. ⑥ [재귀동사에서는 뜻이 많이 바뀌는 것] José no *se* acuerda de mi nombre 호세는 내 이름을 기억하지 못한다. ⑦ [상호 재귀] (a) [직접] 서로를 : Ellos *se* aman 그들은 서로 사랑한다. (b) 서로에게 : Ellos *se* escriben una vez a la semana 그들은 일주일에 한 번 편지를 주고받는다. ⑧ [뜻의 강조] …해 버리다 : comer*se* 먹어 버리다. ⑨ [무인칭 표현; 일반 사람] 사람은, 사람들은 : ¿Por dónde *se* va al Museo del Prado? 쁘라도 미술관에 가려면 어디로 갑니까? ⑩ [재귀 수동] …이 되다 : *Se* produce mucho arroz en Corea 한국에서는 쌀이 많이 생산된다. □ 간접 목적 대명사 3인칭의 이(異)형태 se : 간접 목적 대명사 3인칭 단수 le와 3인칭 복수 les는 직접 목적 대명사 lo, la, los, las와 나란히 쓰일 수 없기 때문에 나란히 써야 할 경우 le · les는 반드시 se로 바뀌어 se lo, se la, se los, se las 형으로 쓰임. 예) Di un libro a mi amigo 나는 친구에게 책을 주었다 → Lo di a mi amigo 나는 그것을 친구에게 주었다. → Le di un libro 나는 그에게 책을 주었다 → Se lo di 나는 그에게 그것을 주었다.

Secuencia [언어] 사열(辭列). 요소(要素) 연속. 앞 구(句)의 끝 단어를 다시 다음 구의 첫머리에 놓아 표현하는 방법. 말 잇기 놀이가 대표적인 예임.

Secundario ① [언어] 부차적인 생성 자음군(子音群), 보조적인 생성 자음군. 후치 또는 전치하는 모음의 생략에 의해 형성된 원(原) 라틴어 자음군을 일컬음. 예) (라틴어) m'n의 경우: homine > hom'ne > hombre 남자. ② [심리] 제 2차 감성((현재 상황에 직접 반응하지 않고, 과거·미래에 연결됨)).

Se de interés [문법] 이해(利害)의 Se. 이해의 Se의 경우, Se가 없어도 문장은 성립되며 단지 뉘앙스만이 약간 달라지는 차이 밖에 없음. □ 용례: ① Se를 붙여도 붙이지 않은 것과 의미 차이가 없음. 예) Me quedé asombrado. = Yo quedé asombrado 나는 놀랐다. ② 강조 의미가 되는 경우: ⓐ 약간의 뉘앙스의 차이가 있음 (조금 놀란 기분임). 예) Los mosquitos se entran 모기가 들어오잖아. ⓑ 생생한 표현을 나타냄. 예) Me muero de hambre 배고파 죽을 것 같다. Yo me lo haré 난 그걸 할거야. ⓒ 화자의 의중(意中)을 강조함. 예) Me lo suponía 생각했던 대로다. Me temo que te equivoques 네가 실수할까 두렵다. ⓓ 화자의 기분을 알아주길 바라는 경우. 형태는 'Se + 간접목적형 대명사 + 동사'임. 예) No se me vaya Ud. 돌아가지 말아주세요. Se nos murió el perro 그 개는 우리와 사별했다. ⓔ 친밀감의 표현. 예) Espérate un momento 잠깐만 기다려. ⓕ '자신'이라는 본래의 의미가 약간 살아나 있는 경우도 있음. 예) Me aguanté las ganas de decirle varias cosas 나는 그에게 여러 가지를 말하고 싶었지만 꾹 참았다. ⓖ 타인과 구별할 수 있는 자기 전용으로 사용. 예) Me compré una corrbata 나는 (내가 쓰기 위해) 넥타이를 하나 샀다. ⓗ 갑자기 어떤 행위가 실현되는 것을 표현. 예) Juan se cayó del árbol 후안은 나무에서 떨어졌다.

Se de objeto indirecto [문법] 간접목적 대명사 Se. 스페인어의 목적격 대명사는 항상 『간접목적 대명사 + 직접목적 대명사 + 동사』의 순서로 나타남. 따라서 목적어가 명사일 경우와 대명사일 경우에 문장의 어순이 바뀌게 됨. 그리고 '그에게 그것을'이라고 말하는 경우, 즉 간접목적 대명사와 직접목적 대명사가 동시에 3인칭일 경우에는 'le lo'라고 하지 않고 'se lo'라고 함. 결국 여기서 'se'는 'le'나 'les'가 변한 형태임. 예) Le presté el libro. → Se lo presté. 나는 그에게 그것을 빌려 주었다.

Se de pronombre reflexivo [문법] 재귀 대명사 Se. 재귀대명사 se는 '자기 자신'을 의미하는 대명사로 내용상으로는 직접 목적격이나 간접 목적격에 해당함. 재귀 대명사 se도 인칭과 수에 따라 다음과 같이 변함.

	단수	복수
1 인칭	me	nos
2 인칭	te	os
3 인칭	se	se

위 표의 재귀 대명사가 붙어 동사를 재귀 동사로 만듦. 예) Él se lava la cara. 그는 얼굴을 닦는다.

Sefardí [언어] 유태계 스페인어. ※ Judeo-español 참조.

Segmentabilidad [언어] 분절성. 하나의 의미를 전달하는 메시지는 그 내부에 여러 개의 단어로 나누어지며, 또 단어는 그 내부에서 여러 개의 음으로 구성이 되기 때문임. ■ 참고: 이중굴절 (Doble articulación)의 반대 개념.

Segmentación [언어] 분절. 음성연속체를 시간의 흐름에 따라서 단편으로 끊어 가는 것을 일컬음. 예) Com-positor 작곡자 ((음절 상에서의 분절을 해보면, /kom‐po‐si‐tor/의 /Kom/ 음절과 음소 /k/, /o/는 음소들 사이에 있으며, 나머지 것은 원음소 /N/로 나뉨. ※ Descomposición 참조.

Segmentalización [언어] 분절화 변형. Postal 등에 의하면 관사는 다시쓰기 규칙에 의해 기층부에서 이끌어지는 것이 아니라, 변형에 의해 도출된다고 하는데 이 관사를 이끌어 낼 때의 변형 규칙의 하나가 분절화 변형(Segmentalización)임.

Segmento [언어] 분절음(分節音). 우리가 실제로 말하는 것은 연속된 소리의 흐름으로 나타나는데, 조음 혹은 음향학적 견지에서 본다면 그 연속체는 하나 하나의 단음으로 구분됨. 그러한 단음을 분절음(分節音: segmento)이라고 함.

Segundas de pasiva [언어·문법] 제 2 수동. 수동태에서 행위자(Por ~)가 나타나지 않는 경우를 일컬음. 예) Elena era respetada en su pueblo 엘레나는 그녀의 마을에서 존경을 받는다. Se firmó el tratado 계약은 체결되었다. ※ Voz pasiva; Se refleja 참조.

Segundo [문법] 제 2의, 제 2인칭의. 예) Segunda persona de singular 단수 제 2인칭 단수(형).

Se impersonal [언어] 무인칭 Se. 무

인칭이란, 사람이 없다는 것을 의미하지만, 실제의 내용은 주어가 yo, tú, él 등의 6가지 인칭 중에 어느 것인지 확실하지 않은 경우를 가리킴. 즉 주어가 특정 개인이 아니라는 것임. 예) Se puede ser pobre y feliz 사람은 가난해 질 수도 행복해 질 수도 있다. No se te entiende que dices 사람들은 네가 말하는 것을 이해하지 못한다. ※ Impersonal 참조.

Se intransitivo [문법] 타동사를 자동사로 만드는 se. 스페인어에는 타동사만 있고 이것에 대응하는 자동사가 없는 것이 많이 있음. 이로 인해 『타동사 + se = 자동사』라고 하는 스페인어만의 독특한 자동사형인 재귀형이 나타나게 되는 것임. 예) [일반 평서문형] Don Juan enamoró a las mujeres 돈후안은 그녀들에게 사랑을 부추겼다. [재귀 자동사형] Don Juan se enamoró de doña Inés 돈후안은 도냐 이네스를 사랑했다.

Se involuntario [문법] 무의지 Se. 책임 회피의 기분이 작용하는 방법, 즉 '어떤 일이 나의 의지와 상관없이 일어나고 그것이 나와 관계가 있다'는 의미를 나타냄. 예) Se me olvidó su nombre 그의 이름이 잊혀졌다. Se me cayeron las tazas 차 잔을 떨어뜨렸다.

Selección [언어] (언어적) 선택. Jakobson에 따르면 선택의 축은 결합의 축과 대립되는 것으로서, 계열 관계를 나타냄. 서로 바꿔 나타날 수 있는 요소들 간의 선택이란 어느 한 요소 대신 다른 요소를 대치할 수 있는 가능성을 내포하고 있음.

Selectivo [언어] 선택(적) 자질. 동사, 형용사 등에는 선택 자질이라 불리는, 다른 어휘 항목과의 선택 관계를 나타내는 자질이 주어져 있음. 예를 들면 '울다'에는 [+[+Animado]_____] 등의 선택 자질이 주어져서, '울다'를 동사로 하는 문장에서 주어의 명사는 [+Animado]를 갖지 않으면 안됨. 그리고 이들 어휘 항목은 통사부와 기저의 범주 규칙에 의해 정해진 틀 속에 다음과 같이 도입됨. 먼저 명사가 자유롭게 주어로 선택되고, 다음에 이 선택된 명사가 갖는 자질에 합치되는 선택 자질을 갖는 동사가 선택됨.

Selen- [어원] 「달(Luna)」의 뜻. 예) *selen*ita 달나라 사람.

Sema [언어] 어의소(語意素). 의소(意素). 의미의 최소 변별 단위. 한 어휘의 최소 의미 자질.

Sema específico [언어] 어휘 대상물에 공통적으로 나타나는 고정적 특징을 나타내는 의소(= Semema). ※ Semema 참조.

Semanálisis ① [언어] 기호학, 기호론(Semiótica). ② [심리] 기호·상징을 이용하는 능력. ※ Semiótica 참조.

Semantema [언어] 의미소(意味素).

- 401 -

학자들에 따라 다소의 차이는 있지만, 의미론 분야에서 가장 기본적인 단위. 즉, 형태소(morfema)가 갖는 의미로 흔히 설정됨. 의미를 갖는 최소의 언어적 요소인 형태소는 문맥에 따라 다양한 의미를 갖지만, 이들 '의미체'가 sematema이고, 그 '복합체'를 구성하고 있는 성원은 일정한 구성을 가진 이의미소(異意味素 alosema)의 체계를 이루고 있음. ※ Morfema; Alosema 참조.

Semántica [언어] 의미론. 언어학으로서의 의미론은 음운론이나 문체론과 인접되어 있기는 하지만 내용적으로나 역사적으로 독립된 별개의 학문이며, 내용면에서는 공시론적(共時論的) 또는 기술적 의미론과 통시론적(通時論的) 의미론으로 나눌 수 있다. 공시적 의미론은 의미의 유사성과 다의성, 동음 이의성(同音異義性) 등 단어의 의미소를 분석하고 그 구조와 체계를 연구하는 문제가 큰 비중을 차지한다. 통시적 의미론은 의미의 사적 변화를 연구 대상으로 함. 언어기호와 의미와의 관계는 상징이나 자연 기호처럼 자연적・필연적인 경우도 있지만 대부분의 언어기호와 의미는 사회적으로 약속된 규약관계를 가지고 있음. ※ Katz y Fodor; U. Weinreich 참조.

Semántica generativa [언어] 생성의미론. 변형생성문법에서 나온 것이지만, 촘스키(N. Chomsky) 이론의 근본 원칙 중 몇을 고쳐 묻는 언어 이론임. 촘스키는 통사적인 심층 구조가 의미 부분의 해석을 받아, 다시 변형 부분의 입력으로 되어 이 부문의 일련의 기계적 조작에 의해 표층 구조에 이르는 것이며, 그것이 이번에는 음성 부문의 음성 해석을 받아서 실현된 문장으로 된다고 주장하고 있었음. 생성 의미론에서는 심층의 통사적 수준은 제거되어 있음. 일련의 변형에 의해 직접으로 표층 구조에 이르는 것은 심층의 의미 구조인 것임. 그 의미 구조는 몇 개의 특징의 집합으로 이루어지며, 원인과 같은 술어적 타입의 특징도 있고, 유생(有生 Animado)과 같은 실질적인 타입의 특징도 있음. 생성의미론은 촘스키 이후 현저하였던 연구 방법, 곧 표면 구조와는 현저히 다른 형태의 심층 구조를 선별해 연구하는 방법의 발전임. ※ Animado 참조.

Semántica universal [언어] 보편 의미론. Chomsky 등. 보편적 음성학 및 보편적 통사론과 더불어 보편 문법의 일부를 구성함. 보편적 의미론이란 문법의 의미부에서 쓰이는 요소가 무엇이며, 어떤 원칙에 의하여 의미가 표시되는가 등을 규정하는 이론임. 이 점에 관해서, Katz나 Chomsky 등과 같이 의미자질을 사용하느냐, 또는 Gruber와 Lakoff, McCawley 등과 같이 자질이 아닌 범주기호를 사용하느냐의 대립, 즉 해석원리 의미론과 생성원리 의미론 사이의 대립이 있음. 그러나 어느 이론을 택하더라도, 어떤 요소가 어느 정도 설정되어야 의미 기술이 필요 충분하게 될 것인가 하는 점이 문제임. 또한 Jackendoff의 여러 설명에서 지적되듯이, 표면구조의 정보에 기초한 의미해석 규칙이 참으로 필요하나 하는 것도 중요한 문제임. 그러나, 아직은 의미구조에 관한 보편적 이론이 더욱 발전되어야 하며, 내포이론에 입각한 형식의미론의 발전에 기대를 걸어보고 있음.

Semántica veritativa [논리] 진리에 관한(관련된) 의미론.

Semántico [언어] ① 의미의, 의미론의: Papel 의미역(할). ② (문장 따위가) 의미가 있는.

Semasiología [언어] 의의학(意義學). 의미론, 어의(語意) 발달학. 어의의론(語意義論). 어의론(학). 기호로부터 출발하여 개념의 결정에 이르는 학문임. 전형적인 의의론의 방법은 하나의 어휘 단위를 설명하는 구조를 표시하려고 하는 구조 어휘론의 방법임.

Sema virtual [언어] (가변적) 의소(意素)(= Virtuema). ※ Virtuema 참조.

Semema [언어] (어휘 대상에 공통적으로 나타나는 고정적인 자질인) 의미소(意味素). 의소(意素, sema)들의 집합. ※ Sema específico 참조.

Semi- [어원] 「반(半)(medio)·거의(casi)」의 뜻. 예) *semi*círculo 반원. *semi*difunto 반죽은.

Semiabierto [언어] 반개구의, 한쪽만 열린. 예) Sonido semicerrado 반개구음.

Semianticadencia [언어] 반상승(半上昇) 억양. 음성 음조소(音調素, Tonema)가 상승 억양보다 덜 높게 상승하는 경우로서 이러한 형태는 연속적인 감정의 내적 일치로서 부수적인 성격이 아님을 나타내고자 할 때 적용함. 3개 구절로 이루어진 예를 보면 첫째 구절은 상승억양, 둘째 구절은 반상승 억양, 세 째 구절은 하강억양이 됨. 예) En el patio, / suena de tarde en tarde la estridencia de los caballos 정원에서는 때때로 말들의 비음 소리가 들린다. ※ Tonema 참조.

Semiauxiliar [언어] 준조동사; 준조동사의. 예) Verbo semiauxiliar 준조동사.

Semicadencia [언어] 반하강(半下降) 억양. 음성 음조소(音調素, Tonema)가 하강억양(Cadencia)보다 덜 낮게 하강하는 경우로서 이러한 형태는 정확히 나타낼 수 없는 생각이나 불확실한 주장을 표현할 때, 적용함. 3개의 구절로 이루어진 예를 보면 첫째 구절은 반 하강 억양, 둘째 구절은 상승억양, 셋째 구절은 하강 억양으로 됨. 예) Yo nací libre / y para poder vivir libre / escogí la llanura(나는 자유롭게 태어나 자유롭게 살기 위해 황야를 선택했다). 4개 구절로 이루어진 예를 보면 앞 두 구절은 반 하강억양이고 세 째 구절은 상승 억양이고, 마지막 구절은 하강 억양으로 됨. 예) Lo viviente / lo presente, lo actual / es lo que llamamos moderno 살아 있는 것 여기 있는 것

지금 있는 것을 우리는 근대적인 것이라 부른다. ※ Tonema; Cadencia 참조.

Semicerrado [언어] 반폐음(半閉音). 혀를 입천장을 향해 높임에 의해 실현되는 모음인데, 폐모음만큼은 혀의 위치가 높지 않은 모음을 말함.

Sémico [언어] 의소(意素)의. 예) Análisis sémica 의소 분석.

Semiconsonante [언어] 반자음(半子音): [ɥ], [j], [w]. 가장 벌린 자음과 가장 닫힌 모음 사이의 중간적인 개구도를 특징으로 가지는 듯한 유형의 음을 반자음 또는 반모음이라고 함. 예) diablo의 'i' cuando의 'u'를 가리킴.

Semioclusiva [언어] 반폐쇄음. 파찰음은 그 실현의 첫 부분이 폐쇄음으로서, '반폐쇄음'이라고도 일컬어짐. 그러나 그 폐쇄는 결코 완전한 폐쇄음 정도가 아님. 음성 [ʧ]과 같은 음 다음에 오는 연속 음 실현에서 폐쇄적 요소는 음성 [t]과 같은 음이 완전히 실현되지 못함을 볼 수 있음.

Semiología [언어] 기호학(記號學). 언어적이든 비언어적이든 기호를 연구하는 학문으로서, 의사전달의 상징으로서의 기호를 철학적, 심리적, 사회적, 언어학적 관점에서 분석함. Morris(1938, 1946)에 의하면, 어떤 것이 기호로서 작용하는 과정을 기호상태라고 부르는데, 이 기호상태를 연구하는 학문을 기호학이라고 함. 기호상태의 성립에는 다음의 세 요소가 필요하다. ① 기호 역할을 담당하는 것. ② 기호가 가리키는 것. ③ 어떤 것을 기호라고 인정하는 유기체(이를테면 인간), 즉 해석자(interpreter) 그리고 해석자의 기호에 반응하려고 하는 성향을 특히 해석지향 이라고 함. 철학자 Charles Peirce, Charles Morris 그리고 Rudolf Carnap 등은 기호 전달체, 피 표시물, 해석자라고 하는 요소의 조합을 기본으로 하여 기호학을 다음과 같이 세 분야로 나눔. 첫째는 의미론(Semantics)으로서, 기호 전달체와 그것이 지시하는 대상물 즉 내적 피 표시물과 관계를 연구하는 분야임. 이것은 기호가 내적 피 표시물과 그리고 가능하면 외적 피 표시물에 대하여 가지는 관계를 다루고 있으므로 이 분야에서는 순수 이론적인 면보다 실제적인 기술면이 먼저 발달하였음. 둘째는 화용론으로써, 여기서는 기호 전달체와 그 기호가 지시하는 대상물이 해석자와 갖는 의존관계를 연구함. 즉, 기호의 해석자는 생물, 구체적으로 말하면, 인간이므로 화용론에서는 기호상태의 심리학적, 생물학적, 사회학적인 면이 직접 연구대상이 됨. 셋째는 기호 통합론인데, 이것은 기호 상호간의 관계, 즉 형태면을 연구하는 분야로서, 철학적 내지 논리학적으로는 기호논리학, 또는 논리 통합론 등의 중심과제가 됨. 그리고 연구대상이 기호 상호간의 관계라는 동질성에 바탕을 두고 있기 때문에 쉽게 접근할 수 있어서 다른 두 분야보다 비교적 발달한 상태임. 기호학 입장에서 언어기호를 분류하면 다음 세 가지가 있다. ① 지표기호(indexical sign): 하나의 기호로써 하나의 대상만을 표시하는 경우. ② 특성기호(characterizing sign): 하나의 기호가 복수 대상을 표시하는 경우로서 이때는 그것의 적용 범위를 한정해 주는 다른 기호와 결합할 수 있음. ③ 보편기호(universal sign): 하나의 기호가 많은 것을 표시하는 경우로서, 그 기호는 어떤 다른 기호와도 관계를 가질 수 있음. 최근의 기호학 연구는 인간의 모든 감각기관을 통한 의사전달의 양식을 분석하는데 응용되고 있음. 이 방면에 관심을 두고 있는 사람들은 주로 인류학자, 언어학자, 심리학자, 사회학자들인데, 구두 청각적 연구, 시각적 몸짓의 의사전달 연구, 접촉행위에 대한 연구, 맛과 냄새에 대한 연구 등을 수행하고 있음. 특히, 유럽에서 기호론은 언어뿐 아니라 음악, 식사, 의복, 무용과 같은 신호체계를 분석하는데 이용되고 있어 '기호체계론'으로 발전하고 있다. 심지어 기호학은 동물의 의사소통분석에 응용되는데, 이것을 동물기호학이라고 함.

Semicultismo [언어] 준교양어. 교양 라틴어에서 통속(대중) 라틴어로 발전하는 중간 단계에 멈춘 상태. 이는 교양어도 대중어도 아닌 어정쩡한 상태를 일컫는 용어임. 예) Ecclesia > Iglesia 교회((원래 교양어의 변화형태라면, Egrija 또는 Ilesia로 변화)).

Semiótica ① [언어] 기호학, 기호론. ② [심리] 기호·상징을 이용하는 능력.

Semivocal [언어] 반모음(半母音). 반모음을 '반자음'과 구별해야 할 이유는 없고, 양측 모두 공히 자음과 모음 중간의 음의 부류를 이룸. 예) aire의 'i', aula의 'u'를 가리킴.

Semivulgarismo [언어] 준통속어; 준속어(= Semicultismo). ※ Semicultismo 참조.

Sencillez [언어] 단순성, 편리성; (이해하기가) 쉬운. 어떤 언어에 생각할 수 있는 갖가지 문법을 평가하여, 가장 간결한 문법, 즉 가장 많은 기능을 설명하기 위해 가장 적은 규칙으로 충분할 수 있는 문법을 취하는 것이 간결성의 기준이 됨.

Sensación [문학] 감각. 감각은 보통 오관(눈, 코, 귀, 입, 피부)이 자극되어 생기는 생리적인 반응을 말함. 같은 자극을 받는다 하더라도 개인에 따라 감각의 강도나 질이 달라지게 됨. 이것은 일반적으로 감수성의 상위점이라 말하고 있음. 시인은 감수성이 예민하지 않으면 안된다고 하는데, 하지만, 현실을 구체적으로 인식할 즈음의 귀중한 순간의 하나인 감각은 인식의 가장 처음이면서 소박하며 보다 직접적인 형태임. 예술 작품의 형상화에 감성적 인식의 방법은 빠뜨릴 수 없는 바의 것이지만, 그러나 사물의 올바른 인식 판단은 감각에 의존하는 경험론만으로는 불가능하여, 논리적인 인식이 필요하게 되고, 그것들의 통일로 사물의 객관적 인식이 완전한 것인 됨.

Sensibilidad [문학·철학] 감성(感性). 일반적으로는 감각이란 말과 거의 같은 뜻으로 사용되지만, 오히려 감각을 통제하는 능력임. 감각적 인식, 감성적 인식이라 일컬어짐. 칸트에 의하면 오성과 감성은 지식을 구성하는 독립된 표상능력임. 오성은 판단을 행하는 자연적 사유 능력이지만, 감성은 대상에 촉발되어 표상을 낳는 능독적 능력임.

Sentido ① 뜻, 의미. ② 의의, 가치; 존재 이유. ③ 감각, 지각. ④ 견해, 관점; 생각.

Sentido afinitivo [언어] 정의적 의미(情意的 意味). 단어의 '정의적 의미'는 뜻을 주는 대상과 그 단어와의 관계를 나타내는 '인지적 의미'와는 대립하며, 그 단어의 용법에 결부된 정의적 연상의 집합으로 이루어져 있음.

Sentimental [문학] 센티멘탈. 감상적(感傷的). 사사건건 간단하게 감동해 버리고 정에 약한 태도. 그러한 감정의 억제 없이 정서적인 사물이나 사건에 대한 사고 방식을 가리켜 센티멘탈리즘, 곧 감상주의라고 함.

Sentimentalismo [문학] 감상주의, 감상 과다. ※ Sentimental 참고.

Separable [언어] 분리할 수 있는. 합성어 및 파생어 내부에 있어서 어떤 성분 요소가 그것이라고 인정되는 경우, 이 요소는 '분리 가능하다'라고 함. 예) Partícula separable 분리 접두사.

Separación [언어] 분리, 유리. 합성어 및 파생어 내부에 있어서 어떤 성분 요소가 어떤 한 의미라고 인정되는 경우, 이 요소를 분리할 수 있음.

Separado ① [언어] 분리된. 예) Adjetivo separado 분리 형용사((명사와 분리되어 동격적으로 쓰인 형용사)). ② [음악] 스타카토.

Se pasivo [문법] 수동의 Se. 스페인어의 수동태는 se형을 쓰지 않고 다른 형태를 사용하는 수동태도 존재함. 원래 스페인어에서는 『ser + 과거 분사』 형태의 수동태가 있지만, 3인칭 'se'를 사용해서 수동의 표시를 하게 되어 빈도가 점점 높아져 가고 있음. 예) Se cometieron muchos atropellos. 수많은 학살이 행해졌다. ■ 참고: 수동태의 4가지 문형. ① 『ser + 과거분사』는 'por'를 동반할 때만 사용함. 예) El puente fue contruido por los coreanos 그 교각은 한국인들에 의해 건설되었다. ② 『Se + 동사 + 주어』를 사용할 때는 주어가 사람 이외의 사물만 해당됨. 예) Se olvidan los nombres 이름들을 잊어버렸다. ③ 원래의 능동문의 간접 목적어를 주어로 하여 수동문을 만들 때는 『ser + 과거분사』의 형태는 쓸 수 없음. 간접행위의 수동은 먼저 『Me + 동사』의 형태를 생각해야 함. 예) Me quitaron los documentos

나는 서류를 빼앗겼다. ④ 사람(간접목적어)이 주어가 될 때 『Se + le + 동사』와 『Me + -n』의 두 형태가 있지만 후자가 많이 사용됨. 예) Se me ha dicho que no vienen. Me han dicho que no vienen 사람들은 내게 그들이 오지 않는다고 말했다.

Ser □ 자동사로 사용될 때: ① [품질・한정 형용사와 함께] …이다. 예) Ella *es* baja 그녀는 키가 작다. ② [신분・직업・국적 등의 명사와 함께] …이다. 예) José *es* profesor 호세는 교수다. ③ [시간・요일・날짜・가격] …이다. 예) *Son* las seis 여섯 시다. Hoy *es* lunes, 20 de septiembre de 2004 오늘은 2004년 9월 20일, 월요일이다. ④ [형용사・명사와 함께] …이 되다. 예) *Sé* grande 위대한 사람이 되어라. ⑤ [*inf.*, que+*ind.*・*subj.*이 주어] (…하는 것은) …이다. 예) *Es* necesario aprender mucho 많이 배우는 것이 필요하다. ⑥ [lo+*adj.*와 함께] (…의 것) 이다. 예) La amistad *es* lo mejor del mund 우정은 세상에서 가장 좋은 것이다. ⑦ [상태의 부사와 함께] …하다. 예) La vida *es* así 인생이란 그런 것이다. ¿Cómo *es* Madrid? 마드리드는 어떻습니까? ⑧ [독립적으로 쓰여] 존재하다. 예) Pienso, luego *soy* 나는 생각한다, 고로 존재한다. ⑨ [장소・시간・상태의 부사와 함께] (특정한 행사・사건 등이) 있다, 일어나다, 발생하다. 예) La fiesta *es* en la casa de Juan 파티는 후안의 집에서 있다. ⑩ [+de] ㄱ) [재료] …로 되어 있다. 예) La casa *es de* piedra 집은 석조다. ㄴ) [소유・귀속] …의 것이다. 예) El ordenador *es de* mi padre 컴퓨터는 내 아버지의 것이다. ㄷ) [출신・출생지・출처] …출신이다. 예) Ella *es de* Toldedo 그녀는 똘레도 출신이다. Estos plátanos *son del* Ecuador 이 바나나는 에꾸아도르 산이다. ㄹ) [가격] …이다. 예) Es de cien euros 그것은 100유로다. ⑪ [나이] …(살)이다. 예) Min *es de* veinticuatro años 민은 24세다. ㅁ) [학년] 예) *Soy de* primero 나는 일학년이다. ⑫ [+para] ㄱ) (편지 등이) …를 위한 것이다, … 줄 것이다, …용이다. 예) Esta carta *es para* mi amiga 이 편지는 내 여자 친구에게 보내는 것이다[온 것이다]. ㄴ) [용도・적성 등] …용이다. 예) Estos libros *son para* niños 이 책들은 어린이용이다. ⑬ [시간; 단인칭 동사] …이다. 예) *Es* temprano (시간이) 이르다. Ya *es* tarde 이제 늦었다. ⑭ [수동태; 타동사의 과거 분사와 함께] 예) Ella *es* respetada de todos 그녀는 모든 사람들로부터 존경받고 있다.

□ Ser 동사의 변화형.
직・현 /직・부정 과거 /불완료 과거

soy	fui	era
eres	fuiste	eras
es	fue	era
somos	fuimos	éramos
sois	fuisteis	erais
son	fueron	eran

접・현재　　　　접・과거
sea　　　　　　fuera, se

seas	fueras, ses
sea	fuera, se
seamos	fuéramos, semos
seáis	fuerais, seis
sean	fueran, sen

※ Verbos irregulares: Hacer, ser y tener 참조.

Se recíproco [문법] 상호의 Se. 형태는 재귀 동사와 같지만, 다른 점은 주어가 항상 복수이고 단수는 될 수 없다는 것임. 예) Ellos se aman. 그들은 서로 사랑한다.

Se refleja [문법] 재귀 수동태. 형태적인 면에서 『Se + 3인칭단(복)수 동사 + 단·복수 주어』를 가지고 있음. □ 용법상의 특징: ① 재귀동사와의 차이는 Se가 일정불변(me, te, se...로 변화하지 않음)이고, 동사는 항상 3인칭 단·복수형뿐임. 예) Se vende la casa 집이 팔린다. ② 무인칭의 Se와의 차이- 서로 닮아서 혼동하기 쉽지만 무인칭 형은 『Se + 동사단수 + 목적어』이고, 근본적으로 다른 것은 무인칭은 동사가 항상 3인칭 단수형이라는 것임. 예) [무인칭 구문] Aquí se habla español 여기에서는 (사람들은) 스페인어를 말한다. [재귀 동사] Aquí se venden frutas 여기에서는 과일이 팔린다(과일을 팔고 있습니다).

Se reflexivo [문법] 재귀대명사의 Se. 재귀 대명사는 문법형태로 나누면, 직접재귀와 간접재귀형태가 있음. □ 직접재귀 대명사의 경우: 타동사를 자동사로 만드는 역할을 함. 재귀대명사는 인칭과 시제에 따라 me, te, se, nos, os, se를 사용함. 예) Me lavo 나는 (자신을) 씻는다. Ella se levanta muy tarde 그녀는 너무 늦게 일어난다. □ 간접 재귀 대명사의 경우: 자신의 신체 상태에 영향을 주는 것을 일컬음. 예) Te lavas la cara 너는 (너의) 얼굴을 씻는다. ※ Reflexivos, pronombres 참조.

Serie [언어] 계열. 동일한 특징이 관여하여, 특성이 만들어지는 자음 음소를 계열(Serie)이라고 함.

Servo- [어원] 「서보 기구의, 자동 제어·제동 장치의」의 뜻. 예) *servo*freno 서보 제동기.

Seseo [언어] Seseo현상. z와 c + e, I를 발음할 때 z, c를 치간음(interdental)으로 발음해야 하는데, 치경음(alveolar)으로 발음하여 s와 같은 발음을 하는 것을 말함. 이러한 현상은 중남미와 스페인 안달루시아 지방, 카나리아 군도, 엑스뜨레 마두라 지방에서 많이 나타남. 예) caza [káθz] → [kása] ※ Dialecto del andaluz; España americano 참조.

Sesqui- [어원] ① 「1배 반」의 뜻. 예) *sesqui*hora 한 시간 반. ② 「서수와 함께 1과 그 분수」의 뜻. 예) *sesqui*tercio 1 1/3 ((1과 3분의 1)). *sesqui*quinto 1 1/5. *sesqui*décimo 1 1/10. ③ [화학] 「화합물의 원소 비

율이 3대 2」의 뜻. 예) sesquióxido 삼이 산화물.

Seudo- [어원] 「가짜의·가(假)·의 (擬)·허(虛)(falso)」의 뜻. 예) seudónimo 가명.

Seudocopulativo [언어] 의사(擬似) 연결. 의사 연결 동사라고 일컬어지기도 함. 이런 동사들은 다양한 구문에 있어서 연결 역할을 하는 것을 일컬음. 예) Ser; Estar; Parecer 등등의 동사.

Seudointransitivo [언어] 의사(擬似) 자동사. 타동사도 되고, 자동사도 될 수 있는 동사를 의미함. 예) dar; gustar; necesitar 등등.

Seudorrajamento [언어] 의사(擬似) 분열문 형성. 주제와 평언의 구분을 명시적으로 나타내기 위해 다른 유형으로 분리 구문을 구성하는 통사 조직.

Seudosubordinda [언어] 의사 종위절. 생성 문법에서, 명사구에 총칭적인 선행사를 수반한 관계사절의 형태를 주어, 그것을 문두(文頭)로 옮기고 동시에 ser(이다)를 사용한 모형문을 구성하는 것이 변형형태임. 이러한 것의 예를 보면, 《Juan quiere el chocolate 후안은 초콜릿을 좋아한다.》라는 문장에서 변형 형태는 《Lo que Juan quiere es el chocolate 후안이 좋아 하 것은 초콜릿이다.》나 《Quien quiere el chocolate es Juan 초콜릿을 좋아하는 사람은 후안이다.》로 나타날 수 있는 것을 볼 수 있음. 여기서 한 하나의 기저 문장인 《Juan quiere el chocolate 후안이 초콜릿을 좋아한다.》에서 2개의 문장이 만들어지는 것을 볼 수 있는데, 여기서 만들어진 두개의 문장 관계를 '의사 종속절' 관계라고 함.

Shifter [언어] 전위어. ※ Contentor 참조.

Sibilante [언어] 치찰음(의). 치경 혹은 이(齒) 부위와 설첨 혹은 설배의 앞부분에 의해 실현됨. 예) Suerte의 첫머리의 음성 [s]. ※ Asibilación 참조.

Si [문법] ① [가정·조건] (a) 가정법 현재『Si + 주어 + 직설법 현재 동사 + ~, 주어 + 미래형 동사 + ~』 (b) 가정법 과거『Si + 주어 + 접속법 과거 동사 + ~, 주어 + 가능형 동사 + ~』 (c) 가정법 과거완료(대과거) 『Si + 주어 + 접속법 과거 haber 동사 + 과거분사 남성단수형 + ~, 주어 + 가능형 haber 동사 + 과거분사 남성단수형 + ~』 예) 만일 …이라면 : Si estás libre, llámame 만일 한가하면 나에게 전화해라. Si yo tuviera mucho dinero, compraría un coche 만일 내가 돈이 많다면 차를 한 대 살텐데 (돈을 많이 가지지 않아 차를 살 수 없다). ② [양보] 설령 …할지라도. 예) No iré al campo si me golpean 설령 내가 맞을지라도 나는 시골에 가지 않겠다. ③ [대립] …이라면, 한편으로. 예) *Si* hay buenos, hay malos 착한 사람이 있다면, 악한 사람도 있다. ④ [대조] …이지만, …하지만. 예) *Si* ella ha salido, va a volver dentro de poco 그녀는 외출했지만, 곧 돌아올 것이다. ⑤ [간접 의문; 명사절을 이끈다] …인지 (아닌지). 예) No sé *si* él viene 그가 올지 (오지 않을지) 나는 모른다.

Sic [인쇄·언어] 원문 그대로. 의심스럽거나 잘못된 원문을 그대로 인용하였을 때, 인용어구의 말미에 'Sic'을 써넣음.

Siempre [문법] ((부사)) ① 언제나, 항상, 늘. 예) Desayunamos siempre a las seis y media 우리는 언제나 여섯 시 반에 아침밥을 먹는다. ② 하여간, 어쨌든, 여하튼; 그런데도, 그래도, 그러나; 어떤 경우에도. 예) Quizá no logre mi objeto, pero siempre me quedará la satisfacción de haber hecho lo que debía 아마 내 목적을 달성하지 못할지도 모르지만 그래도 해야 할 것을 했다는 만족감은 나한테 남을 것이다.

Siempre que [문법] ((접속사)) ㉮ …할 때는 언제나 ㉯ …하는 조건으로 (=con tal que). 예) Mañana comeré en tu casa, siempre *que* tú comas hoy en la mía 네가 오늘 내 집에서 식사한다는 조건으로 내가 내일 네 집에서 식사하겠다. Lo creo siempre que me lo asegures 네가 나에게 그것을 확인시킨다는 조건으로 그것을 믿겠다. ※ Siempre 참조.

Sigla [인쇄] 생략부호. 약어. 생략어를 표시하는 머리 글자. 예) IVA (Impuesto sobre el Valor Añadido [= Agregado]) 부가가치세.

Sigmático [언어] 접요사 /s/를 통해 성격 지워지는 언어적 형태. 그리스어와 라틴어에서 접요사 /s/가 첨가됨으로 인해 미래 완료를 합성하게 됨. 예) (라틴어) dic-s-i > dixi.

Sigmatismo [언어] 'S'음의 빈번한 사용. [의학] 'S'음의 발음 장애.

Significado [언어] 기의. ① 기호를 통해서 의사소통이 이루어지기 위해서는 발신자와 수신자간의 메시지가 이해되어야 하는데, 이 메시지는 소리나 몸짓으로 구성되는 구체적 부분과 개념을 나타내는 추상적 부분으로 구성되는데, 기의는 추상적인 부분을 의미함. ② 언어(Lengua)에 있어 기의는 제한적이며, 단위에 있어서 유한적으로 성립되며, 말(Habla)에 있어 의미는 무한적이며, 무제한적임. ③ 말(Habla)에 있어 기의는 조음의 실현의 무제한적 수로 나타나고, 언어(Lengua)에 있어 기의는 실현의 수에 한계가 있음. ※ Lengua; Habla 참조.

Significado temático [언어] 의미역. 문장의 명사구나 전치사구 등 명사 요소에 주어지는 행위체(actante)로의 해석을 말하게 됨. 의미역의 기능은 문법 기능과는 달리 심층구조가 표면

구조로 변하여도 바뀌지 않음. ※ Actante 참조.

Significante [언어] 기표. 기호를 통해서 의사소통이 이루어지기 위해서는 발신자와 수신자간의 메시지가 이해되어야 하는데, 이 메시지는 소리나 몸짓으로 구성되는 구체적 부분과 개념을 나타내는 추상적 부분으로 구성되는데, 기표는 구체적인 부분을 의미함.

Signo [언어] ① (언어학적) 기호. 기표(記標)와 기의(記意)의 결합. Arbitrario de un signo 언어 기호의 자의성. ② 생성문법에서는, 형태 음운론적 실현에 앞서는 추상·조작의 표기상 필요한 알파벳의 모든 요소를 '기호'라고 일컬음. 생성 문법의 최초 기호는 S라고 적혀 있으나, 그 뒤는 Σ를 사용하고 있음. 제 1의 바꿔 쓰기 규칙에서 왼쪽에 씌어지는 기호임. 이것은, 가장 깊은 레벨의 구조를 나타냄. 바꿔 쓰기 규칙과 변형 규칙에 의해 만들어진, 다른 모든 구조체는, 이 Σ의 구성 요소임. 생성 문법 이론의 현상에서는, 처음(시작) 기호의 바꿔 쓰기는 일반적으로 『$\Sigma \rightarrow$ Mod + S』이며, 이것은 다음과 같이 읽음. 시작 기호 Σ는, 『문장 형태의 법태(法態) + 핵(核)』이라는 기호로 바꿔씀. □ 가장 일반적으로 사용되고 있는 범주 기호: Σ 기저문. NP 명사구. N 명사. V 동사. Mod 법태(法態). Aux 조동사. M 양상사(樣相詞). Det 한정사.

Signo de pasivo [언어·문법] 수동의 표시. 대화체의 스페인어에서 기존 문어체의 『Ser + 과거분사(-ado/-ido)』 형태와는 다르게 Se를 사용하여 수동의 의미를 나타내게 하는 방법이 나타나게 되었는데, 여기서 Se를 이용하는 것을 '수동의 표시'라고 함. 예) [구어체] Los atropellos fueron cometidos. → [회화체] Se cometieron muchos atropellos 수많은 학살이 행해졌다. ※ Voz pasiva; Se refleja 참조.

Signos de entonación [인쇄] 억양에 관한 부호. 예) (...)- 휴지부(말없음); (¿ ?)- 의문부호(Interrogación); (¡ !)- 감탄부호(Admiración); (《 》)- 괄호(Paréntesis); (¨)- 분음표(Diéresis). ※ 각각 용어 참조.

Signos de distribución [인쇄] 분배에 관한 부호. 예) (" ")- 인용부호(Comillas); (-)- 이음표(Guión); (—)- 늘임표(Raya); (‖)- 두 줄(Dos rayas); (*)- 별표(Asterisco); (§)- 단락부호(Párrafo). ※ 각각 용어 참조.

Signos de puntuación [인쇄] 구두점. 예) [.] 점(punto); [,] 쉼표(coma), [:] 콜론(dos puntos); [;] 세미콜론(punto y coma); [¿-?] 의문부호(signo de interrogación); [¡-!] 감탄부호(signo de exclamación); [( )] 괄호(paréntesis); [¨] 분음 부호(diéresis); ["-"; 《-》] 인용부호(comillas); [-] 이음표(guión); [—] 늘임

표(raya); [···] 생략부호(puntos suspensivos). ※ 각각 용어 참조.

Signos de suspesión [인쇄] 끊김·휴지(休止) 부호. 예) (,)- 쉼표(Coma); (;)- 세미콜론(Punto y coma); (:)- 콜론(Dos puntos); (.)- 종지부(Punto final). ※ 각각 용어 참조.

Sílaba [언어] 음절. 언어가 소리로 바뀌어 나오기 위해서는 모음, 자음이 독립적으로 나타나지 않고 서로 연합해서 언어 기호를 형성해야 함. 이때 하나 이상의 음소로 형성된 언어단위를 '음절'이라 함. 음절은 음소의 바로 위 단계의 단위로 자음과 모음인 음소들이 모여서 구성되는 것을 말함. 음절을 구분하고 그 음절 구성의 기준이 되는 것이 모음임.

Sílaba acentuada [언어] 억양을 가진 음절(= Sílaba tónica). 발음상의 강도(세)를 지니고 있는 음절의 핵을 포함한 음절을 억양 있는 음절이라 함. 예) Ca-ma-**RE**-ro; Re-fe-**rir**.

Sílaba átona [언어] 비(非) 억양 음절. ※ (= Sílaba inacentuada). 음절의 핵이 억양 있는 음절의 핵보다 강도가 낮을 때, 이를 비 억양 음절이라 함. 예) SOL - **dá** - DOS; AU - TO - **mó** - VI - LES.

Sílaba inacentuada [언어] 비(非) 억양 음절. ※ Sílaba átona 참조.

Silabario [언어] ① (한 언어의) 음철 리스트; 음철표. ② 음절 발음 교본.

Sílabas abiertas [언어] 열린 음절 (= Sílabas libres). 모음으로서 음절의 핵이 되면서, 음절의 맨 뒤에 올 때를 일컬음. 예) -e, -tri-, -ci-.

Sílabas cerradas [언어] 닫힌 음절 (= Sílabas trabadas). 열린 음절(Sílabas abiertas)과는 반대로 하나 또는 두개 이상의 자음으로 끝나는 음절을 일컬음. 예) /-lec-/, /-dad/. ※ Sílaba trabada 참조.

Sílabas libres [언어] 열린 음절 (= Sílabas abiertas). 한 개 이상의 분절(Segmento)이 모여서 하나의 음절을 형성하였는데, 그 구조가 C(자음)+V(모음) 또는 V(모음) 단독 구조로 되어 모음(V)로 끝나는 음절을 가리킴.

Sílabas trabadas [언어] 닫힌 음절 (= Sílabas cerradas). 한 개 이상의 분절(Segmento)이 모여서 음절을 형성하는데, 그 구조가 C(자음) + V(모음) + C(자음) 또는 V(모음) + C(자음) 구조로 되어 자음(C)로 끝나는 음절을 가리킴. ※ Segmento 참조.

Sílaba tónica [언어] 억양을 가진 음절. ※ Sílaba acentuada 참조.

Silabema ① [언어] 음절 문자법. ② [시] 음절수에 따른 운율법.

Silabeo [언어] 음절 구분(법).

Silábico [언어] 음절(음철)의. 예) Escritura silábica 음절 문자법((하나의 음절에 하나의 기호를 부여하는 표기법)). Verso silábico (음의 강약·장단과는 관계없이) 음절수로 운율을 결정하는 시구.

Silbante [언어] 치찰음(齒擦音)의; 치찰음.

Silepsis ① [언어] 실렙시스. 문법규칙에 따르지않고 의미에 따라 성·수를 일치시키는 법. ② [수사학] 실렙시스, 쌍서법(雙敍法), 겸용법. 한 단어를 본래의 뜻과 전의(轉義)로 동시에 사용하는 중복 서법.

Simbolismo ① [언어] 상징(象徵). 예) Simbolismo fónico 음성 상징. ② [논리] 기호 체계. ③ [정신분석] 상징성. ④ [철학] 상징이론; 상징주의.

Símbolo ① [언어] 부호, 상징. 유사한 자질들을 포함하는 다른 실제를 대표하는 실제임. 예를 들면, 어휘는 그 어휘가 대표하는 실제에 대한 상징부호임. ② [문학] 상징. 문학 작품에는 여러 상징이 사용되고 있고, 그것을 의식적으로 사용하는 것이 상징파 작가들이며, 작품 속에서 상징을 골라내어 해석하려 하는 것은 신비평의 방법임. ※ Icono; Índice 참조.

Simetría 대칭, 대칭을 이룬 조화, 균형.

Simétrico [언어] 좌우 대칭인, 대칭을 이룬. 예) Verbo simétrico 대칭 동사. ※ Verbos simétricos; Verbos neutros 참조.

Simple [언어] 단(單)-. 예) Oración simple 단문. Tiempo simple 단순 시제.

Simplificación (en el cambio sintático) [언어] 단순화(통사 변화에서의). 의미론적 구조로 만들기 위해 표면구조를 변경시키는 경향으로, 말을 듣게 되는 사람들이 훨씬 가까이 할 수 있게 표현함.

Sin [문법] ((전치사)) sin. ① … 없이, … 없는. 예) café sin leche 우유 타지 않은 커피. los sin trabajos 실업자들. estar sin empleo 실업 중이다. ② … 이외에, …은 계산에 포함시키지 않고. 예) Me costó cinco euros sin los portes 나는 운송료 이외에 5 유로 들었다. ③ [+inf.] …하지 않고. 예) Me fui sin comer 나는 식사를 하지 않고 가버렸다..

Sin- [어원] 「무(無)·결합·종합·동시성」의 뜻. 예) sinsabor 무미건조. sincronía 동시성. sinestesia 공감. síntesis 종합.

Sinalefa [언어] (단어 간) 연음 현상. 스페인어의 가장 힘든 특징 중의 하나는 연음(sinalefa)경향임. 이 현상은 계속 말할 때 한 단어와 다른 단어가 연결된 모음 그룹일 때 한 음절로 발음되는 것을 지칭. 열린 모음으로 나타난 경우, 동족 모음 연결과 나타나는 약음 절이 다른 모음과 함께 소리를 내게 됨. 약음 절의 소리 발생 가능성은 모음의 열림에 의존하게됨. 단지 다음의 결합은 한 음절에서 민감하게 발음되는 것임. □ ① 가장 닫힌 크기에서 가장 열림으로 전이. ② 가장 열린 크기에서 가장 닫힘으로 전이. ③ 형성하는 핵 음절 그룹의 중간에 가장 큰 열림의 출현. ④ 같은 열림의 두 모음이 합해졌을 때 역시 약음 절이 있음. 그러나 다른 모음보다 가장 닫힌 모음이 그룹의 가운데에 만났을 때 약음 절은 소리가 불가능하고 가장 닫힌 모음 앞에서 음절의 경계가 정해짐. 연음(sinalefa)이 없도록 만드는 조건은 강세가 있고 없음의 결합의 다양성에서 발생할 수 있고, 한 음절에서 다섯 가지 모음의 발음까지 존재가 가능함. 약 음절은 스페인어에서 보통 통용되는 중요한 특징임. 예) l**a e**strella. est**e ho**mbre.

Sinapsia [해부] 시냅스. (신경세포)의 연접부.

Síncopa [언어] 어중음(語中音) 생략·소실. 예) Natividad에서 navidad.

Sincretismo ① [언어] (형태소 따위의) 융합. 통합. ((음성변화 또는 유추 과정을 통한, 문법적인 변별력의 소멸에 의한 발달)) ② [심리] (뒤섞이고 막연한) 전체적 지각; 혼돈. ③ [철학] 여러 교리(학설)의 통합; 혼합(통합)주의.

Sincronía ① 공시태(共時態); 공시성. ② 동시성. 일정한 시기에, 한 언어 공동체 내에서 그 구성원 사이의 의사 소통의 도구로서의 기능을 수행하는 전체적 모습을 일컬음. ※ Diacronía 참조.

Sincrónico ① [언어] 공시적인(↔ Diacrónico); 공시론의. 예) Lingüística sincrónica 공시 언어학. 어느 특정시간의 언어의 상태에 관한 것. ② [역사] 대조(역시) 연표.

Sinécdoque [수사학] 제유법(提喩法). 부분으로 전체를, 전체로 부분을 나타내는 비유법.

Sinestética [문학] 공감각(共感覺). 한 가지의 감각만이 자극되었는데, 두 가지 또는 그 이상의 감각양식을 경험하는 것을 일컬음. 문학에서 사용될 때 이 용어는 한가지 감각의 묘사로써 다른 감각을 묘사하는 것을 일컬음. 즉, 음성에 색채를 준다거나, 색채에 냄새를 주고, 냄새에 소리가 주어지는 것 등을 가리킴.

Sinéresis [언어] 두 음절의 모음이 합음(合音) 되는 현상. 다른 음절의 두 모음을 이중 모음화 시키는 것. 예) A-ho-ra를 aho-ra로 만드는 경우.

Singular 단수. 단지 하나의 수(數)만을 위하여 사용되는 명사나 동사, 대명사 등의 형태.

Sino [문법] ((접속사)) ① [no+] (…이 아니고) …이다. 예) Pedro no es abogado sino médico 뻬드로는 변호사가 아니고 의사다. ② … 이외에는. 예) Nadie lo sabe sino ella 그녀 이외에는 아무도 모른다. ③ 다만 …밖에 (… 아니다). 예) No te pido sino que me oigas 다만 내 말만 들어 달라는 것이다.

Sinonimia [언어] 동의어. 다양한 기표(significante)에 의해서 동일한 기의(significado)관계가 성립된다고 하고 그 기표를 이루는 어휘소를 다른 한쪽의 동의성이라고 부름. ※ Significante; Significado 참조.

Sinónimo [언어] 동의어(同義語).

Sin que [문법] ((접속사)) ~없다면; ~없이는. 가정법(조건법)의 의미를 가짐. 예) Ella no sale sin que le den permiso 그녀는 그들이 그녀에게 허락을 하지 않는다면, 나가지 않는다. ※ Sin 참조.

Sintagma [언어] ① 구(句). 문장보다는 작은 단위로 문장을 구성하는 독립적 기능을 가질 수 있는 단어들의 그룹을 말함. '구'들은 문장 내에서 나름대로의 통사적 의미의 독립적 특성을 갖게 되는 것임. 구는 일반적으로 두 개 이상의 단어들로 구성되지만 하나의 단어로 구의 기능을 충분히 가질 수 있음. ② 통합체. 계열체(Paradigma)에서 계열을 구성하고 있는 요소를 하나씩 선택하여 조합한 단위를 통합체라 일컬음. ※ Paradigma 참조.

Sintagma nominal [언어] 명사구. 예) [다음에서 밑줄 친 부분이 명사구임.] Es importante **estudiar el español** 스페인어를 공부하는 것이 중요하다. **Quien habla mucho** piensa poco **말 많은 놈이** 생각이 없다.

Sintagma verbal [언어] 동사구. 예) [다음에서 밑줄 친 부분이 동사구임.] Él **estuvo nadando** toda la tarde 그는 오후 내내 **수영을 했었다**.

Sintagmática [언어] 결합. 선형의 연속적 요소들 사이의 관계를 지시하는 용어.

Sintagmático 종합적, 연쇄적.

Sintaxis [언어] 통사론. ① 문장의 구조를 다루는 것으로 문장을 구성하는 요소들 사이의 관계 및 요소의 배열 형태에 관하여 연구하는 것임. ② 언어적 형태 사이의 관계, 그 형태들이 순차적으로 조직되어진 방식과 그 연결의 정형성을 연구하는 학문. 이 유형의 학문은 일반적으로 지시체의 세계와 언어 형태의 사용자에 대해서 어떤 고려도 하지 않음.

Sintaxis abstracta [언어] 추상적 통사론은 변형생성문법에서 표면구조와 다른 추상적인 기저구조를 설정하여 의미표시를 충실히 하려는 통사이론의 한 유파를 가리킴.

Sintaxis universal [언어] 보편적 통사론. Chomsky 등. 의미와 음을 결합하는 추상적 부분인 통사부에서, 어떤 요소가 필요하며, 어떤 규칙 및 어떤 표시 층위가 필요한가에 관한 조건을 규정하는 것이 보편적 통사론임. 보편적 음성학 및 보편적 의미론과 더불어 보편문법의 일부를 구성함. 보편적 통사론에는 현재 크게 몇 가지 점에서 다른 견해가 있음. 예를 들어 Chomsky (1968)의 이른바 어휘론적 가설과 같이, 통사상의 요소는 음운론에서처럼 모두 자질로 형성된다고 주장하는 이론과, 생성의미론과 같이 통사자질은 규칙자질과 같은 것을 제외하고는 거의 필요가 없다고 생각하는 대립된 견해가 있음. 또한 변형이 의미를 변화시키느냐 하는 문제에 관해서도 서로 견해가 다르며, 심층구조의 존재를 인정하느냐의 여부 및 표층구조를 인정하느냐에 관해서도 서로 다름. 이외에 격(格)을 기저구조에서 도입해야 하느냐에 관해서도 견해를 달리하고 있음. 이들 문제는 근원적으로 언어에 대한 견해 차이의 문제로 생각되므로, 의견을 일치시킨다는 것은 어려울 것임. 그러나, 이와 같이 서로 의견이 다른 점이 있지만, 의견이 일치하는 면도, 이를테면, 변형규칙의 필요성을 인정하는 것, 변형순환의 원리를 인정하는 것, 순전히 통사상으로 일반적인 각종 제약이 존재한다는 것 등 상당히 많음. ※ Chomsky 참조.

Sintema [언어] 통합 기호소(記號素).

Síntesis ① 총합, 통합; 총괄. ② [기술] 음성 합성. ③ [철학] (변증법의) 합(合).

Sintético [언어·철학·논리] 종합적인, 총합적인. 예) Método sintético 총합적 방법. Lengua sintética 총합 언어 ((라틴어와 같이 어미 변화로 문법 관계를 나타내는 언어)).

Síntoma [기호] 징후. 예) Función de síntoma del signo 기호의 징후 기능.

Sistema 시스템. (언어) 체계.

Sistema articulatorio [언어] 발음부, 조음부. 발음부는 성대의 위에 있는 발음기관으로 인두강, 구강, 비강 및 순강이 여기에 해당됨. 발동부에서 발생한 소리가 발성부에서 나타나게 됨. 그러나 이때까지는 '소리'이지 '말소리'라고는 할 수 없음. '소리'가 '말소리'로 되기 위해서는 성대를 지난 공기가 구강이나 비강을 거쳐가면서 더욱 세분화됨. 이처럼 발성된 소리를 증폭하고 세분하기 위하여 발음부 내의 여러 기관이 움직여 '소리'를 '말소리'로 만드는 조음작용을 하게 됨.

Sistema categorial [언어] 범주 체계. 바힐렐(Y. Bar-Hillel)의 의사 산술적 표시법에 부여된 명칭임. 범주 체계에는, 문장 Σ와 명사 n과의 두개 기본적 문법 범주 밖에 없음. 명사 이외의 어휘 항목은, 어휘 중에서 기본 범주의 어느 것인 가와의 결합에 의하여 정의 됨. 이 파생 범주는, 문장의 구성 요소를 형성하는 데 문제의 요소가 다른 어떠한 범주와 결부될 수 있는가, 또 그 결합에 의해 생기는 범주 종류는 무엇인가를 정의하는 것임.

Sistema consonántico [언어] 스페인어의 자음 체계. 스페인어의 자음체계 안에는 23개의 글자와 19개의 음소로 되어 있음. 'h'글자는 음소에 해당하지 않음.

Sistema de escritura fonográfica [언어] 속기문자 체계. 의미를 고려하지 않고, 음 또는 음의 연속을 표시하는데 쓰이는 부호 체계.

Sistema fonatorio [언어] 발성부. 발성부는 기관의 위에 있는 후두와 그 안에 있는 성대로 구성되는데 허파에서 나오는 공기는 이 후두에 있는 조그만 근육의 막으로 된 성대를 통과하면서 목소리를 내는 구실을 함. 기관의 상단에 위치한 후두는 연골로 된 통임. 흔히 남자들의 목에 불쑥 튀어나와 있는 '아담의 사과'(Manzana de Adán)는 후두의 앞쪽을 일컫는 말임.

Sistema lingüístico particular [언어] 특수한 언어체계. 어떤 사회에 속하느냐에 따라 사용하는 언어의 형태나 방법이 결정될 수 있다는 소쉬르적 언어 습득 환경 개념. '촘스키적' 언어 습득인 보편적 원리와 반대 개념. ※ Saussure; Chomsky 참조.

Sistema respiratorio 발동부. 발동부는 횡경막과 허파 및 기관으로 구성되어 있는데 주로 소리를 내기 위해 필요한 기류를 공급하는 구실을 함.

Sistematicidad [언어] 체계성. 적은 수의 음과 사용해 수많은 단어를 만들고, 이 단어로 무한한 문장을 만들어 낼 수 있는 것은 그 각각의 체계를 통하여 허용되는 것임. 즉 소리는 소리의 체계, 단어는 단어 구성의 체계 등을 의미함.

Situación [언어] 발화(發話) 상황, 문맥.

Slang 속어(俗語). 영어에서 차용된 어휘로 갈리시아 말(Gallego)의 argot과 같은 의미.

SN [언어] 명사구(= Sintagma Nominal). ※ Sintagma nominal 참조.

So- [어원] 「아래・하(下)・경미(輕微)」의 의미. 예) so barba 이중 턱. soasar 살짝 굽다.

Sobre [문법] ((전치사)) ① …의 위에 (encima de). 예) El ordenador está sobre la mesa 컴퓨터가 책상 위에 있다.. ② …에 관해서(acerca de). 예) hablar sobre economía 경제에 관해 이야기하다. ③ … 이외에(además de). ④ …에 면해. 예) La ciudad está sobre el río 도시는 강의 근처에 있다. ⑤ 약, 대략, 경에. 예) Ella llegará sobre las nueve de la mañana 그녀는 오전 아홉 시경에 도

착할 것이다. ⑥ [공격] …에 대해서. 예) La desgracia se abatió sobre la familia 불행이 일가를 덮쳤다. ⑦ [시간] … 후에. 예) sobre comida 식후에. sobre parto 산후(産後)에. ⑧ [감시] 예) Su padre siempre está sobre los hijos 그들의 아버지는 언제나 아이들에게서 눈을 떼지 않는다. ⑨ [회전의 중심] 예) La rueda gira sobre el eje 자동차 바퀴는 축의 중심을 돈다. ⑩ …을 담보로. 예) sobre este edificio 이 건물을 담보로. ⑪ [환발행] …의 앞으로. ⑫ [과세 등의 평가] …에 대해. 예) censo sobre una casa 가옥에 대한 평가 사정. ⑬ [기준] … 에 대하여, …에 비해. 예) bonificación de 10 por 100 sobre el montante 총액에 대해 10퍼센트 할인 가격. aumento del 20 por ciento sobre la matrícula del año pasado 작년의 등록자수에 비해 20퍼센트 증가. ⑭ [분수·백분율] 예) x sobre y y분의 x, x/y. veinte sobre ciento 20퍼센트.

Sobre- [어원] 「위·위에 붙은 것·과잉·반복·갑작스런 행동」의 뜻. 예) *sobre*haz 표면, 겉. *sobre*alimentación 과잉 섭취. *sobre*arar 한 번 더 갈다. *sobre*coger 급습하다.

Sobrentendido 함축된, 암시된; 생략된. 예) Palabras sobrentendidas 생략된 말.

Sobresdrújula (palabra) [언어] 끝에서 네 번째 음절에 강세가 있는 단어. 일반적으로 명령형 등에서의 동사와 대명사의 합성형태로 나타난다. 예) Cómetelo, Preséntamela. ※ Superpreparoxítona 참조.

Socio- [어원] 「사회의(social)·사회(sociedad)」의 뜻. 예) *socio*cultural 사회 문화적. *socio*lingüística 사회 언어학.

Sociolingüística [언어] 사회 언어학. 사회언어학은 언어의 참모습을 밝히기 위해 공략하는 여러 갈래의 길 중의 하나이되 언어를 특히 그 사회적 문맥에서 관찰되는 분야임. 언어를 사회와 유리된 모습, 일종의 추상적인 체계로서가 아니라 바로 그 사회 속에서의 언어사용을 관찰의 대상으로 삼는 다시 말하면 어떤 말이 누가 언제 누구에게 어떤 목적으로 한 말인지를 고려의 대상으로 삼는 언어학임.

Solecismo [언어] 문장의 문법적인 오용·파격·잘못.

Solidaridad [언어] 유대감. Brown & Gilman(1960)은 대화를 할 때, 화자와 청자간에는 유대감의 정도가 항상 존재하여 그 유대감이 호칭 선택에 영향을 준다고 주장함. 유대감이란 사람과 사람이 서로 공유하는 가까움과 친밀함의 정도를 의미하는데, 스페인어이외에 프랑스어, 이탈리아어 등에서는 대화를 할 때, 2인칭 대명사의 선택이 사회적 힘과 유대감에 따라 결정된다고 볼 수 있음.

Soliloquio [문학] 독백. 목소리를 내

거나 내지 않거나 간에, 자기 자신에게 이야기를 하는 행위. 연극에서는, 한 작중 인물이 무대 위에 혼자 서서, 자기 생각을 소리내서 이야기하는 것을 일컬음. 극작가들은, 작중 인물의 동기나 의도나 심리 상태에 관한 지식을 관중에게 전달 할 수 있는 편리한 방법으로, 그리고 일반적 설명을 하기 위한 목적으로, 이 수법을 사용함.

Solo [문법] ((형용사로 사용되는 경우)) ① 오직 하나의, 유일의, 단일의. 예) una sola palabra 단 한마디. Tengo esta solo bolígrafo 나는 이 볼펜 하나밖에 없다. ② [부사적으로] …밖에. 예) Ella come pan solo 그녀는 빵밖에 먹지 않는다, 그녀는 빵만 먹는다. Yo solo lo sé 나밖에 그것을 모른다, 나만 그것을 안다. ③ 고독한. 예) sentirse solo 고독을 느끼다. ④ 단독의, 외톨이의. 예) vuelo solo 단독 비행. ⑤ [음악] 독주의, 독창의, 솔로의. ■ 명사로 사용되는 경우)) ① [음악] 독주, 독창. 예) solo de piano 피아노 독주. solo para soprano 소프라노 독창. ② [무용] 솔로.

Sólo [문법] ((부사로 사용되는 경우)) 오직, 단지, 다만, …만, …뿐, …밖에. 예) trabajar sólo por las mañanas 오전만 일하다.

Sonante [언어] 명음(鳴音). 유성음.

Soneto [문학] 소네트. 14행시. 독일의 옛 시형에서 나와 스페인, 이탈리아, 프랑스 등으로 전해짐. 르네상스 시대의 페트라르카가 자기 나름대로의 형태를 완성한 것으로 알려져 있음.

Sonido [언어] 음. 음가. 음성학의 음성적 기본 요소. 음성학적 언어의 최소 단위.

Sonido duro 강음(剛音).

Sonido no verbal [언어] 비(非) 구어음(口語音). 언어에 사용되지 않는 주변적인 음. 예) 휘파람, 기침, 딸꾹질 등등.

Sonido verbal [언어] 구어음(口語音). 발성 기관에 의하여 의도적으로 만들어지는 소리.

Sonógrafo 음향 분석기. 소노그래프. 음향·진동을 음성기호 바꿈.

Sonograma 음향 분석도표, 소나그램. 음성기호로 바뀌기 전의 음향·진동 표시.

Sonorante [언어] 공명음. 공명성. 입을 통해서나 코를 통해서 폐에서 나온 공기가 상대적으로 자유로이 통과하면서 만들어지는 언어음. 생성음운론에서는 이 음들을 [-sonorante]로 표기하는 폐쇄음과 구분하기 위해서 [+sonorante]로 표기함.

Sonoridad [언어] 공명도(共鳴度).

Sonoro [언어] 유성(有聲)의. 예) efectos sonoros 의음(擬音). sonido sonoro 유성음.

Sonoras (consonantes) [언어] 유성음. 성대의 진동이 있는 음. 성문이 가볍게 닫혀있는 사이를 폐에서부터의 기류가 성문을 빠져나갈 때 진동하는 소리. 무성음(Sordas consonantes)를 제외한 모든 음이 유성음임. ※ Sordas consonantes 참조.

Sonorización [언어] 유성음화(有聲音化).

Sordas (consonantes) [언어] 무성음. 성대의 진동이 없는 음. 성문이 넓게 열려서 진동이 없고 그 기류가 구강내의 어느 부위와 접촉 내지 차단, 개방 등으로 생겨나는 소리. 예) [p], [t], [k], [f], [z], [s].

Sordera ① 청각장애, 난청, 귀먹음. ② [의학] Sordera verbal 언어롱(言語聾). ((소리는 들리지만 뜻을 모르는 증상))

Sordez [언어] 무성음(無聲音).

Sordo [언어] 무성의. 예) sonido sordo 무성음.

Sordomudez 농아(聾啞) 상태.

Sorites [논리] 연쇄 논법.

Sostenido [음악] 샾(#)이 붙은, 반음 올린.

Spanglish [언어] 스팡글리쉬. 미국 내에서 스페인어를 쓰는 히스패닉계들의 언어 습관과 언어 수행 방법을 일컫는 말. 영어와 스페인어가 섞여 특이한 말 습관을 나타내는 것을 일컬음. ※ Préstamo; Cambio de códigos 참조.

Stemma [언어] 문장 구조를 표상하는 나무 그림(= árbol). (L. Tesnière의 용어)

Stress [언어] 강세. 스트레스.

Su [문법] [제 3인칭 인칭대명사의 소유격, 소유 형용사 suyo의 단축형; 수 변화를 함; 명사 앞에 놓임] 그의, 그녀의, 당신의, 그것의, 그들의, 그녀들의, 당신들의, 그것들의: *su* casa 그 [그녀·당신·그들·그녀들·당신들]의 집. ※ Posesivos 참조.

Sub- [어원] ① 「아래(bajo)·…의 아래(debajo de)」의 뜻 ((so-, son-, sos-, su-, sus-의 형도 쓰임)). 예) *sub*suelo 심토(心土). ② 「하위·부(副)·아(亞)·차(次)·소(少)」의 뜻. 예) *sub*delegado 대리인.

Subcategoría [언어] (생성문법의) 하위 범주.

Subcategorización [언어] (생성문법의) 하위범주화.

Subjetividad ① 주관; 자아, 주관적 사실. ② [철학] 주관성; 주체성.

Subjetivo ① [언어] 주어의; 주격의; 주관적(인). 예) Caso subjetivo 주격. Sentido subjetivo 화자의 주관적인 의미. ② [논리] 주부(主部)의. ③ [철학] 주체의, 주관적인.

Subjeto ① [언어] 주어. 주관(主觀). 객관의 반대가 되는 말. 일반적으로는 의식하는 것으로서의 자아 또는 주체를 뜻함. ② [문학] 주어. 주체. 창조의 주체인 작가의 자아나 대상에 작용하는 개성적 내용 등을 가리켜 말함. 주관적 비평이라고 하는 것은 비평의 기준을 비평가인 개인의 주관에 중점을 두는 비평을 말함. ※ Sujeto 참조.

Subjuntivo [언어] 접속법. 동사의 행위가 실제적, 객관적이 아닌 화자의 주관적 요소에 따르기 때문에 주관성이 농후한 화자의 가설, 희망, 의심, 명령, 비현실, 감정, 종속, 의지, 우연, 예견, 불확실성이 보일 경우에 사용. 객관적인 현실이 아니고 단순히 감정·사상의 내용을 나타내어 비현실·불확실한 것을 나타냄. ※ Presente de subjuntivo 참조.

Sublimación [논리] 승화(昇華). 내포 논리에서 속성들의 집합을 가리키는 용어로서, 몬태규(Montague)가 그의 의미론에서 사용함. 속성들의 집합은 두 가지 종류로 구분됨. 하나는 개체 승화(Sublimación individual)이고 다른 하나는 총칭 승화(Sublimación general)임.

Sublimación general [언어] 총칭승화. 집합에 속성들이 너무 많이 속해 있어서 '일관성'을 잃은 것이나, 속성들이 부족하여 '최대한으로'라는 조건을 어긴 집합을 말함.

Sublimación individual [언어] 개체 승화. 어떤 지표(índice)에서 하나의 특정한 개체가 지니는 속성들의 집합을 말하는데, 이러한 개체 승화는 최대한으로 일관성 있는 속성들의 집합이어야 함. 여기서 '일관성 있다'라는 말은 그 집합 내의 모든 속성들을 지닌 개체가 하나 있다는 뜻이며, '최대한으로'라는 말은 이러한 일관성 있는 집합들 가운데 가장 큰 집합이라는 뜻임. 그래서 개체 승화에 다른 속성을 하나라도 추가하면 그 속성들의 집합은 일관성을 잃게 됨.

Subnegativos [언어] 준 부정어. 문법적으로는 부정형을 취하지 않지만 한국어로 해석할 때는 부정형이 되는 것을 '준 부정어'라고 함; poco(거의 ~않다), mal(나쁘게·잘못), apenas(거의 ~않다), sin(~없이) 등등. 예) Tardo muy poco tiempo. 매우 조금밖에 시간이 걸리지 않는다. Tengo poco dinero. 나는 거의 돈이 없다.

Suboraciones [언어] 종속절. 종속절은 절의 주어 앞에 접속사라는 것이 하나 더 붙어서 하나의 품사가 되는 것을 말함. 'Yo te quiero mucho(나는 너를 너무 사랑해)'는 『주어 + 술어…』로 구성되었으므로 주절이며 문장(Oración)이라고 함. 그러나 여기에 주어 앞에 접속사를 하나 더 붙이면 그때부터는 더 이상 문장이라고 하지 않고, 문장에서 하나의 품사가 되는 종속절이 됨. 즉, 《Aunque tú no me quieres, yo te quiero mucho 비록 네가 나를 사랑하지 않음에도 불구하고, 나는 너를 너무 사랑한다.》에서 밑줄 친 부분을 종속절이라고 일컬음. 이 이외에도 접속사(que)를 붙임으로써 문장성분으로써의 종속절이 되는 경우도 볼 수 있음. 예를 들어 《Ella espera que yo te quiera mucho 그녀는 내가 너를 너무 사랑하기를 바란다.》의 문장에서 접속사 que가 붙음으로써 que 이하의 문장이 목적어절의 역할을 하게 되는데, 이를 명사절이라고 일컬음. 이와 같은 경우는 종속절이라고 언급하기보다는 '품사가 되는 절'이라는 의미를 가지게 됨. ※ Oración 참조.

Subordinación [언어] 종속. 종속관계. 전통적으로 관계대명사로 유도되는 관계절 또는 종속 접속사에 의한 종속절과 주절간의 관계 또는 의미상으로 보아 주절과 어떤 종속 관계가 발전될 때 사용하는 용어. 등위 관계에 대립됨. 변형문법에서는 하나의 문장이 다른 문장의 한 구성 성분으로 가능하게 끔 하는 내포 변형을 '종속 관계'라고 함.

Subordinada [언어] 종속절(從屬節). ※ Suboraciones 참조.

Subordinado [언어·논리] 종속(從屬)된, 하위(下位)의. 예) Proposición subordinada 종속절.

Subordinante [언어] (주절에 다른 절을) 종속사(從屬詞); 종속시키는, 종속절을 이끄는. 예) Conjunción subordinante 종속 접속사.

Substancia 실질(實質). ※ Sustancia 참조.

Subyacente [언어] (생성문법에서의) 기저(基底)의. 예) Estructura subyacente 기저구조.

Sud- [어원] 「남(南)(sur)」의 뜻. 예) sudoeste 남서. sudafricano 남아프리카 사람.

Sufijo [언어] ① 접사. 접사는 주로 의존 형태소나 문법 형태소가 사용됨. 접사는 어근과 만나서 단어를 형성하게 되지만 경우에 따라서는 한 어근에 두 개의 접두사 또는 두 개의 접미사, 아니면 접두사가 동시에 첨가되는 등등 단어의 구조가 다양하게 나타남. 접사의 기능에 따라 파생접사(sufijo derivado)와 굴절 접사(sufijo flexivo)로 나타남. ② 접미사. 어휘소(어근) 뒤에 위치하며 접미사로 인해 부가되는 의미에 따라 증대사, 경멸사, 축소사로 세분될 수 있음. 예) beb<u>ida</u>, razon<u>able</u>, cabr<u>ón</u>. ※ Sufijo derivado; Sufijo flexivo 참조.

Sufijos aumentativos [언어] 증대 접

미사. 이름에서 지시하는 것처럼 적용되는 명사나 형용사의 의미를 증대시킴. 주요 증대 접미사로는 -ón, -azo, -ote 등이 있음. 예) bodegón(간이 식당), porrazo(타박).

Sufijos despectivos [언어] 경멸접미사. 화자가 어휘에 의해서 표현되는 사물이나 질에 느끼는 경멸을 가리킴. 주요 접미사로는 -ucho, -aco, -astro, -ajo, -orrio 등이 있음. 예) flacucho(깡마른), vulgacho(미천한).

Sufijo derivado [언어] 파생접사. 하나의 어근을 중심으로 앞, 뒤, 또는 중간에 붙어서 새로운 단어를 만드는 요소. 즉 그 형태소를 파생접사라고 함.

Sufijo diminutivos [언어] 축소 접미사. 어휘의 의미를 축소시키는 역할을 함. 주요 접미사로는 -ito, -ico, -illo, -uelo, -uco 등이 주요한 것임. 예) ventanilla(창구), mañico(귀여운 사람)

Sufijo flexivo [언어] 굴절접사. 어미변화 형태소. 문장 내에서는 문법적 기능을 하는 특별한 요소가 있는데, 그 요소들은 언제나 단어에 덧붙여져서 문장의 의미를 나타내는 중요한 기능을 함. 이렇게 단어의 형태와 의미의 변화보다는 문법적인 뜻을 표시하는 형태소를 '굴절접사'라고 함. 예) camino, caminé, caminaba.(굴절 접사는 모두 접미사임.)

Sujeto [문법] 주어. 동사가 나타내는 행위, 상태의 주체가 되는 사람이나 사물, 수동태에서는 동작을 받는 것 등 명사·대명사 외에 부정사(Infinitivo), 명사절도 주어가 될 수 있음.
□ 주격 대명사 형태:

	단수	복수
1ª	Yo	nosotros(as)
2ª	Tú	vosotoros(as)
3ª	él, ella, (Ud.)	ellos, ellas, (Uds.)

Sujeto hablante [언어] (말하는 주체로써의) 주어, 화자(話者).

Sujeto pasivo [언어·문법] 수동문 주어. 행위가 발생할 때, 그 행위를 받게 되는 대상이 되는 주어를 일컬음. 예) **Los pájaros** fueron alborotados por el ruido 새들은 그 소음에 의해 소란을 피운다. ※ Voz pasiva 참조.

Super- [어원] ①「…의 위에(encima de)」의 뜻. 예) superestructura 지상 시설. ②「탁월성(preeminencia)·우수성(excelencia)」의 뜻. 예) superhombre 초인간. ③「극히(en grado sumo)」의 뜻. 예) superfino 극상의. ④「과도·과잉(exceso)」의 뜻. 예) superproducción 과잉 생산.

Supercompuesto [언어] 중복합(重複合)의. 예) Pasado supercompuesto 중복합 과거. Tiempo supercompuesto 중 복합 시제.

Superficial [언어] 표층의, 겉보기의.

Superestrato [언어] 상층(上層) 언어. 언어 접촉의 상황에서 한 언어의 사용집단이 다른 언어 공동체에 침투하여 그 언어에 영향을 미치고, 원래 자기들이 사용하던 언어가 소멸되면, 소멸된 언어는 영향을 받은 언어의 상층을 형성하는 것을 일컬음. 이런 현상은 대개 침투해 들어간 집단의 규모가 작거나 그 문화 수준이 낮은 경우에 나타나는데, 이와 반대되는 경우인 기층과는 대조됨.

Superficie [언어] 표층((심층에 반대되는 용어)). Estructura de superficie 표층구조.(↔ Estructura de profunda 심층구조.)

Superlativo [언어·문법] 최상급(最上級). 예) Superlativo absoluto 절대 최상급. Superlativo relativo 상대 최상급. Superlativo relativo de superioridad 상대 우등 비교급. □ 최상급 형태 : ① 『el (명) más + 형용사 + de ~ ~중에서 가장 …』 예) Es el más viejo de todos 그는 모든 사람 중에서 최 연장자이다. ② 『el (명) más + 형용사 + que + 동사』 예) Son los más antiguos que existen 그것들은 존재하고 있는 가장 오래된 것들입니다. ③ 『el que + 동사 + más (más + V) 가장 ~ 하는 것』 예) El que menos habla es el que más hace 가장 적게 말하는 사람은 가장 잘 하는 사람이다. ④ 『uno de los más ~ 가장 ~ 인 것 중의 하나』 예) Es uno de los sitios más famosos de Corea del Sur por su belleza natural 자연미로 남한에서 가장 유명한 곳 중의 하나입니다. ⑤ 『V + más 가장 ~ 하다』 예) Juan corre más (de la clase) 후안이 (반에서) 가장 잘 달린다. Es Juan el que corre más. 가장 잘 달리는 사람은 후안 입니다. ⑥ 『[부정어와의 비교 (최상급의 일종)] 무엇보다도, 누구보다도』 예) Lo conoce mejor que nadie (nada) 그는 누구보다도 (무엇보다도) 그것을 잘 알고 있다. ⑦ 『primero 우선』 예) Haga esto primero 우선 맨 먼저 이것을 하시오. ⑧ 『último 제일 (나중에), 최근에』 예) Vive en el último rincón de España 그는 스페인의 제일 구석에 살고있다.

Superlativo absoluto [언어] 절대 최상급. □ 형태: 『el, la, los, las más + ... de~/ el, la, los, las menos + ... de~』 예) Él es el menos alto de todos 그는 모든 사람들 중에서 가장 작다 Esta ciudad es la más grande del mundo 이 도시는 세계에서 가장 크다. ※ Superlativo 참조.

Superlativo relativo [언어] 상대 최상급. 『muy + 형용사/ 형용사 + ísimo/a』 예) La casa es muy vieja 그 집은 매우 낡았다. La casa es viejísima 집은 아주 낡았다. ※ Superlativo 참조.

Superordenado [언어] 상위어(上位

- 424 -

語). 포함의 의미관계를 나타내기 위해 사용되는 용어. 예를 들어 'deporte 스포츠'는 상위어로서 'fútbol 축구'와 'baloncesto 농구'를 그 하위어로 포함함.

Superproparoxítona (palabra) [언어] 끝에서 네 번째 음절에 강세가 있는 단어. 일반적으로 명령형 등에서의 동사와 대명사의 합성형태로 나타난다. 예) Cómetelo, Preséntamela. ※ Sobresdrújula 참조.

Superviviencia 잔존, 고어법(= arcaísmo).

Supino [언어] (라틴어 문법의) 동사형 명사.

Supleción [언어] 보충법. 형태론에서 다양한 굴절형이 있는 한 단어의 형태에 완전히 변화가 일어나는 불규칙성의 한 유형.

Suplemento [언어] 보충법(補充法). 단어의 형태를 변화시킬 때, 접사(굴절어미)나 모음 변화 방식을 취하지 않고, 다른 단어의 형태를 가지고 보충시키는 것. 예) 영어에서 동사 go → went(과거 동사)로 변하는 것.

Supletivo [언어] 보충법의; 보충적인.

Supra- [어원] 「위에(arriba)‧…의 위에(encima de) ‧ 초(超)」의 뜻. 예) *supra*nacional 초국가의. *supra*rrenal 부신의.

Suprasegmental 초분절(超分節)적 자질. 억양(entonación)과 같이 개별 분절음이외의 구어적 자질에 관한 것. ※ Entonación 참조.

Supreción 제거, 삭제, 없애기.

Surrealismo [문학] 초현실주의. 제 1차 대전 후, 프랑스에서 시작된, 문인(文人)인 시인과 화가에 의한 전위적이고 극단적인 예술 운동임. 다다이즘(Dadaísmo)이 좌절되고 그 파에 속해 있던 앙드레 브르통이 1924년에 「수레알리즘(초현실주의) 선언」을 써서, "인간에게 상상에 자유를 주어야 한다"라고 말하고, "자동 기술법"이라는 시의 창작 방법론을 제창하였음. 상징과 시인의 작업과 프로이트의 무의식이라고 하는 전적으로 새로운 심리학상의 견해가 초현실주의 작가들의 사상과 표현의 기반이 되었음.

Suspensión ① [언어] 휴지(休止). 음성 음조소(音調素, Tonema)가 음율 전체와 동등한 위치에서 끝날 경우로서 이러한 형태는 불완전한 감정 혹은 연속성이 결여된 한 생각의 단절을 표현할 때 적용함. 첫째 구절이 휴지 상태, 둘째 구절이 상승억양, 세째 구절이 하강억양인 예를 다음에서 보겠음. 예) El enemigo, / casi derrotado, / corría delante de nuestras tropas(거의 패배한 적이 우리 군대 앞으로 달려가고 있다). ② [인쇄] 중지. 휴지(休止). 중단. Punto de suspensión 말 줄임표, 생략부호(…). ※ Tonema 참조.

Suspensivo [인쇄] 연속점. '…'기호로 나타낼 수 있음.

Sustancia [언어] 실질(實質). ① 언어의 소재인 실질이 추상화되고 유의미한 언어 사상(事象)으로 조직화된 것이 형식이며, 추상적인 언어의 조직이 구체적 형태로 나타난 것이 실질임. ② ((옐름슬레우(Hjelmslev) 분류)) 언어기호(Signo lingüístico)에서 볼 때, 내용(Contenido)과 표현(Expresión)으로 나눌 수 있음. 이중에 내용의 '실체'를 'Sustancia'라 함. ※ Forma 참조.

Sustativación [언어] 명사화(名詞化). 실사화(實辭化)

Sustantivado [언어] 실사(實辭)의, 명사의. 예) Proposición sustantivada 명사절.

Sustantivar 명사화하다. 예) Sustantiva un adjetivo 형용사를 명사화하다.

Sustantivo [언어] 명사(名詞); 명사의, 실사(實辭)의. 예) Proposición sustantivo 명사 절. Estilo sustantivo (동사·형용사보다) 명사를 위주로 하는 문체.

Sustantivo colectivo [언어] 군집명사. 형태상 단수 꼴이지만, 의미상으로 복수의 상(相)을 가지고 있는 명사를 일컬음. 예) Ejército 군대, Rebaño (동물) 무리.

Sustantivo compuesto [언어] 합성어. 합성 명사. 예) Aero(공기) + Puerto(항구) = Aeropuerto 공항. ※ Compuesto 참조.

Sustitución ① [언어] 치환(置換). 대치(代置). 교체(交替). 음소·단어 따위를 같은 기능을 하는 다른 요소로 대체시키는 조작. ② [심리] 대리체험; 대리화. ※ Metátesis 참조.

Sustitución fónica. [언어] 음운 단음 대치. 이중어 사용 화자의 제 1 언어로부터 제 2 언어로 동일하게 정의되는 음소의 음성 실현의 전이.

Sustituibiliad 치환성, 교체성, 대치성.

Sustituto [언어] 대용사(代用辭). 이미 앞에 나온 요소를 대신하여 사용되는 언어 형태. 대개 그 형태가 짧음. 대용사란, 대명사보다 더 일반적인 용어로서, 명사나 명사 상당어구뿐 아니라 문장이라든가 형용사를 대치하는 형태까지를 포함함.

Sustrato [언어] 기저(基底) 언어. 어떤 지역에서 이미 소멸해 버린 언어에 관해서, 만약 그 언어의 형태가 남아 있으면서 그 지역 사람들이 새로운 언어를 접할 때 영향을 미치는 경우, 이 소멸된 언어를 '기층 언어'라고 함. 음 변이의 원인을 '기층 언어'로부터 구하려는 학설을 기층언어 설이라고 함. 이는 다만 특정한 모국어나 방언을 말하던 사람이 새로이 외국어나 이른바 표준어를 습득할 경우에 한정된 개념임.

Sutura [문학] (중간에 삭제된 작품을) 연결하여 맥락 잇기.

SV [언어] 동사구(Sintagma Verbal). ※ Sintagma Verbal 참조.

Svarabhakti [언어] 어중음 첨가. ※ Epéntesis 참조.

Suyo [문법] [소유 형용사 완전형] ① 그(들)의, 그녀(들)의, 당신(들)의, 그것(들)의. 예) ㄱ) [명사 뒤에서] su casa 그[그녀·당신·그들·그녀들·당신들]의 집. ㄴ) [보어; 보통 관사 없이] …의 것. 예) Este coche es suyo 이 차는 그[그녀·당신·그들·그녀들·당신들]의 것이다. ㄷ) …다운. 예) Los locuciones son muy suyos 그 말투가 그[그녀·당신] 답다. ② 자신(들)의. 예) una amiga suya 자신(들)의 한 여자 친구. ③ 자기 중심적인, 다른 사람에게 좌우되지 않는. □ [정관사와 함께] ① 그[그녀·당신·그들·그녀들·당신들]의 것. 예) Mi coche es más pequeño que el suyo 내 차는 그[그녀·당신·그들·그녀들·당신들]의 것보다 더 작다. ② 자신(들)의 것. 예) Ella confunde mi cuaderno con el suyo 그녀는 내 공책을 자신의 것과 혼동하고 있다. ※ Posesivos 참조.

【T】

T [언어] t 떼 (스페인어 자모의 스물 세 번째 문자). 스페인어의 자음 음소 /t/. 음성학적으로는 폐쇄음(oclusivo), 치음(dental), 무성음(sordo)의 자질을 가짐(= Oclusiva dental sorda 무성 폐쇄 치음). 음성학 기호로는 [t]로 나타남. 예) **T**ipo 타입; **T**o**t**al 전체의. ※ Oclusivo; Dental; Sordo 참조.

Tabú [언어·문화] 금기. ① 어떤 환경에 있어서 어떤 단어들의 사용을 금지하는 또는 금지하려는 사회적 제약을 언어적 금기(tabú lingüístico)라 하는데, 이들 단어들은 분명히 존재하기는 하나 그 단어들은 사용할 수가 없다는 특징이 있음. 예를 들어 어떤 지역에 있어서는 부인들이 남편을 의미하는 단어들을 사용해서는 안되며, 이러한 언어적 금기는 직접화법에서는 허용하지 않고 간접화법에서는 허용하는 경우가 다음과 같이 나타남. *La mujer dice: mi marido llegará pronto.(허용 안됨) La mujer dice que su marido llegará pronto.(허용) 이러한 경우 기피의 원인을 규정해야 함. 즉, 이는 문장이 비문법적이거나 진실 되지 못하거나 의미론적으로 부당하기 때문이 아닌 것. 언어적 금기에 대한 인식은 언어 자료를 모으려는 조사자에 있어서 대단히 중요한 것임. 문명이 발달된 국가 지역 공동체 내에서도 금기 단어들[성(性)에 관한 금기, 종교적 금기, 정치적 금기]이 있음. 금기의 위반은 화자에 대한 사회구성원들의 거부 혹은 그의 행동에 대한 경시를 낳게 됨. ② 신성한 계급을 지시하는 이유 또는 지시에 의해 영감을 갖게 되는 불안감의 이유를 피하게 되는 어휘.

Tácito [문법] (형태적으로 부정사의 주어가) 숨겨있을 때. ① 주어가 누구인지 흥미가 없거나, 일반적인 의미에서 말하는 경우. 예) Se prohebe fumar por aquí 이곳에서는 담배 피는 것이 금지이다. Carlos XIV mandó construir ese edificio 까를로스 14세가 그 건물을 짓도록 명했다((건물을 짓는 주체를 밝히지 않음)). ② 『동사원형(Infinitivo) + de + 명사』의 경우 '동사원형'의 소유주가 주어가 됨. 예) El murmurar de las fuentes 샘물의 중얼거림((중얼거림의 주체는 샘물)). Vuestro charlar continuo me molesta 너희들의 계속된 재잘거림은 나를 귀찮게 한다((재잘거림의 주체는 소유격 형태의 '너희들의'임)). ③ 주절의 동사와 동일하게 나타나는 경우. 예) Ella dijo tener dinero 그녀는 돈을 가지고 있다고 말했다(('tener'의 의미상 주어는 Ella임)). ④ 『동사원형 + 주어』가 되는 경우로 동사원형의 주어가 주동사의 주어와 다른 경우는 혼동하지 않도록 주어를 써줌. 이 경우 주어는 동사의 뒤에 위치함. 예)

El decirlo **tú** y entenderlo **yo** me causa nueva admiración 네가 그것을 말하고, 내가 그것을 이해하는 것은 내게 새로운 놀라움을 유발시킨다. ⑤ 목적어가 동사원형의 의미상 주어가 되는 경우. 예) Juan propuso a Pedro venir 후안은 뻬드로로 하여금 오도록 제안했다((Venir의 의미상 주어는 Pedro)).

Táctica [언어] 표현 발화. Skinner(1957)는 말이 아닌(~no verbal) 자극에 의해 일어나는 발화를 mando 와 táctica로 나눔. 그는 표현발화(táctica)를 「그 속에서, 특정의 '대상' 혹은 '사건', 혹은 대상이나 사건의 속성에 의해서 한 반응이 어떤 주어진 형식으로 불러 일으켜지는 발화」라고 정의함. 실제로 그가 의도했던 바는 어떤 환경 속에 있는 특정 대상의 존재, 혹은 특정 사건의 발생은 화자로 하여금 그 대상이나 사건을 지시하는 표현을 포함하는 발화를 하게 할 가능성을 높게 한다는 것이라 할 수 있음. ※ Émico; Mando 참조.

Tagma [언어] 태그마. 문법소(文法素)론의 용어. 문법소는 émico(素的)인 단위로, 이를 구성하고 있는 것이 alotagma이며, 특정한 Tagmema(문법소)의 alotagma로서 분류되는 문법상의 단위를 Tagma라고 부름. ※ Émico; Alotagma 참조.

Tagmema [언어] 문법소(文法素). 의미를 갖는 문법상의 최소단위를 말함. 최소단위란 그 이하의 단위로 분석할 수 없는 것을 말함. 의미를 갖는 어휘 항목의 최소 단위인 형태소와 대조됨.

Tágmemica [언어] 문법소론(文法素論). Kenneth L. Pike를 창시자로 하고, 하계 언어학 연구회를 중심으로 하여 연구 활동이 계속되고 있는 언어 이론임. 가장 특징적인 점은 엄정한 이론 체계보다 오히려 실천적으로 도움이 되는 작업 절차에 있다고 볼 수 있음. 문법소론에서 중심적인 개념은 역시 문법소라고 생각되는데, 문법소라는 개념은 음소론에서 음소 단위에 대응할 문법상의 단위가 필요하다고 하여 Pike가 이를 처음에는 Gramema 라고 부르다가 후에 Tagmema라고 개명한 것임. ※ Gramema 참조.

Tal [문법] □ 형용사로 사용되는 경우: ① 그런, 이런, 이와 같은, 그러한. 예) tal cosa 그런 일. ② [부정 관사와 함께 고유 명사 앞에서] …라고 하는: un tal Juan 후안이라고 하는 사람. ③ [cual과 대조적으로 쓰여] 그(런): Cual el padre, tal el hijo 그 아버지에 그 아들, 부전자전. □ 대명사로 사용되는 경우: ① 그러한 것[일・사람・물건]: ¡No hay tal! 그런 것[일]은 없다! ② [부정 관사와 함께] 시시한 인간. 예) Ese hombre es un tal 그 사람은 시시한 사람이다. □ 부사로 사용되는 경우: ① 그렇게, 그런 식으로. 예) Tal estaba él con la lectura de estos libros 이 책들을 읽고, 그런 상태가 되어 있었다. ② [cual, como, así como와 대조하여 쓰여] …하는 것처럼 ~하다, 그와 마찬

가지로 ~하다. 예) Cual el sol da luz a la tierra, tal la verdad iluminael entendimiento 태양이 대지에 빛을 내리 비추는것 처럼, 진리는 지성을 비춘다. ③ [si, no의 뒤에 쓰여서 강조] 정말로, 결단코. 예) Sí, tal 정말 그래. ④ 그럭저럭(así, así) 예) ¿Qué tal? Tal cual 요즘 어때요? 그럭저럭 지내요.

También [문법] ((부사로 사용)) ① ···도, 역시, 또한 (반 *tampoco* 부정의 미에 대한 동의). 예) Tengo hambre －Yo también 나 배고파 －나도. ② 그리고 또, 그밖에, 동시에, 게다가. 예) Anoche estudié el español y, también, escribí una tarjeta a un amigo mío en España 간밤에 나는 스페인어를 공부하고 또 스페인에 있는 한 친구에게 엽서를 썼다.

Tampoco [문법] ((부사로 사용)) ① ···도 (··· 아니다) (반 *también* 긍정의 미에 대한 동의). 예) No me gusta el café －A mí tampoco 나는 커피를 좋아하지 않는다 －나도 (좋아하지 않는다). ② 그밖에[그리고 또] (··· 아니다). 예) Ella no era pobre, pero tampoco rica 그녀는 가난하지도 않았지만 또 부자도 아니었다.

Tan [문법] [형용사·부사 앞에서 tanto의 어미 탈락형] ① 그렇게, 이렇게. 예) No es un problema tan importante 그렇게 중요한 문제는 아니다. ② [동등 비교] [+ ··· como ···] (···만큼) 그렇게 ···. 예) Ella es *tan* alta *como* su hermana 그녀는 언니만큼 키가 크다. ③ [+ ··· que ···] 너무 ···해서 ···하다. 예) Es tan grande *que* no puedo levantar 너무 커서 들 수 없다.

Tanato- [어원] 「죽음(muerte)」의 뜻. 예) *tanato*fobia 죽음에 대한 공포.

Tanto [문법] □ 형용사로 사용되는 경우: ① 그렇게 많은. 예) con tanto dinero 그렇게 많은 돈으로. ② [동등 비교] [+ ··· como ···] (···만큼) 많은 ···. 예) Tengo tanto dinero *como* José 나는 호세 만큼 많은 돈을 가지고 있다. ③ 얼마간의, 몇몇의. 예) tanto*s* euros 얼마간의 유로 □ 대명사로 사용되는 경우: ① 그 정도의 것 [일·물건·사람] ② 그것, 그 일. ③ 얼마간, 약간. 예) el año mil novecientos noventa y tanto*s* 천 구백 구십 몇 년. □ 부사로 사용되는 경우: [형용사·부사 앞에서 tan이 됨] ① 그렇게[이렇게] 많이, 그렇게. 예) No duermas tanto 그렇게 많이 자지 마라. ② [+como ···] (···만큼) 그렇게 많이. 예) Te quiero tanto *como* a ella 나는 그녀만큼 너를 그렇게 (많이) 사랑한다. ③ [+que+ind.] 너무 ··· 하여 ···하다. 예) Ella estudió tanto *que* estaba cansada 그녀는 공부를 너무 많이 하여 무척 피곤했다. □ 명사로 사용되는 경우: ① 약간(의 금액). 예) Le pagan un tanto por cada día de trabajo 그날 그날의 노동에 대해 약간의 돈을 지불하고 있다. ② 일정한 양[액]. ③ 득점, 점수. ④ (트

럼프의) 끝, 끝수. ⑤ (원본의) 복사.

Tautofonía [언어] 동일음(同一音) 반복. 음교체(Metátesis)를 일으킬 수 있는 한 개 또는 여러 음소의 반복현상을 일컬음, 예) Crocodrilo > Cocodrilo 악어. ※ Metátesis 참조.

Tautología [언어] 항진 명제. ① 어원적으로는 같은 말, 또는 동일 언어사용을 뜻함. 일반적으로는 하나의 사고, 낱말이 계속해서 반복한 것, 또한 그와 같이 반복된 사고나 낱말 등을 뜻함. 지적 의미에 관한 정보를 새로 부가할 수 없다는 점에서 불필요하고 무의미한 반복이며, 무의식적으로나 부주의로 행해지는 경우와 무엇인가 의도를 가지고, 예를 들자면 강조하기 위해 수사적 기법으로서 쓰이는 경우가 있음. 예) Los amigos son los amigos 친구들은 친구들이다. ② 변형 생성문법에서의 의미부에서는 《El feliz chico es feliz 행복한 소년은 행복하다》와 같이 동일어 반복적 문장을 분석적인 문장(Oración analítica)라고 함. ③ [수사학] (다른 방법으로 표현된) 같은 생각의 반복.

Taxativo ① (말뜻·상황이) 명확한, 엄밀한. ② 논의를 받아들이지 않는. ③ [법률] 한정적인, 제한하는, 국한하는.

Taxema [언어] 분류소(分類素). 문법 특성소(特性素). 언어학자 블룸필드(L. Bloomfield)는 문법적 배열의 각각의 특징을 '문법 특성소'라고 함. 문법적 배열은 다음 4가지의 형식을 취함. ① 요소의 어순. ② 소리의 가락(억양). ③ 환경에 의한 음성 변화. ④ 같은 문법적 배열을 가지면서 서로 다른 의미를 지니는 형태의 선택.

Taxonomía 분류학(分類學). 분류론. 요소, 요소 연속, 다시 요소 연속의 등급으로 분류하여 목록을 만들고, 결합 규칙에 의해 그 언어의 문장을 설명하는 것을 일컬음. 구조 모델이 분류론적 모델이 됨.

Taxonomía numérica 수치적 분류학(分類學). 과학 유형적 분석으로 잘 알려진 통계적 기술.

Taxonómica, lingüística [언어] 분류학적 언어학.

Taxonómico [언어] 분류론(分類論)적. 어떤 텍스트에 적용하여, 그곳에 포함된 것만을 빼내면서, 연구의 데이터에 의거하여 다만 그 텍스트의 재조직만을 지향하는 분석 절차는 모두 '분류론적'이라고 함.

Te [문법] ① 떼. 문자 t의 명칭. □ ((대명사로 사용되는 경우)) ① [인칭 대명사 2인칭 단수; 직접 목적] 너를, 그대를, 당신을. 예) *Te* quiero / *Te* amo 나는 당신을 사랑한다. Me alegro de ver*te* 너를 만나게 되어 기쁘다. ② [인칭 대명사 2인칭 단수; 간접 목적] 너에게, 그대에게, 당신에게. 예) *Te* envío este paquete 나는 너에게 이 소포를 보낸다. Quiero dár*te*lo

너에게 그것을 주고 싶다. ③ [재귀대명사 2인칭 단수] 너 자신을, 너 자신에게. 예) *Te* levantas a las seis 너는 여섯 시에 일어난다. Siént*te* aquí 여기 앉아라. Conóce*te* a ti mismo 너 자신을 알라. Pon*te* el abrigo, que hace frío 날씨가 추우니 오버를 입어라. ※ Pronombre 참조.

Tecnicismo [언어] 기술어. 과학이나 기술, 예술 등 기능적인 특수한 어휘를 구성하는 단어나 표현을 말함. 예) fotocopia(복사), radiograma(무선 전보).

Tecno- [어원] 「기술(técnica)」의 뜻. 예) *tecno*cracia 기술자 지배. *tecno*grafía 기술지(誌), 기술사(史).

Tecnolecto [언어] 기술용어. 전문 분야의 고유 기술 어휘. 예) de la química 화학의; de la informática 정보처리의.

Telecomunicación (전화·전신·텔레비전 등을 이용한) 원거리 통신.

Teleconferencia (텔레비전·전화를 이용한) 원격지간 회의.

Telegráfico [언어] 전문체의; 간결한 (방식의 언어 습득). 언어 습득 과정에서, 어린아이(18개월에서 4세까지)가 단순한 어휘들을 혼합하는 방식으로 언어를 이해함으로서 의사소통을 하는 시기를 일컬음. 두 어휘 이상의 어휘를 임의적으로 연결시켜서 의사소통을 시도함으로써, 문장성분의 결여나 부정확함을 들어내는 시기임. 예) Nene quiere perro > Yo quiero jugar con el perro 난 개(犬)랑 놀고 싶다.

Telegrama 전보.

Teletexto 문자 방송.

Teletipo ① 텔레타이프. ② 텔레타이프식 전송기[장치].

Télex (문자 전송 장치) 텔렉스.

Télico [언어] 종결의. 예) Verbo télico 종결동사. 이 어휘는 비종결성(Atélico)에 반대되는 개념으로서, 상(Aspecto)에 관한 분석에 쓰이는 용어로서 어떤 행위가 분명한 종결점을 가질 때 이러한 사건을 표현하는 것을 일컬음. 예)《Mi vecino está componiendo una sinfonía 나의 이웃은 교향곡을 작곡하고 있다.》는 종결 행위를 묘사하고 있으며, 이는 《Mi vecino no ha compuesto una sinponía 나의 이웃은 교향곡을 완성하지 못했다.》라는 발화의 뒤에 나올 수 있는 것임으로 종결성을 일컬음. ※ Atélico; Aspecto 참조.

Tema [언어] 주제. 이미 사전 관계 정보를 가지고 있는 상태에서 결정되는 주제. 예)《¿Cuántas manzanas compró Luís? 루이스는 몇 개의 사과를 샀는가?》에 대한 답으로 《Luis compró varias manzanas 루이스는 몇 개의 사과를 샀다》라고 대답했을 때, 이는 주제가 되고. 참고로 논술(Rema)는 《Luis compró dos manzanas 루이스는 두 개의 사과를 샀다》에서 dos(두 개)가 됨. ※ Rema 참조.

Tema morfológico [언어] (명사, 동사 등의 활용 어미를 제외한) 어간. 어근보다는 큰 개념으로 성, 수, 인칭 등등으로 인해 변화되는 부분을 제외한 나머지부분. 예) Bello(어근·어간) Bellezas(어근) [Bellezas(어간)]

Temario ① (연구·토의 등의) 테마, 프로그램. ② (시험의) 과목.

Temático ① [언어] 주제를 표현하는; 어간의. 예) Vocal temática 어간 모음. ② [문학] 주제의. 예) Crítica temática 주제 비평.

Temperatura informativa [언어] 정보의 평균(비)율. 정보 이론에서 통계학적 자료의 수량측정과 같이, 통계학 형태로 표현된 텍스트의 어휘 다양성에 관해 언급한 것을 일컬음.

Temporal [언어] 문장 속도의; 순간의; 임시의. ※ Tiempo 참조.

Tendencia [언어] (가변성으로서의) 언어적 경향. 일반적인 언어(동사) 변화에 맞지 않아 어형의 정확함을 이해하기 쉽지 않은 언어적 가변성(Mutabilidad lingüística)을 일컬음.

Tensión [언어] (발성 기관의) 긴장. 긴장도. 장력(張力). 동일한 높이의 모음 사이에도 긴장과 이완(Relajación)의 상태에 따라 소리 차이를 보임. 이완 모음은 스페인어에서 존재하지 않고, 영어에서 볼 수 있음. 예) 긴장(Tensión) 모음: [i], [e], [a], [ɔ], [o], [u]. ※ Relajación 참조.

Tenso [언어] ① 긴장성(緊張性). 긴장음(緊張音). 경음. 시제. 발성기간에서 근육의 긴장 정도와 움직임의 정도가 비교적 더 높을 때, 생성되는 말소리를 묘사함. ② 혀의 근육이 긴장된. ((주로 모음에 대해서 쓰임))

Tenue [언어] (음의) 지속부. 세음(細音).

Teoría de las ondas [언어] 파상설(波狀說).

Teoría del vago [언어] 파문설(波紋說).

Teoría del Ligamento [언어] 결속이론.

Teoría lingüística [언어] 언어학 이론. □ 언어학 이론을 크게 보면 다음과 같은 것이 있음. ① 일반언어학과 개별언어학. ② 공시언어학과 통시언어학. ③ 비교언어학과 대조언어학. ④ 순수언어학과 응용언어학, ⑤ 음운론, 형태론, 통사론, 언어사/언어철학, 사회언어학, 언어심리학, 등등... ⑥ 이론언어학과 실용언어학. □ 언어학의 흐름. ① 전통문법(Gramática Tradicional): ⓐ Aristotle가 창시한 희랍문법(3품사). 예) 명사, 동사, 접속사. ⓑ 19세기 말까지, 즉 구조문법 전까지를 통칭해 일컬음. ⓒ Dionysisus Thrax(기원전 2세기 말) 희랍최초로 8품사 설정. ⓓ Rome에선 Donatus가 라틴어문법 총 정리함. 이것이 규범문법(실용문법)으로 발전하게 됨. ⓔ 한편 인도의 Pnini(기원전 4세기)는 산스크리트(Sanskrit)의 구조를 체계화시켰음. 이것이 유럽에 영향을 미쳐 비교언어학으로 발전하게 됨. 이 때를 역사주의 문법시대, 과학적 전통주의 시대라고도 함(실증론).『전통문법의 특징』ⓐ 전통문법의 철학적 바탕은 사변철학임. ⓑ 음성언어보다 문자언어에 관심. ⓒ 전통문법의 원형은 희랍어와 라틴어에 있음. ⓓ 전통문법은 철학이나 논리학의 한 부분임. 고로 언어를 인간문제로 봄. ⓔ 언어를 사상과 감정을 나타내는 도구로 보고, 이 문법의 분석을 당연히 의미 가 기준이었음. ⓕ 인간언어의 보편적 특질을 찾으려고 함. ⓖ 전통문법은 규범적이고, 교육적 기능 강조함. 이것이 웅변술과 수사학으로 발전함. ⓗ 언어의 변화는 타락으로 보았음. ⓘ 전통문법의 설명은 주관적, 직관적이었음. ⓙ 언어의 표면구조의 연구에 중심. ⓚ 전통문법은 규칙에 관심을 두고 불규칙은 예외로 처리함. ⓛ 공시성과 통시성을 구별하지 않았음. ② 구조문법(Gramática Estructural): ⓐ 구라파 구조주의 언어학은 구라파와 미국이 다 같이 1930년 조금 이전에 시작된 언어이론임. 이 구조주의 언어학의 창시자는 F. de Saussure(1857~1913)이며, 그는 언어를 체계로서 연구해야 하고, 개개의 사실을 단독으로 취급하지 않고, 전체로 보았다. 분류언어학이라고도 하고, 구조의 개념을 강조하여 구조언어학이라고도 함. ② 미국의 구조주의은 미국 예일대학에서 비롯한 분포주의(Distribución) 분석방법으로 유명한 이들, 즉 구조주의 학파는 Bloomfield에 의해 창시되었음. 특히, 문헌중심의 연구방법을 버리고, 아메리카 인디언(Indio de los Estados Unidos) 언어의 실천적 연구에서 출발하였음. 이들은 음성언어를 객관적으로 관찰기록하고, 엄밀하게 자연과학적 방법을 써서 언어를 분석하였음. 이론보다 Field Work를 존중했으며, 이는 사실을 객관적이고 체계적으로 분석, 기술하는 기술언어학(Lingüística Descriptiva)임.『구조문법의 특징』ⓐ 구조문법의 철학적 바탕은 경험주의임. ⓑ 문자언어보다 음성언어를 중시함. ⓒ 기본과제는 언어자료의 과학적 분석이다. 따라서 객관적·실증적 기계주의 의 성격을 띰. ⓓ 언어형식의 분류, 분석, 일반화 및 검증은 귀납적 절차를 밟음. ⓔ 언어의 변화를 타락으로 보지 않고, 오히려 변화성을 인정함으로써 보편성 을 무시했음. ⓕ 언어사용의 현장에 더 관심을 둠. ⓖ 언어의 위상(음운론, 형태론, 통사론)의 교차를 배제하였음. ⓗ 직접관찰 가능한 것을 중시하여 음운론에 관한 연구가 활발하였음. ⓘ 공시성과 통시성을 엄격히 구별하였으며, 공시성에 더 비중을 둠. ⓙ 언어의 표변구조의 연구에 중심을 두었음.

ⓚ 불규칙보다 규칙적인 것에 관심을 두었음. ⓛ 문법의 설명보다도 언어자체의 객관적 순수한 기술이었음. ⓜ 구조문법에 와서 비로소 인접과학과 독립하여 순수과학, 학문 문법(이론문법)으로 되었음. ⓝ 구조문법에서는 허구를 거부하고, 언어의 분포를 강조하였음. 그러나 언어의 의미(Significado)를 회피하였음. ③ 변형생성문법(Gramática Transformativa y Generativa)은 20세기 중기에 구조주의 단점을 극복하고, 새로운 언어이론이 탄생되었으니 이른바 노암 촘스키(Noam Chomsky)의 변형생성문법임. Chomsky는 실제로 언어활동을 지배하는 기저원리(Principio profundo)를 찾아, 자연언어 현상을 설명하려는 심성주의적(Mentalística) 언어이론으로 출발하였음. 구·구조문법(Gramática Estructural de Frase)에 변형(Transformación) 장치를 첨가함으로써 강력한 기술모형을 만들 수 있었음. 그러나 그렇게 강력한 Chomsky의 언어이론도 반증 등에 자극되어 몇 번의 수정을 거치게 되었음. 예) 표준이론(S·T이론) → 확대표준이론(E·S·T이론) → 수정확대표준이론(R·E·S·T이론) → G·B 이론. 『변형생성문법의 특징』 ⓐ 생성문법의 철학적 바탕은 합리주의(이성주의)임. ⓑ 음성언어에 더 관심을 둠. ⓒ 언어기술의 방법으로 엄격히 형식주의를 채택하였음. 수학적 모형택함. ⓓ 문법과제는 인간언어의 적절한 설명이 되어야 한다고 주장함. ⓔ 경험주의나 귀납주의를 버리고, 이성주의, 연역주의, 정신주의를 택함. ⓕ 이 문법의 최종적 과제는 보편문법을 세우는 일이라고 함. ⓖ 이 문법의 모형을 모든 인간에 선천적으로 나타나는 내재적 구조와 같아야 된다고 보았음. ⓗ 인간언어의 구조는 그의 인식조직의 일부를 보고, 이러한 맥락에서 인간언어의 창조성이 규명되어야 한다고 봄. ⓘ 인간언어를 심층구조(기저구조)와 표면구조로 나누어 보고, 심층구조를 더 중시하고 그것을 통해 변형이라는 장치를 도입하여 설명하려고 하였음. ⓙ 이 이론의 과제의 하나는 인지적 방법으로 인간의 언어습득 과정을 해명하는 일이라고 생각하였음. 즉 언어습득을 선천적 결정관(언어능력은 선천적임)을 따랐음. ⓚ 생성문법에서는 언어의 위상을 한꺼번에 통합적으로 설명하려고 했다. 즉 유기적 전체관에 서 있음. ⓛ 변형문법에서는 규칙이나 불규칙 모두에 관심을 두었음. ⓜ 언어기술의 대상은 핵심문법과 같은 인간의 언어능력(Competencia Lingüística)이지, 결코 언어수행은 아니라는 주장이었음. ⓝ 이 문법에서는 언어를 동적인 정신활동으로 보았음. 즉 훔볼트(Humboldt)의 언어관을 따랐음. ※ Chomsky 참조.

-terapia [어원] 「치료·요법·치료법(tratamiento)」의 의미. 예) hidro-*terapia* 물치료법. inmuno*terapia* 면역치료. quimio*terapia* 화학 제품에 의한 치료법.

Tercerilla [문학] 삼행 연구(三行聯句), 삼행시(三行詩).

Terciopersonal [문법] (동사가) 3인칭 단수로만 활용하는, 단인칭 동사의. 예) 날씨를 나타내는 동사는 3인칭 단수 형태만을 가지고 있음. Hace mucho viento 바람이 많이 분다. Está nublado 구름이 꼈다. Nieva un poco 눈이 조금 온다. Llueve a cántaros 억수로 비가 온다. Está lloviendo 비가 오고 있다. ※ Hace 참조.

Terminación [언어] 어미(語尾), 접미사(= sufijo). ※ Sufijo 참조.

Terminal [언어] 종단(終端). ① 우리가 '종단'이라 부르는 기호는 통사적 분석에 따라서 음운적 류(또는 어휘적 류, 즉 명사, 동사, 형용사 등)를 나타냄. 그 음운적 류는 파생의 마지막 계층에 속함. ② 분류학 순서에서 분류학적 낮은 계층에 속한 이러한 어휘를 '종단'이라 부름. 게다가 연구 중에는 자연 언어로 인식했음.

Terminativo [문법] (접미사 등이) 방향[끝]을 기리 키는. 동사 행위의 끝남을 표현하는 상태를 언급하는 경우에 사용됨. Roca Pons는 행위의 끝남과 그 상태로부터 시작하는 것을 표현하는 구조를 정의하기 위해 Ter-minativo - ingresivo라는 어휘를 제시했음. 예) De golpe quedó atontado 갑자기 그는 얼이 빠졌다.

Terminativo-ingresivo [문법] 종결시동상. ※ Ingresivo; Terminativo 참조.

Término [언어] ① 말, 단어, 표현. ② 용어; 술어. ③ [문법] 항(項), 사항(辭項). 예) Términos de la proposición 절(節)의 항들. ④ [논리] 항(項).

Terminología 전문 용어, 술어.

Terminológico 전문 용어(와 그 사용에) 관한.

Términos señaldos [언어] 술어 명사; 빈사(賓辭). 표준형식의 단언명제(proposición categorial)에서 연계사(cópula)와 그 명제의 끝 사이의 표현을 말함. ※ Proposición categorial; Cópula 참조.

Terminología [언어] 용어학. ① 특정한 학문 분야 또는 주제에서 나오는 특별한 어휘 항목을 말함. 예를 들어, 절, 접속사 그리고 동사 등등의 용어. ② 한 언어에 있어서 개념에 대한 어휘 항목의 발달 또는 선택을 말함. 용어학은 흔히 언어 계획의 한 분야인데, 언어들이 각각의 목적에 따라 채택되고 있고 발달되고 있을 때, 예를 들면, 국가 언어가 발달되고 있을 때에, 새로운 용어들이 과학적 또는 공학적 개념을 위해 필요하기 때문임.

Termo- [어원] 「열, 보온, 가열」의 뜻. 예) *termo*elasticidad 열탄성(熱彈性). *termo*terapia 열(熱) 치료요법.

Terso ① (문체·말이) 세련된, 유려한. ② 맑은, 투명한. ② 매끄러운, 윤기가 있는.

Tesina 석사 논문, 석사 졸업 논문.

Tesis ① 학위 논문, 박사 논문. ② [철학·논리] (논증되어야 할) 명제(命題), 정립(定立). ③ [음악] 센박, 하박(下拍).

Tesis de Praga [언어] 프라하 학파 이론. 구조언어학. □ 구조언어학의 탄생지점에 있는 사람으로 흔히 꼽히는 사람은 스위스의 언어학자 페르디낭 드 소쉬르와 프라하 학파의 야콥슨과 트루베츠코이 등임. 1915년, 바이이와 세쉬에는 제네바대학에서 행한 소쉬르의 '일반언어학 강의'의 노트들을 정리해서 '일반언어학 강의'라는 제목의 책을 펴냈음. 강의를 직접 듣지 않았을 뿐 아니라, 자기 나름대로 편집해서 후일 많은 비난을 받았지만, 어쨌든 이 책은 이후 구조언어학의 태동에 결정적인 영향을 끼쳤고, 구조주의자들의 필독서가 되었음. 다른 한편 구조언어학의 직접적 창시자인 야콥슨과 트루베츠코이는, 한때 문학작품이 다루는 내용보다는 문체나 언어적 표현 등에 주목했던, '러시아 형식주의'에 속했던 러시아인임. 체코슬로바키아로 이주한 그들은 다른 체코슬로바키아 언어학자들과 함께 프라하 언어학회를 결성하는데, 이들이 후일 '프라하 학파'라고 불림. 그리고 이 학파가 구조언어학의 본산지가 됨. ※ Trubezkoy 참조.

Tetra- [어원] 「4, 넷(cuatro)」의 뜻. 예) *tetra*sílabo 네 음절어. *tetrá*podo 네 발 짐승.

Tetragrámaton [언어] ① 네 문자로 구성된 말. ② 네 문자로 나타내는 신의 이름.

Tetrasílabo [언어] 네(4) 음절어. 4개의 음절로 구성된 어휘. 예) manipular (손으로) 다루다.

Tetrástrofo [문학] 네 연(連) 네 행(行)으로 구성된 (시법).

Textema [언어] 텍스트 소(素). 텍스트 언어학에서 조음으로 실현되지 않은 심적 표현의 언어학적 코드화한 결과를 일컬음. ② 이미크적 텍스트(언어 현상 등의 분석 기술에 있어서 기능면을 중시하는 관점을 일컬음).

Texto [언어] 텍스트. 텍스트의 기능이란, 문장들 간의 관계에서 생겨나는 것이 아니라, 문장들의 내적 구성과 그 의미뿐만 아니라 그들이 의사소통 상황에서 전달할 수 있는 정보 및 그 정보와 해당하는 담화 맥락의 관계로부터 생기는 것임. □ 텍스트의 변별적 특성: ⓐ 텍스트는 통화의 과정인데 반해, 문장은 문법의 단위임. ⓑ 텍스트가 동적인 과정인데 반해, 문장은 분류 표상의 정적인 단위임. ⓒ 텍스트는 총체적인 특성을 지니는 반면에, 문장은 분해 절차를 통해 분석될 수 있음.

Textul [언어] 본문의, 원문의; 축어적인.

Textualidad [언어] 텍스트성. 텍스트

성은 다음의 7가지를 모두 만족하는 통화성 발화체 (Ocurrencia comunicativa)임. ① 결속구조 (Cohecíón) ② 결속성 (Coherencia) ③ 의도성 (Intencionalidad) ④ 용인성 (Aceptualidad) ⑤ 정보성 (Informatividad) ⑥ 상황성 (Situacionalidad) ⑦ 상호텍스트성 (Intertextualidad)

Textura [언어] (문장의) 구성; (전체적인) 기조.

Ti [문법] [전치사격 인칭 대명사 2인칭 단수; con 다음에서는 contigo] 너, 자네, 당신. 예) para ti 너를 위해. A ti te quiero 나는 너를 사랑한다. ※ Pronombre 참조.

Tiempo [언어] ① 시제. 일반적으로 동사에 관련하여, '현실의' 곧 '자연의' 시간의 다양한 범주화를 나타내는 문법 범주를 시제라고 함. 가장 빈도가 높은 범주화는, 발화 생산시인 현재를 비현재(非現在)와 대립하여 범주화 시키는 것임. 후자는 발화시 이전의 '과거' 및 발화시 이후의 '미래'임. 이들 3시제는 '절대 시제(Tiempo absoluto)'임. 그러나 현재형은 비 과거형 및 비 미래형이기도 함. 그렇기 때문에 현재형은 시간을 초월한 진실을 나타내는 데 적합함. 과거형과 미래형은, 발화의 현재에 관계 지워서 만료(滿了)한 순간이라고 간주하기도, 또 같은 현재에 관계 지워서 시간의 경과 속에 있는 것으로 간주하기도 함. 시제의 범주는, 동사의 활용[굴절·접사]으로 표현되는 것이 많지만, 때로는 시간의 부사(Ayer; Mañana 등)로 표시되는 경우도 적지 않음. ② 템포. 음악이론에서 차용한 용어로서, 문장 전체적인 빠르기를 나타내는데 쓰임. ※ Tiempo absoluto 참조.

Tiempo absoluto [언어] 절대 시제. 그 자체 발화를 위해 언급으로써 차용한 동사 시제 형태. 다시 말해, 발화 행위의 상대적 시기를 정확하게 표현하기 위해서 다른 어떠한 도움도 필요하지 않은 시제를 일컬음. 예) 직설 현재(canto 노래한다), 직설 부정 과거(canté 노래했다), 직설법 현재완료(he cantado 노래를 했다[끝냈다]), 직설법 단순미래(cantaré 노래를 할 것이다), 2인칭 단수 명령(canta 노래해라).

Tiempo compuesto [언어] 복합시제; 완료시제. ※ Tiempos compuestos del indicativo; Tiempos compuestos del subjuntivo 참조.

Tiempos compuestos del indicativo [문법] 직설법 완료 시제. 직설법의 완료 시제로는 ① 현재 완료시제 (Haber 동사의 직설법 현재형 + 과거분사 남성단수), ② 과거 완료시제 (Haber 동사의 직설법 불완료 과거형 + 과거분사 남성단수), ③ 미래완료시제(Haber 동사의 직설법 단순미래형 + 과거분사 남성단수)가 있음. □ Haber의 시제별 형태:(현재, 과거, 미래 순서)

	단수	복수
1인칭	he había habré	hemos habíamos habremos
2인칭	has habías habrás	habéis habíais habréis
3인칭	ha había habrá	han habían habrán

Tiempos compuestos del subjuntivo [문법] 접속법 완료 시제. 접속법의 완료 시제로는 ① 현재 완료시제(Haber 동사의 접속법 현재형 + 과거분사 남성단수), ② 과거 완료시제(Haber 동사의 접속법 과거형 + 과거분사 남성단수), ③ 미래완료시제(Haber 동사의 접속법 미래형 + 과거분사 남성단수)가 있음. □ Haber의 시제별 형태:(현재, 과거, 미래 순서)

	단수	복수
1인칭	haya hubiera hubiere	hayamos hubiéramos hubiéremos
2인칭	hayas hubieras hubieres	hayáis hubierais hubiereis
3인칭	haya hubiera hubiere	hayan hubieran hubieren

Tiempo crónico [언어] 연대기적 시간, 역사적인 연속성을 보여주기 위해 언급으로써 나타낸 동사시제가 아닌 시간적 표현 형태. 예) El nacimiento de Cristo 예수님의 탄생.

Tiempo cronológico [언어] 연대기적 시간. ※ Tiempo crónico 참조.

Tiempo psicológico [언어] 심리적 시간. 화자가 심리적으로 미래나 과거의 일을 동사의 시제와 상관없이 그의 필요에 따라 시제를 나타내는, 즉 화자의 의도로는 현실감이나 곧 실현될 듯한 뉘앙스를 가지고 시제를 사용하는 것을 일컬음. 예) El año que viene, voy a Roma 내년에 난 로마에 간다; El gótico aparece en el siglo XII 고딕형식은 12세기에 나타난다.

Tiempo relativo [언어] 상대적 시제. 그 발화의 시제가 발화 순간으로서 사용되지 않는 시제의 형태. 다시 말해, 발화 행위의 상대적 시기를 정확하게 표현하기 위해서 문맥의 표현이나 다른 동사의 언급되는 것을 일컬음. 예) 직설법 불완료 과거(cantaba 노래를 했었다), 직설법 직전과거(hube cantado 방금 전에 노래했다), 직설법 과거 완료(había cantado 노래를 했었다[끝냈었다]), 직설법 미래완료(habré cantado 노래를 부를 것이다[끝낼 것이다]).

Tiempo simple [언어] 단순시제. 단 하나의 형태로만 동사의 시제를 표현하는 시제 형태. 예) canta 노래한다; cantaron 노래했다; cantarán 노래할 것이다,... 등등.

Tiempo verbal [언어·문법] 동사의 시제. 스페인어 동사의 시제는 현재, 과거, 미래로 크게 나뉘는데, 과거를 부정과거와 불 완료과거로 나누는 것이 다른 언어와의 차이임. 과거에는 직전과거를 사용했으나 현대 스페인어에서는 직전과거를 부정과거로 대체해서 사용하는 것이 일반적인 추세임. 이외에 직설법과 접속법으로 나뉘어 현재, 과거, 미래의 시제를 모두 표현하고 있음. ■ 각각 시제별 용법과 동사변화를 다음의 용어에서 참조: (Presente de indicativo 직설법 현재, futuro imperfecto 불완료 미래, futuro perfecto 미래완료, Potencial de indicativo 직설법 가능, Pretérito perfecto 현재 완료, Pretérito pluscuamperfecto 과거완료, Pretérito indefinido 부정과거, Pretérito imperfecto 불완료 과거, Pretérito anterior 직전과거, Presente de subjuntivo 접속법 현재, Pretérito imperfecto de subjuntivo 접속법(불완료) 과거, Pretérito perfecto de subjuntivo 접속법 현재 완료, Pretérito pluscuamperfecto de subjuntivo 접속법 과거 완료, Futuro de subjuntivo 접속법 미래, Futuro perfecto de subjuntivo 접속법 미래 완료)

Tilde [문법] 파형 부호(~). 강세 부호(´).

Tierras altas [언어] 고지대. 중남미 스페인어는 아메리카 대륙의 정복과 식민지화가 진행되기 시작한 이래 스페인 중·북부 지역에서 사용되는 까스띠야 스페인어와는 다른 독자적인 발전을 하게 됨. 이는 아메리카 대륙의 식민화가 안정기에 접어든 1600년대 이후부터는 안달루시아어의 음성학적 특징들이 콜롬비아와 베네수엘라의 해안가, 산 후안, 산또 도밍고, 파나마 등과 같은 아메리카 대륙의 저지대(Tierras bajas)에만 전해졌으며, 반면 멕시코 시티, 보고타, 끼또 등을 중심으로 한 고지대(Tierras altas)에서 사용되던 스페인어는 이의 영향을 받지 않았음. 고지대 스페인어가 모든 자음들을 정확하게 보수적으로 발음하는 강자음 체계를 특징으로 하는 반면, 저지대 스페인어는 자음을 생략하거나 음가를 바꾸어 발음하는 약자음 체제의 특성을 가지고 있음.

Tierras bajas [언어] 저지대. 저지대 스페인어가 중남미적 스페인어의 특징으로 알려져 있음. ※ Tierras altas 참조.

Timbre [언어] 음색. 음색은 소리에 있어서 배음들의 총합과, 음이 생성되는 장소의 공명(구멍)의 크기와 공기 양에 달려 있는 총합의 결과임.

Timbre vocal [언어] 모음의 음색((B. Hála의 용어)). ※ Timbre vocálico 참조.

Timbre vocálico [언어] 모음의 음색. 체코의 음성을 연구하는 언어학자인 보우슬라브 할라(Bohuslav Hála)의 용어학에서 모음 음색(Timbre vocal)에 반대하여, 한 언어의 소리의 대체 음운적 자질을 총제적인 것을 일컬음.

Tipo 유형. 사물의 추상적이고 일반적인 범주.

Tipo/ Token [언어] 유형-구현 (비율). 어휘 조밀도의 또 다른 용어.

Tipo de Verbo [언어] 동사의 형태(形態). 스페인어 동사는 어미가 -ar, -er, -ir로 끝나는 3가지 형태만이 존재함. 단, 동사의 각 형태마다, 규칙동사 변화와 불규칙동사변화가 있음. □ 규칙동사변화 : 가장 많은 비율의 동사가 규칙동사로 이루어져 있음. ※ Cambio del verbo 참조.

Tipografía 활판 인쇄; 활판 인쇄소.

Tipología [언어] 유형학(類型學). 언어를 유형으로 분류하는 것을 말함. 예를 들어, 언어가 성조 언어인가 또는 가장 전형적인 통사론적인 구조인가에 따라 언어를 구별할 수 있음. 또는 그 언어가 어순 즉, 『주어 + 동사 + 목적어』 순서인지, 아니면 『주어 + 목적어 + 동사』 인지와 같은 방법으로 구별하는 방법이 있음.

Tipología universal [언어] 유형적 보편소. 이 용어는 대부분의 언어나 모든 언어에 공통적인 자질들을 식별하기 위하여 자연 언어의 대표적인 표본을 조사함으로써 식별됨. 유형적 보편소는 모든 언어에서 다 나타나듯이 절대적일 수도 있고 많은 수의언어에 나타나지만 모든 언어에서 다 나타나는 것이 아닌 경향적인 성격을 띠는 경우도 있고 어떤 자질의 존재가 다른 자질의 존재를 함축하는 함축적인 성격을 띠는 경우도 있음.

Tiraje [인쇄] 인쇄 부수.

Titular [인쇄] 표제어용 대문자. □ ((형용사로 사용되는 경우)) ① 제목[표제]의. 예) Letra titular 표제어용 대문자. ② 전임[본직]의. ③ 직함[자격]이 있는.

Titulillo [인쇄] (페이지마다 맨 위에 있는) 난외의 표제어. ((장·절의 제목 등))

Título ① 제명(題名), 표제. ② 자격. ③ 칭호, 작위. ④ 귀족. ⑤ (재산에 관한) 증서, 인가증, 인가서.

Tmesis [언어] 분치(分置). 합성어 분리법. 통상 한 단어로 쓰이는 합성어의 중간에 다른 단어를 삽입함.

Todavía [문법] ① 아직, 지금까지. 예) *Todavía* estoy leyendo El Quijote 나는 아직도 돈 끼호떼를 읽고 있다. *Todavía* no he cenado 나는 아직 저녁밥을 먹지 않았다. ② 그래도. 예) Es muy ingrato, pero *todavía* quiero hacerle bien 그는 아주 배은망덕한 사람이지만 그래도 나는 그에게 잘 하고 싶다. ③ [비교어와 함께 강조적으로] 한층, 더욱, 훨씬 더. 예) María es *todavía* más hermosa que su hermana 마리아는 언니보다 훨씬 더 아름답다. ※ Advervio 참조.

Todo [문법] ((형용사로 사용되는 경우)) ① [+ 정관사·소유 형용사·지시 형용사 + 명사] 모든, 온갖, 온 …, 전(全)…, …마다. 예) todo el cuerpo 온몸. toda mi vida 내 전생애. todos los pasajeros 모든 승객. todos los años 매년, 해마다. ② [명사 뒤에서 강조로] 숫제, 전체로의. 예) Este pescado todo es espinas 이 생선은 숫제 뼈뿐이다. ③ [+ 부정 관사 + 명사] 완전한. 예) toda una novela 완전한 한 편의 소설. ④ [+ 관사 없는 단수 명사] 어느 것이나. 예) todo hombre 남자는 누구나. ⑤ [+ 관사 없는 복수 명사] 모든. 예) de todos modos 무슨 수를 써서라도. por todas partes 사방으로. ⑥ [+ 추상 명사] 전(全) …, 온…. 예) a todo correr 전속력으로 (달려). ⑦ [지명과 함께하여 그 주민 전체를 뜻함; 여성 명사 앞이라도 todo를 쓰는 경우가 있음] 전 주민. 예) todo Madrid 마드리드의 전 시민. ⑧ [+ lo] 모든 것[일]. 예) olvidar lo todo 모든 것을 잊다. todo lo que tengo 내가 가지고 있는 모든 것. □ ((대명사로 사용되는 경우)) ① [단수형은 관사 없이] 모든 것[일]; 모두, 전부. 예) *Todo* va bien 만사가 잘 되어 가고 있다. Esto es todo 이것으로 전부이다. ¿Cuánto es todo? 전부 얼마입니까? *Todo* es posible (뭐든지 요구해라) 제한은 없어, (벌려고 하면) 얼마든지 벌 수 있어, 얼마든지 걸어도 좋다 ((내기에서)). ② ((복수형으로 사용)) 모든 사람, 모두. 예) *Todos* han llegado a tiempo 모두가 제시간에 도착했다. □ ((남성 명사형 단수로만 사용)) 전체, 일체. 예) El todo es mayor que sus partes 전체는 그 일부보다 크다. □ ((부사로 사용되는 경우)) 완전히. 예) ser todo algodón 순면(純綿)이다. Siga todo derecho 곧장 가십시오.

Token [언어] 토큰. 명목(名目). 특정 단어나 문장이 실제로 쓰이는 횟수. 정관사인 el(la; los/las)이 어느 책 한 페이지에 20회 쓰이고 있다면, 그 페이지에서 정관사의 token은 20회임. 빈도 수를 token 단위로 세는 경우. 이를 '텍스트 빈도 수'라고 부르는 경우가 있음.

Toledo, la norma de 똘레도의 규칙 (기준). 알폰소 10세(Alfonso X el Sabio)는 문화와 언어 발전에 기여한 왕인데, 그의 재위기간에 문화의 중심이 똘레도(Toledo)였다는 사실에 언어 발전과 연구의 계기를 엿볼 수 있음. 왕이 언어와 문화 장려 정책을 펴나감으로 해서 다양한 출신, 다양한 수준의 많은 저자들이 언어 경향도 통일하지 못하고 제 각각인 경우가 많았음. 이러한 언어 체계의 필요성을 가지게 된 후, 교양어와 대중어가 적절하게 균형 잡도록 하며 나온 책이 'Castellano derecho 올바른 까스띠야어'임. 지역적으로 기존 언어의 방사 중심이던 Burgos 체계를 기초로, 당시 궁정이 있는 Toledo의 말투를 가미한 것임. 14세기까지는 Burgos 인들은 경멸적인 의미로 Toledo 말투를 '새로운 Castilla 어(castellano nuevo)'라고 놀렸으나, '올바른 까스띠야어'의 정립으로 이러한 지역성은 사라져갔음. 그러다가 1492년 Nebrija에 의해 통일된 문법서로 '통합'의 결실을 맺게됨. ※ Alfonso X el Sabio; Castellano derecho 참조.

Toma de palabra [언어] (담화를 시작하기 위한) 단어의 선택. 다른 화자의 담화 이후의 휴지(침묵) 뒤에, 말을 꺼내기 위해 화자가 단어의 선택을 하는 행위.

Tonal [언어] ① 성조(聲調)의, 조성(調聲)의. ② 음조(音調)에 관한.

Tonalidad ① [언어] 음색(音色). 음질(音質). ② 인토네이션. 성조. ③ [음악] 조성(調性).

Tonema [언어] 음성 음조소(音調素), 토님. 구말고저(句末高低). [보통 동일한 음조로 취급되는 일단(一團)의 유사한 음조. ※ Fonema 참조.

Tónico ① [언어] (음성학) 강세를 가진. (언어) 강세의; 음조(音調)의. 예) Sílabo tónico 강 음절. Vocal tónica 강 모음. ② ② [음악] (특히) 주음(主音)의; 음조(音調)의.

Tonillo ① (누구의·특이한) 말투, 말씨. ② 단조로운 가락.

Tono [언어] 성조(聲調). 첫 배음(primer armónico), 기초 배음(armónico fundamental), 혹은 기초 성조(tono fundamental)라 불리는 성조는 시간 단위당 성대의 정확한 진동의 수의 결과임. 빈도 또는 성조(聲調)의 변화는 스페인어에 있어서 어조와 목소리의 다양한 음률에 반영되어 지는 것들임. □ 음향학에서 tono(성조)란 주기적인 진동 가운데의 일정한 음악적 소리를 말함. 모음들은 성조인데 반해, 자음들은 소음, 즉 비 주기적 진동에서의 비음악적인 소리들임. □ 언어학에서 성조(tono)란 용어는 때때로 entonación(억양)과 동의어로 사용되나, 점점 그 사용빈도가 줄고 있음. ※ Entonación 참조.

Tonodistintivo [언어] 성조 언어의 특성 자질. 성조(聲調)의 음절의 적절성과 연관이 있음.

Topicalización [문학] 화제화(話題化), 주제화.

Tópico ① [언어] 화제, 주제. ② [철학] 변증론. ③ [수사학] 상투적 표현·주장의 분류에 대한 일반 이론.

Topología ① 지세학(地勢學). ② [수학] 위상(位相) 기하학; 위상.

Toponimia [언어] 지명학(地名學). 지역의 고유 명사들을 연구하는 언어학의 분야. 형세.

Toponomástica [언어] 지명학의.

Topónimo [언어] 지명학(地名學). 지역의 고유 명사들을 연구하는 언어학의 한 분야.

-tor, ra [어원] ① 「[품질 형용사화] …하는」의 뜻. 예) conduc*tor* 유도하는. seduc*tor* 유혹하는. ② 「[명사화] …하는 사람」의 뜻. 예) lec*tor* 독자. escri*tor* 작가.

Total [언어] 동사만으로 의문문을 표현하는 과정을 일컬어 '(Interrogación) Total'이라고 함. 예) (의문을 할 때) ¿Vendrá? 오겠어요? ((이 의문은 '누가', '어떻게', '왜' 오는지에 대한 관심을 가지고 있지 않으며, 이는 '오는 행위' 자체에만 관심을 가지고 있는 경우를 일컬음)) ※ Interrogación 참조.

Trabado [언어] 폐음절(閉音節)의 모음. 자음으로 끝나는 음절에 속해 있는 모음. 예) c*e*sto의 /e/. 단, /o/ 음소는 폐음절 모음이 아니라 개음절(開音節) 모음(vocal libre)임. ※ Vocal libre 참조.

Trabalenguas [언어] 발음하기 어려운 말; 같거나 까다로운 발음이 반복되는 어려운 말들을 빨리 하는 말.

Tracto vocal [언어] 음성 통로; 음대(音路). 성대로부터 입 바깥쪽까지 음성이 발현될 때, 공기의 흐름이 지나가는 공간.

Traducción [언어] 번역. 목표 언어를 다른 (대상)언어로 옮기기 위해 코드화시켰다가, 다시 대상언어에서 코드를 풀어내는 작업.

Traducción automática 자동 번역. 컴퓨터를 통해서 이루어지는 자동 번역 시스템을 일컬음. 예) http://babel.altavista.com 등의 인터넷 사이트에서 실행되고 있음(실용성에 대한 것은 아직 초보단계에 머물러 있음).

Traducción libre [언어] 의역(意譯), 자유 번역. 원문(목표언어)의 원래 의미를 망가뜨리지 않고, 대상언어로의 번역에 있어서 최대한의 자연스러움을 나타내기 위해 사용하는 언어 번역을 일컬음. 예) Las paredes oyen 낮 말은 새가 듣고 밤 말은 쥐가 듣는다.

Traducción literal [언어] 직역(直譯), 문자대 문자의 번역. 원문의 어휘의 의미에 최대한 충실하게 해석하는 것을 일컬음.

Traducción mecánica [언어] 자동번역. ※ Traducción automática 참조.

Traducir ① 번역·통역하다. 예) Ella traduce este texto del francés al coreano 그녀는 이 텍스트를 프랑스어에서 한국어로 번역한다. ② 표현하다. 예) Traduzco sus sentimientos con frases conmovedoras 난 그의 심정을 감동적인 어구들로 표현한다.

Tragicomedia [문학] 비희극(悲喜劇). 전통적 비극과 희극의 주제와 형식을 혼합한 형식.

Trans- [어원] ① 「저쪽에, 다른 쪽에 (al otro lado)·무엇을 넘어(a través de)」의 뜻. 예) *trans*alpino 알프스산맥 저쪽의. *trans*pirenaico 피레네산맥 너머의. ② tras-로 바뀔 수도 있음. 예) *trans*lúcido → *tras*lúcido, *trans*cedental → *tras*cendental.

Trascendencia [언어] 초월(超越). 청자의 견지에서 초월의 상태는 송(발)화자의 바로 그것에서 그것의 참여에 관계함. 이야기책에서 송(발)화자는 초월적 전체에 수립됨으로써 유치가 결정되고, 주어로써의 송(발)화자의 그것에 반하여 내재적 보편에 속하고 있음. 같이 표시되고 주어진 송(발)화자-수신자 관계의 부조화에 의해서 의의(意義)의 대상을 전달은 그들 사이에 더 이상 의의의 체계에 닫혀진 원리에 따르지 않음. 하지만 관여하는 원리에 따름.

Trascendente [언어·정보] 외재적인 ((언어 외의 데이터에 기초한)).

Transcripción [언어] ① 옮겨 씀, 전사, 등사. ② (다른 나라 문자로) 고쳐 씀, 바꾸어 씀, 의역. ③ [음악] 편곡.

Transcripción ancha [언어] 변이음 음성기호 전사; 음성학적 전사. 일반적으로 어휘의 실제적 발성이 정확하게 될 때, 나타나는 음운의 변이형태를 음성 기호로 나타내는 것을 일컬음. 예) Feliz encuentro → [felíe eŋ kwéntro].

Transcripción estrecha [언어] 음성 기호 전사. 개인이 발화하는 발음을 최대한 정확히 각각의 특별한 형태를 모두 나타내기 위해 수행되는 음성학적 전사를 일컬음.

Transcripción fonética [언어] 음성 전사. 음성 기호 전사. 발현되는 발화를 음성기호로 꺾쇠괄호(Corchete: [ ]) 사이에 전사하는 것을 일컬음. ※ Transcripción ancha 참조.

Transcripción fonológica [언어] 음소 전사. 음운 기호 전사. 발현되는 발화를 음운적으로 비스듬한 바(Barras oblicuas: / /) 사이에 전사하는 것을 일컬음. 예) Feliz encuentro → /felíe eNkuénNtRo/.

Transcriptor ① 전사자(轉寫者). ② 의역자(意譯者). ③ 편곡자. □ ((형용사로 사용되는 경우)) ① 옮겨 쓰는, 등사하는. ② (다른 나라 문자로) 바꾸어 쓰는, 의역하는. ③ [음악] 편곡하는.

Transferencia [언어] 번역과정. 은유법이나 과장법과 같은 표현에서 의미를 찾아 낼때, 겪는 과정을 일컬음. 예) 라틴어의 Exitus는 'salida, desenlace'로 사용되나, 현대 스페인어에서는 Éxito가 'desenlace feliz'로 사용됨.

Transferente [언어] (주절에서 소개된) 종속절. 번역 요소로서, 즉 간접화법 형태로서 주절에 의해 주어나 목적어의 일치, 동사의 성, 수 일치, 부사의 일치를 시켜 나타낸 종속절을 일컬음((Lucien Tenière 용어)). 예) Eva aseguró **que nunca se casaría** 에바는 **결코 결혼하지 않을 것**이라 확신했다.

Transferibilidad [언어] 해독 가능성; 양도 가능성. 자연 언어의 일반적인 자질[특징]. 발화된 말들이 그 정체성을 잃지 않은 상태로, 의사전달의 방식을 변형할 수 있고, 그 특정 언어의 기호화로 변형하는 것과는 상관없이, 의미 전달이 가능한 자연스러운 기호적인 필요한 상태로의 변화를 일컬음.

Transfonologización [언어] 재(再)음운화.

Transformación [언어] 변형(變形). 변환이라고도 하며, Harris의 언어 이론 및 Chomsky에 의해 창시된 생성문법 이론에서 가장 중요한 개념의 하나로, 문장과 문장의 구조상의 관련성 및 기타 통사론적 특성을 기술하기 위해서는 불가결한 것임. 추상적 기본 구조와 구조 변화의 조작을 언어 전반에 걸쳐서 찾아내고 가능한 한 엄밀한 정의를 한다면, 그 언어에서의 문장과 문장의 구조적 관련성에 대한 엄밀한 기술이 가능해짐. 이와 같이 엄밀히 정의된 구조 변화의 조작을 변형이라고 하고, 이를 규칙 형식으로 정식화한 것을 변형규칙이라 함. ※ Chomsky 참조.

Transformacional [언어] 변형적(變形的)[관계]. 본래 Harris의 용어임. 두 개의 다른 구문이 있을 때, 그들이 같은 수의 같은 요소가 같은 순서로 배열될 경우, 예를 들면, 《John loves Mary》와 《John's loving Mary》는 모두 명사-동사-명사로 이루어 졌다는 점에서 두 개는 각각 서로의 변형체이며 변형관계에 있게 됨. 오늘날 생성문법이론에서는 표면상 전혀 다른 두 개 이상의 문장에 대해서 의미상의 동일성을 기본으로 하여 서로 관계 지우는 경우에 쓰이는 개념임.

Transformacionalismo [언어] 변형생성 주의. 최신의 언어학 이론으로서, 블룸필드(Leonardo Boomfield) 이후에 나온 언어학 이론. 문법은 통사론과 형태론에서 나타나며, 그 문법 내용은 언어적 배치와 문장구조 내부에서 연구가 됨. 이는 언어학의 전통적인 방법인 굴절[어미변화]과 파생을 이해하는데, 도움을 줌. ※ Transformación 참조.

Transformacionalista [언어] 변형(생성) 언어학자.

Transformativismo [언어] 변형생성 주의. ※ Transformacionalismo 참조.

Transformativo [언어] 변형규칙(變形規則). Chomky(1965). 심층구조를 표면구조에서 사상(寫像, 베끼기)하기 위해 사용되는 변형부에 포함되는 규칙임. 각 규칙에는 구조기술과 구조변화 및 때로는 그 적용조건이 있음. 변형규칙에는 의무적(obligatorio)으로 적용되는 것과 수의적(opcional)으로 적용되는 두 가지가 있는데, 이것도 또한 규칙으로 나타남. 또 변형 규칙은 변형순환의 원리에 입각하여, 순환적인 것과 비 순환적인 것으로 나눌 수 있는데, 후자는 또한 순환 전(前)적으로 적용되는 것과 순환 후(後)적으로 적용되는 것으로 세분됨.

Transformatorio [언어] 변형규칙(變形規則). Chomky(1965). ※ Transformativo 참조.

Transfrástico [언어] 문장차원 이상의.

Transición 전이(轉移), 천이. 추이(推移).

Transitividad [언어] (동사의) 타동성. ① 타동사가 되는 상태를 말함. 이런 의미에서 《Ellos **ven** el accidente. 그들이 사고를 목격했다》 문장에서 ven은 타동사가 되는 것임. ② 체계문법에 있어 문장에서 대표될 수 있는 3가지 주요한 과정 속에서의 선택을 말함. ⑴ 《Sancho corta la cebolla 산초가 양파를 자른다》와 같은 '신체적' 또는 '물질적'인 과정. ⑵ 《Elena vio el árbol 엘레나는 나무를 봤다》에서처럼 '정신적'인 과정. ⑶ 《Este puto de vista es magnífico 이 관점은 놀랍다》에서처럼 '관계적'인 과정. 이 앞의 3가지 경우와 연관된 것을 보면, ⒜ 참가자의 선택: 참가자는 그 과정에 포함된 사람이거나 일임. 예를 들면 Sancho, Cebolla, Elena, Árbol임. ⒝ 환경의 선택: 예를 보자면,

Elena vio el árbol ayer(어제) / en el jardín(정원에서) / por casualidad(우연히). ※ Verbos transitivos e intransitivos 참조.

Transitivo [언어] 이행적(移行的) (관계). R이 관계를 나타낸다고 할 때, aRb이고 bRc이면, aRc가 성립하는 관계 R을 말함.

Transitivos, Verbos [문법] 행동을 표현하고 이 행동이 다른 사물이나 사람에 직접적인 영향을 미치는 것. 예) Yo estudio español en la universidad. 나는 대학에서 스페인어를 공부한다. ※ Transitividad 참조.

Transiteración [언어] 자역(字譯). 어떤 언어의 문자나 그 문자로 쓰여져 있는 말을 그와 다른 계통의 언어의 문자나 또는 자모(字母)로 써서 기록하는 것. 전사(轉寫, Transcripción)와 구별하기 어려운데, 전사는 음성적 자료와 1대 1의 관계에서 기록하는 것에 한하고, 자역(字譯)은 항상 A 언어의 문자 및 자모(字母)와 B언어의 문자로 나타나는 음은 서로 비슷하다고 전제됨.

Translación [언어] ① 품사전환. ② 전이(轉移). ((Tesnière의 구조주의 통사론 용어)) 한 낱말이 전이 요소의 도움을 받아 원래의 문법 범주와는 다른 문법 범주로 사용되는 것을 말함. 예) Bueno 좋은[형용사] → **Lo bueno** 선(善)[명사]. 앞의 예에서 Lo는 형용사를 명사로 문법 범주를 바

꾸어주는 전이요소가 됨.

Transliteración [언어] (다른 나라 문자로) 바꾸어 씀, 고쳐 씀, 자역(字驛), 음역(音譯). (정서법 체계 내에서의) 전사(轉寫). 다른 언어 형태에 있어서, 가장 적합한 형태로의 전사(轉寫)하는 것을 일컬어 나타내는 말. 예) (그리스어) Ϝνώμη(판단) → (스페인어로 음역) gnóme.

Transmisioción cultural 문화의 전달.

Transoracional [언어] 문장차원 이상의.

Transparencia [심리·문학] 감정 전이. 이전의 관계에서 생겨난 감정들이 새로운 관계로 옮겨지는 것을 말함. 즉, 어릴 때 어떤 사람에게 품었던 무의식적 감정이, 나중에 다른 사람에게 재연되는 것을 말함.

Transposición [언어] 품사 전환. ※ Traslación 참조.

Transpositor [언어] 품사전환 요소; 전이요소. 품사전환을 나타내기 위한 요소. 예) Mayor 나이 많은(형용사) → <u>la</u> mayor 연장자(명사).

Trasformación [언어] 변형(생성). 변이. 변환. 문장의 심층구조에서 표면구조에 이르게 하는 환치·삭제·첨가·이동·대체 따위의 조작의 총칭.

Trasformacional [언어] 변형(생성) 문법의.

Trasformacionalista [언어] 변형(생성) 문법 학자. ※ Chomsky 참조.

Trasformación de afijo [언어] 접사 변형.

Traslación [언어·문법] ① 품사 전환. 예) joven 젊은(형용사) → un joven 젊은이(명사). ② 전치(轉置). 치환(置換); 시제의 전용. ※ Translación 참조.

Traslado 전이, 변이.

Traslativo [언어] 전이(轉移)적, 전치(轉置)적. ※ Translación 참조.

Trasposición [언어] ① 전치(轉置). 치환(置換). ② 품사전환(= Transposición). ※ Transposición; Translación 참조.

Tri- [어원] 「셋(tres)」의 뜻. 예) *tri*motor 세발 비행기. *tri*sílabo 세 음절어.

Trial y error [교육] 시행착오 (학습). 어떤 자극에 대해 바라는 결과를 얻을 때까지 계속 여러 반응을 내놓아 그 중 한 반응이 결과를 가져오면 그 반응이 반복되는 학습과정을 말함. Thorndike는 시행착오는 모든 학습의 기본이라고 주장했지만, Tolmen의 잠재 학습이론은 이런 주장에 의문을 제기함.

Triangular [언어] (모음 3각도를 나타내는) 3각형의. 모음 3각도는 소리의 조음점의 위치와 높·낮이, 그리고 소리의 정도를 나타내주는 구조도(構造圖)임. ■ 다음은 스페인어의 모음 삼각도.

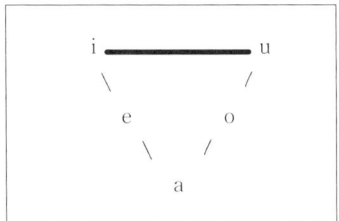

※ Vocal triangualr 참조.

Triángulos de vocal [언어] 모음 삼각도. ※ Vocal triangular 참조.

Tribo- [어원] 「마찰(frote)」의 뜻. 예) *tribó*metro 마찰계.

Triformántico [언어] 3단계 형성의. (복합어를 구성하는) 어휘 형성소(Formante)를 나타낼 때, 언어의 어떤 소리들의 청각적 자질들은 3단계 형성 구조(Estructura triformántica)에 의해 성격이 결정됨. 자음과 비음이 되는 모음은 첫 번째 형성 단계인 인두부분(Formante de faringe)과 두 번째 형성 단계인 구강부분(Formante bucal) 사이에 위치해 세 번째 형성단계가 됨. 세 번째 형성단계로 위치하게되는 고 모음(/i/, /u/)은 더 높은 위치에서 발성됨. ※ Formante 참조.

Trilítero 세 문자의.

Trigrama 세 글자 단어. 머리 글자 셋으로 된 약어.

Triptogos [언어] 삼중모음. 한 음절 속에 3개의 모음이 나타날 때. 삼중모음이라 한다. 가장 열린 모음이 음절의 중심이 된다. 따라서 형태는 '반자음 + 모음 + 반모음'으로 나타남. 예) iai, uei, iei, uai [presenciéis, despreciáis, Uruguay...]

Trisílaba [언어] 삼음절(三音節). 예) preferir, colega.

Trivial 비속(卑俗)한.

Trivialismo [문학] 쇄말주의(瑣末主義). 현실의 본질적인 것을 추구하기보다도 일상 생활의 자질구레한 일을 세부에 걸쳐 자세하게 묘사하는 태도를 가리킴. 자연주의 문학이 실생활을 있는 그대로 묘사하려 하여 평범한 나열주의에 빠진데서 생긴 말. 일반적으로 트리비얼리즘이라고 할 때는 의미 없는 세목 묘사가 많은 것을 가리킴.

Trocaico [문학] 강약격(强弱格). 운율법에서 표준음보 중에 하나로써, 하나의 강세 음절 다음에 하나의 무강세 음절이 오는 것을 일컬음.

Tropiezo silábico [언어] ① (발음상) 음절의 변화; (발음상) 음절 전환. 담화의 속도가 빨리 진행됨에 따라 어휘의 음절이 덧붙여지거나 또는 생략되어 발음되어, 나타나는 음절의 변화. ② 음절의 장해·혼란. 담화가 실현될 때, 과도한 말의 속도로 인해 소리나, 음절의 첨가나 생략과 같은 변화가 생기게 됨. 이로 인해 담화 속에서 혼란을 일으키게 되는 것을 일컬음. 예) casa 집 → *sasa; buenos días 좋은 아침(인사) → didías; desde hace dos días he observado 난 이틀 전부터 관찰해왔다. → desde días he observado.

Tropo [문학] 전의법(轉義法). 전의(轉義); 비유(比喩). ① 단어의 의미 그대로가 아닌 다른 의미를 사용하여 만들어낸 비유적 형태. ② 말의 수사(修辭). 비유(적 용법). 수사학에서 비유는 전통적으로 은유나 환유와 같이 사소한 수준에 위치하는 것을 뜻함.

Tropología [문학] 비유법. 비유적 어법[해석].

Troqueo ① [언어] 장-단 운율 리듬. '장-단'의 음절 순서에 의해 형성된 그리스·라틴어의 운율적 리듬 형식. ② [문학] 강약격 음보. 운문의 최소 운율을 측정하는 단위. 예) ―‿ 예) 《Y éran úna sómbra lárga》 (José Asunción Silba) ※ Ritmo de intensidad 참조.

Trova [문학] ① 시(詩). 프로방스 시인(Trovador)이 지어 불렀던 연가. ② 가사(歌詞).

Trovador, ra [문학] ① (중세에, 프랑스의 오크(OC) 말로 쓰고 노래했던 프로방스 시인. ② (즉흥적으로) 연애시를 노래하는 사람. ③ 시인(詩人). □ 여류 시인.

Trovar (만들어진 시를) 풍자적으로 비꼬아서 표현하다, 어조를 흉내내다. □ ((자동사로 사용될 경우)) ① 시를 짓다. ② 말로 얼버무려 버리다, 속임수를 쓰다.

Trubetzkoy [언어학자] 트루베츠코이. (1790~1860) 러시아 언어학자. 니주니노브고로트 출생. 1890년 러시아 명문가문에서 태어난 니콜라스 트루베츠코이는 조숙한 천재로 모스크바대학에서 언어학을 배운 뒤 소쉬르의 영향으로 언어의 기능적 측면을 야콥슨과 함께 연구했음. ※ Saussaure 참조.

Truncamiento [문학] 절제(切除). 단축법. (문장·작품의) 일부를 삭제하는 방법.

Tu [문법] [소유 형용사 2인칭 단수 단축형] 너의, 군의, 당신의. 예) *tu* libro 네 책. *tu* hija 네 딸. *tus* padres 네 부모님. *tus* amigos 네 친구들. ※ Posesivos 참조.

Tú [문법] [주격 인칭 대명사 2인칭 단수; usted과 달리, 가족·친구·손아랫사람 등에 사용함] 너, 자네, 당신. 예) *Tú* tienes muchos libros 너는 많은 책을 가지고 있다. Lo que *tú* me has dicho no es verdad 네가 나에게 말한 것은 사실이 아니다. ※ Pronombres; Pronombres personales nominativos 참조.

Turbo- [어원] 「터빈(turbina)」의 뜻. 예) turbocompresor 터보 압축기. *turbo*hélice 터보 프로펠러 엔진.

Turco [언어] 터키 어. 터키 말. 터키어는 알타이어족이라고 불리는 몽골어와 퉁구스어와 관련되어 있다고 보았음. 그러나 터키어와 알타이어족에 속하는 다른 언어들과의 연결에 관해서는 학자간에 이견(異見)이 많음. 추바시어나 야쿠트어처럼 아주 다른 언어를 제외하고 투르크어는 밀접한 상호유사성을 가지고 있음. 또한 몽골의 오르콘강과 러시아의 예니세이강 주변에서 발견된 8세기경의 비문에 적힌 초기 투르크어에서 거의 변하지 않았음. 일반적으로 터키어라고 하면 터키를 중심으로 하는 오스만리(Osmanlí)어(오스만투르크어라고도 함)를 가리킴. 터키어는 페르시아어·아랍어의 영향을 받아 어휘에 많은 변화가 있었으며 문자도 종래 사용하던 아랍글자를 최근 로마글자로 개정해 사용함. 그러나 터키어 전체를 통하여 본 특징은 모음조화가 풍부하고, 성별의 구별없이 후치사(後置詞)를 사용하는 것 등임. 문자는 루닉문자·위구르문자였는데, 지금은 일반적으로 아랍문자를 사용함.

Tutear 2인칭을 사용해서 말하다, tú로 부르다, 말을 놓다. □~**se** 서로 tú를 사용(해서 말)하다, 친밀한 사이다.

Tuteo [언어] tú를 사용해서 말하기. Ud. 등을 사용하여, 거리감을 가지는 대화적 거리감을 좁히기 위한 수단으로 사용되는 다소 구어(口語)적 형태의 방법.

Tuyo, -ya [문법] [소유 형용사 2인칭 단수 완전형] ① [명사 뒤에 놓음] 너의, 자네의, 군의, 당신의. 예) un amigo tuyo 너의 한 남자 친구. una amiga tuya 너의 한 여자 친구. ② [주격 보어] 너의 (것). 예) Esta casa es tuya 이 집은 네 것이다. □ [정관사 + 소유 형용사 형태] 너의 것, 자네의 것, 군의 것, 당신의 것. 예) Mi reloj es más barato que el tuyo 내 시계는 네 것보다 값이 더 싸다. ※ Posesivos; Posesivos, Nombres 참조.

【U】

U¹ [언어] u 우 (스페인어 자모의 스물 네 번째 문자). 스페인어의 자음 음소 /u/. 음성적으로는 닫힌 모음(cerrada), 후설 모음(posterior)의 자질을 가지고 있음. 발음을 할 때, 혀가 연구개 쪽으로 움직이고, 입술은 둥글게 된 상태에서 실현됨. ※ Cerrada; Posterior 참조.

U² [문법] 접속사 /o/의 변이형태. [접속사 o가 o-나 ho-로 시작되는 단어 앞에서 u가 됨] 혹은, …나. 예) diez *u* once 열이나 열 하나. belga *u* holandés 벨기에 사람이나 네덜란드 사람. ※ O 참조.

Ubicuo [언어] (어휘 내) 핵 음소 위치. 편제. CH. F. HOCKETT의 조음 음소의 분류에서 음절의 핵을 구성하는 모음 음소의 위치를 이르는 용어.

Ud. usted 의 축약형. ※ Usted 참조.

Uebersexual [문학] 위버섹슈얼. 최고의 남성을 지칭. JWT의 전략 컨설턴트 책임자인 샐즈먼의 '남자의 미래'의 책에서 소개한 남성상. 자신감, 지도력, 정열, 자비심과 같은 남성의 긍정적인 측면을 지니면서도, 여성에 대한 경멸, 감정적 공허함, 문화적 소양 부족과 같은 남성에게 흔한 약점들을 극복한 사람들을 지칭함.

Último, Última [문법] □ 형용사로 사용되는 경우: ① [명사 앞에서] [순서] 마지막의, 최후의, 최종의. 예) último día del mes 말일, 그믐날. último esfuerzo 마지막 노력. último metro 마지막 전차. ② 궁극의. 예) fin último 궁극 목적. ③ 가장 먼, 변방의. 예) último piso 제일 높은 층. en el último rincón del mundo 오지[벽촌]에서. ④ 최근의, 최신의. 예) última carta 최근 편지. última moda 최신 유행. en estos últimos años 요 2·3년에, 근년에. ⑤ 최저의, 최악의. □ 명사로 사용외는 경우: 마지막 사람, 제일 뒷사람. 예) ¿Quién es el último? (줄의) 마지막은 누구입니까?

Ultra- [어원] ① 「…의 저쪽에, …의 옆에」의 뜻. 예) *ultra*mar 해외. ② 「형용사의 앞에서, 극단의, 초(超), 과(過)」의 뜻. 예) *ultra*famoso 지나치게 유명한.

Ultracorrección [언어] 초(超) 교정(수정). 논리적 이치에 맞추어 음운 음성학적 변화를 하거나, 의미론이나 통사론에 맞추어 변화하지 않고, 그 언어를 말하거나 사용하는 화자의 습관이나 관점에 따라 변형을 하여 굳어지는 경우를 일컬음. 예) Yeísta (Yeísmo를 사용하는 화자들을 일컬음)들이 mayo 대신에 mallo라고 쓰는 경우. ※ Yeísmo 참조.

Ultrasonido 초음파. 인간은 초당 20,000번의 사이클로 되어 있는 초음파를 통해서 음성적 소리를 나타내게 됨.

Umlaut [인쇄·문법] 움라우트. 변모음(變母音). 모음 변이. 움라우트 기호 (¨). 주로 후속 음절의 I 또는 u의 영향으로, a, o, u를 각각 ä(=ae), ö(=oe), ü(=ue)로 변화시키는 모음 변화. ※ Inflación vacálica 참조.

Un, una [문법] 부정 관사 단수형. [악센트가 있는 a-·ha-로 시작되는 여성 단수 명사 앞에서는 *un*이 됨. 예) *un* alma, *un* hacha; *pl.* unos, unas] ① [단수] 어떤. 예) *un* hombre 어떤 남자. *una* mujer 어떤 여자. ② [단수] 하나의. 예) *un* hermano 한 남동생. *una* hermana 한 여동생. ③ [복수] 몇 개의, 약간의; 약. 예) *unos* libros 책 몇 권. *unas* casas 집 몇 채. *unos* mil euros 약 천 유로. *unas* diez mil personas 약 만 명. ※ Artículo indeterminado 참조.

Unanimismo ① 만장일치, 동의. ② [문학] 일체주의. ((Jules Romains이 제창한 것으로 집단의 초개인적 일체감을 중시하고, 이를 표현하고자 한 문학이론))

Unidad [언어] 단위(單位). 조화; 일치; 단일성, 일관성. 언어적 분석의 측면에서 단일 가치를 가지는 언어적 요소의 총합을 일컬음.

Unidad gráfica [언어] 표기 단위. 일련의 자소(字素; Grafema)로 구성되고, 앞뒤로 자간(字間)을 취하며, 다만 하나의 표의 단위를 형성한다고 간주되는 단일어 혹은 복합어를 '표기 단위'라 함. ※ Grafema 참조.

Unidimensional 일(1) 차원적인. 전통 문법에서 언어 형식이 보다 단순한 형태로 환원 시켜지지 않는 경우, 그런 형식은 모두 1차원적 형태라고 함. 즉 어근이나, 형태소 등은 1차적 형성임.

Unificación del idioma [언어] 언어의 통일(통합).

Uniforme 균일한. 일정한. 획일적인.

Unilateral [논리] 편측적(片側的)인; 일방적인. 예) Unilateral preposición 일방적인 전제((전제는 만약 한가지 용어의 존재가 다른 용어의 존재에 필요하다면, 일방적이라 불림)).

Unilingüe [언어] 단일어의; 단일어를 말하는 사람.

Unimembre [언어] 단일 형태 발화. 단일 어휘의 요소에 의해 통합된 발화가 되는 경우를 일컬음. 예) Ven (2인칭 명령) 와라; Adiós (헤어질 때 인사) 잘 가.

Unión 결합. 일치.

Unipersonal [언어] 단 인칭의(3인칭 단수로만 쓰이는 동사의 경우). 예) Llueve 눈이 온다.

Unipersonal impropio [언어] (동사의) 비개별 단인칭. 한림원에서 언급하는 이러한 단인칭 동사는 그 형태가 『간접목적형(의미상주어 역할) + 단인칭동사』를 언급하는데, 이러한 동사는 다음과 같음: ser ~이다; bastar 충분하다; convenir 동의하다; importar 중요하다; parecer ~인 것 같다; haber ~있다, 등등. 예) Me basta 나에겐 충분하다. No me importa 난 상관없다.

Unisonancia [언어·음악] 동음, 동조.

Unísono, na [언어·음악] ((형용사로 사용되는 경우)) 동음(同音)의, 동조(同調)의. ((명사로 사용되는 경우)) 동음(同音), 동조(同調).

Unitario ① [언어] 단일의. 예) Transformación unitaria (변형 문법에서의) 단일 변형. ② [논리] 단항(單項)의. 예) Predicado unitario 단항 술어.

Universal (Gramática) [언어] 보편문법. 보편문법이란, 인간이 태어날 때부터 소유하고 있는 언어에 대한 능력. ① GB이론에서 보편문법이란, 인간이 태어날 때부터 소유하는 언어에 대한 능력으로서 상호 작용관계에 있는 하위체계들, 즉 어휘부, 통사부, PF - Componente, LF - Componente 등과 같은 규칙 체계들로 구성되어 있고, 다스림 이론(government theory), 의미론적 격 기능이론(Θ-theory), 묶기 이론(binding theory), 격 이론(case theory), 선제이론(control thoery) 등의 원리들로 구성된 하위 체계를 포함하고 있음. 보편문법에는 이밖에 매개 변항이 있는데, 각 언어의 언어 사용자는 보편문법의 매개 변항을 일정하게 고정시켜서 자신의 개별 방언의 토대가 되는 핵심문법을 결정하게 된다고 함. Chomsky에 따르면, 적절한 문법이론은 보편문법의 특성을 파악하는 것으로서 이 이론은 각 언어마다의 다양성을 포착할 수 있어야 하는 반면 충분히 계약 된 체계이어야 한다고 봄. ② Chomsky 등. 보편문법의 개념은 미국 구조주의 언어학에서는 거의 문제시되지 않았고, 또 Firth 등도 보편문법을 정면에서 부정하고 있지만, 변형생성 문법에서는 중심적인 위치를 차지하는 중요한 개념임. 예를 들면 영어나 스페인어, 한국어 등의 개별 문법에 대조해서, 일반 언어이론 또는 언어 구조에 관한 이론이라고도 불림. 보편 문법은 인간이 사용하는 모든 언어의 문법 기술에 필요한 일반적 조건에 관한 연구임. 다시 말하면, 문장의 의미 내용과 그 음성 형식을 결정하기 위해 필요한 일반적 구조를 명백히 하려는 것임. 이 견해는 이른 바 훔볼트(Humbolt)나 데카르트(Decartes) 등의 언어 사상의 영향을 받은 것으로 볼 수 있는데, 그 주된 관심사는 어린이 언어 습득 및 언어 사용의 창조적인 면, 언어의 무한성, 언어사용의 창조적인 면, 언어음의 비연속성 등임. 보편문법은 보편적 음성학, 보편적 통사학, 보편적 의미론으로 되어 있음. 그리고, 언어 일반 이론은 문법의 형식에 관한 규정과 평가 절차로 이루어진다고 하는데, 주로 문법 형식에 관한 규정을 기술한 것이 보편적 음성학, 보편적 통사론, 보편적 의미론에 상당한다고 생각할 수 있음. 이 세 가지 이론은 각각 필요한 형식적 언어 보편소와 실질적 언어 보편소의 규정을 포함하고 있음.

Universales del lenguaje [언어] 언어 보편소(普遍素). 언어적 보편성. 변형생성 문법의 용어. 인간의 언어(자연언어)가 공통적으로 갖는 성질, 즉 자연 언어의 기술을 목표로 하는 문법이 반드시 갖추어야 할 성질로서, 보편문법 (Gramática Universal)의 일부를 이루는 것. ※ Universal 참조.

Universalismo [언어] 보편주의. 상대주의(Relativismo)에 대립되는 말. 언어 구조 혹은 그 언어 내의 음운·통사·의미상의 구분은 생물학적, 문화적인 보편적 요인의 영향을 받아 결정된다고 하는 입장. ※ Relativismo 참조.

Universo [언어] (언어의) 보편성. 언어학에서 '보편성'에 의한 현존 자연언어들에 공통적인 것으로 간주되는 개념, 범주, 특성들이 일반적으로 이해됨. 그러한 정의는 '철저성'의 원칙의 잘못된 해석에 근거를 두고 있으며, 그래서 그것은 만족할 만한 것이 못됨. 수많은(3000여 개 이상의) 언어들을 똑같은 방법으로 기술하거나 기록한 자료는 존재하지 않으며, 단지 자연언어에 대한 공통되는 언어 연구만이 유용한 것임. 이로써 언어들간의 요소의 보편성을 확인할 수 없이 단지 일반화를 목적으로 하는 것임.

Universo de discurso [언어] 담화의 보편성. 발화 행위로 인한 담화 속에서 담화에 참가한 사람들끼리 함께 공유하고 있는 지식의 범위나 환경을 일컬음. 예) Él se encontró con **una** viejecita por **la** calle, a **la** que se le había roto **un** zapato 그는 그 길에서 **한** 할머니를 만났다. 그 길에서 그는 **한 짝의** 구두가 망가졌었다.

Uno, Una [문법] □ 형용사로 사용되는 경우: ① [남성 단수 앞에서는 *un*] ㄱ) 하나의. 예) *un* café 커피 한 잔. *una* casa 집 한 채. treinta y *un* días 31일. ㄴ) [서수의 대용] 첫째. 예) página cincuenta y *una* 51페이지. 쉰한 번째 페이지. sentarse en la fila *una* 첫 (번째) 열에 앉다. ② [주격 보어로] 일체의, 한 몸의, 동일의. 예) Asia es *una* 아시아는 하나다. José es uno con su coche 호세는 차와 한 몸이 되어 있다. Su razón y la que digo es una 그의 말과 내 말은 동일하다. ③ *pl.* 약간의(algunos). 예) *unos* años después 몇 년 후. ④ [수사 앞에서] 약, 대략. 예) *unos* cien euros 약 100 유로. □ 명사로 사용되는 경우: ① 1, 하나. ② 1일(primero).

예) el *uno* de noviembre 11월 1일. □ 대명사로 사용되는 경우: ① [일반적으로] 사람. 예) En este país *uno* se acuesta muy tarde 이 나라에서는 사람들은 아주 늦게 잔다. ② [불특정의] 어떤 사람. 예) Llamó *uno* preguntando por ti 어떤 사람한테서 전화가 왔는데 너에 대해 물었다. ③ [복수 중의] 한 사람, 하나. 예) Entre los alumnos María es *una* de las mejores 마리아는 학생 중에서 첫째 학생이다. ④ [otro와 함께] 어떤 사람은... (다른 사람은)... 예) *Unos* dicen que sí, y otros que no 어떤 사람들은 긍정하고, 또 다른 사람들은 부정한다. Hay dos casas; *una* es vieja y la otra nueva 집이 두 채 있다. 한 채는 낡았고, 또 한 채는 새것이다.

Uno impersonal [문법] Uno를 주어로 하는 무인칭. ※ Impersonal 참조.

Urálico [언어] 우랄어족. 발트해 연안 지역으로부터 뻗어나가 유럽 중부의 빠노니아(Panonia) 평원까지 닿는 곳의 교착어(Aglutinante)식 언어 계보. ※ Aglutinante 참조.

Uraloaltaico, ca [언어] 우랄알타이어계의[에 관한]. Lengua uraloaltáica 우랄알타이어(語). ((명사로 사용되는 경우)) 우랄알타이어.

Uso [언어] 사용. 소쉬르의 언어와 발화의 차이에서의 본질을 명확하게 하려는 시도에서 옐름슬레우(Hjelmslev)는 언어를 언어학적 개요라 부르고 발화 개념의 어떤 핵심적 양상들(그 속에서 소쉬르의 계승자들은 어떤 경우에는 언어의 통합적 축을 그리고 또 다른 경우에는 개인적 특성을 지닌 표현들을 보았다)을 언어적 사용(Uso lingüístico)이라 부르자고 제안함. 어떤 사회의 일련의 언어적 습관으로 간주되는 언어적 사용은 그래서 언어적 도식을 명백하게 하는 본질(표현과 내용을 동시의)로서 정의됨. ※ Saussure 참조.

Uso atributivo [언어] 속성적 용법. 지시의 한 방법으로, 화자의 진술 속에 나타난 기술을 충족시키는 모든 사람이나 사물을 지칭하는데 사용되는 표현법.

Uso correcto [언어] (언어의) 정확한 사용. 언어를 잘 말할 수 있도록 존중되어야 할 가치가 있는 규칙의 총합인 기준은 '정확한 사용(Uso correcto)이나 정확성(Corrección)이라 불리며, 때때로 이미 권위 있는 몇몇 사람들 또는 어떤 권위 있는 연구소·학회들에서 설정이 됨. '언어의 정확한 사용'이란 어느 한정된 시대와 장소 조건 속에서 그 화자들의 언어 사용에 있어서 조건이 부합하게 나타나는 것을 일컬음.

Uso del pretérito perfecto [문법] 완료형의 용례[사용]. 말하는 시점에서 볼 때, 과거의 있던 행사 또는 일 등이 말하는 시점까지 직·간접적인 영향을 미치는 경우에 사용. ① Ser + adjetivo(형용사). 예) He sido divertido/a 난 즐거웠다. He sido aburrido/a 난 지루했다. ② Estar + advervio(부사). 예) Has estado bien 넌 컨디션이 좋다(과거에서부터 영향을 받아서). ③ 기타 표현. 예) Me he divertido 난 기분이 좋다(과거에 영향을 받아서). ※ Pretérito perfecto 참조.

Usos del pronombre 'Lo' [문법] 대명사 lo의 사용. 이미 말하는 당시에 모두가 알고 있는 사실을 지칭해서 말할 때, 사용하는 중성대명사를 일컬음. □ 형태:

| Lo de + 인칭 대명사 |
| 도 시 |
| 회 사 |

| Lo de + 고유 명사 |
| 목적 대상 |
| 질 병 |
| 위 기 |

| Lo del/ de la + 명사 |

| Lo de que + 생 각 |
| 소 식 |

예) Lo de la ecología, lo de que van a prohibir todos los productos y agentes contaminantes 자연보호에 관한 것, 사람들이 모든 오염 요인들과 생산품을 금지하자는 것. ¡Qué bueno lo de España!, ¿no? 스페인 것이 좋잖아! 아닌가? ¿Ya sabéis la noticia? ¿Qué noticia? Lo de Elena 이미 너희들 그 소식 아니? 무슨 소식? 엘레나에 관한 것. ※ Lo 참조.

Usos de ser y estar con adjetivos que cambian de significado [문법] 형용사 의미의 변화를 나타내는 Ser 동사와 Estar 동사와 결합할 때 용례. □ Ser 동사를 사용할 때의 의미. 예) Carlos es frío 까를로스는 성격이 찬 사람이다(성격). Las peras coreana son caras 한국 배는 비싸요(일반적 특성). Carmen es pesada 까르멘은 힘든 사람이다(특성). Él es vivo 그는 똑똑하다(약아빠지다). Él es bueno 그는 좋은 사람이다. Ellas son listas 그녀들은 약은 사람들이다. □ Estar 동사를 사용할 때의 의미. 예) Carlos está frío 까를로스가 냉담한 것 같다(각 개인의 느낌). Las peras coreana están caras (para mí) 배가 비싸졌네 (각 개인의 느낌). Carmen está pesada 까르멘은 몸무게가 많이 나간다(육체의 상태). El hombre herido está vivo 그 다친 사람은 살아 있다. Él está bueno(bien) ahora 그는 병이 나았다. Ellas están listas 그녀들은 준비가 되어있다. ※ Estar; Ser 참조.

Uso individual [언어] (언어의) 개인적 사용. 언어 수행(actuación)이나 말(habla)의 개념은 언어의 개인적 사용을 일컬음. ※ Actuación; Habla 참조.

Usted [문법] 당신. 인칭 대명사 3인칭 단수. 어원이 Vuestra merced(귀하, 각하)이기 때문에 3인칭 취급을 함. 축약형으로 'Ud.'을 사용함. 예) Tiene Ud. razón 당신 말씀이 옳습니다. ¿Cómo está Ud.? 당신은 (컨디션이) 어떠세요? ※ Pronombre Personal Nominativo 참조.

Utopía [문학] 유토피아. 문학에서 이상적인 정치적 상황이나 이상적인 생활 방식을 제시하는 종류의, 허구적 작품을 의미함.

Úvula [해부] 현옹수(懸雍垂). 목젖. 발성기관 중 발음부.

Uvular [해부] 연구개의, 목젖의.

【V】

V [언어] ① 우베 ((스페인어 알파벳의 스물 다섯 번째 문자; 국제 라틴어 순서의 스물 두 번째 문자; 발음은 스페인어 사용 국가 어디에서도 b와 같음; 명칭은 우베(uve) 이외에도 베(ve), 베 바하(ve baja, 낮은 베), 베 꼬르따(ve corta, 짧은 베)라고도 함)). ② (로마 숫자의) 5.

Vacío ① 무의미한, 가치 없는. ② [언어] 자체 어휘의 의미가 없는 요소. 몇몇 전통 학파에서는 어휘적 가치는 없고, 문법적 가치만 있는 언어적 요소로 일컬을 때 사용하는 용어임. 예) Las preposiciones 종속절, Las conjunciones (어형) 변화.

Vago 애매(曖昧). 막연함, 모호함.

Vaguedad [언어] 모호성. 어휘소(lexema)의 의미를 가지지 못하는 것. 예)《Berlín es interesante 베를린(도시)은 흥미롭다.》는 정확히 정치적, 역사적 의미를 가질 수도 없는 모호함을 나타내는 문장이 됨.

Valor [언어] (언어의) 가치(價値) : '가치(Valor)'는 서로 다른 분야에서 다른 의미로 널리 사용됨. 즉, 언어학, 논리학, 경제학, 인식론, 미학 등등... 기호학적 이론은 서로 다른 정의들을 그것의 일반적 경제성에 있어서 적당한 위치에 배분함으로써 서로 더 밀접하고도 연관되게 조화하려고 함. 예) Valor lingüístico 언어적 가치. Valor expresivo 표현적 가치. Valor fonético 음가(音價).

Valor deítico [언어] 직시(지시)적 의미. 발화는 모두, 시간·공간적으로 나타내지는 상황 속에서 실현됨. 화자는 발화 행위의 시점이나, 그 의사소통의 참가자나 발화가 산출되는 장소에, 자기의 발화를 지향시키는 것임. 이 상황에서 '직시적 의미'가 발생함. 직시적 의미 발생 요인: ① 담화의 근원(나 Yo)와 대화자(너 Tú). ② 동사를 때로는 명사를, 또한 하나의 전체로서의 문장을 변화시키는 담화의 시간. ③ 인칭의 범주에 따라 조직되는 담화의 장소는 제 1인칭과의 관계로 위치를 정함. ④ 두개 담화 행위의 동일성. 즉, 지향된 두개의 것이 동일하다는 판단이 대명사의 작용근거가 됨. ※ Deixis 참조.

Variable [언어] (언어 현상에서의) 변수. 변수에 대한 예를 다음 글을 다음에서 보면, Se abre la puerta al estudio de toda la serie de variable situacionales que determiman las condiciones de adecuación de los enunciados 발화 내용의 적합성에 대한 조건들을 한정하는 모든 일련의 상황적 변수를 연구할 문호를 열어놓

앉음.

Variación [언어] 변이. 변화. 어떤 언어(어형)환경에서 언어적 실현이 되어 자체 변이가 되는 것.

Variación dialectal [언어] 방언에서의 변화. 다른 언어(방언)와 붙어서 해당언어(방언)의 성격을 가지는 음운적, 어휘적, 통사적 자질로의 변화.

Variación libre [언어] 자유 변이; 자유 분포(= Distribución libre). 구별적 능력을 적용하지 못하는 위치에 있는 음운자질을 구별하는 음성요소. 예) 원음소의 음성인 [R]을 음성인 [r]와 [r̄]로 구별함. 예) amor[amór] 또는 amor[amór̄]. ※ Distribución libre 참조.

Variante [언어] 변이형(變異形). 변이체(變異體). 변항(變項). 동일한 단어를 달리 쓰는 것이나, 동일한 단어를 달리 발음하는 것, 그리고 같은 의미를 갖는 연결형인데 서로 그 형이 다른 것 등에 쓰이는 용어인데, 일반적으로는 변이음, 변이형태의 뜻으로 쓰임. 기능적 단위인 음소는 문장 내에서 실제 발음될 때는 대단히 다르게 실현될 수 있는데, 이같이 구체적 실현 음들이 음소의 변이음들임. 이 변이음들의 차이는 화자나 청자가 인식치 못하는 것이 대부분임. 이 같은 음성적 환경에 의한 변이형을 문맥 변이형이라 함. 이 밖에 문맥과 무관한 자유 변이형이 있는데 이들 자유 변이형들은 감정 표현의 기능을 하기도

하므로, 문체적 변이형이라고 함.

Variantes combinatorias [언어] 변이음. ※ Alófono 참조.

Variantes estilísticas [언어] 문체(특성)의 다양성. 문형을 구성할 때, 반복하는 동일 어형을 같은 뜻을 가지고 있는 다른 어형을 이용해 대체하는 성질을 일컬음. 예) 'En vez de(~을 대신하여)'를 'En lugar de'의 어형으로 바꾸어 사용함.

Variedad (언어의) 다양성. 하나의 언어가 여러 해석을 허용하고, 여러 의미 곧 가치를 가질 수 있다는 것을 의미함. ※ Plurivocidad 참조.

Vasco [언어] 바스크 말. ※ Vascuence; Euskera 참조.

Vascófilo ① 바스크 말과 문화 연구자. ② 바스크 말과 문화 이해자.

Vascongado [언어] 바스크 말. ※ Vascuence; Euskera 참조.

Vascuence [언어] 바스크(Vasco) 어. 스페인 및 로망스어가 라틴어를 기원으로 하고 있는 것과 틀리게 바스트어는 라틴어를 자신의 언어에 맞게 동화시켰을 뿐 그 뿌리는 라틴어에 두고 있지 않음. 바스크어의 기원에 다음과 같은 2가지 학설이 있음. ① 바스크어는 아프리카에서 유래한 언어로서 Beréver(베르베르어)나 Sudanés(수단어) 등과 같은 햄어와 의미

상 일치점을 보여주고 있음. ② 문법 구조의 유사성에 의거 바스크어와 코카서스어가 공통 기원을 가지고 있다는 주장이 있음.

Vasquismos [언어] 바스크어(Euskera)에서 영향을 준 스페인어. 바스크어는 이베리아 반도의 로마화를 전후하여 스페인어에 영향을 끼치었고, 중세 초기 당시에는 바스크어 사용 지역이 현재보다 광범위했었기 때문에 이베리아 반도 북쪽은 언어에 많은 영향을 주었음. 예) ascua 불덩이, socarrar 누르스름하게 하다, chaparro 떡갈나무, chabola 움집,... 등등.

Vecindad lingüística [언어] 언어학적 (어휘적·문법적) 인접성. 어휘적·문법적으로 동일 의미 범위 안에서 유사 구별형태 성격의 자질. 예) libro 책, libros 책들, los libros 그 책들, a los libros 그 책들에, de los libros 그 책들의.

Vehicular [언어] 매개(媒介). 예) Lengua vehicular 매개 언어. 서로 다른 언어를 사용하는 사람들이 의사소통을 위해 사용하는 제 3의 언어. ※ Área 참조.

Velares (consonante) [언어] 연구개음. 혀의 뒷부분이 연구개에 닿거나 가까이 갈 때 나는 소리. 예) /x, k, g/

Velarización [언어] 연구개음화. 저지대(Tierras bajas) 스페인어의 약자음 체계를 보여주는 또 다른 예로써, 음소 /n/의 탈락임. 음소 /n/는 음절의 끝 또는 단어의 끝에 위치할 때, 탈락되어 앞에 위치한 모음을 비음화 시키거나 연구개음 [ŋ]로 발음됨. 예) pan [pã] 또는 [páŋ]; tanto [tã-to] 또는 [táŋ-to]. ※ Tierras bajas 참조.

Velo de paladar [의학·어학] 연구개 (軟口蓋). 발성 기관 중 발음부. □ 역할: ① 발음할 때, 경구개가 인두벽 (Pared faríngea)에 밀착되어 공기는 단지 구강으로만 배출되어 구음을 만들어 냄(Oral 또는 Bucal). ② 발음을 할 때 경구개가 구강을 닫아 공기가 비강으로 배출되면서 나는 모든 음. 비음과 그 동화음들이 이에 속함 (Nasal). ※ Oral; Bucal; Nasal; Faríngeo 참조.

Venidero, optativo [언어] 접속법 현재((Antonio de Nebrija(1492) 사용)). ※ Presente de subjuntivo 참조.

Venidero, subjuntivo [언어] 접속법 미래((Antonio de Nebrija(1492) 사용)). ※ Futuro de subjuntivo 참조.

Venidero por rodeo [언어] 단순 가능법((Antonio de Nebrija(1492) 사용)). ※ Potencial simple 참조.

Ver □ 타동사로 사용될 때: ① 보다, 보이다. 예) No *veo* nada sin gafas 나는 안경 없이는 아무 것도 보지 못한다. ② 해보다, 시도하다. ③ 만나다, 면회하다. 예) Me alegro de verte 너를 만나서 기쁘다. ④ 조사하다, 관찰하다. ⑤ 알다. ⑥ 예견하다. ⑦ 체험하다. ⑧ 이해하다. ☐ 자동사로 사용될 때: ① 보이다, 시력이 있다. ② 이해력이 있다. ☐ **verse** [재귀형으로 사용될 때] ① 보이다. 예) Aquí se ve la montaña 여기서 산이 보인다. ② 자신을 보다. 예) verse en el espejo 거울을 보다. ③ 서로 만나다. ④ (어떤 장소·상태에) 있다. ⑤ …처럼 보이다.

☐ ver 동사 변화형.

직·현재	직·부정 과거
veo	vi
ves	viste
ve	vio
vemos	vimos
veis	visteis
ven	vieron

직·불완료 과거	접·현재
veía	vea
veías	veas
veía	vea
veíamos	veamos
veíais	veáis
veían	vean

과거 분사 visto

Verba dicendi [언어] 언급·담화 동사들((예) decir; enunciar; comuincar 등등))에 적용되는 라틴어적 표현. 이 동사적 표현을 언급하는 것은 직접 담화에서 문학적 텍스트를 소개하기 위해 차용된 용어임. 예) Y entonces fue cuando **replicó**: 《no aguanto más》 그리고 그때는 "난 더 이상 참을 수 없어."라고 대답했을 때였다.

Verbal [언어] ① 언어적. 일반적으로 분절언어, 음성언어에 대해 얘기할 때 사용. 몸짓이나 손짓을 사용하는 경우는 비언어적 의사 전달이라고 함. ② 동사의. 품사로서의 동사에 관하여 얘기할 때 사용. 가령 동사의 어형 변화 등. ③ 구두(口頭). 대화를 주고받을 때 구두로서 이루어지는 형태가 가장 관련성 있게 효과가 있고, 이것은 의사소통의 한 방법임. ※ Comunicación verbal 참조.

Verbalismo [언어] (내용보다) 언어에 대한 편중, 언어 편중주의; 어구(語句)에 대한 집착; 췌언(贅言), 군소리.

Verbigeración [언어] 음송증(音誦症). 정신 병 환자 중에서 요설(饒舌)을 가리키는데, 말하는 것을 그치지 않고, 일반적으로 소리를 크게 지르며 의미 없는 사항이나 천박한 단어가 튀어나오는 증세를 일컬음.

Verbo [언어] ① 동사. 사람 또는 사물의 동작이나 상태를 나타내는 말이며, 언제나 1개 절의 중심적 역할을 하는 것으로서 다른 요소(주어, 목적보어, 속사, 상황보어)는 모두 동사에 대하여 집중적으로 작용함. ② 스페인어 동사의 형태는 크게 변하지 않는 어근의 부분과 형태와 그 형태가 시제와 인칭에 따라 변하는 어미 부분으로 나뉘어 짐. 예) (어근) **TOM**ar/ **COM**er/ **PART**ir – (어미) tom**O**/ com**IERON**/ part**IRAIS** ③ 스페인어 규칙동사의 경우는 어근의 변화는 없고, 어미가 시제와 인칭에 따라 변하지만, 불규칙 동사의 경우는 그 어근의 형태도 바뀜. 예) 규칙동사 Tomar: TOMo(직설·현·1인·단), TOMé(직설·부정과·1인·단), TOMaba(직설·불완료과·1인·단), TOMaré(직설·미래·1인·단), TOMaría(직설·가능·1인·단), TOMe(접속·현·1인·단), TOMara(접속·과·1인·단) – 불규칙동사 ir: voy(직설·현·1인·단), fui(직설·부정과·1인·단), iba(직설·불완료과·1인·단), iré(직설·미래·1인·단), iría(직설·가능·1인·단), vaya(접속·현·1인·단), fuera(접속·과·1인·단) ※ Verbo conjugado; Cambio del verbo 참조.

Verbo auxiliar [언어] 조동사. 동사의 변화에 있어서 동사의 시제 구성에 보조 역할을 하는 동사를 조동사라 함. 엄밀하게 말하면, 스페인어의 조동사는 haber와 ser인데, 이외에 조동사로 사용될 수 있는 동사는 estar, tener, dejar, quedar, llevar 등이 있음. 예) Ella ya ha salido 그녀는 이미 나갔다. La ciudad fue destruida por los enemigos 도시는 적군에 의해 파괴되었다. ※ Auxiliar 참조.

Verbo causativo [언어] 사역 동사. ※ Causativo 참조.

Verbo conjugado [언어] 동사변화 동사. 동사 변화가 되는 동사. 동사의 변화는 규칙변화와 불규칙 변화가 있음. ■ 변화형 별 분류: □ 직설법현재 규칙동사 hablar · comer · vivir (위 세 어휘는 -ar, -er, -ir형 동사의 규칙동사의 대표형으로 어미를 제외한 변화는 없음.)

	단수	복수
1ª	-o. / -o. / -o.	-amos. / -emos. / -imos.
2ª	-as. / -es. / -es.	-áis. / -éis. / -ís.
3ª	-a. / -e. / -e.	-an. / -en. / -en.

(변화형은 각각 -ar/-er/-ir를 나타냄)

□ 직설법 현재 불규칙동사(~ar형) E → IE : pensar (생각하다) · sentar (앉히다) · comenzar (시작하다) · calentar (뜨겁게 하다) · despertar (잠을 깨우다) · confesar (고백하다) · cerrar (닫다) · empezar (시작하다) · negar (부정하다). □ 직설법 현재 불규칙동사(~er형) E → IE : querer (좋아하다) · perder (잃다) · encender (불을 켜다) · atender (시중들다) · entender (이해하다) · defender (방어하다). □ 직설법 현재 불규칙동사(~ir형) E → IE : mentir (거짓말하다) · consentir (동의하다) · herir (부상을 입히다) · preferir (더 좋아하다). □ 직설법 현재 불규칙동

사(~ar형) O → UE : contar (숫자를 세다/ 이야기하다)·rogar (원하다)·acordar (결정하다)·mostrar (보여주다)·costar (비용이 들다)·recordar (기억을 하다)·almorzar (점심을 먹다)·sonar (소리가 나다)·encontrar (발견하다). □ 직설법 현재 불규칙동사(~er형) O → UE : poder (할수 있다)·volver (돌아오다)·soler (언제나 …을 하다)·llover (비가오다). □ 직설법 현재 불규칙동사(~ir형) O → UE : morir (죽다)·dormir (자다)·adormir (잠들다). □ 직설법 현재 불규칙동사(~ir형) E → I : pedir (청구하다/ 요구하다)·servir (봉사하다)·reír (웃다)·despedir (작별하다)·impedir (방해하다)·competir (경쟁하다)·repetir (반복하다)·vestir (옷을 입히다)·medir ([키 등을] 재다)·seguir (계속하다)·gemir (신음하다). □ 직설법 현재 불규칙동사(~ar형) U → UE : jugar (놀다). □ 직설법 현재 불규칙동사(~ir형) I → IE : adquirir (획득하다)·inquirir (조사하다/ 규명하다). □ 직설법 현재 불규칙동사(1인칭 단수가 '~go'형을 띄는 동사) : tener (가지다)·venir (오다)·poner (놓다)·valer (값이 나가다)·salir (나가다)·hacer (만들다/ 하다)·decir (말하다)·asir (쥐다)·traer (가지고 오다)·caer (떨어지다)·oír (듣다). □ 직설법 현재 불규칙동사(완전 독립적인 불규칙) : ser (이다)·estar (있다)·saber (알다)·haber (조동사/ 있다)·conocer (알다)·producir (만들어내다). □ 직설법 부정과거 규칙동사 hablar·comer·vivir (위 세 어휘는 -ar, -er, -ir형 동사의 규칙동사의 대표형으로 어미를 제외한 변화는 없음.)

	단수	복수
1ª	-é. -í. -í.	-amos, -ímos, -ímos.
2ª	-aste. -íste. -íste.	-asteis. -isteis. -isteis.
3ª	-ó. -ió. -ió.	-aron. -ieron. -ieron.

(변화형은 각각 -ar/-er/-ir를 나타냄)

□ 직설법 부정과거 불규칙동사 : haber (조동사/ 있다)·tener (가지다)·estar (이다)·andar (걷다)·poner (놓다)·poder (~할 수 있다)·saber (알다)·caber (들어차다)·conducir (인도하다/ 운전하다)·querer (좋아하다)·venir (오다)·decir (말하다)·hacer (하다/ 만들다)·traer (가져오다)·dar (주다)·ver (보다)·ser (이다)·ir (가다)·sentir (느끼다)·pedir (요구하다/ 청구하다)·dormir (자다/ 재우다)·caer (넘어지다)·leer (읽다)·oír (듣다)·huir (도망가다). □ 직설법 불완료과거 규칙동사 hablar·comer·vivir (위 세 어휘는 -ar, -er, -ir형 동사의 규칙동사의 대표형으로 어미를 제외한 변화는 없음.)

	단수	복수
1ª	-aba. -ía. -ía.	-ábamos. -íamos. -íamos.
2ª	-abas. -ías. -ías.	-abais. -íais. -íais.
3ª	-aba. -ía. -ía.	-ían. -ían. -ían.

(변화형은 각각 -ar/-er/-ir를 나타냄)

□ 직설법 불완료과거 불규칙동사 : ser (이다)·ver (보다)·ir (가다). □ 직설법 미래·가능 규칙동사 hablar·comer·vivir (위 세 어휘는 -ar, -er, -ir형 동사의 규칙동사의 대표형으로 어미를 제외한 변화는 없음.)

	단수	복수
1ª	-é(미래) -ía(가능)	-emos -íamos
2ª	-ás -ías	-éis -íais
3ª	-á -ía	-án -ían

(변화형은 -ar/-er/-ir가 같게 나타남)

□ 직설법 미래·가능법 동사(생략형) : caber (들어차다)·haber (조동사/ 있다)·poder (~할 수 있다)·querer (~를 좋아하다)·saber (알다). □ 직설법 미래·가능법 동사(첨가형) : poner (놓다)·tener (가지다)·venir (오다)·valer (값이 나가다)·salir (나가다). □ 직설법 미래·가능법 불규칙동사 : decir (말하다)·hacer (하다/ 만들다). □ 접속법 현재 규칙동사 hablar·comer·vivir (위 세 어휘는 -ar, -er, -ir형 동사의 규칙동사의 대표형으로 어미를 제외한 변화는 없음)

	단수	복수
1ª	-e -a -a	-emos -amos -amos
2ª	-es -as -as	-éis -áis -áis
3ª	-e -a -a	-en -an -an

(변화형은 각각 -ar/-er/-ir를 나타남)

□ 접속법 현재 불규칙동사 : saber (알다)·haber (조동사/ 있다)·estar (이다)·dar (주다)·ir (가다). □ 접속법 현재 불규칙동사(1·2인칭 복수형 변화 주의) : pensar (생각하다)·perder (잃다)·contar (말하다/ 계산하다)·poder (~할 수 있다)·jugar (놀다)·sentir (느끼다)·dormir (자다/ 재우다)·morir (죽다)·adquirir (획득하다).

Verboide [언어] (언어학자 LENZ에 의해 제안된 용어) 인칭이 없는 동사원형. 동사의 인칭을 가지고 있지 않은 형태인 동사원형, 현재·과거분사형을 일컫는 용어.

Verbo impersonal [언어] 비인칭 동사. ※ Impersonal 참조.

Verbo impersonal por tercera persona plural [문법] 3인칭 복수형 동사에 의한 무인칭. ※ Impersonal 참조.

Verbo no conjugado [언어] 비(非) 동사 변화동사. 동사 변화가 되지 않는 동사. 절대적인 형태인 날씨를 나타내는 동사가 3인칭 단수로만 쓰이는 경우. 존재를 나타내는 haber동사의 변화 형태인 hay동사 등을 일컬음. 예) Llueve mucho 비가 많이 온다. Nieva un poco 눈이 조금 온다. Hay mucha gente en la calle 길에 사람이 많이 있다. Hay un libro sobre la mesa 책 상위에 책 한 권이 있다.

Verbos de acción [언어] 행위 동사. ※ Acción 참조.

Verbos de aserción [언어] 언명(言明) 동사. 단정(斷定) 동사. ※ Aserción 참조.

Verbos declarativos [언어] 언명 동사(= Verbos de aserción). ※ Aserción 참조.

Verbos de estado [문법] 상황동사. 어떤 대상이 지속적인 상황이나 상태에 관련되어 있을 때, 이를 상황동사라고 함. 예) Elena vive en Madrid. 엘레나는 마드리드에 살고 있다. Mi hija está en casa. 내 딸은 집에 있다.

Verbos de opinión [언어] 의견(意見)의 동사. ※ Opinión 참조.

Verbos defectivos [언어·문법] 불구형 동사. 역구조 동사. ① 동사의 변화가 인칭마다 있는 것이 아니며, 그 형태는 3인칭 단수와 복수 2가지의 형태만을 지님. 문법적 주어가 동사 뒤에 위치하는 경우가 많으며, 이 문법적 주어가 단수일 때는 동사는 3인칭 단수형을 띠며, 문법적 주어가 복수 일 때, 동사는 3인칭 복수의 형태를 띠게 됨. 의미상 주어는 여격(Dativo)의 형태로 동사의 앞에 쓰는 것임. 예) ① Me **gusta** este libro 난 이 책을 좋아한다; Me **interesa** mucho la cuestión 난 그 질문에 많은 관심을 가지고 있다; Nos **parece** que va a llover 우리가 보기에는 비가 올 것이다; Le **dan** miedo a ella los gatos. 그녀에게는 고양이들이 두렵다; Le **faltaba** tiempo para escribir 그에게는 편지를 쓸 시간이 부족했다; Me **duele** el estómago 난 배가 아프다; Nos **queda** poco tiempo 우리에게 시간이 거의 남지 않았다; Me **molesta** su canto 난 그의 노래가 (듣기) 짜증난다. ② 동사의 변화가 없이 단 하나의 인칭 형태를 띠는 동사도 있음. 날씨를 나타내는 경우는 3인칭 단수형태만을 띠며, 'Hay' 동사는 '존재'의 유무를 나타내는 경우에 사용이 됨. 예) Hace sol 날씨가 맑다(해가 떴다). Llueve mucho 비가 많이 온다. Hay muchos libros sobre la mesa 책상 위에 책들이 많이 있다.   ※ Gustar; Hay; Dativo; Impersonal 참조.

Verbos de percepción [문법] 지각동사. '보다', '듣다' 등과 같은 지각동사를 사용해서, 「A가 B하는 것을 보다·듣다」라고 하는 경우에, 부정사(동사원형) 또는 현재 분사를 사용하여 단문을 구성할 수 있음. 예) Veo un perro correr. 나는 개 한 마리가 달리는 것을 본다. Veo un perro corriendo. 나는 개 한 마리가 달리고 있는 것을 본다. □ 용례: ① '지각사 + 동사원형 + 목적어(단, 사람이 목적어일 경우는 'a + 사람')' 목적어가 ~하는 것을 지각(知覺)하다. 예) Oímos cantar a Sancho 우리는 산초가 노래하는 것을 듣는다. ② '지각사 + 목적어(단, 사람이 목적어일 경우는 'a + 사람') + 동사원형' 목적어가 ~하는 것을 지각하다(((①번 용례와 같은 구성형태임, 단 그 사용에 있어 ①번 용례가 더 많이 사용됨)). 예) Vi un gato correr 난 고양이가 달리는 것을 봤다. ③ '지각동사 + 목적어(단, 사람이 목적어일 경우는 'a + 사람') + 현재분사형(-ando/ -iendo)' '목적어'가 ~하고 있는 것을 지각하다. 예) Veo a un hombre corriendo 난 남자가 뛰고 있는 것을 본다. ④ '지각동사(1) + 목적어(단, 사람이 목적어일 경우는 'a + 사람') + que+ 동사(2)' '주어'는 '목적어'가 '동사(2)하는 것을 '지각동사(1)'하다. 예) Oí a María que cantaba 난 마리아가 노래부르고 있던 것을 들었다. ⑤ '지각사 + 동사원형' ((이곳에서 동사원형의 주체는 생략되어 있음)). 예) Habrás oído hablar mal de él 그에 대해 욕을 하는 것을 너는 들었을 것이다.

Verbos impersonales [문법] 비인칭 동사. ※ Impersonal 참조.

Verbos irregulares: Hacer, ser y tener [문법] (직설법 현재) 불규칙 동사 Hacer(하다, 만들다), Ser(-이다) 그리고 Ir(가다) 변화형. 이들 동사의 경우 각각 변화형이 직설법 현재의 기본 동사 변화형(Presente regular)과는 다름을 각각의 동사변화에서 알 있음. 그리고, 아르헨티나, 우루과이, 빠라과이 등지에서는 완전히 그 지역에서만 사용되는 특이한 동사 형태를 볼 수 있음. 예) hacés(2인칭 단수 hacer형); sos(2인칭 단수 ser형); tenés(2인칭 단수 tener형). □ 직설법 현재 Hacer, Ser, Tener 변화형.

	단수	복수
hacer	hago haces hace	hacemos hacéis hacen
ser	soy eres es	somos sois son
tener	tengo tienes tiene	tenemos tenéis tienen

※ Presente regular; Hacer; Ser; Ver 참조.

Verbos modales [언어] 조동사. ※

Verbo auxiliar 참조.

Verbos neutros [언어] 자동사·타동사가 모두 되는 동사. (= Verbos diatéticamente neutros). 예) · Medir: Yo mido las cortinas. 난 커튼(치수)를 잰다; Las cortinas miden 4 metros. 커튼(치수)는 4미터이다. · Pesar: Ella pesa el paquete. 그녀는 소포(무게)를 잰다; El paquete pesa 2 kilogramos. 그 소포(무게)는 2킬로그램이다. ※ Verbos simétricos 참조.

Verbos perfectos o imperfectos [언어] 완전 동사 또는 불완전 동사. 보어(형용사·명사)를 필요로 하면 불완전 동사, 보어를 필요로 하지 않는 동사를 완전 동사라 일컬음.

Verbo pronominal [언어] 대명동사 (代名動詞). 동사의 주어와 같은 인칭의 재귀 대명사(me; te; se; nos; os; se)를 앞세운 동사를 '대명 동사'라 함. 이러한 동사는 자동사와는 다르게 평가되며, 이에 상응하는 능동사가 존재 하지 않음에 유의해야 함. 예) Él se levanta temprano 그는 빨리 일어난다. Nosotros nos huimos 우리는 도망간다.

Verbos que cambian su sentido con 'se' [문법] Se가 붙으면 의미가 변하는 동사. 그냥 동사에 Se가 붙으면 완전히 의미가 달라지는 경우를 일컬음. 예) abandonar 포기하다; abandonarse 자포자기하다, abonar 납입하다; abandonarse ~에 예약하다; acompañar a ~에 첨부하다; acompañarse con ~과 함께 있다, aconsejar 충고하다; aconsejarse de 상담하다, acordar 동의하다; acordarse de ~을 생각해 내다, acreditar 신용하다; acreditarse de 평판을 얻다, acusar de 책망하다; acusarse 자신의 죄를 자인하다, afinar 마무리되다; afinarse 품위 있게되다, apurar 순화하다; apurarse 기분이 상하다, arrastrar 질질 끌다; arrastrarse 기다, arrebatar 잡아채다; arrebatarse 격분하다, calar 꿰뚫다; calarse 흠뻑 젖다, colocar 두다; colocarse 취직하다, comportar 포함하다; comportarse 행동하다, conducir 안내하다; conducirse 행동하다, confiar 믿다; confiarse 신뢰하다, conformar 일치시키다; conformarse 동의하다, consentir 동의하다; consentirse 덜컹거리기 시작하다, contradecir 반론하다; contradecirse 모순되다, correr 달리다; correrse 흐르다, curtir 가죽을 무두질하다; curtirse 햇볕에 타다, depositar 맡기다; depositarse 침전하다, descolgar (걸어놓은 것을) 내려놓다; descolgarse (밧줄타고) 내려오다, desertar ~을 포기하다; desertarse 도망하다, desocupar (장소를) 비우다; desocuparse 실직하다, despojar (껍질을) 벗기다; despojarse 버리다·벗다, destacar 파견하다; destacarse 두드러지다, doler 아프게 하다; dolerse de 애석해하다, dormir 자다; dormirse 잠들다, efectuar 행하다; efectuarse 실현하다, encontrar 발견하다;

encontrarse 있다·만나다, engañar 속이다; engañarse 잘못하다, escapar 도망치다; escaparse 새다·미끄러지다, esforzar 힘을 돋우다; esforzarse 노력하다, establecer 설정하다; establecerse 정주(착)하다, examinar 시험하다; examinarse 시험을 치르다, explicar 설명하다; explicarse 이해가 가다, fijar 단단히 고정시키다; fijarse 주의를 기울이다, figurar 짐짓 꾸미다; figurarse 상상하다, fumar 담배를 피우다; fumarse 게으름을 피우다, graduar 가감하다; graduarse de ~을 졸업하다, hacer 하다; hacerse 되다, hablar 말하다; hablarse de (다른 사람·일에 대해) 말하다, hurtar 훔치다; hurtarse a ~을 피하다, humillar 굴복시키다; humillarse 자기를 낮추다, insinuar 암시하다; insinuar 교묘히 아첨하다, inspirar 숨을 들이쉬다; inspirarse en 영감을 받다, instalar 설치하다; instalarse 거주지를 정하다, largar 늦추다; largarse 꺼져버리게 하다(명령에 사용), lucir 빛나다; lucirse 화려하게 꾸미다, llegar 도착하다; llegarse 잠깐 가다·오다, mandar 명령하다·보내다; mandarse 혼자 움직일 수 있다, mantener 유지시키다; mantenerse 유지하다·요양하다, marchar 행진하다; marcharse 떠나다, medir 재다; medirse 도(度)를 지키다, molestar 귀찮게 하다; molestarse 걱정하다, mostrar 보여주다; mostarse 태도를 취하다, nacer 태어나다; nacerse 싹이트다, nacionalizar 국유화하다; nacionalizarse 귀화하다, ocurrir 발생하다; ocurrirse (순간적으로) 머리에 떠오르다, parecer ~인 것 같다; parecerse a ~를 닮다, perecer 죽다; perecerse por ~을 탐내다, permitir 허락하다; permitirse + 동사원형 (간곡히) ~을 하겠습니다, picar 찌르다; picarse 구멍이 나다, pintar 색을 칠하다; pintarse 화장하다, portar 나르다; portarse 행동하다, poseer 소유하다; poseerse 자제하다, prender 체포하다; prenderse 짙게 화장하다, presentar 제출하다·소개하다; presentarse 출두하다, prestar 빌려주다; prestarse a + 동사원형 봉사하다, producir 생산하다; producirse 소신을 말하다, prometer 약속하다; prometerse 약혼하다, proponer 제안하다; proponerse 꾀하다, quitar 제거하다; quitarse 벗다, recibir 받다; recibirse 자격을 얻다, recoger 모으다; recogerse (방으로) 들어가다, referir 말하다; referirse a ~에 관련 있다, regalar 선물하다; regalarse con ~을 즐기다, rehacer 고치다; rehacerse 재기하다, salir 나가다; salirse 새다·벗어나다, servir 봉사하다·제공하다; serverse de ~을 쓰다·이용하다, traer 가지고오다; traerse 꾀하다·좋은 옷차림을 하다, tratar 다루다; tratarse 시도해보다·교제하다, volver 돌아가다; volverse 되돌아가다·~가 되다.

Verbos recíprocos [언어] 상호 동사. 상호동사의 특징은 둘 이상이고, 각 주어는 다른 주어에 그 행위를 가하는 동시에 다른 주어로부터 행위를 받는 다는 점임. 즉 행위를 동시에 주고받는 것임. 경우에 따라서 상호동사는 mutuamente, recíprocamente, uno a otro, ambos 등과 같은 부사의 사용을 통하여 그 표현을 강조하기도 함. 예) Mi familia y yo nos escribimos a diario. 나의 가족과 나는 매일 서로에게 편지를 쓴다. Ambos se odian uno contra otro. 그 두 사람은 서로 미워한다.

Verbos reflexivos [언어] 재귀 동사. 동사와 주어, 목적어가 일치 할 때, 즉 동사의 행위가 그 행위자 자신에게 돌아갈 때 이를 재귀동사라고 함. 재귀 동사는 대명사를 동반함. 예) Me lavo las manos. 나는 손을 씻는다. Te acuestas a las diez. 너는 10시에 잠자리에 든다. ※ Reflexivos, pronombres 참조.

Verbos simétricos [언어] 대칭 동사. 형태론적으로 같은 형태를 가지고 있는 타동사가 그 목적어를 도치해 주어로 변화시켜 자동사화가 되는 동사로써, 동사를 중심으로 좌우에서 대칭되게 사용할 수 있음을 의미하는 동사(Medir, Pesar. 등등). 예) El muchacho pesó el pescado. 아이가 생선(무게)을 쟀다. El pescado pesaba dos kilos. 그 생선은 2킬로(무게)가 나갔다. ※ Verbos neutros 참조.

Verbos subjuntivos [언어] 접속법 동사.

Verbo sustantivo [언어] (실체・본질을 나타내는 동사) 'ser'를 가리킴.

Verbos terciopersonales [언어] 3인칭 동사(형). 역구조 동사. 불구 동사. ※ Verbos defectivos 참조.

Verbos transitivos e intransitivos [언어] 타동사와 자동사. 목적어를 필요로 하는 동사를 타동사라 하고, 목적어를 필요로 하지 않는 동사를 자동사라 함.

Verbos unipersonales [언어・문법] 단인칭 동사. llover(비오다), nevar(눈오다), tronar(천둥치다) 등등의 날씨, 기후를 표현하는 동사로 항상 3인칭 단수 만 사용하는 동사형. 예) Nevaba mucho. 눈이 많이 내리고 있었다. Llueve a cántaros. 폭우가 오고 있다.

Verborrea [의학] 요설증(饒舌症). 수다. 말이 많음.

Verdad [논리] 참(眞)조건. 일반적인 원리에 관련된 명제의 기능적 조건.

Verdad analítica [논리] 분석적 진리치. 가능한 범위에서 그 상황에 따라 가지고 있는 진리의 기준이 변화할 수 있다는 것을 일컬음. 예) Lo que es no puede no ser 존재하는 것은 존재하지 않는 것이라 할 수 없다; Dos es mayor que uno y menor que tres 2는 1보다 크고 3보다 작다.

Verdad sintáctica [논리] 구문적 진리치. 언급하는 말과 논리 사이에 적절성이 있는지를 일컫는 말. 예) Hay hombres calvos 대머리 남자들이 있다; Algunos leones son menos fieros que muchos tigres 몇몇 레온 사람들은 많은 호랑이보다는 덜 사납다.

Veredictivo [언어] 언표내적 진리치. 판단한 것을 발화를 했을 때, 언표내적(Ilocutivo) 의미의 힘이 전달되는 것을 일컬음((J.L. Austin의 화용론 용어)). 예) No apruebo esta clase 난 이 수업에서 합격하지 못한다; Aprecio sus méritos 난 그의 장점을 높이 평가한다. ※ Ilocutivo 참조.

Verificación 검증(檢證). 데이터의 분석적 비료를 하는 것으로 정확하게 비교할 수 없는 두 집합의 데이터를 지적하여 말소함을 일컬음.

Veritativo [논리] 진리치(Verdad)에 관련된.

Vernáculo [언어] 장소를 일컫는 고유의 표현, 자질, 언어에 관한 것을 일컬음. 예) La abertura vocálica en andaluz 안달루쓰 말에서 (나타나는) 모음의 열림(소리); El ensordecimiento de sonoras finales en español rioplantense 리오 플라타 지역의 스페인어에서 (나타나는) 유성어미의 무성음화. □ ((형용사로의 사용): 자국의; 본국의; 그 나라의. 예) Lengua vernácula 토착어. ※ Sonorización; Ensordecimiento 참조.

Verner (ley de) [언어] 베르너 규칙. 덴마크 언어학자 Karl Verner(1846 ~ 1896)가 1875년에 발표한 Germanic의 음 변화에 관한 규칙 (*Eine ausnahme der ersten Lautverschiebung*「제 1차 음성주의의 예외」). 이것은 Grimm의 법칙에서 불규칙적으로 나타난 예외가 인구어 공통조어에서는 강세 위치에 기인함을 발견한데서 나온 법칙으로서, 조건 지워진 음성변화 중 가장 유명한 것임. 인구어 조어 p, t, k는 Grimm의 법칙에 의해서 f, p, x가 되지만, 그 앞의 음절에 강세가 없는 경우는 조어에서 b, d, g(이것이 b, d, g)가 되었음. 또한 인구어 조어의 s는 Germanic 조어에서 z가 되었음. Verner의 법칙은 적용범위가 극히 넓어서 독일의 소장문법가들이 '음성법칙에 예외가 없다'는 설을 주장하게 됨.

Versal [인쇄] 대문자.

Versalita [인쇄] 소형대문자. 소문자와 같은 크기의 대문자. 예) F<small>ERNANDO</small>

Versículo [인쇄] (성경·코란 등의) 절(節).

Versificación [문학] ① 작시(作詩). 시작(詩作). 운문화. ② 작시법(作詩法).

Verso ① [언어] 운. 시를 분석할 때, 최소의 단위. ② [문학] 운문(韻文). 운율(metro)이 주어져 쓰여진 글. 문장을 크게 둘로 나누어 자유롭게 흐르는 산문에 대해 일정한 음률상의 약속을 지키며 행을 나누고 절을 나누는 문장을 가리켜 운문이라고 함.

Verso en blanco [문학] 무운시(無韻詩). 약강격 오음보(弱强格 五音步 Pentametro yámbico)로 된, 각운이 없는 시행으로 구성됨. 그래서 무음(en blanco)이란 명칭이 붙음. 모든 운문 형식 가운데 영어 대화의 본래의 리듬과 가장 가까움. 그러면서도 가장 융통성이 있어서, 담화의 상이한 여러 수준에 적용시킬 수 있음. 그 결과, 다른 어떤 유형보다도 빈번하게, 그리고 다각적으로 사용되어 왔음. ※ Pentametro yámbico 참조.

Verso libre [문학] 자유시. 산문처럼 연속되지 않고, 짧은 시행으로 쓰이며, 일상적인 산문보다 엄격한 리듬을 가지고 있음.

Versus [문학] (라틴어) 시구(詩句). 시의 절. 행.

Vibrantes (consonante) [언어] 진동음. 혀끝이 치경에 닿아 한번 또는 그 이상의 진동으로 생기는 소리임. 즉, 혀끝이 한번 혹은 여러 번 진동해서 나오는 소리임. 예) /r, r̄/ pero, cerrar.

Vinculación [언어] 함축(함의)적 연관·관계. 두 문장이 논리적으로 유래를 가지는 두 요소 사이에 함축적인 연관성을 가지고 있는 것을 일컬음. 예) Abel es hijo de Adán(아벨은 아담의 아들이다)과 Adán es padre de Abel(아담은 아벨의 아버지이다)는 함의적 관계를 갖는 문장임.

Violación [언어] 위반(違反). Lakoff (1965). 문법상의 이탈 개념을 설명하는 것으로, 문법 규칙에 의해 도출된 자질과 어휘 항목에서 주어진 자질이 서로 맞지 않는 경우를 위반 또는 위배라 함. 따라서, 문법적이라는 개념에 대립함.

Virtual [언어] 잠재성(潛在性); 잠재적. 언어학에서 형용사는 잠재적 성질의 형용사(adjetivo virtual)와 실재적 성질의 형용사(adjetivo actual) 사이에서 반대적 의미를 가지고 있음을 소쉬르(Saussure)의 이분법적 이론에서 언급하고 있음. 잠재성의 부분을 소쉬르의 이론에 의해 보자면, 기호를 통해서 의사소통이 이루어지기 위해서는 발신자와 수신자 사이의 메시지가 이해되어야 하는데, 이 메시지는 소리나 몸짓으로 구성되는 구체적 부분과 개념을 나타내는 추상적 부분으로 구성되는데 에서 추상적 부분임. 잠재(virtual)의 의미는 다시 말해, 기의(significado)라는 추상적인 부분을 의미함. ※ Significado 참조.

Virtuema [언어] 잠재소(潛在素). 포티에가 제시한 의소(sema)의 한 종류. 실제로 그 어휘 대상의 특질을 나타내지만, 필수적이 아닌 상태의 가변적 의소(= sema virtual). ※ Sema 참조.

Visión [문학] 비전. 시각적인 꿈, 환영의 뜻. 비전의 시라고 함은 시인의 관념 속에 있는 환영을 현실에 비추어 묘사하기 때문에 현실에서 동떨어진 것이 되고 말며, 이미지가 현실로부터 섭취한 사물을 시인의 마음에 의해 손을 더하고 언어의 회화로서 재창조한다는 사실을 생각한다면, 현대시에 있어서 비전은 이제 더 이상 중요한 역할을 하지 못한다는 사실을 알 수 있음.

Visual [언어] 시각(視覺). 발화를 해석할 때에 결정적으로 작용하는 것은 구두와 함께 이루어지는 시각적인 함축 표현임. 의사소통 내에서 이루어지는 비(非) 구두(口頭)적인 형태는 얼굴의 표정, 시선, 몸 동작, 자세 등과 같이 말로 표현되지 않는 것들임. 구두로 "Estoy feliz 난 행복해요"라고 표현한다 할지라도 얼굴 표정이 어두우면, 청자는 화자의 발화를 믿지 않고 그의 얼굴 표정에 의거하여 해석을 할 것임.

Vivo [언어] 사용 언어(lengua viva). 사어(死語 lengua muerta)의 반대 용어로서 언어학적 관점에서 볼 때 현재의 실제 공동체에서 통용되고 있는 언어(lengua hablada)를 일컬음.

Vizcaíno [언어] 비스까야 말. 비스까야(Vizcaya) 대부분의 지역에서 사용되는 바스크어(Euskera)의 방언을 일컬음. ※ Euskera 참조.

Vocablo [언어] 언어. 말. 용어. 낱말. 단어. 예) Vocablo extranjero 외국어.

Vocabulario [언어] 용어. 어휘. 용어 범위; 사용 어휘. 단어의 총체. Vocabulario는 어휘력이라는 인간의 언어 능력을 구성하는 요소들의 집합으로서의 개념을 말함. □ 비교: lexicón과 vocabulario는 똑 같이 '어휘'라는 술어로 번역되나 lexicón은 사전 또는 '어휘집'의 의미로도 사용되며, 언어학의 이론적인 서술 과정에서 사용되는 개념을 가지고 있음. ※ Lexicón 참조.

Vocal [언어] 모음. 모음 생성을 위해 누르는 근육이 작용하여 턱을 아래로 내려 입을 열게 함. 이 근육들은 혀와도 연결되어 있음으로 해서 턱이 내려갈 때 혀도 내려감. 따라서 발음되는 모음들은 가장 열린 음이 됨. □ 모음의 음성학적 특징으로는, 모음은 조음기관의 공기 구멍이 가장 벌어지고, 성대의 진동수가 가장 많고, 배음이 최대이며 스페인 언어의 실제적 음성 중 가장 음악적임. 게다가, 스페인어에 있어, 모음은 그 자체로서 음절의 핵을 구성하는 유일한 능력의 소리인데, 음절의 가장자리라 불리는 자음들에 의해 둘러 쌓여 있음. 음운론적 관점으로는 모음은 음절의 핵을 구성할 수 있는 능력에 의해 정확히 자음들을 저지함: [모음 = 음절의 핵 / 자음 = 음절의 가장자리]. 모음의 가장 중요한 것은 음색의 형성인데 ; 음색은 각각의 모음의 가장 뛰어나고 구별된 특성이며, 인두의 공명기와 구강에 의지하는데, 조음 기관이 취하는 위치에 의한 상태임. □ 특징: ① 모음은 유성음으로 음성 통로의 공기의 방해에 의한 폐쇄나 마찰에서 생겨나는 것이 아니라, 어떤 장애나 마찰이 없이 구강의 모양(입술과 혀)에 따라 다른 소리를 만들어 내게 됨. ② 모음은 강 모음과 약 모음으로 나뉘어 짐. 강 모음은 /a/·/e/·/o/이고, 약 모음은 /i/·/u/이다. 강 모음에 항상 강세가 온다는 것을 기본으로 강 모음과 강 모음이 만났을 때는 음절분해를 통해 두 음절로 만들어 준다는 것을 명심하고, 약 모음과 약 모음이 만났을 때는 한 음절로 보고 뒤에 오는 모음에 강세를 준다는 것에 주의해야 함. ③ 발음: ▫/a/는 발음상 [a(ㅏ)]로 발음함. 예) Padre [빠드레] ▫/e/는 발음상 [e(ㅔ)]로 발음함. 예) Pepenche [뻬뻰체] ▫/o/는 발음상 [o(ㅗ)]로 발음함. 예) Pobre [뽀브레] ▫/i/는 발음상 [i(ㅣ)]로 발음함. 예) Pipi [삐삐] ▫/u/는 발음상 [u(ㅜ)]로 발음함. 예) Pudo [뿌도]

Vocal abierta [언어] 개(開) 모음; 넓은 (구강) 모음. 구강이 가장 크게 벌려지고, 혀가 구강의 가운데에 위치해 발음이 되는 모음. 예) /a/. ※ Vocal central 참조.

Vocal cardinal [언어] 기본 모음. 모음을 정의하기 쉽고, 어떤 언어에서도 서술할 수 있는 역할을 하는 가장 기본적인 모음 음소를 일컬음. 기본모음(Vocal cardinal)은 2가지의 체계를 이루는데, 이는 4가지의 열림의 정도를 말하는 것과 3가지의 구개, 중앙, 연구개되는 조음점 위치로 나뉨. 이후, 이 체계들은 순음화 되지 않는 구개음과 중앙위치 음을 언급하는 것과 순음화되는 연구개 조음 위치로 나타나게 됨.

Vocal central [언어] 중간 모음. 구강 구조 내에서 나타나는 모음 삼각도의 조음점이 가운데에서 발음이 되는 모음. 예) /a/. ※ Vocal triangular 참조.

Vocal centralada [언어] 중설화 모음(中舌化 母音).

Vocal corta [언어] 짧은 모음. 라틴어의 짧은 모음을 지칭함. 예) ĕ, ŏ.

Vocal creciente [언어] 강화(强化) 모음. 이중모음의 형태에서 약 모음/i, u/뒤에 강 모음/a, e, o/가 오는 경우로 8가지 종류(ia, ie, io, iu, ua, ue, ui, uo)로 나타나게 됨.

Vocal débil [언어] 약모음(弱母音). 강세가 붙어 있지 않은 모음이며 강세 음절에 들어있지 않은 모음을 일컬음.

Vocal decreciente [언어] 약화(弱化) 모음. 약모음/i, u/가 강모음/a, e, o/뒤에 오게 되어 이중모음의 형태를 나타나는 경우로 6가지 종류(ai, au, ei, oi, ou)가 있음.

Vocales anteriores [언어] 전치 모음. 구강 구조 내에서 나타나는 모음 삼각도의 조음점이 앞쪽에서 발음이 되는 모음들. 예) /i/, /e/.

Vocales cerradas [언어] 폐(閉) 모음들; 협착(狹窄) 모음들. 좁은 (구강) 모음들. 구강 구조 내에서 나타나는 모음 삼각도의 조음점이 위쪽에서 발음이 되는 모음이며, 혀가 입천장(구개)에 가까이 닿을 듯하게 되어, 구강이 좁게됨으로서 발음되는 모음들. 예) /i/, /e/. ※ Vocales anteriores; Vocales posteriores 참조.

Vocales deslabializadas [언어] 비순음화(非脣音化) 모음들. 전설모음은 비 순음화되는데, 전설 모음인 [i, e, a]는 순음화를 동반하지 않아 의미 변화를 일으키지 않음.

Vocales en contacto [언어] 연속된 모음의 발음. 연속된 둘, 혹은 그 이상의 모음이 하나의 단어 내에 위치해 있거나, 또는 인접한 두 단어 사이에 있는 경우. ※ Acento 참조.

Vocales españolas [언어] 스페인어의 모음들. 스페인어 모음 체계에서, 모음의 음운론적 고려가 스페인어를 시작하는 관점에서 첫 번째로 중요한 자리를 차지하고, 반면에 모음들의 음성학적 체계를 잘 분석해야 함. 그래서, 스페인어에선 다음의 5개의 모음 음소가 존재하고 있음을 볼 수 있음. / i, e, a, o, u /는 다음에서 나타날 3가지의 배음, 조합으로 나타남. □ /e/와 /o/는 다음의 위치에서 약간 열려서 약간의 이음을 발생함. ① [r̄]와의 접촉 시. ② [x]와의 접촉 시. ③ 이중모음의 부분을 형성할 때. ④ /o/의 열린 음이 자음으로 끝나는 모든 음절을 생산하고, /e/의 열린 음이 [d, m, s, n, θ]가 아닌 다른 어떤 자음에 찾아졌을 때. □ /a/의 3가지 다른 이음의 발생. ① 경구개의 변화, [c, ʎ, ɲ, j] 형태의 경구개 자음에 선행할 때 ② 다른 연구 개화된 이음이 모음 [o, u] 또는 자음[l, x]에 선행할 때. ③ 중간 이음은 앞 음절에서 표현되지 않은 부근에서 나타남.

Vocales labializadas [언어] 순음화(脣音化) 모음들. 후설 모음은 특성상 순음화를 동반함. 스페인어에는 일련의 후설 모음은 정상 음성으로서, 후설 모음인 [u, o]는 순음화됨.

Vocales medias [언어] 중개(中開) 모음들. 반 구강 모음들. 혀와 입천장(Paladar) 사이가 좀 떨어져서 내는 소리임. 예) /e/, /o/. ※ Paladar 참조.

Vocales nasales [언어] 비강(鼻腔) 모음. 비강 모음(vocales nasales)은, 연구개가 혀와 인두벽 사이의 위치에 자리잡고 있으며, 어떤 것에도 장애를 받지 않음. 소리 음파는 비강과 구강을 통해 동시에 나감. 이러한 그룹의 모음들을 구비강(oronasales)이라 부르는 것이 편리함. ※ Vocales oronasales 참조.

Vocales orales [언어] 구강(口腔) 모음. 구강모음(vocales orales)은, 연구개의 발성기간 중에 인두 벽에 부착되고, 따라서 구강을 통해서만 유일하게 유성 음파가 빠져나감. [i, e, a, o, u]와 같은 모음이 모두 여기에 해당됨.

Vocales oronasales [언어] 구비강(口鼻腔) 모음. 비강 모음(vocales nasales) 참조. 스페인어에는 일종의 구비강 모음을 갖고 있는데, 이를 비강 모음의 변이음들(alófonos de las vocales orales)이라 함. ① 모음이 비음 자음 사이에 있을 때. ② 때때로, 첫 글자가 비어 있고, 비음 자음이 이어서 올 때. ※ Vocales nasales; Alófono 참조.

Vocales posteriores [언어] 후치 모음. 구강 구조 내에서 나타나는 모음 삼각도의 조음점이 뒤쪽에서 발음이 되는 모음들. 예) /o/, /u/. ※ Vocal triangular 참조.

Vocal fuerte [언어] 강모음(強母音). 강세가 붙어 있는 모음을 일컬음. 즉 핵음절에서 강세가 붙여 읽혀지는 모음.

Vocálico [언어] ① 모음(성)의. ② 스펙트럼기구에 나타난 형태로부터 정의된 구조와 연관된 음성적 요소의 고유 유성 자질. 조음에 있어서는 유성(Sonoro)적인 자질의 발현에 의해 성격이 정해짐. 예) /e/, /u/. ※ Sonoro 참조.

Vocal intertónica [언어] 약세 어중모음. 강세가 없는 어중모음은 통속라틴어에서 이미 탈락되었으며 이러한 어중 모음 상실 현상은 스페인어에도 그대로 반영되어 열린 모음 a를 제외한 강세가 없는 어중 모음들은 모두 탈락되었음. 예) [교양 라틴어] populāre > [통속 라틴어] pọb′larẹ > [현대 스페인어] poblar; [교양 라틴어] dēlicātum > [통속 라틴어] dẹl′gadọ > [현대 스페인어] delgado; [교양 라틴어] fābulāre > [통속 라틴어] fab′larẹ > [현대 스페인어] hablar.

Vocalismo [언어] 모음체계. 언어의 어군, 언어의 어족 또는 한 언어의 모음체계를 일컬음. 예) Vocalismo románico 라틴어의 모음체계. ※ Vocal 참조.

Vocalismo mínimo [언어] 최소의 모음체계. 언어 습득의 초기 단계에서 조음의 기본을 이루는 모음의 체계를 일컬음((Roman Jakobson의 용어)).

Vocalización [언어] 모음화. 유성음화(Sonorización); 발성(發聲). 자음 또는 유성음이 모음과 어울려지게 됨에 의해 변형되는 음운현상. 예) Alteru > autru > otro 다른; factu > faytu > feyto > fecho > hecho 만든. ※ Sonorización 참조.

Vocal neutra [언어] (체계 내) 중앙 위치의 모음. 각각의 모음 음성체계 안에서 중앙의 지역에 일반적으로 위치하는 모음 음소. 그 조음은 휴지(休止)가 일어난 다음 자리에서 나타난 음성조음 기관들 때문에 특성이 만들어짐. 예) ((영어)) 'come[kəm]'에서 나타나는 음소 '/ə/'.

Vocal protética [언어] 어두음 첨가. 원래 자음으로 시작하는 단어의 앞에서 모음의 발달. 예) 초기 라틴어 faclis > 후기 라틴어 fac<u>i</u>lis > 현대 스페인어 fácil.

Vocal rectangular [언어] 모음 사각도. 모음을 조음의 위치와 입의 벌림에 의해 분류하여 그림으로 그린 현대적 분류 표임. ■ 국제 표준 모음 사각도.

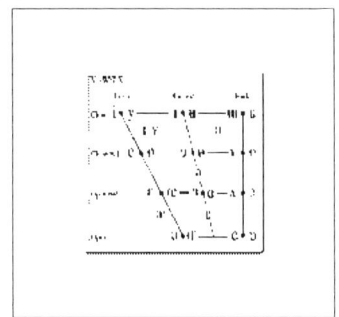

※ Vocal triangular 참조.

Vocal temática [언어] 어간모음. 어떠한 명사류와 동사류의 어근과 어미 사이에 개입된 모음.

Vocal triangular [언어] 모음 삼각도. 모음 삼각은 모음을 조음의 위치와 입의 벌림에 의해 분류하여 그림으로 그린 것임. 18세기 모음 삼각도가 나온 이래(의사인 Ch. Fr. Hellwag, 1783) 수정을 거쳐 지금은 모음 사각도가 사용되고 있음.

■스페인어의 모음 삼각도.

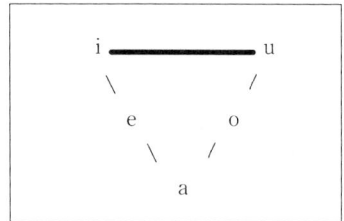

Vocativo [언어] 호격(呼格). (격변화 하지 않는 언어에서의) 부르는 말. 예) <u>Sánchez</u>, escucha bien. 산체스, 잘 들어.

Vocoides [언어] 모음류. 모음성 공명음(空鳴音)((Kenneth L. Pike에 의해 소개됨)).

Volar [문법] □ 자동사로 사용되는 경우: ① 날다. 예) Los pájaros *vuelan* de rama en rama 새들이 이 가지에서 저 가지로 날아다닌다.. ② (비행기가) 날다, 비행하다. ③ 날아오르다. ④ 달리다, 질주하다. 날 듯이 달리다, 지나가다. 예) Las horas *vuelan* 세월은 유수와 같다. ⑤ [현재분사로] 급히, 빨리, 서둘러. 예) He escrito el diccionario lingüístico *volando* 나는 어학 사전을 잽싸게 탈고했다. ⑥ 순식간에 없어지다. 예) El dinero *vuela* 돈이란 눈 깜박할 사이에 없어진다. □ 타동사로 사용되는 경우: ① 날리다. ② 날려 버리다, 폭파하다. ③ 화나게 만들다.

□ volar 동사 변형:
직·현재   접·현재
vuelo   *vuele*

v*ue*las	v*ue*les
v*ue*la	v*ue*le
volamos	volemos
voláis	voléis
v*ue*lan	v*ue*len

□ 아르헨티나, 우루과이, 빠라과이 등지에서는 2인칭 단수를 Volás로 사용함. 중남미 등지에서는 2인칭 복수는 사용하지 않고, 2인칭 복수 대신에 3인칭 복수 Ustedes를 사용함에 주의. ※ Presente irregular: ~o → ~ue 참조.

Volitivo [언어] 의지 동사. 언술 속에서 주어의 의지를 표현하는 동사형. 라틴어의 eamus(스페인어 vayamos)는 의지 동사의 형태임.

Vos [언어] ((주격 인칭 대명사 2인칭 단수)) ① [고어] 당신(= usted). ② (아르헨티나, 볼리비아, 꼬스따 리까, 니까라과, 빠라과이, 엘살바도르, 우르과이, 베네수엘라 지역에서) 너, 그대.

Voseo [언어] '너' 의미의 포르투갈어를 중남미 일부지역에서 Tú의 대용으로 사용되는 현상. 중남미 지역에서 나타나는 특이한 현상으로 voseo현상이라고 함. 즉, voseo는 tú 대신에 vos를 사용하는 것을 말함. 특히 아르헨티나와 우루과이에서 voseo현상이 두드러짐. 가장 일반적인 voseo의 형태는 다음과 같이 볼 수 있음. 'vos + 2인칭 복수' 그러나 일반적이진 않지만, 또 다른 두 가지 형태가 있음. 단지, 대명사에서의 변화: "vos + 2인칭 단수" vos cantas(너는 노래한다), vos tienes(네가 가지고 있다), vos vienes(네가 온다) 단지, 동사에서의 변화: "tú + 2인칭 복수" tú can-áis, tú ten-éis, tú ven-ís의 형태로 오는 경우도 있음. □ voseo를 사용한 대명사의 용법: voseo는 tuteo의 목적대명사를 사용함. te를 사용하지만, 전치사 뒤에는 ti대신에 vos를 사용함. 예)·스페인의 스페인어의 경우: ¿Tú te marchas ya? (이제 너 가니?) Voy contigo.(난 너와 간다) ·중남미의 스페인어의 경우: ¿Vos te marchás ya? (이제 너 가니?) Voy con vos.(난 너와 간다) □ 중남미 voseo의 간략한 역사: ① vos는 16세기 스페인에서 존칭어로 사용되어진 2인칭 단수 대명사였음. ② tú는 보다 더 친밀한 표현의 2인칭 단수 대명사로 사용되어졌음. ③ 일반적으로 존칭어로 usted가 일반화 되었음. 그리고 vos대신에 일반적인 용어로 tú가 사용되었음. ④ 요약해서 다음과 같이 얘기할 수 있음. -tú는 vos가 사라지기 전까지 스페인과 아메리카 지역에서 사용되어졌음. 이 현상은 México, Antillas, Perú와 Bolivia에 남아있음. 그럼에도 불구하고 아르헨티나, 우루과이, 파라과이 중미지역, 그리고 멕시코의 치아파스 지역에서는 vos가 더 지배적으로 사용됨. -파나마, 콜롬비아, 베네수엘라, 에콰도르, 칠레, 페루와 볼리비아의 남부에서는 tú와 vos가 동시에 사용되어짐. ⑤ 중남미에서는 스페인의 까스띠야어를 선호하지 않고 voseo, tuteo 현상이 나타나는 지역과 두 현상이 혼합된 지역이 나타남. ⑥

voseo에 대한 평가는 시대와 국가와 사회계층에 따라서 다르게 나타남. ⑦ 그러나 근래에 와서 voseo의 문화적 확산은 tuteo를 대신해서 규범으로서 받아들여지게 됨.

Voz [언어] 태(態). 하나의 행위를 기술하는데 있어서, 행위에 가담된 요소들과 술어와의 관계 표현에 사용되는 술부 표현의 여러 형태. 행위에 직접 가담한 동작주가 주어로 표시될 때의 술부 형태를 능동태라고 하고, 행위를 입은 대상이 주어로 표현될 때를 수동태라 함. 그러나 《Llueve 비가 온다.》나 《Él va muriendo 그는 죽어간다.》처럼 주어가 행위에 능동적으로 가담한 것으로 볼 수 없는 능동동사가 많으므로, 앞에서의 정의가 명시적이라고 할 수 없음.

Voz activa [언어·문법] 능동태. 주어가 행위자로서 목적격 대상에게 행위를 전달하는 것을 일컬음. 예) El técnico ha arreglado la radio 기술자가 라디오를 고쳤다.

Voz media [언어·문법] 중간 태(中間態). 주어가 행위자로서 행위를 전달하는 주체가 되는 동시에 목적대상이 되어 행위를 전달받는 객체가 되는 것을 일컬음. 예) El rumor se extendió en seguida 소문은 곧 퍼졌다.

Voz pasiva [언어·문법] 수동태. 주어가 의미상 목적 대상이 되어 행위를 전달받는 것을 일컬음. □ 형태: 『ser + 과거분사(-ado, -ido) + por + 행위자』 ① 행위자를 나타내는 경우, 전치사 'por'를 사용하여야 함. ② 동사 ser의 경우는 능동태의 동사의 시제와 같은 시제를 사용해야 함. ③ 과거분사(-ado/ -ido)는 주어의 성·수에 일치시켜야 함. 예) La ventana <u>fue abierta</u> por Sancho. 창문은 산초에 의해서 열렸다. <u>Eres querida</u> de todo. 너(여자)는 모두들에게서 사랑받고 있다. ④ 능동형에 se를 붙여 수동형의 의미를 나타내는 경우도 있음. 예) Se habla francés 프랑스어가 사용된다. ※ Pasivo; Frases pasivas; Se refleja 참조.

Vs Versus의 약자. ~에 대한, ~대(對).

Vuestro [문법] [소유 형용사 2인칭 복수형] ① 너희들의, 당신들의. 예) vuestra escuela 너희들의 학교. ((참고: 중남미에서는 대부분 vuestro를 사용하지 않고 su를 사용한다)) ② [경칭] 귀체(貴體)의, 존체(尊體)의, 폐하의. 예) *Vuestra* Majestad 폐하. ③ [부를 때] *Vuestra* Alteza Real 전하. Vuestra señoría 각하. □ 대명사로 사용되는 경우: [정관사과 함께] 너희들의 것, 당신들의 것. 예) Nuestra casa es más pequeña que *la vuestra* 우리의 집은 너희들의 집보다 작다. ※ Posesivos 참조.

Vulgar 통속의: 비속한, 저속한. 예) Latín vulgar 통속 라틴어.

Vulgarismo [언어] ① 대중어. 교양어의 반대 개념으로 의미론·음운 음성학 등의 변화에도 지대한 영향을 미침. 예) (대중어/교양어) llave / clave 열쇠; hechura / factura 완성상태. ② 속어(俗語); 어법의 잘못.

을 미친다고 말하는 것으로서, 언어 상대성 가설, 언어적 세계관 가설이라고도 불림.

【W】

W [언어] 우베 도블레. 스페인어 알파벳의 스물 여섯 번째 문자; 국제 라틴어 순서의 스물 세 번째 문자; 명칭은 ube doble(우베 도블레) 이외에 ve doble(베 도블레) 또는 doble ve (도블레 베) 라고도 함; 발음은 우(u) 이지만, Wagner처럼 독일어에서 온 단어는 ㅂ(b) 발음을 한다.

Wau [언어] 와우(Wau) 현상. 선행자음과 결합하여 반 자음인 파열음이 되거나 선행하는 모음과 결합하여 반모음인 내파음(implosiva)이 되는 u로서, 선행하는 모음을 폐 모음화하면서 Yod현상과 유사한 영향을 끼침. 하지만, Wau현상은 Yod현상에 비해 드물며, 그 영향도 적음. 예) salto > sau̯to > souto > soto; falce > fau̯ce > foce > foz > hoz. ※ Implosivo; Yod 참조.

Whorf - Sapir (hipótesis de) [언어] Whorf - Sapir 가설. 우리들의 우주관 및 우주 분석 방법, 경험 방식, 통솔 방법 등이, 사용하는 언어가 다르면 그에 대응하여 다르다고 하는 가설을 말함. 언어가 그 사용자의 사고방식이나 정신구조에 일정한 영향

【X】

X [언어] ① 에끼스. 스페인어 알파벳의 스물 일곱 번째 문자; 국제 라틴어 순서의 스물 네 번째 문자. ② 미지[미정]의 것(n). ③ [수학] 미지수 (기호). ④ (로마숫자에서) 10. □ 발음: 지명과 국명에서만 [x ㅎ]발음을 내며, 나머지에서는 [k ㄲ] + [θ ㅆ]을 냄. 예) México [메히꼬]. Examen [엑싸멘]. ※ Alfabeto 참조.

X [언어] 크시. 크사이 /Ξ, ζ/. 라틴어 알파벳의 X에 해당하는 희랍어 알파벳의 열 네 번째 문자.

【Y】

Y¹ [언어] y 이 그리에가 (스페인어 자모의 스물 여덟 번째 문자). 스페인어의 자음 음소 /y/. ① 음성학적으로는 마찰음(fricativo), 구개음(palatal), 유성음(sonoro)의 자질을 가짐(= Fricativa palatal sonora 유성 마찰 경구개음). 음성학 기호로는 [y]로 나타남. 예) ma**y**o 오월. ② 경우에 따라 마찰음 대신 파찰음(africado)되는 경우가 있음: [ŷ]. 예) cón**y**uge 부부, **y**ate 요트. ※ H; Fricativo; Paladar; Sonoro; Africado 참조.

Y² [문법] ((접속사)) 그리고. [i~·hi~의 앞에서는 e가 됨. 예) Jorge e Ignacio 호르헤와 이그나시오. madre e hija 어머니와 딸. 그러나 의문문·감탄문의 문장 앞과 hie~의 앞에서는 y 그대로 씀. 예) ¿Y Ignacio viene también? 그럼 이그나시오도 오니? flores y hierbas 꽃과 풀] □ 용례: ① …과, …와, 및, 그리고, 또. 예) él y ella 그와 그녀. Mi hermana es alta y hermosa 내 누이는 키가 크고 미녀다. ② 게다가. 예) una casa moderna y cómoda 현대적이면서도 편리한 집. ③ 그런데, 그러나. 예) Te llamé y no viniste 나는 너를 불렀지만 오지 않았다. ④ 그래도, 그런데도, 그러나. 예) Ella estaba cansada y seguía trabajando 그녀는 피곤했지만 계속 일했다. ⑤ [명령문 다음에서] 그러면. 예) Date prisa, y podrás tomar el tren 서둘러라, 그러면 열차를 탈 수 있을 것이다. ⑥ [+no] 그렇지 않으면. 예) Dímelo, y no no te creeré 나에게 그것을 말해라. 그렇지 않으면 나는 너를 믿지 않을 거이다. ⑦ [문장 앞에서] 그런데, 그래서, 그러면. 예) Estoy muy bien, gracia. ¿Y tú? 덕분에 나는 잘 있다. 그런데 너는? ⑧ [수의 접속: 10자리수와 1자리수 사이에 들어감] 예) treinta y cinco 35. ⑨ [시간; 시(時)와 분(分) 사이에 들어감] 예) Son las siete y diez 일곱 시 십 분이다.

Ya [문법] ((부사)) ① [완료] 벌써, 이미. 예) *Ya* son las diez 벌써 열 시다. *Ya* le he avisado 나는 이미 그에게 알렸다. ② [+ 현재형] 지금 곧[바로]. 예) *Ya* me voy 지금 곧 갑니다. ③ [+ 미래형] [불확실] 얼마 안 있어, 근간, 일간, 장래에. 예) *Ya* te visitaré 일간 너를 방문하겠다. ④ [운동] 출발! 예) ¡Preparados! ¡Listos! ¡*Ya*! 제 위치, 준비, 출발!

Yámbico [문학] 약강격(弱強格). 운율법에서 표준음보 중에 하나로써, 하나의 무강세음절 다음에 하나의 강세음절이 오는 것을 일컬음. ※ Pentametro yámbico; Yambo 참조.

Yambo ① [언어] 얌보(Yambo)형식.

연속되는 모음 음소를 가진 음절에서 약·간결 모음(/i/)과 강·장 모음형태(/a/)의 합성음이 만들어지는 라틴어·그리스어의 시구의 리듬형식. ② [문학] 약강격 음보. 운문의 최소 운율을 측정하는 단위. 예) ‿— 예) 《Amór de tí nos químa blánco cuérpo》(Unamuno) ※ Ritmo de intensidad 참조.

Yeísmo [언어] 예이스모(Yeísmo) 현상. /ll/와 /y/를 동일하게 발음하는 현상. 스페인어에서 설측음 [ʎ]이 비설측음화 과정에 의해 점차 감소되어 [j]로 발음되고 있다. 이와 같은 방법으로 calle [káʎe]가 [káje]로 들리는 경우가 잦음. [ʎ]를 쓰던 지역들에서 그 소리를 잃어버리게 됨에 따라 /ĵ/ - /ʎ/의 구별을 없애게 되었는데 이런 현상을 yeísmo 라 한다. ll음을 발음할 때, 경구개-설측음(lateral - linguopalatal)에 해당하는 [ɦ]음으로 발음해 주어야 하는데, y문자에 해당하는 경구개-마찰음 [j] 같이 발음하는 현상을 말함. Calle를 [káɦe]라고 발음해야 하는데, [káje]로 발음하는 사람들을 많이 접하며, allí를 발음할 때 [aɦí]로 발음해야 되는데 [ají]로 발음하는 사람들을 많이 접함. 또한 lluvia를 발음할 때도 [ɦúβja]로 발음해야 하는 데 [júβja]로 발음함. 이런 식으로 발음하는 사람들은 ll와 y음을 구별해서 발음하지 못하므로 olla - hoya, maya - maya, halla - haya, gallo - gayo, hulla - huya를 동일하게 발음하는 결과를 초래함. ※ Lateral; Linguapalatal 참조.

Yod [언어] 구개음화 현상. Yod은 라틴어의 majore, jejunare나 스페인어 mayor, ayunar 따위에서의 자음 y에 가까운 소리로서 이 y처럼 모음 사이에 사용되지 않는데, 그 이유는 Yod가 자음이 아니기 때문이며, 선행하는 자음과 집단을 이루어 파열하는 소리를 내는 pie, radio와 'i'와 같은 반자음이거나, 선행하는 모음과 집단을 이루고 폐쇄음이 되도록 발음하는 baile, peine 속의 i̯와 같은 반모음임. Yod은 많이 폐쇄된 반모음의 발음이므로 항상 선행 모음을 한 단계 더 폐 모음화 함. 구개모음의 경우 라틴어의 모음에서 a는 e로 ę는 ẹ로, ẹ는 i로 더욱 폐 모음화되며, 연구개음의 경우는 ǫ는 ọ로, ọ는 u로 폐 모음화 됨. 모음 'i'와 'u'의 경우 최고의 폐 음이므로 더 이상의 폐모음이 되지 않음. 이렇게 하여 Yod의 영향에서는 강세 있는 7개의 모음이 4개로 줄어듦. Yod은 모음을 폐모음화 시키는데 영향을 줄 뿐 아니라 인접한 자음을 구개음화 시키며, 모음에 대한 영향은 자음에 대한 작용에 부수적인 것임. Yod가 자음 속에 스며들면서 매우 일찍 자음을 구개음화 시킨 경우에는 모음에 영향을 줄 시간이 없었음. 그러나 Yod가 자음에 흡수되지 않고서 오랫동안 보존되면 될수록 다양한 종류의 모음에 그 만큼 더 영향을 끼쳤음. ※ Clases de Yod 참조.

Yodización [언어] 구개음화 현상의 영향. 구개음화(Yod) 현상에 의해서 발생하게되는 소리의 변화. ※ Yotización 참조.

Yoísmo [언어] 요(Yo)의 남용. 스페인어는 인칭에 따라 동사가 변화함으로 특별한 경우가 아니라면, 인칭 대명사를 생략함. 그 중 특히 Yo를 많이 사용하는 것을 일컬음. 예) Yo no he dicho eso 나는 그것을 말해본적이 없다.

Yotización [언어] 구개음화 현상의 영향. Yod 현상에 의해서 발생하게되는 소리의 변화를 일컬음. 라틴어 어군(語群) -ks-가 로마니아(Romania) 서부지역에서는 -js- 등으로 나타나는 것. ※ Yod 참조.

Yusivo [문법] 명령법(=Imperativo). 접속법으로 명령법을 나타내는 것. 예) ¡Que se largue! 출발하세요! ¡Tenga silencio! 조용히!

Yuxta- [어원] 「근접」을 뜻하는 접두어. 예) Yuxtalineal 원문·번역문 대조의.

Yuxtalineal 번역문과 원문을 나란히 대조한 (번역).

Yuxtaposición [언어] 나란히 놓음. 붙여 놓음. 어떠한 접속사가 없이 문장들을 연결하는 경우를 일컬음. 예) Ayer me concontré con ella, estaba muy pálida 난 어제 그녀를 만났고, 그녀는 매우 창백해져 있었다.

Yuxtapuesto [언어] 나란히 놓여있는 관계. 접속사 없이 문장들이 연결되는 경우(Yuxtaposición)에 문장 내에 들어가 있는 부분으로서의 어휘, 구, 절을 일컬음. ※ Yuxtaposición 참조.

【Z】

Z [언어] z 쎄다 (스페인어 자모의 스물 일곱 번째 문자). 스페인어의 자음 음소 /θ/. 음성학적으로는 마찰음(fricativo), 치간음(interdental), 무성음(sordo)의 자질을 가짐. 음성학 기호로는 [θ]로 나타남. ※ Fricativo; interdental; Sordo 참조.

Zaceoso, sa [언어] s자를 z자로 발음하는.

Zarracatería 달콤한 말. 알랑거림.

Zeta [언어] ① 쎄따. 문자 Z의 명칭. ② 제타. 희랍어 알파벳의 여섯 번째 문자 /Z, ζ/의 명칭. 스페인 왕립 한림원(Diccionario de la Lengua Española)에서는 이를 희랍어의 여덟 번째 글자인 데타 /θ, θ/로 표기함.

Zetacismo [언어] 쎄따씨스모(Zetacismo)현상. 자음 소리가 [θ]로 변형되어 나타나는 현상. 예) (통속 라틴어) captiare > cattiare > caçar > cazar 사냥하다.

Zeugma [언어] 액어법(軛語法). 연속 어법. 등위구조에 있어서 대등 접속된 형태들은 문장 구성상 동일한 분포를 갖는다고 하는 조건을 어긴 형태 중의 하나. 동사(혹은 형용사)를 등위 구조에서 무리하게 사용하는 경우를 액어법(zeugma)이라 함. 문법상의 중의성을 자아 넬는 수도 있음. 예) Uno tomó la laya, otro un pico y el tercero un rastrillo. 한사람이 쟁기질을 했고, 다른 사람은 찔러댔고, 세 번째 사람은 갈퀴질을 했다.

ZIPF (ley de) [언어] ZIPF(분류) 법칙. 텍스트 상에서 나타나는 어휘들의 빈도(다소 빈번하게 나타나는 어휘들이나 아주 드물게 나타나는 어휘들)와 그 출현 빈도에 따라 분류된 어휘들의 등급 사이에서 존재하는 관계를 연구할 때, ZIPF는 「등급(Rango) × 빈도(Frecuencia) = 불변수(Constante)」를 형성하게 됨. ZIPF를 나타내는 곡선은 어휘의 빈도가 많은 것에서 적은 것으로 정리하는 순서에 따라 분류된 어휘들의 등급을 ABC순서로 정리하며, 직선은 「등급(Rango) × 빈도(Frecuencia) = 불변수(Constante)」로 나타난 값을 지적하는 것임.

Zurich 쮜리히 학파. Freud의 이론으로부터 독자적인 이론을 발전시킨 Carl Custav Jung의 학설을 추종하던 심리분석학자들의 학파를 일컬음. 융의 방법은 분석적 심리학이라고 불림.

한국어 - 스페인어 대조표

[한국어-스페인어 대조표]

【ㄱ】

가공물	Artefacto
가까움의 상대 개념	
	Alejado
가능법	Pasado no acabado, por rodeo
가능법 불완료형	Imperfecta del potencial
가능법 완료	Antefuturo hipotético
가능법 완료	Ante-pos-pretérito
가능법 완료	Pasado más que acabado, por rodeo
가능법 완료	Potencial compuesto
가능법 완료형	Perfecta de potencial
가능법의	Potencial
가독성	Legibilidad
가려내다	Acotar
가산의	Contable
가산의	Numerable
가설 미래	Futuro hipotético
가성	Falsete
가술어	Categorema
가술어(可述語)	Categorema
가예고	Lusismo
가예고주의	Lusitanismo
가용성	Aceptabilidad
가유추	Analogía falsa
가정법	Modo subjuntivo
가정을 표현하기 위한 미래	
	Futuro para expresar la Hipótesis
가정의	Hipotético
가족이름	Patrónimo
가주어	Sujeto aparente
가짜의	Aparente
가청도	Audibilidad
가치	Valor
가치 없는	Vacío
가환성	Conmutabilidad
각기의	Respectiva
각색	Adaptación
각운	Rima
각자의	Respectiva
각주를 붙이다	Acotar
간격	Abertura
간격동화	Asimilación distante
간결한	Desnudo
간략 어법	Braquilogía
간섭	Interfenrencia
간접 목적 대명사	Caso dativo
간접 목적어	Objetos indirectos
간접 목적어	Pronombre complemento indirecto
간접 의문문	Oración interrogativa (indirecta)
간접 화법	Estilo indirecto
간접 화행	Actos indirectos
간접대명사 le 또는 les를 대신해서 la 와 las를 쓰게 되는 현상	

	Laísmo	강모음	Vocal fuerte
간접목적 대명사 Se		강모음	Clasificación de las vocales por la intensida
	Se de objeto indirecto		
간접보어	Complemento indirecto	강세	Acento
		강세	Apoyo
간접의	Indirecto	강세	Stress
간접의	Obicuo	강세 목적어 대명사	
간투사적으로	Exclamativamente		Pronombre objeto tónico
갈라져 나간	Rajado		
갈리시아 어	Gallego	강세 부과 강조	Acentuación
갈리시아어에서 차용된 스페인어		강세 시르콩 플렉스	
	Galleguismos		Circunflejo
감각	Sensación	강세 시르콩 플렉스	
감상주의	Sentimentalismo		Circunflexión
감성	Sensibilidad	강세 음절 뒤에	Postónica
감소	Reducción	강세가 뒤에서 3번째 음절에 있는 어휘	
감정	Emoción		Proparoxítona, palabra.
감정 전이	Transparencia		
감정 표현적 기능	Expresiva	강세가 없는	Átono
감정의	Emotivo	강세가 있는	Acentual
감정의 표현	Expresiones de sentimientos	강세가 있는	Fuerte
		강세가 있는 단어	Palabra con acento
감정적 오류	Falacia afectada		
감탄 부호	Admiración	강세가 있는 음절 앞의	
감탄문	Exclamativa (oración)		Pretónico
		강세를 가진	Tónico
감탄문	Oración exclamativa	강세 부정과거	Pretérito fuerte
		강세에 대한 일반적인 특징	
감탄부호	Exclamación, Punto de.		Caracteristicas generales del acento
감탄사	Exclamativo		
감탄사	Interjección	강세위치에 의한 어휘의 분류	
강	Cavidad		Clasificación de las palabras por la posición del acento
강강격	Espondaico		
강도	Intensidad		
강력함	Fuerza		

강세 음보	Ritmo de intensidad	개별화	Individuación
		개연설	Probabilidad
강세의 운율적 기능		개연성	Probabilidad
	Función rítmica del acento	개인 방언	Idiolecto individual
강세표시를 달 수 있는		개인 어	Idiolecto
	Acentuable	개인 어	Idiolecto individual
강약격	Trocaico		
강약격	Troqueo	개인 오차	Ecuación
강약약격	Dactílico	개인 특유의 표현 행위	
강약약격	Dáctilo		Acto retórico
강음	Sonido duro	개인적 사용	Uso individual
강의어	Intensivo	개인적 특이성	Idiosincrasia
강자음	Consonante fuerte	개작	Adaptación
강제동사	Coactivo	개체 명사	Nombre individual
강조	Insistencia	개체발생	Ontogenia
강조	Énfasis	개체승화	Sublimación individual
강조 자음	Enfática		
강조의문	Interroenfático	개체화	Individuación
강조적 기능	Función fática	개폐의 정도	Grado de abertura
강조적 기능	Fática	객어	Predicable
강조적 행위	Acto fático	거기	Ahí
강조하는	Acentuado	거리	Longitud
강조하다	Acentuar	거시 언어학	Macrolingüística
강하게 발음하다	Cargar	거짓	Invención
강한	Alto	거짓말	Prevaricación
강화 모음	Vocal creciente	건망증	Amnésia
같은 줄이 아닌	Delineario	검증	Verificación
같은 확률인	Equiprobable	겉보기의	Superficial
개 모음	Vocal abierta	게르만어	Germanismos
개구도	Apertura	게르만어군	Grupo germánico
개념	Noción	격	Caso
개념 장	Campo conceptual	격려	Arenga
		격려 연설을 하는 사람	
개념의	Nocional		Arengador
개별 언어학	Fonética individual	격리된	Aislante
		격률	Máxima

격변화	Parisílaba	경계	Frontera
격언	Adagio	경계 표시의	Delocutivo
격언	Aforismo	경계	Límite
격언	Apotegma	경구 비슷한	Afóristico, -ca
격언	Dicho	경구개	Paladar
격언	Proverbo	경멸어	Peyorativo
격언적인	Gnómico	경멸적인	Depreciativo
격의	Casual	경멸적인	Despreciativo
격차	Distanciamiento	경멸접미사	Sufijos
견인	Atracción		despectivos
결격	Abesivo	경제성	Economía
결과	Efecto	경향	Ola
결과	Resultante	경험론	Genetismo
결과 접속사	Conjunción	경험설	Empirismo
	consecutiva	경험자	Experienciador
결과사	Resultativo	계속상	Aspecto
결과상	Resultativo		permanente
결과의	Efectivo	계속성	Durativo
결구	Cláusula	계속음	Continuo
결성사	Privativo	계열	Serie
결속이론	Teoría	계열관계	Relaciones
	del Ligamento		paradigmáticas
결여의	Defectivo	계열체	Paradigma
결정 가능성	Decisión	계층	Estrato
결정적 요소	Fallo	계층 구조	Estructura
결합	Combinación		jerárquica
결합	Conexión	계통학	Genealogía
결합	Junción	고	Abertura mínima
결합	Reunión	고	Alta
결합	Sintagmática	고대 라틴어	Latín arcaico
결합	Unión	고대 라틴어	Latín preclásico
결합 변화	Cambio	고립도	Aislmiento
	combinatorio	고립도	Isolación
결합 분석	Análisis	고립된	Aislante
	combinatorio	고립어	Aislador
결합의	Combinatorio	고립어가 될 수 있는	
겹침	Imbricación		Aislable

고모음	Agudas, vocales	공통언어	Lenguaje común
고상한	Cuidado	공하위개념	Cohipónimo
고어법	Supervivencia	과거	Pretérito
고유 명사	Nombre propio	과거분사	Principio pasado
고유어	Idioma	과거분사	Participio
고유어의	Idiomático	과거분사(형)	Participio pasado
고유의	Propio	과거분사의 기능	Funciones del participio
고유의	Inherente	과거분사형 형용사	Adjetivo participial
고전의	Clásico	과거의	Pasado
고전주의	Clasicismo	과거형 첨가음	Aumento
고증자료	Aparato crítico	과라니 어	Guaraní
고지대	Tierras altas	과시용 웅변	Retórica epideíctica
고쳐 씀	Transliteración	과식주의	Culteranismo
곡언법	Atenuación	과잉 정정	Hipercorrección
곡언법	Lítotes	과장된	Enfático
공	Nulo	과장법	Hipérbole
공감각	Sinestética	과장성	Enfática
공기성	Coocurrencia	과학 용어	Lenguaje científico
공기성의	Coocurente	관계	Relación
공동체	Comunidad	관계 대명사	Relativo, Pronombre.
공리	Axioma	관계 대명사	Pronombre relativo
공명기	Resonador	관계 대명사화	Relativización
공명도	Sonoridad	관계 부사	Adverbio relativo
공명성	Resonancia	관계 부사	Relativo, Adverbio
공명성	Sonorante	관계 부사	Adverbios relativos
공명음	Sonorante	관계 형용사	Adjetivo relativo
공백	Blanco	관계 형용사	Relativo, Adjetivo
공변	Covariación	관계대명사	Cual
공변법	Concomitante	관계사	Relativo
공시적인 대조 연표	Sincrónico	관계의	Relacional
공시태	Sincronía	관념	Idea
공존	Concomitancia		
공지시적 관계	Relación co-referencial		
공지칭	Correferencia		
공진기	Resonador		

관념의	Nocional	교체	Mutación
관련	Relación	교체	Permutación
관련성	Relevacia,	교체성	Sustituibiliad
	Teoría de.	교체적	Alternativo
관렴론	Idealismo	교체형	Alternante
관사	Artículo	교환 가능성	Conmutabilidad
관사 lo	Lo	교환성	Intercambiabilidad
관사 후사	Postartículo	구	Locución
관사의 생략	Omisión	구	Sintagma
	del artículo	구강 모음	Vocales orales
관사전사	Preartículo	구강의	Bucal
관습 함축	Implicatura	구강의 중앙에서 조음되는	
	convencional		Medio
관여적인	Pertinente	구개골	Palatina
관용구	Fraseología	구개도	Palatograma
관용어	Idioma	구개음화	Palatalización
관용어구의	Fraseológico	구개음화 현상	Yod
관용어법	Idiotismo	구개음화 현상의 영향	
관용어의	Idiomático		Yodización
관용적 표현	Expresión ritual	구개음화 현상의 영향	
관직명	Antefirma		Yotización
괄호	Paréntesis	구개음화된	Palatalizado
광의의	Extensivo	구두대화	Comunicación
괴기미	Grotesco		oral
교양 라틴어	Latín clásico	구두법	Corte
교양어	Cultismos	구두법	Puntuación
교정	Corrección	구두점	Puntuación
교차	Cruzado	구두점	Signos
교차	Intersección		de puntuación
교차대구법	Quiasmo	구문 연결사	Elemento
교차점	Intersección		concatenador
교착	Aglutinación	구문 연결사	Ordenador
교착 어법	Quiasmo		del discurso
교착성의	Aglutinante	구문·담화 연결사	Conectivo
교착어	Lengua	구문연결사	Conector
	aglutinante		interlocutivo
교체	Alternancia	구문적 언어	Lenguas

	sintáticas	군의	Tu
구문적 진리치	Verdad sintáctica	군집명사	Sustantivo
구비강 모음	Vocales oronasales	굴절	colectivo Inflección
구상	Plano	굴절	Inflexión
구상 명사	Concreto	굴절	Flexión
구성	Textura	굴절 형태소	Morfema flexivo
구성 성문	Constituyente	굴절 형태소	Morfema
구성요소	Miembro		desinenciales
구속된	Ligado	굴절되는	Flexionable
구심의	Centrípeto	굴절되는	Flexional
구어 장애	Anartria	굴절되는	Flexivo
구어음	Sonido verbal	굴절의	Flexivo
구음	Oral	굴절의	Fusionante
구음 장애	Anartria	굴절접사	Sufijo flexivo
구음장애	Disartría	권설음의	Retroflejo
구절	Frase	권위의 복수	Plural mayestático
구절 구조 규칙	Regla de escritura sintagmática	귀납 귀납성	Inducción Recursividad
구절 구조 문법	Gramática sintagmática	귀납적인 귀먹음	Inductivo Sordera
구절 표시	Ahormante	귀환적	Recursivo
구절 표시	Marcadores sintagmáticos	규범문법	Gramática prescriptiva
구조	Estructura	규범 음성학	Fonética
구조 기술	Descripción estructural	규범적	normativa Normativo
구조 문법	Gramática estructural	규준 규준형	Norma Forma canónica
구조 언어학	Lingüística estructural	규칙 가설	Hipótesis de regularidad
구조의	Estructural	규칙 도치	Inversión
구조주의	Estructuralismo		de la regla
구현	Realización	규칙 동사	Presente regular
국명·지명 명사	Gentilicios	규칙변화	Cambio regular
국명·지명 형용사	Adjetivo gentilicio	규칙성	Regularidad
국제어 연구	Interlingüístico	규칙에 맞는	Regular

- 495 -

규칙형 부정과거	Indefinido regular	금기	Tabú
균일한	Uniforme	금언	Aforismo
균형	Equilibrio	금언	Apotegma
균형	Simetría	금언의	Afóristico, ca
균형잡힘	Redondeamiento	금제	Prohibición
그 만큼	Cuan	금지	Prohibición
그 사람	Quien	급	Grado
그 점에	Ahí	긍정	Afirmación
그곳에서	Donde	긍정 부사	Adverbios
그곳으로	Donde		de afirmación
그녀의	Su	긍정의	Afirmativo
그라이스	Grice	기계론	Mecanismo
그러나	Mas	기관	Aparato
그러나	Pero	기구	Mecanismo
그런	Tal	기능	Función
그렇게	Tan	기능 부담량	Rendimeinto
그렇게 많은	Tanto		funcional
그리고	Y	기능 언어학	Lingüística
그리스어·라틴어 시의 각운			funcional
	Baquio	기능 음운론	Fonología
그리스어에서 영향을 준 스페인어			funcional
	Helenismos	기능의	Funcional
그림문자 표기 체계		기능주의	Funcionalismo
	Pictografía	기능주의	Funcionalismo
그림의 법칙	Grimm, la ley de	기능주의 문법	Gramática
그림표기	Pictograma		funcional
그의	Su	기능주의자	Funcionalista
그의	Suyo	기능체	Funtivo
극	Drama	기독교로 개종한 이슬람교 인	
극 작법	Dramaturgia		Morisco
극시	Poema dramático	기동상	Aspecto incoativo
극적 사건	Drama	기동상	Incoativo
근육이상이 된	Chasqueante	기록 기사·문학	Reportaje
근접관계	Contigüidad	기록에 바탕을 둔	Documental
글자	Escritura	기본 모음	Vocal cardinal
글자	Grafías	기본 원칙	Regla
글자	Letras	기본적인	Fundamental

기분	Emoción
기수	Numerales cardinales
기수	Número cardinal
기수의	Cardinal, Número.
기술	Descripción
기술 언어학	Lingüística descriptiva
기술된	Escrito
기술문법	Gramática descriptiva
기술어	Tecnicismo
기술용 담화	Metadiscurso
기술용어	Tecnolecto
기술적	Descriptivo
기술주의	Descriptivismo
기식	Aspiración
기식음화	Aspiración de ~s
기억상실증	Amnésia
기원	Invocación
기원법	Optativo
기원을 나타내는	Desiderativo
기의	Significado
기저 언어	Sustrato
기저문	Basíca (oración)
기저의	Subyacente
기점	Fuente
기지 사항	Data
기지주의	Conceptismo
기진맥진하게 하는	Chasqueante
기체	Base
기초적인	Fundamental
기표	Significante
기호	Comodín
기호	Notación
기호	Signo
기호로 표기하기	Notación
기호론	Semanálisis
기호론	Semiótica
기호론적 존재	Existencia semiótica
기호소	Monema
기호학	Semanálisis
기호학	Semiología
기호학	Semiótica
기호화하다	Codificar
긴	Largo
긴장	Tensión
긴장도	Tensión
긴장성	Tenso
길이	Duración
길이	Longitud
까르뻬 디엠	Carpe diem
까스띠야의 언어	Castellano
꺽쇠 괄호	Corchetes
께추아 어	Quechua
꾸	Q
끊김	Signos de suspensión
끊임없는	Permanente
끝 음절에 강세가 오게 하다	Oxitonizar
끝 음절에 강세가 있는 단어	Aguda (palabra)
끝에서 네 번째 음절에 강세가 있는 단어	Superparoproxítona (palabra)
끝에서 네 번째 음절에 강세가 있는 단어	Sobresdrújula (palabra)
끝에서 두 번째 음절에 강세가 있는 단어	Grave (palabra)
끝에서 두 번째 음절에 강세가 있는 단	

어	**Llana, palabra.**
끝에서 두 번째 음절에 강세가 있는 단어	**Paroxítona (palabra)**
끝에서 두 번째 음절에 강세가 있는 단어	**Palabras llanas**
끝에서 두 번째의	**Penúltima**
끝에서 세 번째 음절에 강세가 오는	**Antepenúltima**
끝에서 세 번째 음절에 강세가 있는 단어	**Proparoxítona (palabra)**
끝에서 세 번째 음절에 강세가 있는 단어	**Esdrújula (palabra)**
끝음절에 강세가 있는 단어	**Oxítona (palabra)**
끼워 넣기	**crustación**
끼워 넣기 된 복합문에서의 기본 원문	**Autoincrustación**
끼워 넣기 문장[복합문]에서의 중심 기본 문장	**Autoincrustación**

【ㄴ】

나란히 놓여있는 관계	**Yuxtapuesto**
나란히놓음	**Yuxtaposición**
나르시시즘	**Narcisismo**
나바로-아라곤 어	**Navarro-aragonés**
나우아뜰 어	**Nahuatle**
나타나 있을 때	**Expreso**
낙천주의	**Optimismo**
난외의 표제어	**Titulillo**
날짜 기입	**Fechación**
남녀 양성의	**Ambiguo, -gua**
남녀 혼성의	**Mixto**
남성	**Masculino**
남성 각운	**Rima masculina**
남성성	**Macho**
남성 운	**Rima masculina**
남성화	**Masculinización**
남용	**Abuso**
낭만주의	**Romaticismo**
낱말의 잘못된 분해	**Deglutinación**
내 텍스트성	**Intratextualidad**
내격	**Inesivo**
내관 심리학	**Reflexivo**
내려가는	**Descendente**
내력	**Historia**
내면의	**Interior**
내면의	**Interno**
내심구조	**Construcción endocéntrica**
내심의	**Endocéntrico**
내용	**Contenido**
내용소론	**Plaeremática**
내용을 의미하는 보어	**Complemento de contenido**
내재 통시론	**Metacronía**
내재비평	**Criticismo interno**
내재하는	**Inmanente**
내적 과정	**Procedimiento mental**
내적 재구	**Reconstrucción internal**
내전	**Aducción**
내파열	**Implosión**

내파음	Implosivo		la intención
너	Ti		de influir
너	Tú		en alguien
너	Voseo	눈감아주기	Connivencia
너의	Tu	눈에 띄는	Marcante
너의	Tuyo, -ya	뉘앙스	Matiz
너희들의	Vuestro	느낌표	Exclamación,
넘기	Franqueamiento		Punto de.
네 문자로 구성된 말		느슨해짐	Distensión
	Tetragrámaton	늘임표	Raya
네 연	Tetrástrofo	능격	Ergativo
네 음절어	Tetrasílabo	능격의	Ergativo
논리	Dialéctica	능동문	Activa, oración.
논리적 관계	Correspondencia	능동문	Frases activas
논리적 관계가 있는		능동부	Articulador
	Correlativo	능동분사	Participio
논법	Dialéctica		de presente
논술	Rema	능동의	Activo, -va
논쟁	Altercación	능동적인	Conativo
논쟁	Altercado	능동적인	Conatu (de)
논증	Argumento	능동태	Voz activa
놀라움의 미래	Futuro	능력	Alcance
	de sorpresa	능력	Capabilidad
농아상태	Sordomudez	능변	Afluencia
높은	Alto		
높이	Altura		
누구	Quién		
누구라도	Cualquiera		
누구라도 괜찮은	Cualquier		
누군가에게 영향을 줄 의도를 전달하기 위한 접속법 현재와 과거 사이에서의 대비			【ㄷ】
	Contraste entre	다가성	Plurivalencia
	el presente de	다가성	Plurivocidad
	subjuntivo y	다가의	Plurivalente
	el imperfecto	다가의	Plurívoco
	de subjuntivo	다각적 대립	Oposición
	para transmitir		multilateral

다각적인	Multidimensional	단수	Singular
다다이즘	Dadaísmo	단순 가능법	Futuro simple potencial
다면대립	Oposición multilateral	단순 가능법	Pos-pretérito
다변	Afluencia	단순 가능법	Potencial simple
다변	Logorrea	단순 가능법	Venidero por rodeo
다변의	Afluente		
다수의	Plural	단순 가능법	Futuro imperfecto potencial
다시 쓰기 규칙	Reglas de reescritura	단순 조건법	Condicional simple
다양성	Pluralidad		
다양성	Variedad	단순미래	Futuro simple
다언어 구사	Plurilingüismo	단순미래 완료	Ante-futuro
다언어의	Multilingüe	단순미래 완료	Ante-futuro
다원론	Pluralismo	단순성	Sencillez
다원적	Multilateral	단순시제	Tiempo simple
다원적인	Multidimensional	단순파	Onda periódica simple
다원주의	Pluralismo		
다음절	Polisílaba	단순형태 접속사	Conjunción simple
다음절 단어	Palabra polisílaba	단순화	Simplificación (en el cambio sintático)
다음절의	Polisílabo		
다의성	Plurivocidad		
다의어	Polisemia	단어	Palabra
다철의	Polisílabo	단어의 선택	Toma de palabra
단	Simple	단어의 합성	Composición de palabra
단 인칭의	Unipersonal		
단 한 번 밖에 사용한 적이 없는 낱말	Hápax	단언명제	Proposición categorial
단계적인	Gradual	단언하다	Predicar
단락	Parágrafo	단운시	Monorima
단락	Párrafo	단위	Unidad
단모음	Monoptongo	단음 문자법	Estructura alfabética
단모음화	Monoptongación		
단모음화	Monotonización	단음소적	Monofonemático
단문	Oración simple	단음절	Monosílabo
단사의	Inyectivo	단음절의	Monosilábico
단소	Monema	단의	Monosemia

단의적인	Monosémico	답장	Respuesta
단인칭 동사	Verbos unipersonales	당신	Vos
		대격의	Acusativo
단인칭 동사의	Terciopersonal	대과거	Antecopretérito
단일 언어 사용	Monoligüísmo	대과거	Pluscuamperfecto
단일 언어의	Monolingüe	대구법	Alianza de ideas
단일 형태 발화	Unimembre	대기성	Disponibilidad
단일어의	Unilingüe	대기성의	Disponible
단일의	Unitario	대뇌의	Cerebral
단장단	Anfíbraco	대단히	Muy
단정	Aserción	대담	Entrevista
단정 동사	Verbos de aserción	대답	Respuesta
		대등 접속사	Conjunciones coordinantes
단정적인	Asertivo		
단지	Sólo	대등격	Adjuntivo
단축	Abreviación	대등문	Oraciones coordinadas
단축법	Truncamiento		
단항의	Unitario	대립	Oposición
닫힌 음절	Sílabas cerradas	대면 커뮤니케이션	Comunicación cara a cara
닫힌 음절	Sílabas trabadas		
닫힘	Cerrazón	대명동사	Verbo pronominal
달콤한 말	Zarracatería	대명사	Pronombre
담화 분석	Análisis de discurso	대명사의	Pronominal
		대명사적인	Pronominal
담화 연결사	Enlace extraoracional	대명사화	Pronominalización
		대명사화	Pronominalización
담화 연결사	Relacionante supraoracional	대문맥	Macrocontexto
		대문자	Versal
담화 연결사	Ordenador del discurso	대분절	Macrosegmento
		대비의	Contrastivo
담화의 목적	Objetivo discursivo	대상 연장	Alargamiento compensatorio
담화의 보편성	Universo de discurso	대상연장	Compensatorio
		대용사	Sustituto
담화적	Alocutivo	대용어	Anáfora
담화표지	Marcador del discurso	대용어 기능	Función anafórica
		대용적	Anafórico

대의적 문맥	Macrocontexto
대인칭	Antiontivo
대인칭	Antiontivo
대입	Aducto
대조	Antítesis
대조	Contraste
대조법	Alianza de ideas
대조의	Contrastivo
대중 어원	Etimología popular
대중어	Vulgarismo
대중적인	Grosero
대중적인	Popular
대체 가능한 요소들	Conmutable
대치	Conmutación
대칭	Simetría
대칭 동사	Verbos simétricos
대표 지시적 기능	Función cognitiva
대표 지시적 기능	Función simbólica
대표 지시적 기능	Representativa
대표 지시적 기능	Función representativa
대표 지시적 기능	Función referencial
대표도	Representatividad
대항하는	Oponente
대형	Proforma
대화	Diálogo
대화 문장에서의 억양	Entonación en la frase interrogativa
대화 상대자	Alocutor
대화 함축	Implicatura conversacional
대화	Entrevista
대화원리	Principio cooperativo
대화의 격률	Máxima de conversación
대화자	Alocutor
대화자	Interlocutor
대환법	Hipálagel
더	Más
더 적게	Menos
델레(DELE)시험	DELE
도구의	Instrumental
도덕의	Ético
도미문	Oración periodístico
도상	Icono
도식	Esquema
도역법	Histerología
도역법	Hysteron-proteron
도치법	Anástrofe
도치의	Inversivo
도표	Diagrama
도표	Esquema
도해	Diagrama
독립 위치	Absoluta, posición
독립절	Independiente
독백	Monólogo
독백	Soliloquio
독서장애	Dislexia
독특한 색	Coloración
돈절법	Aposiopesis
돈호	Apóstrofe
돈호법	Apóstrofe
동격 보어	Aposición
동격구	Epexégesis
동격어	Apositivo
동격의	Apositivo
동격절	Epexégesis

동결시동상	Terminativo-ingresivo		verbal
동등	Igualdad	동사의 시제	Tiempo verbal
동등 비교급	Comparativo de igualdad	동사의 어미 변화	Accidentes del verbo
		동사의 진행형	Forma progresiva de Verbo
동등격	Adjuntivo		
동등성	Equivalencia	동사의 형태	Formas de Verbo
동류음	Asonancia	동사의 형태	Tipo de Verbo
동물	Animales	동사적 형용사	Adjetivo verbal
동사	Verbo	동사형 명사	Supino
동사 변화	Cambio del verbo	동사형태의 명명	Denominación de las formas verbales
동사 접두사	Preverbio		
동사 형태의 파생	Derivaciones de las formas verbales	동시 조음	Coarticulación
		동어 반복증	Palilalia
동사 활용어미	Desinencias verbales	동운으로 하다	Aconsonantar
		동위격	Aposición
동사구	Sintagma verbal	동위성	Isotopia
동사구	SV	동위음의	Homorgánico
동사구의 기능	Funciones del sintagma verbal	동음	Unísonancia
		동음	Unísono, -na
동사만으로 의문문을 표현하는 과정	Total	동음의	Homófono
		동음이의	Homofonía
동사변화 동사	Verbo conjugado	동음이의어	Homonimia
동사상	Aspecto verbal	동음이의어 반복	Antanaclasis
동사에서 어미를 없애고 만든 명사	Deverbal	동음이의의	Homónimo
		동음절의	Isosilábico
동사원형	Verboide	동의	Unanimismo
동사의 무인칭 형태	Formas no personales del verbo	동의어	Sinonimia
		동의어	Sinónimo
		동의의	Adecuado
		동일 말음	Homeoteleutón
동사의 무인칭 형태	Nombre verbal	동일성	Identidad
		동일시	Identificación
동사의 법	Modo verbal	동일음	Tautofonía
동사의 시간상	Aspecto de la acción	동일한	Mismo
		동작상의	Aspectual

동작주	Actante
동조	Unisonancia
동조	Unísono, na
동질 연사 내	Homosintagmático
동질 이중모음	Diptongo homogéneo
동철동음이의어	Homógrafo
동태학	Dinámica
동형성	Isomorfismo
동형어 관계	Homografía
동화	Acomodación
동화	Asimilación
동화	Integración
두 줄("‖")	Dos rayas
두(2)개 국어 병용	Biliingüidad
두(2)개 언어의 병용	Diglosia
두(2)개의 음절에 강세를 가지고 있는 어휘	Palabra portada de dos sílabas acentuadas
두개의 강세	Acento doble
두드리기	Golpe
두성	Cabeza
두운	Aliteración
두운법	Aliteración
두운율	Aliterativo metro
두운의	Aliterativo
두음법	Acrofonía
두음법의	Acrofonético
두음절 생략	Afesis
두자법	Acronimia
두자학	Acrónimo
뒤에서 두 번째 음절에 강세가 있는 어휘	Paroxítona, palabra.
듣고 말하기 방법	Medios audiovisuales
들숨	Inspiración
등어선	Isoglosa
등위	Coordenación
등위로 하는	Coordinante
등위사	Coordinante
등위사로 연결된	Coordinado
떨림 소리	Rehilamiento
떼	Te
떼(T)	T
똑같은	Mismo
똘레도의 규칙	Toledo, la norma de.
뚜(tú)를 사용해서 말하기	Tuteo
뜻	Sentido
뜻이 애매한 어구	Anfibología

【ㄹ】

라틴어 기원의 여러 언어	Italorrománico
랍소디	Rapsodia
랑그	Lengua
레이크오프(Lakoff)의 공손 규칙	Lakoff. Regla de Cortesía de R. Lakoff
레퀴엠	Réquiem
레티아 말	Rético
렉시	Lexia
로이스모	Loísmo

로망스어	Romance
로망스어 자음군	Grupos romances
로타시즘	Rotacismo
롤랑 바르트	Barthes, R.
류	Clase
류음어	Parónimo
르네상스	Renacimiento
르 [l] 발음의 오류	Lalación
리구리아 어	Ligur
리듬	Ritmo
리얼리티	Realidad
리치(Leech)의 공손법 이론	Leech. Principio de Cortesía de Leech
링구아 프랑카	Lingua franca

【ㅁ】

마지막 음절에 강세가 없게 만드는 것.	Baritonización
마지막 음절에 강세가 없는 말	Barítono
마지막 음절에 억양 부호가 있는 낱말	Perispómena
마지막이 n, s를 제외한 자음으로 끝나는 어휘의 강세	Acentuación de palabras agudas
마찰음	Fricativas (consonante)
마찰음화	Espirantización
마침표	Punto
막	Acto
만장일치	Unanimismo
말	Habla
말	Término
말	Vocablo
말 바꿈	Paráfrasis
말다툼	Altercación
말씨	Tonillo
말의 내용	Contexto verbal
말의 주고받음	Intercambio verbal
말투	Tonillo
말하다	Hablar
맡다	Asumir
매개	Mediación
매개	Vehicular
매너리즘	Manierismo
매력	Aliciente
매우	Muy
매크로 구조	Macroestructura
매합	Catálisis
맥락	Contexto
메카니즘	Mecanismo
메타언어	Metalengua
메타언어학적 기능	Función metalingüística
메타이론	Metateoría
면걱	Adesivo
명령문	Oración exhortativa
명령법	Imperativo
명령법	Yusivo
명령의 미래	Futuro de mandato
명령적 기능	Apelativa
명령적 기능	Función apelativa
명령적 기능	Función conativa
명명 이름 붙이기	Apelación
명사	Sustantivo

명사	Palabra portada de sílaba acentuada	명제적 명칭	proposicional Proporcional Nombre
명사 보어	Complemento de un substantivo	명칭론 명칭학	Onomasiología Onomasiología
명사 수식어의	Adnominal	명확한	Taxativo
명사 술어문	Oración atritiva	명확한	Definido
명사 술어문	Predicado nominal	명확한 재표명	Reformulación
명사 파생어	Denominativo	몇 개의	Cuánto, ta
명사구	Sintagma nominal	몇몇 단음절 어휘에서의 강세	
명사구	SN		Acento
명사구의 기능	Funciones del sintagma nominal		en algunos monosílabos
명사에서 파생된	Posnominal	모계의	Materno
명사의	Sustantivado	모국어	Lengua madre
명사의 대명사에 의한 반복		모국어의	Nativo
	Epanalepsis	모더니즘	Modernismo
명사의 성	Género del nombre	모델 모독	Modelo Injuria
명사의 수	Número de los nombres	모든 모든 정관사	Todo Palabra
명사의 수	Número de los sustantivos	모라	sin acento Mora
명사의 어미 변화	Heteroclisis	모문	Matriz
명사의 형용사적 사용		모방에 의한 이야기 언설	
	Adjetivación		Mimesis
명사적	Nominal	모범사전	Diccionario
명사절	Oración sustantiva		de autoridad
명사화	Nominalización	모범소설	Ejemplares, No-
명사화	Sustativación		velas [Exemplum]
명사화 접미사	Nominalizador	모사라베 어	Mozárabe
명사화하다	Sustantivar	모순대조	Contradictoria
명시	Explicatura	모순어법	Oximoron
명언	Dicho	모순어법	Alianza
명음	Sonante		de palabras
명제 내용 조건	Condiciones de contenido	모음 모음 개구	Vocal Abertura

- 506 -

	de las vocales		los pronombres
모음 교체	Deflexión		complementos
모음 사이의	Intervocálico	목적어	Objeto
모음 사각도	Rectángulos de vocal	목적의 목전의 사실	Objetivo Presente actual
모음 사각도	Vocal rectangular	목젓	Campanilla
모음 삼각도	Triángulos de vocal	목젓 앞의 목젓의	Prevelar Uvular
모음 삼각도	Vacal triangular	목표 언어	Meta
모음 전환	Apofonía	몬테 카를로	Monte Carlo
모음 조화	Armonía vocálica	몸짓	Mimica
모음 합축	Crasis	무강세의	Inacentuado
모음류	Vocoides	무동기의	Inmotivado
모음의	Vocálico	무동기의	No-motivado
모음의 열린 음	Abierto	무딘	Mate
모음의 음색	Timbre vocal	무리	Grupo
모음의 음색	Timbre vocálico	무변화사	Indeclinable
모음이 뒤에 오는 모음		무설증	Aglosia
	Infección	무성음	Sordez
모음조화	Harmonía vocálica	무성음	Sordas (consonantes)
모음체계	Vocalismo	무성음화	Desonorización
모음화	Vocalización	무성음화	Ensordecimiento
모형	Modelo	무성음화한	Desonorizado
모호성	Vaguedad	무성의	Sordo
모호한	Dudoso	무엇	Qué
모호한 성	Nombre ambiguo	무연성의	Inmotivado
모호한 성	Nombre dudoso	무운시	Verso en blanco
목가	Madrigal	무음의	Mudo
목소리와 청각 기관		무음화	Enmudecimiento
	Comunicación verbal	무의미 음절 무의미한	Logatoma Asemántico
목적	Fin	무의미한	Vacío
목적	Objetivo	무의지 Se	Se involuntario
목적 접속사	Conjunción final	무인칭	Verbo impersonal por tercera
목적격 대명사의 배치	Colocación de		persona plural

무인칭 Se	Se impersonal	문자 방송	Teletexto
무지	Analfabetismo	문자를 사용하는	Literal
무지정	No-específico, no-especificado	문자에 의한	Literal
		문자의	Escritural
무한정 과거	Aoristo	문장	Oración
묵설법	Reticencia	문장 구조를 표상하는 나무 그림	
묵음의	Mudo		Stemma
묵인	Connivencia	문장 구조를 표상하는 나무 그림	
묶인	Ligado		Estema
문단	Párrafo	문장 구조표	Árbol
문맥 효과와 처리 노력		문장 기능	Funciones oracionales
	Efecto contextual y esfuerzo	문장 속도의	Temporal
문맥상의	Contextual	문장이 연결된	Acoplado
문맹	Analfabetismo	문장차원 이상의	Transfrástico
문명	Civilización	문장차원 이상의	Transoracional
문법	Gramática	문집	Antología
문법 특성소	Taxema	문체 측정	Estilometría
문법 형태소	Morfema gramatical	문체 통계학	Estiloestadística
		문체론	Estilística
문법성	Gramaticalidad	문체상의 일탈	Desvío
문법소	Gramema	문체의 다양성	Variantes estilísticas
문법소	Tagmema		
문법소론	Tágmemica	문헌학	Filología
문법에 어긋나는	Antigramatical	문화	Cultura
문법적	Gramatical	문화의 전달	Transmisioción cultural
문법화	Gramaticalización		
문에 관한	Frástico	물질 명사	Nombre material
문에 관한	Oracional	물질계	Materia
문예부흥	Renacimiento	뭉치 언어학	Corpus Lingüísticos
문의	Frástico		
문의	Oracional	미래	Futuro
문자	Escritura	미래 예측의	Prospectivo
문자	Letras	미래 완료	Futuro compuesto
문자	Grafías		
문자 대화	Comunicación escrita	미래완료	Antefuturo
		미래의	Prospectivo

- 508 -

미래파	Futurismo	바스크 어	Vascuence
미묘함	Delicacia	바스크어	Vasquismos
미완료상	Imperfectivo	바흐친	Bakhtin, M.
미완성의	Inacabado	반개구의	Semiabierto
미적	Función estética	반격	Comitativo
미적 기능	Estética	반대 명제	Contrario
미적기능	Función poética	반대의	Inverso
미크로 구조	Microestructura	반대하는	Oponente
민간어원	Folklórica, etimología.	반면에	Mientras que
		반모음	Semivocal
민속 어원	Etimología folklórica	반복	Frecuentativo
		반복구	Refrán
민족 언어학	Étnolingüística	반복상	Iterativo
민족의	Étnico	반복상	Aspecto reiterativo
밀담	Cuchicheo		
		반복성	Cursividad
		반복성	Recursividad
		반사성	Reflexividad
		반상승 억양	Semianticadencia
		반설음	Cacuminal
		반성적인	Reflexivo
		반용	Antífrasis

【ㅂ】

		반 유토피아	Distopia
		반음 올린	Sostenido
바	Barras	반음계	Cromático
바꾸다	Alterar	반의어	Antonimia
바꾸어 씀	Transliteración	반의어	Antónimo
바꿔 말하기	Antonomasia	반자음	Semiconsonante
바꿔 말하기	Paráfrasis	반전음의	Retroflejo
바꿔 말하기	Rewording	반전적인	Retroflejo
바로크 양식	Barroco	반정신주의	Antimentalismo
바로크 주의	Barroquismo	반폐쇄음	Semioclusiva
바른말 쓰기	Ortología	반폐쇄음	Semioclusiva
바스크 말	Vasco	반폐음	Semicerrado
바스크 말	Vascongado	반하강 억양	Semicadencia
바스크 말과 문화 연구자	Vascófilo	반향어	Ecolalia
바스크 어	Euskera	반향언어의	Ecolálico

발광	Irradiación		Trabalenguas
발동부	Sistema respiratorio	발췌	Extracción
		발칸 특징	Balkanismo
발라드	Romance	발트어군	Grupo báltico
발생 가능성	Productividad	발화	Emisión
발생적	Genético	발화 담화	Alocución
발성	Fonación	발화 매개의	Perlocutorio
발성	Fonía	발화 상황	Situación
발성	Presión	발화내적 행위	Ilocucionario
발성법	Elocución	발화동사	Declarativo
발성부	Sistema fonatorio	발화된 내용	Enunciado
발성의	Fonador	발화의	Hablado
발신자	Codificador	발화자	Enunciador
발신자	Destinador	발화자	Narratario
발신자	Emisor	발화적	Alocutivo
발어 불능증	Alalia	방법 부사	Adverbios de modo
발어곤란 장애	Dislalia		
발언	Intervención	방법론	Metodología
발음	Ataque	방식	Modus
발음	Fonía	방식	Procedimiento
발음 교정	Ortofonía	방어의	Babel
발음 규칙	Reglas de pronunciación	방언	Dialecto
		방언 특유의 어법	Dialectalismo
발음 양식에 따른 분류		방언에서의 변화	Variación dialectal
	Clasificación de las consonantes por el modo de articulación	방언의	Dialectal
		방언학	Dialectología
		방언화	Dialectalización
		방출음	Eyectivo
발음 지점에 따른 분류		방층	Adstrato
	Clasificación de las consonantes por el punto de articulación	방향을 가리키는	Terminativo
		방향이 정해진	Orientado
		배경화	Bambalina
		배반문	Oraciones coordinadas adversativas
발음부	Sistema articulatorio		
발음의	Fonador	배반의	Adversativo
발음하기 어려운 말		배분문	Oraciones

- 510 -

	coordinadas	법정용 웅변	forénsica
	distributivas	벙어리	Retórica forense
배분의	Distributivo	베르너 규칙	Audiomudez
배분적인	Distributivo	뱅골 어	Verner (ley de)
배상의	Aritenoides	변동	Bengalí
배수	Multiplicativo	변별 자질의	Alternancia
배열	Disposición	변별 재구	Merismático
배음	Harmónico		Reinterpretación
배음파	Onda armónica	변별자질	de distinción
배음파	Onda periódica	변별적 대립	Figurar
배출	Eyección		Oposición
배치	Configuración	변별적 자질	distintiva
배치	Disposición	변별적 자질	Distintivo
배합	Asociación	변별적인	Rasgos distintivos
번안	Adaptación	변성의	Relevante
번역	Interpretación	변수	Heterogéneo
번역	Traducción	변이	Variable
번역	Yuxtalineal	변이	Cambio
번역과정	Transferencia	변이	Dialecto
번역차용어	Calco	변이	Traslado
번역하다	Traducir	변이성조	Variación
벌써	Ya	변이음	Alótono
범시적	Pancrónico	변이음	Alófono
범위	Delimitación		Variantes
범위	Linde	변이음 음성기호 전사	combinatorias
범주	Categoria		Transcripción
범주 문법	Gramática	변이의미	ancha
	categórico	변이장음	Alosema
범주 전환	Hipóstasis	변이철자	Alocrono
범주 체계	Sistema	변이형	Alógrafo
	categorial	변이형태	Variante
범주소 기능	Función	변칙론자	Alomorfo
	clasificada	변형	Anomalista
범주소(範疇素)	Categorema	변형	Transformación
범주의	Categorial	변형 규칙	Trasformación
범주화	Categorización		Reglas trans-
법정 언어학	Lingüística		

	formacionales	보충법	Suplemento
변형 문법 학자	Tras-formacionalista	보충법의	Supletivo
		보충적인	Supletivo
변형 어족	Familia de tranformación	보통명사	Nombre común
		보통명사	Nombre genérico
변형 언어학자	Trans-formacionalista	보편 문법	General, gramática.
변형규칙	Transformativo	보편 의미론	Semántica universal
변형규칙	Transformatorio		
변형문법의	Trasformacional	보편문법	Universal (Gramática)
변형생성 주의	Trans-formacionalismo	보편문법	Gramática Universal
변형생성주의	Transformativismo		
변형적	Transformacional	보편성	Universo
변형족	Familia de tranformación	보편적 음성학	Fonética universal
		보편적 통사론	Sintaxis universal
변화	Cambio	보편주의	Universalismo
변화	Flexión	복문	Complejo
변화 반복법	Quiasmo	복문	Oración compuesta
별개의	Disjunto		
별도 표제어	Desagrupación	복수성	Pluralidad
별명	Alcuno	복수의	Plural
별표	Asterisco	복수형 만들기	Formación de plural
별행	Aparte		
병위	Parataxis	복합 자음	Consonante compuesta
병치 종합	Parasintesis		
보문 표지	Completivizador	복합시제	Tiempo compuesto
보문소	Complementante		
보문화	Completivización	복합의	Compuesto
보속증	Perseveración	복합자	Digrama
보어	Complemento	복합파	Onda compuesta
보어 없이	Absolutamente	복합형태 접속사	Conjunción compuesta
보어역할을 하는	Completiva		
보어절	Completiva	본래의	Propio
보완성	Complementaridad	본문의	Textul
보증된.	Asumido	본질	Entidad
보충법	Supleción	본질 조건	Condiciones

	esenciales	부재	Absencia
부가	Aditamento	부재 중	In absentia
부가 어	Adjunto	부정	Negación
부가 형용사	Adjetivo atributivo	부정 과거	Pasado acabado
부가 형용사화	Atributización	부정 관사 단수형	Un, una
부가언어	Lengua adicional	부정 부사	Adverbios
부강세	Contratónica		de negación
부계의	Patronímico	부정 형용사	Adjetivo indefinido
부드럽게 하다	Abemolar	부정과거	Pretérito
부등철음어	Imparisilábico		indefinido,
부등철음어	Imparisílabo		de indicativo.
부딪힘	Golpe	부정관사	Artículo indefinido
부름	Apelación	부정관사	Artículo
부름 말	Apelativo		indeterminado
부분 부정	Negación parcial	부정관사	Un, Una
부분 의문문	Interrogativo	부정문	Oración negativa
	parcial	부정사	Infinitivo (modo)
부분격	Partitivo	부정사에 의한 무인칭	
부분을 나타내는	Fraccionario		Infinitivo
부분음	Parcial		impersonal
부분적 질문	Preguntas	부정사의 기능	Funciones
	parciales		del infinitivo
부사	Adverbio	부정어	Indefinido
부사로 사용하다	Adverbializar	부정어	Negativo
부사로 사용하다	Adverbiar	부정확한 어법	Barbarismo
부사어미 -mente	mente	부정확한 어법	Barbarismo
부사적 성질.	Adverbialidad	부조리의 문학	Absurdo,
부사적 어구	Adverbial		Literatura del.
부사적으로.	Adverbialmente	부조화음	Cacofonía
부사절	Oración adverbial	부차 언어적	Paralingüístico
부사절	Proposición	부차적인 생성 자음군	
	adverbial		Secundario
부사화	Adverbialización	부호	Código
부사화 어미 형태소		부호	Símbolo
	Adverbializador	부호전환	Cambio
부속	Pertenencia		de códigos
부속어	Accesorio	부호화	Codificación

분광계	Espectrómetro	분수	Numerales
분광기	Espectrómetro		fracciones
분류	Indización	분수	Numerales
분류	Clasificación		partitivos
분류론	Taxonomía	분열문	Rajamiento
분류론	Taxonómico	분위기	Atmósfera
분류법	Clasificación	분음	Crema
분류소	Clasema	분음	Diéresis
분류소	Taxema	분전실어	Disfasia
분류의	Clasificador	분절	Segmentación
분류학	Taxonomía	분절성	Segmentabilidad
분류학적 언어학	Taxonómica, lingüística.	분절음	Segmento
		분절화 변형	Segmentalización
분리	Separación	분출	Eyección
분리 접속사	Disyuntivo	분치	Tmesis
분리된	Disjunto	분포	Distribución
분리된	Rajado	분포론	Distribucionalismo
분리된	Separado	분포의	Distribucional
분리할 수 있는	Separable	분포주의	Distribucionalismo
분명한	Claro	분해	Descomposición
분배 접속사	Conjunción distributiva	분화	Diferenciación
		분화	Divergencia (en la fonología historical)
분배 형용사	Adjetivo distributivo		
분배에 관한 부호	Signos de distribución	분화	Divergencia (en la relación con la familia de árbol hipotético)
분사구문	Frases absolutas		
분석	Análisis	불가산의	Masivo
분석	Descomposición	불가산의	No numerable
분석	Análisis de contenido	불구의	Defectivo
		불구형 동사	Verbos defectivos
분석가능성	Analizabilidad	불구형 동사	Verbos terciopersonales
분석적	Analítico		
분석적 언어	Lenguas analíticas	불규칙	Anomalía
분석적 진리치	Verdad analítica	불규칙 동사	Presente irregular
분수	Paratitivos	직설법 현재 1인칭 단수형이 -go로 끝	

나는 불규칙 동사의 어미	-go	비강	Cavidad nasal
불규칙 변화의	Irregular	비강 모음	Vocales nasales
불규칙하게 변화	Heteróclito	비강세 목적어 대명사	
불규칙형 부정과거	Indefinido irregular		Pronombre objeto átono
불균질한	Heterogéneo	비개별 단인칭	Unipersonal impropio
불변성	Certeza	비결정론의	Indeterminado
불변요소	Invariante	비관론	Pesimismo
불변화의	Invariable	비교	Comparación
불순정 어법	Barbarismo	비교	Comparación
불순정 어법	Solecismo	비교 문법	Comparativa, gramática.
불안정한 언어적 상태의	Inestable	비교 의문문	Preguntas comparativas
불연속의	Discontinuo		
불완료 과거	Co-pretérito	비교 재구	Reconstrucción comparativa
불완료 과거	Pasado no acabado	비교 접속사	Conjunción comparativa
불완료상	Aspecto imperfectivo	비교급	Comparada
불완료형의 대비	Contraste imperfecto	비교급	Comparativo
		비교급 부사	Adverbio comparativo
불완전성	Defectividad		
불완전 운	Rima imperfecta	비교급 형용사	Adjetivo comparativo
불완전한	Inacabado		
불완전한	Incompleto	비교연구	Comparatismo
불충분한	Incompleto	비교연구가	Comparatista
불투명성	Opacidad	비교의	Comparada
불협화음	Cacofonía	비교학자	Comparatista
붙여놓음	Yuxtaposición	비기능적	No-funcional
블룸필드	Bloomfield	비기음화	Desaspiración
비 가용성	Inaceptabilidad	비문	No-frases
비 구어음	Sonido no verbal	비문	No-oración
비 동사 변화동사	Verbo no conjugado	비문법성	Agramaticalidad
		비문법성	Ingramaticalidad
비 억양 음절	Sílaba inacentuad	비문법적인	Antigramatical
비 억양 음절	Sílaba átona	비배음파	Onda aperiódica

비배음파	Onda inarmónica	빈도	Frencuencia
비비음	No-nasal	빈사	Predicable
비속한	Trivial	뽀뿔-부	Popol-Vuh
비순음화	Deslabializado	빼냄 부호	Corchetes
비순음화 모음들	Vocales deslabializadas	빼앗을 수 없는	Inalienable
비스듬한 바	Barras oblicuas		
비스까야 말	Vizcaíno		
비슷한	Emparentado	【ㅅ】	
비양립	Incompatibilidad		
비억양 음절	Sílaba átona		
비억양 음절	Sílaba inacentuada	사(4)음절	Cuatrisílabo
		사각형의	Cuadrangular
비원순 모음	No-redondeado	사격	Oblicuo
비원순모음화	Deslabialización	사례	Instancia
비유	Alegoría	사비르어	Sabir
비유법	Tropología	사서학	Bibliografía
비유적 의미	Figurado	사실	Presente
비유적 전용	Catacresis	사실	Hechos
비음	Nasales (consonante)	사어	Lengua muerta
		사역	Factitivo
비음성	Nasalidad	사역 동사	Verbo causativo
비음운화	Desfonologización	사역성	Caustividad
비음화	Nasalización	사역의	Factivo
비음화된	Nasalizado	사열	Secuencia
비인간	No-humano	사용	Uso
비인칭 동사	Impersonal	사용 언어	Lengua hablada
비인칭 동사	Verbo impersonal	사용 언어	Lengua Viva
비인칭성	Impersionismo	사(斜)의	Oblicuo
비재인칭	Anontivo	사이버 화용론	Ciber-pragmática
비전	Visión	사전	Diccionario
비종결성의	Atélico	사전학	Lexicografía
비칠라마	Beach-la-mar	사전학의	Lexicográfico
비트	Bit	사전학적	Lexicográfico
비포함	No-inclusión	사템언어	Satem
비현실법	Irreal	사투리	Patois
비희극	Tragicomedia		

사투리의	Babel	상보적 반의어	Complementaria
사투리의	Dialectal	상보적 분포	Distribución complementaria
사투리화	Dialectalización		
사항	Item	상보적 분포관계	Distribución complementaria sucesiva
사행	Proceso		
사회 언어학	Sociolingüística		
삭제	Deleción	상상	Imaginación
산	Verso libre	상승 억양	Anticadencia
산문	Prosa	상승 이중 모음	Diptogo creciente
산물	Resultante	상위 개념	Hiperonimia
산포 영역	Campo de disperación	상위 개념어	Hiperónimo
		상위 언어	Metalengua
삼(3)각형의	Triangular	상위어	Superordenado
삼(3)단계 형성의	Triformántico	상위언어	Metalenguaje
삼(3)음절 단어	Palabra trisílaba	상의	Aspectual
삼(3)인칭 단수로만 활용하는 Terciopersonal		상징	Simbolismo
		상징	Símbolo
삼(3)인칭 동사형	Verbos terciopersonales	상층 언어	Superestrato
		상태	Estado
삼음절	Trisílaba	상태 동사	Estativo, Verbo de Estativo
삼중모음	Triptogos	상태상	
삼행 연구(三行聯句)		상투어구	Cliché
	Tercerilla	상투적인	Común
삼행시(三行詩)	Tercerilla	상형문자	Jeroglífico
삽입 형용사	Adjetivo incidental	상호 동사	Verbos recíprocos
삽입절	Incidente	상호 모순된	Antinómico, -ca
삽입절	Inciso	상호 무의존	Constelación
상	Aspecto	상호성	Reciprocidad
상관	Correlación	상호의 Se	Se recíproco
상관관계	Correlación	상호의존	Interdependencia
상관관계가 있는	Correlativo	상호이해	Intercomprensión
상관성	Interdependencia	상호주관적인	Intersubjuntivo
상대 최상급	Superlativo relativo	상황	Circunstancia
		상황동사	Verbos de estado
상대적	Relativa		
상대적 시제	Tiempo relativo	상황보어	Complemento circunstancial
상대주의	Relativismo		

상황사	Circunstante		Influencia
상황의	Circunstancial		de una palabra
새로 형성된	Néoforma		sobre otra
새벽 찬송가	Alabado	서법	Caligrafía
색	Color	서법	Modo
색인	Indice	서사시	Épica
색인 정리	Indización	서사학	Narratología
생경한	Duro	서수	Número ordenal
생기 없는	Inanimado	서수의	Ordinal, número
생략	Abreviación	서술	Narrativo
생략	Elisión	서술 발화	Enuciado
생략 부호(′)	Apóstrofo		constatativo
생략 부호[...]	Puntos suspensivos	서술 음성학	Fonética descriptiva
생략·취소 성질	Cancelabilidad	서술 접속사	Conjunción
생략부호	Sigla		anunciativa
생략의	Elíptico	서술 형용사	Adjetivo
생략체	Elipticidad		predicativo
생략하다	Elidir	서술자	Enunciador
생리 음성학	Fisiofonética	서실문	Constativa
생리학	Fisiología	서정시	Lírica
생명이 없는	Inanimado	서체의	Escritural
생물을 지시하는	Animado	석사 논문	Tesina
생산	Producción	석사 졸업 논문	Tesina
생산가능성	Productividad	선립사	Anticipante
생성 능력	Capacidad generativa	선서 구술서	Afidávit
		선언	Declaración
생성 의미론	Semántica generativa	선언어	Prelenguaje
		선율	Melodía
생성문법	Gramática generativa	선정	Elección
		선조	Linealidad
생성음운론	Fonología generativa	선집	Antología
		선천적인	Innato
생성적	Generativo	선취동화	Asimilación
생성하다	Engendrar		anticipatoria
삵이 붙은	Sostenido	선택	Selección
서로 연관성이 있는 유추현		선택	Elección

선택 자질	Selectivo		los sustantivos
선택 제한	Resctricción seleccional	성격묘사	Etopeya
		성대	Cuerdas vocales
선행 절	Proposición	성도	Conducto
선행사	Antecedente	성문	Glotis
선행성	Anterioridad	성문의	Glotal
선행적 공동조음	Coarticulación anticipatoria	성문파열음	Saltillo
		성문화	Glotalización
선형성	Linealidad	성문화음	Glotalizado
설골의	Hioides	성분	Componente
설단음화 된	Apicalizado	성분 분석	Componencial
설명	Exposición	성서 주해자	Anagogista
설명	Propósito	성서의 신비적 해석	
설명 동격	Aposición explicación		Anagogía
		성유법	Onomatopeya
설명적 형용사	Adjetivo explicativo	성조	Entonación
		성조	Tono
설명적인	Explicativo	성조 언어의 특성 자질	
설배	Dorso		Tonodistintivo
설배음	Dorsal	성조의	Tonal
설배의	Dorsal	성찬 찬미가	Alabado
설배치경음	Dorsoalveolar	성화	Canonización
설배치경의	Dorsoalveolar	세 글자 단어	Trigrama
설어	Glosolalia	세 문자의	Trilítero
설어증	Glosomanía	세(Se)가 붙으면 의미가 변하는 동사	
설음	Lingual		Verbos que cambian su sentido con 'se'
설첨 전 경구개음	Apicoprepalatal		
설첨 전 치음	Apicopredental		
설첨 치경음	Apicoalveolar	세련된	Terso
설첨 치음	Apicodental	세미콜론[;]	Punto y coma
설첨음	Apical	세세오(Seseo)현상	Seseo
설측음	Lateral, consonate	세음	Tenue
설측음화	Lateralización	센티멘탈	Sentimental
설치음.	Apicodental	소개사	Presentativo
섬세함	Delicacia	소격	Locativo
성	Matrónico	소극	Farsa
성	Género de	소네트	Soneto

소리	Ruido	속담	fonográfica
소리를 통해 구현되는 구체적 음소를		속담	Adagio
표시하는 표식	Barras	속담	Proverbo
소리의	Fónico	속사	Atributo
소리형성의 형세	Fases que integran a la formación de un sonido	속사	Complemento predicativo
		속삭이기	Cuchicheo
		속성으로의	Inherente
소속	Pertenencia	속성적 용법	Uso atributivo
소쉬르	Saussure	속어	Slang
소쉬르주의	Saussurianismo	속으로	Adentro
소외	Aliteración	속임수를 쓰다	Trovar
소유	Posesión	쇄말주의	Trivialismo
소유 대명사	Pronombre posesivo	쇠퇴	Debilitación
		쇠퇴	Debilitamiento
소유 대명사	Posesivos, Nombres.	수	Número
		수 형용사	Adjetivo numeral
소유 형용사	Adjetivo posesivo	수격	Comitativo
소유격 형용사	Posesivos	수다	Logorrea
소유사	Posesivos	수다	Verborrea
소유사	Posesivo	수다스런	Logorréico
소유의	Posesivo	수단	Intermedio
소유자	Poseedor	수동 진행형	Progresivo pasivo
소장 문법학자들	Neogramáticos	수동문	Frases pasivas
소재	Datos	수동문 주어	Sujeto pasivo
소재	Materia	수동의 Se	Se pasivo
소적	Émico	수동의 명령문	Imperativo pasiva
소절	Oración reducida	수동의 표시	Signo de pasivo
소절편	Microsegmento	수동자	Paciente
소제	Elipsis	수동태	Pasivo
소제의	Elíptico	수동태	Voz pasiva
소지자	Poseedor	수량 부사	Adverbios de cantidad
소질	Diátesis		
소형대문자	Versalita	수량 형용사	Cuantitativo
속격	Atributo	수량 형용사	Adjetivo cuantitativo
속기문자 체계	Sistema de escritura	수리 언어학	Lingüística

- 520 -

	matemática		realizativos
수반격(隨伴格)	Comítativo	수형도	Diagrama arbóreo
수사비평	Criticismo retórical	수형도	Árbol
		수혜자	Beneficiario
수사적 질문	Cuestión retorical	수혜자	Benificiario
수사적 표현	Endíadis	숙어	Locución
수사적 표현	Figuras retóricas	순간음	Momentáneo
수사적 표현	Hendíadis	순경구개음	Labiopalatal
수사학	Retórica	순서	Orden
수사학적 요소	Componente retórico	순수 주의	Purismo
		순시상	Aspecto momentáneo
수사학적 행위	Acto retórico	순시상 상	Aspecto desinente
수사학적 행위	Acto retórico	순연구개음	Labiovelar
		순음	Labial
수식	Modificación	순음화	Labialización
수식어	Atributivo	순음화	Vocales labializadas
수식어	Modificador		
수식어	Modificativo	순음화 된	Labializado
수식하다	Modificar	순치음	Dentilabial
수신	Recepción	순치음	Labiodental (consonate)
수신자	Descodificador		
수신자	Destinatario	순치음의	Dentilabial
수신자	Receptor	순행동화	Asimilación anticipatoria
수용미학	Recepción estética	순행동화	Asimilación anticipatoria
수용사	Recepción histórica	순환	Ciclo
수치적 분류학	Taxonomía numérica	순환 구조	Circuito de la comunicación
수행	Aptitud	순환논리	Circular
수행 가정	Hipótesis realizativa	순환변형	Cíclico
		술부	Predicado
수행의	Performativo	술어	Predicado
수행적 발화	Enuciado realizativo	술어	Terminología
		술어 기능	Predicación
수행적 발화	Predicados	술어 명사	Términos

	señaldos	슬라브어군	Grupo eslávico
술어의	Predicativo	습관상	Habitual
술어적 서술을 하다		습관적 사실	Presente habitual
	Predicar	습음	Mojado
술어집	Nomenclatura	습음성	Mojamiento
숨겨있을 때	Tácito	승화	Sublimación
숨쉬기	Pausa	시	Trova
숨을 내쉼	Espiración	시각	Visual
쉼표	Coma	시각적인 꿈	Visión
슈음	Chuintante	시간	Hora
스'S'음의 발음 장애		시간 부사	Adverbios
	Sigmatismo		de tiempo
스탄자	Estanza	시간 표현	Expresiones
스트레스	Stress		temporales
스트로보스코프	Estroboscopio	시간생성	Cronogénesis
스팡글리쉬	Spanglish	시간의 표현	Expresiones
스페인 한림원	RAE		de tiempo
스페인어	Español	시간적 지시	Deixis temporal
스페인어 문법	Gramática	시간적 직시	Deixis temporal
	de la lengua	시구	Estrofa
	española	시구	Versus
스페인어의 모음들	Vocales	시극	Drama poética
	españolas	시냅스	Sinapsia
스페인어의 음절구조		시동상	Ingresivo
	Estructura	시법제치	Cronotesis
	silábica	시사	Alusión
	del español	시스템	Sistema
스페인어의 자음 체계		시인	Trovador, -ra
	Sistema	시적 기능	Función estética
	consonántico	시적기능	Función poética
스페인의 중세 시대		시적인	Poética
	Edad Media	시제	Tiempo
	en España	시제 일치	Concordancia
스페인의 중세 연대기			de tiempo
	Cronología de	시제 일치	Consecutio
	la Edad Media		temporum
	en España	시제들의 상관관계	Correlación

	de tiempos	실질 형태소	Morfema completo
시학	Poética	실체	Entidad
시행	Estrofa	실험 신경 언어학	Neurolingüística
시행착오	Trial y error		experimental
신경언어학	Neurolingüística	심리 언어학	Psicolingüística
신문 기사	Artículo	심리 역학론	Psicomecánica
	periodístico	심리 체계론	Psicosistemática
신문의 사설	Editorial	심리적 시간	Tiempo
	periodístico		psicológico
신문의 텍스트	Artículo	심리주의	Psicologismo
	periodístico	심상	Imagen
신비주의	Misticismo	심연법	Anticlímax
신비평	Criticismo nuevo	심연법	Bathos
신조어	Neología	심의용 웅변	Retórica
신조어	Neologísmo		deliberativa
실독증	Alexia	심층구조	Estructura
실독증	Dislexia		profunda
실렙시스	Silepsis	심층구조	Profunda,
실문법증	Agramaticismo		Estructura.
실사의	Sustantivado	심층의 텍스트	Genotexto
실서증	Agrafía	쌍형어	Doblete
실어	Pleno	쎄다(Z)	Z
실어증	Afasia	쎄따	Zeta
실어증	Afemia	쎄따씨스모현상	Zetacismo
실어증의	Afásico, -ca	쎄쎄오(Ceceo) 현상	
실음악증	Amusia		Ceceo
실인증	Agnosia	쐐기문자	Cuneiforma
실재	Realidad	쓰 [θ] 발음	Ciceante
실재론	Realismo	쓰 [θ] 소리내기	Ciceo
실재적 성질의 형용사		쓰여진	Escrito
	adjetivo actual		
실존과 관계된	Existencial		
실존적인	Existencial		
실존주의	Existencialismo		【ㅇ】
실증주의	Positivismo		
실질	Substancia		
실질	Sustancia		

아	A	안정성	Certeza
아나톨리아어군	Grupo anatolio	알고리즘	Algoritmo
아라곤 어	Aragónes	알랑거림	Zarracatería
아라비아어	Algarabía	알레고리	Alegoría
아라우꼬 풍의 말	Arauacanismo	알레고리적 이미지	Imagen alegórica
아라우아까노 어	Arauacano	알렉산드리아 문명·학파 철학	
아라우아꼬 어	Arahuaco		Alejandrinismo
아랍어에서 영향을 준 스페인어		알림	Anuncios
	Arabismos	알바니아어군	Grupo albanés
아래에	Abajo	알파	Alfa
아래쪽으로	Abajo	알파벳	Abecé
아르메니아어군	Grupo armenio	알폰소 10세	Alfonso X
아르헨티나 풍의 말씨		알하미아	Aljamía
	Argentinismo	암시된	Sobrentendido
아메리카 대륙에 있는 언어		암시적 의미	Connotación
	América,	암시적 의미의	Connotativo
	la lengua en.	암컷	Hembra
아방가르드	Avan-garde	암호학	Criptología
아스뚜리아-레온 어		암호화 분석	Criptoanálisis
	Astur-leónes	압력	Presión
아직	Todavía	압축	Compacto
아카데미 학과	Academia	압축된	Denso
아프리카 기원의 스페인어		앞에	Adelante
	Africanismo	앞으로 쑥 내밂	Protracción
악기의	Instrumental	애매 모음 [ə]	Oscura. Vocal.
악담	Apóstrofe	애매.	Vago
악센트를 붙이다	Cargar	애매모음	Schwa
안달루시아 방언·말		애매성을 제거하다	Desambigüizar
	Andalucismo	애매성의 제거	Desambigüización
안달루시아 방언·말씨		애칭어	Hipocorístico
	Andaluz	액어법	Zeugma
안또니오 데 네브리하		약강격	Yámbico
	Antonio	약강격	Yambo
	de Nebrija	약강약격	Anfíbraco
안으로	Adentro	약강오음보음	Pentametro
안의	Interior		yámbico
안의	Interno	약모음	Vocal débil

약변화의	Débil	양화사	Cuantificador
약분	Anulación	어간	Tema morfológico
약세 부정과거	Pretérito débil	어간 형성 모음이 없는	
약세 어중모음	Vocal intertónica		Atemático
약약격	Pírrico	어간모음	Vocal temática
약약강격	Anapesto	어간활용	Conjugación
약어	Abreviatura		temática
약음	Dulce	어구 반복증	Palifrasia,
약음화	Bemolización		Palinfrasia.
약음화된	Bemolizado	어구의 철자 바꾸어 쓰기	
약자음	Consonante débil		Anagrama
약한	Blando	어근	Morfema léxico
약화	Debilitación	어근	Raíz
약화	Debilitamiento	어기	Radical
약화	Vocal decreciente	어느	Alguno
양보형식	Yambo	어느 것이라도 좋은	Cualquier
양도가능	Alienable	어느 곳에나	Adondequiera
양도할 수 없는	Inalienable	어두 단자음	Consonantes
양면 대립	Oposición bilateral		iniciales simples
양보 접속사	Conjunción concesiva	어두 자음군	Consonantes iniciales agrupadas
양보절	Concesivo		
양설측음의	Bilateral	어두음	Inicial
양순 경구개음	Bilabiopalatal	어두음 첨가	Próstesis
양순 연구개음	Bilabiovelar	어두음 첨가	Prótesis
양순 치음	Bilabiodental	어두음 첨가	Vocal protética
양순음	Bilabial (consonante)	어두음 첨가의	Protético
		어두음절 생략	Afesis
양언어사용 능력	Bilingüismo	어두음절 생략	Aféresis
양이개의	Biauricular	어디	Dónde
양자의	Protónico	어디든지	Adondequiera
양태	Modalidad	어디에	Adónde
양태 부여	Modalización	어디에	Dónde
양태 요소	Modalizador	어떤	Alguno
양태 조동	Modal	어떤 것	Algo
양형	Dual	어떤 것	Cuál
양화사	Cantificador	어떤 것이라도	Cualquiera

어떤 형태소의 특정한 위치를 차지하는 소리로	Reflejo
어떻게	Cuán
어떻게	Cómo
어루증 환자	Logorréico
어말	Finalidad
어말 모음 소멸	Apócope
어말 자음	Constante finales
어말음	Paragoge
어말음첨가	Epitesis
어말의	Final
어머니의	Materno
어미	Desinencia
어미	Finalidad
어미	Terminación
어미 연성	Sandhi externo
어미 탈락형 소유 형용사	Adjetivos posesivos apocopados
어미변화	Declinación
어미변화의	Declinativo
어미에서 두 번째 음절에 강세가 있는 낱말	Properispómena
어미의	Desinencial
어법	Locución
어법	Giro
어순	Ordenación de las frases
어순	Orden de las palabras
어순 도치	Inversión
어순 도치	Regresión
어순 문법	Gramática del orden de palabras
어용론	Pragmática
어원어	Étimo
어원적 이중어	Dobletes etimológicos
어원학	Etimología
어음	Metaplasmo
어의	Acepción
어의	Aceptación
어의소	Glosema
어의소	Sema
어의소(語意素)	Glosema
어족	Familia
어족	Familia de palabras
어중 유사음 생략	Haplolalia
어중모음삽입	Anaptixis
어중음	Epéntesis
어중음	Síncopa
어중음 첨가	Svarabhakti
어층	Nivel de lengua
어형 변화적	Paradigmático
어형론	Morfología
어형론 목적	Morfología, Objeto de.
어형변화 계열	Paradigma
어휘	Léxico
어휘	Palabra
어휘 용어집	Glosario
어휘 통계학	Lexicoestadística
어휘 통계학	Estadísticas léxicas
어휘 형성소	Formante
어휘 형태소	Morfema léxema
어휘 확산	Difusión lexical
어휘론	Lexicología
어휘론 연구가	Lexicologo
어휘목록	Lexicón
어휘삽입	Inserción

어휘소	Lexema		del lenguaje
어휘소	Prefijo	언어 사용역	Registro
어휘소	Lexema	언어 상태	Estado de lengua
어휘소론	Lexemática	언어 수행	Actuación
어휘연구	Lexicografía	언어 수행	Discurso
어휘의 종류	Clases de palabras	언어 수행	Actuación del hablante
어휘장	Campo lexical	언어 습득	Adquisición
어휘적 형태소	Morfema lexical		de lenguaje
어휘화	Lexicalización	언어 연대학	Glotocronología
억양 곡선	Contorno	언어 연대학적 유지 비율	
억양	Entonación		Glotocronological
억양소	Entonema		constante
억양에 관한 부호	Signos de entonación	언어 외적인	Extralingüístico
		언어 유희	Contrepeteria
억양을 가진 음절	Sílaba acentuada	언어적 가변성	Mutabilidad
억양을 가진 음절	Sílaba tónica		lingüística
언급	Mención	언어 지도첩	Atlas lingüística
언급동사들	Verba dicendi	언어 지리학	Lingüística
언명 동사	Verbos de aserción	언어 지리학	geográfica Geografía
언명 동사	Verbos declarativos	언어 측정	lingüística Estimación
언명의	Enunciativo		lingüística
언술	Discurso	언어 커뮤니케이션의 연쇄	
언어	Vocablo		Cadena
언어 교정 전문가	Logopeda		de comunicación
언어 교정법	Logopedia		verbal
언어 교정치료	Logopedia	언어 행동	Comportamiento
언어 내 번역	Intralingual, traducción.	언어 행위	verbal Comportamiento
언어 능력	Competencia		verbal
언어 능력	Competencia lingüística	언어 형식소 언어 활동	Glosema Lenguaje
언어 동맹	Alianza lingüística	언어 활음조	Eufonia
언어 반복증	Catafasía	언어과학	Conciencia
언어 보편소	Universales		ligüística

언어소론	Glossemática
언어수행	Ejecución
언어의 기능	Funciones del lenguaje
언어의 접촉	Contacto de lenguas.
언어의 통일	Unificación del idioma
언어장애	Disfasia
언어적	Verbal
언어적 경향	Tendencia
언어적 동족	Afinidad lingüística
언어적 행위	Comunicación non-verbal
언어학	Lingüística
언어학 이론	Teoría lingüística
언어학 지도	Mapa lingüístico
언어학 측면에서의 문맥	Contexto lingüístico
언어학적 인접성	Vecindad lingüística
언어학적 지역	Área, lingüística.
언쟁	Altercado
언제	Cuándo
언제나	Siempre
언표내적 진리치	Veredictivo
언표내적행위	Acto ilocutivo
언표매개행위	Acto perlocutivo
언표적행위	Acto locutivo
언표행위	Enunciación
언향적 행위	Acto perlocutivo
얼마나,	Cuán
얼마만큼의	Cuánto, -ta
엄밀한	Taxativo
없애기	Supreción
에-레(Rr)	Rr
에네(ñ)	Ñ
에드 혹	Ad hoc
에레(R)	R
에로티시즘	Eroticismo
에세(S)	S
에세(S) 부사어	S adverbial
에세(s)자를 쎄다(z)자로 발음하는	Zaceoso, sa
에피그램	Epigrama
에필로그	Epílogo
엘예(ll)	Ll
여격	Dativo
여러 언어를 구사하는	Plurilingüe
여린	Blando
여성 각운	Rima femenina
여성 운	Rima femenina
여성형	Femenino
여음	Muletilla
역구조 동사	Verbos defectivos
역구조 동사	Verbos terciopersonales
역사	Historia
역사의	Histórico
역사적 현재	Presente histórico
역사학	Historia
역설	Paradoja
역시	También
역이 성립하는	Reversible
역접 접속사	Conjunción adversativa
역학	Dinámica
역행대응	Catáfora
역행동화	Asimilación regresiva

역행조응	Catáfora
역행할 수 있는	Reversible
연	Estanza
연결	Junción
연결	Líaison
연결	Nudo
연결 동사	Copulativos, verbos.
연결 접속사	Conjunción coplativo
연결부호	Guión
연결사	Nudo
연결선	Llaves
연결접속사	Copulativo
연결하여 맥락 잇기	Sutura
연계사	Cópula
연계성	Cohesión
연관	Conexión
연관	Líaison
연관성	Coherencia
연관성	Consecutivo
연구개	Velo de paladar
연구개 음	Velares (consonante)
연구개음화	Velarización
연구개의	Uvular
연구개의 운동	Acción del velo del paladar
연대기	Crónica
연대기적 시간	Tiempo crónico
연대기적 시간	Tiempo cronológico
연동소	Conector
연동소	Conmutador
연동소	Marcador

연사 생략	Asíndeton
연산자	Operador
연설	Arenga
연성	Sandhi
연속	Cadena
연속된 모음의 발음	Vocales en contacto
연속점	Suspensivo
연쇄	Concatenación
연쇄 논법	Sorites
연쇄반응	Cadena
연쇄적	Sintagmático
연어	Colocación
연어 견인	Atracción pronímica
연언법	Preterición
연역	Deducción
연역법	Apriorismo
연음	Dulce
연음	Encadenamiento
연음	Enlace
연음	Ligazón
연음 현상	Sinalefa
연음화	Lenición
연접	Juntutura
연합	Asociación
연합의	Asociativo
열거	Enumeración
열두(12) 음절의	Alejandrinos
열등 비교급	Comparativo de inferioridad
열린 명제 구조	Estructura proposicional abierta
열린 음절	Sílabas abiertas
열린 음절	Sílabas libres

영어를 사용하는 사람	Anglohablante	와언	Acento
		와우 현상	Wau
영어의 어휘가 스페인어로 차용된 어휘	Anglicismos	완곡 어법	Eufemismo
		완곡 표현	Eufemismo
예름슬레우	Hjelmslev	완곡어	Eufemismo
예리한	Agudez	완곡어법	Circunloquios
예변법	Anticipación	완곡한 표현	Circunlocución
예변법	Prolepsis	완료	Perfecto
예변법의	Proléptico	완료의	Perfectivo
예비 조건	Condiciones preparatorias	완료형 상	Aspecto perfectivo
		완료형 조건법	Condicional perfecto
예외	Excepción		
예외적인 명제	Exceptiva, Proposición.	완료형의 대비	Contraste perfecto
예의	Cortesía	완료형의 용례	Uso del pretérito perfecto
예이스모 현상	Lleísmo		
예이스모 현상	Yeísmo	완전 동사 또는 불완전 동사	Verbos perfectos o imperfectos
예전의	Antiguo		
예정론	Predetermismo		
예측 가능성	Previsibilidad	완전 실어증	Afemia
예측력이 있는	Predictivo	완전 운	Rima consonante
예측적인	Predictivo	완전 운	Rima perfecta
옛날의,	Antiguo	완전 운	Rima total
오디오 그램	Audiograma	왕립 언어 학술원	Real Academia de la Lengua
오류	Abuso		
오류 분석	Análisis de error	왜곡	Distorción
오스틴	Austin, Jonhn.	왜냐하면	Pues
오실로 그램	Osciograma	외국어광	Glosomanía
오실로그래프	Oscilógrafo	외시적인	Denotativo
오전용	Catacresis	외심구조	Construcción exocéntica
오직	Sólo		
오직 하나의	Solo	외심적인	Exocéntrico
온갖	Todo	외연	Denotación
올바른 까스띠야 어	Castellano derecho	외재비평	Criticismo externo
		외재적인	Trascendente
옮겨 씀	Transcripción	외전운동	Abducción

외치	Extraposición	우의화	Alegorización
외파음	Explosivo	운	Rima
요구하다	Regir	운	Verso
요설증	Verborrea	운각이 불완전한	Cataléctico
요소	Elemento	운율	Metro
요소 연속	Secuencia	운율	Número
요약	Abreviatura	운율	Ritmo
요의 남용	Yoísmo	운율 강세	Acento métrico
욕구발화	Mando	운율소	Prosodema
욕설	Injuria	운율소론	Prosodia
욧(Yod)의 종류	Clases de Yod	운율을 맞춘 형식	Fórmulas rimadas
용법	Empleo	울림	Resonancia
용어	Vocabulario	움라우트	Umlaut
용어법(冗語法)	Pleonasmo	움라우트 현상	Metafonía vocálica
용어학	Terminología	웅변술	Retórica
용인 가능한	Aceptado	원 어휘소	Archilexema
용인성	Aceptabilidad	원 음소	Archifonema
우(U)	U	원거리 통신	Telecomunicación
우노(Uno)를 주어로 하는 무인칭		원격동화	Dilación
	Uno impersonal	원격지간 회의	Teleconferencia
우등 비교급	Comparativo	원급의	Positivo
	de superioridad	원문 그대로	Sic
우랄어족	Urálico	원문의	Textul
우발적인	Contingente	원사	Archilexema
우베 도블레	W	원순	Redondeado
우베(V)	V	원심의	Centrífugo
우설법	Perífrasis	원인 작용	Causación
우설법 구문	Construcción	원인 접속사	Conjunción causal
	perifrástica	원인를 나타내는	Causativo
우스갯소리	Anécdota	원인를 나타냄	Causal
우연의	Indeterminado	원전	Origen
우연한	Contingente	원초적인	Primario
우유성	Accidente	원칙	Regla
우유적	Accidental	원형	Prototipo
우의	Alegoría	원형 비평	Criticismo
우의적 표현을 하는 사람			architípico
	Alegorizador, -ra	원형태 의미소	Archisemema

원형태 의미소	Protosemantismo	유일의	Solo
위 구강	Cavidad supraglótica	유전자형	Genotipo
		유정명사	Nombre animado
위력	Potencia	유창	Afluencia
위반	Violación	유창한	Afluente
위버섹슈얼	Uebersexual	유추 복원	Restauración analógica
위성어	Satélite		
위엄이 있는	Mayestático	유추 창조	Creación analógica
위치	Posición		
유기음	Aspirada	유추 확장	Extensión analógica
유기음의	Aspirado		
유대감	Solidaridad	유추론자	Analogista
유려한	Terso	유추법	Analogismo
유리	Separación	유추의	Analógico
유명론	Nominalismo	유추작용	Analogía
유미주의	Esteticismo	유태계 스페인어	Judeo-español
유사	Proximidad	유태계 스페인어	Sefardí
유사의	Analógico	유표의	Marcado
유사한	Análogo	유형	Tipo
유사한	Emparentado	유형-구현	Tipo/ Token
유성 계수음	Coeficientes sonáticos	유형적 보편소	Tipología universal
유성음	Sonante	유형학	Tipología
유성음	Sonoras (consonantes)	윤리의	Ético
		율격	Fonología métrica
유성음 파	Onda sonora	융합	Colisión
유성음화	Sonorización	융합	Fusión
유성의	Aspirado	융합	Sincretismo
유성의	Sonoro	은어	Argot
유연 관	Afinidad	은어	Jerga
유연성	Motivación	은유	Metáfora
유연적인	Motivado	음	Ruido
유음	Líquidas (consonante)	음	Sonido
		음 높이	Pitch
유음소	Diafónema	음가	Sonido
유음중첩법	Paronomasia	음군	Aglomerado
유인	Aliciente	음군	Cluster

음량	Cantidad	음성적 행위	Acto fónico
음량 전환	Metátesis cuantativa	음성통로	Canal vocal
		음성학	Fonética
음변화	Cambio fonético	음성학 기호	Alfabeto fonético
음변화	Cambio del sonido	음성학 자모표	Alfabeto fonético
		음성학적 기본	Base fonética
음변화의 시동	Actucación del cambio del sonido	음성학적 자음	Contoide
		음소	Fonema
음색	Timbre	음소 문자	Letras fonemáticas
음색	Tonalidad	음소 전사	Transcripción fonológica
음성 간섭	Interferencia fonética		
		음소론	Fonemática
음성 군	Grupo fónico	음소의	Fonémico
음성 규칙	Ley fonética	음송증	Verbigeración
음성 대응	Correspondencia fonética	음영	Coloración
		음운	Componente fonol
음성 문체론	Fonoestilística	음운 단음 대치	Sustitución fónica
음성 변이	Fonética sintáctica	음운 대비	Contraste fonológico
음성 심리학	Psicofonética.	음운 변화	Eufonia
음성 음조소	Tonema	음운 상관	Correlación fonológica
음성 작용	Proceso fónetico		
음성 전사	Transcripción fonética	음운 연대학	Fonocronología
		음운론의	Fonológico
음성 통로	Tracto vocal	음운론적 복귀	Reversión fonológica
음성 표기 장치	Fonetógrafo		
음성결	Cluster	음운론적 재구화	Reestructura fonológica
음성기호 전사	Transcripción estrecha		
		음운학	Fonología
음성변이	Metafonía	음운화	Fonologización
음성의	Fonético	음위 전도	Metátesis
음성의	Fónico	음율 형태론	Morfología prosódica
음성의	Hablado		
음성적 대립	Oposición fonológica	음의	Altura
		음의 분열	Fractura
음성적 변화	Fonética, evolución.	음장	Crono
		음장소	Cronema

음절	Sílaba	의견의 동사	Verbos de opinión
음절 구분	Silabeo	의견의 표현	Expresiones de opinión
음절 내 연성	Sandhi interno		
음절 문자	Letras silábicas	의고주의	Antiquismo
음절 문자법	Silabema	의고주의	Arcaísmo
음절 분리	Hiato	의무의	Obligatorio
음절부음소	Asilabema	의문 대명사	Pronombre interrogativo
음절부음적인	Asilábico		
음절에서의 소리의 융합	Integración de los sonidos en la sílaba	의문 부사	Adverbio interrogativo
		의문 부사	Adverbios dubitativos
음절의	Silábico	의문 형용사	Adjetivo interrogativo
음절의 변화	Tropiezo silábico		
음절의 분류	División silábica	의문문	Interrogación
음절의 정점	Ápice silábico	의문문	Oración interrogativa (directa)
음절의 중심	Ápice silábico		
음조에 의한 분류	Clasificación de las vocales por el tono	의문부사	Adverbios interrogativos
		의문사	Interrogativo
음질	Cualidad	의문형용사	Adjetivos interrogativos
음철 리스트	Silabario		
음향 단계	Acústica, Etapa.	의미	Sentido
음향 분석기	Sonógrafo	의미 개념	Concepto
음향 분석도표	Sonograma	의미 구성 성분	Componente semántico
음향 스펙트럼	Espectro acústico		
음향 음성학	Fonética acústica	의미 심장한	Pregnante
음향 필터	Filtro acústico	의미론	Semántica
음향적 분광	Espectro acústico	의미론의	Semántico
음향학의	Acústico	의미를 확대	Aumentativo
음향학적	Acústica	의미소	Episemema
응결	Fosilización	의미소	Plerema
응용	Aplicación	의미소	Semantema
응용 언어학	Aplicada lingüística	의미소	Semema
		의미역	Significado temático
응집어	Conglomerado		
의견	Opinión	의미역적 전재	Presuposición

	temática	이 그리에가(Y)	Y
의미의	Semántico	이(2)음절 단어	Palabra bisílabas
의미의 변화	Cambio semántico	이(2)음절 시구	Bisílabo
의미장	Campo semántico	이(2)음절어	Bisílabo
의미적 변화	Desplazamiento semático	이(2)음절의	Bisílábico
의미적 어형 변화	Paradigma semántico	이(2)인칭을 사용해서 말하다	Tutear
		이(2)중 포먼트	Biformántico
의미효과	Efecto semántico	이'i'음의 잦은 사용	
의사 방언적	Hiperdialéctico		Itacismo
의사 소통 능력	Competencia comunicativa	이근 동류	Heteronimia
		이근동류의	Heterónimo
의사 종위절	Seudosubordinda	이기음	Heterorgánico
의사 현행 시점	Quasi momento vigente	이동	Desplazamiento
		이런	Tal
의사(擬似) 연결	Seudocopulativo	이렇게	Tan
의사(擬似) 자동사	Seudointransitivo	이름	Nombre
의사분열문 형성	Seudorrajamento	이름에 관한 연구	Onomástica
의사소통	Comunicación	이명	Alcuno
의사소통의 수단	Medios de comunicación	이모티콘	Emoticono
		이문화 적응	Aculturación .
의사재귀구문	Pseudorrefleja	이미	Ya
의성법	Onomatopeya	이베리아어에서 영향을 준 스페인	
의성어	Onomatopeya		Iberismos
의성의	Imitativo	이분법	Binario
의소	Sema específico	이 사이 소리	Interdental
의소	Sema virtual	이산의	Discreto
의소의	Sémico	이상으로서의 자아	Ideal
의심스러운	Dudoso	이슬람으로 개종한	Muladies
의역	Traducción libre	이야기	Relato
의욕적인	Conatu (de)	이야기 작가	Narrador
의의학	Semasiología	이야기하기	Narrativo
의인화	Personificación	이완	Laxitud
의존 형태소	Morfema ligado	이완	Distensión
의존 형태소	Morfema trambado	이완	Metástasis
의지 동사	Volitivo	이완	Relajación
이	Dientes	이완된	Relajado

이완성을 띤	Laxo	이해력	Comprención
이완성음	Flojo	이해의 Se	Se de interés
이원주의	Binarismo	이해하기 쉬운	Claro
이음절	Bisílaba	이해하기 쉬움	Inteligibilidad
이의적(二義的)	Bisémico	이행적	Transitivo
이접 대등문	Oraciones coordinadas disyuntivas	이 형태	Almorfo
		이화현상	Disimilación
		인간 중심설	Antropocentrismo
이중 강세	Doble acentuación	인간 중심주의	Antropocentrismo
이중 굴절 체계	Doble articulación	인간에 관한	Humano
이중 부정	Negación doble	인공물	Artefacto
이중 분절	Articulación doble	인도어 관용어법	Indianismo
이중 함의	Implicación doble	인도-이란어군	Grupo Indoiranio
이중강세	Acentuación doble	인두	Faringe
이중모음	Diptongo	인두음	Faringal
이중모음화	Diptongación	인두음	Faríngeo
이중분절	Doble articulación	인두음화	Faringalización
이중성	Ambigüedad	인류 언어학	Lingüística antropológica
이중성	Dualidad		
이중어	Doblete	인명 연구	Antroponimia
이중의	Doble	인명론	Antroponimia
이중체계	Diasistema	인문의	Humano
이지만	Si	인문주의	Humanismo
이질 연사 간	Hetero-sintagmática	인상주의	Impresionismo
		인쇄 부수	Tiraje
이질화실태 조사 언어 연구소	OFINES	인식소	Epistema
		인용 부호	Comillas
이차 분화	Divergencia secundaria	인용하다	Aducir
		인위적인	Artificial
이탈리아어군	Grupo itálico	인유	Alusión
이탈리아어의 영향	Italianismo	인접 동화	Adyacente asimilación
이태릭체	Bastardilla		
이태의	Deponente	인접 동화	Asimilación adyacente
이항 대립론	Binarismo		
이항 분리적 성격	Caracterización bipolar	인접성	Adyacencia
		인접성	Contigüidad
이항적 대립	Binaria, opsición.	인접의	Adyacente

인접한	Adyacente	잇소리	Dental
인지 언어학	Lingüística cognitiva	잉여도	Redundancia
인지기능	Cognitivo		
인칭	Persona		
인칭의	Personal		【ㅈ】
인터뷰	Entrevista		
일(1)차원적인	Unidimensional		
일관성	Homogeneidad		
일반명사	Nombre común	자곤 실서증	Jergoafasia
일반 음성학	Fonética general	자곤 실서증	Jergoagrafía
일반화 관계대명사	Relativo de generalización	자극	Estímulo
		자기 자신	Se
일상언어	Lengua natural	자기 정정	Autocorreción
일어나다	Hay	자기 지배	Autodominado
일원발생설	Monogénesis	자기 지시	Autonimia
일원적 대립	Oposición bilateral	자네	Tú
일정한	Constante	자네의	Tuyo, -ya
일정한	Uniforme	자동 번역	Traducción automática
일정함	Regularidad		
일차 분화	Divergencia primaria	자동번역	Traducción mecánica
일체화	Identificación	자동사	Verbos neutros
일치	Concordancia	자동사	Intransitivos, Verbos.
일치	Unión		
일탈	Desviación	자료	Data
일화	Anécdota	자료체	Corpus
일화	Anecdotario	자르는 법	Corte
일화집	Anecdotario	자리	Plaza
임의성	Facultativo	자립	Autonomia
입력	Aducto	자립 분절음운론	Fonología autosegmental
입력	Input		
입론	Argumentación	자립의	Libre
입술	Labios	자립형태소	Morfema libre
입의	Bucal	자매어	Lengua hermana
입체파	Cubismo	자모	Abecé
잇몸	Alvéolos	자모	Abecedario

자모 철자	Alfabética (escritura)	잘 울리지 않는	Mate
자모표	Abecedario	잘못	Solecismo
자모표.	Alfabeto español	잠언	Adagio
자문적 표현의	Deliberativo	잠재성	Virtual
자소	Grafema	잠재소	Virtuema
자아	Ego	잠재적 성질의 형용사	Adjetivo virtual
자아	Subjetividad	잠재적인	Latente
자아중심적	Egocéntrico	잠재하는	Latente
자역	Transiteración	장	Campo
자연스러운	Natural	장	Largo
자연주의	Naturalismo	장-단 운율 리듬	Troqueo
자유	Lebertad	장단장조	Anfímarco
자유 간접 화법	Estilo indirecto libre	장소	Vernáculo
		장소 부사	Adverbios de lugar
자유 방임의	Permisivo		
자유 변이	Variación libre	장애음	Obstruyente
자유 분포	Distribución libre	장음화	Alargamiento
자유로이 허용하는	Permisivo	재 인식소	Reconocedor
자유시	Verso libre	재 합성	Recomposición
자유의	Libre	재구	Reestructura
자유의지	Lebertad	재귀	Recursión
자율적인	Autónomo	재귀 대명사	Pronombre reflexivo
자음	Consonante		
자음 중복	Geminación	재귀 대명사	Reflexivos, Pronombres.
자음간	Interconsonántico		
자음으로 되는 모음형태	Samprasarana	재귀 대명사 Se	Se de pronombre reflexivo
자음의	Consonántico	재귀 대명사화	Reflexivización
자음화된	Consonántico	재귀 동사	Verbos reflexivos
자의성	Arbitrariedad	재귀 수동태	Se refleja
자의적	Arbitrario	재귀 수동태	Pasivo refleja
자인칭	Autoontivo	재귀대명사의 Se	Se reflexivo
자질	Rasgo	재료	Datos
작시	Versificación	재문법화	Regramatización
작인	Causativo	재배치로부터의 일차분화	Divergencia
잔존	Supervivencia		

재어휘화	Relexicalización
재음운화	Refonologización
재음운화	Trans-fonologización
쟈크 데리다	Derrida, J.
저	Abertura máxima
저	Baja
저 곳에서	Allí
저기	Allí
저널리즘	Artículo periodístico
저모음	Graves, vocales.
저음	Hueco
저지대	Tierras bajas
적용의 장	Campo de aplicación
적절성	Pertinencia
적절한	Adecuado
적정 조건	Condiciones adecuadas
전 한정사	Predeterminante
전기	Biografía
전기음	Preaspirado
전도된	Invertido
전동타음	Rotado
전문 용어	Terminología
전문 용어	Terminológico
전문체의	Telegráfico
전미래	Antefuturo
전보	Telegrama
전부 설배음	Predorsal
전부 연구개의	Prevelar
전부경구개음	Prepalatal
전부경구개의	Prepalatal
전사 반복	Anadiplosis
	primaria desde el reasignamiento
전사자	Transcriptor
전설의	Anterior
전성의	Acústico
전언	Mensaje
전용 어법	Enálage
전위	Desplazamiento
전유	Metalepsis
전의법	Tropo
전이	Transición
전이	Traslado
전이음	Glide
전이음	Ligadura
전이적	Traslativo
전접어	Enclisis
전접적	Enclítico
전접현상	Enclisis
전제	Deducción
전제	Presuposición
전제	Presuposición
전제된	Presupuesto
전제절	Prótasis
전체 의문문	Interrogativo total
전체적 질문	Preguantas generales
전치	Trasposición
전치 모음	Vocales anteriores
전치법	Hipérbaton
전치사	Anteposición
전치사	Preposición
전치사	Preposición
전치사를 동반한 인칭 대명사	Pronombre personal con preposición
전치사의	Preposicional
전치사의 목적어	Prepositivos, pronombres.

전치사적인	Prepositivo	접사	Antefijo
전칭 명제	Absoluta	접사 변형	Trasformación de afijo
전통	Academicismo		
전통문법	Gramática tradicional	접사의	Afijal
		접속 가능성	Accesibilidad
전화현상	Disimilación	접속구	Frases conjuntivas
전환자 기능	Función transpositora	접속법	Subjuntivo
전환하다	Convertir	접속법 과거	Pasado más que acabado, subjuntivo.
절	Estanza		
절	Proposición		
절	Versículo	접속법 과거	Pasado, optativo.
절대 시제	Tiempo absoluto	접속법 과거	Co-préterito subjuntivo común
절대 중화	Neutralización absoluta	접속법 과거	Pos-préterito subjuntivo común
절대 최상급	Superlativo absoluto	접속법 과거	Préterito subjuntivo común
절대 최상급 어미	~ísimo -ísimo	접속법 과거 완료	Ante-pos-pretérito
절대 탈격	Ablativo absoluto.	접속법 과거 완료	Ante-pretérito, subjuntivo común
절대 통합	Coalescencia absoluta	접속법 과거 완료	subjuntivo común
절대적으로	Absolutamente	접속법 과거 완료	Ante-co-pretérito, subjuntivo común.
절제	Truncamiento		
점괄적인	Puntual	접속법 과거완료	Pasado más que acabado, por rodeo, subjuntivo.
점약음의	Decreciente		
점진적인	Gradual		
점차적 대립	Oposición gradual		
점증법	Gradación	접속법 과거완료	Pasado por rodeo, optativo.
접두모음자.	Aumento		
접두사	Prefijo	접속법 과거완료	Pretérito pluscuamperfecto de subjuntivo
접두사	Antefijo		
접두어나 접미어를 붙이는 일			
	Afijación	접속법 대과거	Pluscuamperfecto del subjuntivo
접사	Afijo		
접사	Nexo	접속법 동사	Verbos subjuntivos
접사	Sufijo		

접속법 미래	Presente y futuro, subjuntivo hipotético.		subjuntivo común.
		접속법 현재	Venidero, optativo
접속법 미래	Venidero, subjuntivo.	접속법 현재	Presente (subjuntivo)
접속법 미래	Futuro de subjuntivo	접속법 현재	Presente de subjuntivo
접속법 미래	Futuro imperfecto de subjuntivo	접속법 현재 완료	Ante-futuro, subjuntivo común
접속법 미래완료	Ante-futuro, subjuntivo hipotético	접속법 현재 완료	Ante-presente, subjuntivo común
접속법 미래완료	Ante-presente, subjuntivo hipotético.	접속법 현재와 접속법 현재완료와 결합한 감정표현 사이의 대비	Contraste entre expresión de sentimientos con presente o con perfecto de subjuntivo
접속법 미래완료	Ante-futuro, subjuntivo hipotético		
접속법 미래완료	Pasado por rodeo, subjuntivo.	접속법 현재완료	Pasado acabado, por rodeo, subjuntivo
접속법 미래완료	Futuro perfecto de subjuntivo	접속사	Conjunción
접속법 불완료과거	Pretérito imperfecto de subjuntivo	접속사 /o/의 변이형태	U
		접속사의	Conjuntivo
접속법 완료 과거	Pretérito perfecto de subjuntivo	접속어	Conectador
		접어	Clíticos
접속법 완료 시제	Tiempos compuestos del subjuntivo	접요사	Infijo
		접요사	Interfijo
접속법 절과 직설법 절을 지니고 있는 관계사 절	Oraciones relativas con subjuntivo o con indicativo	접요사 /s/를 통해 성격 지워지는	Sigmático
		접착	Aglutinación
		접합	Juntutura
		접합	Junción
접속법 현재	Presente y futuro	정관사	Artículo definido
접속법 현재	Presente y futuro,	정관사	Artículo determinado

- 541 -

정관사	Palabra no portada de sílaba acentuada	제 2인칭의	Segundo
		제거	Supreción
		제로	Cero
정당한 명칭	Apelación jurídica	제명	Título
정보	Información	제사	Rección
정보원	Informante	제약	Restricción
정보의 불확실함의 정도를 나타내는 양		제어	Control
	Entropía	제어가능성	Controlabilidad
정보의 평균율	Temperatura informativa	제어방식	Retroacción
		제외적인	Exclusivo
정상화된	Normalizado	제유법	Sinécdoque
정서법	Ortografía	제한된	Limitado
정서의,	Emotivo	제한적인	Restrictivo
정서적인	Afectivo	제한하다	Dominar
정신적 과정	Procedimiento mental	제휴	Afiliación
		조건 붙여진	Condicionado
정신주의	Mentalismo	조건 접속사	Conjunción condicional
정언적인	Categórico		
정음법	Ortoepía	조건문의 결과 절	Apódosis
정의	Definición	조건법	Condicional simple
정의	Definición		
정의된	Definido	조건법	Condicional (modo)
정의어	Definisante		
정의적 언어 활동	Lenguaje afectivo	조건법	Modo condicional
정의적 의미	Sentido afinitivo		
정의적인	Afectivo	조건법 완료형	Condicional compuesto
정점을 표시하는	Culminativo		
정지된	Bloqueado	조건화	Condicionamiento
정화술	Ortología	조동사	Verbo auxiliar
정확	Acribología	조동사	Verbos modales
정확한 사용	Uso correcto	조락성의	Evanescente, Fonema.
제 1 수동	Primeras de pasiva		
		조성의	Tonal
제 2 수동	Segundas de pasiva	조어	Protolenguaje
		조어법	Formación de palabras
제 2격	Genitivo		
제 2의	Segundo	조음	Articulación

- 542 -

조음 단계	Articulatoria Etapa		existencial
조음 부분	Cavidades infraglóticas	존재출산적인 존칭형의	Ontogénico Mayestático
조음 위치에 의한 소리의 분류	Clasificación del sonido por el lugar de articulación	졸졸거리는 소리 종격 종결의 종단 종단전	Gorjeo Comitativo Télico Terminal Preterminal
조음 음성학	Articulatoria fonética	종속 종속	Hipotaxis Subordinación
조음 음성학	Fonética articulatoria	종속 관계사절	Proposiciones subordinadas de relativo
조음기반	Articulatoria base	종속 명사절	Proposiciones subordinadas substantivas
조음기초	Articulatoria base		
조음법	Modo de articulación	종속 부사절	Proposiciones subordinadas adverbiales
조음의 기본	Base de articulación	종속 접속사	Conjunciones subordinantes
조음자	Articulador		
조음점	Punto de articulación	종속 형용사절	Proposiciones subordinadas adjetivas
조작 결과문	Resultante		
조작 대상문	Operante	종속된	Subordinado
조작방법	Procedimiento	종속사	Subordinante
조작자	Operador	종속절	Dependiente
조작적인	Operativo	종속절	Preposición
조찰성의	Estridente	종속절	Subordinada
조화	Armonía	종속절	Transferente
조화	Conjunto	종속절	Proposición subordinada
조화된 배음	Hipertono armónico	종위	Hipotaxis
조화로운	Armónico	종지	Cadencia
존대말의	Honorífico	종합적	Sintagmático
존재 인칭	Ontivo	종합적인	Sintético
존재적 전재	Presuposición	좌우 대칭인	Simétrico

주격	Nominativo	중간 모음	Vocal central
주격 대명사	Pronombre sujeto	중간 소리	Media (voz)
주격 인칭 대명사	Pronombres personales nominativos	중간 수동의 중간 자음군	Mediopasivo Consonantes interiores agrupadas
주격의	Subjetivo		
주관	Subjetividad	중간 태	Voz media
주석	Aparato crítico,	중간복자음	Consonantes interiores dobles
주석	Comentario		
주석	Comento		
주어	Subjeto	중간태의	Mediopasivo
주어	Sujeto	중개	Vocales medias
주어	Sujeto hablante	중개인	Intermediario
주어의	Subjetivo	중괄호: "{}"	Llaves
주절	Proposición principal	중남미 스페인어	Español americano
주제	Asunto	중남미 아메리카 대륙에서 스페인어에 영향을 준 어휘	Americanismo
주제	Lema		
주제	Tema	중독 증세	Intoxicación
주제	Tópico	중립 모음	Neutras, vocales.
주제를 표현하는	Temático	중립 모음 [ə]	Neutral, Vocal.
주지주의	Intelectualismo	중복 표현법	Perisología
주체간의	Intersubjuntivo	중복의	Doble
주해	Comentario	중복합의	Supercompuesto
주해	Glosa	중부 경구개음	Mediopalatal
준 동음이의어	Cuasi-homónimo	중설배음	Mediodorsal
준 동의어	Parasinónimo	중설의	Central
준 어휘소	Paralexema	중설화	Centralizado
준교양어	Semicultismo	중설화 모음	Vocal centralada
준부정어	Subnegativos	중성	Neutro
준조동사	Semiauxiliar	중성관사	Aritículo neutro
준통속어	Semivulgarismo	중세 스페인의 기독교 점령지역에 살고 있는 이슬람교인	Mudejar
줄바꿈	Aparte		
줄표	Raya	중심	Eje
중	Abertura media	중심적 기능	Función apelativa
중간 단자음	Consonantes interiores simples	중앙 위치의 모음	Vocal neutra
		중어법	Pleonasmo

- 544 -

중어법(重語法)	Pleonasmo
중음 탈락	Hapaxepia
중음 탈락	Haplología
중자 탈락	Haplografía
중자음	Geminado
중첩 현상	Reduplicación
중합	Amalagama
중화 현상	Neutralización
중화될 수 있는	Neutralizable
증가의	Incremencial
증대 접미사	Sufijos aumentativos
증분의	Incremencial
증폭	Amplificación
증폭법	Amplificación
지각 가능성	Perceptibilidad
지각 동사	Verbos de percepción
지금	Ahora
지금까지	Todavía
지나간	Pasado
지다	Asumir
지령법의	Conminativo
지리 언어학	Geolingüística
지명학	Toponimia
지명학	Topónimo
지명학의	Toponomástica
지방 특유의	Local
지방의	Local
지배하다	Gobernar
지배하다	Regir
지세학	Topología
지소	Diminutivo
지속부	Tenue
지속상	Aspecto durativ
지속성	Durativo
지속적인	Permanente
지수에 의한	Indicial
지수의	Indicial
지시	Deixis
지시	Referencia
지시 대명사	Demostrativos, pronombres
지시 대명사	Pronombre demostrativo
지시 대상	Referente
지시 형용사	Adjectivo demostrativo
지시[직시] 형용사	Adjectivo deíctico
지시사	Demarcativo
지시사	Demonstrativo
지시소	Deíctico
지시적인	Deíctico
지시적인	Referencial
지시하는	Referencial
지식	Información
지식	Noticia
지역적인	Diatópico
지적	Designación
지적 수준	Alcance
지표자	Característica
직관	Intuición
직설법	Indicativo (modo)
직설법 과거 완료	Pasado más que acabado, por rodeo
직설법 과거 완료	Ante-co-pretérito
직설법 과거 완료	Ante-co-pretérito
직설법 과거 완료	Ante-co-pretérito
직설법 과거진행	Gerundio de pretérito de indicativo
직설법 대과거	Pluscuamperfecto del indicativo

직설법 미래	Futuro de indicativo	직역어	Calco
		직전과거	Antepretérito
직설법 미래	Futuro simple	직전 과거	Pretérito anterior, de indicativo
직설법 미래	Futuro imperfecto de indicativo	직접 구성 성분	Constituyente inmediato
직설법 미래 완료	Pasado por rodeo		
직설법 미래 진행	Gerundio de futuro de indicativo	직접 구성 성분 분석	Análisis de Constituyentes inmediatos
직설법 미래완료	Futuro perfecto de indicativo	직접 목적 대명사	Caso acusativo
직설법 불완료 과거	Pretérito imperfecto de indicativo	직접 목적보어 속사	Atributo del complemento directo
직설법 완료 과거	Pretérito perfecto de indicativo	직접 목적어	Objetos directos
		직접 목적어	Pronombre acusativo
직설법 완료 시제	Tiempos compuestos del indicativo	직접 목적어	Complemento directo
직설법 직전 완료	Ante-pretérito	직접 목적어	Pronombre complemento directo
직설법 직전 완료	Ante-pretérito		
직설법 직전과거	Pasado acabado, por rodeo.	직접 성분 분석	Análisis de constituyentes inmediatos
직설법 현재	Presente de indicativo		
직설법 현재 완료	Pasado acabado, por rodeo.	직접 지시	Ostensión
		직접 화법	Estilo directo
직설법 현재 완료	Ante-presente	직접대명사 형	Leísmo
직설법 현재 완료	Ante-presente	직접보어	Directo
직설법과거완	Pretérito pluscuamperfecto de indicativo	직접보어	Complemento directo
		직함	Antefirma
직시	Deixis	진동음	Vibrantes (consonante)
직시에 의한	Ostensivo		
직시적 의미	Valor deíctico	진리에 관한 의미론	
직역	Traducción literal		Semántica

진리치에 관련된	veritativa	차용	Préstamo
진리치에 관련된	Veritativo	차용어	Préstamo
진솔한	Desnudo	차이	Distanciamiento
진수	Espíritu	차폐	Ocultamiento
진술동사	Declarativo	차폐효과	Encubrimiento
진술의	Enunciativo	착 문법증	Paragramatismo
진실 조건	Condiciones de sinceridad	착독증	Paralexia
		착서증	Paragrafía
진의	Espíritu	착어증	Parafasia
진주어	Sujeto real	찬사	Alabanza
진폭	Amplitud	찬양하는	Laudatorio
진행의	Progresivo	참고자료가 되는	Documental
진화	Evolución	참여	Intervensión
진화의	Evolutivo	참조건	Verdad
질료	Materia	창의성	Creatividad
집단	Grupo	창조	Producción
집속점	Locus	찾아보기	Indice
집시족의 언어	Caló	천명	Estridor
집중	Convergencia	천이	Transición
집합	Reunión	철자 바꾸기를 고안하는 사람	anagramatista
집합명사	Nombre colectivo		
집합적인	Colectivo	철자 습득 곤란	Disortografía
징후	Indicio	철자 오류	Paragrama
징후	Síntoma	철자부호	Diacrítico
짧기	Brevedad	철저 논증법	Exhaustividad
짧은	Breve	첨가	Adición
짧은 모음	Vocal corta	첨가	Aditamento
짧음	Brevedad	첨가	Epitesis
쮜리히 학파	Zurich	첨사	Partícula
		첫머리 문구	Encabezador
		청각	Acústico, ca
		청각 음성학	Fonética auditoria
【ㅊ】		청각장애	Sordera
		청각적 일치 현상	Equivalencia acústica
차례	Orden	청려의	Acústico, -ca
		청력 검사	Audiometría

- 547 -

청력도	Audiograma		de Minimalista
청음 단계	Auditoria, Etapa	최소의 모음체계	Vocalismo mínimo
청자	Oyente	최소주의	Minimalismo
체(ch)	**Ch**	최초의	Primario
체계성	Sistematicidad	추론	Argumentación
초교정	Ultracorrección	추론	Inferencia
초문장적 연결	Conexión supraoracional	추론의	Ilativo
		추리	Inferencia
초분절적 자질	Suprasegmental	추상성	Abstracto
초시제적인	Atemporal	추상적 통사론	Sintaxis abstracta
초월	Trascendencia	추출	Extracción
초음파	Ultrasonido	추출표본	Muestra
초점	Foco	축	Eje
초점화시키다	Focalizar	축소	Diminutivo
초출년 표시	Datación	축소	Reducción
초현실주의	Surrealismo	축소 접미사	Sufijo diminutivos
촉매작용	Catálisis	축약	Contracción
촘스키	Chomsky	축약형이 있는	Contracto
총괄	Síntesis	축어적	Implicativo
총체를 의미하는 보어		출력	Educto
	Complemento integral	출현	Ocurrencia
		췌언 군소리	Verbalismo
총칭 명사	Nombre apelativo	취소	,Anulación
총칭승화	Sublimación general	취지	Espíritu
		층	Estrato
총칭의	Genérico	층위	Nivel
총칭적인	Genérico	치간음	Interdentales (consonante)
총합	Síntesis		
총합문	Período	치경	Alvéolos
총합문의	Periódico	치경구개	Alveopalatales
총합적인	Sintético	치경음	Alveolar (consonante)
최상급	Superlativo		
최상급 형용사	Adjetivo superlativo	치관음	Coronal
		치리음	Postdental
최소	Abertura mínima	치밀한	Denso
최소 변별 자질	Merisma	치역	Rango
최소 이론	Programa	치음	Linguadental

	(consonante)
치음의	Dental
치찰음	Silbante
치찰음	Sibilante
치찰음의	Sibilante
치찰음의	Silbante
치찰음화	Asibilación
치환	Sustitución
치환성	Sustituibiliad
치환할 수 있는	Permutable
친교적 기능	Función realizativa
친교적 기능	Realizativa
친근	Familiar
칭 대명사 3인칭 단수인	Usted
칭찬	Alabanza

【ㅋ】

카나리아 스페인어	Canario
카리브 어	Caribe
카탈루냐어	Catalán
카탈루냐화	Catalanismos
커뮤니케이션	Comunicación Mediatizada por la Computadora
컨셉티즘	Conceptismo
컴퓨터 언어학	Lingüística computacional
컴퓨터 예의	Netiquette
켄툼 언어	Centum
켄툼 언어	Kentum
켈트어	Celta
켈트이베로어	Celtíbero
코드화하다	Codificar
코로니스	Coronis
코펜하겐 학파	Copenhague, Escuela de.
콜로라투라	Coloratura
콜론	Dos puntos
콜롬비아 방언 도감	ALEC
큐비즘	Cubismo
크레올어	Criollo
크리네	Kleene

【ㅌ】

타고난	Innato
타당성	Adecuación
타동사	Activo, verbo
타동사를 자동사로 만드는 se	Se intransitivo
타동사와 자동사	Verbos transitivos e intransitivos
타동성	Transitividad
탁립	Prominencia
탄음	Flap
탈격	Ablativo
탈격 독립구	Ablativo absoluto.
탈락	Caída
탈락	Desaparición
탈락	Pérdida
탈락성	Caduco
탈문법화	Desgramaticalización

태	Voz		diacrónica
태그마	Tagma	통시태	Diacronía
터키 말	Turco	통역적인	Diatópico
터키 어	Turco	통일성	Conjunto
텅 빈 울림소리	Hueco	통일성	Homogeneidad
테마	Temario	통일어	Koiné
텍스트	Texto	통지	Anuncios
텍스트 소	Textema	통합	Coalescencia
텍스트 언어학	Lingüística del Texto	통합	Integración
		통합	Sincretismo
텍스트성	Textualidad	통합관계	Relaciones sintagmáticas
텍스트의 일관성	Coherencia textual		
텔레타이프	Teletipo	통합 기호소	Sintema
텔렉스	Télex	통합체	Sintagma
템포	Tiempo	퇴폐주의	Decadencia
토론	Argumento	투사	Proyección
토착어	Indigenismos americanos	투사 규칙	Proyección
		투사의	Proyectivo
토카리아어군	Grupo tocario	트루베츠코이	Trubetzkoy
토큰	Token	특별 규칙	Ad hoc
통계	Estadística	특별한	Relevante
통계표	Estadística	특색	Color
통과	Franqueamiento	특수한 언어체계	Sistema lingüístico particular
통로	Canal		
통사 유추	Analogía sintáctica	특수화 동위	Aposición especificativa
통사 자질	Rasgo sintáctico		
통사구성성분	Componente sintáctico	특징 부여	Caracterización
통사론	Sintaxis		
통성의	Epiceno		
통속 라틴어	Latín vulgar	【ㅍ】	
통속의	Vulgar		
통속적인	Grosero		
통속적인	Popular		
통시적	Diacrónica	파	Onda
통시적 대응	Correspondencia	파격	Anomalía

파격	Solecismo		(consonante)
파격구문	Anacoluto	폐쇄음	Oclusiva
파록시톤	Paroxítono		(consonante)
파록시톤의	Paroxitónico	폐음의	Cerrado
파문설	Teoría del vago	폐음절의 모음	Trabado
파상설	Teoría de las ondas	포갬집	Imbricación
		포괄적인	Inclusivo
파생	Derivación	포르투갈 어식 스페인어	
파생된 동사	Deverbativo		Portoñol
파생시킬 수 있는	Derivable	포르투갈어에서 영향을 준 스페인어	
파생의	Derivativo		Portuguesismo
파생접사	Sufijo derivado	포함	Inclusión
파생하는	Derivante	폭언	Blasfemia
파생형태소	Morfema derivativo	폰	Fono
		표기 단위	Unidad gráfica
파열	Explosión	표기의	Gráfico
파열음	Explosivo	표면의	Patente
파열음	Plosivo	표시	Indicio
파찰	Africación	표시 문자	Bandera
파찰음	Africada (consonante)	표시된 것	Denotatum
		표시의 전단	Arbitrariedad del signo
파형	Onda		
파형 부호(~)	Tilde	표어	Logográfico
판결문	Dictum	표어 문자법	Logografía
판토마임	Pantomima	표어문자	Logograma
패러디	Parodia	표음 문자	Fonograma
페시미즘	Pesimismo	표음 문자	Escritura fonética
편년지	Crónica		
편리성	Sencillez	표의 표기법	Ideografía
편측적인	Unilateral	표의 표기자	Ideografema
평범한	Común	표의문자	Ideograma
평형	Equilibrio	표의적인	Ideogramático
폐 모음들	Vocales cerradas	표의적인	Ideológrafico
폐색	Oclusión	표정	Mimica
폐쇄	Cerrazón	표제	Título
폐쇄	Oclusión	표제문	Encabezador
폐쇄 마찰음	Africada	표제어용 대문자	Titular

표준	Estándar
표준 희랍어	Koiné
표준이 되는	Canónico
표준화된	Normalizado
표지	Indicador
표지	Marca
표지	Marcador
표출	Manifestación
표층	Superficie
표층의	Superficial
표현	Expresión
표현	Giro
표현	Locución
표현	Término
표현 기능	Función expresiva
표현 발화	Táctica
표현기능	Función emotiva
표현소	Cenema
표현소	Cenematema
표현소론	Cenemático
표현소의	Cenémico
표현주의	Expresionismo
품사	Clases de palabras
품사 전환	Transposición
품사 전환	Traslación
품사론의	Análogo
품사의 구분	Partes de la oración
품사전환	Translación
품사전환 요소	Transpositor
품위있는	Cuidado
품질 형용사	Adjetivo califictivo
품질 형용사	Calificativo
풍자	Sátira
프라그 학파	Praga, Escuela de.
프라하 학파 이론	Tesis de Praga
프랑스어에서 영향을 준 스페인어	Galicismo
프로그램	Temario
프로시즈	Psilosis
프로톤의	Protónico
프로파록시톤	Proparoxítono
프로파록시톤의	Proparoxitónico
플래그	Bandera
피드백	Feedback
피드백	Retroacción
피상적인	Patente
피카레스크	Pacaresca
필수의	Obligatorio
필연	Necesario
필연적 부가 형용사	Atributo natural
필자	Escribiente
필터	Filtro

【ㅎ】

하강 이중 모음	Diptogo decreciente
하강하는	Descendente
하나의	Uno, Una
하는 동안	Mientras
하르차	Jarcha
하위 범주	Subcategoría
하위개념	Hiponimia
하위개념	Hiponimo
하위범주화	Subcategorización
하위의	Subordinado

학사원	Académico
학위 논문	Tesis
학회의	Académico
한 문단으로 묶은	Bloqueado
한 방향으로만 내거나 받는	Direccional
한(1)음절 단어	Palabras monosílabas
한계	Linde
한계	Límite
한국어	Coreano
한글	Coreano
한림원 연합회	Asociación de las Academias
한정	Determinación
한정 보어	Complemento determinativo
한정 형용사	Adjetivo determinativo
한정된	Determinado
한정된	Limitado
한정사	Determinantes
한정사를 일컫는 약자	Det
한정하다	Dominar
한층	Más
함의	Implicación
함축	Implicatura
함축된	Sobrentendido
함축성이 있는	Pregnante
함축적 결론	Conclución implicada
함축적 연관	Vinculación
함축적 전제	Premisa implicada
합리론	Racionalismo
합성	Composición
합성어	Compuesto
합성어	Sustantivo compuesta
합음 되는 현상	Sinéresis
합의	Convención
합의에 의한	Convencional
항목	Item
항상	Siempre
항진 명제	Tautología
해독	Desciframiento
해독	Descodificación
해독 가능성	Transferibilidad
해독자	Descodificador
해명의	Aclaratorio
해석	Interpretación
해석할 수 있는	Interpretable
해설	Glosa
해설	Exposición
해설적인	Interpretativo
해조	Armonía
핵	Núcleo
핵 음소 위치	Ubicuo
핵의	Núclear
행동	Actitud
행동을 표현	Transitivos, Verbos.
행동주의	Behaviorismo
행동주의	Conductismo
행렬	Matriz
행위	Acto
행위	Instancia
행위 동사	Verbos de acción
행위 동사	Acción, Verbo de.
행위격	Agentivo
행위동사형	Acto verbal
행위보문	Acción de complemento
행위자	Actor

행위자	Agente
행위자적	Actancial
행위주	Actor
행위항절	Proposición actancial
행의 첫머리가 좌단 우단으로 엇바뀌는 가로쓰기	Bustrófedon
행정 용어	Lenguaje administrativo
향격	Adlativo
허사	Expletivo
허요소적 성격	Carácter pleonástico
허풍	Grandilocuencia
혀끝	Ápice
혀의 앞부분이 경구개에 닿을 때 나는 소리	Palatales (consonante)
현동소	Actualizador
현상	Fenómeno
현상 유형	Fenotipo
현상텍스트	Fenotexto
현실화	Actualización.
현옹수	Úvula
현재	Ahora
현재	Presente
현재 완료	Pretérito perfecto de indicativo
현재 진행	Gerundio de presente, de indicativo.
현재분사	Gerundio
현재분사의 기능	Funciones del gerundio
현재완료	Antepresente
현재의	Actual
현재의 추측	Futuro de probabilidad
현저한	Marcante
현현	Epifanía
협정	Convención
협조적인	Armónico
협착	Constricción
협착음	Constrictivo
혓등	Dorso
형(태)	Pattern
형성소	Figura
형성소	Formador
형성하는	Formativo
형식 언어학	Lingüística formal
형식의	Formal
형식존	Academicismo
형식주의자	Formalista
형식화	Formalización
형용사	Adjetivo
형용사	Epíteto
형용사	Adjetivo especificativo
형용사 끝에 mente를 붙여 만들어지는 부사	Adverbios en ~mente
형용사 보어	Complemento de un adjetivo
형용사 붙이기	Adjetivización
형용사 붙이기	Adjetivación
형용사 사용	Adjetivación
형용사 상당구	Locución adjetiva
형용사로 사용되는	Mucho
형용사류	Adjetival
형용사의 기능	Función del adjetivo
형용사의 비교	Comparación del adjetivo
형용사의 어미 변화	

	Accidentes del adjetivo	혼란실어증	Jergoafasia
		혼성	Contaminación
형용사적 사용	Adjetivación	혼성	Cruce
형용사적 주격 보어		혼종의	Híbrido
	Adjetivo predicativo	화계	Registro de lengua
형용사절	Proposición adjetiva	화면 삽입	Incrustación
		화면 삽입	Crustación
형용사화 어미 형태소		화법	Estilo
	Adjetivador	화법	Narración
형용사화 어미 형태소		화살표 기호	Flecha
	Adjetivizador	화용론	Pragmática
형용하다	Adjetivar	화용론의	Pragmático
형이상학	Metafísica	화자	Hablante
형태	Forma	화자	Locutor
형태	Morfo	화자	Narrador
형태론의	Morfológico	화자	Sujeto hablante
형태론의 목적	Morfología, Objeto de.	화제	Asunto
		화제	Tópico
형태론적 재분석	Reanalisis morfológico	화제화	Topicalización
		확대	Expanción
형태소	Monema	확률의	Estocástico
형태소	Morfema	확산성의	Difuso
형태소의	Morfemático	확인소 기능	Función identificadora
형태음소	Morfofonema		
형태 음소론	Morfofonología	확장	Ampliación
형태의	Formal	확장	Extensión
형태적 조건	Condición morfológica	환경	Entorno
		환상 연골	Cricoides
형태 통사론	Morfosintaxis	환언	Rewording
형태통사적 어휘	Morfosintáctica palabra	환위	Conversión
		환위의	Recíproco
형태화	Morfologización	환위하다	Convertir
호격	Vocativo	환유	Metonimia
호조음	Eufonía	환칭	Antonomasia
호켓의 상자	Caja de Hockett	활용	Conjugación
호흡	Espiración	활판 인쇄	Tipografía

회교 경전의 장구	Aleya	후접어	Proclisis
회귀성	Recursividad	후접어	Proclítico
회귀적	Recursivo	후치	Rechazo
회선곡	Rondó	후치 모음	Vocales posteriores
회화	Diálogo		
획일적인	Uniforme	후치 한정사	Postdeterminante
효과적인	Operante	후치사	Posposición
효력	Efecto	후치의	Pospuesto
효력	Potencia	휴지	Suspensión
효력있는	Operante	휴지	Signos de suspesión
효율성	Eficiencia		
후 도입소	Presentador ulterior	흡기	Inspiración
		흡기음	Clic
후기 고전 라틴어	Latín posclásico	흡기의	Inspiratoria
후기 라틴어	Bajo latín	흡착음	Ingresión
후기 라틴어	Latín tardío	흡착음 혀차는 소리	
후단언어학	Metaligüística		Chasquido
후두	Laringe	흥미	Aliciente
후두강	Cavidad laríngea	희작	Burlesca, obar
후두개	Epiglotis	히브리어[문학] 연구자	
후두의	Laríngeo		Hebraísta
후렴	Estribillo	히브리어가 영향을 준 스페인어	
후부 경구개음	Pospalatal		Hebraísmo
후부 경구개음	Postpaladar		
후부 경구개음의	Pospalatal		
후부 경구개의	Postpaladar		
후부 설배음	Postdorsal		
후부 설배음의	Postdorsal		
후부 연구개음	Postvelar		
후부 연구개의	Postvelar		
후부 치경음의	Postalveolar		
후부치경음	Postalveolar		
후설음	Posterior		
후설의	Posterior		
후속 관계절	Consecuente		
후음	Gutural		
후음화	Guturalización		

《동사변화표》

1 Amar

㉤ 사랑하다, 좋아하다(= querer). *amar* a la patria 조국을 사랑하다. Yo te *amo* 나는 당신을 사랑한다. *Amo* la música 나는 음악을 좋아한다. *Ama* [*Amarás*] a tu prójimo como tí mismo. 네 이웃을 사랑하라.

직 설 법 현재		접속법 현재	
amo	amamos	ame	amemos
amas	amáis	ames	améis
ama	aman	ame	amen
불완료 과거		불완료 과거	
amaba amábamos amabas amabais amaba amaban		amara amáramos amaras amarais amara amaran	amase amásemos amases amaseis amase amasen
부정과거		미래	
amé	amamos	amare	amáremos
amaste	amasteis	amares	amareis
amó	amaron	amare	amaren
미래		명령법	
amaré	amaremos	∅	amemos
amarás	amaréis	ama	amad
amará	amarán	ame	amen
가능법		원형 · 현재분사형 · 과거분사형	
amaría	amaríamos	amar	
amarías	amaríais	amando	
amaría	amarían	amado	

1a Sacar

태 꺼내다; 데리고 나가다; 얻다; 합격하다; 제비를 뽑아 맞히다; 튀어 나오게 하다, 밖으로 내다; (양을) 산출하다; 발표하다, 유포시키다; (문제 등을) 해결하다; 추론하다; (제비뽑기·투표로) 뽑다, 획득하다; 인용하다; (표를) 사다; (사진을) 찍다. *sacar* un libro *de* la cartera 가방에서 책을 꺼내다. *sacar* dinero *del* banco 은행에서 돈을 찾다[인출하다]. *sacar* una foto 사진을 찍다.

자 [축구] 차다; [테니스·배구·배드민턴] 서브하다. *sacar* de puerta 골킥을 하다. *sacar* de esquina 코너킥을 하다.

□ *sacarse* (자신의 …에서) 꺼내다; 취득하다. *sacarse* el monedero *del* bolsillo 호주머니에서 지갑을 꺼내다. *sacarse* el carné de conducir 운전 면허를 취득하다.

직설법		접속법			
현재		현재			
saco	sacamos	saque	saquemos		
sacas	sacáis	saques	saquéis		
saca	sacan	saque	saquen		
불완료 과거		불완료 과거			
sacaba	sacábamos	sacara	sacáramos	sacase	sacásemos
sacabas	sacabais	sacaras	sacarais	sacases	sacaseis
sacaba	sacaban	sacara	sacaran	sacase	sacasen
부정과거		미래			
saqué	sacamos	sacare	sacáremos		
sacaste	sacasteis	sacares	sacareis		
sacó	sacaron	sacare	sacaren		
미래		명령법			
sacaré	sacaremos	∅	saquemos		
sacarás	sacaréis	saca	sacad		
sacará	sacarán	saque	saquen		
가능법		원형 · 현재분사형 · 과거분사형			
sacaría	sacaríamos	sacar			
sacarías	sacaríais	sacando			
sacaría	sacarían	sacado			

1b Realizar

㉠ 실행하다; 실현하다; 만들다; [연극] 감독하다; [텔레비전] 제작하다; 현금으로 바꾸다, 환금(換金)하다; [철학] 실제화하다. *realizar* un sueño 꿈을 실현하다. *realizar* un esfuerzo 노력하다.

☐ *realizarse* 실현되다; 실행되다; 자신의 목표를 달성하다; 자기를 실현하다.

직 설 법		접 속 법		
현재		현재		
realizo	realizamos	realice	realicemos	
realizas	realizáis	realices	realicéis	
realiza	realizan	realice	realicen	
불완료 과거		불완료 과거		
realizaba	realizábamos	realizara	realizáramos	realizase realizásemos
realizabas	realizabais	realizaras	realizarais	realizases realizaseis
realizaba	realizaban	realizara	realizaran	realizase realizasen
부정과거		미래		
realicé	realizamos	realizare	realizáremos	
realizaste	realizasteis	realizares	realizareis	
realizó	realizaron	realizare	realizaren	
미래		명령법		
realizaré	realizaremos	∅	realicemos	
realizarás	realizaréis	realiza	realizad	
realizará	realizarán	realice	realicen	
가능법		원형 · 현재분사형 · 과거분사형		
realizaría	realizaríamos	realizar		
realizarías	realizaríais	realizando		
realizaría	realizarían	realizado		

1c Llegar

닿다, 도착하다; 도래하다; 도달하다. *llegar a* casa 집에 도착하다. *llegar a* la cima 정상에 도달하다. *Llego a* Puebla el 5 de mayo. 5월 5일 뿌에블라에 도착합니다. Ya *llega* la primavera. 벌써 봄이다[봄이 왔다].

☐ ***llegar a*** + **동사 원형:** …하기에 이르르다; 드디어 …하다. Con el tiempo *llegarás a* saberlo 곧 너는 그 일을 알게 될 것이다.

직 설 법		접속법	
현재		현재	
llego	llegamos	llegue	lleguemos
llegas	llegáis	llegues	lleguéis
llega	llegan	llegue	lleguen
불완료 과거		불완료 과거	
llegaba	llegábamos	llegara llegáramos	llegase llegásemos
llegabas	llegabais	llegaras llegarais	llegases llegaseis
llgaba	llegaban	llegara llegaran	llegase llegasen
부정과거		미래	
llegué	llegamos	llegare	llegáremos
llegaste	llegasteis	llegares	llegareis
llegó	llegaron	llegare	llegaren
미래		명령법	
llegaré	llegarémos	∅	lleguemos
llegarás	llegaréis	llega	llegad
llegará	llegarán	llegue	lleguen
가능법		원형 · 현재분사형 · 과거분사형	
llegaría	llegaríamos	llegar	
llegarías	llegaríais	llegando	
llegaría	llegarían	llegado	

2 Beber

- 태 마시다. Yo no *bebo* alcohol 나는 술을 마시지 않는다.
- 자 마시다, 술을 마시다. No me gusta *beber* 나는 술을 좋아하지 않는다. Le gusta mucho *beber* 그는 술을 무척 좋아한다.
- 남 음료, 마실 것, 술; 음주. el buen *beber* y el buen comer 맛좋은 술과 요리

직설법		접속법	
현재		현재	
bebo	bebemos	beba	bebamos
bebes	bebéis	bebas	bebáis
bebe	beben	beba	beban
불완료 과거		불완료 과거	
bebía	bebíamos	bebiera bebiéramos	bebiese bebiésemos
bebías	bebíais	bebieras bebierais	bebieses bebieseis
bebía	bebían	bebiera bebieran	bebiese bebiesen
부정과거		미래	
bebí	bebimos	bebiere	bebiéremos
bebiste	bebisteis	bebieres	bebiereis
bebió	bebieron	bebiere	bebieren
미래		명령법	
beberé	beberemos	∅	bebamos
beberás	beberéis	bebe	bebed
beberá	beberán	beba	beban
가능법		원형 · 현재분사형 · 과거분사형	
bebería	beberíamos	beber	
beberías	beberíais	bebiendo	
bebería	beberían	bebido	

2a Mecer

    타 흔들다; 휘저어 섞다

    □ *mecerse* 흔들리다; (바람에) 흔들거리다

직설법		접속법	
현재		현재	
mezo	mecemos	meza	mezamos
meces	mecéis	mezas	mezáis
mece	mecen	meza	mezan
불완료 과거		불완료 과거	
mecía	mecíamos	meciera meciéramos	meciese meciésemos
mecías	mecíais	mecieras mecierais	mecieses mecieseis
mecía	mecían	meciera mecieran	meciese meciesen
부정과거		미래	
mecí	mecimos	meciere meciéremos	
meciste	mecisteis	mecieres meciereis	
meció	mecieron	meciere mecieren	
미래		명령법	
meceré	meceremos	∅	mezamos
mecerás	meceréis	mece	meced
mecerá	mecerán	meza	mezan
가능법		원형 · 현재분사형 · 과거분사형	
mecería	meceríamos	mecer	
mecerías	meceríais	meciendo	
mecería	mecerían	mecido	

2b Proteger

타 보호하다, 비호하다, 옹호하다, 감싸다, 지키다.

직설법		접속법	
현재		현재	
protejo	protegemos	proteja	protejamos
proteges	protegéis	protejas	protejáis
protege	protegen	proteja	protejan
불완료 과거		불완료 과거	
protegía	protegíamos	protegiera protegiéramos	protegiese protegiésemos
protegías	protegíais	protegieras protegierais	protegieses protegieseis
protegía	protegían	protegiera protegieran	protegiese protegiesen
부정과거		미래	
protegí	protegimos	protegiere	protegiéremos
protegiste	protegisteis	protegieres	protegiereis
protegió	protegieron	protegiere	protegieren
미래		명령법	
protegeré	protegeremos	∅	protejamos
protegerás	protegeréis	protege	proteged
protegerá	protegerán	proteja	protejan
가능법		원형 · 현재분사형 · 과거분사형	
protegería	protegeríamos	proteger	
protegerías	protegeríais	protegiendo	
protegería	protegerían	protegido	

3 Partir

자 출발하다. *partir para* Seúl 서울로 출발하다. *partir de* Madrid 마드리드를 출발하다.
타 분할하다, 나누다, 분배하다; 쪼개다, 빠개다. *partir* un papel en dos 종이를 둘로 자르다. *partir* un pastel entre los niños 케이크를 아이들에게 나누다.
□ *a partir de* … …부터(desde). *A partir de* hoy estamos en las vacaciones de invierno. 오늘부터 겨울 방학이다.

직 설 법		접속법	
현재		현재	
parto	partimos	parta	partamos
partes	partís	partas	partáis
parte	parten	parta	partan
불완료 과거		불완료 과거	
partía	partíamos	partiera partiéramos	partiese partiésemos
partías	partíais	partieras partierais	partieses partieseis
partía	partían	partiera partieran	partiese partiesen
부정과거		미래	
partí	partimos	partiere	partiéremos
partiste	partisteis	partieres	partiereis
partió	partieron	partiere	partieren
미래		명령법	
partiré	partiremos	∅	partamos
partirás	partiréis	parte	partid
partirá	partirán	parta	partan
가능법		원형 · 현재분사형 · 과거분사형	
partiría	partiríamos	partir	
partirías	partiríais	partiendo	
partiría	partirían	partido	

3a Zurcir

타 고치다, 수선하다, 수리하다.   *zurcir* calcetines 양말을 꿰매다. ***zurcir voluntades*** 정사(情事)를 알선하다.

직 설 법		접속법		
현재		현재		
zurzo	zurcimos	zurza	zurzamos	
zurces	zurcís	zurzas	zurzáis	
zurce	zurcen	zurza	zurzan	
불완료 과거		불완료 과거		
zurcía	zurcíamos	zurciera	zurciéramos	zurciese zurciésemos
zurcías	zurcíais	zurcieras	zurcierais	zurcieses zurcieseis
zurcía	zurcían	zurciera	zurcieran	zurciese zurciesen
부정과거		미래		
zurcí	zurcimos	zurciere	zurciéremos	
zurciste	zurcisteis	zurcieres	zurciereis	
zurció	zurcieron	zurciere	zurcieren	
미래		명령법		
zurciré	zurciremos	∅	zurzamos	
zurcirás	zurciréis	zurce	zurcid	
zurcirá	zurcirán	zurza	zurzan	
가능법		원형 · 현재분사형 · 과거분사형		
zurciría	zurciríamos	zurcir		
zurcirías	zurciríais	zurciendo		
zurciría	zurcirían	zurcido		

3b Dirigir

㉠ 지도하다, 지휘하다; 향하다; [연극] 연출하다, 감독하다; [음악] 지휘하다

☐ *dirigirse* 편지를 내다; 향하다

직 설 법		접 속 법			
현재		현재			
dirijo	dirigimos	dirija	dirijamos		
diriges	dirigís	dirijas	dirijáis		
dirige	dirigen	dirija	dirijan		
불완료 과거		불완료 과거			
dirigía	dirigíamos	dirigiera	dirigiéramos	dirigiese	dirigiésemos
dirigías	dirigíais	dirigieras	dirigierais	dirigieses	dirigieseis
dirigía	dirigían	dirigiera	dirigieran	dirigiese	dirigiesen
부정과거		미래			
dirigí	dirigimos	dirigiere	dirigiéremos		
dirigiste	dirigisteis	dirigieres	dirigiereis		
dirigió	dirigieron	dirigiere	dirigieren		
미래		명령법			
dirigiré	dirigiremos	∅	dirijamos		
dirigerás	dirigiréis	dirige	dirigid		
dirigirá	dirigirán	dirija	dirijan		
가능법		원형 · 현재분사형 · 과거분사형			
dirigiría	dirigiríamos	dirigir			
dirigerías	dirigiríais	dirigiendo			
dirigiría	dirigirían	dirigido			

3c Distinguir

타 구별하다; 식별하다; 특별 취급하다
자 분간되다, 권위를 높이다
☐ *distinguirse* 빼어나다, 뛰어나다

직 설 법	접 속 법	
현재	현재	
distingo　distinguimos distingues　distinguís distingue　distinguen	distinga　distingamos distingas　distingáis distinga　distingan	
불완료 과거	불완료 과거	
distinguía　distinguíamos distinguías　distinguíais distinguía　distinguían	distinguiera　distinguiéramos distinguieras　distinguierais distinguiera　distinguieran	distinguiese　distinguiésemos distinguieses　distinguieseis distinguiese　distinguiesen
부정과거	미래	
distinguí　　distinguimos distinguiste　distinguisteis distinguió　　distinguieron	distinguiere　distinguiéremos distinguieres　distinguiereis distinguiere　distinguieren	
미래	명령법	
distinguiré　distinguiremos distinguirás　distinguiréis distinguirá　distinguirán	Ø　　　　distingamos distingue　distinguid distinga　　distingan	
가능법	원형 · 현재분사형 · 과거분사형	
distinguiré　distinguiremos distinguirás　distinguiréis distinguirá　distinguirán	distinguir distinguiendo distinguido	

3d Delinquir

자 죄(delito)를 범하다.

직 설 법	접 속 법	
현재	현재	
delico　　deliquimos deliques　　deliquís delique　　deliquen	delinca　　delincamos delincas　　delincáis delinca　　delincan	
불완료 과거	불완료 과거	
delinquía　　delinquíamos delinquías　　delinquíais delinquía　　delinquían	delinquiera　delinquiéramos delinquieras　delinquierais delinquiera　delinquieran	delinquiese　delinquiésemos delinquieses　delinquieseis delinquiese　delinquiesen
부정과거	미래	
delinquí　　delinquimos delinquiste　delinquisteis delinquió　　delinquieron	delinquiere　delinquiéremos delinquieres　delinquiereis delinquiere　delinquieren	
미래	명령법	
delinquiré　delinquiremos delinquirás　delinquiréis delinquirá　　delinquirán	∅　　　　delincamos delinque　　delinquid delinca　　　delincan	
가능법	원형 · 현재분사형 · 과거분사형	
delinquiría　delinquiríamos delinquirías　delinquiríais delinquiría　delinquirían	delinquir delinquiendo delinquido	

4 Adecuar

타 알맞게 하다, 적응시키다.
□ *adecuarse* 적응[적합]하다, 해당되다.

직 설 법	접속법	
현재	현재	
adecuo adecuamos adecuas adecuáis adecua adecuan	adecue adecuemos adecues adecuéis adecue adecuen	
불완료 과거	불완료 과거	
adecuaba adecuábamos adecuabas adecuabais adecuaba adecuaban	adecuara adecuáramos adecuaras adecuarais adecuara adecuaran	adecuase adecuásemos adecuases adecuaseis adecuase adecuasen
부정과거	미래	
adecué adecuamos adecuaste adecuasteis adecuó adecuaron	adecuare adecuáremos adecuares adecuareis adecuare adecuaren	
미래	명령법	
adecuaré adecuaremos adecuarás adecuaréis adecuará adecuarán	∅ adecuemos adecua adecuad adecue adecuen	
가능법	원형 · 현재분사형 · 과거분사형	
adecuaría adecuaríamos adecuarías adecuaríais adecuaría adecuarían	adecuar adecuando adecuado	

5 Actuar

자 역할[직무]를 완수하다; 행동하다; 작용하다; (약이) 효험을 내다

직 설 법		접 속 법	
현재		현재	
actúo actuamos actúas actuáis actúa actúan		actúe actuemos actúes actuéis actúe actúen	
불완료 과거		불완료 과거	
actuaba actuábamos actuabas actuabais actuaba actuaban		actuara actuáramos actuaras actuarais actuara actuaran	actuase actuásemos actuases actuaseis actuase actuasen
부정과거		미래	
actué actuamos actuaste actuasteis actuó actuaron		actuare actuáremos actuares actuareis actuare actuaren	
미래		명령법	
actuaré actuaremos actuarás actuaréis actuará actuarán		∅ actuemos actúa actuad actúe actúen	
가능법		원형 · 현재분사형 · 과거분사형	
actuaría actuaríamos actuarías actuaríais actuaría actuarían		actuar actuando actuado	

6 Cambiar

타 바꾸다, 갈다; 환전하다; 교환하다; 변하다, 변경하다.

□ *cambiarse* ((재귀)) ① [+en] (…으로) 변하다, 바뀌다. El placer *se cambió en* dolor 기쁨은 고통으로 바뀌었다. ② [+de] (…을) 갈다, 바꾸다. *cambiarse de* calcetines [medias] 양말[스타킹]을 갈아 신다. ③ 이사하다, 집을 옮기다. *cambiarse* a las afueras 교외로 이사하다.

직설법	접속법	
현재	현재	
cambio cambiamos cambias cambiáis cambia cambian	cambie cambiemos cambies cambiéis cambie cambien	
불완료 과거	불완료 과거	
cambiaba camciábamos cambiabas cambiabais cambiaba cambiaban	cambiara cambiáramos cambiaras cambiarais cambiara cambiaran	cambiase cambiásemos cambiases cambiaseis cambiase cambiasen
부정과거	미래	
cambié cambiamos cambiaste cambiasteis cambió cambiaron	cambiare cambiáremos cambiares cambiareis cambiare cambiaren	
미래	명령법	
cambiaré cambiaremos cambiarás cambiaréis cambiará cambiarán	∅ cambiemos cambia cambiad cambie cambien	
가능법	원형 · 현재분사형 · 과거분사형	
cambiaría cambiaríamos cambiarías cambiaríais cambiaría cambiarían	cambiar cambiando cambiado	

7 Desviar

타 우회시키다; 전향시키다

☐ ***desviarse*** 우회하다; 벗어나다, 빗나가다

직 설 법	접 속 법	
현재	현재	
desvío　　desviamos desvías　　desviáis desvía　　　desvían	desvíe　　desviemos desvíes　　desviéis desvíe　　　desvíen	
불완료 과거	불완료 과거	
desviaba　desviábamos desviabas　desviabais desviaba　　desviaban	desviera　desviéramos desvieras　desvierais desviera　　desvieran	desviese　desviésemos desvieses　desvieseis desviese　　desviesen
부정과거	미래	
desvié　　desviamos desviaste　desviasteis desvió　　　desviaron	desviere　desviéremos desvieres　desviereis desviere　　desvieren	
미래	명령법	
desviaré　desviaremos desviarás　desviaréis desviará　　desviarán	∅　　　　desviemos desvía　　desviad desvíe　　desvíen	
가능법	원형 · 현재분사형 · 과거분사형	
desviaría　desviaríamos desviarías　desviaríais desviaría　　desviarían	desviar desviando desviado	

8 Auxiliar

타 부조하다; 보좌하다, 돕다.
형 보조의, 보좌의. profesor *auxiliar* 조교수. silla *auxiliar* 보조 의자.
남 조동사(verbo auxiliar)

직설법 현재	접속법 현재
auxilio auxiliamos auxilias auxiliáis auxilia auxilian	auxilie auxiliemos auxilies auxiliéis auxilie auxilien

불완료 과거	불완료 과거	
auxiliaba auxiliábamos auxiliabas auxiliabáis auxiliaba auxiliaban	auxiliara auxiliáramos auxiliaras auxiliarais auxiliara auxiliaran	auxiliase auxiliásemos auxiliases auxiliaseis auxiliase auxiliasen

부정과거	미래
auxilié auxiliamos auxiliaste auxiliateis auxilió auxiliaron	auxiliare auxiliáremos auxiliares auxiliareis auxiliare auxiliaren

미래	명령법
auxiliaré auxiliaremos auxiliarás auxiliaréis auxiliará auxiliarás	∅ auxiliemos auxilia auxiliad auxilie auxilien

가능법	원형 · 현재분사형 · 과거분사형
auxiliaría auxiliaríamos auxiliarías auxiliaríais auxiliaría auxiliarías	auxiliar auxiliando auxiliado

9 Aislar

타 ① 고립시키다; 격리하다. ② 단열하다; [전기] 절연하다. ③ [미생물 등을] 분리하다. ④ [화학] 유리시키다.

□ *aislarse* 격리되다, 고립되다, 절연되다, 고독하게 되다, 따돌림을 받다, 왕따 당하다.

직 설 법		접속법		
현재		현재		
aíslo	aislamos	aísle	aislemos	
aíslas	aisláis	aísles	aisléis	
aísla	aíslan	aísle	aíslen	
불완료 과거		불완료 과거		
aislaba	aislábamos	aislara	aisláramos	aislase aislásemos
aislabas	aislabais	aislaras	aislarais	aislases aislaseis
aislaba	aislaban	aislara	aislaran	aislase aislasen
부정과거		미래		
aislé	aislamos	aislare	aisláremos	
aislaste	aislasteis	aislares	aislareis	
aisló	aislaron	aislare	aislaren	
미래		명령법		
aislaré	aislaremos	∅	aislemos	
aislarás	aislaréis	aísla	aislad	
aislará	aislarán	aísle	aíslen	
가능법		원형 · 현재분사형 · 과거분사형		
aislaría	aislaríamos	aislar		
aislarías	aislaríais	aislando		
aislaría	aislarían	aislado		

9a Ahincar

[자] 몰아내다, 재촉하다, 보채다, 간청하다; 괴롭히다.
[ ] *ahincarse* 갈망하다; 서두르다.

직 설 법		접 속 법	
현재		현재	
ahinco ahincamos		ahinque ahinquemos	
ahincas ahincáis		ahinques ahinquéis	
ahinca ahincan		ahinque ahinquen	
불완료 과거		불완료 과거	
ahincaba ahincábamos		ahincara ahincáramos	ahincase ahincásemos
ahincabas ahincabáis		ahincaras ahincarais	ahincases ahincaseis
ahincaba ahincaban		ahincara ahincaran	ahincase ahincasen
부정과거		미래	
ahinqué ahincamos		ahincare ahincáremos	
ahincaste ahincasteis		ahincares ahincareis	
ahincó ahincarona		ahincare ahincaren	
미래		명령법	
ahincaré ahincaremos		∅ ahinquemos	
ahincarás ahincaréis		ahinca ahincad	
ahincará ahincarán		ahinque ahinquen	
가능법		원형 · 현재분사형 · 과거분사형	
ahincaría ahincaríamos		ahincar	
ahincarías ahincaríais		ahincando	
ahincaría ahincarían		ahincado	

9b Enraizar

자 *enraizarse* 뿌리를 뻗다, 뿌리를 내리다.

직설법	접속법
현재	현재
enraízo enraizamos enraízas enraizáis enraíza enraízan	enraíce enraicemos enraíces enraicéis enraíce enraícen
불완료 과거	불완료 과거
enraizaba enraizábamos enraizaba enraizabais enraizaba enraizaban	enraizara enraizáramos enraizase enraizásemos enraizaras enraizarais enraizases enraizaseis enraizara enraizara enraizase enraizase
부정과거	미래
enraicé enraizamos enraizaste enraizasteis enraizó enraizaron	enraizare enraizáremos enraizares enraizareis enraizare enraízare
미래	명령법
enraizaré enraizaremos enraizarás enraizaréis enraizará enraizarán	∅ enraicemos enraíza enraizad enraíce enraicen
가능법	원형 · 현재분사형 · 과거분사형
enraizaría enraizaríamos enraizarías enraizaríais enraizaría enraizarían	enraizar enraizando enraizado

9c Cabrahigar

타 암무화과 나무에 야생 무화과 나무를 접목하다.

직 설 법	접속법		
현재	현재		
cabrahígo cabrahigamos cabrahígas cabrahigáis cabrahíga cabrahígan	cabrahígue cabraiguemos cabrahígues cabraiguéis cabrahígue cabraíguen		
불완료 과거	불완료 과거		
cabrahigaba cabrahigábamos cabrahigabas cabrahigabais cabrahigaba cabrahigan	cabrahigara cabrahigáramos cabrahigaras cabrahigarais cabrahigara cabrahigaran	cabrahigase cabrahigásemos cabrahigases cabrahigaseis cabrahigase cabrahigasen	
부정과거	미래		
cabrahigué cabrahigamos cabrahigaste cabrahigasteis cabrahigó cabrahigaron	cabrahigare cabrahigáremos cabrahigares cabrahigareis cabrahigare cabrahigaren		
미래	명령법		
cabrahigaré cabrahigaremos cabrahigarás cabrahigaréis cabrahigará cabrahigarán	∅ cabraiguemos cabrahíga cabraigad cabrahígue cabraíguen		
가능법	원형 · 현재분사형 · 과거분사형		
cabrahigaría cabrahigaríamos cabrahigarías cabrahigaríais cabrahigaría cabrahigarían	cabrahigar cabrahigando cabrahigado		

10 Reunir

国 모으다; 겸비하다, 둘 다 갖추다; (갈라진 것을) 다시 결합시키다.
reunir los datos 자료를 모으다. *reunir* fondos 자금을 모으다
☐ *reunirse* 모이다, 합동하다.
☐ *reunirse con* …와 합류하다, …와 약속한 곳에서 만나다. *Me reúno con* ella en Lima 나는 리마에서 그녀와 합류한다.

직설법		접속법	
현재		현재	
reúno	reunimos	reúna	reunamos
reúnes	reunís	reúnas	reunáis
reúne	reúnen	reúna	reúnan
불완료 과거		불완료 과거	
reunía	reuníamos	reuniera reuniéramos	reuniese reuniésemos
reunías	reuníais	reunieras reunierais	reunieses reunieseis
reunía	reunían	reuniera reunieran	reuniese reuniesen
부정과거		미래	
reuní	reunimos	reuniere	reuniéremos
reuniste	reunisteis	reunieres	reuniereis
reunió	reunieron	reuniere	reunieren
미래		명령법	
reuniré	reuniremos	∅	reunamos
reunirás	reuniréis	reúne	reunid
reunirá	reunirán	reúna	reúnan
가능법		원형 · 현재분사형 · 과거분사형	
reuniría	reuniríamos	reunir	
reunirías	reuniríais	reuniendo	
reuniría	reunirían	reunido	

11 Prohibir

타 금지하다. *prohibir* la droga 마약을 금지하다. Se *prohíbe* la entrada. [표시] 출입 금지.

직 설 법	접속법	
현재	현재	
prohíbo prohibimos prohíbes prohibís prohíbe prohíben	prohíba prohibamos prohíbas prohibáis prohíba prohíban	
불완료 과거	불완료 과거	
prohibía prohibíamos prohibías prohibíais prohibía prohibían	prohibiera prohibiéramos prohibieras prohibierais prohibiera prohibieran	prohibiese prohibiésemos prohibieses prohibieseis prohibiese prohibiesen
부정과거	미래	
prohibí prohibimos prohibiste prohibisteis prohibió prohibieron	prohibiere prohibiéremos prohibieres prohibiereis prohibiere prohibieren	
미래	명령법	
prohibiré prohibiremos prohibirás prohibiréis prohibirá prohibirán	∅ prohibamos prohíbe prohibid prohíba prohíban	
가능법	원형 · 현재분사형 · 과거분사형	
prohibiría prohibiríamos prohibirías prohibiríais prohibiría prohibirían	prohibir prohibiendo prohibido	

12 Bailar

[자] 춤추다. Ella *baila* muy bien 그녀는 춤에 달인이다.

직 설 법	접속법
현재	현재

bailo	bailamos	baile	bailemos
bailas	bailáis	bailes	bailéis
baila	bailan	baile	bailen

불완료 과거	불완료 과거

bailaba	bailábamos	bailara	bailáramos	bailase	bailásemos
bailabas	bailabais	bailaras	bailarais	bailases	bailaseis
bailaba	bailaban	bailara	bailaran	bailase	bailasen

부정과거	미래

bailé	bailamos	bailare	bailáremos
bailaste	bailasteis	bailares	bailareis
bailó	bailaron	bailare	bailaren

미래	명령법

bailaré	bailaremos	∅	bailemos
bailarás	bailaréis	baila	bailad
bailará	bailarán	baile	bailen

가능법	원형 · 현재분사형 · 과거분사형

bailaría	bailaríamos	bailar
bailarías	bailaríais	bailando
bailaría	bailarían	bailado

13 Aplaudir

타 …에게 박수 (갈채)를 보내다

직설법 현재		접속법 현재		
aplaudo	aplaudimos	aplauda	aplaudamos	
aplaudes	aplaudís	aplaudas	aplaudáis	
aplaude	aplauden	aplauda	aplaudan	
불완료 과거		불완료 과거		
aplaudía	aplaudíamos	aplaudiera	aplaudiéramos	aplaudiese aplaudiésemos
aplaudías	aplaudíais	aplaudieras	aplaudierais	aplaudieses aplaudieseis
aplaudía	aplaudían	aplaudiera	aplaudieran	aplaudiese aplaudiesen
부정과거		미래		
aplaudí	aplaudimos	aplaudiere	aplaudiéremos	
aplaudiste	aplaudisteis	aplaudieres	aplaudiereis	
aplaudió	aplaudieron	aplaudiere	aplaudieren	
미래		명령법		
aplaudiré	aplaudiremos	∅	aplaudamos	
aplaudirás	aplaudiréis	aplaude	aplaudid	
aplaudirá	aplaudirán	aplauda	aplaudan	
가능법		원형 · 현재분사형 · 과거분사형		
aplaudiría	aplaudiríamos	aplaudir		
aplaudirías	aplaudiríais	aplaudiendo		
aplaudiría	aplaudirían	aplaudido		

14 Averiguar

타 확인하다; 조사하다. *averiguar* la verdad de un asunto 사건의 진상을 확인하다. *averiguar* la causa 원인을 조사하다.

직설법	접속법
현재	현재
averiguo averiguamos averiguas averiguáis averigua averiguan	averigüe averigüemos averigües averigüéis averigüe averigüen
불완료 과거	불완료 과거
averiguaba averiguábamos averiguabas averiguabais averiguaba averiguaban	averiguara averiguáramos / averiguase averiguásemos averiguaras averiguarais / averiguases averiguaseis averiguara averiguaran / averiguase averiguasen
부정과거	미래
averigüé averiguamos averiguaste averiguasteis averiguó averiguaron	averiguara averiguáramos averiguaras averiguarais averiguara averiguaran
미래	명령법
averiguaré averiguaremos averiguarás averiguaréis averiguará averiguarán	∅ averigüemos averigua averiguad averigüe averigüen
가능법	원형 · 현재분사형 · 과거분사형
averiguaría averiguaríamos averiguarías averiguaríais averiguaría averiguarían	averiguar averiguando averiguado

15 Acertar

타 …에 명중[적중]시키다

직 설 법		접 속 법	
현재		현재	
acierto acertamos aciertas acertáis acierta aciertan		acierte acertemos aciertes acertéis acierte acierten	
불완료 과거		불완료 과거	
acertaba acertábamos acertabas acertabais acertaba acertaban		acertara acertáramos acertaras acertarais acertara acertaran	acertase acertásemos acertases acertaseis acertase acertasen
부정과거		미래	
acerté acertamos acertaste acertasteis acertó acertaron		acertare acertáremos acertares acertareis acertare acertaren	
미래		명령법	
acertaré acertaremos acertarás acertaréis acertará acertarán		∅ acertemos acierta acertad acierte acierten	
가능법		원형 · 현재분사형 · 과거분사형	
acertaría acertaríamos acertarías acertaríais acertaría acertarían		acertar acertando acertado	

15a Empezar

자 시작되다, 개시되다. La escuela *empieza* en marzo 학교는 3월에 시작된다.
타 시작하다 (반 terminar, acabar). *empezar* un negocio 영업을 시작하다.
☐ ***empezar a* + 동사 원형.** ⋯하기 시작하다. *Empieza a* llover 비가 내리기 시작한다.
☐ ***empezar por* + 동사 원형.** 우선 ⋯하는 것부터 시작하다. *Empieza por callarte* 우선 조용히 해라.

직설법		접속법	
현재		현재	
empiezo	empezamos	empiece	empecemos
empiezas	empezáis	empieces	empecéis
empieza	empiezan	empiece	empiecen
불완료 과거		불완료 과거	
empezaba empezábamos		empezara empezáramos	empezase empezásemos
empezabas empezabais		empezaras empezarais	empezases empezaseis
empezaba empezaban		empezara empezaran	empezase empezasen
부정과거		미래	
empecé	empezamos	empezare	empezáremos
empezaste	empezasteis	empezares	empezareis
empezó	empezaron	empezare	empezaren
미래		명령법	
empezaré	empezaremos	∅	empecemos
empezarás	empezaréis	empieza	empezad
empezará	empezarán	empiece	empiecen
가능법		원형 · 현재분사형 · 과거분사형	
empezaría	empezaríamos	empezar	
empezarías	empezaríais	empezando	
empezaría	empezarían	empezado	

15b Regar

타 …에 물을 뿌리다, 살수하다; 관개(灌漑)하다.

직 설 법		접속법	
현재		현재	
riego	regamos	riegue	reguemos
riegas	regáis	riegues	reguéis
riega	riegan	riegue	rieguen
불완료 과거		불완료 과거	
regaba	regábamos	regara regáramos	regase regásemos
regabas	regabais	regaras regarais	regases regaseis
regaba	regaban	regara regaran	regase regasen
부정과거		미래	
regué	regamos	regare	regáremos
regaste	regasteis	regares	regareis
regó	regaron	regare	regaren
미래		명령법	
regaré	regaremos	∅	reguemos
regarás	regaréis	riega	regad
regará	regarán	riegue	rieguen
가능법		원형 · 현재분사형 · 과거분사형	
regaría	regaríamos	regar	
regarías	regaríais	regando	
regaría	regarían	regado	

16 Entender

타 이해하다; …가 들리다. ¿Me *entiende* usted? 제 말을 이해하시겠습니까? No te *entiendo* 나는 네 말을 이해할 수 없다.

직 설 법	접속법	
현재	현재	
entiendo　entendemos entiendes　entendéis entiende　entienden	entienda　entendamos entiendas　entendáis entienda　entiendan	
불완료 과거	불완료 과거	
entendía　entendíamos entendías　entendíais entendía　entendían	entendiera　entendiéramos entendieras　entendierais entendiera　entendieran	entendiese　entendiésemos entendieses　entendieseis entendiese　entendiesen
부정과거	미래	
entendí　entendimos entendiste　entendisteis entendió　entendieron	entendiere　entendiéremos entendieres　entendiereis entendiere　entendieren	
미래	명령법	
entenderé　entenderemos entenderás　entenderéis entenderá　entenderán	∅　entendamos entiende　entended entienda　entiendan	
가능법	원형・현재분사형・과거분사형	
entendería　entenderíamos entenderías　entenderíais entendería　entenderían	entender entiendo entendido	

17 Discernir

[타] 식별하다, 가려내다, 판별하다

직 설 법	접 속 법	
현재	현재	
discierno discernimos disciernes discernís discierne disciernen	discierna discernamos disciernas discernáis discierna disciernan	
불완료 과거	불완료 과거	
discernía discerníamos discernías discerníais discernía discernían	discerniera discerniéramos discernieras discernierais discerniera discernieran	discerniese discerniésemos discernieses discernieseis discerniese discerniesen
부정과거	미래	
discerní discernimos discerniste discernisteis discernió discernieron	discerniere discerniéremos discernieres discerniereis discerniere discernieren	
미래	명령법	
discerniré discerniremos discernirás discerniréis discernirá discernirán	∅ discernamos discierne discernid discierna disciernan	
가능법	원형 · 현재분사형 · 과거분사형	
discerniría discerniríamos discernirías discerniríais discerniría discernirían	discernir discerniendo discernido	

18 Adquirir

타 입수하다, 취득[획득]하다

직 설 법	접 속 법	
현재	현재	
adquiero　adquirimos adquieres　adquirís adquiere　adquieren	adquiera　adquiramos adquieras　adquiráis adquiera　adquieran	
불완료 과거	불완료 과거	
adquiría　adquiríamos adquirías　adquiríais adquiría　adquirían	adquiera　adquiéramos adquieras　adquierais adquiera　adquieran	adquiese　adquiésemos adquieses　adquieseis adquiese　adquiesen
부정과거	미래	
adquirí　adquirimos adquiriste adquiristeis adquirió　adquiriendo	adquiere　adquiéremos adquieres　adquiereis adquiere　adquieren	
미래	명령법	
adquiriré　adquiriremos adquirirás　adquiriréis adquirirá　adquirirán	∅　　adquiramos adquiere　adquirid adquiera　adquieran	
가능법	원형 · 현재분사형 · 과거분사형	
adquiriría　adquiriríamos adquirirías　adquiriríais adquiriría　adquirirían	adquirir adquiriendo adquirido	

19 Contar

타 계산하다, 세다; 계산에 넣다; 포함시다; 이야기하다, 말하다. *contar los huevos* 달걀을 세다. *contar su* experiencia 경험담을 말하다

직 설 법 현재		접속법 현재			
cuento	contamos	cuente	contemos		
cuentas	contáis	cuentes	contéis		
cuenta	cuentan	cuente	cuenten		
불완료 과거		불완료 과거			
contaba	contábamos	contara	contáramos	contase	contásemos
contabas	contabais	contaras	contarais	contases	contaseis
contaba	contaban	contara	contaran	contase	contasen
부정과거		미래			
conté	contamos	contare	contáremos		
contaste	contasteis	contares	contareis		
contó	contaron	contare	contaren		
미래		명령법			
contaré	contaremos	∅	contemos		
contarás	contaréis	cuenta	contad		
contará	contarán	cuente	cuenten		
가능법		원형 · 현재분사형 · 과거분사형			
contaría	contaríamos	contar			
contarías	contaríais	contando			
contaría	contarían	contado			

19a Trocar

- 타 [+por] (…와) 물물교환하다; (정반반대의 것으로) 바꾸다, 변화시키다; 잘못 알다.
- *trocarse* 변하다, 바뀌다. La risa *se trocó en* llanto 미소는 눈물로 바뀌었다.

직 설 법		접속법			
현재		현재			
trueco	trocamos	trueque	troquemos		
truecas	trocáis	trueques	troquéis		
trueca	truecan	trueque	truequen		
불완료 과거		불완료 과거			
trocaba	trocábamos	trocara	trocáramos	trocase	trocásemos
trocabas	trocabais	trocaras	trocarais	trocases	trocaseis
trocaba	trocaban	trocara	trocaran	trocase	trocasen
부정과거		미래			
troqué	trocamos	trocare	trocáremos		
trocaste	trocasteis	trocares	trocareis		
trocó	trocaron	trocare	trocaren		
미래		명령법			
trocaré	trocaremos	∅	troquemos		
trocarás	trocaréis	trueca	trocad		
trocará	trocarán	trueque	truequen		
가능법		원형 · 현재분사형 · 과거분사형			
trocaría	trocaríamos	trocar			
trocarías	trocaríais	trocando			
trocaría	trocarían	trocado			

19b Forzar

[타] (비틀어) 억지로 열다; 억지로 들어 가다; (부녀를) 폭행하다. *forzar la puerta de uno* …의 집에 억지로 들어가다.
□ *forzar a* + 동사 원형. …하는 것을 …에게 강요하다. *Le han forzado a dimitir* 그는 사임을 강요당했다.

직 설 법		접속법	
현재		현재	
fuerzo	forzamos	fuerce	forcemos
fuerzas	forzáis	fuerces	forcéis
fuerzan	fuerzan	fuerce	fuercen
불완료 과거		불완료 과거	
forzaba	forzábamos	forzara forzáramos	forzase forzásemos
forzabas	forzabáis	forzaras forzarais	forzases forzaseis
forzaba	forzaban	forzara forzaran	forzase forzasen
부정과거		미래	
forcé	forzamos	forzare	forzáremos
forzaste	forzasteis	forzares	forzareis
forzó	forzaron	forzare	forzaren
미래		명령법	
forzaré	forzaremos	∅	forcemos
forzarás	forzaréis	fuerza	forzad
frozará	forzarán	fuerce	fuercen
가능법		원형 · 현재분사형 · 과거분사형	
forzaría	forzaríamos	forzar	
forzarías	forzaríais	forzando	
frozaría	forzarían	forzado	

19c Colgar

- 타 매달다, 걸치다, 걸다; (수화기를) 놓다. *cogar* un cuadro en [de] la pared 그림을 벽에 걸다. *colgar* una chaqueta en una percha 옷걸이에 웃옷을 걸다. *colgar* el teléfono [el auricular] 수화기를 놓다, 전화를 끊다.
- 자 매달리다, 늘어져 있다. *colgar* del techo 천정에 매달려 있다

직설법		접속법			
현재		현재			
cuelgo	colgamos	cuelgue	colguemos		
cuelgas	colgáis	cuelgues	colguéis		
cuelga	cuelgan	cuelgue	cuelguen		
불완료 과거		불완료 과거			
colgaba	colgábamos	colgara	colgáramos	colgase	colgásemos
colgabas	colgabais	colgaras	colgarais	colgases	colgaseis
colgaba	colgaban	colgara	colgaran	colgase	colgasen
부정과거		미래			
colgué	colgamos	colgare	colgáremos		
colgaste	colgasteis	colgares	colgareis		
colgó	colgaron	colgare	colgaren		
미래		명령법			
colgaré	colgaremos	∅	colguemos		
colgarás	colgaréis	cuelga	colgad		
colgará	colgarán	cuelgue	cuelguen		
가능법		원형 · 현재분사형 · 과거분사형			
colgaría	colgaríamos	colgar			
colgarías	colgaríais	colgando			
colgaría	colgarían	colgado			

19d Agorar

타 (미신적으로, 주로 재난을) 예언하다(augurar).

직 설 법		접 속 법	
현재		현재	
agüero agoramos agüeras agoráis agüera agüeran		agüere agüeremos agüeres agüeréis agüere agüeren	
불완료 과거		불완료 과거	
agoraba agorábamos agorabas agorabais agoraba agoraban		agorara agoráramos agoraras agorarais agorara agoraran	agorase agorásemos agorases agoraseis agorase agorasen
부정과거		미래	
agoré agaramos agoraste agorasteis agoró agoraron		agorare agoráremos agorares agorareis agorare agoraren	
미래		명령법	
agoraré agoraremos agorarás agoraréis agorará agorarán		∅ agüeremos agüera agüeréis agüere agüeren	
가능법		원형 · 현재분사형 · 과거분사형	
agoraría agoraríamos agorarías agoraríais agoraría agorarían		agorar agorando agorado	

19e Avergonzar

타 창피를 당하게 하다.
□ *avergonzarse* 수치스러워하다, 부끄럽게 생각하다.

직설법 현재		접속법 현재			
avergüenzo	avergonzamos	avergüence	avergoncemos		
avergüenzas	avergonzáis	avergüences	avergoncéis		
avergüenza	avergüenzan	avergüence	avergüencen		
불완료 과거		불완료 과거			
avergonzaba	avergonzábamos	avergonzara	avergonzáramos	avergonzase	avergonzásemos
avergonzabas	avergonzabais	avergonzaras	avergonzarais	avergonzases	avergonzaseis
avergonzaba	avergonzaban	avergonzara	avergonzaran	avergonzase	avergonzasen
부정과거		미래			
avergoncé	avergonzamos	avergonzare	avergonzáremos		
avergonzaste	avergonzasteis	avergonzares	avergonzareis		
avergonzó	avergonzaron	avergonzare	avergonzaren		
미래		명령법			
avergonzaré	avergonzaremos	∅	avergoncemos		
avergonzarás	avergonzaréis	avergüenza	avergonzad		
avergonzará	avergonzarán	avergüence	avergüencen		
가능법		원형 · 현재분사형 · 과거분사형			
avergonzaría	avergonzaríamos	avergonzar			
avergonzarías	avergonzaríais	avergonzando			
avergonzaría	avergonzarían	avergonzado			

19f Desosar

타 가시[뼈]를 뽑아내다.

직 설 법	접 속 법
현재	현재
deshueso desosamos deshuesas desosáis deshuesa deshuesan	deshuese desosemos deshueses desoséis deshuese deshuesen
불완료 과거	불완료 과거
desosaba desosábamos desosabas desosabais desosaba desosaban	desosara desosáramos desosase desosásemos desosaras desosarais desosases desosaseis desosara desosaran desosase desosasen
부정과거	미래
desosé desosamos desosaste desosasteis desosó desosaron	desosare desosáremos desosares desosareis desosare desosaren
미래	명령법
desosaré desosaremos desosarás desosaréis desosará desosarán	∅ desosemos deshuesa desosad deshuese deshuesen
가능법	원형・현재분사형・과거분사형
desosaría desosaríamos desosarías desosaríais desosaría desosarían	desosar desosando desosado

20 Mover

타 움직이다, 옮기다, 작동시키다; 야기시키다, 유발하다; 진전시키다.
mover la cabeza 머리를 움직이다. *mover de* sitio el jarrón 꽃병의 위치를 옮기다. *mover* una guerra 전쟁을 일으키다.
자 움직이다; (식물이) 싹트다.
□ ***moverse*** 움직이다; 애쓰다, 노력하다.

직설법		접속법			
현재		현재			
muevo	movemos	mueva	muevamos		
mueves	movéis	muevas	muevais		
mueve	mueven	mueva	muevan		
불완료 과거		불완료 과거			
movía	movíamos	moviera	moviéramos	moviese	moviésemos
movías	movíais	movieras	movierais	movieses	movieseis
movía	movían	moviera	movieran	moviese	moviesen
부정과거		미래			
moví	movimos	moviere	moviéremos		
moviste	movisteis	movieres	moviereis		
movió	movieron	moviere	movieren		
미래		명령법			
moveré	moveremos	∅	muevamos		
moverás	moveréis	mueve	moved		
moverá	moverán	mueva	muevan		
가능법		원형 · 현재분사형 · 과거분사형			
movería	moveríamos	mover			
moverías	moveríais	moviendo			
movería	moverían	movido			

20a Cocer

㉠ 삶다, 찌다; 굽다. *cocer* a fuego lento 약한 불에 삶다[찌다].
㉣ 끓다. esperar a que *cueza* el agua 물이 끓을 때까지 기다리다.

직설법		접속법			
현재		현재			
cuezo	cocemos	cueza	cuezamos		
cueces	cocéis	cuezas	cuezáis		
cuece	cuecen	cueza	cuezan		
불완료 과거		불완료 과거			
cocía	cocíamos	cociera	cociéramos	cociese	cociésemos
cocías	cocíais	cocieras	cocierais	cocieses	cocieseis
cocía	cocían	cociera	cocieran	cociese	cociesen
부정과거		미래			
cocí	cocimos	cociere	cociéremos		
cociste	cocisteis	cocieres	cociereis		
coció	cocieron	cociere	cocieren		
미래		명령법			
coceré	coceremos	∅	cuezamos		
cocerás	coceréis	cuece	coced		
cocerá	cocerán	cueza	cuezan		
가능법		원형 · 현재분사형 · 과거분사형			
cocería	coceríamos	cocer			
cocerías	coceríais	cociendo			
cocería	cocerían	cocido			

20b Oler

타 …의 냄새를 맡다; 남의 뒤를 캐다. *Huele* esta flor 이 꽃의 향기를 맡아 보아라.

자 냄새가 나다. El jazmín *huele* bien 자스민 냄새가 좋다.

직 설 법		접 속 법			
현재		현재			
huelo	olemos	huela	olamos		
hueles	oléis	huelas	oláis		
huele	huelen	huela	huelan		
불완료 과거		불완료 과거			
olía	olíamos	oliera	oliéramos	oliese	oliésemos
olías	olíais	olieras	olierais	olieses	olieseis
olía	olían	oliera	olieran	oliese	oliesen
부정과거		미 래			
olí	olimos	oliere	oliéremos		
oliste	olisteis	olieres	oliereis		
olió	olieron	oliere	olieren		
미 래		명령법			
oleré	oleremos	∅	olamos		
olerás	oleréis	huele	oled		
olerá	olerán	huela	huelan		
가능법		원형 · 현재분사형 · 과거분사형			
olería	oleríamos	oler			
olerías	oleríais	oliendo			
olería	olerían	olido			

21 Dormir

자 [현재 분사: du*rmiendo*] 자다. *Dormí* bien anoche 간밤에 잘 잤다. Ella está *durmiendo*. 그녀는 자고 있다.
타 재우다. *dormir* a un niño 아이를 재우다.
☐ *dormirse* 잠들다, 졸다.

직 설 법		접속법	
현재		현재	
duermo dormimos duermes dormís duerme duermen		duerma durmamos duermas durmáis duerma duerman	
불완료 과거		불완료 과거	
dormía dormíamos dormías dormíais dormía dormían		durmiera durmiéramos durmieras durmierais durmiera durmieran	durmiese durmiésemos durmieses durmieseis durmiese durmiesen
부정과거		미래	
dormí dormimos dormiste dormisteis durmió durmieron		durmiere durmiéremos durmieres durmiereis durmiere durmieren	
미래		명령법	
dormiré dormiremos dormirás dormiréis dormirá dormirán		∅ durmamos duerme dormid duerma duerman	
가능법		원형 · 현재분사형 · 과거분사형	
dormiría dormiríamos dormirías dormiríais dormiría dormirían		dormir durmiendo dormido	

22 Servir

자 시중 들다, 봉사하다, 섬기다; 돕다, 거들다; (점원이 손님에) 상대를 하다; 식사 시중을 들다, 음식을 내다; 유용하다, 쓸모가 있다, 도움이 되다; 병역 의무를 하다. ¿En qué puedo *servir*le? 무얼 도와 드릴까요? 어떻게 오셨습니까? (상점 등에서) 무얼 드릴까요?

타 (요리·음식물을) 내다, 제공하다; (상품을) 배달하다; [운동] 서브하다.

☐ ***servirse*** 사용하다, 이용하다; (요리를) 자기 스스로 먹다; (마실 것을) 자기 스스로 가져다 마시다; [경어] …해 주십시오. *Sírvase*, por favor 어서 드십시오. *Sírvase* cerrar la ventana. 창문을 좀 닫아 주십시오.

직설법		접속법	
현재		현재	
sirvo	servimos	sirva	sirvamos
sirves	servís	sirvas	sirváis
sirve	siven	sirva	sirvan
불완료 과거		불완료 과거	
servía	servíamos	sirviera sirviéramos	sirviese sirviésemos
servías	servíais	sirvieras sirvierais	sirvieses sirvieseis
servía	servían	sirviera sirvieran	sirviese sirviesen
부정과거		미래	
serví	servimos	sirviere	sirviéremos
serviste	servisteis	sirvieres	sirviereis
sirvió	sirvieron	sirviere	sirvieren
미래		명령법	
serviré	serviremos	∅	sirvamos
servirás	serviréis	sirve	servid
servirá	servirán	sirva	sirvan
가능법		원형 · 현재분사형 · 과거분사형	
serviría	serviríamos	servir	
servirías	serviríais	sirviendo	
serviría	servirían	servido	

22a Elegir

타 고르다, 뽑다, 선택하다, 선출하다, 선거하다. *elegir* una corbata por el color 색으로 넥타이를 고르다. *elegir* la tercera entre los aspirantes 지원자 중에서 세 번째 여성을 뽑다. Le *eligieron* presidente 그는 대통령으로 뽑혔다.

직 설 법		접 속 법	
현재		현재	
elijo	eligimos	elija	elijamos
eliges	eligís	elijas	elijáis
elige	eligen	elija	elijan
불완료 과거		불완료 과거	
elegía	elegíamos	eligiera eligiéramos	eligiese eligiésemos
elegías	elegíais	eligieras eligierais	eligieses eligieseis
elegía	elegían	eligiera eligieran	eligiese eligiesen
부정과거		미래	
elegí	elegimos	eligiere	eligiéremos
elegiste	elegisteis	eligieres	eligiereis
eligió	eligieron	eligiere	eligieren
미래		명령법	
elegiré	elegiremos	∅	elijamos
elegirás	elegiréis	elige	elegid
elegirá	elegirán	elija	elijan
가능법		원형 · 현재분사형 · 과거분사형	
elegiría	elegiríamos	elegir	
elegirías	elegiríais	eligiendo	
elegiría	elegirían	elegido	

22b Seguir

[타] …의 뒤를 따라가다; 뒤를 따르다, 추적하다, 미행하다; (길·경로를) 나아가다, 전진하다, 다다르다; …를 견습하다; (규범·충고 등에) 따르다, 쭉계속되다, 잇따르다, 속행하다. *seguir* el estudio 연구를 계속하다. *Síga*me, por favor. 저를 따라오세요.

[자] 계속하다, 잇따르다. La fila de árboles *sigue* hasta el río 가로수는 강까지 계속되고 있다. *Siga* (todo) derecho 똑바로 가십시오.

☐ ***seguir* + 현재 분사.** 계속해서 …하다. *Sigue* lloviendo. 비가 계속 내린다.
☐ ***seguir por*** (길을) 계속 가다. *Siga por* esta calle y a unos 500 metros encontrará el hotel. 이 길을 계속 가십시오. 그러면 500 미터 거리에 호텔이 있습니다.
☐ ***seguir con*** (직을) 계속하다. Ella *sigue con* la panadería 그녀는 빵집을 계속하고 있다.
☐ ***seguirse*** [+de] (…에서) 추론되다

직설법		접속법			
현재		현재			
sigo	seguimos	siga	sigamos		
sigues	seguís	sigas	sigáis		
sigue	siguen	siga	sigan		
불완료 과거		불완료 과거			
seguía	seguíamos	siguiera	siguiéramos	siguiese	siguiésemos
seguías	seguíais	siguieras	siguierais	siguieses	siguieseis
seguía	seguían	siguiera	siguieran	siguiese	siguiesen
부정과거		미래			
seguí	seguimos	siguiere	siguiéremos		
seguiste	seguisteis	siguieres	siguiereis		
siguió	siguieron	siguiere	siguieren		
미래		명령법			
seguiré	seguiremos	∅	sigamos		
seguirás	seguiréis	sigue	seguid		
seguirá	seguirán	siga	sigan		
가능법		원형 · 현재분사형 · 과거분사형			
seguiría	seguiríamos	seguir			
seguirías	seguiríais	siguiendo			
seguiría	seguirían	seguido			

23 Sentir

- 느끼다; 깨닫다, 알아차리다, 의식하다; 예감하다, 헤아려 알다; 유감으로 생각하다, 미안하게 생각하다, 섭섭하다;(예술 등을) 이해하다, 맛보다, 음미하다, 체험하다. Lo *siento* 미안합니다, 유감입니다, *Siento* mucho haberle hecho esperar 기다리게 해서 미안합니다.
- **sentirse** 자신이 …라고 느끼다; 몸의 일부에 통증[불쾌감]을 느끼다. *sentirse* feliz 행복하다고 느끼다

직설법		접속법			
현재		현재			
siento	sentimos	sienta	sintamos		
sientes	sentís	sientas	sintáis		
siente	sienten	sienta	sientan		
불완료 과거		불완료 과거			
sentía	sentíamos	sintiera	sintiéramos	sintiese	sintiésemos
sentías	sentíais	sintieras	sintierais	sintieses	sintieseis
sentía	sentían	sintiera	sintieran	sintiese	sintiesen
부정과거		미래			
sentí	sentimos	sintiere	sintiéremos		
sentiste	sentisteis	sintieres	sintiereis		
sintió	sintieron	sintiere	sintieren		
미래		명령법			
sentiré	sentiremos	∅	sintamos		
sentirás	sentiréis	siente	sentid		
sentirá	sentirán	sienta	sientan		
가능법		원형 · 현재분사형 · 과거분사형			
sentiría	sentiríamos	sentir			
sentirías	sentiríais	sintiendo			
sentiría	sentirían	sentido			

24 Teñir

타 물들이다, 염색하다; 뉘앙스를 띄우다; [미술] (보다 어두운 색을 사용해) 색조를 떨어뜨리다.

□ *teñirse* 물이 들다; 뉘앙스를 띠다; 자신의 …을 물들이다[염색하다].
Ella *se ha teñido de* rubia 그녀는 금발로 물들였다.

직 설 법		접 속 법			
현재		현재			
tiño	teñimos	tiña	tiñamos		
tiñes	teñís	tiñas	tiñáis		
tiñe	tiñen	tiña	tiñan		
불완료 과거		불완료 과거			
teñía	teñíamos	tiñera	tiñéramos	tiñese	tiñésemos
teñías	teñíais	tiñeras	tiñerais	tiñeses	tiñeseis
teñía	teñían	tiñera	tiñeran	tiñese	tiñesen
부정과거		미래			
teñí	teñimos	tiñere	tiñéremos		
teñiste	teñisteis	tiñeres	tiñereis		
tiñó	tiñeron	tiñere	tiñeren		
미래		명령법			
teñiré	teñiremos	∅	tiñamos		
teñirás	teñiréis	tiñe	teñid		
teñirá	teñirán	tiña	tiñan		
가능법		원형 · 현재분사형 · 과거분사형			
teñiría	teñiríamos	teñir			
teñirías	teñiríais	tiñendo			
teñiría	teñirían	teñido			

25 Reír

자 웃다 (반 llorar). hacer *reír* 웃기다, 웃게 하다.
타 웃다.
☐ *reírse* 웃다. Las chicas *se ríen* por nada 소녀들은 아무 것도 아닌 것에 웃는다.
☐ *reírse de* …을 비웃다, 조소하다; 얕보다, 무시하다

직설법		접속법		
현재		현재		
río	reímos	ría	ríamos	
ríes	reís	rías	ríais	
ríe	ríen	ría	rían	
불완료 과거		불완료 과거		
reía	reíamos	riera	riéramos	riese riésemos
reías	reíais	rieras	rierais	rieses rieseis
reía	reían	riera	rieran	riese riesen
부정과거		미래		
reí	reímos	riere	riéremos	
reíste	reísteis	rieres	riereis	
rió	rieron	riere	rieren	
미래		명령법		
reiré	reiremos	∅	ríamos	
reirás	reiréis	ríe	reíd	
reirá	reirán	ría	rían	
가능법		원형 · 현재분사형 · 과거분사형		
reiría	reiríamos	reír		
reirías	reiríais	riendo		
reiría	reirían	reído		

26 Tañer

타 (타악기·현악기를) 켜다[치다·불다], 연주하다.
자 손가락으로 탁탁 두드리다.

직 설 법		접속법		
현재		현재		
taño tañemos		taña tañamos		
tañes tañéis		tañas tañáis		
tañe tañen		taña tañan		
불완료 과거		불완료 과거		
tañía tañíamos		tañera tañéramos		tañese tañésemos
tañías tañíais		tañeras tañerais		tañeses tañeseis
tañía tañían		tañera tañeran		tañese tañesen
부정과거		미래		
tañí tañimos		tañere tañéremos		
tañiste tañisteis		tañeres tañereis		
tañó tañeron		tañere tañeren		
미래		명령법		
tañaré tañaremos		∅ tañamos		
tañarás tañaréis		tañe tañed		
tañará tañarán		taña tañan		
가능법		원형 · 현재분사형 · 과거분사형		
tañaría tañaríamos		tañer		
tañarías tañaríais		tañendo		
tañaría tañarían		tañido		

27 Gruñir

재타 돼지가 꿀꿀거리다; 툴툴거리다

직 설 법	접 속 법	
현재	현재	
gruño gruñimos gruñes gruñís gruñe gruñen	gruña gruñamos gruñas gruñáis gruña gruñan	
불완료 과거	불완료 과거	
gruñía gruñíamos gruñías gruñíais gruñía gruñían	gruñera gruñéramos gruñeras gruñerais gruñera gruñeran	gruñese gruñésemos gruñeses gruñeseis gruñese gruñesen
부정과거	미래	
gruñí gruñimos gruñiste gruñisteis gruñó gruñeron	gruñere gruñéremos gruñeres gruñereis gruñere gruñeren	
미래	명령법	
gruñiré gruñiremos gruñirás gruñiréis gruñirá gruñirán	∅ gruñamos gruñe gruñid gruña gruñan	
가능법	원형 · 현재분사형 · 과거분사형	
gruñiría gruñiríamos gruñirías gruñiríais gruñiría gruñirían	gruñir gruñendo gruñido	

28 Agradecer

타 감사하다, 호의에 감사하다

직 설 법	접속법	
현재	현재	
agradezco agradecemos agradeces agradecéis agradece agradecen	agradezca agradezcamos agradezcas agradezcáis agradezca agradezcan	
불완료 과거	불완료 과거	
agradecía agradecíamos agradecías agradecíais agradecía agradecían	agradeciera agradeciéramos agradecieras agradecierais agradeciera agradecieran	agradeciese agradeciésemos agradecieses agradecieseis agradeciese agradeciesen
부정과거	미래	
agradecí agradecimos agradeciste agradecisteis agradeció agradecieron	agradeciere agradeciéremos agradecieres agradeciereis agradeciere agradecieren	
미래	명령법	
agradeceré agradeceremos agradecerás agradeceréis agradecerá agradecerán	∅ agradezcamos agradece agradeced agradezca agradezcan	
가능법	원형 · 현재분사형 · 과거분사형	
agradecería agradeceríamos agradecerías agradeceríais agradecería agradecerían	agradecer agradeciendo agradecido	

29 Lucir

㉂ 빛나다, 반짝이다; 뛰어나다, 두드러지다. *Lucían* las estrellas 별들이 빛났다.
㉰ 비추다; 자랑해 보이다.
☐ *lucirse* 훌륭하게 성공하다

직 설 법		접속법			
현재		현재			
luzco	lucimos	luzca	luzcamos		
luces	lucís	luzcas	luzcáis		
luce	lucen	luzca	luzcan		
불완료 과거		불완료 과거			
lucía	lucíamos	luciera	luciéramos	luciese	luciésemos
lucías	lucíais	lucieras	lucierais	licieses	lucieseis
lucía	lucían	luciera	lucieran	luciese	luciesen
부정과거		미래			
lucí	lucimos	luciere	luciéremos		
luciste	lucisteis	lucieres	luciereis		
luzó	lucieron	luciere	lucieren		
미래		명령법			
luciré	luciremos	∅	luzcamos		
lucirás	luciréis	luce	lucid		
lucirá	lucirán	luzca	luzcan		
가능법		원형 · 현재분사형 · 과거분사형			
luciría	luciríamos	lucir			
lucirías	luciríais	luciendo			
luciría	lucirían	lucido			

30 Jugar

자 놀다; 게임을 하다; (구기 등의) 운동을 하다; 도박을 하다, 투기하다; 조화를 이루다; (물건이) 작동하다, 자유롭게 움직이다. *jugar* en el parqeu 공원에서 놀다. *jugar al fútbol* 축구를 하다. *Jugamos hoy* 우리는 오늘 시합이 있다.

타 (게임·시합을) 하다; (금액을) 걸다; (노름판에서 건 돈을) 잃다

직 설 법		접 속 법			
현재		현재			
juego	jugamos	juegue	juguemos		
juegas	jugáis	juegues	juguéis		
juega	juegan	juegue	jueguen		
불완료 과거		불완료 과거			
jugaba	jubábamos	jugara	jugáramos	jugase	jugásemos
jugabas	jugabais	jugaras	jugarais	jugases	jugaseis
jugaba	jugaban	jugara	jugaran	jugase	jugasen
부정과거		미래			
jugué	jugamos	jugare	jugáremos		
jugaste	jugasteis	jugares	jugareis		
jugó	jugaron	jugare	jugaren		
미래		명령법			
jugaré	jugaremos	∅	juguemos		
jugarás	jugaréis	juega	jugad		
jugará	jugarán	juegue	jueguen		
가능법		원형 · 현재분사형 · 과거분사형			
jugaría	jugaríamos	jugar			
jugarías	jugaríais	jugando			
jugaría	jugarían	jugado			

31 Errar

타 그르치다, 잘못하다.
자 [+en] (…를) 잘못하다; [+por] (…를) 방랑하다, 떠돌다, 헤매다.
errar en la elección de *su* profesión 직업 선택을 잘못하다. *errar por las calles* 거리를 방황하다.

직 설 법		접 속 법		
현재		현재		
yerro	erramos	yerre	yerremos	
yerras	erráis	yerres	yerréis	
yerra	yerran	yerre	yerren	
불완료 과거		불완료 과거		
erraba	errábamos	errara	erráramos	errase	errásemos
errabas	errabais	erraras	errarais	errases	erraseis
erraba	erraban	errara	erraran	errase	errasen
부정과거		미래		
erré	erramos	errare	erráremos	
erraste	errasteis	errares	errareis	
erró	erraron	errare	erraren	
미래		명령법		
erraré	erraremos	∅	yerremos	
errarás	erraréis	yerra	errad	
errará	errarán	yerre	yerren	
가능법		원형 · 현재분사형 · 과거분사형		
erraría	erraríamos	errar		
errarías	erraríais	errando		
erraría	errarían	errado		

32 Leer

타 [현재 분사; leyendo. 과거 분사: leído] 읽다; 소리를 내서 읽다, 낭독하다; 해독하다. *leer* un periódico 신문을 읽다.

자 읽다, 독서하다. *leer* mucho 다독하다. no saber *leer* 글자를 읽을 줄 모르다

직설법		접속법		
현재		현재		
leo	leemos	lea	leamos	
lees	leéis	leas	leáis	
lee	leen	lea	lean	
불완료 과거		불완료 과거		
leía	leíamos	leyera leyéramos		leyese leyésemos
leías	leíais	leyeras leyerais		leyeses leyeseis
leía	leían	leyera leyeran		leyese leyesen
부정과거		미래		
leí	leimos	leyere	leyéremos	
leiste	leisteis	leyeres	leyereis	
leyó	leyeron	leyere	leyeren	
미래		명령법		
leeré	leeremos	∅	leamos	
leerás	leeréis	lee	leed	
leerá	leerán	lea	lean	
가능법		원형 · 현재분사형 · 과거분사형		
leería	leeríamos	leer		
leerías	leeríais	leyendo		
leería	leerían	leído		

33 Huir

자 도망하다, 도주하다; 피하다.
타 …에게서 도망하다
□ *huirse* 달아나 버리다, 도망치다.

직설법		접속법	
현재		현재	
huyo	huimos	huya	huyamos
huyes	huís (= huis)	huyas	huyáis
huye	huyen	huya	huyan
불완료 과거		불완료 과거	
huía	huíamos	huyera huyéramos	huyese huyésemos
huías	huíais	huyeras huyerais	huyeses huyeseis
huía	huían	huyera huyeran	huyese huyesen
부정과거		미래	
huí (= hui)	huimos	huyere	huyéremos
huiste	huisteis	huyeres	huyereis
huyo	huyeron	huyere	huyeren
미래		명령법	
huiré	huiremos	∅	huyamos
huirás	huiréis	huye	huid
huirá	huirán	huya	huyan
가능법		원형 · 현재분사형 · 과거분사형	
huiría	huiríamos	huir	
huirías	huiríais	huyendo	
huiría	huirían	huido	

33a Argüir

타 추론하다, 입증하다.

직 설 법	접 속 법	
현재	현재	
arguyo　　argüimos arguyes　　argüís arguye　　arguyen	arguya　　arguyamos arguyas　　arguyáis arguya　　arguyan	
불완료 과거	불완료 과거	
argüía　　argüíamos argüías　　argüíais argüía　　argüían	arguyera　arguyéramos arguyeras arguyerais arguyera　arguyera	arguyese　arguyésemos arguyeses arguyeseis arguyese　arguyese
부정과거	미래	
argüí　　argüimos argüiste　　argüisteis arguyó　　arguyeron	arguyere　　arguyéremos arguyeres　　arguyereis arguyere　　arguyere	
미래	명령법	
argüiré　　argüiremos argüirás　　argüiréis argüirá　　argüirán	∅　　arguyamos arguye　　argüid arguya　　arguyan	
가능법	원형 · 현재분사형 · 과거분사형	
argüiría　　argüiríamos argüirías　　argüiríais argüiría　　argüirían	argüir arguyendo argüido	

34 Andar

(자) 걷다(caminar). ir *andando* 걸어 가다. *andar* en bicicleta 자전거를 타고 가다. Quien mal *anda* mal acaba 인과 응보, 자업 자득.
(타) (어떤 거리·장소를) 걷다. *andar* dos kilómetros 2킬로미터를 걷다.

직설법	접속법	
현재	현재	
ando andamos andas andáis anda andan	ande andemos andes andéis ande anden	
불완료 과거	불완료 과거	
andaba andábamos andabas andabais andaba andaban	anduviera anduviéramos anduvieras anduvierais anduviera anduvieran	anduviese anduviésemos anduvieses anduvieseis anduviese anduviesen
부정과거	미래	
anduve anduvimos anduviste anduvisteis anduvo anduvieron	anduviere anduviéremos anduvieres anduviereis anduviere anduvieren	
미래	명령법	
andaré andaremos andarás andaréis andará andarán	∅ andemos anda andad ande anden	
가능법	원형 · 현재분사형 · 과거분사형	
andaría andaríamos andarías andaríais andaría andarían	andar andando andado	

35 Asir

타 (강하게) 붙잡다, 쥐다, 잡다

직설법		접속법		
현재		현재		
asgo	asimos	asga		asgamos
ases	asís	asgas		asgáis
ase	asen	asga		asgan
불완료 과거		불완료 과거		
asía	asíamos	asiera asiéramos	asiese	asiésemos
asías	asíais	asieras asierais	asieses	asieseis
asía	asían	asiera asieran	asiese	asiesen
부정과거		미래		
así	asimos	asiere		asiéremos
asiste	asisteis	asieres		asiereis
asió	asieron	asiere		asieren
미래		명령법		
asiré	asiremos	∅		asgamos
asirás	asiréis	ase		ased
asirá	asirán	asga		asgan
가능법		원형 · 현재분사형 · 과거분사형		
asiría	asiríamos	asir		
asirías	asiríais	asiendo		
asiría	asirían	asido		

36 Caber

㉣ 들어갈 수 있다, 수용하다. Esta caja no *cabe* en el maletero 이 상자는 트렁크에 들어가지 않는다.

직설법		접속법			
현재		현재			
quepo	cabemos	quepa	quepamos		
cabes	cabéis	quepas	quepáis		
cabe	caben	quepa	quepan		
불완료 과거		불완료 과거			
cabía	cabíamos	cupiera	cupiéramos	cupiese	cupiésemos
cabías	cabíais	cupieras	cupierais	cupieses	cupieseis
cabía	cabían	cupiera	cupiera	cupiese	cupiese
부정과거		미래			
cupe	cupimos	cupiere	cupiéremos		
cupiste	cupisteis	cupieres	cupiereis		
cupo	cupieron	cupiere	cupiere		
미래		명령법			
cabré	cabremos	∅	quepamos		
cabrás	cabréis	cabe	cabed		
cabrá	cabrán	quepa	quepan		
가능법		원형 · 현재분사형 · 과거분사형			
cabría	cabríamos	caber			
cabrías	cabríais	cabiendo			
cabría	cabrían	cabido			

37 Caer

자 떨어지다, 낙하하다, 추락하다; 쓰러지다, 넘어지다, 자빠지다.

직설법		접속법		
현재		현재		
caigo	caemos	caiga	caigamos	
caes	caéis	caigas	caigáis	
cae	caen	caiga	caigan	
불완료 과거		불완료 과거		
caía	caíamos	cayera	cayéramos	cayese cayésemos
caías	caíais	cayeras	cayerais	cayeses cayeseis
caía	caían	cayera	cayeran	cayese cayesen
부정과거		미래		
caí	caimos	cayere	cayéremos	
caiste	caisteis	cayeres	cayereis	
cayó	cayeron	cayere	cayeren	
미래		명령법		
caeré	caeremos	∅	caigamos	
caerás	caeréis	cae	caed	
caerá	caerán	caiga	caigan	
가능법		원형 · 현재분사형 · 과거분사형		
caería	caeríamos	caer		
caerías	caeríais	cayendo		
caería	caerían	caído		

38 Conducir

[타] 안내하다, 인도하다; 운전하다; 지휘하다, 지도하다, 통솔하다; [물리] 전도하다. *conducir* al señor Kim a la oficina del director 김 선생을 사장실로 안내하다. *conducir* un camión 트럭을 운전하다.
[자] 자동차를 운전하다. ¿Sabe usted *conducir*? 운전할 줄 아느냐?

직설법	접속법	
현재	현재	
conduzco conducimos conduces conducís conduce conducen	conduzca conduzcamos conduzcas conduzcáis conduzca conduzcan	
불완료 과거	불완료 과거	
conducía conducíamos conducías conducíais conducía conducían	condujera condujéramos condujeras condujerais condujera condujeran	condujese condujésemos condujeses condujeseis condujese condujesen
부정과거	미래	
conduje condujimos condujiste condujisteis condujo condujeron	condujere condujéremos condujeres condujereis condujere condujeren	
미래	명령법	
conduciré conduciremos conducirás conduciréis conducirá conducirá	∅ conduzcamos conduce conducid conduzca conduzcan	
가능법	원형 · 현재분사형 · 과거분사형	
conduciría conduciríamos conducirías conduciríais conduciría conduciría	conducir conduciendo conducido	

39 Dar

㉠ 주다; (전기 등을) 공급하다; 건네다, 인도하다; 낳다, 산출하다; 알리다; 상영하다, 상연하다.
㉣ …에 면해[통해] 있다.

직 설 법		접 속 법			
현재		현재			
doy	damos	dé	demos		
das	dais	des	deis		
da	dan	dé	den		
불완료 과거		불완료 과거			
daba	dábamos	diera	diéramos	diese	diésemos
dabas	dabais	dieras	dierais	dieses	dieseis
daba	daban	diera	dieran	diese	diesen
부정과거		미래			
di	dimos	diere	diéremos		
diste	disteis	dieres	diereis		
dio	dieron	diere	dieren		
미래		명령법			
daré	daremos	∅	demos		
darás	daréis	da	dad		
dará	darán	dé	den		
가능법		원형 · 현재분사형 · 과거분사형			
daría	daríamos	dar			
darías	daríais	dando			
daría	darían	dicho			

40 Decir

㉠ 말하다; 나타내다, 알리다; 적혀 있다. *decir* la verdad 진실을 말하다. *decir* mentiras 거짓말을 하다. *decir* adiós 작별 인사를 하다.

직 설 법		접속법		
현재		현재		
digo	decimos	diga	digamos	
dices	decís	digas	digáis	
dice	dicen	diga	digan	
불완료 과거		불완료 과거		
decía	decíamos	dijera dijéramos		dijese dijésemos
decías	decíais	dijeras dijerais		dijeses dijeseis
decía	decían	dijera dijeran		dijese dijesen
부정과거		미래		
dije	dijimos	dijere	dijéremos	
dijiste	dijisteis	dijeres	dijereis	
dijo	dijeron	dijere	dijeren	
미래		명령법		
diré	diremos	∅	digamos	
dirás	diréis	di	dicid	
dirá	dirán	diga	digan	
가능법		원형 · 현재분사형 · 과거분사형		
diría	diríamos	decir		
dirías	diríais	diciendo		
diría	dirían	dicho		

41 Erguir

타 (머리 등을) 똑바로 세우다: erguir las orejas 귀를 쫑긋 세우다.
□ ***erguirse*** ① 똑바로 서다. ② (건물 등이) 우뚝 서다: *Se yergue* la torre de la iglesia 교회의 탑이 우뚝 서 있다. ③ 뽐내다, 거만하게 굴다, 으스대다.

직 설 법				접속법			
현재				현재			
irgo	erguimos	yergo	erguimos	irga	irgamos	yerga	yergamos
irgues	erguís	yergues	erguís	irgas	irgáis	yergas	yergáis
irgue	irguen	yergue	yerguen	irga	irgan	yerga	yergan
불완료 과거				불완료 과거			
erguía		erguíamos		irguiera	irguiéramos	irguiese	irguiésemos
erguías		erguíais		irguieras	irguierais	irguieses	irguieseis
erguía		erguían		irguiera	irguieran	irguiese	irguiesen
부정과거				미래			
erguí		erguimos		irguiere		irguiéremos	
erguiste		erguisteis		irguieres		irguiereis	
irguió		irguieron		irguiere		irguieren	
미래				명령법			
erguiré		erguiremos		∅	irgamos	∅	yergamos
erguirás		erguiréis		irgue	erguid	yergue	erguid
erguirá		erguirán		irga	irgan	yerga	yergan
가능법				원형 · 현재분사형 · 과거분사형			
erguiría		erguiríamos		erguir			
erguirías		erguiríais		irguiendo			
erguiría		erguirían		erguido			

42 Estar

재 ① [상태] 이다, (되어) 있다. *Estoy* contento 나는 만족한다. Ellos *están* vivos 그들은 살아 있다. La niña *está* muy alta 그 여아는 키가 매우 컸다. ② [소재] 있다. Ella *está* a la puerta 그녀는 문 있는 곳에 있다. ¿Dónde *estamos*? 여기가 어디입니까? Seúl *está* casi en el centro de la Península Coreana. 서울은 거의 한반도의 중앙에 (위치해) 있다. ③ [+과거 분사] …해 있다. Tú *estabas* sentado a mi lado 너는 내 옆에 앉아 있었다. ④ [+현재 분사 =진행형] …하고 있(는 중이)다. *Estamos* comiendo en casa 우리는 집에서 식사 중이다.

직 설 법		접속법	
현재		현재	
estoy	estamos	esté	estemos
estás	estáis	estés	estéis
está	están	esté	estén
불완료 과거		불완료 과거	
estaba	estábamos	estuviera estuviéramos	estuviese estuviésemos
estabas	estabais	estuvieras estuvierais	estuvieses estuvieseis
estaba	estaban	estuviera estuvieran	estuviese estuviesen
부정과거		미래	
estuve	estuvimos	estuviere	estuviéremos
estuviste	estuvisteis	estuvieres	estuviereis
estuvo	estuvieron	estuviere	estuvieren
미래		명령법	
estaré	estaremos	∅	estemos
estarás	estaréis	está	estad
estará	estarán	esté	estén
가능법		원형 · 현재분사형 · 과거분사형	
estaría	estaríamos	estar	
estarías	estaríais	estando	
estaría	estarían	estado	

43 Haber

태 [직설법 현재형 hay] …이 있다. Delante de la casa *hay* un coche 집 앞에 차가 한 대 있다. *Había* unos niños en el patio 뜰에 아이들이 몇 명 있었다. Anoche *hubo* un incendio 간밤에 화재가 있었다.

조 [+과거 분사 =완료형] Esta mañana me *he* levantado tarde 나는 오늘 아침 늦게 일어났다. *Había* llovido hasta ayer 어제까지 비가 내렸었다. *Habré* vuelto a casa para mañana 나는 내일까지에는 귀가하겠다.

☐ ***hay que*** + **동사 원형.** …해야 한다, …하지 않으면 안 된다. *Hay que* trabajar mucho (사람들은) 일을 많이 해야 한다.

직 설 법		접 속 법			
현재		현재			
he	hemos	haya	hayamos		
has	habéis	hayas	hayáis		
ha	han	haya	hayan		
불완료 과거		불완료 과거			
había	habíamos	hubiera	hubiéramos	hubiese	hubiésemos
habías	habíais	hubieras	hubierais	hubieses	hubieseis
había	habían	hubiera	hubieran	hubiese	hubiesen
부정과거		미래			
hube	hubimos	hubiere	hubiéremos		
hubiste	hubisteis	hubieres	hubiereis		
hubo	hubieron	hubiere	hubieren		
미래		명령법			
habré	habremos	∅	hayamos		
habrás	habréis	he	habed		
habrá	habrán	haya	hayan		
가능법		원형 · 현재분사형 · 과거분사형			
habría	habríamos	haber			
habrías	habríais	habiendo			
habría	habrían	habido			

44 Hacer

㉠ ① 만들다; 하다, 행하다. *hacer* muebles 가구를 만들다. *hacer* un programa de TV TV의 프로그램을 만들다. *hacer* una regla 규칙을 만들다. no *hacer* nada 아무 것도 안 하다. ② [사역 동사, +동사 원형] …하게 하다. *hacer* venir a *su* amigo 친구를 오게 하다. *hacer* callar 조용하게 하다. ③ [단인칭 동사] ㉮ [날씨] *Hace* calor [frío]. 날씨가 덥다[춥다]. ㉯ [시간] [+que+직설법] …한 지 …되었다, …전부터 …하고 있다. *Hace* mucho tiempo *que* no le veo 당신을 뵙지 못한 지가 오래 됐습니다. ㉰ [전치사적으로] …전에. desde *hace* …전부터. *Hace* una hora vine aquí 한 시간 전에 나는 이곳에 왔다.
㉢ 하다, 행하다. *Haz* como quieras 하고 싶은 대로해라.
☐ *hacerse* 만들어지다; 성장하다; …이 되다. *hacerse* médico 의사가 되다. *hacerse* famoso 유명해지다. El pan *se hace* de trigo 빵은 밀로 만든다.

직설법		접속법	
현재		현재	
hago	hacemos	haga	hagamos
haces	hacéis	hagas	hagáis
hace	hacen	haga	hagan
불완료 과거		불완료 과거	
hacía	hacíamos	hiciera hiciéramos	hiciese hiciésemos
hacías	hacíais	hicieras hicierais	hicieses hicieseis
hacía	hacían	hiciera hicieran	hiciese hiciesen
부정과거		미래	
hice	hicimos	hiciere	hiciéremos
hiciste	hicisteis	hicieres	hiciereis
hizo	hicieron	hiciere	hicieren
미래		명령법	
haré	haremos	∅	hagamos
harás	haréis	haz	haced
hará	harán	haga	hagan
가능법		원형 · 현재분사형 · 과거분사형	
haría	haríamos	hacer	
harías	haríais	haciendo	
haría	harían	hecho	

45 Ir

자 가다; 통하다; 뻗다; 꼭 맞다; 조화를 이루다; (건강·경영 상태 등이) …이다. *ir* a España 스페인에 가다. *ir en* coche [avión·tren] 차[비행기·기차]로 가다. ¿Cómo le *va* a usted? -(Me *va*) Muy bien 어떻게 지내십니까? -잘 지내고 있습니다 ¿Cómo le *van* sus negocios? -*Van* bien 사업은 어떠세요? -잘 되고 있습니다.

☐ *irse* 가버리다, 떠나다; 죽다; 사라지다.
☐ *ir a* + **동사 원형**. …하려고 한다, …할 것이다. *Va a* llover. 비가 오려고 한다 *Voy a* telefonearle ahora mismo 지금 당장 그에게 전화하겠다.
☐ *Vamos a* + **동사 원형**. *Vamos a* cantar juntos. 함께 노래합시다.

직설법		접속법			
현재		현재			
voy	vamos	vaya	vayamos		
vas	vais	vayas	vayáis		
va	van	vaya	vayan		
불완료 과거		불완료 과거			
iba	íbamos	fuera	fuéramos	fuese	fuésemos
ibas	ibais	fueras	fuerais	fueses	fueseis
iba	iban	fuera	fueran	fuese	fuesen
부정과거		미래			
fui	fuimos	fuere	fuéremos		
fuiste	fuisteis	fueres	fuereis		
fue	fueron	fuere	fueren		
미래		명령법			
iré	iremos	∅	vayamos		
irás	iréis	ve	id		
irá	irán	vaya	vayan		
가능법		원형·현재분사형·과거분사형			
iría	iríamos	ir			
irías	iríais	yendo			
iría	irían	ido			

46 Oír

▣ 듣다, 들리다; (상대방의 말에) 귀를 기울이다, 이해하다; 들어주다; 청강(聽講)하다. *oír* una voz de mujer 여자의 목소리가 들리다. ¿Me *oye* usted? —Sí, le *oigo* bien. 제 말이 들립니까? —예, 잘 들립니다. ¡Oiga!, ¡Oye! 여보세요.

☐ *oírse* 들리다. *oírse* un tiro 총성이 들리다. No *se oye* bien (전화에서) 잘 들리지 않는다.

직 설 법		접 속 법	
현재		현재	
oigo oímos oyes oís oye oyen		oiga oigamos oigas oigáis oiga oigan	
불완료 과거		불완료 과거	
oía oíamos oías oíais oía oían		oyera oyéramos oyeras oyerais oyera oyeran	oyese oyésemos oyeses oyeseis oyese oyesen
부정과거		미래	
oí oímos oíste oísteis oyó oyeron		oyere oyéremos oyeres oyereis oyere oyeren	
미래		명령법	
oiré oiremos oirás oiréis oirá oirán		∅ oigamos oye oíd oiga oigan	
가능법		원형 · 현재분사형 · 과거분사형	
oiría oiríamos oirías oiríais oiría oirían		oír oyendo oído	

47 Placer

- 타 기쁨, 즐거움, 만족; 오락; 쾌락; (귀금속을 함유한) 사광(砂鑛); [선박] 사주(砂洲); ((중남미)) 진주패 채취장. *placeres* de la vida 생의 기쁨. Es un *placer* trabajar contigo. 자네와 함께 일하게 되어 기쁘네.
- 자 기쁘다, 즐겁다. Me *place* escuchar la música 나는 음악을 들으면 즐겁다.

직설법		접속법			
현재		현재			
plazco	placemos	plazca	plazcamos		
places	placéis	plazcas	plazcáis		
place	placen	plazca	plazcan		
불완료 과거		불완료 과거			
placía	placíamos	placiera	placiéramos	placiese	placiésemos
placías	placíais	placieras	placierais	placieses	placieseis
placía	placían	placiera	placieran	placiese	placiesen
부정과거		미래			
plací	placimos	placiere	placiéremos		
placiste	placisteis	placieres	placiereis		
plació	placieron	placiere	placieren		
미래		명령법			
placeré	placeremos	∅	plazcamos		
placerás	placeréis	place	placed		
placerá	placerán	plazca	plazcan		
가능법		원형 · 현재분사형 · 과거분사형			
placería	placeríamos	placer			
placerías	placeríais	placiendo			
placería	placerían	placido			

48 Poder

㉣ …할 수 있다; …하는 일이 가능하다; …보다 힘이 있다. No *puedo* nadar 나는 수영할 수 없다. Ella *puede* no estar en casa 그녀는 집에 없을 가능성이 있다. Tú eres más alto que yo, pero yo te *puedo*. 네가 나보다 더 크지만 내가 너보다 힘이 세다.

☐ *no poder menos de* + **동사원형.** …하지 않을 수 없다. *No pude menos de reír.* 나는 웃지 않을 수 없었다.

☐ *poderse* …할 수 있다. No *se puede* entrar sin permiso 무단 출입을 금함.

직 설 법		접속법	
현재		현재	
puedo	podemos	pueda	podamos
puedes	podéis	puedas	podáis
puede	pueden	pueda	puedan
불완료 과거		불완료 과거	
podía	podíamos	pusiera pusiéramos	pusiese pusiésemos
podías	podíais	pusieras pusierais	pusieses pusieseis
podía	podían	pusiera pusieran	pusiese pusiesen
부정과거		미래	
pude	pudimos	pusiere	pusiéremos
pudiste	pudisteis	pusieres	pusiereis
pudo	pudieron	pusiere	pusieren
미래		명령법	
podré	podremos	∅	podamos
podrás	podréis	puede	poded
podrá	podrán	pueda	puedan
가능법		원형 · 현재분사형 · 과거분사형	
podría	podríamos	poder	
podrías	podríais	podiendo	
podría	podrían	podido	

49 Poner

- 타 놓다, 넣다; 준비하다, 대비하다, 설치하다; (옷 등을) 입히다; 움직이다, 작동시키다; 조정하다; 쓰다, 써넣다; 상연하다, 상영하다; 공헌하다; (지위에) 앉히다, 종사하다. *poner* los libros en el estante 책을 책장에 놓다[넣다].
- 자 (닭 등이) 알을 낳다; (옷 등을) 입다, 쓰다, 끼다, 신다; (자세를) 취하다; …이 되다; (해·달이) 지다; 전화에 나오다. *ponerse* los zapatos 구두을 신다. El sol *se pone* por el oeste 해가 서쪽으로 진다.

직설법		접속법		
현재		현재		
pongo	ponemos	ponga	pongamos	
pones	ponéis	pongas	pongáis	
pone	pone	ponga	pongan	
불완료 과거		불완료 과거		
ponía	poníamos	pusiera pusiéramos		pusiese pusiésemos
ponías	poníais	pusieras pusierais		pusieses pusieseis
ponía	ponían	pusiera pusieran		pusiese pusiesen
부정과거		미래		
puse	pusimos	pusiere	pusiéremos	
pusiste	pusisteis	pusieres	pusiereis	
puso	pusieron	pusiere	pusieren	
미래		명령법		
pondré	pondremos	∅	pongamos	
pondrás	pondréis	pon	poned	
pondrá	pondrán	ponga	pongan	
가능법		원형 · 현재분사형 · 과거분사형		
pondría	pondríamos	poner		
pondrías	pondríais	poniendo		
pondría	pondrían	puesto		

50 Predecir

타 예언하다, 예지하다

직설법	접속법	
현재	현재	
predigo predecimos predices predecís predice predicen	prediga predigamos predigas predigáis prediga predigan	
불완료 과거	불완료 과거	
predecía predecíamos predecías predecíais predecía predecían	predijera predijéramos predijeras predijerais predijera predijeran	predijese predijésemos predijeses predijeseis predijese predijesen
부정과거	미래	
predije predijimos predijiste predijisteis predijo predijeron	predijere predijéremos predijeres predijereis predijere predijeren	
미래	명령법	
prediré prediremos predirás prediréis predirá predirán	∅ predigamos predice predicid prediga predigan	
가능법	원형 · 현재분사형 · 과거분사형	
prediría prediríamos predirías prediríais prediría predirían	predecir prediciendo predicho	

51 Querer

타 원하다, 바라다, 욕심내다; 사랑하다, 좋아하다; 필요로 하다. *Quiero un ordenado* 나는 컴퓨터를 원한다[갖고 싶다]. *¿Qué quiere* usted? 무엇을 원하십니까?, 무얼 드릴까요? *Quiero* saber la verdad 진실을 알고 싶다. *Te quiero*. 당신을 사랑하오.

☐ *querer que* + **접속법**. *Quiero que* me escribas 난 네가 내게 편지해주길 바래.

☐ *quererse* 서로 사랑하다. *Nos queríamos* mucho 우리들은 서로(를) 무척 사랑했었다.

직설법		접속법			
현재		현재			
quiero	queremos	quiera	queramos		
quieres	queréis	quieras	queráis		
quiere	quieren	quiera	quieran		
불완료 과거		불완료 과거			
quería	queríamos	qusiera	quisiéramos	qusiese	quisiésemos
querías	queríais	qusieras	quisierais	qusieses	quisieseis
quería	querían	quisiera	quisieran	quisiese	quisiesen
부정과거		미래			
quise	quisimos	qusiere	quisiéremos		
quisiste	quisisteis	qusieres	quisiereis		
quiso	quisieron	quisiere	quisieren		
미래		명령법			
querré	querremos	∅	queramos		
querrás	querréis	quiere	quered		
querrá	querrán	quiera	quieran		
가능법		원형 · 현재분사형 · 과거분사형			
querría	querríamos	querer			
querrías	querríais	queriendo			
querría	querrían	querido			

52 Raer

㉧ 깎다, 문질러 닳게 하다; 다지다.

직 설 법		접속법	
현재		현재	
rao	raemos	raa	raamos
raes	raéis	raas	raáis
rae	raen	raa	raan
불완료 과거		불완료 과거	
raía	raíamos	rayera rayéramos	rayese rayésemos
raías	raíais	rayeras rayerais	rayeses rayeseis
raía	raían	rayera rayeran	rayese rayesen
부정과거		미래	
raí	raímos	rayere	rayéremos
raíste	raísteis	rayeres	rayereis
rayó	rayeron	rayere	rayeren
미래		명령법	
raeré	raeremos	∅	raamos
raerás	raeréis	rae	raed
raerá	raerán	raa	raan
가능법		원형 · 현재분사형 · 과거분사형	
raería	raeríamos	raer	
raerías	raeríais	rayendo	
raería	raerían	raído	

53 Roer

타 갉다, 갉아먹다; 침식하다, 삭제하다; 해치다, 좀먹다.

직설법		접속법	
현재		현재	
roo roemos		roa roamos	
roes roéis		roas roáis	
roe roen		roa roan	
불완료 과거		불완료 과거	
roía roíamos		royera royéramos	royese royésemos
roías roíais		royeras royerais	royeses royeseis
roía roían		royera royeran	royese royesen
부정과거		미래	
roí roímos		royere royéremos	
roíste roísteis		royeres royereis	
royó royeron		royere royeren	
미래		명령법	
roeré roeremos		∅ roamos	
roerás roeréis		roe roed	
roerá roerán		roa roan	
가능법		원형 · 현재분사형 · 과거분사형	
roería roeríamos		roer	
roerías roeríais		royendo	
roería roerían		roído	

54 Saber

㉤ 알고 있다, 이해하고 있다; …할 수 있다, 할 줄 알다(poder); 알다(enterarse). *saber* la dirección de …의 주소를 알고 있다. *saber* la noticia 그 소식을 알고 있다. *saber* latín 라틴어를 할 줄 안다. *saber* tocar la guitarra 기타 칠 줄 안다. No lo *sé* 나는 그런 일을 모른다. Ya lo *sabía* yo 나는 그 일을 이미 알고 있었다. Lo *supe* por el telediario de las ocho. 나는 여덟 시 뉴스로 그것을 알았다.

㉣ [+a+무관사 명사] (…의) 맛이 있다; [+de] (…에 대해) 알고 있다; 알다. Este helado *sabe a* mango 이 아이스크림은 망고 맛이 난다. Este vino no *sabe a* nada 이 포도주는 감칠맛이 없다[아무 맛이 없다]. No *sé de* ella desde hace mucho tiempo. 나는 오래 전부터 그녀의 소식을 듣지 못하고 있다.

직설법		접속법		
현재		현재		
sé	sabemos	sepa	sepamos	
sabes	sabéis	sepas	sepáis	
sabe	saben	sepa	sepan	
불완료 과거		불완료 과거		
sabía	sabíamos	supiera	supiéramos	supiese supiésemos
sabías	sabíais	supieras	supierais	supieses supieseis
sabía	sabían	supiera	supieran	supiese supiesen
부정과거		미래		
supe	supimos	supiere	supiéremos	
supiste	supisteis	supieres	supiereis	
supo	supieron	supiere	supieren	
미래		명령법		
sabré	sabremos	∅	sepamos	
sabrás	sabréis	sebe	sebed	
sabrá	sabrán	sepa	sepan	
가능법		원형 · 현재분사형 · 과거분사형		
sabría	sabríamos	saber		
sabrías	sabríais	sabiendo		
sabría	sabrían	sabido		

55 Salir

[자] 나가다, 나오다; (상태를) 벗어나다; 나타나다, 출현하다; (해·달이) 뜨다; 표명되다; 출판되다; (레코드가) 발매되다; (사진·텔레비전에) 나오다; 게재되다; (싹 등이) 나오다; (더러움이) 없어지다, 지워지다; 돌출되어 있다 (sobresalir); (결과로) …이 되다; 닮다; (기회 등이) 찾아오다; (제비뽑기·투표로) 뽑히다; 보증하다; 변호하다. *salir bien* 성공하다. *salir bien* del [en el] examen 시험에 합격하다. *salir mal* 실패하다. *salir mal* del [en el] examen 시험에 떨어지다[낙방하다].

□ *salirse* 외출하다; 몰래 빠져나가다, 살짝 도망치다; (액체가) 넘치다; (물 등이) 끓어 넘치다; (제한·상태 등을) 벗어나다, 빗나가다. El camión *se salió de* la calzada 트럭이 차도에서 튀어나왔다. Tu comportamiento *se sale* de lo normal. 네 행동은 정상에서 벗어나고 있다.

직설법		접속법		
현재		현재		
salgo	salimos	salga	salgamos	
sales	salís	salgas	salgáis	
sale	salen	salga	salgan	
불완료 과거		불완료 과거		
salía	salíamos	saliera	saliéramos	saliese saliésemos
salías	salíais	salieras	salierais	salieses salieseis
salía	salían	saliera	salieran	saliese saliesen
부정과거		미래		
salí	salimos	saliere	saliéremos	
saliste	salisteis	salieres	saliereis	
salió	salieron	saliere	salieren	
미래		명령법		
saldré	saldremos	∅	salgamos	
saldrás	saldréis	sal	salid	
saldrá	saldrán	salga	salgan	
가능법		원형·현재분사형·과거분사형		
saldría	saldríamos	salir		
saldrías	saldríais	saliendo		
saldría	saldrían	salido		

56 Ser

⑨ …이다; …이 되다; …의 역을 하다; 존재하다; (특정한 행사·사건 등이) 있다, 일어나다. *Somos* coreanos 우리들은 한국 사람이다. *Sé* bueno. 착한 사람이 되어라. Pienso, luego *soy* 나는 생각한다. 고로 존재한다. Dios *es*. 신은 존재한다.

☐ **ser de** ㉮ [재료 등] …로 되어 있다, …로 만들어져 있다. Esta casa es de piedra 이 집은 돌집이다. ㉯ [소유] …의 것이다. Esta casa *es de* mi padre 이 집은 내 아버지의 것이다. ㉰ [출신·출처] …의 태생이다, …의 산이다. *Soy de* Corea. 나는 한국 태생이다. Estas peras *son de* Nachu 이 배들은 나주산이다. ㉱ [가격·나이] …이다. *Es de* mil wones 그것은 천 원이다. Ella *es de* dieciocho años 그녀는 18세다. ㉲ [학년] …학년이다. *Soy de* primero 나는 일학년이다.

☐ **ser para** ㉮ [편지 등] …의 앞이다, …에게 온 것이다. Esta tarjeta postal *es para* mí 이 우편 엽서는 내 앞으로 왔다. Esta muñeca *es para* mi nieta 이 인형은 내 손녀 몫이다. ㉯ [용도·적성 등] …용이다. Este libro *es para* niños 이 책은 어린이용이다. Este cuchillo *es para* cortar pan 이 칼은 빵 자르는 데 사용한다.

직설법		접속법			
현재		현재			
soy	somos	sea		seamos	
eres	sois	seas		seáis	
es	son	sea		sean	
불완료 과거		불완료 과거			
era	éramos	fuera	fuéramos	fuese	fuésemos
eras	erais	fueras	fuerais	fueses	fueseis
era	eran	fuera	fueran	fuese	fuesen
부정과거		미래			
fui	fuimos	fuera		fuéramos	
fuiste	fuisteis	fueras		fuerais	
fue	fueron	fuera		fueran	
미래		명령법			
seré	seremos	∅		seamos	
serás	seréis	sé		sed	
será	serán	sea		sean	
가능법		원형·현재분사형·과거분사형			
sería	seríamos	ser			
serías	seríais	siendo			
sería	serían	sido			

57 Tener

타 가지다, 소유하다, 소지하다, 보관하다; (자식을) 낳다; (약속 등을) 지키다; (감정을) 품다, 가지다; (회합 등을) 열다; (날짜·시간을) 보내다; (업무·수업 등이) 있다. *tener* calor (몸이) 덥다. *tener* frío (몸이) 춥다. *tener* dolor de …가 아프다. *Tengo* dolor de cabeza 나는 머리가 아프다.
- *tener que* + **동사 원형:** …해야 한다, …하지 않으면 안된다, …할 필요가 있다. *Tengo que* estudiar mucho 나는 공부를 많이 해야 한다.

자 부자다. Ella *tiene*. 그녀는 부자다.
- *tenerse* 서다, 정지하다; 자제하다; 버티다, 서 있다. *tenerse* de pie 서 있다. ¡*Tente*! 멈춰라, 서라.
- *tenerse por* …라 생각하다. Ella *se tiene por* inteligente 그녀는 자신은 머리가 좋다고 생각하고 있다.

직설법		접속법	
현재		현재	
tengo	tenemos	tenga	tengamos
tienes	tenéis	tengas	tengáis
tiene	tienen	tenga	tengan
불완료 과거		불완료 과거	
tenía	teníamos	tuviera tuviéramos	tuviese tuviésemos
tenías	teníais	tuvieras tuvierais	tuvieses tuvieseis
tenía	tenían	tuviera tuvieran	tuviese tuviesen
부정과거		미래	
tuve	tuvimos	tuviere	tuviéremos
tuviste	tuvisteis	tuvieres	tuviereis
tuvo	tuvieron	tuviere	tuvieren
미래		명령법	
tendré	tendremos	∅	tengamos
tendrás	tendréis	ten	tened
tendrá	tendrán	tenga	tengan
가능법		원형 · 현재분사형 · 과거분사형	
tendría	tendríamos	tener	
tendrías	tendríais	teniendo	
tendría	tendrían	tenido	

58 Traer

[타] 가지고 오다 ([반] llevar); 데려오다; 가까이 다가오게 하다, 가까이 (끌어) 당기다; 초래하다, 가져가다, 가져오다; …의 상태가 되다; 몸에 지니고 있다, 입고 있다; (신문 등에) 실려 있다. *traer* un regalo 선물을 가지고 오다. *Tráeme una taza de café* 커피 한 잔 가져다 주세요.

직설법		접속법			
현재		현재			
traigo	traemos	traiga	traigamos		
traes	traéis	traigas	traigáis		
trae	traen	traiga	traigan		
불완료 과거		불완료 과거			
traía	traíamos	trajera	trajéramos	trajese	trajésemos
traías	traíais	trajeras	trajerais	trajeses	trajeseis
traía	traían	trajera	trajeran	trajese	trajesen
부정과거		미래			
traje	trajimos	trajere	trajéremos		
trajiste	trajisteis	trajeres	trajereis		
trajo	trajeron	trajere	trajeren		
미래		명령법			
traeré	traeremos	∅	traigamos		
traerás	traeréis	trae	traed		
traerá	traerán	traiga	traigan		
가능법		원형 · 현재분사형 · 과거분사형			
traería	traeríamos	traer			
traerías	traeríais	trayendo			
traería	traerían	traído			

59 Valer

[자] 쓸모 있다, 소용이 되다, 도움이 되다, 이용 가치가 있다; 유효하다, 효력을 가지다; [주로 +부] 뛰어나다, 두드러지다, 가치가 있다; …에 상당하다, …와 같은 효과가 있다; [+a] (…의) 값이다; [+con+사람] (…에게) 영향력이 있다. Estos zapatos me *valen* todavía 이 구두는 아직 신을 만하다. Este billete no *vale* 이 표는 무효입니다. Las naranjas *valen* a mil wones el kilo 귤은 킬로에 천 원이다.

[타] …의 값이다; …에 상당하다, …과 같은 가치가 있다; (계산의 답·미지수가) …이다, …로 되다; 결과로 …을 가져오다; (신 등이) 돕다, 가호(加護)를 주다. ¿Cuánto *vale* este ordenador? 이 컴퓨터 얼마입니까? La suma *vale* quinientos 합계는 500이다.

□ *valerse* [+de] (…을) 이용하다, 잘 쓰다[사용하다]

직설법		접속법	
현재		현재	
valgo	valemos	valga	valgamos
vales	valéis	valgas	valgáis
vale	valen	valga	valgan
불완료 과거		불완료 과거	
valía	valíamos	valiera valiéramos	valiese valiésemos
valías	valíais	valieras valierais	valieses valieseis
valía	valían	valiera valieran	valiese valiesen
부정과거		미래	
valí	valimos	valiere	valiéremos
valiste	valisteis	valieres	valiereis
valió	valieron	valiere	valieren
미래		명령법	
valdré	valdremos	∅	valgamos
valdrás	valdréis	vale	valed
valdrá	valdrán	valga	valgan
가능법		원형·현재분사형·과거분사형	
valdría	valdríamos	valer	
valdrías	valdríais	valiendo	
valdría	valdrían	valido	

60 Venir

㉤ 오다, (이리로) 다가오다; 일어나다, 생기다; (식물이) 자라다, 나다, 성장하다; 타협하다, 동의하다; 결정하다; [+bien·mal] 적합하다, 잘 맞다; 적합하지 않다, 잘 맞지 않다. Ella *viene* en coche 그녀는 차로 온다. Mis padres todavía no *ha venido* 내 부모님은 아직 오지 않으셨다. Estos zapatos te *vienen* bien 이 구두는 너한테 잘 맞는다. Esa corbata te *viene* mal 그 넥타이는 너한테 안 어울린다.

직설법		접속법	
현재		현재	
vengo	venimos	venga	vengamos
vienes	venís	vengas	vengáis
viene	vienen	venga	vengan
불완료 과거		불완료 과거	
venía	veníamos	viniera viniéramos	viniese viniésemos
venías	veníais	vinieras vinierais	vinieses vinieseis
venía	venían	viniera vinieran	viniese viniesen
부정과거		미래	
vine	vinimos	viniere	viniéremos
viniste	vinisteis	vinieres	viniereis
vino	vinieron	viniere	vinieren
미래		명령법	
vendré	vendremos	∅	vengamos
vendrás	vendréis	ven	venid
vendrá	vendrán	venga	vengan
가능법		원형 · 현재분사형 · 과거분사형	
vendría	vendríamos	venir	
vendrías	vendríais	viniendo	
vendría	vendrían	venido	

61 Ver

- 타 보다; 알다, 발견하다, 찾아 내다; 예견하다; 체험하다; 이해하다; (사람을) 만나다, 면회하다. *ver la televisión* 텔레비전을 보다. *Hace mucho tiempo que no te veo* 오랜만이다, 너를 만나지 못한 지가 오래되었다.
- 자 보이다; 조사하다; 만나다; [+de] 해보다, 시험하다. *No veo bien* 눈이 잘 안 보인다. *Ver es creer.* 백문이 불여일견. *verse* 보이다; 자신의 모습을 보다, 자신의 …을 보다; 서로 만나다; …의 상태에 있다; ((주로 중남미)) …처럼 보이다(parecer)
- □ *a ver* ㉮ [호기심] 어디 (좀 보자). *¿Te gusta mi reloj nuevo? —A ver(, a ver)* 내 새 시계 마음에 드니? —어디 (좀 보자). ㉯ 주목! *¡A ver! Póngase todos en fila* 주목, 전원 정렬!

직설법		접속법	
현재		현재	
veo	vemos	vea	veamos
ves	veis	veas	veáis
ve	ven	vea	vean
불완료 과거		불완료 과거	
veía	veíamos	viera viéramos	viese viésemos
veías	veíais	vieras vierais	vieses vieseis
veía	veían	viera vieran	viese viesen
부정과거		미래	
vi	vimos	viere	viéremos
viste	visteis	vieres	viereis
vio	vieron	viere	vieren
미래		명령법	
veré	veremos	∅	veamos
verás	veréis	ve	ved
verá	verán	vea	vean
가능법		원형 · 현재분사형 · 과거분사형	
vería	veríamos	ver	
verías	veríais	viendo	
vería	verían	visto	

62 Yacer

재 누워 있다; (시체가) 매장되어 있다; (어떤 장소에) 존재하다; 성교하다, 동거하다. Aquí *yace* el Sr. Kim 여기 김 씨가 잠들어 있다.

직설법		접속법			
현재		현재			
yasco	yacemos	yasca	yascamos		
yaces	yacéis	yascas	yascáis		
yace	yacen	yasca	yascan		
불완료 과거		불완료 과거			
yacía	yacíamos	yaciera	yaciéramos	yaciese	yaciésemos
yacías	yacíais	yacieras	yacierais	yacieses	yacieseis
yacía	yacían	yaciera	yacieran	yaciese	yaciesen
부정과거		미래			
yací	yacimos	yaciere	yaciéremos		
yaciste	yacisteis	yacieres	yaciereis		
yació	yacieron	yaciere	yacieren		
미래		명령법			
yaceré	yaceremos	∅	yascamos		
yacerás	yaceréis	yace	yaced		
yacerá	yacerán	yasca	yascan		
가능법		원형 · 현재분사형 · 과거분사형			
yacería	yaceríamos	yacer			
yacerías	yaceríais	yaciendo			
yacería	yacerían	yacido			

《동 사 변 화 참 조 목 록》

【동사변화 참조목록】

abacorar	1	abnegar	15b	abrogar	1c
abalanzarse	1b	abobar	1	abroncar	1a
abalear	1	abocar	1a	abrumar	1
abalizar	1b	abocetar	1	absolver	20
abaluartar	1	abochornar	1	absorber	2
abancalar	1	abocinar	1	abstenerse	57
abanderar	1	abofetear	1	abstraer	58
abandonar	1	abogar	1c	abuchear	1
abanicar	1a	abolir	3	abuenar	1
abarajar	1	abollar	1	abullonar	1
abaratar	1	abolsarse	1	abulonar	1
abarbechar	1	abombar	1	abultar	1
abarcar	1a	abominar	1	abundar	1
abarloar	1	abonanzar	1b	aburguesarse	1
abarquillar	1a	abonar	1	aburrir	3
abarrancar	1a	abordar	1	abusar	1
abarrotar	1	aborrascarse	1a	acabangarse	1c
abastecer	28	aborrecer	28	acabar	1
abastionar	1	aborregar	1c	acacharse	1
abatanar	1	abotonar	1	acachetar	1
abatatar	1	abovedar	1	acaecer	1c
abatir	3	aboyar	1	acalambrarse	28
abdicar	1a	abrasar	1	acallar	1
aberrar	1	abrazar	1b	acalorar	1
abicharse	1	abrevar	1	acamalar	1
abigarrar	1	abreviar	6	acampanar	1
abisagrar	1	abrigar	1c	acampanar	1
abismar	1	abrillantar	1	acampar	1
abjurar	1	abrir	3	acanalar	1
abalandar	a	abrochar	1	acanallar	1

acantilar	1	achatar	1	acomedirse	22
acantonar	1	achatarrar	1	acometer	1
acaparar	1	achicar	1a	acomodar	1
acapujar	1	achicharrar	1	acompañar	1
acaramelar	1	achicopalar	1	acompasar	1
acardenalar	1	achinar	1	acomplejar	1
acariciar	6	achispar	1	aconcharbar	1
acarrear	1	achubascarse	1a	aconcharse	1
acartonar	1	achuchar	1	acondicionar	1
acatar	1	achulaparse	1	acongojar	1
acatarrar	1	achularse	1	aconsejar	1
acaudalar	1	achunchar	1	aconsonantar	1
acaudillar	1	achuntar	1	acontecer	28
acceder	2	achurar	1	acopiar	6
accidentar	1	acibarar	1	acoplar	1
accionar	1	acicalar	1	acoquinar	1
acechar	1	acicatear	1	acorazar	1b
acecinar	1	acidificar	1a	acorchar	1
acedar	1	acivilarse	1	acordar	19
aceitar	12	aclamar	1	acordonar	1
acelerar	1	aclarar	1	acorralar	1
acendrar	1	aclimatar	1	acortar	1
acentuar	5	acobardar	1	acosar	1
aceptar	1	acochinar	1	acostar	1
acerar	1	acodar	1	acostar*	19
acercar	1a	acodiciar	6	acostumbrar	1
acertar	15	acodiciar	2b	acotar	1
acezar	1b	acogotar	1	acrecentar	15
achabacanar	1	acojonar	1	acrecer	28
achacar	1a	acolchar	1	acreditar	1
achaflanar	1	acolitar	1	acribillar	1
achanchar	1	acollarar	1	acriollarse	1

acrisolar	1	adjetivar	1	afeitar	12
acristalar	1	adjudicar	1a	afelpar	1
acristianar	1	adjuntar	1	afeminar	1
activar	1	administrar	1	aferrar	1
actualizar	1b	admitir	3	afianzar	1b
actuar	5	adobar	1	aficionar	1
acuartelar	1	adocenar	1	afiebrar	1
acuchillar	1	adoctrinar	1	afilar	1
acuciar	6	adolecer	28	afilliar	6
acuclillarse	1	adoptar	1	afiligranar	1
acudir	3	adoquinar	1	afinar	1
acuitar	1	adorar	1	afincar	1a
acular	1	adormecer	28	afirmar	1
acumular	1	adormilar	1	aflautar	12
acunar	1	adornar	1	afligir	3b
acuñar	1	adosar	1	aflojar	1
acurrucarse	1a	adquirir	18	aflorar	1
acusar	1	adscribir	3	afluir	33
adamascar	1a	adsorber	2	afofarse	1
adaptar	1	aducir	38	aforar	1
adecentar	1	adueñarse	1	afrancesar	1
adecuar	4	adular	1	afrentar	1
adelantar	1	adulterar	1	africanizar	1b
adelgazar	1b	advenir	60	afrontar	1
adensar	1	adverbializar	1b	agachar	1
adentrar	1	advertir	23	agarrar	1
aderezar	1b	aerotransportar	1	agarrotar	1
adeudar	12	afamar	1	agasajar	1
adherir	23	afanar	1	agaucharse	12
adicionar	1	afarolarse	1	agavillar	1
adiestrar	1	afear	1	agazaparse	1
adivinar	1	afectar	1	agenciar	6

agigantar	1	aguardar	1	ajetrear	1
agilipollar	1	agudizar	1b	ajilar	1
agilizar	1b	aguerrir	3	ajonjear	1
agitanar	1	agüevar	1	ajuntar	1
agitar	1	aguijar	1	ajustar	1
aglomerar	1	aguijonear	1	ajusticiar	6
aglutinar	1	agüitarse	1	alabar	1
agobiar	6	agujerear	a	alabear	1
agolparse	1	agusanarse	1	alaciarse	6
agonizar	1b	aguzar	1b	alacranear	1
agorar	19b	ahechar	1	alagar	1c
agostar	1	aherrojar	1	alambicar	1a
agotar	1	ajerrumbrar	1	alambrar	1
agraciar	6	ahijar	9	alambrear	1
agradar	1	ajilarse	9	alancear	1
agradecer	28	ahincar	9a	alanzar	1b
agrandar	1	ahogar	1c	alardear	1
agravar	1	ahondar	1	alargar	1c
agraviar	6	ahorcar	1a	alarmar	1
agredir	3	ahormar	1	albardar	1
agregar	1c	ahornar	1	albear	1
agremiar	6	ahorquillar	1	algergar	1c
agriar	8	ahorrar	1	alborear	1
agrietar	1	ahuecar	1a	alborotar	1
agringarse	1c	ahuevar	1	alborozar	1b
agripar	1	ahumar	9	alcahuetear	1
agrisar	1	ahuyentar	1	alcalinizar	1b
agrumar	1	airar	9	alcanforar	1
agrupar	1	airear	1	alcantarillar	1
aguaitar	12	aislar	9	alcanzar	1b
aguantar	1	ajar	1	alcoholizar	1b
aguar	14	ajardinar	1	alear	1

alebrestarse	15	almorzar	19b	amarchantarse	1
aleccionar	1	alocar	1a	amargar	1c
alegar	1c	alojar	1	amariconar	1
alegorizar	1b	alquilar	1	amarillear	1
alegrar	1	alquitarar	1	amarzar	1b
alelar	1	alquitranar	1	amarrar	1
alentar	15	alterar	1	amarrocar	1a
alertar	1	altercar	1a	amartelarse	1
alfabetizar	1b	alternar	1	amasar	1
alfombrar	1	alucinar	1	amasijar	1
alhajar	1	aludir	3	ambicionar	1
aliar	7	alujar	1	ambientar	1
alicatar	1	alumbrar	1	amedrentar	1
alienar	1	alunar	1	amelcochar	1
aligerar	1	alunizar	1b	amelgar	1c
alijar	1	aluzar	1b	amenazar	1b
alimentar	1	alzar	1b	amenizar	1b
alindar	1	amacizar	1b	amiericanizar	1b
alinear	1	amadrinar	1	ameritar	1
aliñar	1	amaestrar	1	amerizar	1b
aliquebrar	15	amagar	1c	amtrallar	1
alisar	1	amainar	12	amilanar	1
alistar	1	amalayar	1	aminorar	1
alivianarse	1	amalgamar	1	amnistiar	7
aliviar	6	amamantar	1	amodorrar	1
allanar	1	amancebarse	1	amohinar	9
allegar	1c	amanecer	28	amohosar	1
almacenar	1	amanerar	1	amojamar	1
almibarar	1	amansar	1	amojonar	1
alimidonar	1	amañar	1	amolar	19
almizclar	1	amar	1	amoldar	1
almohadillar	1	amarar	1	amonarse	1

amonedar	1	anexar	1	aovar	1
amonestar	1	anexionar	1	aovillarse	1
amontonar	1	angustiar	6	apabullar	1
amoratarse	1	anhelar	1	apacentar	15
amordazar	1b	anidar	1	apachurrar	1
amorrar	1	anieblarse	1	apaciguar	14
amortajar	1	anillar	1	apadrinar	1
amortecer	28	animalizar	1b	apagar	1c
amortiguar	14	animar	1	apalabrar	1
amortizar	1b	aniñarse	1	apalancar	1a
amoscarse	1a	aniquilar	1	apalear	1
amostazarse	1b	anisar	1	apantallar	1
amotinar	1	anochecer	28	apantanar	1
amparar	1	anonadar	1	apañar	1
ampliar	7	anotar	1	apapachar	1
amplificar	1a	anoticiar	6	aparcar	1a
amputar	1	anquear	1	aparear	1
amuchar	1	anquilosar	1	aparecer	28
amueblar	1	ansiar	7	aparejar	1
amuermar	1	anteceder	2	aparentar	1
amuñuñar	1	anteponer	49	apartar	1
amurallar	1	anticipar	1	aparvar	1
analizar	1b	anticuarse	4	apasionar	1
anarquizar	1b	antipatizar	1b	apear	1
anatematizar	1b	antojarse	1	apechar	1
anclar	1	anublar	1	apechugar	1c
andamiar	6	anudar	1	apedrear	1
andar	34	anular	1	apegarse	1c
aneblarse	15	anunciar	6	apelambrar	1
anegar	1c	añadir	3	apelar	1
anejar	1	añorar	1	apellidar	1
anestesiar	6	aojar	1	apelmazar	1b

apelotonar	1	aplatanar	1	apretujar	1
apenar	1	aplaudir	13	aprisionar	1
apencar	1a	aplazar	1b	aproar	1
apendejarse	1	aplebeyar	1	aprobar	19
apensionarse	1	aplicar	1a	aprontar	1
apenuscar	1a	aplomar	1	apropiar	6
aperar	1	apocar	1a	apropincuarse	4
apercibir	3	apocopar	1	aprovechar	1
apercollar	1	apodar	1	aprovisionar	1
apergaminarse	1	apoderar	1	aproximar	1
aperrarse	1	apolillar	1	apunarse	1
aperrear	1	apoltronarse	1	apuntalar	1
apersonarse	1	apoquinar	1	apuntar	1
apertrechar	1	aporrear	1	apuntillar	1
apesadumbrar	1	aportar	1	apuñalar	1
apestar	1	aportillar	1	apurar	1
apetecer	28	aposentar	1	apurruñar	1
apiadarse	1	apostar	1	aquejar	1
apianar	1	apostar*	19	aquerenciarse	6
apicararse	1	apostatar	1	aquietar	1
apichonarse	1	apostillar	1	aquilatar	1
apilar	1	apostrofar	1	aquintralarse	1
apimplarse	1	apoyar	1	arabizar	1b
apiñar	1	apozarse	1b	arañar	1
apiolar	1	apreciar	6	arar	1
apiparse	1	aprehender	2	arbitrar	1
apiporrarse	1	apremiar	6	arbolar	1
apisonar	1	aprender	2	arborizar	1b
apitiguarse	14	apresar	1	arcabucear	1
aplacar	1a	aprestar	1	arcaizar	9b
aplanar	1	apresurar	1	archivar	1
aplastar	1	apretar	15	arder	2

arenar	1	arremangar	1c	asaetear	1
arengar	1c	arremeter	2	asalariar	6
argüir	33a	arremolinarse	1	asaltar	1
argumentar	1	arrempujar	1	asar	1
armar	1	arrendar	15	ascender	16
armonizar	1b	arrepanchigarse	1c	asear	1
aromatizar	1b	arrepentirse	1	asediar	6
arpegiar	6	arrequintarse	1	asegurar	1
arponar	1	arrestar	1	asemejar	1
arponear	1	arriar	7	asentar	15
arquear	1	arribar	1	asentir	23
arrabiatar	1	arriesgar	1c	aserrar	15
arracimarse	1	arrimar	1	aserruchar	1
arraigar	12e	arrinconar	1	asesar	1
arramblar	1	arrobar	1	asesinar	1
arramplar	1	arrochelarse	1	asesorar	1
arrancar	1a	arrodillar	1	asestar	1
arranchar	1	arrogar	1c	aseverar	1
arrasar	1	arrojar	1	asfaltar	1
arrascar	1a	arrollar	1	asfixiar	6
arrastrar	1	arromanzar	1b	asignar	1
arrear	1	arropar	1	asilar	1
arrebañar	1	arrostrar	1	asimilar	1
arrebatar	1	arroyar	1	asir	35
arrebolar	1	arruar	5	asistir	3
arrebujar	1	arrufar	1	asnear	1
arreciar	6	arrugar	1c	asociar	6
arrecirse	3	arruinar	1	asolar	1
arredrar	1	arrullar	1	asolar*	19
arreglar	1	arrumbar	1	asolear	1
areejuntarse	1	articular	1	asomar	1
arrellanarse	1	asaetar	1	asombrar	1

asonantar	1	atenerse	57	atostigar	1c
asonar	19	atentar	1	atrabancar	1a
asorocharse	1	atenuar	5	atracar	1a
aspar	1	aterirse	3	atraer	58
aspear	1	aterrar	1	atragantar	1
asperjar	1	aterrar*	15	atramojar	1
aspirar	1	aterrizar	1b	atrancar	1a
asquear	1	aterrorizar	1b	atrapar	1
astillar	1	atesorar	1	atrasar	1
astreñir	24	atestar	1	atravesar	15
astringir	3b	atestar*	15	atrechar	1
asumir	3	atestiguar	14	atreverse	2
asustar	1	atezar	1b	atribuir	33
atacar	1a	atiborrar	1	atribular	1
atafagar	1c	atildar	1	atrincherar	1
atajar	1	atinar	1	atronar	6
atalajar	1	atingir	3b	atronar	19
atalayar	1	atiplar	1	atropellar	1
atañer	26	atirantar	1	atufar	1
atapuzarse	1b	atisbar	1	aturdir	3
atar	1	atizar	1b	aturrullar	1
atarantar	1	atollar	1	atusar	1
atardecer	28	atolondrar	1	auditar	1
atarear	1	atomizar	1b	augurar	1
atarrillar	1	atontar	1	aullar	9
atarugarse	1c	atontolinar	1	aumentar	1
atascar	1a	atorar	1	aunar	9
ataviar	7	atorar*	19	aupar	9
atemorizar	1b	atormentar	1	auscultar	1
atemperar	1	atronillar	1	ausentarse	1
atenazar	1b	atorrar	1	auspiciar	6
atender	16	atortolarse	1	autenticar	1a

autentificar	1a	aviar	7	bailar	12
autoabastecerse	28	aviejar	1	bailotear	1
autoafirmarse	1	avillnar	1	bajar	1
autodefinirse	3	vinagrar	1	bajear	1
autodenominarse	1	avisar	1	balacear	1
autoexcluirse	1	avispar	1	baladronear	1
autoinculparse	1	avistar	1	balancear	1
autoinmolarse	1	avituallar	1	balar	1
autolesionarse	1	avivar	1	balastar	1
autolimitar	1	avizorar	1	balbucear	1
automatizar	1b	axiomatizar	1b	balbucir	3
automedicarse	1a	ayudar	1	balcanizar	1b
autoproclamarse	1	ayunnar	1	baldar	1
autorizar	1b	azarear	1	baldear	1
auxiliar	8	azogar	1c	baldonar	1
avalar	1	azorar	1	baldonear	1
avaluar	5	azorrarse	1	balear	1
avanzar	1b	azorrillar	1	balizar	1b
avasallar	1	azotar	1	bambalear	1
avecinarse	1	azucarar	1	bambanear	1
avecindarse	1	azufrar	1	bambolear	1
avejentar	1	azular	1	bambonear	1
avellanar	1	azulear	1	bancar	1a
avenar	1	azumagarse	1	bandarse	1
avenir	60	azuzar	1	bandear	1
aventajar	1	babear	1	banderillear	1
aventar	15	babosear	1	banquear	1
aventurar	1	bacharse	1	banquetear	1
avergonzar	19e	bachatear	1	bañar	1
averiar	7	bachear	1	baquear	1
averiguar	14	bagar	1c	baquetear	1
avezar	1b	bagayear	1	barajar	1

barajustar	1	batuquear	1	biselar	1
baratear	1	bautizar	1b	bisnear	1
barbar	1	bazucar	1a	bitar	1
barbarizar	1b	bazuquear	1	bizcar	1a
barbear	1	beatificar	1a	bizcochar	1
barbechar	1	beber	2	bizquear	1
barbotar	1	becar	1a	blandir	3
barbotear	1	befar	1	blanquear	1
barbullar	1	bejuquear	1	blanquecer	28
baremar	1	beldar	15	blasfemar	1
barloar	1	bendecir	50	blasonar	1
barloventear	1	beneficiar	6	blindar	1
barnizar	1b	berrear	1	blocar	1a
barrajar	1	besar	1	blofear	1
barrar	1	bestializar	1b	bloquear	1
barrenar	1	besucar	1a	blufear	1
barrer	2	besuquear	1	bobear	1
barritar	1	bichar	1	bobinar	1
barruntar	1	bichear	1	bocezar	1b
bartolear	1	bicicletear	1	bochar	1
basar	1	bieldar	1	bochichar	1
bascular	1	bienquerer	51	bogar	1a
bastantear	1	bienvivir	3	boicotear	1
bastar	1	bifurcarse	1a	bojar	1
bastillear	1	bilocarse	1a	bolacear	1
basurear	1	binar	1	bolchevizar	1b
batallar	1	biodegradar	1	bolear	1
batanar	1	biografiar	7	bolerear	1
batanear	1	birlar	1	bolichear	1
batear	1	bisar	1	bollar	1
batir	3	bisbisear	1	bolsear	1
batojar	1	bisecar	1a	bolsiquear	1

boludear	1	briscar	1a	cabrillear	1
bombardear	1	brocearse	1	cacarear	1
bombear	1	bromear	1	cachapear	1
bonificar	1a	broncear	1	cachar	1
boquear	1	brotar	1	chacharpearse	1
borbollar	1	brozar	1b	cachear	1
borbotar	1	brujear	1	cachetear	1
borbotear	1	brujulear	1	cachetonearse	1
bordar	1	bruñir	27	cachifollar	1
bordear	1	bruzar	1b	cachimbear	1
bordonear	1	bucear	1	cachondearse	1
borlarse	1	bufar	1	cachurear	1
bornear	1	buitrear	1	caciquear	1
borrajear	1	bullir	27	caducar	1a
borrar	1	burbujear	1	caer	37
borronear	1	burear	1	cafetear	1
bosquejar	1	burilar	1	cafishiar	6
bostezar	1b	burlar	1	cagar	1c
botar	1	burocratizar	1b	cainar	12
botonear	1	burrajear	1	calafatear	1
boxear	1	buscar	1a	calandrar	1
boyar	1	buzar	1b	calar	1
bracear	1	buzonear	1	calcar	1a
bramar	1	cabalgar	1c	calcetar	1
brasear	1	cabecear	1	calcificar	1a
brear	1	caber	36	calcinar	1
bregar	1c	cabestrear	1	calcular	1
brescar	1a	cabidear	1	caldear	1
bretear	1	cablear	1	calentar	15
brillar	1	cablegrafiar	7	calibrar	1
brincar	1	cabrahigar	9c	calificar	1a
brindar	1	cabrear	1	caligrafiar	7

callar	1	cañonear	1	carenar	1
callejear	1	capacitar	1	cargar	1c
calmar	1	capar	1	cargosear	1
calumniar	6	capear	1	cariar	6
calzar	1b	capiscar	1a	caricaturar	1
cambalachear	1	capitalizar	1b	caricaturizar	1b
cambiar	6	capitanear	1	carnear	1
camelar	1	capitonear	1	carpir	3
caminar	1	capitular	1	carraspear	1
camotear	1	capitulear	1	carrerear	1
campanear	1	capolar	1	carretear	1
campanillear	1	capotar	1	carrilar	1
campar	1	capotear	1	cartear	1
campear	1	capsular	1	cartografiar	7
campiar	6	captar	1	casar	1
camuflar	1	capturar	1	cascabelear	1
canalizar	1b	capuchar	1	cascar	1a
cancanear	1	capujar	1	castañetear	1
cancelar	1	caracolear	1	castellanizar	1b
cancerar	1	caracterizar	1b	castigar	1c
canchear	1	carajear	1	castrar	1
candar	1	caramelizar	1b	catalanizar	1b
canear	1	caratular	1	catalizar	1b
cangallar	1	carbonatar	1	catalogar	1c
canibalizar	1b	carbonear	1	catapultar	1
canjear	1	carbonizar	1b	catar	1
canonizar	1b	carburar	1	catear	1
cansar	1	carcajearse	1	categorizar	1b
cantar	1	carcomer	2	catequizar	1b
cantear	1	cardar	1	catitear	1
canturrear	1	carear	1	causar	12
canturriar	6	carecer	28	cautelarse	1

cauterizar	1b	cesantear	1	chapurrar	1
cautivar	1	cesar	1	chapurrear	1
cavar	1	chacanear	1	chapuzar	1b
cavilar	1	chacar	1a	chaquetear	1
cazar	1b	chachar	1	charlar	1
ceber	1	chacharear	1	charlatanear	1
cecinar	1	chacualear	1	charlotear	1
ceder	2	chafar	1	charolar	1
cegar	15b	chafardear	1	charquear	1
cejar	1	chaflar	1	charrasquear	1
celar	1	chalanear	1	chascar	1a
celebrar	1	chalar	1	chasquear	1
cellisquear	1	chamarilear	1	chatear	1
cementar	1	chambear	1	chayar	1
cenar	1	chambonear	1	checar	1a
cencerrear	1	chamullar	1	chepear	1
cendrar	1	chamuscar	1a	chequear	1
censar	1	chamuyar	1	chichear	1
censurar	1	chancar	1a	chichinar	1
centellar	1	chancear	1	chicolear	1
centralizar	1b	chancelar	1	chicotear	1
centrar	1	chancletear	1	chiflar	1
centrifugar	1c	changar	1c	chilinguear	1
centuplicar	1a	changuear	1	chillar	1
ceñir	24	chantejear	1	chimarse	1
cepillar	1	chantajear	1	chimbar	1
cercar	1a	chantar	1	chinchar	1
cercenar	1	chapalear	1	chinear	1
cerciorarse	1	chapar	1	chingar	1c
cerner	16	chapear	1	chipiar	7
cerrar	15	chapotear	1	chipilear	1
certificar	1a	chapucear	1	chiquear	1

- 660 -

chiquitear	1	churruscar	1a	clasificar	1a
chirlar	1	chusmear	1	calusurar	1a
chirotear	1	chutar	1	clavar	1
chirriar	7	chuzar	1b	clavetear	1
chiscar	1a	ciar	7	clicar	1a
chismear	1	cicatear	1	climatizar	1b
chismiar	7	cicatrizar	1b	clisar	1
chismorrear	1	cifrar	1	clocar	19a
chismosear	1	cimbrar	1	clonar	1
chispear	1	cimbrear	1	cloquear	1
chisporrotear	1	cimentar	15	clorar	1
chistar	1	cincelar	1	cloroformizar	1b
chivar	1	cinchar	1	coaccionar	1
chivatear	1	cinematografiar	7	coachear	1
chivear	1	cinglar	1	coadyuvar	1
chocar	1a	cintar	1	coagular	1
chochear	1	circuir	33	coaligarse	1c
cholear	1	circular	1	coartar	1
chollar	1	circuncidar	1	cobijar	1
chonguear	1	circundar	1	cobrar	1
choricear	1	circunferir	33	cocear	1
chorizar	1b	circunnavegar	1c	cocer	20a
chorrear	1	circunscribir	3	cochar	1
chotear	1	circunvalar	1	cochichear	1
chulear	1	cirujear	1	cocinar	1
chumarse	1	ciscar	1a	codear	1
chumbar	1	citar	1	codiciar	6
chunguearse	1	civilizar	1b	codificar	1a
chupar	1	cizañar	1	codirigir	3b
chupetear	1	clamar	1	coechar	1
chupinearse	1	clarear	1	coercer	2a
churrasquear	1	clarificar	1a	coexistir	3

coger	2b	comandar	1	competir	28
cohabitar	1	comanditar	1	compilar	1
cohechar	1	combar	1	complacer	28
cohesionar	1	combatir	3	complementar	1
cohibir	11	combinar	1	completar	1
cohonestar	1	comedir	22	complicar	1a
coimear	1	comentar	1	componer	49
coincidir	2	comenzar	15a	comportar	1
cojear	1	comer	2	comprar	1
colaborar	1	comercializar	1b	comprehender	2
colacionar	1	comerciar	6	comprender	2
colapsar	1	cometer	2	comprimir	3
colar	19	comisar	1	comprobar	19
colear	1	comiscar	1a	comprometer	2
coleccionar	1	comisionar	1	compulsar	1
colectar	1	comisquear	1	compungir	3b
colectivizar	1b	compactar	1	computadorizar	1b
colegiar	6	compadecer	28	computar	1
colegir	22a	compadrar	1	computarizar	1b
colgar	19c	compadrear	1	computear	1
coligarse	1c	compaginar	1	computerizar	1b
colindar	1	comparar	1	comulgar	1c
colisionar	1	comparecer	28	comunicar	1a
colmar	1	compartimentar	1	concatenar	1
colocar	1a	compartir	3	concebir	22
colonizar	1b	compasar	1	conceder	2
colorar	1	compatibilizar	1b	concelebrar	1
colorear	1	compeler	2	concentrar	1
coludir	3	compendiar	6	conceptualizar	1b
columbrar	1	compenetrarse	1	conceptuar	5
columpiar	6	compensar	1	concernir	17
comadrear	1	competer	2	concertar	15

conchabar	1	confirmar	1	consensuar	5
concienciar	6	confiscar	1a	consentir	23
concientizar	1b	confitar	1	conservar	1
conciliar	6	confluir	33	considerar	1
concitar	1	conformar	1	consignar	1
concluir	33	confortar	1	consistir	3
concomerse	2	confraternar	1	consolar	19
concordar	19	confraternizar	1b	consolidar	1
concretar	1	confrontar	1	conspirar	1
concretizar	1b	confundir	3	constar	1
conculcar	1a	confutar	1	constatar	1
concurrir	3	congelar	1	constiparse	1
concursar	1	congeniar	6	constitucionalizar	1b
condecorar	1	congestionar	1	consitituir	33
condenar	1	conglomerar	1	constreñir	24
condensar	1	congraciar	6	construir	33
condescender	16	congratular	1	consultar	1
condicionar	1	congregar	1c	consumar	1
condimentar	1	conjeturar	1	consumir	3
condolerse	20	conjugar	1c	contabilizar	1b
condonar	1	conjuntar	1	contactar	1
conducir	38	conjurar	1	contagiar	6
conectar	1	conllevar	1	contaminar	1
conexionar	1	conmemorar	1	contar	19
confabularse	1	conmensurar	1	contemplar	1
confeccionar	1	conminar	1	contemporizar	1b
confederar	1	conmocionar	1	contender	16
conferenciar	6	conmover	20	contener	57
conferir	23	conmutar	1	contentar	1
confesar	15	connotar	1	contestar	1
confiar	7	conocer	28	contextualizar	1b
configurar	1	conquistar	22b	contingentar	1

continuar	5	convertir	23	corroborar	1
contonearse	1	convidar	1	corroer	53
contornear	1	convivir	3	corromper	2
contorsionarse	1	convocar	1a	cortar	1
contraatacar	1a	convoyar	1	cortejar	1
contrabalancear	1	convulsionar	1	corvetear	1
cantradecer	50	cooperar	1	coscarse	1a
contraer	58	coordinar	1	cosechar	1
contragolpear	1	copar	1	coser	2
contraindicar	1a	copear	1	cosificar	1a
contrapesar	1	copiar	6	cosquillear	1
contraponer	49	coplear	1	costar	19
contrapuntear	1	coproducir	38	costear	1
contrariar	7	copuchear	1	costurar	1
contrarrestar	1	copular	1	cotejar	1
contrastar	1	coquear	1	cotillear	1
contratar	1	coquetear	1	cotizar	1b
contravenir	60	corchar	1	cotorrear	1
contribuir	33	chrcovar	1	cranear	1
contristar	1	corcovear	1	craquear	1
controlar	1	corear	1	crear	1
controvertir	23	cornear	1	crecer	28
contundir	3	cornear	1	creer	32
conturbar	1	coronar	1	crepar	1
contusionar	1	corporeizar	9b	crepitar	1
convalecer	28	corregir	22a	criar	7
convalidar	1	correlacionar	1	cribar	1
convencer	2a	correr	2	criminar	1
convenir	60	corresponder	2	criogenizar	1b
converger	2b	corresponsabili-		criticar	1a
convergir	3b	zarse	1b	croar	1
conversar	1	corretear	1	cromar	1

- 664 -

cronometrar	1	culturizar	1b	decapitar	1
crotorar	1	cumplimentar	1	decelerar	1
crucificar	1a	cumplir	3	decepcionar	1
crujir	3	cundir	3	decidir	3
cruzar	1b	curar	1	decir	40
cuacar	1a	curiosear	1	declamar	1
cuadrar	1	currar	1	declarar	1
cuadricular	1	currelar	1	declinar	1
cuadriplicar	1a	cursar	1	decodificar	1a
cuadruplicar	1a	curtir	3	decolar	1
cuajar	1	curucutear	1	decolorar	1
cualificar	1a	curvar	1	decomisar	1
cuantificar	1a	custodiar	6	deconstruir	33
cuartear	1	daguerrotipar	1	decorar	1
cubicar	1a	damasquinar	1	decrecer	28
cubrir	3	damnificar	1a	decretar	1
cucar	1a	danzar	1b	decuplicar	1a
cuchichear	1	dañar	1	dedicar	1a
cuchilear	1	dar	39	deducir	38
cuechar	1	datar	1	defecar	1a
cuentear	1	deambular	1	defender	16
cuerear	1	debatir	3	defenestrar	1
cuerpear	1	debelar	1	deferir	23
cuestionar	1	deber	2	definir	3
cuidar	1	debilitar	1	deflactar	1
culear	1	detitar	1	deflagrar	1
culebrear	1	debocar	1a	defoliar	6
culipandearse	1	debutar	1	deforestar	1
culminar	1	decaer	37	deformar	1
culpabilizar	1b	decalcificar	1a	defraudar	12
culpar	1	decantar	1	degenerar	1
cultivar	1	decapar	1	deglutir	3

degollar	19d	denunciar	6	desabastecer	28
degradar	1	deparar	1	desabollar	1
degustar	1	departir	3	desabonarse	1
deificar	1a	depauperar	1	desabotonar	1
dejar	1	depender	2	desabrigar	1c
delatar	1	depilar	1	deabrochar	1
delegar	1c	deplorar	1	desacalorarse	1
deleitar	12	deponer	49	desacatar	1
deletrear	1	deportar	1	desacelerar	1
deliberar	1	depositar	1	desacertar	15
delimitar	1	depravar	1	desacidificar	1a
delinear	1	deprecar	1a	desaclimatar	1
delinquir	3d	depreciar	6	desacobardar	1
delirar	1	depredar	1	deacomodar	1
demacrar	1	deprimir	3	desacompasar	1
demandar	1	depurar	1	desaconsejar	1
demarcar	1a	derechizar	1b	desacoplar	1
demarrar	1	derivar	1	desacostumbrar	1
democratizar	1b	derogar	1c	desacralizar	1b
demoler	20	derrabar	1	desacreditar	1
demorar	1	derramar	1	desactivar	1
demostrar	19	derrapar	1	desacuartelar	1
demudar	1	derrengar	1c	desadormecer	28
denegar	15b	derretir	22	desafear	1
denigrar	1	derribar	1	desaferrar	1
denominar	1	derriscar	1a	desafiar	7
denostar	19	derrocar	1a	deafinar	1
denotar	1	derrischar	1	desaforarse	1
densificar	1a	derrotar	1	desagradar	1
dentar	15b	derrubiar	6	desagradecer	28
dentellar	1	derruir	33	desagraviar	6
dentellear	1	derrumbar	1	desaguar	14

desahogar	1c	desarraigar	12e	desbarrancar	1a
desahuciar	6	desarreglarse	1	desbarrar	1
desairar	12	desarrendar	15	desbarrumbar	1
desajustar	1	desarrollar	1	desbastar	1
desalar	1	desarropar	1	desbautizar	1b
desalentar	15	desarrugar	1c	desbeber	2
desalinear	1	desarticular	1	desbloquear	1
desalinizar	1b	desasear	1	desbocar	1a
desaliñar	1	desasir	35	desbordar	1
desalojar	1	desasistir	3	desbotonar	1
desalquilar	1	desasnar	1	desbravar	1
desamarrar	1	desasosegar	15b	desbriznar	1
desambiguar	14	desastillar	1	desbrozar	1b
desamoblar	19	desatar	1	descabalar	1
desamortizar	1b	destascar	1a	descabalgar	1c
desamotinarse	1	destender	16	descabellar	1
desamparar	1	desatentar	15	descabezar	1b
desamueblar	1	desaterrar	15	descachalan-	
desandar	34	desatinar	1	drarse	1
desangrar	1	desatollar	1	descachar	1
desanidar	1	desatornillar	1	descacharrar	1
desanimar	1	desatracar	1a	descachazar	1b
desanudar	1	desautorizar	1b	descafeinar	9
desaparcar	1a	desavenir	60	descalabrar	1
desaparecer	28	desavenir	7	descalcificar	1a
desaparejar	1	desayunar	1	descalificar	1a
desapasionar	1	desazonar	1	descalzar	1b
desapegarse	1c	desbabar	1	descamar	1
desarbolar	1	desbancar	1a	descambiar	6
desarmar	1	desbandarse	1	descaminar	1
desarmonizar	1b	desbarajustar	1	descamisar	1
desaromatizarse	1b	desbaratar	1	descansar	1

descantillar	1	desclasificar	1a	descontaminar	1
descapitalizar	1b	desclavar	1	descontar	19
descapotar	1	descoagular	1	descontentar	1
descapullar	1	descocarse	1a	descontextualizar	1b
descarapelar	1	descodificar	1a	descontrolarse	1
descararse	1	descogollar	1	desconvocar	1a
descarbonatar	1	descogotar	1	descorazonar	1
descargar	1c	descojonarse	1	descorchar	1
descarnar	1	descolgar	19c	descordar	19
descrozar	1b	descollar	19	descornar	19
descarriar	7	descolocar	1a	descorrer	2
descarrilar	1	descolonizar	1b	descortezar	1b
descartar	1	descolorar	1	descoser	2
descasar	1	descolorir	3	descoyuntar	1
descascar	1a	descombrar	1	descremar	1
descascarar	1	descomedirse	22	descrestar	1
descascarillar	1	descomer	2	describir	3
descatalogar	1c	descompaginar	1	descruzar	1b
descender	16	descompasar	1	descuadernar	1
descentralizar	1b	descomponer	49	descuajar	1
descentrar	1	descomprimir	3	descuajaringar	1c
desceñir	24	desconcertar	15	descuartizar	1b
descepar	1	desconchabar	1	descubrir	3
descercar	1a	desconchar	1	descuerar	1
descerebrar	1	desconchinflar	1	descuidar	1
descerrajar	1	desconectar	1	desdecir	50
deschabar	1	desconfiar	7	desdeñar	1
deschavetarse	1	descongelar	1	desdibujar	1
descifrar	1	descongestionar	1	desdoblar	1
descimbrar	1	desconocer	28	desdorar	1
descimentar	15	desconsiderar	1	desdramatizar	1b
descinchar	1	desconsolar	19	desear	1

desecar	1a	desenamorar	1	desenfrenar	1
desechar	1	desencadenar	1	desenfundar	1
deselectrizar	1b	desencajar	1	desenfurruñar	1
desembalar	1	desencajonar	1	desenganchar	1
desemblasar	1	desencallar	1	desengañar	1
desembarazar	1b	desencaminar	1	desengarzar	1b
desembarcar	1a	desencantar	1	desengastar	1
desembargar	1c	desencapotarse	1	desengomar	1
desembarrancar	1a	desencarcelar	1	desengranar	1
desembarrar	1	desencarecer	28	desengrasar	1
desembocar	1a	desencargar	1c	desengrosar	19
desembolsar	1	desencariñarse	1	desenguaracar	1a
desembotar	1	desencarpetar	1	desenhebrar	1
desembozar	1b	desencarsquillar	1	desenjaezar	19
desembragar	1c	desencerrar	15	desenguaracar	1a
desembrollar	1	desenchuecar	1a	desenhebrar	1
desembuchar	1	desenchufar	1	desehjaezar	1b
desemejar	1	desenclavar	1	desenjaular	12
desempacar	1a	desencochar	1	desenladrillar	1
desempachar	1	desencofrar	1	desenjaezar	1b
desempalmar	1	desencoger	2b	desenlosar	1
desemplañar	1	desencolar	1	desenmarañar	1
desempapelar	1	desencolerizar	1b	desenmascarar	1
desempaquetar	1	desenconar	1	desenmohecer	28
desemparejar	1	desencordar	19	desenojar	1
desempatar	1	desencorvar	1	desenredar	1
desempedrar	15	desencuadernar	1	desenrollar	1
desempeñar	1	desendemoniar	6	desenroscar	1a
desempolvar	1	desendiablar	1	desensamblar	1
desemponzoñar	1	desendiosar	1	desensartar	1
desempotrar	1	desenfadar	1	desensibilizar	1b
desempuñar	1	desenfocar	1a	desensillar	1

desensobebecer	28	desfasar	1	desguarnecer	28
desentablillar	1	desfavorecer	28	desguazar	1b
desentenderse	16	desfibrar	1	deshabitar	1
desenterrar	15	desfigurar	1	deshabituar	5
desentoldar	1	desfilar	1	deshacer	44
desentonar	1	desflecar	1a	deshelar	15
desentorpecer	28	desflorar	1	desherbar	15
desentrampar	1	desfogar	1c	desheredar	1
desentrañar	1	desfondar	1	desderrar	15
desentrañar	1	desforestar	1	deshidratar	1
desentrenar	1	desforrar	1	deshidrogenar	1
desentronizar	1b	desfruncir	3a	deshierbar	1
desentubar	1	desflorar	1	deshilachar	1
desentumecer	28	desfogar	1c	deshilar	1
desenvainar	12	desfondar	1	deshilvanar	1
desenvolver	20	desforestar	1	deshinchar	1
desenzarzar	1b	desforrar	1	deshipotecar	1a
desenzolvar	1	desfruncir	3a	deshojar	1
desequilibrar	1	desgajar	1	deshollinar	1
desertar	1	desgalillarse	1	deshonrar	1
desertizar	1b	desganar	1	deshuesar	1
desescamar	1	desgañitarse	1	deshumanizar	1b
desescombrar	1	desgarrar	1	desideologizar	1b
desesperanzar	1b	desgasificar	1a	designar	1
desesperar	1	desgastar	1	desigualar	1
desespumar	1	desglosar	1	desilusionar	1
desestabilizar	1b	desgobernar	15	desimantar	1
desestibar	1	desgomar	1	desincentivar	1
desestimar	1	desgraciar	6	desincrustar	1
desetiquetar	1	desgranar	1	desinfectar	1
desfalcar	1a	desgravar	1	desinflamar	1
desfallecer	28	desgreñar	1	desinformar	1

desinhibir	3	desmayar	1	desobedecer	28
desinsectar	1	desmedirse	22	desobligarse	1c
desintegrar	1	desmedrar	1	desobstruir	33
desinteresarse	1	desmejorar	1	desocupar	1
desintoxicar	1a	desmelenar	1	desodorizar	1b
desintubar	1	desmembrar	15	desoír	46
desinvertir	23	desmemoriarse	6	desojarse	1
desistir	3	desmentir	23	desolar	19
desjarretar	1	desmenuzar	1b	desoldar	19
deslegalizar	1b	desmerecer	28	desollar	19
deslegitimar	1	desmesurar	1	desoprimir	3
desleír	25	desmigajar	1	desorbitar	1
deslenguar	14	desmigar	1c	desordenar	1
desliar	7	desmilitarizar	1b	desrorejar	1
desligar	1c	desmineralizar	1b	desorganizar	1b
deslindar	1	desmitificar	1a	desorientar	1
deslizar	1b	desmochar	1	desosar	19f
deslomar	1	desmonetizar	1b	desovar	1
deslucir	29	desmontar	1	desovillar	1
deslumbrar	1	desmoralizar	1b	desoxidar	1
deslustrar	1	desmoronar	1	desoxigerar	1
desmadejar	1	desmotivar	1	despabilar	1
desmadrar	1	desmovilizar	1b	despachar	1
desmagnetizar	1b	desnacionalizar	1b	despachurrar	1
desmalezar	1b	desnarigar	1c	despampanar	1
desmanchar	1	desnatar	1	despancar	1a
desmandarse	1	desnaturalizar	1b	despanzurrar	1
desmantelar	1	desnivelar	1	desparasitar	1
desmañanarse	1	desnucar	1a	desparasitar	1
desmaquillar	1	desnuclearizar	1b	desparejar	1
desmarañar	1	desnudar	1	desparramar	1
desmaracar	1a	desnutirirse	3	despatarrar	1

despavesar	1	despistar	1	desrealizar	1b
despechar	1	desplazar	1b	desregular	1
despechugar	1c	desplegar	15b	desrielar	1
despedazar	1b	desplomar	1	desriñonar	1
despedir	22	desplumar	1	desrizar	1b
despedregar	1c	despoblar	19	destacar	1a
despeinar	12	despojar	1	destajar	1
despejar	1	despolarizar	1b	destantear	1
despellejar	1	despolitizar	1b	destapar	1
despelotarse	1	despolitizar	1b	destaponar	1
despelucar	1a	desporrondi-		destechar	1
despeluchar	1	garse	1c	destejar	1
despeluzar	1b	desportillar	1	destejer	2
despenalizar	1b	despotizar	1b	destellar	1
despenar	1	despotricar	1a	destemplar	1
despendolarse	1	despreciar	6	destensar	1
despeñar	1	desprender	2	desteñir	24
despepitar	1	despreocuparse	1	desternerar	1
despercudir	3	despresar	1	desternillarse	1
desperdiciar	6	desprestigiar	6	desterrar	15
desperdigar	1c	despresurizar	1b	destetar	1
desperezarse	1b	desprogramar	1	destilar	1
despernancarse	1a	desproporcionar	1	destinar	1
desperrar	1	desproteger	2b	destituir	33
despersonalizar	1b	desproveer	32	destornillar	1
despertar	15	despulgar	1c	destostuzar	1b
despezuñarse	1	despumar	1	destrancar	1a
despicarse	1a	despuntar	1	destrenzar	1b
despiezar	1b	desquiciar	6	destripar	1
despilfarrar	1	desquijerar	1	destronar	1
despintar	1	desquitar	1	destroncar	1a
despiojar	1	desratizar	1b	destrozar	1b

destruir	33	determinar	1	dignarse	1
destusar	1	detestar	1	dignificar	1a
destustuzar	1b	detonar	1	diacerar	1
destutanarse	1	detraer	58	dilapidar	1
desubicar	1a	devaluar	5	dilatar	1
desuncir	3a	devanar	1	diligenciar	6
desunir	3	devastar	1	dilucidar	1
desusar	1	develar	1	diluir	33
desvaír	33	devengar	1c	diluviar	6
desvalijar	1	devenir	60	dimanar	1
desvalorizar	1b	devolver	20	dimensionar	1
desvanecer	28	devorar	1	dimitir	3
desvarar	1	diagnosticar	1a	dinamitar	1
desvariar	7	diagramar	1	dinamizar	1b
desvelar	1	dialogar	1c	diñar	1
desvenar	1	dibujar	1	diplomar	1
desvencijar	1	dictaminar	1	diptongar	1c
desvergonzarse	19e	dictar	1	diquelar	1
desvestir	22	diezmar	1	dirigir	3b
desviar	7	difamar	1	dirimir	3
desvincular	1	difarear	1	discar	1a
desvirgar	1c	diferenciar	6	discernir	17
desvirtuar	5	diferir	23	disciplinar	1
desvitalizar	1b	dificultar	1	discontinuar	5
desvivirse	1	difuminar	1	discordar	19
desyerbar	1	difundir	3	discrepar	1
detallar	1	digerir	23	discretear	1
detectar	1	dificultar	1	disculpar	1
detener	57	difuminar	1	discurrir	3
detentar	1	difundir	3	discursear	1
deterger	1	digerir	23	discutir	3
deteriorar	1	digitalizar	1b	disecar	1a

diseccionar	1	divagar	1c	drogar	1c
diseminar	1	divergir	3b	dropar	1
disentir	23	diversificar	1a	duchar	1
diseñar	1	divertir	23	dudar	1
disertar	1	dividir	3	dulcificar	1a
disfrazar	1b	divinizar	1b	duplicar	1a
disfrutar	1	divisar	1	durar	1
disgregar	1c	divorciar	6	echar	1
disgustar	1	divulgar	1c	eclipsar	1
disimular	1	doctorar	1	eclosionar	1
disipar	1	documentar	1	ecologizar	1b
dislocar	1a	dogmatizar	1b	economizar	1b
disminuir	33	dolar	19	ecualizar	1b
disociar	6	doler	20	edificar	1a
disolver	20	domar	1	editar	1
disonar	19	domeñar	1	editorializar	1b
disparar	1	domesticar	1a	educar	1a
disparatar	1	domiciliar	6	edulcorar	1
despensar	1	dominar	1	efectuar	5
despersar	1	donar	1	eflorescerse	28
desplacer	47	dopar	1	efluir	33
disponer	49	dorar	1	egresar	1
disputar	1	dormir	21	ejecutar	1
distanciar	6	dormitar	1	ejemplarizar	1b
distar	1	dosificar	1a	ejemplificar	1a
distender	16	dotar	1	ejercer	2a
destinguir	3c	dragar	1c	ejercitar	1
distorsionar	1	dragonear	1	elaborar	1
distraer	58	dramatizar	1b	electrificar	1a
distribuir	33	drapear	1	electrizar	1b
disturbar	1	drenar	1	electrocutar	1
disuadir	3	driblar	1	electrolizar	1b

elegir	22a	embayar	1	emboscar	1a
elevar	1	embeber	2	embostar	1
elidir	3	embejucar	1a	embotar	1
eliminar	1	embelecar	1a	embotellar	1
elogiar	6	embeleñar	1	emboticar	1a
elotear	1	embelesar	1	embozar	1b
elucidar	1	embellecer	28	embragar	1c
dlucubrar	1	embembarse	1	embravecer	28
eludir	3	emberrenchinarse	1	embrazar	1b
emanar	1	emberrincharse	1	embrear	1
emancipar	1	embestir	22	embrriagar	1c
emascular	1	embetunar	1	embridar	1
embadurnar	1	embicar	1a	embrocar	1a
embalar	1	embichar	1	embrollar	1
embaldosar	1	embijar	1	embromar	1
embalsamar	1	emblandecer	28	embroncarse	1a
embalsar	1	emblanquecer	28	embrujar	1
embanastar	1	embobar	1	embrutecer	28
embancarse	1a	embobecer	28	embuchar	1
embanquetar	1	embocar	1a	embullar	1
embarazar	1b	embochicar	1a	emburujar	1
embarcar	1a	embochichar	1	embutir	3
embargar	1c	embojotar	1	emerger	2b
embarrancar	1a	embolar	1	emigrar	1
embarrar	1	embolatar	1	emitir	3
embarrilar	1	embolsar	1	emocionar	1
embarrutarse	1	embonar	1	empacar	1a
embarullar	1	emboquillar	1	empachar	1
embastar	1	emborrachar	1	empadrarse	1
embastecer	28	emborrascarse	1a	empadronar	1
embaucar	1a	emborronar	1	empajar	1
embaular	9	emborucarse	1a	empalagar	1c

empalar	1	empecinarse	1	emplumar	1
emplaicar	1a	empedar	1	empobrecer	28
empalidecer	28	empedrar	15	empollar	1
empalizar	1b	empegotar	1	empolvar	1
empalmar	1	empeller	26	emponzoñar	1
empamparse	1	empelotarse	1	emporcar	19a
empanar	1	empenachar	1	emporrarse	1
empandorgar	1c	empeñar	1	empotrar	1
empanizar	1b	empeorar	1	empotrerar	1
empantanar	1	empequeñecer	28	empozar	1b
empañar	1	emperejilar	1	emprender	2
empañetar	1	emperezar	1b	empuercar	1a
empapar	1	empericarse	1a	empujar	1
empapelar	1	emperifollar	1	empuntar	1
empapuciar	6	emperrarse	1	empuñar	1
empaujar	1	empetatar	1	empurar	1
empapuzar	1b	empezar	15a	empurrar	1
empaquetar	1	empiernarse	1	emputar	1
emparamarse	1	empilchar	1	emputecer	28
empardar	1	empiuchar	1	emular	1
emparedar	1	empinar	1	emulsionar	1
emparejar	1	empigorotarse	1	enajenar	1
emparentar	1	empiojarse	1	enalbarder	1
emparentar*	15	empiparse	1	enaltecer	28
emparrar	1	empitonar	1	enamorar	1
emparrillar	1	empizarrar	1	enamoriscarse	1a
empastar	1	emplantillar	1	enancarse	1a
empatar	1	emplastar	1	enarbolar	1
empavarse	1	emplastecer	28	enarcar	1a
empavesar	1	emplazar	1b	enardecer	28
empavonar	1	emplear	1	enarenar	1
empecer	28	emplomar	1	enastar	1

encabalgar	1c	encandelar	1	encastrar	1
encaballar	1	encandelillar	1	encauchar	12
encabestrar	1	encandilar	1	encausar	12
encabezar	1b	encanecer	28	encauzar	12c
encabritar	1	encanijar	1	encebollar	1
encabronar	1	encanillar	1	enceguecer	28
encabuyar	1	encantar	1	encelar	1
encachar	1	encañar	1	encenagarse	1c
encadenar	1	encañizar	1b	encender	16
encajar	1	encañonar	1	encerar	1
encajetillar	1	encaperuzar	1b	encerrar	15
encajonar	1	encapotarse	1	encestar	1
encalabernar	1	encapricharse	1	encharcar	1a
encalabrinar	1	encapsular	1	enchastrar	1
encalambrar	1	encapuchar	1	enchilar	1
encalamocar	1a	encaramar	1	enchilorar	1
encalar	1	encarar	1	enchinar	1
encalatarse	1	encarcelar	1	enchinchar	1
encalillarse	1	encarecer	28	enchipar	1
encallar	1	encargar	1c	enchiquerar	1
encallecer	28	encariñar	1	enchironar	1
encallejonar	1	encarnar	1	enchisparse	1
encalmar	1	encarnizar	1b	enchivarse	1
encalvecer	28	encarpetar	1	enchuecar	1a
encamar	1	encarrerarse	1	enchufar	1
encaminar	1	encarrilar	1	enchumbar	1
encamotarse	1	encartar	1	encielar	1
encampanar	1	encartonar	1	encintar	1
encanalar	1	encartuchar	1	encizañar	1
encanallar	1	encasillar	1	enclaustrar	12
encanar	1	encasquetar	1	enclavarse	1
encanastar	1	encastillarse	1	enclocar	19a

encluecar	1a	encuestar	1	enfilar	1
encochar	1	encuetarse	1	enflaquecer	28
encocorar	1	encularse	1	enflatarse	1
encofrar	1	encumbrar	1	enflautar	12
encoger	2b	encurtir	3	enfocar	1a
encohetarse	1	endemoniar	6	enfoscar	1a
encolar	1	endentar	15	enfrascar	1a
encolerizar	1b	endentecer	28	enfrenar	1
encomendar	15	enderechar	1	enfrentar	1
encomiar	6	enderezar	1b	enfriar	7
enconar	1	endeudar	12	enfullinarse	1
enconcharse	1	endiablar	1	enfunchar	1
encontrar	19	endilgar	1c	enfundar	1
encoñarse	1	endiñar	1	enfurecer	28
encorajinar	1	endiosar	1	enfurruñarse	1
encordar	19	enditarse	1	enfurruscarse	1a
encorozar	1b	endomingarse	1c	enfurtir	3
encorselar	1	endosar	1	engalanar	1
encorsetar	1	endrogarse	1c	engaletar	1
encortinar	1	endulzar	1b	engallarse	1
encorvar	1	endurecer	28	enganchar	1
encovar	19	enemistar	1	engañar	1
encrespar	1	energizar	1b	engaratusar	1
encrestarse	1	enervar	1	engarfiarse	6
encristalar	1	enfadar	1	engarzar	1b
encuadernar	1	enfajillar	1	engastar	1
encuadrar	1	enfangar	1c	engatillar	1
encuartelar	1	enfardar	1	engatusar	1
encubar	1	enfatizar	1b	engavillar	1
encubrir	3	enfermar	1	engendrar	1
encuclillarse	1	enfervorizar	1b	engentarse	1
encuerar	1	enfiestarse	1	englobar	1

engolar	1	engullir	27	enlucir	29
engolfar	1	engurruñar	1	enlutar	1
enfolosinar	1	enharinar	1	enmaderar	1
engomar	1	enhebrar	1	enmadrarse	1
engominarse	1	enherbolar	1	enmagrecer	28
engordar	1	enhilar	1	enmarañar	1
engorrar	1	enhollinar	1	enmarcar	1a
engozar	1	enhornar	1	enmascarar	1
engranar	1	enhorquetar	1	enmasillar	1
engrandecer	28	enhuesar	1	enmelar	15
engrasar	1	enhuinchar	1	enmendar	15
engreir	25	enjabonar	1	enmicar	1a
engrescar	1a	enjaezar	1b	enmohecer	28
engrifarse	1	enjalbegar	1c	enmonarse	1
engringarse	1c	enjalmar	1	enmontarse	1
engrosar	1	enjambrar	1	enmoquetar	1
engrosar*	19	enjaretar	1	enmudecer	28
engrudar	1	enjaular	12	enmugrar	1
engrupir	3	enjerir	3	enmugrecer	28
enguacar	1a	enjetarse	1	ennegrecer	28
enguachinar	1	enjoyar	1	ennoblecer	28
engualdrapar	1	enjuagar	1c	ennoviarse	6
engualichar	1	enjugar	1c	enojar	1
enguandocar	1a	enjuiciar	6	enorgullecer	28
enguandujar	1	enladrillar	1	enquiciar	6
enguantar	1	enlatar	1	enquistarse	1
enguaralar	1	enlazar	1b	enrabiar	6
enguarrar	1	enllantar	1	enrabietarse	1
enguatar	1	enllavar	1	enracimarse	1
engüinchar	1	enlobreguecer	28	enraizar	9b
enguirnaldar	1	enlodar	1	enramar	1
enguitarrarse	1	enlodazar	1b	enranciar	6

enrarecer	28	ensillar	1	entorchar	1
enrasar	1	ensimismarse	1	entorilar	1
enrectar	1	ensoberbecer	28	entornar	1
enredar	1	ensobrar	1	entorpecer	28
enrejar	1	ensobretar	1	entrabar	1
enrielar	1	ensombrecer	28	entramojar	1
enriendar	1	ensoñar	19	entrampar	1
enriquecer	28	ensopar	1	emtrañar	1
enriscar	1a	ensordecer	28	entrar	1
enristrar	1	ensortijar	1	entreabrir	3
enrollar	1	ensuciar	6	entrecavar	1
enronchar	1	entablar	1	entrecerrar	15
enronquecer	28	entablillar	1	entrechocar	1a
enroscar	1a	entalegar	1c	entrecomillar	1
enrostrar	1	entallar	1	entrecortar	1
enrubiar	6	entallecer	28	entrecruzar	1b
enrudecer	28	entarimar	1	entregar	1c
enrumbar	1	entecarse	1a	entrelazar	1b
ensabanar	1	entelar	1	entremeter	2
ensacar	1a	entender	16	entremezclar	1
ensalivar	1	entenebrecer	28	entrenar	1
ensalzar	1b	enterar	1	entreoír	46
ensamblar	1	enterciar	6	entresacar	1a
ensanchar	1	enternecer	28	entretejer	2
ensangrentar	15	enterrar	15	entretener	57
ensañarse	1	entibar	1	entrever	61
ensartar	1	entibiar	6	entreverar	1
ensayar	1	entierrar	1	entrevistar	1
ensebar	1	entintar	1	entristecer	28
enseñar	1	entoldar	1	entrometerse	2
enseñorearse	1	entonar	1	entrompar	1
enseriarse	1	entontecer	28	entronar	1

entroncar	1a	enviar	7	eructar	1
entronizar	1b	enviciar	6	erupcionar	1
entropillar	1	envidar	1	esbozar	1b
entubar	1	envidiar	6	escabechar	1
entuchar	1	envilecer	28	escabullarse	1
entumecer	28	envinar	1	escabullirse	27
entumirse	2	enviudar	1	escachar	1
enturbiar	1	envolatar	1	escacharrar	1
entronar	1	envolver	20	escachifollar	1
entroncar	1a	enyerbar	1	escagarruciarse	6
entronizar	1b	enyesar	1	escagarruzarse	1b
entropillar	1	enyoyar	1	escalabrar	1
entubar	1	enyucar	1a	escalar	1
entuchar	1	enzarzar	1b	escaldar	1
entumecer	28	enzolvar	1	escalfar	1
entumirse	3	enzorrar	1	escalonar	1
enturbiar	6	epatar	1	escamar	1
entusiasmar	1	epilogar	1c	escamotear	1
enumerar	1	equidistar	1	escampar	1
enunciar	6	equilibrar	1	escanciar	6
envainar	12	equipar	1	escandalizar	1b
envalentonar	1	equiparar	1	escandallar	1
envalijar	1	equivaler	59	escanear	1
envanecer	28	equivocar	1a	escapar	1
envarar	1	erguir	41	escaquearse	1
envasar	1	erigir	3b	escarapelar	1
envegarse	1c	erizar	1b	escarbar	1
envejecer	28	erogar	1c	escarbatear	1
envelar	1	erosionar	1	escarcear	1
envenenar	1	erotizar	1b	escarchar	1
enverar	1	erradicar	1a	escardar	1
envergar	1c	errar	31	escariar	6

escarmentar	15	escribir	3	esparrancarse	1a
escarnecer	28	escriturar	1	espatarrarse	1
escarrancharse	1	escrutar	1	especializar	1b
escasear	1	escuadrar	1	especiar	6
escatimar	1	escuchar	1	especificar	1a
escavanar	1	escudar	1	especular	1
escavar	1	escudriñar	1	espejear	1
escayolar	1	esculcar	1a	espeluznar	1
escenificar	1a	esculpir	3	esperanzar	1b
escindir	3	escupir	3	esperar	1
esclarecer	28	escurrir	3	espesar	1
esclavizar	1b	esforzar	19b	espetar	1
esclerotizar	1b	esfumar	1	espiantar	1
escobar	1	esfuminar	1	espiar	7
escobillar	1	esgrafiar	7	espichar	1
escocer	20a	esgrimar	3	espigar	1c
escoger	2b	eslabonar	1	espiguear	1
escolarizar	1b	esmachar	1	espirar	1
escoliar	6	esmaltar	1	espiritar	1
escollar	1	esmerarse	1	espiritualizar	1b
escoltar	1	esmerilar	1	espitarse	1
escombrar	1	esmorecer	28	esplender	2
esconder	2	esnifar	1	espolear	1
escoñar	1	espabilar	1	espoliar	6
escorar	1	espachurrar	1	espolvorear	1
escorarse	1	espaciar	6	esponjar	1
escorchar	1	espaldear	1	esponsorizar	1b
escoriar	6	espantar	1	esportear	1
escornarse	1	españolear	1	esposar	1
escorzar	1b	españolizar	1b	esprintar	1
escotar	1	esparcir	3a	espulgar	1c
escrachar	1	esparramar	1	espumajear	1

espumar	1	esterilizar	1b	estufar	1
esurrear	1	estilarse	1	estuprar	1
espurriar	7	estilizar	1b	eternizar	1b
esputar	1	estimar	1	etiquetar	1
esquejar	1	estimular	1	europeizar	9b
esquematizar	1b	estipular	1	evacuar	4
esquiar	7	estirar	1	evadir	3
esquilar	1	estofar	1	evaluar	5
esquilmar	1	estomagar	1c	evangelizar	1b
esquinar	1	estoquear	1	evaporar	1
esquivar	1	estorbar	1	evaporizar	1b
estabilizar	1b	estornudar	1	evidenciar	6
establecer	28	estortillar	1	evitar	1
estabular	1	estragar	1c	evocar	1a
estacar	1a	estrangular	1	evolucionar	1
estacionar	1	estraperlear	1	exacerbar	1
estafar	1	estratificar	1a	exagerar	1
estallar	1	estrechar	1	exaltar	1
estampar	1	estregar	15b	examinar	1
emtampillar	1	estrellar	1	exasperar	1
estancar	1a	estremecer	28	excarcelar	1
estandarizar	1b	estrenar	1	excavar	1
estañar	1	estreñir	24	exceder	2
estaquear	1	estresar	1	excepcionar	1
estar	42	estriar	7	exceptuar	5
estarcir	3a	estribar	1	excitar	1
estatalizar	1b	estrolar	1	exclamar	1
estatificar	1a	estropear	1	exclaustrar	12
estatuir	33	estructurar	1	excluir	33
esterar	1	estrujar	1	excogitar	1
estercolar	1	estucar	1a	excomulgar	1c
estereotipar	1	estuchar	1	excoriar	6

excretar	1	explicotear	1	extrudir	3
exculpar	1	explorar	1	exudar	1
excusar	1	explosionar	1	exultar	1
execrar	1	explotar	1	eyacular	1
exfoliar	6	expoliar	6	eyectar	1
exhalar	1	exponer	49	fabricar	1a
exhibir	3	exportar	1	fabular	1
exhortar	1	expresar	1	fachar	1
exhumar	1	exprimir	3	facilitar	1
exigir	3b	expropiar	6	facturar	1
exiliar	6	expugnar	1	facultar	1
eximir	3	expulsar	1	faenar	1
existir	3	expurgar	1c	fagocitar	1
exonerar	1	extasiar	7	fajar	1
exorbitar	1	extender	16	fallar	1
exorcizar	1b	extenuar	5	fallecer	28
exornar	1	exteriorizar	1b	falsar	1
expandir	3	exterminar	1	falsear	1
expansionar	1	externar	1	falsificar	1a
expatriar	8	extinguir	3c	faltar	1
expectorar	1	extirpar	1	familiarizar	1b
expedientar	1	extorsionar	1	fanatizar	1b
expedir	22	extractar	1	fandanguear	1
expeler	2	extradir	3	fanfarronear	1
expender	2	extraditar	1	fantasear	1
expensar	1	extraer	58	fantasmear	1
experimentar	1	extralimitarse	1	fardar	1
expiar	7	extrañar	1	farolear	1
expirar	1	extrapolar	1	farrear	1
explanar	1	extravasarse	1	fascinar	1
explayar	1	extraviar	7	fastidiar	6
explicar	1a	extremar	1	fatigar	1c

favorecer	28	fincar	1a	fomentar	1
faxear	1	fingir	3b	fondear	1
fayuquear	1	finiquitar	1	forcejear	1
fechar	1	fintar	1	forestar	1
fecundar	1	firmar	1	forjar	1
fecundizar	1b	fiscalizar	1b	formalizar	1b
federarse	1	fisgar	1c	formar	1
felicitar	1	fisgonear	1	formatear	1
felpar	1	flagelar	1	formular	1
felpear	1	flambear	1	fornicar	1a
feminizarse	1b	flamear	1	forrajear	1
fenecer	28	flanquear	1	forrar	1
feriar	6	flaquear	1	forrear	1
fermentar	1	flechar	1	fortalecer	28
fertilizar	1b	fletar	1	fortificar	1a
festejar	1	fletear	1	forzar	19b
festinar	1	flexibilizar	1b	fosfatar	1
festonear	1	flexionar	1	fosforecer	28
fiar	7	flipar	1	fosforescer	2
fichar	1	flirtear	1	fosilizarse	1b
fidelizar	1b	flojear	1	fotocopiar	6
fifar	1	florear	1	fotografiar	7
figurar	1	florecer	28	fotosintetizar	1b
fijar	1	flotar	1	fracasar	1
filar	1	fluctuar	5	fraccionar	1
filetear	1	fluidificar	1a	fracturar	1
filmar	1	fluir	33	fragmentar	1
filosofar	1	focalizar	1b	fraguar	14
filtrar	1	foguear	1	franelear	1
finalizar	1b	foliar	6	frangollar	1
financiar	6	follar	1	franquear	1
finar	1	follar*	19	fraternizar	1b

frecuentar	1	galardonar	1	garrotear	1
fregar	15b	galguear	1	garuar	5
fregotear	1	gallar	1	gasear	1
freír	25	gallardear	1	gasificar	1a
frenar	1	gallardear	1	gastar	1
fresar	1	gallear	1	gatear	1
frezar	1b	galleguizar	1b	gauchear	1
friccionar	1	galletear	1	gazmiarse	6
frisar	1	galopar	1	geminar	1
fritar	1	galvanizar	1b	gemiquear	1
frotar	1	gamberrear	1	gemir	22
fructificar	1a	gamitar	1	generalizar	1b
fruncir	3a	ganar	1	generar	1
frustrar	1	gandulear	1	gerenciar	6
fugarse	1c	gangrenarse	1	germanizar	1b
fulgir	3b	ganguear	1	germinar	1
fulgurar	1	gansear	1	gestar	1
fulminar	1	gañir	27	gesticular	1
fumar	1	garbatear	1	gestionar	1
fumigar	15b	garantir	3	gibar	1
funcionar	1	garantizar	1b	gimotear	1
fundamentar	1	garapiñar	1	girar	1
fundar	1	garbear	1	gitanear	1
fundir	3	garchar	1	glasear	1
fungir	3b	gargajear	1	globalizar	1b
fusilar	1	gargarizar	1b	gloriar	7
fusionar	1	garlar	1	glorificar	1a
fustigar	1c	garpar	1	glosar	1
gafar	1	garrapatear	1	glotonear	1
gaguear	1	garrapiñar	1	gobernar	15
galantear	1	garrir	3	golear	1
galar	1	garronear	1	golfear	1

golletear	1	gruñir	27	hacer	44
golosinar	1	guabinear	1	hachear	1
golpear	1	guacharear	1	hacinar	1
golpetear	1	guachapear	1	halagar	1c
gorgorear	1	guadañar	1	halar	1
gorgoritear	1	guanaquear	1	hallar	1
gorgotear	1	guantear	1	hamacar	1a
gorjear	1	guapear	1	hamaquear	1
gorrear	1	guaranguear	1	haraganear	1
gorronear	1	guardar	1	harinear	1
gotear	1	guarecer	28	harnear	1
gozar	1b	guarnecer	28	hartar	1
grabar	1b	guarrear	1	hastiar	7
graduar	5	guasearse	1	hebraizar	9b
grafiar	7	guataquear	1	hechizar	1b
grajear	1	guatear	1	heder	16
gramaticalizarse	1b	guayabear	1	helar	15
granar	1	guayar	1	helenizar	1b
granear	1	guerrear	1	henchir	22
granizar	1b	guiar	7	hender	16
granjear	1	guillarse	1	hendir	23
granular	1	guillotinar	1	heñir	24
grapar	1	guindar	1	herbolar	1
gratificar	1a	guiñar	1	herborizar	1b
gratinar	1	guipar	1	heredar	1
gravar	1	guisar	1	herir	23
gravitar	1	gustar	1	hermanar	1
graznar	1	haber	43	hermosear	1
grillar	1	habilitar	1	herniarse	6
gripar	1	habitar	1	herrar	15
grisear	1	habituar	5	hervir	23
gritar	1	hablar	1	hibernar	1

hibridar	1	homogeneizar	9b	humillar	1
hidratar	1	homologar	1c	hundir	3
hidrogenar	1	hondear	1	huracanarse	1
hidrolizar	1b	honrar	1	hurgar	1c
higienizar	1b	horadar	1	hurguetear	1
hijuelar	1	horcar	1a	huronear	1
hilar	1	hormiguear	1	hurtar	1
hilvanar	1	hormiguillar	1	husmear	1
hincar	1a	hormonar	1	idealizar	1b
hinchar	1	hornaguearse	1	idear	1
hipar	1	hornear	1	identificar	1a
hipear	1	horquetearse	1	idiotizar	1b
hiperbolizar	1b	horrarse	1	idolatrar	1
hipertrofiar	6	horripilar	1	ignorar	1
hipnotizar	1b	horrorizar	1b	igualar	1
hipotecar	1a	hospedar	1	ilegalizar	1b
hisopar	1	hospitalizar	1b	ilegitimar	1
hisopear	1	hostiar	6	iluminar	1
hispanizar	1b	hostigar	1c	ilusionar	1
histerizarse	1b	hostilizar	1b	ilustrar	1
historiar	8	hoyar	1	imaginar	1
historizar	1b	hozar	1b	imanar	1
hocicar	1a	huachar	1	imantar	1
hociquear	1	huascar	1a	imbricar	1a
hojalatear	1	huevear	1	imbuir	33
hojaldrar	1	huevonear	1	imbunchar	1
hojear	1	huir	33	imitar	1
holgar	19c	hisachear	1	impacientar	1
holgazanear	1	humanizar	1b	impactar	1
hollar	19	humear	1	impartir	3
hombrear	1	humedecer	28	impedir	22
homenajear	1	humidificar	1a	impeler	2

imperar	1	incinerar	1	inducir	38
impermeabilizar	1b	incitar	1	indultar	1
impetrar	1	inclaustrar	12	industrializar	1b
implantar	1	inclinar	1	inervar	1
implementar	1	incluir	33	infamar	1
implicar	1a	incoar	1	infantilizar	1b
implorar	1	incomodar	1	infartarse	1
imponer	49	incomunicar	1a	infatuar	5
importar	1	incordiar	6	infectar	1
importunar	1	incorporar	1	inferir	23
imposibilitar	1	incrementar	1	infestar	1
impostar	1	increpar	1	infestar	1
imprecar	1a	incriminar	1	infibular	1
impregnar	1	incrustar	1	inficionar	1
imprentar	1	incubar	1	infiltrar	1
impresionar	1	inculcar	1a	inflamar	1
imprimar	1	inculpar	1	inflar	1
imprimir	3	incumbir	3	infligir	3b
improbar	19	incumplir	3	influenciar	6
improvisar	1	incurrir	3	influir	33
impugnar	1	incursionar	1	informar	1
impulsar	1	indagar	1c	informatizar	1b
impurificar	1a	indemnizar	1b	infraccionar	1
imputar	1	independizar	1b	infrautilizar	1b
inaugurar	1	indexar	1	infravalorar	1
incapacitar	1	indicar	1a	infringir	3b
incardinar	1	indigestarse	1	infundir	3
incautar	12	indignar	1	ingeniar	6
incendiar	6	indisciplinar	1	ingerir	23
incensar	15	indisponer	49	ingresar	1
incentivar	1	individualizar	1b	inhabilitar	1
incidir	3	indizar	1b	inhalar	1

inhibir	3	instaurar	12	internalizar	1b
inhumar	1	instigar	1c	internar	1
inicializar	1b	instilar	1	interpaginar	1
iniciar	6	institucionalizar	1b	interpelar	1
injerir	23	instituir	33	interpolar	1
injertar	1	instruir	33	interpner	49
injuriar	6	instrumentalizar	1b	interpretar	1
inmigrar	1	instrumentar	1	interrelacionar	1
inmiscuirse	1	insubordinar	1	interrogar	1c
inmolar	1	insuflar	1	interrumpir	3
inmortalizar	1b	insultar	1	intervenir	60
inmovilizar	1b	insumir	3	intimar	1
inmunizar	1b	insurreccionar	1	intimidar	1
inmutar	1	integrar	1	intitular	1
innovar	1	intelectualizar	1b	intoxicar	1a
inocular	1	intensificar	1a	intranquilizar	1b
inquietar	1	intentar	1	intratar	1
inquirir	18	interaccionar	1	intrigar	1c
insacular	1	interactuar	5	intrincar	1a
insalivar	1	intercalar	1	introducir	38
inscribir	3	intercambiar	6	intubar	1
inseminar	1	interceder	2	intuir	33
insensibilizar	1b	interceptar	1	inundar	1
insertar	1	intercomunicar	1a	inutilizar	1b
insinuar	5	interconectar	1	invadir	3
insistir	3	interesar	1	invalidar	1
insolentarse	1	interferir	23	inventar	1
insonorizar	1b	interfoliar	6	inventariar	7
inspeccionar	1	interiorizar	1b	invernar	1
inspirar	1	interlinear	1	invernar*	15
instalar	1	intermedir	6	invertir	23
instar	1	internacionalizar	1b	investigar	1c

investir	22	jarrear	1	justificar	1a
invitar	1	jaspear	1	justipreciar	6
invocar	1a	jatear	1	juzgar	1c
involucionar	1	jerarquizar	1	kilometrar	1
involucrar	1	jeremiquear	1	labializar	1b
inyectar	1	jericoplear	1	laborar	1
ionizar	1b	jeringar	1c	laborear	1
ir	45	jeringuear	1	labrar	1
irirear	1	jesusear	1	laburar	1
irisar	1	jetearse	1	lacar	1a
ironizar	1b	jilotear	1	lacear	1
irradiar	6	jinetear	1	lacerar	1
irrigar	1c	jiñar	1	lachear	1
irritar	1	jipiar	6	lacrar	1
irrogar	1c	jipiar*	7	lactar	1
irrumpir	3	jirimiquear	1	ladear	1
islamizar	1b	jochear	1	ladrar	1
italianizar	1b	jocotear	1	lagartear	1
izar	1b	joder	2	lagrimear	1
jabear	1	jorobar	1	laicizar	1b
jabonar	1	joropear	1	lamber	2
jacalear	1	jubilar	1	lambeter	1
jactarse	1	judaizar	9b	lambucear	1
jadear	1	judicializar	1b	lamentar	1
jalar	1	jugar	30	lamer	2
jalbegar	1c	juguetear	1	lametear	1
jalear	1	junar	1	laminar	1
jalonar	1	juntar	1	lampar	1
jalonear	1	jupiarse	6	lampear	1
jamaquear	1	juramentar	1	lamprear	1
jamar	1	jurar	1	lancear	1
jaranear	1	jurungar	1c	lanchar	1

languidecer	28	levigar	1c	listar	1		
lanzar	1b	levitar	1	litigar	1c		
lapachar	1	lexicalizar	1b	lividecer	28		
lapidar	1	liar	7	llagar	1c		
laquear	1	libar	1	llamar	1		
largar	1c	liberalizar	1b	llamear	1		
lascar	1a	liberar	1	llanear	1		
lastimar	1	lebertar	1	llapar	1		
lastrar	1	librar	1	llauquearse	1		
latinizar	1b	libretearse	1	llavear	1		
latir	3	licenciar	6	llagar	1c		
laurear	1	licitar	1	llenar	1		
lavar	1	licuar	4	llevar	1		
lavotear	1	liderar	1	llorar	1		
laxar	1	liftar	1	lloriquear	1		
lazar	1b	ligar	1c	llover	20		
lechucear	1	ligerear	1	lloviznar	1		
leer	32	lignificarse	1a	loar	1		
legalizar	1b	ligotear	1	lobear	1		
legar	1c	lijar	1	localizar	1b		
legislar	1	lilequear	1	lograr	1		
legitimar	1	limar	1	lonjear	1		
legrar	1	limitar	1	lorear	1		
lengüetear	1	limosnear	1	lubricar	1a		
lenificar	1a	limpiar	6	lubrificar	1a		
lentificar	1a	linchar	1	luchar	1		
lerdear	1	lindar	1	lucir	29		
lesear	1	liofilizar	1b	lucrar	1		
lesionar	1	lipidiar	6	lucubrar	1		
leudar	12	liquidar	1	ludir	3		
levantar	1	lisiar	6	luir	33		
levar	1	lisonjear	1	lujearse	1		

lumear	1	maldecir	50	mangar	1c
luquear	1	malear	1	mangonear	1
lustrar	1	maleducar	1a	manguear	1
lustrear	1	malgastar	1	maniatar	1
luxar	1	malherir	23	manifestar	15
macanear	1	malhumorar	1	manijear	1
macarse	1a	maliciar	6	maniobrar	1
macear	1	malinterpretar	1	manipular	1
macerar	1	malmeter	2	manobrar	1
machacar	1a	malograr	1	manojear	1
machar	1	maloquear	1	manosear	1
machetear	1	malparir	3	manotear	1
machihembrar	1	malpensar	15	mansurrear	1
machucar	1a	malquistar	1	mansurronear	1
machurar	1	maltear	1	mantear	1
maconear	1	maltraer	58	mantener	57
maderar	1	maltratar	1	manufacturar	1
madrear	1	malvender	2	manumitir	3
madrugar	1c	malversar	1	mañanear	1
madurar	1	malvivir	3	mañerear	1
magnetizar	1b	mamar	1	mañosear	1
magnificar	1a	manar	1	maquear	1
magrear	1	mancar	1a	maquetar	1
maguarse	14	manchar	1	maquilar	1
magullar	1	mancillar	1	maquillar	1
mjaderear	1	mancomunar	1	maquinar	1
majar	1	mancornar	19	maquinizar	1b
malacostumbrar	1	mandar	1	maravillar	1
malbaratar	1	mandatar	1	marcar	1a
malcasar	1	manducar	1a	marcear	1
malcomer	2	manejar	1	marchar	1
malcriar	7	manganear	1	marchitar	1

marear	1	maximizar	1b	mensualizar	1b
marginar	1	mayar	1	mensurar	1
margullar	1	mayear	1	mentalizar	1b
mariconear	1	mazar	1b	mentar	15
maridar	1	mear	1	mentir	23
marinar	1	mecanizar	1b	menudear	1
mariposear	1	mecanografiar	7	mercadear	1
mariscar	1a	mecatiar	7	mercantilizar	1b
maromear	1	mecer	2a	mercar	1a
marranear	1	mechar	1	merendar	15
marrar	1	mechificar	1a	merengar	1c
martajar	1	mechonear	1	mermar	1
martillar	1	mediar	6	merodear	1
martillear	1	mediatizar	1b	mesar	1
martirizar	1b	medicar	1a	mesurar	1
marujear	1	madicinar	1	metaforizar	1b
masacrar	1	medir	22	metalizar	1b
masajear	1	meditar	1	metamorfosear	1
mascar	1a	medrar	1	meteorizar	1b
masculinizar	1b	mejorar	1	meter	1
mascullar	1	melar	15	metodizar	1b
masificar	1a	melificar	1a	mezclar	1
masticar	1a	mellar	1	mezquinar	1
masturbar	1	memorar	1	miar	7
mataperrear	1	memorizar	1b	microfilmar	1
materializar	1b	mencionar	1	microinyectar	1
maternizar	1b	mendigar	1c	micronizar	1b
matizar	1b	menear	1	migar	1c
matraquear	1	menguar	14	miguelear	1
matricular	1	menoscabar	1	milpear	1
matrimoniar	6	menospreciar	6	mimar	1
maullar	9	menstruar	5	mimbrear	1

mimetizarse	1b	monear	1	mudar	1
minar	1	monetizar	1b	muequear	1
mineralizar	1b	monitorizar	1b	mufarse	1
miniar	6	monologar	1c	mugir	3b
miniaturizar	1b	monopolizar	1b	mulatear	1
minimizar	1b	monoptongar	1c	mullir	27
minorar	1	montar	1	multar	1
minusvalorar	1	montear	1	multicopiar	6
mirar	1	moquear	1	multipicar	1a
mistificar	1a	moquetear	1	municionar	1
mitigar	1c	moralizar	1b	municipalizar	1b
mixtificar	1a	morar	1	munir	3
mixturar	1	morder	20	muñequear	1
mocharse	1	mordiscar	1a	muñir	27
modelar	1	mordisquear	1	murmurar	1
moderar	1	morfar	1	murriar	7
modernizar	1b	morigerar	1	muscular	1
modificar	1a	morir	21	musicalizar	1b
modular	1	mormarse	1	musicar	1a
mofarse	1	morrear	1	musitar	1
mogollar	1	morronguear	1	musitiar	6
mohosearse	1	mortificar	1a	mutar	1
mojar	1	mosconear	1	mutilar	1
molar	1	mosquear	1	nacer	28
moldear	1	mostrar	19	nacionalizar	1b
moldurar	1	motear	1	nadar	1
moler	20	motejar	1	nalguear	1
molestar	1	motivar	1	nancear	1
molificar	1a	motorizar	1b	naquear	1
molturar	1	mover	20	narcotizar	1b
momificar	1a	movilizar	1b	naricear	1
mondar	1	mozonear	1	narrar	1

nasalizar	1b	numerar	1	odiar	6		
naturalizar	1b	nutrir	3	ofender	2		
naufragar	1c	ñampiar	6	ofertar	1		
navegar	1c	ñangotarse	1	oficializar	1b		
nebulizar	1c	ñarrear	1	oficiar	6		
necesitar	1	ñatear	1	oflar	1		
negar	15b	ñauar	12	ofrecer	28		
negociar	6	obcecar	1a	ofrendar	1		
negrear	1	obedecer	28	ofuscar	1a		
nesgar	1c	objetar	1	oír	46		
neutralizar	1b	objetivar	1	ojear	1		
neutralizar	1b	obligar	1c	olear	1		
nevar	15	obliterar	1	oler	20b		
neviscar	1a	obnubilar	1	olfatear	1		
nidificar	1a	obrar	1	oliscar	1a		
nielar	1	obsequiar	6	olisquear	1		
nimbar	1	observar	1	olivar	1		
ningunear	1	obsesionar	1	olorosear	1		
niquelar	1	obstaculizar	1b	olvidar	1		
nitrar	1	obstar	1	omitir	3		
nivelar	1	obstinarse	1	ondear	1		
nombrar	1	obstruir	33	ondular	1		
nominalizar	1b	obtener	57	opacar	1a		
nortearse	1	obturar	1	opear	1		
notar	1	obviar	6	operar	1		
notificar	1a	ocasionar	1	opiarse	6		
novelar	1	occidentalizar	1b	opinar	1		
novelerear	1	ochar	1	opositar	1		
noviar	6	ocluir	33	oprimir	3		
nublar	1	ocultar	1	oprobiar	6		
nuclear	1	ocupar	1	optar	1		
nuclearizar	1b	ocurrir	3	optimar	1		

optimizar	1b	oxigenar	1	papalotear	1
opugnar	1	pacer	28	papar	1
orar	1	pacificar	1a	papear	1
orbitar	1	pactar	1	paporretear	1
ordenar	1	padecer	28	paquetear	1
ordeñar	1	paganizar	1b	parabolizar	1b
orear	1	pagar	1c	parafinar	1
organizar	1b	paginar	1	parafrasear	1
orientalizar	1b	pajarear	1	paralizar	1b
orientar	1	palabrear	1	parangonar	1
originar	1	palanquear	1	parapetar	1
orillar	1	palar	1	parar	1
orinar	1	palatalizar	1b	parasitar	1
orlar	1	palear	1	parcelar	1
ornamentar	1	palenquear	1	parchar	1
ornar	1	paliar	8	parchear	1
orquestar	1	palidecer	28	parear	1
orzar	1b	pallar	1	parecer	28
osar	1	palmar	1	parir	3
oscilar	1	palmear	1	parlamentar	3
oscurecer	28	palomear	1	parlar	1
osificarse	1a	palpar	1	parlotear	1
ostentar	1	palpitar	1	parodiar	6
otear	1	paluchear	1	parpadear	1
otoñar	1	pampear	1	parquear	1
otorgar	1c	pandear	1	parrandear	1
ovacionar	1	panderetear	1	participar	1
ovalar	1	pandroguear	1	particularizar	1b
ovar	1	panear	1	partir	3
ovillar	1	panificar	1a	pasaportar	1
ovular	1	pantallear	1	pasar	1
oxidar	1	papachar	1	pasear	1

pasmar	1	pechar	1	percutir	3
paspar	1	pedalear	1	perder	16
pastar	1	pedir	22	pendonar	1
pastear	1	pedorrear	1	perdurar	1
pastelear	1	peer	32	perecer	28
pasterizar	1b	pegar	1c	peregrinar	1
pasteurizar	1b	peinar	12	perfeccionar	1
pastorear	1	pelar	1	perfilar	1
patalear	1	pelear	1	perforar	1
patatear	1	pelechar	1	perfumar	1
patear	1	peligrar	1	pergeñar	1
patentar	1	pellizcar	1a	periclitar	1
patentizar	1b	pelotear	1	perifrasear	1
patinar	1	pelotudear	1	perimir	3
patiperrear	1	peludear	1	peritar	1
patotear	1	peluquear	1	perjudicar	1a
patiriar	8	penalizar	1b	perjurar	1
patrocinar	1	penar	1	perlar	1
patronear	1	pencar	1a	permanecer	28
patrullar	1	pendejear	1	permitir	3
paular	12	pender	2	permutar	1
pauperizar	1b	pendonear	1	perniquebrar	15
pausar	12	penetrar	1	pernoctar	1
pavear	1	pensar	15	perorar	1
pavimentar	1	pensionar	1	perpetrar	1
pavonar	1	pepenar	1	perpetuar	5
pavonearse	1	peraltar	1	perseguir	22b
payar	1	percatarse	1	perseverar	1
payasear	1	perchar	1	persignar	1
pearse	1	percibir	3	persistir	3
peatonalizar	1b	percollar	1	personalizar	1b
pecar	1a	percudir	3	personarse	1

personificar	1a	pindonguear	1	plastificar	1a
persuadir	3	pingar	1c	platear	1
pertenecer	28	pintar	1	platicar	1a
pertrechar	1	pintarrajear	1	platinar	1
perturbar	1	pinzar	1b	plegar	15b
pervertir	23	pirarse	1	pleitear	1
pervivir	3	piratear	1	plisar	1
pesar	1	pirograbar	1	pluralizar	1b
pescar	1a	piropear	1	poblar	19
pespuntar	1	pirrar	1	podar	1
pespuntear	1	pisar	1	poder	48
pestañear	1	pisotear	1	podrir	3
petar	1	pispar	1	poetizar	1b
petatear	1	pispear	1	polarizar	1b
petrificar	1a	pispiar	7	polemizar	1b
petrolear	1	pitar	1	policromar	1
piafar	1	pitear	1	polinizar	1b
piantar	1	pitorrearse	1	politiquear	1
piar	7	pivotar	1	politizar	1b
picar	1a	pizcar	1a	pollear	1
picardear	1	placar	1a	pololear	1
pichar	1	placer	28	polucionar	1
pichulear	1	plagar	1c	polvear	1
picotear	1	plagiar	6	ponchar	1
pifiar	6	planchar	1	ponderar	1
pigmentar	1	planear	1	poner	49
pignorar	1	planificar	1a	pontificar	1a
pillar	1	plantar	1	popularizar	1b
pilotar	1	plantear	1	pordiosear	1
pilotear	1	plantificar	1a	porfiar	7
pimplar	1	plañir	27	pormenorizar	1b
pinchar	1	plasmar	1	portar	1

portear	1	prefabricar	1a	presurizar	1b
posar	1	preferir	23	pretender	2
poseer	32	prefigurar	1	preterir	3
posesionar	1	prefijar	1	pretextar	1
posibilitar	1	pregonar	1	prevalecer	28
posicionar	1	preguntar	1	prevaler	59
positivar	1	prejuzgar	1c	prevaricar	1a
posponer	1	preludiar	6	prevenir	60
postergar	1c	premeditar	1	prever	61
postrar	1	premiar	6	primar	1
postular	1	premorir	21	principiar	6
potabilizar	1b	prendar	1	pringar	1c
potar	1	prender	2	priorizar	1b
patenciar	6	prensar	1	privar	1
potrear	1	preñar	1	privatizar	1b
practicar	1a	preocupar	1	privilegiar	6
precaver	2	preparar	1	probar	19
preceder	2	preponderar	1	proceder	2
preceptuar	5	presagiar	6	procesar	1
preciar	6	prescindir	2	proclamar	1
precintar	1	prescribir	3	procrear	1
precipitar	1	presenciar	6	procurar	1
precisar	1	presentar	1	prodigar	1c
preconcebir	22	presentir	23	producir	38
preconizar	1b	preservar	1	profanar	1
predecir	50	presidir	3	proferir	23
predestinar	1	presionar	1	profesar	1
predeterminar	1	prestar	1	profesionalizar	1b
predicar	1a	prestigiar	6	profetizar	1b
predisponer	49	presumir	3	profundizar	1b
predominar	1	presuponer	49	programar	1
preexistir	3	presupuestar	1	progresar	1

prohibir	11	prostituir	33	quebrantar	1
prohijar	9	protagonizar	1b	quebrar	15
proletarizar	1b	proteger	2b	quedar	1
proliferar	1	protestar	1	quejarse	1
prologar	1c	protocolizar	1b	quemar	1
prolongar	1c	proveer	32	querellarse	1
promediar	6	provenir	60	querer	51
prometer	2	provocar	1a	quilar	1
promocionar	1	proyectar	1	quildear	1
promover	20	psicoanalizar	1b	quinchar	1
promulgar	1c	publicar	1a	quintaesenciar	6
pronosticar	1a	publicitar	1	quintar	1
pronunciar	6	pudrir	3	rabear	1
propagar	1c	puentear	1	rabiar	6
propalar	1	pugnar	1	rabiatar	1
propasarse	1	pujar	1	rabonearse	1
propender	2	pulimentar	1	racanear	1
propiciar	6	pulir	3	rachear	1
propinar	1	pulsar	1	racimar	1
proponer	49	pulular	1	racionalizar	1b
proporcionar	1	pulverizar	1b	racionar	1
propugnar	1	puncionar	1	radiar	6
propulsar	1	punir	3	radicalizar	1b
prorratear	1	puntear	1	radicar	1a
prorrogar	1c	puntualizar	1b	radiodirigir	3b
prorrumpir	3	puntuar	5	radiografiar	7
proscribir	3	punzar	1b	radiotransmitir	3
proseguir	22b	purgar	1c	raer	52
prosificar	1a	purificar	1a	rajar	1
prospectar	1	puriscar	1a	ralear	1
properar	1	purpurar	1	ralentizar	1b
porsternarse	1	putear	1	rallar	1

ramajear	1	readaptar	1	rebrillar	1
ramificarse	1a	readmitir	3	rebrotar	1
ramonear	1	reagravar	1	rebudiar	6
ranchar	1	reagrupar	1	rebufar	1
ranciar	6	reajustar	1	rebujar	1
rapar	1	realizar	1b	rebullir	27
rapear	1	realojar	1	rebuscar	1a
rapiñar	1	realquilar	1	rebuznar	1
raptar	1	realzar	1b	recabar	1
rarificar	1a	reanimar	1	recaer	37
rasar	1	reanudar	1	recalar	1
rascar	1a	reaparecer	28	recalcar	1a
rasear	1	reargüir	33	recalentar	15
rasgar	1c	rearmar	1	recalificar	1a
rasguear	1	reasegurar	1	recamar	1
rasguñar	1	reasumir	3	recambiar	6
rasmillarse	1	reatar	1	recapacitar	1
raspar	1	reavivar	1	recapitular	1
rasquetear	1	rebajar	1	recargar	1c
rastrear	1	rebalsar	1	recatar	1
rastrillar	1	rebanar	1	recauchutar	1
rastrojar	1	rebañar	1	recaudar	12
rasurar	1	rebasar	1	recebar	1
ratear	1	rebatir	3	recelar	1
ratificar	1a	rebelarse	1	recesar	1
rayar	1	reblandecer	28	recetar	1
razonar	1	rebobinar	1	rechazar	1b
reabrir	3	reborujar	1	rechiflar	1
reabsorber	2	rebosar	1	rechinar	1
reaccionar	1	rebotar	1	rechistar	1
reactivar	1	rebotear	1	recibir	3
reacuñar	1	rebozar	1b	reciclar	1

recitar	1	recortar	1	reelaborar	1
reclamar	1	recoser	2	reelegir	22a
reclinar	1	recostar	19	reembolsar	1
recluir	33	recrear	1	reemplazar	1b
reclutar	1	recriar	7	reemprender	2
recobrar	1	recriminar	1	reencarnarse	1
recocer	20a	recrudecer	28	reencauchar	12
recochinearse	1	rectificar	1a	reencontrar	19
recodar	1	recuadrar	1	reencuadernar	1
recoger	2b	recubrir	3	reenganchar	1
recolectar	1	recular	1	reenviar	7
recomendar	15	recuperar	1	reescribir	3
recomenzar	15a	recurrir	3	reestrenar	1
recompensar	1	recusar	1	reestructurar	1
recomponer	49	redactar	1	reexpedir	22
reconcentrar	1	redar	1	reexportar	1
reconciliar	6	redargüir	33a	refaccionar	1
reconcomerse	2	redefinir	3	refanfinflar	1
recondenar	1	redescubrir	3	referir	23
reconducir	38	redespachar	1	refilar	1
reconfortar	1	redimensionar	1	refinanciar	6
reconocer	28	redimir	3	refinar	1
reconquistar	1	rediseñar	1	reflectar	1
reconsiderar	1	redistribuir	33	reflejar	1
reconstituir	33	redoblar	1	reflexionar	1
reconstruir	33	redondear	1	reflorecer	28
recontar	19	reducir	38	reflotar	1
reconvenir	60	redundar	1	refluir	33
reconvertir	23	reduplicar	1a	refocilar	1
recopilar	1	reedificar	1a	reforestar	1
recordar	19	reeditar	1	reformar	1
recorrer	2	reeducar	1a	reforzar	19b

refractar	1	regruñir	27	rejuvenecer	28
refregar	15b	regular	1	relacionar	1
refreír	25	regularizar	1b	relajar	1
refrenar	1	regurgitar	1	relamer	2
refrendar	1	rehabilitar	1	relampaguear	1
refrescar	1a	rehacer	44	relanzar	1b
refrigerar	1	rehilar	9	relatar	1
refringir	3b	rehogar	1c	relativizar	1b
refucilar	1	rehuir	33	releer	32
refugiar	6	rehumedecer	28	relegar	1c
refulgir	3b	rehundir	10	relevar	1
refundir	3	rehusar	9	religar	1c
refunfuñar	1	reimplantar	1	relinchar	1
refutar	1	reimportar	1	rellenar	1
regalar	1	reimprimir	3	relucir	29
regalonear	1	reinar	12	relumbrar	1
regañar	1	reincidir	2	remachar	1
regar	15b	reincorporar	1	remallar	1
regatear	1	reindustrializar	1b	remangar	1c
regazar	1b	reingresar	1	remansarse	1
regenerar	1	reinicializar	1b	remar	1
regentar	1	reiniciar	6	remarcar	1a
regimentar	15	reinsertar	1	rematar	1
regionalizar	1b	reinstalar	1	rembolsar	1
regir	22a	reinstaurar	12	remecer	2a
registrar	1	reintegrar	1	remedar	1
reglamentar	1	reinventar	1	remediar	6
reglar	1	reinvertir	23	rememorar	1
regocijar	1	reír	25	remendar	15
regodearse	1	reiterar	1	remesar	1
regoldar	1	reivindicar	1	remeter	2
regresar	1	rejonear	1	remirar	1

remitir	3	repantigarse	1c	representar	1
remodelar	1	repantingarse	1c	reprimir	3
remojar	1	reparar	1	reprivatizar	1b
remolcar	1a	repartir	3	reprobar	19
remoler	20	repasar	1	reproducir	1
remolinear	1	repatear	1	reptar	1
remolonear	1	repatriar	8	repudiar	6
remontar	1	repechar	1	repugnar	1
remordear	20	repeinar	12	repujar	1
remover	20	repelar	1	repulir	3
remozar	1b	repeler	2	repuntar	1
remplazar	1b	repensar	15	reputar	1
remunerar	1	repentizar	1b	requebrar	15
renacer	28	repercutir	3	requemar	1
rencontrar	19	repescar	1a	requerir	23
rendir	22	repetir	22	requintar	1
renegar	15b	repicar	1a	requinsar	1
renegociar	6	repintar	1	requisar	1
renegrear	1	repiquetear	1	resabiar	6
renguear	1	replantar	1	resaltar	1
renovar	19	replantear	1	resanar	1
renquear	1	replegar	15b	resarcir	3a
rentabilizar	1b	replicar	1a	resbalar	1
rentar	1	repoblar	19	rescatar	1
renunciar	6	reponer	49	rescindir	3
reñir	24	reportar	1	resecar	1a
reobrar	1	reposar	1	resellar	1
reordenar	1	repostar	1	resembrar	15
reorganizar	1b	reprehender	2	resentirse	1
reorientar	1	reprender	2	reseñar	1
repanchigarse	1c	represaliar	6	reservar	1
repanchingarse	1c	represar	1	resetear	1

resfriarse	7	rerirar	1	reverberar	1
resguardar	1	retorbar	1	reverdecer	28
residenciar	6	retocar	1a	reverenciar	6
residir	3	retomar	1	reverter	16
resignar	1	retoñar	1	revertir	23
resinar	1	retorcer	20a	revestir	22
resistir	3	retornar	1	revigorizar	1b
resituar	5	retostar	19	revisar	1
resobar	1	retozar	1b	revistar	1
resollar	19	retractarse	1	revitalizar	1b
resolver	20	retractilar	1	revivificar	1a
resonar	19	retraer	58	revivir	3
resoplar	1	retransmitirse	3	revocar	1a
respaldar	1	retrasar	1	revolar	19
respectar	1	retratar	1	revolcar	19a
respetar	1	retreparse	1	revolear	1
respigar	1	retribuir	33	revolotear	1
respingar	1c	retroceder	2	revolucionar	1
respingar	1c	retronar	19	revolver	20
respirar	1	retrotraer	58	rezagar	1c
resplandecer	28	retrucar	1a	rezar	1b
responder	2	retumbar	1	rezongar	1c
responsabilizar	1b	reunificar	1a	rezumar	1
resquebrajar	1	reunir	10	ribetear	1
restablecer	28	reutilizar	1b	ridiculizar	1b
restallar	1	revalidar	1	rielar	1
restañar	1	revalorizar	1b	refar	1
restar	1	revaluar	5	rilar	1
restaurar	12	revelar	1	rimar	1
restituir	33	revender	2	ringletear	1
restregar	15b	revenir	60	ripiar	6
restreñir	24	reventar	15	retualizar	1b

rivalizar	1b	runrunear	1	salvar	1
rizar	1b	ruquear	1	sanar	1
robar	1	rutilar	1	sancionar	1
robotizar	1b	sabanear	1	sancochar	1
robustecer	28	saber	54	sanear	1
rochar	1	sablear	1	sangrar	1
rociar	7	saborear	1	santificar	1a
rodar	19	sabotear	1	santiguar	14
rodear	1	sacar	1a	saponificar	1a
roer	53	sacarificar	1a	saquear	1
rogar	19c	sachar	1	satanizar	1b
rojear	1	saciar	6	satelizar	1b
rolar	1	sacralizar	1b	satinar	1
romancear	1	sacramentar	1	satirizar	1b
romanizar	1b	sacrificar	1a	satisfacer	44
romanzar	1b	sacudir	3	saturar	1
romper	2	sahumar	9	sazonar	1
roncar	1a	sajar	1	secar	1a
roncear	1	salar	1	seccionar	1
ronchar	1	salcochar	1	secretar	1
rondar	1	saldar	1	secretear	1
ronquear	1	salificar	1a	secuenciar	6
ronronear	1	salir	55	secuestrar	1
ronzar	1b	salivar	1	secularizar	1b
ruborizar	1b	salmodiar	6	secundar	1
rubricar	1a	salpicar	1a	sedar	1
rugir	3b	salpimentar	1	sedimentar	1
rular	1	salpresar	1	seducir	38
ruletear	1	saltar	1	segar	15b
rumbear	1	saltear	1	segmentar	1
rumiar	6	saludar	1	segregar	1c
rumorear	1	salvaguardar	1	seguir	22b

seleccionar	1	silbar	1	sobrecoger	2b
sellar	1	silogizar	1b	sobredimensionar	1
semblantear	1	siluetear	1	sobredorar	1
sembrar	15	simbolizar	1b	sobreentender	16
semejar	1	simpar	1	sobreestimar	1
sensibilizar	1b	simpatizar	1b	sobreexceder	2
sentar	15	simplificar	1a	sobreexcitar	1
sentenciar	6	simular	1	sobreexplotar	1
sentir	23	simultanear	1	sobrehilar	9
señalar	1	sincerarse	1	sobrellevar	1
señalizar	1b	sencopar	1	sobrenadar	1
señorear	1	sincronizar	1b	sobrentender	16
separar	1	sindicalizar	1b	sobrepasar	1
septuplicar	1a	sindicar	1a	sobreponer	49
sepultar	1	singularizar	1b	sobrepujar	1
ser	56	sintetizar	1b	sobresalir	55
serenar	1	sintonizar	1b	sabresaltar	1
serializar	1b	sirgar	1c	sabreseer	32
seriar	6	sisar	1	sobrestimar	1
sermonear	1	sisear	1	sobrevalorar	1
serpear	1	sestematizar	1b	sobrevenir	60
serpentear	1	sitiar	6	sobrevivir	3
serrar	15	situar	5	sobrevolar	19
serruchar	1	soasar	1	sobrexceder	2
servir	22	sobar	1	socapar	1
sesear	1	soberbiar	6	sacar	1a
sesgar	1c	sobornar	1	socarrar	1
sestear	1	sobrar	1	sacavar	1
sextuplicar	1a	sobreabundar	1	sacialbilizar	1b
signar	1	sobreactuar	5	socializar	1b
significar	1a	sobrealimentar	1	socolar	1
silabear	1	sobrecargar	1c	socorrer	2

sodomizar	1b	sonsacar	1a	subordinar	1
sofisticar	1a	soñar	19	subrayar	1
sofocar	1a	sopar	1	subrogar	1c
sofreír	25	sopear	1	subsanar	1
soguearse	1	sopesar	1	subseguir	22b
sojuzgar	1c	soplar	1	subsidiar	6
solapar	1	soportar	1	subsistir	3
solaquear	1	soquear	1	subsumir	3
solar	19	sorber	2	subtitular	1
solazar	1b	sorpreder	2	subvalorar	1
saldar	19	sortear	1	subvencionar	1
solear	1	sosegar	15b	subvenir	60
solemnizar	1b	soslayar	1	subvertir	23
soler	20	sospechar	1	subyacer	62
solfear	1	sostener	57	subyugar	1c
solicitar	1	soterrar	15	succionar	1
solidarizarse	1b	sprintar	1	suceder	2
solidificar	1a	suavizar	1b	sucumbir	3
soliviantar	1	subalimentar	1	sudar	1
sollozar	1b	subarrendar	15	sufijar	1
soltar	19	subalimentar	1	sufragar	1c
solucionar	1	subarrendar	15	sufrir	3
solventar	1	subastar	1	sugerir	23
somatizar	1b	subcontratar	1	sugestionar	1
sombrear	1	subdelegar	1c	suicidarse	1
someter	2	subdistinguir	3c	sujetar	1
sonar	19	subdividir	3	sulfatar	1
sondar	1	suberificarse	1a	sulfurar	1
sandear	1	subestimar	1	sumar	1
sonorizar	1b	subir	3	sumergir	3b
sonreír	25	sublevar	1	suministrar	1
sonrojar	1	sublimar	1	sumir	3

supeditar	1	tabaquear	1	tardar	1
superabundar	1	tabicar	1a	tarifar	1
superalimentar	1	tablear	1	tarjar	1
superar	1	tabletear	1	tarrear	1
superpoblar	19	tabular	1	tartajear	1
superponer	49	tcañear	1	tartamudejar	1
supervalorar	1	tacar	1a	tasajear	1
supervisar	1	tachar	1	tasar	1
supervivir	3	tachonar	1	tascar	1a
suplantar	1	taconear	1	tasquear	1
suplicar	1a	taimarse	1	tataratear	1
suplir	3	tajar	1	tatarear	1
suponer	49	tajear	1	tatemar	1
suprimir	3	taladrar	1	tatuar	5
supurar	1	talar	1	tazar	1b
surcar	1a	tallar	1	teatralizar	1b
surfilar	1	talonear	1	techar	1
surgir	3b	tamblaear	1	teclear	1
surtir	3	tambar	1	tecnificar	1a
suscitar	1	tamborilear	1	tejar	1
suscribir	3	tamizar	1b	tejer	2
suspender	2	tangalear	1	teledirigir	3b
suspirar	1	tantear	1	telefonear	1
sustanciar	6	tañer	26	telegrafiar	7
sustantivar	1	tapar	1	teleprocesar	1
sustentar	1	tapear	1	televisar	1
sustituir	33	tapialar	1	tematizar	1b
sustraer	58	tapiar	6	temblar	15
susurrar	1	tapizar	1b	temblequear	1
sutilizar	1b	taponar	1	temer	2
suturar	1	taquear	1	temperar	1
tablear	1	taquigrafiar	7	templar	1

temporalizar	1b	tirar	1	trabar	1
temporizar	1b	tiritar	1	trabucar	1a
tempranear	1	tirotear	1	tractorar	1
tender	16	titear	1	tractorear	1
tener	57	titilar	1	traducir	38
tensar	1	titiritar	1	traer	58
tentar	15	titubear	1	trafagar	1c
teñir	24	titular	1	traficar	1a
teologizar	1b	tiznar	1	tragar	1c
teorizar	1b	tocar	1a	traicionar	1
tequiar	6	tolerar	1	trajear	1
terciar	6	tolonguear	1	trajinar	1
terebequear	1	tomar	1	tramar	1
tergiversar	1	tongonearse	1	tramitar	1
terminar	1	tonificar	1a	trampear	1
terquear	1	tonsurar	1	trancar	1a
tertuliar	6	tontear	1	tranquilizar	1b
testar	1	topar	1	transar	1
testificar	1a	topetar	1	transbordar	1
testimoniar	6	toquetear	1	transcribir	3
tijeretear	1	torcer	20a	transcurrir	3
tildar	1	torear	1	transferir	23
timar	1	tornar	1	transfigurar	1
timbrar	1	tornear	1	transformar	1
timonear	1	torpedear	1	transfundir	3
tincar	1a	torrar	1	transigir	3b
tintar	1	torturar	1	transitar	1
tintinar	1	toser	1	transliterar	1
titinear	1	tostar	19	transmigrar	1
tipear	1	totalizar	1b	transmitir	3
tipificar	1a	totolear	1	transmutar	1
tiranizar	1b	trabajar	1	tranparentar	1

transpirar	1	travestir	22	tronzar	1b
transponer	49	trazar	1b	tropear	1
tranportar	1	trefilar	1	troquelar	1
transvasar	1	tremolar	1	trotar	1
tranzar	1b	trenzar	1b	trovar	1
trapacear	1	trepanar	1	trucar	1a
trapalear	1	trepar	1	trufar	1
trapear	1	trepidar	1	truncar	1a
trapichear	1	triangular	1	tullir	27
traquear	1	tributar	1	tumbar	1
trasbocar	1a	tricotar	1	tundir	3
trascender	16	trifurcarse	1a	tupir	3
trascribir	3	trillar	1	turbar	1
trasegar	15b	trinar	1	turnar	1
trahumar	1	trincar	1a	tusar	1
trasladar	1	trinchar	1	tutear	1
traslucir	29	tripartir	3	tutelar	1
trasnochar	1	tripear	1	ubicar	1a
traspanar	1	triplicar	1a	ufanarse	1
traspapelar	1	triptongar	1c	ulcerar	1
trasparecer	28	tripular	1	ultimar	1
traspasar	1	triscar	1a	ultrajar	1
trasplantar	1	triturar	1	ulular	1
trasquilar	1	triunfar	1	uncir	3a
trastabillar	1	trivializar	1b	undular	1
trastear	1	trocar	19a	ungir	3b
trastocar	1a	trocear	1	unificar	1a
trastornar	1	trompear	1	uniformar	1
trastrocar	19a	trompicar	1a	uniformizar	1b
trasudar	1	tronar	19	unir	3
tratar	1	tronchar	1	universalizar	1b
traumatizar	1b	tronquear	1	untar	1

upar	1	varear	1	verificar	1a
uperisar	1	variar	7	vernalizar	1b
uperizar	1b	vasectomizar	1b	verraquear	1
urbanizar	1b	vaticinar	1	versar	1
urdir	3	vedar	1	versificar	1a
urgir	3b	vegetar	1	versionar	1
usar	1	vehicular	1	vertebrar	1
usufructuar	5	vejar	1	verter	16
usurpar	1	velar	1	vetar	22
utilizar	1b	velarizar	1a	vetear	1
vacacionar	1	venadear	1	viabilizar	1b
vacar	1a	vencer	2a	viajar	1
vaciar	7	vendar	1	viborear	1
vacilar	1	vender	2	vibrar	1
vacunar	1	vendimiar	6	vichar	1
vadear	1	venerar	1	vichear	1
vagabundear	1	vengar	1c	viciar	6
vagar	1	venir	60	vidriar	6
vaguear	1	ventajear	1	vigilar	1
vajear	1	ventanear	1	vigorizar	1b
valer	59	ventar	15	vilipendiar	6
validar	1	ventear	1	vincular	1
vallar	1	ventilar	1	vindicar	1a
valorar	1	vetiscar	1a	violar	1
valorizar	1b	ventisquear	1	violentar	1
valuar	5	ventosear	1	virar	1
vampirizar	1b	ver	61	virilizarse	1
vanagloriarse	6	veranear	1	visar	1
vaporizar	1b	verbalizar	1b	visibilizar	1b
vapulear	1	verdear	1	visionar	1
vaquear	1	verdecer	28	visitar	1
varar	1	verduguear	1	vislumbrar	1

vistear	1	yuxtaponer	49	zurriagar	1c
visualizar	1b	zabuir	33	zurrir	3
vitalizar	1b	zafar	1		
vitaminar	1	zaherir	23		
vitoquearse	1	zammarrear	1		
vitorear	1	zamarronear	1		
vitrificar	1a	zambullir	27		
vituperar	1	zambutir	3		
vivaquear	1	zampar	1		
vivar	1	zancadillear	1		
vivificar	1a	zanganear	1		
vivir	3	zangolotear	1		
vocalizar	1b	zanjar	1		
vocear	1	zanquear	1		
vociferar	1	zapar	1		
volar	19	zapatear	1		
volatilizar	1b	zapear	1		
volcar	1a	zaragutear	1		
volear	1	zarandear	1		
volver	20	zarpar	1		
vomitar	1	zarpear	1		
vosear	1	zascandilear	1		
votar	1	zigzaguear	1		
vulcanizar	1b	zopilotear	1		
vulgarizar	1b	zorzalear	1		
vulnerar	1	zozobrar	1		
xerocopiar	6	zumbar	1		
xerografiar	7	zunchar	1		
yacer	62	zurcir	3a		
yantar	1	zurdear	1		
yapar	1	zurear	1		
yugular	1	zurrar	1		